The
Intel
Trinity

The
Intel
Trinity

인
텔

끝나지 않은
도전과 혁신

마이클 말론

김영일 옮김

디아스포라

The traitorous Eight of Shockley Transistor at the birth of Fairchild Semiconductor, 1960(Wayne Miller/Magnum Photos)
쇼클리 트랜지스터 회사를 사직하고 페어차일드 반도체 회사를 설립한 일명 8인의 배신자, 1960. 웨인 밀러/매그넘 포토

intel's first employees, circa 1968: Robert Noyce and Gordon Moore are in the front. Ted Hoff and Andy Grove are the two men with glasses behind Moore, with Groove on the right. Les Vasasz is the man half-turned directly behind Noyce.
인텔의 초창기 직원들, 약 1968년. 첫 줄에 로버트 노이스와 고든 무어. 고든 무어의 뒤에 안경을 쓴 두 사람이 테드 호프와 앤디 그루브이고, 그 중 앤디 그루브는 고든 무어의 뒤편 오른쪽에 서있다. 로버트 노이스 뒤로 정면에서 몸을 반 쯤 돌린 사람이 레스 바데즈이다.

Dr. Gordon Moore, cofounder of Intel Corporation. This photograph was taken at Fairchild Semiconductor. Circa 1965, at about the time he formulated Moore's Law.
인텔의 공동 창업자인 고든 무어 박사. 약 1965년경에 페어차일드 반도체 시절에 찍은 사진이며, 무어의 법칙을 처음으로 주장한 시점이다.

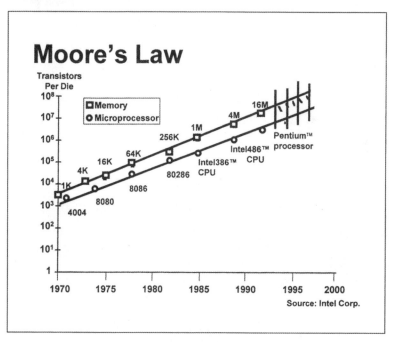

Moore's Law. Intel's processors are the dots.
무어의 법칙. 도표상의 점들이 인텔의 프로세서이다.

Dr. Robert Noyce, circa 1970, not long after the founding of Intel Corporation.
로버트 노이스 박사, 약 1970년경으로 인텔을 설립한 지 얼마 지나지 않은 시점의 사진.

The Mayer of Silicon Valley: Bob Noyce, late 1980s.
실리콘 밸리의 시장(일명), 밥 노이스(로버트 노이스의 애칭), 1980년대 후반

Andy groove,
almost unrecognizable in his glasses,
in the early days of Intel, circa 1969.
안경을 쓰고 있어 익숙했던 모습과 전혀
달라 보이는 앤디 그루브.
인텔 초기 시절의 사진, 대략 1969년 경.

Intel's cofounders in battle,
circa 1975.
인텔이 어려운 상황에 처했던 시절에 찍은
두 창업자의 사진, 대략 1975년 경.

The nearly unique photograph of Intel's Trinity together, circa 1975.
인텔의 3인방이 함께 찍은 드문 사진, 대략 1975년 경.

The microprocessor era begins, 1976.
마이크로프로세서 시대의 개막, 1976.

Federico Faggin, the creator,
at Intel, circa 1970,
during the development of the
first microprocessors.
페데리코 패긴, 발명가,
최초의 마이크로프로세서를 개발하던 시기,
대략 1970년 경.

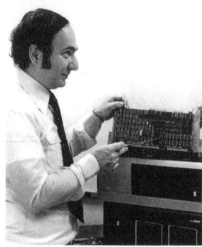

Ted Hoff, the visionary behind the architecture of the microprocessor, late 1970s.(좌)
테드 호프, 마이크로프로세서의 설계를 구상하던 선구자, 1970년 후반.

Stan Mazor, the programmer, circa 1975.(우)
스텐 메이저, 프로그래머, 대략 1975년 경.

The expensive foray into consumer electronics:
Gordon Moore wearing his Intel Microma watch, circa 1980.
값비싼 대가를 치렀던 소비자 전자제품 시장 진출 시도:
고든 무어가 인텔의 자회사인 마이크로마에서 생산한 전자시계를 차고 있다. 대략 1980년대 경.

Future Intel CEO Craig Barrett soon after joining the company, circa 1980.
훗날 인텔의 최고 경영자 자리에 오르는 크레이그 바렛이 인텔에 입사하고 얼마 지나지 않은 시점.
대략 1980년대.

Paul Otellini, the lifelong Intel employee, circa 2004.
폴 오텔리니, 오직 인텔에서만 근무해온 직원, 대략 2004년.

추천글

"실리콘 밸리의 가장 흥미로운 연대기 작가 중 한 명인 마이클 말론이 인텔의 흥미 진진한 역사를 들여다 볼 수 있는 책을 썼다. 이 책은 인텔이 이루어낸 혁신과 위대했 던 리더십 그리고 그 리더들이 보여준 각양각색의 개성을 연구할 수 있는 귀중한 내용 을 담고 있다. 어떻게 창조적인 생각이 발명을 이끌어내는지 궁금한 사람이라면 이 책 을 읽기를 권하는 바이다."

- 월터 아이작슨(Walter Issacson), 스티브 잡스의 자서전 저자

"언론인 마이클 말론만큼 오랫동안 실리콘 밸리의 원동력이 된 가치와 규칙적인 변 화를 포착해온 사람은 거의 없다. 그는 최신작에서 대부분의 작가가 여전히 타자기를 쓰던 시절부터 취재해 온 인텔의 역사를 다루고 있다. 각 페이지마다 마이클 말론은 자 신이 깊이 이해하고 있던 인텔의 역사를 드러낸다."

- 레이드 호프만(Reid Hoffman), Linkedin의 공동 창업자이자 "The Alliance"의 공동 저자

"진심으로 실리콘 밸리를 이해하고 싶다면 단지 벤쳐 캐피탈이 어떻게 이루어지거 나, 반도체 칩의 논리 구조가 어떻게 기능하거나 또는 소셜 네트워크의 중독성이 어떤 지 알려고 하는 것이 아니라 실리콘 밸리의 영혼이 있는 곳, 어떻게 실리콘 밸리가 돌 아가고 또 세상의 모든 사람들이 오늘날 어떻게 지금의 모습으로 살아가게 되었는지 이해하고 싶다면 마이클 말론의 책을 읽으며 시간을 보낼만한 가치가 있을 것이다...실 리콘 밸리의 명예 교수라 칭할 만한 마이클 말론은 평생의 작업으로서 실리콘 밸리를 취재하고 연구해 왔다."

- 마이크 캐시디(Mike Cassidy), 산 호세 머큐리 뉴스(San Jose Mercury News)

"마이크 말론의 책은 월터 아이작손이 쓴 스티브 잡스의 자서전, 니얼 개블러

(Neal Gabler)가 쓴 월트 디즈니(Walt Disney) 그리고 탐 월프의 "Look at the first astronauts"의 반열에 오를 자격이 있다. "The Intel Trinity"는 그들의 책만큼 웅장하고 홀륭하다."

- 리치 칼가드(Rich Karlgaard), 포브스(Forbes)의 출판인이자 평론가,
그리고 "The Soft Edge"의 저자

이 책은 미국 캘리포니아의 실리콘밸리가 바로 그 이름을 갖게 된 실리콘 기반의 반도체 산업을 선도한 인텔의 초창기 창업자 로버트 노이스, 고든 모어, 앤디 그루브 세 과학자들의 이야기이다. 인텔의 창업부터 글로벌 기업이 되기까지 개인용 컴퓨터와 컴퓨터 기반 사회를 이끈 마이크로프로세서를 만들기 위해 치열한 경쟁에서 승리하거나 실패한 이야기와 이 새로운 신기술을 고객에게 인식시키기 위해 펼치던 전략 이야기들로 흥미를 끈다.

반도체 산업 분야에서는 단지 주문형 제품이 아니라, 대량 생산 제품을 상품화하고 판매하는 새로운 길을 열었고, 심지어 자신의 주력 산업을 잠식당하더라도 새로운 기술과 새로운 사업 분야를 도입하는 도전 정신을 보여주었다. 또한 일본과 미국 사이의 무역 경쟁 시대에 승리하고, 경제 불황기에 미국 경제의 버팀목이 되어 주기도 한다.

사업이란 결국 그 사업을 진행하는 사람들의 의지가 표명된다. 특히 그 사업의 리더들, 실리콘 밸리의 전설적인 인텔의 세 리더의 이야기가 마이클 말론의 책에 서로 깊이 얽혀 있다. 마이클 말론은 그 세 사람을 "신성하지 않은 삼위일체(trinity)"라 칭한다. 카리스마가 넘치고 매력적인 로버트 노이스 그리고 뛰어난 과학자이며 인텔의 공동창업자인 무어의 법칙을 발견한 고든 무어, 성미 급한 앤디 그루브가 바로 그 세 사람이다. 인텔의 설립과 관련하여 노이스와 무어가 공을 차지했다면 앤디 그루브는 인텔이 신기술을 상업화하도록 이끌며 시장 지배자의 위치에 오를 수 있도록 이끌었다.

마이클 말론은 인텔 내부에서 일어나는 이 세 사람의 마찰과 협력을 통해 어떻게 오늘날의 인텔이 가능했는지를 다른 많은 조력자들의 이야기와 함께 보여주고 있다.

워싱턴 포스트 북 리뷰(The Washington Post book review)

차례

서문: 유물

2013년 1월

　모순 같은 밤이었다. 1월답지 않게 20도 이상 치솟던 낮이 지나고 저녁이 되어 여러 대의 고급 차량이 긴장한 주차 대행 직원 앞에 멈추자 기온은 다시 1월의 날씨처럼 차가워졌다.

　젊고, 신속하며, 자신감으로 가득한 젊은이들의 고향인 실리콘밸리에서 좀처럼 보기 힘든 광경으로, 잘 차려 입은 젊은 남녀들이 거동이 조심스럽고 불편해 보이는 연장자를 모시고 천천히 차에서 내리고 있었다. 존경스러워 보이는 연장자들은 행사장 입구로 입장하여 이름표를 보고 서로를 알아보자 미소를 띠우며 포옹을 나누었다. 정말로 행복해 보이는 그들의 모습은 실리콘밸리의 음식점이나 술집 주변에서 일어나는 긴장한 듯 조심스러우며, 상냥한 태도로 만나는 사교 모임의 모습이라기보다 마치 중서부 지방의 고등학교 동창들이 다시 만난 듯한 모습이었다.

　PBS의 아메리칸 익스피리언스(American Experience) 다큐멘터리인 '실리콘밸리(Silicon Valley)'를 비공식 상영하게 될 연회가 열리는 이 건물이 또 다른 모순이기도 했다. 이 곳은 한때 롤러코스터 놀이기구를 제조하던 회사가 있었지만 오랫동안 비워져 황폐해진 곳이었다. 구멍 올빼미만이 서식하던 샌프란시스코 바닷가 가까이에 세워졌으며, 마치 공항 건물과 대형 영화관이 합쳐진 듯한 곡선 형태의 유리와 철근으로 만들어진 건물로, 원래는 그래픽 컴퓨터를 제작하던 야심찬 실리콘 그래픽스(Silicon Graphics Inc) 본사로 쓰려고 세운 건물이었다.

그러나 언제나 새로 근사한 본사 건물을 짓는 회사는 항상 재고 부족에 시달린다는 실리콘밸리의 법칙을 생생히 상기하게 하려는듯이 실리콘 그래픽스는 어려움에 빠지고 아직 책상과 인원들이 다 채워지지도 않았던 건물은 결국 버려지고 말았다. 그런데 부동산 경기의 침체 속에서 계륵(鷄肋)과 같았던 이 건물이 세워진 곳에 뜻하지 않은 임차인이 나타난다. 바로 컴퓨터 역사박물관이었다.

1996년, 실리콘밸리에 이 어색한 임차인이 도착했을 때 그리 환영을 받는 분위기는 아니었다. 실리콘밸리의 회사들이 경쟁에서 이기고자 했던 거대한 구조의 메인프레임 컴퓨터들을 전시하고 자랑하던 이 박물관은 지난 20여 년 동안 보스턴에 있었다. 그러나 마치 인간 세상에서 외톨이 또는 경쟁에서 밀려난 세대와 비슷한 처지가 되어버린 박물관은 새롭게 출발하려고 실리콘밸리를 찾았고, 실리콘밸리는 늘 그렇듯이 이 박물관이 스스로 자리를 잡도록 허용했다. 여전히 거대하고, 낡고 오래된 컴퓨터들을 박물관에 전시했지만 대부분은 뒤로 물러서고, 앞자리는 이제 디지털 세상을 지배하는 실리콘밸리의 회사들인 인텔, 애플, 휴렛패커드, 시스코, 구글 등의 뛰어난 제품으로 대체되었다.

그러나 새로운 발명도 바로 잊혀지는 첨단 과학 시대에 전시된 컴퓨터 시대의 유물보다 중요한 점은, 이 컴퓨터 역사박물관이 실리콘밸리에서 디지털 시대의 새로운 발명가나 선구자를 축하하는 행사나 모임, 연설을 위한 장소로서 새로운 역할을 찾았다는 사실이다. 그리고 오늘 밤 여기 모인 몸은 구부정해지고 머리는 하얗게 센 초창기 선구자들을 위해(일부는 이미 세상을 떠난), 박물관은 다음 세대가 그들의 지혜를 다시 필요로 할 때까지 컴퓨터 산업의 선구자들이 쌓은 지혜와 기록들을 모아 수집하고, 보존하는 진정한 목적을 찾은 셈이다.

일단 그날들은 아주 옛날 같아 보였다. 한 시대가 아무리 휘황찬란하다 했더라도 실리콘밸리의 중심은 언제나 무엇이었는지가 아닌 무엇일지, 즉 과거보다 미래였다. 그 누구도 뒤를 돌아보며 이 첨단 산업 분야에서 부자가 된 경우는 없다. 차라리 지평선에 나타날지도 모르는 다가올 새로운 분야를 찾으려고 직접 망원경을 만드는 편이 더 나을지도 모른다. 박물관 전시장에나 가야 노년의 기술자가 약 30년 전에 자신이 사용하던 오래된 컴퓨터를 신이 나서 이야기하는 모습을 보게 될지도 모르고, 한편으로 그 이야기를 듣는 젊은 기술자는 지루해 하며 아무런 인상도 받지 못하는 듯한 모습을 볼지도 모른다. 또는 실리콘밸리 외곽에서 토요일마다 지역 대학가의 재활용 센터에 수없이 쌓인 '구식이 되어버린' 컴퓨터와 프린터, 다른 전자 제품들을 볼지도 모른다. 이 중에는 불과 몇 년밖에 안 된 전자 제품들도 보인다.

혁신을 가속하며 현대 사회의 메트로놈이 된 무어의 법칙은 2년 마다 컴퓨터 칩의 성능이 두 배로 늘어난다는 법칙이며, 바로 그 순간 박물관으로 입장하던 친할아버지 같은 한 사람의 이름을 딴 법칙이다. 무어의 법칙은 변화가 현대 사회의 핵심이며, 뒤를 돌아보며 추억에 잠길 시간을 거의 주지 않을지도 모른다는 점을 말해준다. 악마에게 쫓길 때 살 수 있는 길은 계속 달리는 일뿐이다. 뒤를 돌아봤자 공포가 생길 따름이다. 더욱 어려운 점은 무어의 법칙이 지금까지 지나온 약 반세기에 걸쳐 단지 빨리 달리기만으로는 충분하지 않다고 경고해왔다는 사실이다. 그보다 더 빨리 달려야 할지도 모른다. 이는 인류사에 전에 없던 진보였다. '계속 속도를 올려라.'

가입자 수, 트랜지스터, 광대역, 처리 속도, 대용량 저장 장치 등의 숫자로 대변되는 삶 속에서 이 상상할 수 없는 추세가 실리콘밸리에서는 일상이 되어버렸고, 실제로 이 세상 모두가 그렇게 변해버렸다. 그러나 그 어떤 곳보다도 박물관에서 약 3마일 가량 떨어진 인텔 본사만큼 이 추세가 고통스럽고 가차 없는 곳은 없다. 이곳은 무어의 법칙과 마이크로프로세서의 고향이자 무어의 법칙이라는 불꽃이 꺼지지 않도록 목숨을 걸고 지키겠다고 맹세한 사람들이 일하는 곳이다. 그렇게 인텔은 실리콘밸리의 모든 기업과 이 세상 모든 조직과 기관이 의존하는 기업이 되었다.

그런데 이렇게 실리콘밸리의 삶을 전진하도록 가하는 모든 압력과는 달리, 이날 밤 상영된 다큐멘터리는 이 쉴 새 없이 바쁜 실리콘밸리의 이야기에 무언가 전혀 새로운 모습을 보여주었다. 갑자기 약 50여 년 동안 끊임없는 새로움 그 자체였던 실리콘밸리가 그날 밤 과거를 뜻하는 '역사'가 된 것이다. 앞으로 많은 학생들이 수업에서 이 이야기를 배우고, 대학 강의의 주제가 되기도 하며, 많은 박사 논문의 주제가 될지도 모른다. 이미 전 세계에서 실리콘밸리의 일화나 짧은 기사가 일상적으로 다루어지지만, 이제는 20세기와 21세기에서 주요한 역사의 한 부분이 될 것이다.

또한 이 이야기는 앞서 말한 어떤 이야기보다도 더 큰 모순이다. 미국 공공 텔레비전의 역사 프로그램을 시청한 많은 사람들이 확인하는 실리콘밸리의 공식 역사는 바로 인텔의 공동 창업자이자 카리스마 넘치던 로버트 노이스(Robert Noyce)와 함께 인텔의 역사에 밀접하게 연관되어 있기 때문이다. 인텔은 미래의 삶을 구체화한 그 자체였으며, 실제로 미래와 엮여 있었다. 그리고 이제 인텔은 다큐멘터리와 함께 실리콘밸리의 과거를 대표하는 사례가 된다.

세계에서 가장 가치 있는 기업 중의 하나이며, 세계 인터넷 경제를 이끄는 엔진인 마이크로프로세서를 만드는 인텔은 무어의 법칙에 따라 기하급수로 발전하는 마이크로프로세서 칩을 끊임없이 개발해야 하는 과업과 이 영광스러웠던 과거로 역행하는 힘을 어떻게 조화시킬까? 명확한 답은 없었다. 그러나 이 모순 같은 수수께끼를 풀 해결책을 찾으려는 시도가 이상한 날씨의 이 날 밤, 때를 놓쳐 한참 늦어버린 듯한 행사에서 시작되고 있었다.

아마도 명백하게 다큐멘터리가 초연되는 행사에 모인 2백 명 모두가 각자 인텔이라는 기업의 역사에 연관됐지만 PBS의 다큐멘터리 상영을 관리하는 몇 명의 홍보 담당 임직원만이 인텔에 현재 근무하는 직원이었고, 이 소수의 직원들만이 SNS(Social Network Service)와 스마트폰, 내장형 컨트롤러의 세상에서 매일 일하는 사람들이었다. 아직 이른 저녁임을 감안하면, 짐작하건대, 수천 명의 인텔 직원들은 지금 이 시간에도 베이 지역(Bay Area)의 사무실에서 시장을 잠식해오는 삼성과 같은 경쟁자로부터 끊임없이 무어의 법칙을 지키려고 노력하고 있을 것이다. 인텔에서 40년 넘게 근무해 오고 또 자신의 경력을 이 자리에 모인 사람들에게 빚진 인텔의 현 CEO인 폴 오텔리니(Paul Otelini)조차도 상영장에 참석하지 못했다. 아마 지금도 그는 사무실에서 근무하고 있을 것이다.

그 대신 지금 이 행사에 참여한 대부분의 사람들은 오래되고 공식 전설이 된 소형컴퓨터와 전자계산기, 전자시계 그리고 무엇보다도 개인용 컴퓨터의 세계에 속했던 사람들이다. 그들에게 인터넷 시대와 인터넷 기반 기업(dotcom) 거품은 그들의 공식 경력이 끝났음을 뜻했다. 이제 그들의 손자들에게 장난감 같은 도구가 된 페이스북이나 트위터에서 그들의 은퇴 소식을 읽는 일은 하나의 추세가 되었다.

이제 이 사람들은 더 이상 현역에 종사하지 않지만 이 다큐멘터리를 통해 자신들이 세상을 바꾸었다는 사실을 보며 큰 위로를 얻을 것이다. 현재 모바일(mobile) 시대의 도래를 파악하지 못해 어려움에 처하고, 또 인텔답지 않은 잘못된 판단을 내리는 바람에 인정사정없는 거대한 경쟁자인 삼성과 새로운 경쟁자인 ARM에게 빼앗긴 시장을 되찾으려는 노력을 하는 인텔 현역들과는 사뭇 다르게, 연회에 참석한 노령의 사람들은 기업 정신으로 뭉쳐 20세기 후반부를 장식한 영웅들이었으며, 이들이 남긴 업적은 영원할 것이다. 지금 상영되는 역사 속의 인텔과 달리 현재 인텔의 승부는 아직 결정 나지 않았다.

나이 들고 노쇠한 이 세대는 단지 그 시대에서 가장 중요한 기업을 세웠을 뿐만 아니라 현대 사회의 기틀을 만들어냈다. 이 자리에 모인 대부분의 사람들이 엄청난 부자가 되었으며, 그들 모두의 재산을 합하면 대략 50억 달러 이상일 것이다. 그리고 대부분이 느끼듯이 그들이 이룩한 성취는 영원불멸할 것이다.

특히 연회에 참석한 사람들 중 가족의 부축을 받으며 박물관으로 들어오는 두 사람은 현존하는 전설이었다. 두 노인 모두 사람들이 기억하는 모습보다 훨씬 나이가 들어 보였으며, 이들을 알아본 옛 친구들이나 옛 동료들은 숨죽인 탄성을 내야 했다.

고든 무어(Gorden Moore)는 무어의 법칙을 만들어낸 당사자로, 가끔 자신의 재단이 있는 팔로 알토(Palo Alto)에 방문하는 일을 제외하면 현재 대부분의 시간을 하와이에서 보낸다. 무어는 꽤 건강해 보였지만 최근 근황을 아는 사람들에게 지금의 모습은 최근의 나아진 모습일 뿐이었다. 고든 무어가 사람들을 지나칠 때 초기 투자자인 아트 락(Art Rock)으로부터 오랜 부하 직원이었던 에드 겔바하(Ed Gelbach), 테드 호프(Ted Hoff)까지 많은 사람들이 그를 알아보고 마치 오래전 주일 학교 선생님을 만난 사람처럼 무어와 겸손하게 악수를 나누었고, 고든 무어는 그들을 모두 반겼다. 주일 학교 선생님 같은 모습은 언제나 고든 무어의 성격을 특징짓는 모습이었다.

고든 무어 곁에 선 덩치가 훨씬 작은 사람은 파킨슨병의 마지막 단계와 함께 비틀어지고 움찔거리는 모습을 보여주었지만 그가 뿜어내는 강렬함은 단지 모습과 나이를 떠나 행사장에 있는 누구보다도 강했다. 그 사람은 당대의 가장 위대하고, 강했던 사업가인 앤디 그루브(Andy Groove)였다. 앤디 그루브는 과거 동료였던 레스 바데즈(Les Vadasz)와 악수를 나누었고, 오래전 경쟁자였던 페데리코 페긴(Federico Faggin)과도 여전히 사나운 눈빛을 서로 나누면서 악수를 했다.

그 누구보다도 서로에게 도움과 위협을 주고받으며, 이 두 사람은 함께 세상이 보지 못했던 인텔이라는 최고의 혁신 기업을 만들어 냈다. 간혹 어리석어 보이기까지 하는 그들의 고집스러움으로 방향을 잘못 잡는 경우도 있었지만 결국 불가능해 보이는 도전으로 인텔을 세상에서 가장 가치 있는 기업으로 만들어냈고, 인텔의 제품과 무어의 법칙을 지켜내며 매일 수백만 명이 늘어나는 사용자를 포함하여 약 30억 명이 넘는 사람들의 삶을 규정하는 소비자 전자 제품 혁명을 가능하게 했다. 그들이 이룩한 업적으로 지금 인류는 보다 풍요로워졌고, 건강해졌고, 현명해졌으며, 무엇보다도 그 이전과는 비교 못할 만큼 서로 긴밀히 연결되었다. 이제 세상은 그들이 어떤 업적을 세웠는지 서서히 인식해 가는 중이다.

이 이야기 속에서 이들은 영웅이다. 모든 사람에게 각자의 역할이 있었고, 또 이 이야기 속의 한 부분이 된 사실에 만족할지도 모른다. 그리고 자신들이 이룬 업적에 자부심이 있다면 이 행사는 이들에게 기쁨과 아픔이 교차하는 곳이 될 것이다. 여기 모인 모두가 이 행사가 이들의 업적을 축하하려는 모임일뿐만 아니라 마지막 만남일지도 모른다는 사실을 알고 있었기 때문이었다. 이 사실이 의심스러운 사람들은 여기 두 80대의 주인공을 그저 바라보면 이해할지도 모른다. 무어와 그루브 두 사람 역시 서로 악수를 나누며 아마 마지막 만남일지도 모른다는 것을 이해했다. 오늘 밤 행사는 축하하는 자리였지만 한편으로는 실리콘밸리를 만들어낸 사람들의 마지막 모임이기도 했다. 그래서 모두들 각자의 악수를 마음속 깊이 새기고 있었다.

레지스 맥케나(Regis McKenna)는 인텔의 마케팅 조언자로서 인텔을 보다 더 큰 시장으로 인도했으며, 첨단 기술 분야 브랜드의 역할을 세우는 데 가장 영향력 있는 전략을 고안하도록 도와준 인물이다. 다큐멘터리를 미리 보았던 맥케나는 다큐멘터리가 상영되는 내내 내용이 불만인 듯 투덜대며 말했다. "내용이 나쁘진 않아요. 다만, 내용이 조금 동부 지역의 느낌이 나요. 내가 말하고자 하는 바가 무엇인지 아시겠죠? 이 모든 일들이 가능하게 된 사실에 너무 정부의 역할을 강조한다는 거죠. 너무 자주 로켓 발사 장면도 나오고 말이죠."

그때 앤디 그루브와 고든 무어가 입장하는 모습을 보자 레지스 맥케나는 말 없이 자리를 잠시 떠났다. 그리고 몇 분 후 눈가에 눈물이 고이고 웃음을 머금은 채로 돌아와 이렇게 말했다. "내가 앤디에게 다가가자 앤디가 나에게 인사를 하고, 나에게 '선생님'이라고 말했어요. 나에게 선생님이라고 마지막으로 부른 사람은 스티브 잡스였죠."[1]

모두가 그렇게 따뜻한 향수에 젖은 분위기였지만 무언가 아쉬운 느낌이 사람들의 모임 속에 있었다. 이 느낌은 이 자리에 참석하지 못하고, 또 누구도 대체할 수 없는 사람 때문이었다. 그 사람은 인텔과 실리콘밸리, 디지털 혁명을 가능하게 했던 사람이었고, 상영되는 다큐멘터리의 주인공이었으며, 기자와 웨이터, 박물관 직원들을 포함하여 그 자리에 참석한 사람들의 삶을 새롭게 뒤바꿔 놓은 사람이었다.

바로 밥 노이스(Bob Noyce, 로버트 노이스의 애칭)였다.

어디를 둘러봐도, 밥 노이스를 회상하게 하는 기억의 흔적들이 보였다. 카리스마 넘치던 아버지와 같았던 밥 노이스, 다소 싸우기를 좋아하는 듯한 성격의 아들 같았던 앤디 그루브(Andy Groove) 그리고 첨단 산업의 신성한 영혼 같았던 고든 무어(Gorden Moore)를 사람들은 3인방이라 불렀다. 밥 노이스를 생각나게 하는 흔적은 전 애플의 임원이었던 미망인 앤 바워스(Ann Bowers)도 아니며, 행사에 참석한 사람들 사이로 끊임없이 들려오던 "지금 이 자리에 밥이 있었다면 얼마나 좋았을까"라는 소리도 아니었다. 심지어 밥 노이스가 남긴 유물을 전시해 놓은 작은 유리 상자도 아니었다. 그 속에는 밥 노이스가 단지 기업가가 아닌 과학자로서 높이 평가받지 못한 천재성의 흔적들이 들어 있을 뿐이었고, 밥 노이스의 인텔사 배지와 페어차일드(Fairchild)의 초기 제품 샘플, IC 회로를 개발하던 당시 쓰던 노트 등이 들어 있었다.

오히려 밥 노이스를 연상하게 하는 흔적은 마치 유령처럼 모든 곳에서 존재했다. 앤디 그루브와 고든 무어가 천천히 그 유리 상자 앞으로 다가서서 내용물을 살펴보자 모든 이들이 두 사람 뒤로 물러섰다. 그 자리에 함께 있어야 했던 인물이었고, 옛 동료이자 아버지 같았던 밥 노이스는 그렇게 모든 사람이 기억하는 올빼미의 또렷한 눈빛 같았던 자신의 눈빛을 간직한 채로 배지 속에서 이들을 올려다보았다. 노이스는 언제나 다른 사람들보다 연장자였다. 초기 페어차일드에서 그와 함께 했던 이십 대의 사람들 속에서도, 훗날 자신의 오래된 신전이 된 인텔에서 근무하는 베이비붐 세대 속에서도 언제나 연장자였다. 그러나 지금 배지 속에서 중년의 모습으로 멈추었고, 명성과 능력도 가장 높았던 시절 모습 그대로였다.

디지털 시대와 실리콘밸리의 건망증 덕분에 성공하려고 노력하는 수많은 인터넷 기반 기업(dotcom) 회사들과 구글, 페이스북 그리고 트위터와 같은 회사에서 일하는 공학도 세대에게 밥 노이스는 거의 잊혀진 인물이었다. 디지털 세상을 열었고, 모든 인터넷 회사들이 의지하는 장치를 개발했고, 지난 20세기 가장 위대한 발명품 중 두 가지의 배경에 있었으며, 한때 실리콘밸리의 시장이라 불리던 '현자 밥 노이스(saint Bob)'는 그렇게 수많은 어린 학생들이 견학 목적으로 방문하여 바라보는 인텔 박물관 벽에 걸린 작은 액자 속의 사진으로만 남았다. 그의 모습을 기념하는 조각상도 없으며, 그의 이름을 본 뜬 거리도 없으며, 그를 기념하는 산업 관련 상도 없었고, 그가 발명한 장치와 관련하여 노벨상을 수여하기 5년 전에 세상을 떠났기 때문에 수상자의 명단에 오르지도 못했다. 밥 노이스를 대리 아버지라 부르며 따르고 조언을 구하던 스티브 잡스(Steve Jobs)라는 한 젊은이가 세상으로부터 받은 명성과 악명도 얻지 못했다.

이제 미래를 상징하던 실리콘밸리는 마침내 역사가 되어 간다. 한때 저명 인사였던 사람들이 세상을 떠나 어둠 속으로 사라져 가고, 전자계산기의 진정한 성취가 이루어졌으니, 밥 노이스의 유령은 다시 한번 깊은 안도의 속으로 들어갈 것이다. 밥 노이스는 윌리엄 쇼클리(William Shockley)가 실리콘밸리에서 처음으로 회사를 설립하고, 모집한 젊은 천재 중 가장 좋아했던 사람이자 이른바 8인의 배신자를 앞장서서 이끈 사람으로서 쇼클리의 거친 경영 방식에 반발하여 페어차일드 반도체를 세운 사람이었다. 노이스는 페어차일드 반도체의 수장이었고, 또 아마도 한 회사가 모은 가장 뛰어난 인재들 중에서도 최고였다. 또한 IC회로를 발명하고, 10년 후 디지털 시대의 핵심인 마이크로프로세서를 인텔이 발명할 때 고든 무어와 함께 공동 설립한 인텔을 이끌었다. 또한 1980년대 무자비한 일본 기업과의 전쟁을 승리로 이끈 실리콘밸리의 영웅적인 사령관이었다. 게다가 워싱턴 정가와 실리콘밸리 사이에 놓인 깊은 심연의 바다를 건너게 해준 다리와 같은 역할을 하기도 했다.

그가 세상을 떠난 지 거의 12년이 지나고, 새로운 세기가 시작될 무렵, 텍사스 인스트루먼츠(Texas Instruments)에서 근무했던 잭 킬비(Jack Kilby)가 자신이 발명한 IC회로의 업적을 인정받아 노벨상을 수상하자 다시 한번 밥 노이스의 업적이 재조명되기 시작한다. 신문 기사는 잭 킬비의 수상 소식을 전 세계로 알렸고, 이때 잭 킬비가 다음과 같이 언급한 이야기가 기사와 함께 퍼져 나갔다. 그 이야기는 밥 노이스가 살아 있었다면 아마도 노벨상을 그와 함께 공동 수상했을 것이라는 언급이었다.

이 일은 밥 노이스의 이야기가 계속 그 생명력을 가지기에 충분하도록 해 주었다. 2010년대가 시작될 무렵, 미국 기업 역사에서 길이 남을 혁신을 이끌어냈던 스티브 잡스의 삶이 끝나고, 정치가들은 실리콘밸리를 향해 돈과 세상의 인증을 위한 순례를 시작한다. 그리고 불황에 시달리던 경제를 살리려고 실리콘밸리에 구원을 요청하면서, 세상의 관심은 자연스럽게 무엇이 실리콘밸리를 다른 분야와 전혀 다르게 만드는 이유인지에 쏠렸고, 그 차이는 어디서 출발했고 누가 그 변화를 이끌었는지 관심을 갖게 되었다.

곧 여러 곳에서 실리콘밸리를 찾아온 수많은 작가들이 그 답을 찾는다. 페이스북의 탄생과 같은 논란이 많은 이야기를 영화로 만들고, 휴렛팩커드의 이야기, 스티브 잡스의 일대기, 초기 벤처 투자 등의 주요 작품들이 쏟아져 나온다. 심지어 짧게 단명한 기업들의 이야기까지도 나온다. 애플의 공동 창업자였던 스티브 워즈니악(Steve Wozniak)은 텔레비전 쇼 프로인 '스타와 함께 춤을'과 시트콤 '빅뱅 이론'에 카메오로 출연하기도 한다. 그리고 다큐멘터리 제작자인 랜달 맥로리(Landall MacLowry)는 PBS와 WGBH에 실리콘밸리의 창시자를 다루는 다큐멘터리 제작 제안을 하는데 바로 그 내용이 인텔과 로버트 노이스(밥 노이스) 박사의 이야기였다.

마침내 그 다큐멘터리가 완성되어 상영되자 한때 실리콘밸리의 저명 인사였지만 지금은 잊혀진 인사들이 실리콘밸리 이야기의 중심에 있던 정당한 자리로 돌아간다. 인텔의 3인방은 한 세대를 거치면서 두 사람으로 줄었지만 이들은 이제 다시 한번 창공으로 높이 날아오르려 하고 있었고, 앤디 그루브와 고든 무어는 함께 마주 서서 전시된 상자에 든 밥 노이스의 반도체 IC회로 초안 그림과 초기 페어차일드 시절의 시제품들 그리고 인텔 배지를 바라보았다. 밥 노이스는 이 두 사람과 함께 인텔을 만들었던 연장자였지만 지금은 남은 사진 속에서 가장 젊은 사람으로 다시 이렇게 한자리에 모이게 된 것이다. 이들이 함께 했던 우정과 불화, 승리와 실패는 이제 뒤안길로 사라지고 없지만 이들은 지금 다시 차갑고 명료한 역사의 빛 앞에 섰다.

행사에 모인 사람들은 엄숙한 분위기가 느껴지는 마치 거대한 간이 병사 건물처럼 곡선 형태의 지붕 모습을 한 실내 강당으로 이동했다. 행사용 탁자의 거대한 접시에 잘 차려진 다과가 있었지만 강당의 거친 모습을 누그러뜨리지는 못하는 듯했다. 그러나 이 거친 모습 또한 인텔을 포함한 실리콘밸리의 유산 중에 하나이기도 했다. 이 모습은 미국 동부 사회와 계층 조직 사회에 따르는 반작용이었다. 동부 사회로부터 탈출하여 캘리포니아로 온 사람들은 평등한 공동체이지만 때로는 스파르타 방식의 강한 기업 문화를 실리콘밸리에서 만들어 냈다.

여러 가지 면에서 인텔보다 이러한 문화가 있는 회사는 없었다. 1970년대 초반, 인텔로 걸어 들어가면 세상에 많은 월급쟁이들이 꿈꾸던 사무실인 정사각형 사무 공간의 광활한 바다를 만난다. 이 곳이 인텔의 본사인지조차 명확해 보이지 않을 정도였다. 앤디 그루브와 고든 무어, 밥 노이스는 각자 건물의 다른 곳에서 각자 흩어져 일했기 때문이었다. 실험실에서 생쥐의 미로로 사용하는 듯한 섬유 소재의 파티션으로 된 공간을 안내하는 비서를 따라 이리저리 걷다 보면 어느새 밥 노이스의 사무실 앞에 도착하게 될 것이다. 그리고 인텔의 위대한 영웅인 그의 사무실 벽에 다른 직원들이라면 가족의 사진이나 지난 휴가 때에 찍은 사진이 걸려있을 만한 곳에 국립 발명 협회에서 받은 메달이 걸린 모습을 제외하고는 다른 모든 직원들과 똑같은 플라스틱 사무 책상 앞에 똑같은 사무 공간을 사용하며 앉은 그의 모습을 발견했을 것이다.

아직까지도 이러한 평등주의 공동체 문화를 인텔만큼 이룩한 회사는 없었다. 휴렛과 패커드가 아마 식당에서 다른 직원들과 같이 식사를 했을지도 모르고, 스티브 잡스가 임시로 '비서'라는 직함을 '지원 담당(associate)'이라고 바꾸었을지도 모르며, 구글이 회의를 탁구장에서 하는 동안, 야후가 회사의 현관을 놀이터로 바꾸었을지도 모른다. 그러나 이와 같은 회사를 운영하는 모든 사람들은 여전히 개인이 사용하는 오피스 공간이 있다. 인텔의 창업자들만이 자신들의 철학을 솔직히 천명하고, 이를 대부분 실천으로 보여 주었을 뿐이었다. 그리고 실리콘밸리에서 나온 다음 세대의 선두 주자들은 언제나 인텔의 창업자들이 보여준 이상을 따르지 못한 사실에 죄책감을 느꼈다. 그래서 이러한 수준의 기대에 부응하지 못한 실리콘밸리의 새로운 기업가나 임원들이 적어도 그들의 사무 공간에서 우아함이나 기만 같은 모습을 부분적이나마 제거하려고 애쓰는 모습이 보인다.

그러한 이유로 실리콘밸리의 표준적인 사무 빌딩 모습은 콘크리트 벽과 잔디로 된 갓길 그리고 내부는 하얀 회반죽 벽으로 이루어졌다. 그렇게 약 30여 년 동안 이 모습은 계속 이어져 갔고, 실리콘 그래픽사가 이 건물을 세울 때 과거의 실리콘밸리의 소박함에 약간의 복잡함을 가미했을 뿐이었다. 그래서 박물관의 강당에 모인 사람들은 이 건물이 자동차를 판매하려고 만드는 전시실이나 기업의 연구 개발 공간으로 쓰일 곳임을 바로 알아차린다. 아니면 솔직히 박물관이 아니고는 딱히 다른 용도로는 쓰일만한 공간이 아니다.

그곳에서 탁자 사이로 마지막 웅성거림이 들렸고, 재정 면에서 실리콘밸리에 많은 신세를 져온 샌프란시스코의 PBS 방송국인 KQED의 이사가(의심의 여지가 없이 오늘 밤 또 많은 기부를 받게 될) 연단에 올라서 사람들에게 앞으로 모여 달라고 요청하고 있었다. KQED의 이사는 이 모임에 다른 방송국 관리자와 똑같은 목적으로 프로그램에 출연했다고 주장하는 지역구 의원을 먼저 소개하고 나서, 연단에 올라가 그의 앞에 지금 선 실제 인물들의 이야기를 다룬 다큐멘터리를 짤막하게 소개했다.

곧 조명이 서서히 어두워지고 사람들 모두 기대심으로 화면에 몰두했지만 한 사람 바로 앤디 그루브만 예전 명성답지 않은 덜 사나운 표정으로 길게 목을 빼고 마치 마지막 기억의 조각을 모으려는 사람처럼 뒤를 돌아보았다.

잠시 후 다큐멘터리가 상영되고, 실리콘밸리의 아이들이었고, 인텔의 창업자였던 그들은 조금씩 화면에 나오는 자신들의 이야기를 바라보기 시작했다.

1부
페어차일드의 아이들
1957-1968

The intel trinity

1장
8인의 배신자

　인텔을 이끈 창업자 세 명과 인텔을 이해하려면 먼저 실리콘밸리와 그 시작을 알아야만 한다. 그리고 윌리엄 쇼클리(William Shockley)의 트랜지스터 이야기와 일명 8인의 배신자, 페어차일드 반도체 회사(Fairchild Semiconductors)를 먼저 알아야 한다. 이러한 사실들을 알지 못하고는 다른 사람들이 생각하듯이 인텔은 여전히 불가사의한 존재로 남게 될 것이다.

　이 실리콘밸리 이야기는 1957년 9월 따뜻한 날씨 속에서 시작한다. 캘리포니아에 있는 마운틴 뷰(Mountain View)지역에 위치한 쇼클리 트랜지스터(Shockley Transistor)의 핵심 직원 중 일곱 명은 함께 회사를 그만두고 자신들의 길을 직접 헤쳐 나가기로 결심한다.

　몰려오는 두려움이 어떻든 간에 이들은 자신들의 결정이 옳다고 확신했다. 세상에서 가장 위대한 과학자이자 상사인 윌리엄 쇼클리(William Shockley)가 이들을 고용했을 때 모두가 그 사실을 영광스럽게 생각했고, 자신들이 회사에 합류하고 나서 쇼클리가 노벨 물리학상을 수상했을 때 모두가 그 사실을 매우 자랑스럽게 생각했다. 그러나 쇼클리는 기업의 상사로서는 악몽 같은 존재임이 드러난다. 쇼클리는 변덕스럽고 편집증 증세를 보이는 성격에 오만함과 거만함이 가득했다. 쇼클리가 고용한 사람들을 하찮게 생각하고, 그렇게 심각하게 불신한다면 왜 이들을 고용했을까? 이들은 이제 떠날 때라고 판단했다. 바로 지금이 그 순간이었다.

그러나 일곱 명의 직원들은 이 조직의 가장 중요한 사람이자 여덟 번째 멤버가 어떤 생각을 가졌는지 확신을 가지지 못했다. 바로 밥 노이스였다. 밥 노이스는 타고난 리더였고, 카리스마가 넘치며, 뛰어난 운동 감각을 소유한 천재 과학자였고, 기업가 기질까지 타고난 사람이었다. 군계일학 같은 존재였다. 나머지 일곱 명의 멤버들은 회사를 그만두는 일에 확신을 가졌지만 밥 노이스 없이는 결코 성공하지 못한다는 사실도 알았다. 이들이 로스 알토스(Los Altos)에 위치한 밥 노이스의 집으로 차를 몰고 가면서도 그가 자신들과 합류할지 확신하지 못했다. 일곱 명의 멤버들이 밥 노이스의 집 앞에 도착하고, 밥 노이스가 이들을 맞이하려고 현관으로 나오자 비로소 일곱 명의 멤버들은 안도의 한숨을 쉬었다. 밥 노이스가 일곱 명의 멤버와 합류하기로 결정한 것이다. 쇼클리 트랜지스터는 그렇게 사라졌다. 그리고 그 자리를 다음 10년 동안 이들의 고향이 될 페어차일드 반도체가 차지한다.

여덟 명의 사람들은 자신들이 회사를 그만둘 때 쇼클리가 말한 '8인의 배신자'라는 별칭으로 영원히 불려진다. 이들은 로버트 노이스(밥 노이스, Robert Noyce), 고든 무어(Gorden Moore), 제이 라스트(Jay Last), 진 호에르니(Jean Hoerni), 빅터 그리니치(Victor Grinich), 유진 클라이너(Eugene Kleiner), 쉘든 로버츠(Sheldon Roberts) 그리고 줄리어스 블랭크(Julius Blank)이다. 그 당시 이들은 IBM이나 모토롤라의 연구원들을 포함해도 세상에서 가장 똑똑하고 젊은 물리학자들이었다. 쇼클리의 유명하고 가혹한 채용 과정이 그 사실을 입증한다. 실제로 쇼클리가 정립한 채용 과정은 그 후 실리콘밸리의 채용 과정의 기준이 된다. 그러나 이 똑똑한 물리학자들 속에서 그 누구도 기업을 경영하는 방법을 잘 아는 사람은 없었다. 적어도 분명히 그 사실을 충분히 인지할 만큼 이들은 똑똑했다.

사실 페어차일드가 샌프란시스코의 바닷가 지역에 세워진 최초의 전자 회사가 아니라는 점을 간혹 간과한다. 여덟 명의 멤버들이 쇼클리의 회사를 그만두었을 때 이미 이 지역의 기업 역사는 거의 반세기가 지나가 있었다. 20세기

초반에 10대 시절 무선 라디오로 실험을 하던 어린이들로부터 진공관을 만들던 20대 그리고 스탠포드 대학교의 프레드 터먼(Fred Terman) 교수가 강의하던 유명한 전자 공학 과정을 마치고 실리콘밸리에서 자리를 잡은 빌 휴렛(Bill Hewlett), 데이비드 패커드(David Packard), 러스 베리언(Russ Varian)과 같은 30대까지, 실리콘밸리는 전자 공학 혁명과 기업가 정신으로 무장한 사람들에게 가장 인기 있는 장소였다. 실리콘밸리의 기술 분야에서 사업 분위기와 인재 양성은 충분히 무르익은 상태였고, 이 열기를 점화시킬 촉매를 기다릴 따름이었다.

　이러한 분위기에 불을 붙인 사건이 바로 제 2차 세계 대전이었다. 계약을 맺으려고 고군분투 하던 지역의 조그만 회사들은 갑자기 거대하고 엄청난 수익성이 있는 정부 계약의 홍수 속에 묻히게 된다. 휴렛패커드의 공동 창업자 휴렛은 전쟁터로 나갔고, 한편 마치 동물 우리와 같던 사무실에서 잠을 자던 패커드는 3교대로 근무하게 된 여직원들을 관리해야 했다. 그 과정에서 패커드는 신뢰성 있는 직원들이 목표를 성취하도록 하는 관리 과정을 자연스럽게 배운다. 그리고 직원들이 목표를 달성하면 그들에게 더 큰 책임과 권한을 부여했다. 놀랍게도 그가 상부에서 하부로 직접 명령하고 관리하는 방법보다 그들에게 권한과 책임을 부여하자 회사가 더욱 잘 운영된다는 사실을 발견한다. 또한 여직원들이 마치 거대한 가족의 일원처럼 대우 받을 때 생산성이 더욱 향상된다는 사실도 발견한다. 이 발견에는 그들에게 아픈 자식들을 돌볼 시간이나, 개인사를 처리하도록 근무 시간을 유연하게 조절할 때 더욱 생산성이 향상된다는 사실까지도 포함되었다.

　실리콘밸리의 다른 회사들도 비슷한 발견을 한다. 그럼에도 데이비드 패커드(David Packard)만큼 혁신적인 조직 관리를 한 사람은 없었으며, 그가 실행한 인사 정책은 미국 동부의 경쟁자들에 비교하면 훨씬 진보한 형태였다. 전쟁은 또한 산타클라라 계곡에 사는 사람들의 삶을 휩쓰는 다른 결과를 가져다주었다. 백만 명 이상의 젊은이들이 금문교를 지나 태평양으로 참전하려고 서부를 지나갔다. 이 젊은이들 중 대부분은 앞으로 닥치게 될 길고 잔인한 시간 전에 잠시 서부에서 머무는 동안 화창한 날씨 속에서 보물 같은 추억의 시간을 보낸다. 그리고 무엇보다도 농장 출신 혹은 상점에서 일하던 많은 젊은이들이 전쟁 기간 중에 최첨단 비행기와 전자 기기를 다루도록 훈련을 받는다. 그들은 미래를 보았고, 그 미래의 일부가 되고 싶어 했다. 또한 많은 젊은이들이 일본과의 전쟁에서 승리하고 집으로 돌아가는 여정에서 제대 군인 원호법에 따라 지급 받은 돈으로 자금력은 충분했고, 전쟁 전 삶의 방식으로는 충분하지 않다고 결론짓는다. 그 대신에 그들은 대학 과정을 빨리 끝내고, 바로 결혼하고, 아이를 갖고 그리고 서부로 다시 부는 새로운 골드러시(gold rush)의 한 일부가 되고자 했다. 물론 앞서 말한 순서대로 반드시 하지는 않았다.

1940년대 말이 되자 산산조각이 났던 유럽의 소비가 전후 세대의 결혼, 베이비붐 등의 수요 증가 폭발(텔레비전 수요와 같은)과 함께 살아났고, 새로운 냉전 시대에 따른 군 수요로 인해 미국의 경제는 다시 성장을 구가하며 미국 역사상 가장 위대한 호황기를 맞는다. 이때 캘리포니아를 향한 이주가 시작된다. 많은 이주자들이 남부 캘리포니아에 위치한 항공 산업의 새로운 일자리를 찾아 이주한다. 그리고 거의 비슷한 규모의 이주자들이 샌프란시스코만 지역으로 향하기도 한다. 특히 록히드 형제 회사(Lockheed Brothers)는 우주 항공 산업 분야가 미래 산업이라 확신하고 그 지역의 고등 교육을 받은 사람들을 모으기 시작한다. 곧 서니베일(Sunnyvale)에 위치한 록히드의 미사일 사업부와 우주 사업부는 실리콘밸리에서 가장 직원을 많이 채용한 회사가 된다. 다른 동부 출신의 회사들도 속속 도착한다. 실바니아(Sylvania), 필코(Philco), 포드 에어로뉴트로닉스(Ford Aeronutronics) 그리고 가장 중요한 IBM이 실리콘밸리로 이주한 대표 회사들이다. 빅 블루(Big Blue / 옮긴이: IBM의 별칭)는 지역의 인재를 구하고, 새로운 자성 성분의 저장장치(디스크 드라이브)를 개발하려고 산호세(San Jose)에 지점을 열기도 한다.

한편 이러한 회사들과 그들에게 고용된 과학자와 기술자들이 만들어내는 기술도 함께 진화해 나갔다. 터먼 교수(Terman)의 연구실이 세워진 이래, 약 20년 넘게 전자 산업은 진공관과 전선 속 전류의 흐름을 제어하려고 설계된 단순한 기구로부터 계속 진화해 나갔고, 전쟁 때문에 레이더와 극초단파, 최초의 컴퓨터와 같은 신기술이 나온다. 이제 새로운 혁명은 기존의 모든 제품들을 다시 설계하도록 그들을 이끌뿐만 아니라 그들을 새로운 발명과 부을 거머쥐게 될 길로 안내한다.

이 혁명은 뉴욕에 있는 벨 연구소로부터 출발한다. 전쟁이 발발하기 직전에 두 명의 과학자인 월터 브래튼(Walter Brattain)과 존 바딘(John Bardin)은 점심시간 강의에서 독특한 신물질을 목격한다. 이 물질은 규소 유리로 된 작은 판(완벽한 부도체) 같아 보였고, 그 판의 양쪽 끝에 전선을 연결하여 전류가 흐르도록 하자 아무런 변화도 일어나지 않았다. 당연히 강의를 들으려 참석한 사람들은 특별한 인상을 받지 못한다. 그러나 실험을 진행한 사람이 규소 유리판의 한 중앙에 손전등을 비추자 갑자기 규소 유리판으로 전류가 흘렀고, 강의에 참석했던 사람들은 순간 벌어진 입을 다물지 못하고 만다. 실험을 진행한 사람은 규소 유리판에 특정 불순물이 '첨가(doped)'되었고, 이 불순물은 붕소 또는 인 성분으로 규소 유리판에 독특한 성질을 부여한다고 설명한다. 즉, 두 번째 전류가 초기 전류에 직각 방향으로 흐르게 되면 일종의 화학적 "입구(gate)"가 열리게 되고, 이 입구는 초기 전류가 통하도록 해 주는 성질이라는 설명이었다.

깊은 인상을 받은 브래튼과 바딘은 현재 진행되는 연구가 끝나는 대로 이 새로운 반도체를 연구하기로 계획을 세운다. 그러나 의도했던 대로 잘 계획이 진행되지 못하고, 1946년이 되어서야 비로소 두 사람은 이 새로운 물질을 연구할 시간이 생긴다. 연구는 몇 가지 기술 장애를 만나기 전까지 빠르게 진행된다. 두 과학자는 매우 뛰어난 연구자였지만(바딘의 경우 노벨상을 두 번 수상한 유일한 인물이다. 바딘은 두 번째 연구에서는 초전도체를 다루었다), 그들은 연구의 막다른 골목에 다다른다. 결국 그들은 보다 뛰어난 과학자에게 도움을 청하기로 결정한다. 바로 윌리엄 쇼클리(William Shockley)였다.

의심할 여지없이 두 사람은 곧 상당한 충격을 받는다. 쇼클리는 난해하고 거만하기로 악명이 자자했기 때문이었다. 곧 그들의 희망과 걱정은 현실이 된다. 쇼클리는 결국 그들이 의뢰했던 문제를 해결하지만 이제 바딘과 브래튼의 명성은 쇼클리라는 멍에를 영원히 지게 되었기 때문이었다.

이 운명 같은 일에 비추어 볼 때 두 과학자가 결국 제조해 낸 장치(최초의 트랜지스터)는 조악했고, 거의 석기 시대의 유물 같은 모습이었다. 이 장치는 화살표 모양의 작은 금속에 클립을 아무렇게 펴서 금속의 화살표 반대 방향 부분에 연결시킨 듯한 모습이었고, 화살표의 뾰족한 끝 방향은 편평한 바닥에 있는 작은 불규칙한 모양의 불에 타버린 유리 같은 게르마늄 판에 고정되어 있었다. 하지만 이 장치는 두 사람이 원하는 대로 잘 작동했다. 이 초기의 형태로도 트랜지스터는 앞으로 대체하게 될 진공관보다 더 빠르고, 작고 그리고 더 전기를 적게 사용했고 열도 훨씬 적게 방출했다.

트랜지스터는 그 당시 주류였던 진공관이 달린 장치라면 어디에도 사용이 가능했고, 휴대용 라디오나 항공 분야 같이 보다 더 광범위한 범위의 응용 장치에도 사용할 가능성이 있었다. 곧 이와 같은 엄청난 수요와 함께 많은 사람들과 기업이 부자가 된다. 그러자 다른 과학자들이 늘 그래왔듯이 윌리엄 쇼클리도 벨 연구소에서 이 사업 열기를 바라보면서 "왜 저 사람들이 내 발명으로 저렇게 많은 돈을 버는가?"라고 자신에게 되묻는다. 이런 질문에는 언제나 복잡한 이유가 있기 마련이었다. 쇼클리는 벨 연구소와 세상이 이 발명에 자신보다 바딘과 브래튼에게 더 많은 공로를 인정해 주는 사실에 매우 화가 나 있었다. 또한 유명했던 특유의 까다로운 성격으로 연구소에서 적을 만들어 낼 뿐이었다.

그러나 문제는 단지 쇼클리의 인간성 문제만은 아니었다. 그의 천재성도 한 몫을 했다. 쇼클리는 수년 동안 고체 기술 관련 연구를 해왔다. 쇼클리는 충분한 성능을 낼 만큼 불순물이 없는 순수 상태의 게르마늄 수정이 실험실에서 충분히 형성되지 않았기 때문에 그 한계에 다다랐다고 확신했다. 쇼클리는 실리콘(규소)이 원래 순수 물질 상태일뿐만 아니라 보다 더 순수한 물질을 만들어

내기 때문에 미래의 트랜지스터 원료라고 결론짓는다. 또한 이 물질은 지구에서 가장 흔한 물질 중 하나이기도 했다.

쇼클리는 어떻게 실리콘 발견으로 유명해지고, 또 돈을 벌지 계획을 세운다. 1953년, 쇼클리는 모교인 칼텍(Caltech)에서 교수 자리를 알아보려고 휴가를 내고 캘리포니아로 향한다. 한편 그로부터 몇 년 내에 텍사스 인스트루먼츠에서 쇼클리의 이론에 따라 실리콘 트랜지스터를 만들기 시작한다. 실리콘 트랜지스터는 그의 생각이 맞았음을 증명했을뿐만 아니라 쇼클리를 독자적으로 움직이게 만든다. 벡크만 인스트루먼츠(Bechman Instruments)사의 아놀드 배크만(Arnold Beckman)은 쇼클리가 자신의 회사 내에서 연구를 하겠다면 지원을 해주겠다고 제안하지만, 공교롭게도 이때 쇼클리의 어머니가 건강이 악화되고, 쇼클리는 어머니가 거주하는 팔로 알토(Palo Alto)로 이주하여 연구하도록 해달라고 아놀드 배크만을 설득한다. 그곳에서 쇼클리는 쇼클리 트랜지스터 연구소(Shockly Transitor Laboratories)를 세우고, 벨 연구소에서 함께 일하던 전 동료들을 모집한다. 명백하게도 그와 함께 뉴저지에서 같이 일했던 누구도 쇼클리와 다시 일을 하고 싶어 하지 않았고, 이에 화가 난 쇼클리는 세상에서 가장 진보한 트랜지스터를 만들겠다고 호언장담한다. 그리고 미국에서 가장 똑똑한 젊은 과학자들을 모집한다.

윌리엄 쇼클리의 비극은 그가 샌프란시스코 바닷가 주변으로 옮겨왔을 때 이루고자 하는 모든 성취를 손에 쥐었다는 점이었다. 이미 엄청난 명성을 얻었고, 이 명성은 곧 그가 노벨상을 수상하리라는 소문이 돌면서 더욱 커져간다. 이러한 명성 덕분에 젊고 똑똑한 과학자들에게 그가 직원들 모집한다는 소문이 퍼지자 연구소로 지원하려는 바람이 분다. 그 중에서 곧 역사 속에서 모두가 보게 될 여덟 명의 사람을 뽑게 되고 이 중에는 세계 역사에 길이 남을 두 사람이 포함된다. 게다가 쇼클리는 4개의 층으로 이루어진 다이오드 트랜지스터와 같이 전혀 새로운 기술을 만들어낼 능력과 누구도 보지 못하는 미래를 보는 통찰력이 있었고, 이는 수십조의 가치가 있는 산업으로 결국 입증된다.

그럼에도 쇼클리는 사업에서 실패하고 만다. 그것도 완전한 실패였다. 한때 뉴턴 이후로 가장 위대한 과학자라는 칭송을 받았지만 인종차별의 관점과 인간의 지능에 가졌던 악명 높은 편견을 포함해 연구소 및 사업 실패 때문에 영원히 실패자로 기억된다.

무슨 일이 일어났었을까? 한마디로 쇼클리는 아주 끔찍하고, 병적이고, 오만하며, 부하 직원들을 경멸하는 상사였다는 사실이다. 그로 인해 그가 몇 달 전 모집했던 젊고 자신만큼이나 똑똑했던 과학자들을 몰아내게 된다. 이 모두가 사실이다. 그러나 1950년대 미국에는 쇼클리만큼 끔찍하고 폭군 같은 나쁜 상사들은 많았지만 중간 관리자급 이상의 모든 직원들이 새로운 직장 전망도 없이 한꺼번에 회사를 그만둔 사례는 그때까지 없었다. 설상가상으로 그가 1956년 미국에서 가장 끔찍한 상사였다는 사실은 믿기지 않을지도 모른다. 어떻게 해서 실리콘밸리의 역사에서 가장 최악의 사람이 되었을까?

여기 몇 가지 이유가 있다.

첫 번째 상황은 휴렛패커드가 전쟁 후 고통스러운 고용 해고 바람의 물결 속에서 살아남았다는 점이다. 설립자 휴렛과 패커드는 전혀 새로운 방식의 경영 전략을 찾으려고 노력했고, 이는 보다 일상과 조화를 잘 이루고 북부 캘리포니아만의 방식인 계층이 없는 비관료주의 방식이었다. 1950년대를 걸치면서 휴렛패커드는 그와 같은 경영 방식을 처음으로 시행한다. 곧 휴렛패커드는 유연한 근무 시간 제도, 금요일 맥주 파티, 하루에 두 번의 다과 시간, 스탠포드 대학에서 이루어지는 사원 교육 제도 그리고 무엇보다도 주식 옵션과 직원과의 이익 공유 제도로 유명해진다.

회사가 처한 현실에도 이러한 새로운 종류의 계몽이 반영된다. 스탠포드 대학의 교무처장이 된 프레드 터먼(Fred Terman) 교수는 위대한 혁신 정책 속에서 학교의 방대한 목초지를 학교의 졸업생들과 그들이 설립한 회사와 연계하여 이들을 육성하는데 할애한다. 그 결과가 스탠포드 산업 단지이다. 이 단지는 과거에도 그랬고 여전히 세상에서 가장 우아하고 아름다운 산업 단지 중에 하나다. 후르시초프와 드골마저도 미국에 방문하여 이 곳을 직접 보고 싶어 할 정도였다. 언덕을 낀 유리로 된 빌딩과 마치 천국 같이 이상적인 모습으로 구성된 상업 환경에 둘러싸여 일을 즐기는 문화는 그 어떤 기업 역사 속에도 없었다. 휴렛패커드에서 근무하는 사람들은 그 동안의 기업 환경에서 보여주지 못한 가장 높은 충성도와 사기, 높은 창의성을 보여 주었다. 그리고 주말이 되면 직원들은 회사가 직원들을 위해 구입한 팔로 알토에 위치한 산 속의 작은 분지에서 캠핑을 하며 여가를 즐겼다.

휴렛패커드는 이 새로운 계몽의 경영 방식을 그 어떤 회사보다 널리 적용했다. 그러나 휴렛패커드 혼자만은 아니었다. 1950년대 이곳을 방문하였던 베리안(Varian), 리튼(Litton), 실바니아(Sylvania), 필코(Philco), 록히드(Lockheed) 등의 회사들이 하나둘씩 새로운 방식을 따르기 시작한다. 수평 형태의 조직 구조, 직원에게 보여주는 무한 신뢰, 휴식 시간 제도 그리고 보다 유연한 근무 환경 제도 등이었다. 쇼클리가 연구소를 차린 곳에서 불과 약 2킬로미터 가량 떨어진 곳에서 봄날이면 마운틴 뷰 지역에 위치한 몬테 로마 학교(Mountain View's Monte Loma school)의 학생들이 놀이를 하는 모습이 쉽게 보였다. 아마도 어린 시절의 스티브 잡스가 이곳에서 상대편 아이들과 게임을 했을지도 모른다. 한편 록히드사에서는 거대한 직원 행사와 성대한 소풍이 벌어졌다. 그리고 나사 에임스(NASA Ames)에는 직원 아이들(스티브 워즈니악도 그 중에 한 명이었을지도 모르는)이 가지고 놀도록 초기 형태의 컴퓨터 터미널을 현관에 설치할 만큼 베이비붐 시대에 이곳의 회사들과 기관 단체는 가족의 중요성을 충분히 이해했다.

그런데 미국 동부 지역인 뉴저지에서도 관리자로서는 미달이라 할 쇼클리가 이곳에 온 것이다. 그가 고용한 젊은 과학자들은 대부분 가족을 이끌고 캘리포니아로 이사를 와서 주위를 둘러보고는 곧 자신들이 잘못된 결정을 내렸음을 바로 알았다. 쇼클리가 북동부에 있었다면 단지 불운한 상사가 되었을지도 모르지만 그를 둘러싼 캘리포니아 주변의 상황을 보았을 때 마치 최악의 상사가 어떤지 구체화하려는 듯이 보였다. 마치 이곳의 경영진 사이에서 일어나는 계몽주의 경영 방식과는 조금도 공통점을 가지지 못한 듯했고, 실리콘밸리 쇼핑센터와 기찻길 사이에 있는 스탠포드 산업단지의 작은 콘크리트 건물조차도 피하려는 듯했다. 휴렛패커드와 그 경쟁사가 하늘의 별에 닿을 듯 상승하는 모습이라면 쇼클리의 지저분한 연구소 앞은 마치 먼지 속에서 사투를 벌이는 듯했다.

그래도 새로 고용된 젊은 과학자들의 좌절과 분노가 끓는점에 도달하는데는 약간의 시간이 필요한 듯 보였다. 쇼클리는(바딘과 브래튼의 당혹감과 함께) 트랜지스터를 발명한 공로로 노벨상을 공동 수상한다. 쇼클리는 새로 고용된 젊은 과학자들과 아침 9시에 그 지역의 유명한 레스토랑에서 샴페인으로 아침 식사와 함께 축하를 한다. 돌이켜 보면 이 순간이 쇼클리의 인생에 단지 가장 위대한 순간일뿐만 아니라 동시에 그의 인생에 최고의 정점이기도 했다. 새로 고용된 젊은 과학자들은 당대 최고의 물리학자와 함께 일한다는 사실에 흥분을 감추지 못했고, 바로 그 순간 그들은 바로 그 위대한 과학자와 한 자리에 함께 있었다.

그러나 불행하게도 흥분은 그리 오래 가지 못했고, 그 순간의 추억은 쇼클리와 함께 하는 힘든 일과 시간 속에서 금세 사라지고 만다. 그들의 상사가 회사 경영에는 전혀 능력이 없음이 오래지 않아 명백해지고, 직원들의 사기를 진작하는데도 전혀 능력이 없음이 드러난다. 기대와는 달리 쇼클리는 회사를 위한 비즈니스 모델을 구축하거나 현실에 맞는 제품 전략을 만들어낼 능력이 없어 보였다. 부하 직원을(그가 제일 선호했던 밥 노이스 마저도) 마치 바보나 나쁜 잠재적 배신자를 대하 듯이 했다. 그에게 제안된 새로운 아이디어를 쇼클리는 가볍게 무시하거나 외부의 사람들에게 쉽게 보여주기도 했다. 쇼클리는 자기 자신을 현실에 맞게 평가하지 못하는 듯했다. 심지어 부하 직원들에게 거짓말 탐지기 검사를 요구하기까지 하고 부하 직원들이 자신을 음해한다고 믿기까지 한다.

결국 이 모든 일들은 쇼클리가 모은 여덟 명의 젊은 과학자가 짊어지기에는 너무 큰 부담이었다. 산타클라라 밸리(Santa Clara Valley)에서 그들은 주변의 많은 회사들이 집 창고에서 출발해서 거두는 큰 성공을 그저 지켜보아야 했다. 그들은 불과 몇 구역의 사이를 두고 다른 회사의 직원들이 행복해 하고, 언제나 일하고 싶어 하고, 직원들이 올바른 결정을 하도록 상사가 신뢰를 보여주는 회사들을 지켜봤다. 여덟 명의 젊은 과학자들은 그런 기업가가 되고 싶었고, 그런 회사에서 일하고 싶었으며, 심지어 그런 회사를 직접 만들고 싶어 했다.

그래서 편집증 증세가 있는 경우에 흔히 나타나듯이 쇼클리가 가장 두려워 하던 일은 스스로 입증해버린 예언이 되고 만다. 이제 이 젊은 과학자들은 쇼클리 모르게 은밀히 계획을 짠다. 보다 정확하게, 쇼클리로부터 탈출하려는 계획이었다.

8인의 배신자 중 한 명이었던 제이 라스트(Jay Last)는 다음과 같이 당시를 회상한다. "하루는 밤중에 빅 그리니치(Vic Grinich)의 집에 모여 우리가 다음에 취해야 행동이 무엇인지 얘기를 나누었습니다. 우리 모두 상심한 상태였고, 어두운 방안에 말없이 앉았습니다. 우리는 다시 직장을 구하고자 한다면 쉽게 구할지도 모르지만 무엇보다도 우리는 모두 함께 일하고 싶었습니다. 그날 밤에 우리는 앞으로 모두 함께 일할 방법을 찾기로 결정하였지만 어떤 회사가 여덟 명을 집단으로 한꺼번에 고용하겠어요?"[1]

드디어 1957년 3월로부터 6개월이라는 시간이 지나고, 9월이 되자 운명의 날이 다가왔다. 그들은 모두 모여 차를 타고 밥 노이스의 집으로 향했다. 그들은 밥 노이스 없이는 그들의 모험이 실패하리라는 사실을 알았기 때문에 두려웠다. 그러나 쇼클리가 이른바 세상에서 가장 큰 배신행위라고 생각했던 사건에 밥 노이스가 함께 하기로 결정한다. 바로 그날 8인의 배신자는 쇼클리에게 사직서를 제출하고 연구소를 떠나 그렇게 역사 속으로 걸어 들어간다.

2장
지금까지 없었던 가장 위대한 기업

8인의 배신자 이야기 중에서 가장 알려지지 않은 부분은 그들의 놀라운 적응력이다. 그들은 젊고, 매우 똑똑했으며, 이제 악몽으로부터 벗어나 그 어떤 어려움도 그들을 막을 수 없었다.

돌이켜 보면 그들이 새로 회사를 세울 때 특히 놀라운 점은 여덟 명 각자의 재능과 능력에 가장 어울리는 업무를 빠른 시간 안에 배분하였다는 점이다. 밥 노이스와 제이 라스트는 트랜지스터 제조에 가장 기본이 되는 사진 석판술을 담당했다. 미국에서 가장 젊고 유망한 고체 물리학자였던 고든 무어와 진 호에르니는 실리콘에 불순물 가스를 주입하여 반도체로 변환하는 확산 공정(diffusion)을 담당했다. 쉘던 로버츠는 실리콘 결정을 키우는 공정을, 빅터 그리니치는 회사가 처음으로 고용한 직원인 머레이 시젤(Murray Siegel)의 지원과 함께 회사의 첫 번째 장치의 사양을 고안했다. 제품명은 2N696으로 "이중 확산 방식"의 트랜지스터이며, 이 프로젝트는 쇼클리 트랜지스터사에서 시작됐지만 그 당시 보류된 프로젝트였다. 가장 연장자가 29살이었지만 빠르게 조직을 정비한 젊은 과학자들은 바로 작업에 들어갔고, 쇼클리와 함께 일하던 시절과는 비교할 수 없을 정도로 빠르게 일을 진행해 나갔다.

이 과정에서 서서히 대장의 윤곽이 드러나기 시작하는데 바로 카리스마와 리더십이 있는 밥 노이스였다.

이들이 함께 일하는 모습을 본 누구라도 깊은 인상을 받을 만큼 이들에게는 함께 일하는 것 자체가 가장 큰 목적이었다. 공손하고 오스트리아 억양의 유진 클라이너(Eugene Kleiner)는 여덟 명을 한꺼번에 고용할 회사를 찾는 임무를 맡는다. 클라이너는 이들이 쇼클리의 연구소를 떠나기로 결심하기 전부터 이미 모두 함께 고용할 회사를 찾으려고 아버지 친구가 근무하는 뉴욕에 위치한 투자 회사인 헤이든 스톤 앤 컴퍼니(Hayden, Stone & Company)에 편지를 썼다. 그러나 여덟 명의 젊은 과학자가 만들려는 복잡한 첨단 기술을 설명하는 편지가 새로 입사해 업적을 세우려고 하던 한 직원의 눈에 뜨이지 않았다면 어느 서류철 사이로 평범하게 내던져 사라져 버렸을지도 모른다. 그가 바로 유명한 아서 록(Arthur Rock)이었다.

아서 록은 자신의 상사인 버드 코일(Bud Coyle)을 설득하여 서부로 함께 출장을 가서 이제 날갯짓을 하는 신생 기업을 살펴보자고 설득한다. 요즘 시대에는 전문 투자 회사로부터 수천억 원의 자금이 수많은 신생 기술 기업에 흘러들어 가지만 이와 같은 두 사람의 의사 결정 과정은 당시로서는 상상하기 어려운 이이었다. 특히 그 당시 그들이 직접 출장을 가서 실리콘밸리에 도착해 본 모습을 바탕으로 한다면 말이다.

쇼클리의 연구소를 떠난 이들은 이제 두 장소로 나뉘어서 일을 진행했다. 한 곳은 팔로 알토에 위치한 빅터 그리니치의 집 창고였는 데 이곳에서 머레이 시겔은 시험 시스템을 고안했고, 나머지 사람들은 몇 킬로미터 떨어진 마운틴 뷰 지역의 찰스턴 거리(Charleston Road)에 위치한 건물을 임대하여 일했다. 그리니치의 창고에서 두 사람은 자신들에게 필요한 실험 장치가 존재하지 않는다는 사실을 곧 알게 된다. 그래서 그들은 스스로 실험 장치를 개발하기로 결정한다. 실제로 그들은 거의 모든 반도체 제조 장치를 만들어 냈으며, 그들이 고안한 제품들은 현재의 반도체 제작 공정의 표준으로 자리 잡는다.

예를 들어 머레이 시겔은 다음과 같이 일을 기억한다. "작업대가 필요했는데 높이가 얼마나 되어야 하는지 알 수 없었습니다. 우리는 아직 살 집도 마련하지 못했을 때였죠. 그래서 하루는 모텔 방에서 빅(Vic)과 전화번호부 책을 탁자 위에 쌓아 그 높이가 우리 키의 중간 부근에 다다르자 그 높이로 작업대를 만들기로 결정했습니다. 우리 둘 다 키가 비슷했기 때문이었습니다. 재밌는 점은 그 작업대 높이가 현재도 산업 표준이라는 점입니다."[1]

한편 찰스톤 길의 건물 작업 환경은 더욱 열악했다. 머지않아 세상에서 가장 진보한 전자 장치를 만들어 낼 연구소에 전기조차 들어오지 않는 상황이었다.

머레이 시젤은 당시를 이렇게 회상한다. "우리는 어두워질 때까지 일했습니다. 낮이 짧아지자 우리의 근무시간도 짧아졌죠. 그러나 외부 건설 현장에 전봇대가 세워져 있었고, 우리는 전선을 연결해 건물로 전기를 끌어와 톱질이나 이와 비슷한 일들을 간간히 했습니다. 나는 아직도 빅 그리니치가 그 가을날 장갑을 끼고 머플러와 모자를 쓴 채 담배를 피우며 히터 옆에서 전선을 연결하던 모습을 기억합니다."[2]

이 장면이 아서 록과 버드 코일이 방문했을 때 본 초라한 작업 모습이었다. 그런데 놀랍게도 아서 록과 버드 코일은 그 자리를 바로 떠나지 않는다. 그 대신 아서 록과 버드 코일은 자신들이 고안해낸 새로운 투자 방식을 시험할 기회를 포착한다. 이 방식은 헤이든 스톤 앤 컴퍼니(Hayden, Stone & Company)가 이 새로운 조직에 투자를 하려는 투자자 사이에서 중재자 역할을 하는 방법이었다. 제이 라스트는 아서 록이 한 말을 아직도 기억한다. "'당신이 하는 방식대로 그냥 하는 것이 당신의 기업을 시작하는 방법입니다.' 이 말에 우리 모두 감동을 받았죠. 당시 그런 식으로 사업에 투자를 하는 방식이 없던 시절입니다. 헤이든 스톤 앤 컴퍼니(Hayden, Stone & Company)는 우리에게 투자할 사람을 찾아 주기로 동의합니다. 진정한 벤처 투자(venture capital)의 시작이었죠."[3]

다음 주가 다가오자 유진 클라이너와 아서 록은 이 새로운 회사에 투자를 할 만한 서른 개의 투자자 회사의 명단을 만든다. 아서 록은 그 명단이 아직도 사무실 서랍에 보관되었다며 웃음을 짓는다. 이 명단에는 뜻밖에도 유나이티드 슈(United Shoe)와 노스아메리칸 밴 라인즈(North American Van Lines), 제너럴 밀즈(General Mills) 같은 회사들도 포함되었다.[4] 그러나 다시 말하자면 젊은 과학자들은 그 길을 걸어온 선배들이 거의 없는 새로운 길을 개척해야 하는 상황이었다. 이제 모든 일이 명확해 보였다. 그리고 예상대로 두 사람은 명단에 있는 모든 회사들로부터 거절을 당하고 낙심하고 만다.

그러나 아서 록은 투자 의향을 물어볼 마지막 회사가 명단에 남아 있었다. 바로 페어차일드 카메라 & 인스트루먼트(Fairchild Camera & Instrument Company)로 이 회사의 회장은 자신의 부를 항공사진과 혁신적인 비행기 개발로 일군 40살의 젊은 사람이었다. 창업자 셔먼 페어차일드(Sherman Fairchild) 자신이 벤처 투자의 전설이었고, 실제 그가 투자한 부분들은 오늘날 첨단 산업 분야의 원형들이었다. 셔먼 페어차일드는 젊은 과학자들을 보자마자 마치 자기 자신과 같은 종류의 영혼이 있는 여덟 명의 젊은이를 보는 듯했고, 이들을 모두 후원하기로 결정한다.

무엇보다도 셔먼 페어차일드는 밥 노이스의 잠재력을 보았다. 셔먼 페어차일드는 실제로 나중에 투자하게 된 가장 큰 이유로 밥 노이스가 트랜지스터의 미래 전망을 열정과 혁신적인 생각을 담아 설명할 때에 설득당했다고 말한다. 밥 노이스가 설명한 내용과 셔먼 페어차일드가 믿은 내용은 바로 실리콘 소재는 전자 회로를 만드는 중요한 재료이고, 이 재료가 트랜지스터의 기반이 될 것이라는 사실이었다. 그리고 이 새롭게 세운 기업이 이 기본 물질을 가장 잘 활용할 능력이 있다는 사실이었다.

밥 노이스는 페어차일드에게 이러한 기본 물질들이(모래와 금속 등의) 트랜지스터를 만드는 기본 재료의 가격을 거의 '0'으로 떨어뜨리고, 경쟁은 결국 제조 과정에서 이루어지며, 자신들이 이 경쟁에서 승리할 것이라고 말한다. 또한 강력한 성능을 내지만 저렴한 부품 가격은 소비자들이 사용하는 제품들의 가격을 떨어뜨려, 기존의 제품을 수리해서 쓰기보다 새 제품을 사는 방법이 더 타당한 시대를 열 것이라고도 말한다.

이 내용이 바로 노이스가 페어차일드에게 1957년 설명한 내용이다. 노이스는 정확히 앞으로 다가올 전자 혁명을 예상했을뿐만 아니라 이른바 '무어의 법칙' 시대가 가져다줄 세상을 미리 시연한 셈이었다. 페어차일드가 이 신생 회사에 1천5백만 달러를 투자한 사실이 놀랍지 않았다. 이렇게 8인의 배신자와, 헤이든 스톤 앤 컴퍼니는 새로운 회사의 공식 주인이 된다. 그러나 셔먼 페어차일드는 5년 후에 회사를 본인이 다시 사들인다는 조항을 넣는다. 그리고 회사명은 페어차일드 반도체(Fairchild semiconductor)가 되고 페어차일드 카메라 & 인스트루먼트의 자회사가 된다.

제이 라스트는 훗날 이렇게 말한다. "우리는 그때 우리가 남기게 될 유산이 무엇인지 몰랐습니다. 정말 고맙게도 쇼클리가 그렇게 편집증적으로 집착하지 않았더라면 우리는 아마 그곳에 계속 있었을지도 모릅니다."[5]

페어차일드에서 투자한 자금으로 그들은 이제 열심히 연구에 임했다. 처음에 재정 담당이었던 클라이너가 책임자가 되고 계속해서 페어차일드와 연락을 주고받았다. 그러나 클라이너는 실리콘밸리 역사상 가장 친절한 인상을 가진 인물로 사람들을 주도하여 이끄는 기질이 있는 인물은 아니었다. 리더는 바로 밥 노이스였고, 모든 연구 작업에 모두가 인정하는 리더였다. 곧 페어차일드 반도체에서 근무하는 모든 직원이 곧 밥 노이스가 진짜 리더임을 금세 알아차린다. 모든 회사의 운명이 그의 결정에 따라 좋게도 또 나쁘게도 작용했다.

밥 노이스가 타고난 리더였다는 점은 그가 두 가지 사실을 알았다는 점에서 입증된다. 첫째, 페어차일드 반도체가 성공하려면 무엇보다도 트랜지스터를 제조해야 했고, 이 트랜지스터를 시장에 팔아야 했다. 둘째, 신생 회사가 이익을 남기려면 보다 새롭고 저비용으로 트랜지스터를 제조하는 방법을 찾아야 했다. 그렇지 않으면 페어차일드 반도체 회사는 엄청난 공장과 시설로 규모의 경제를 실현하는 거대한 경쟁자들에게 제압당할지도 모르기 때문이었다.

사람들을 앞장서 이끄는 밥 노이스의 정신과 용기만이 이런 난관들을 헤쳐 나갈 유일한 길이었고, 석 달 만에 회사 최초의 트랜지스터 시제품을 만들어 뉴욕 오스웨고(Oswego)에서 IBM이 XB-70 폭격기에 사용되는 부품에 이용하도록 전달한다. 더욱 놀라운 것은 빅 블루(IBM)마저도 쇼클리 연구소가 있던 곳에서 불과 몇 킬로미터 떨어진 곳에 새롭게 사무실을 차린 이 작은 회사의 제품을 구입하기로 계약을 체결한 것이다. 먼 훗날 페어차일드의 인사 담당 이사가 된 잭 옐버튼(Jack Yelverton)은 PBS와의 인터뷰에서 다음과 같이 이야기한다. "밥 노이스는 모든 사람들에게 호감을 주는 사람이었습니다. 언제나 입가에 미소를 지었으며 재치가 넘치는 사람이었죠. 그가 사무실로 들어오면 모두가 경청할 준비를 하고 자리에서 일어났습니다."

밥 노이스가 보여준 자신감은 전설 같았고, 이 자신감은 페어차일드와 훗날 훨씬 더 거대한 인텔을 세우는 데 중요한 역할을 하며, 기업이 야심차게 성장하도록 만들어주는 데 중요한 요소가 된다. 그러나 그 당시 이제 날갯짓을 시작한 페어차일드 반도체는 주문 받은 백 개의 트랜지스터를 기존의 불안정한 게르마늄을 대체하는 실리콘으로 만들어야 했다. 개당 단가는 150달러로 현재 시세의 30배가량 이었다. 이제 페어차일드 반도체가 이 거래를 성사시켜 무사히 주문 받은 트랜지스터를 납품하면 재정상 중요한 바탕이 될뿐만 아니라 IBM이라는 회사를 고객으로 가진 일류 트랜지스터 제조 회사로서의 지위를 갖게 됨을 뜻했다. 이렇게 되면 다른 큰 주문들은 자연스럽게 따를 것이 명백했다. 그러나 주문 받은 트랜지스터를 납품하지 못하면 산업계 전체에 망신일뿐만 아니라 페어차일드 반도체를 시작 이전으로 돌려 산산조각이 날지도 모르는 상황이었다.

밥 노이스는 이때 처음으로 자신감을 활발하게 보여주기 시작한다. 그는 페어차일드의 젊은 과학자들을 무어와 호에르니의 지휘하에 두 조직으로 나누고, 이 두 조직에게 각자 IBM에게 납품할 최상의 트랜지스터를 개발하도록 만든다. 다섯 달 후에 페어차일드 반도체는 트랜지스터를 납기일보다 일찍 납품한다. 그들은 회사를 운영해 본 경험이 전혀 없었다. 그 일례로 제이 라스트는 트랜지스터를 포장하여 배송하려고 주변 지역 상가에 가서 상자를 구입하기도 했다.

IBM은 납품 받은 제품에 대단히 만족했고, 바로 페어차일드 반도체를 수많은 중요 계약의 입찰에 초대한다. 1958년 초, 페어차일드 반도체는 대륙 간 탄

도탄 미사일을 관리하는 방어 시스템에 쓰이는 트랜지스터 공급 건을 텍사스 인스트루먼츠와 같은 거대 기업들을 제치고 확보한다. 페어차일드 반도체는 곧 국방부와 나사(NASA)에 트랜지스터를 공급하는 선두 기업으로 자리 잡게 되면서 급성장한다. 그렇게 페어차일드 반도체는 고공 행진을 거듭하지만 곧 새로운 시련을 맞는다. 당시 제품이 중력, 온도, 기온의 변화에 견디는지 알아보는 군의 요구 사항에 충족하는지 확인하려고 정부의 검시관에게 샘플을 보내는 일은 관습이었다. 그런데 결과가 거의 재앙에 가까웠다. 정부의 검시관이 그저 연필 끝 지우개로 페어차일드 트랜지스터를 두드리는 검사만으로도 대다수의 트랜지스터가 고장을 일으켰기 때문이었다.

제이 라스트는 이렇게 말한다. "한 순간에 신뢰성 있는 제품이 하나도 남지 않았습니다. 우리는 제품을 제조할 때 아주 작은 금속 조각이라도 들어가면 트랜지스터들이 먹통이 되거나 특성을 잃는다는 사실을 깨달았습니다. 그 당시 정말 두려움을 느꼈고, 회사가 망할 것만 같았기 때문에 무언가 해결책이 필요했습니다."[6]

언제나 그렇듯이 밥 노이스는 침착했다. 다시 한번 무어와 호에르니의 지휘하에 두 조직으로 과학자들을 나누어 경쟁을 시켜 어느 조직이 새로운 제조 공정을 만들어 내는지 보기로 한다. 이 과정에서 호에르니가 이끄는 조직이 새로운 제조 공정으로 경쟁에서 승리를 했을뿐만 아니라 세기를 뛰어 넘는 새로운 제조 공정을 만들어 낸다.

호에르니는 이 과정을 평판형(planar) 공정이라 불렀다. 호에르니는 이미 일년 전부터 조용히 이 공정의 개념을 연구해 오던 중이었다. 이 공정은 팸플릿, 포스터와 저가 예술 인쇄물을 만드는 사진 석판술을 바탕으로 했다(참고로 이 기술은 오늘날 대량 인쇄 기술로 사용된다). 일단 트랜지스터의 설계는 일일이 손으로 그려진다. 그리고 그 사이즈가 커서 어떨 때는 거의 벽 하나를 가득 채우는 크기도 있었다. 평판형 공정은 그런 설계를 작은 투명판에 사진으로 촬영하고 축소하는 기술이었다. 초기에 두 가지 혹은 세 가지의 투명판이 만들어지고,

이 투명판은 회로의 각 층을 나타내 주었다.

실리콘 웨이퍼(파이프 관 모양의 실리콘을 이탈리아식 소시지인 살라미처럼 얇게 자른)는 감광성 물질로 사진처럼 코팅이 된다. 그리고 자외선이나 레이저 같은 강한 빛을 투명 사진판을 통해 비추면 투명 사진판의 검은 부분과 선은 실리콘 웨이퍼에 빛에 노출되지 않은 부분을 남긴다. 이 빛에 노출되지 않고 남은 부분은 산성 물질 때문에 부식되고 그 후 반도체 불순물을 이 곳에 도포(diffusion)시킨다. 또는 반대로 금속 전도체나 부도체를 이 곳에 위치시킨다. 이 과정은 각 투명판마다 반복된다.

호에르니의 시제품은 단순했다. 마치 황소의 눈 모양에서 한 부분을 찌그러뜨려 눈물방울 같은 모양처럼 튀어나오도록 하였고, 이는 훗날 디지털 시대의 상징이 된다. 호에르니는 보다 효율이 높은 트랜지스터 제조법을 찾기 시작했지만 이미 그가 고안한 방법은 엄청나게 놀라운 방법이었다. 그 방법은 사람들이 현실을 바라보는 방법 자체를 뒤바꾼 것이었다.

그 당시까지만 해도 제품을 만든다는 일은 자동차, 전화기, 음료수 병 그리고 트랜지스터와 같이 삼차원 형태의 모습이었다. 평판형 공정과 함께 호에르니는 세상을 평평한 이차원의 세계로 이끌었다. 현실에서 다른 분야인 인쇄와 전자 세계에 다리를 놓았고, 그렇게 함으로써 트랜지스터를 아주 작은 크기로 만들었을뿐만 아니라 마치 책을 무한하게 인쇄하여 보급하듯이 트랜지스터를 거의 무한한 양으로 제조하게 된 것이다. 그뿐만 아니라 여러 겹으로 겹친 우표처럼 단순히 각 투명판에 설계한 트랜지스터의 수를 늘리는 방법만으로도 각 인쇄판에서 생산되는 트랜지스터의 생산량을 늘렸다. 페어차일드의 다른 직원들만큼이나 호에르니도 평판형 공정과 함께 매일 더 큰 칩 속에 내장되는 수십억 개의 트랜지스터로 대변되는 현대 사회의 모습을 규정했다. 쉴 새 없이 일하는 성격은 그를 실리콘밸리의 전문가 중의 한 명으로 만들었지만 불행히도 페어차일드가 더 큰 성공을 거두기 전에 회사를 떠나는 바람에 가장 알려지지 않은 첨단 기술 분야의 선구자가 되었다.

그러나 페어차일드 반도체는 평판형 공정과 함께 트랜지스터 산업 분야에서 주요 회사가 되었을뿐만 아니라 선두 자리를 차지한다. 또 평판형 공정으로 만든 트랜지스터는 대류 간 탄도 미사일 시스템의 신뢰성 문제를 해결했고, 트랜지스터 산업에 존재하던 기존의 모든 방식을 사라지게 만든다.

다른 반도체 제조 회사들은 거의 모두 최후를 맞게 되고 대부분이 겸손하게 모자를 벗고 페어차일드 반도체를 찾아가 면허 생산을 요청한다. 한편으로 나머지 회사들은 무단 복제를 하고 길고 긴 소송으로 이어지기도 한다.

이제 페어차일드 반도체는 트랜지스터 제조로 수익을 올릴뿐만 아니라 면허 생산을 통해서도 수익을 올렸다(IBM의 경우, 새로운 장치에 들어갈 더 큰 주문을 가지고 온다). 이 방법은 보증 수표와 같았다. 그렇게 페어차일드는 돈을 버는 대로 동부 본사의 금고로 모두 보낸다. 셔먼 페어차일드가 이 투자에 일말의 의심이라도 있었다면 그들은 지금 모두 사라져버렸을 것이고, 언제든 회사를 다시 사들이는 옵션을 행사했을 것이다.

말할 필요도 없이 페어차일드의 운영진과 세일즈 직원들은 뉴욕에서 열리는 1959년 가장 큰 무역 전시회에 자부심과 약간의 자만을 품고 참석한다. 그들은 트랜지스터 산업에서 2N697 평판형 공정으로 만들어진 트랜지스터를 포함하여 가장 창의력이 넘치는 제품들을 가졌기 때문이었다. '

그러나 마치 페어차일드의 제품이 기존의 시장에서 경쟁사들을 사라지게 했듯이 텍사스 인스트루먼츠(Texas Instruments)의 부스에서 현재 특허 출원 중인 새로운 형태로, 한 개의 칩 안에 회로가 들어간 다중 트랜지스터 장치가 페어차일드 트랜지스터를 한 순간에 시장에서 사라지게 하는 일이 가능하다는 사실을 깨닫고 그들의 얼굴에서 웃음이 순식간에 사라지고 만다.

페어차일드 반도체의 직원들은 곧 잭 킬비라는 텍사스 인스트루먼츠 선임 연구원이 이미 9개월 전에 특허 출원에 필요한 기술을 완료했다는 사실을 확인한다. 잭 킬비는 여름휴가도 가지 못한 신참 직원이었고, 다른 상사 직원들이 휴가를 떠난 시간에도 근무를 하고 있었다. 할 일이 많지 않았기 때문에 잭 킬비는 새로운 아이디어를 노트에 낙서로 남긴다. 그중의 한 아이디어가 바로 하나의 반도체 회로 기판에 아주 얇고 작은 전선으로 여러 개의 트랜지스터를 연결하여 만드는 방법이었는 데 그 순간 잭 킬비는 이 방법이 이전과는 뚜렷하게 다르고 두드러진다는 사실을 깨달았고, 9월이 되자 이 아이디어를 상사에게 보여준다. 잭 킬비의 상사는 이 방법의 중요성을 바로 알아보았을뿐만 아니라 이제 텍사스 인스트루먼츠의 시대가 열릴 것이라는 사실도 깨달았다. 잭 킬비의 방법은 트랜지스터 산업에서 점점 커지던 문제, 즉 트랜지스터를 더 작고 신뢰성 있는 제품으로 만드는 문제를 해결해 줄 것이 분명해 보였다.

이 전시회가 바로 페어차일드의 직원들에게 충격을 안겨준 잭 킬비의 설계로 만든 제품을 대중에 알리는 첫 번째 행사였다. 2N697 평판형 공정 트랜지스터와 함께 노이스와 나머지 직원들은 그들이 박람회에서 가장 주목을 받는 사람들이 될 것이라고 믿었다. 그러나 필코를 패배시킨 페어차일드처럼 이제 텍사스 인스트루먼츠가 자신들을 물리칠 새로운 기술을 가지고 나온 것이다. 충격을 받은 페어차일드의 직원들은 새로운 위협에 대응하고자 바로 마운틴 뷰로 돌아온다.

이 시대의 페어차일드 이야기는 끊임없이 나타나는 거대한 경쟁자를 물리치는 놀라운 발명의 이야기다. 그리고 이 새로운 위협에 대응한 페어차일드의 방법은 가장 위대한 최고의 발명 중에 하나였다. 이 발명은 단순히 텍사스 인스트루먼츠와 나머지 경쟁사를 물리쳤을뿐만 아니라 인류 역사의 방향을 통째로 바꾸었기 때문이었다.

잭 킬비가 그렇듯이 밥 노이스 역시 조용히 트랜지스터의 소형화 문제를 해결할 방법을 연구해왔다. 대륙 간 탄도 미사일 시스템의 문제는 밥 노이스에게 보다 신뢰성 있는 설계를 개발하게 했고, 호에르니의 평판형 공정은 그의 아이디어를 거의 무한할 정도로 생산하는 일을 실현 가능하게 했다. 이제 텍사스 인스트루먼츠의 발표와 더불어서 밥 노이스는 때가 왔다고 직감한다. 노이스는 먼 훗날 컴퓨터 박물관에 보관될 노트를 꺼내어 직원들에게 보여준다.

위대한 발명은 결코 허공에서 나오지 않으며, 수많은 연구자들의 노력이 때가 되어 나타난 결과라는 개념을 다시 한번 증명한다. 밥 노이스의 설계는 잭 킬비의 설계가 여러 개의 트랜지스터를 한 회로 기판에 연결하여 해결하였듯이 트랜지스터의 소형화 문제를 해결할 또 하나의 방법이었다. 그러나 밥 노이스의 방법은 잭 킬비의 방법보다 세 가지의 장점이 있었다. 첫째, 밥 노이스는 잭 킬비 보다 한 달 정도 늦게 이 방법을 찾아냈지만 보다 더 많은 트랜지스터 기술을 적용했다. 둘째, 트랜지스터 전통 제조 방식인 '메사(mesa)'방식을 채택한 잭 킬비와 달리 밥 노이스의 방법은 다층 구조의 모순을 해결할 최적의 방법인 평판형 공정을 채택했다. 그리고 마지막으로 앞서 두 가지의 장점 덕분에 무엇보다도 밥 노이스의 제조 방법은 실용성에서 잭 킬비의 방법보다 훨씬 유리하였다. 이 방법은 신뢰성을 유지하면서 보다 저가의 제조비용으로 많은 양을 생산함을 뜻했다.

"마치 문이 갑자기 활짝 열린 듯한 기분이었죠. 우리들은 바닥이 보이지 않는 심연 같은 세상을 현미경을 통해 눈으로 보며 원자의 세계까지 내려가는 듯했습니다. 이 심연은 엄청난 속도와 힘을 약속해 주는 궁극의 기계와 같았습니다. 하나의 칩 속에 얼마나 많은 트랜지스터를 집어넣을까 하고 상상력을 동원하자 열 개, 백 개... 맙소사 백만 개 그리고 더 많이... 정말 짜릿하고 눈부신 순간이었습니다."7

페어차일드는 밥 노이스의 설계를 '집적회로(integrated circuit)'라고 부른다. 집적회로는 말 그대로 실리콘밸리에 실리콘을 부여해 주었고, 약 10년 후 미래, 이 지역의 별칭으로 불리게 될 실리콘밸리라는 이름이 여기서 나온다. 집적회로는 판스워스 텔레비전(Farnsworth television)과 바딘/브래튼/쇼클리 트랜지스터 그리고 이들의 미래 후예가 될 마이크로프로세서 등과 함께 20세기 가장 위대한 발명의 후보가 된다. 트랜지스터가 그렇듯이 결국 집적회로도 노벨상을 받는다. 그러나 훗날 트랜지스터를 발명한 조직과는 달리, 살아 있는 후보에게만 수여되는 노벨상은 잭 킬비가 받는다.

집적회로는 모든 것을 바꾼다. 그 시점까지 페어차일드 반도체 회사는 트랜지스터 산업 분야에서 새로 출발한 가장 열정이 넘치는 회사였고, 도전을 선호하며, 위험을 감수하려는 자세로는 상대가 없는 공격 성향이 강한 유망주였다. 그런데 이제 집적회로가 발명되면서 '트랜지스터 산업이 종말을 고한다'. 보다 정확하게 수십억 규모의 거대하고 부유한 트랜지스터 경쟁사들이 어쩔 수 없이 사라져 간다. 아직 트랜지스터의 수요는 여전히 많았지만 그들은 다시는 이 산업을 지배하지 못한다. 그들의 경로는 명확해 보였다. 서서히 사라져 가는 긴 통로뿐이었다. 페어차일드 반도체 회사의 입장에서 이제 전자 산업 분야의 왕좌를 차지하고, 제너럴 일렉트릭(General Electric)과 IBM, 휴렛패커드와 같은 산업의 강자들이 따라야 하는 산업 분야 기술의 주인이 된 것이었다.

8인의 배신자로 출발하여 1,200여명의 직원을 거느린 회사로 성장하는데 불과 10년이 걸리지 않은 페어차일드 반도체는 가장 빠르게 성장한 기업의 하나가 된다. 그러나 다가오는 실리콘밸리의 기업 문화를 살짝 보여주려는 듯이 회사가 그 크기로 성장할 무렵 원래 창업을 함께 했던 8명 중 대부분은 회사를 떠난다.

실리콘밸리의 많은 회사들은 이와 같이 초창기 멤버들이 떠나는 경우를 처음 주식 공개를 할 때에 겪는다. 주로 초창기 멤버들은 새로운 기업 경영 관료들이 만드는 새로운 규칙에 반발하여 떠나는 경우가 많았다. 그러나 1961년, 페어차일드 반도체 회사가 직면한 일은 주로 보수 성향의 과학자들로 이루어진 초창기 창업 멤버와 새롭게 열리는 다음 세상의 한 일부가 되고 싶어 하며 마운틴 뷰 지역으로 몰려오는 작은 무리의 기업 전문가들의 만남이었다. 실리콘밸리로 오는 새로운 인물들은 훗날 반도체 산업과 연계되어 성공한 거대 기업가가 된다. 이를 대표하는 사람들이 찰리 스포크(Charlie Sporck), 제리 샌더스(Jerry Senders) 이었다. 그러나 그 당시로는 그들은 그저 새로운 일자리를 찾고 유명해지고 싶은 신출내기에 불과했고, 페어차일드 반도체 회사는 신생 기업에서 진정한 기업으로 변환되는 과정이었다.

페어차일드 반도체는 그저 빠르게 성장할뿐만 아니라 기업 문화도 변했다. 초창기 '오래된' 일원인 제이 라스트와 같은 연구자의 경우, 최신 정보에 민감하고 자신감이 넘치는 신입으로 대체되었다. 새로운 신입 사원들은 지역 술집에서 우연히 마주치는 쇼클리가 고용했던 직원들과 가졌던 오래된 불화 따위에는 관심이 없는 새로운 세대였다. 차라리 텍사스 인스트루먼츠나 모토롤라 같은 회사들을 물리치고 전자 산업계를 지배하는데 더 관심이 많았다.

1959년이 시작되자 페어차일드 반도체 회사는 5십만 달러의 매출을 기록하고 직원 수는 100여명으로 늘어난다. 그때 에드 볼드윈(Ed Baldwin)이라는 새로운 관리자도 영입한다. 입사할 당시만 해도 볼드윈은 신뢰가 가고 자신감이 넘쳐 보이는 직원처럼 보였다.

그러나 곧 에드 볼드윈이 갑자기 연구 직원들을 데리고 회사를 떠나 자신만의 림 반도체(Rheem Semiconductor Inc)라는 회사를 차린다.

더군다나 그가 페어차일드를 단순히 혼자 떠나지 않았다는 사실이 나중에 밝혀진다. 트랜지스터를 만드는 '제조법'을 가지고 떠난 것이다. 그 제조법은 바로 평판형 공정이었다.

밥 노이스는 이 일을 다음과 같이 기억한다. "우리는 나중에 누군가 페어차일드에 일하지 않을 사람을 고용했다는 사실을 알게 되었죠. 그는 마치 가만히 앉아 책을 읽으라고 지시 받은 사람 같았습니다. 우리는 이 모든 사실을 법정에서 증언했습니다. 상당히 파렴치한 경우였습니다."[8] 에드 볼드윈의 경우는 페어차일드에 두 가지 영향을 미친다. 첫째, 지적재산권을 보호하는데 소홀하지 않도록 만들어 준다. 또한 직원들과 서면 계약을 하고 인사 담당 부서를 운영한다. 그러나 이미 하나의 사례가 성립되고 마는 결과를 가져왔다. 페어차일드 직원들 마음속에 자리 잡은 바는 얼마나 한 직원이 쉽게 자신의 조직을 데리고 회사를 떠나 쉽게 자본을 마련하여 회사를 차리는가였다.

볼드윈의 자리는 찰리 스포크로 대체된다. 찰리 스포크는 뉴욕에서 택시 운전사의 아들로 태어나, 제너럴 일렉트릭에서 제조업 분야의 전문가로 인정받은 사람이었다. 키가 컸고, 웃을 때조차도 약간은 사람들이 위협을 느끼는 인상이었다. 스포크는 달변가이기보다는 실무에 능한 사람이었고, 누구보다도 페어차일드를 진정한 기업으로 바꾼 사람이었다.

외부인에게는 보이지 않았지만 중요한 위치에 있던 스포크는 종종 의사 결정을 내리기도 했으며, 밥 노이스가 논쟁하기를 거절한 사안에 판결을 내리기도 했다. 스포크는 밥 노이스를 다음과 같이 기억한다. "밥 노이스의 가장 큰 문제는 '아니요'라고 말하는데 어려움을 겪는다는 사실이었죠. 두 부서가 무엇을 해야 하는지 서로 의견이 다르면 언제나 마지막까지 자기 주장을 펼친 부서가 결정권을 가지게 되었습니다. 밥 노이스가 그 부서에게 허락하기 때문이었죠."

관리자로서 밥 노이스의 이러한 단점은 카리스마 넘치는 천재성과 재능 있는 사람들이 거의 무한할 정도의 신뢰로 따르게 만드는 그만의 매력으로 상쇄시켰다. 그래서 스포크가 제조 전반의 과정을 순탄하게 만드는 동안, 무어는 연구실에서 제품 개발을 이끌고, 톰 베이(Tom Bay)는 혁신적인 마케팅을 준비한다. 톰 베이는 아마도 가장 덜 알려진 인물 중 한 명일 것이다. 한편 돈 로저스(Don Rogers)는 페어차일드의 영업을 담당하면서 몇몇 중요한 채용을 담당한다. 그 중에 한 명이 돈 발렌타인(Don Valentine)으로, 그는 남부 캐롤라이나 영업 사무소의 책임자였으며, 나중에 가장 성공한 벤처 투자자 중 한 명이 된다(발렌타인은 애플, 아타리, 오라클, 시스코 그리고 구글 같은 회사에 투자를 했다). 발렌타인은 영업과 마케팅 분야에서 젊은 직원들을 많이 채용하는데 그 중에 제리 샌더스(발렌타인과 종종 반목하던), 애플 컴퓨터의 세 번째 창업 멤버인 마이크 마큘라(A. C. Markkula), AMD의 잭 지포드(Jack Gifford)와 같이 유명한 직원을 포함하여, 그가 채용한 많은 직원들이 훗날 실리콘밸리의 상징이 된다.

아직 서른 살도 안 된 젊고 재능 있는 인재들이 60년대에 페어차일드에 입사하고, 페어차일드는 그 전에 어떤 회사도 해내지 못한 혁신과 성공을 만들어낸다. 실제로 1961년에서 1963년 사이에 페어차일드는 미국 기업 역사에서 가장 놀라운 혁신적인 회사 중에 하나였다. 이렇게 작은 규모 안에 가장 재능 있는 순수 과학자와 기업가 정신이 있는 사람들이 한 곳에 모여 있기도 드물다. 이 시대는 '페어차일드의 아이들(Fairchildren)'이 기업 경영의 세계에서 자신들의 길을 닦아 나가던 때였고, 훗날 뒤돌아보며 가장 그리워하는 시절이 된다. 그리고 그때 그들이 계속 함께 일하면서 반도체 산업 분야를 한두 세대를 넘어 지배했으면 어떤 일이 벌어졌을지 자신들에게 되묻게 하던 시절이었다.

이 시대에 페어차일드에 모인 사람들이 이룩한 전설은 단지 역사에 남을 기술이나 산업계를 이끌 깜짝 놀랄만한 인물이 한 곳에 그렇게 많이 모였다는 사실뿐만 아니라 황금기에 자신들의 뜻대로 새로운 기준을 세우고, 높은 수준의 삶을 만들고, 열심히 일하고, 또 열심히 노는 페어차일드만의 문화를 만들어 냈다는 사실이었다.

그러나 단순히 이 시절의 일과 성공 일화를 반복하는 것만으로는 충분하지 않았다. 근무가 끝나면 근처 술집에서 끝없는 술자리가 이어졌다. 많은 결혼 생활이 파경으로 치닫기도 했고, 반목이 생기기도 했으며, 직원을 경쟁사에 빼앗기기도 했다. 그중 기억에 남을 만한 이야기가 반도체 설계 천재였고, 실리콘밸리에서 가장 미치광이 직원으로 유명한 밥 위들러(Bob Widlar)의 일화다. 실리콘밸리의 인재 중 한 명이었으며, 새로운 반도체 설계가 잘 이루어지지 않으면 도끼를 들고 나가 조경된 나무들을 잘라내던 괴팍한 성격의 소유자였다. 항상 술에 취해 있었고, 트레이드 쇼에 나온 경쟁사 직원과 현장에서 종종 주먹싸움을 벌이기도 했으며, 뉴저지에서 온 구매 전화에 눈보라를 뚫고 황량한 뉴욕 5번가를 걷기도 한다. 한편 동료인 노먼 도일(Norman Doyle)은 멕시코 무법자 복장에 칼과 총과 탄띠를 온 몸에 두르고 페어차일드 현관을 배회한 일화로 유명하다.

그러나 이런 일들은 전설 같은 일화일 뿐이다. 1960년대, 페어차일드에서의 삶을 정말로 이해하려면 자유방임주의자 같았던 밥 노이스가 보여준 사람들을 이끄는 능력을 이해해야만 한다. 지구에서 가장 최첨단의 회사에 다닌다는 자부심을 가지고 고액 연봉을 받으며, 진보 성향의 직원들로 가득차 있던 페어차일드는 직원들이 보여주는 격렬한 삶을 이해하는 리더를 필요로 했다.

그때의 모습을 가장 잘 설명해주는 일화를 1962년 페어차일드에 입사한 마셜 콕스(Marshel Cox)가 말해준다. 훗날 마셜 콕스도 실리콘밸리에서 유명한 기업가 중 한 명이 되었지만 자신이 첫 면접을 했던 때를 잊지 못한다고 말한다. 면접에 가져갈 이력서를 잊어버리고 가져오지 못한 것이다. 심지어 페어차일드의 영업 지사에 가던 도중에 차가 고장 나기까지 한다. 그때 마셜 콕스는 페어차일드나 실리콘밸리에서 자신의 미래는 영영 사라져 버렸다고 생각했다고 한다.

"나는 세 시 반이 되어서야 면접장에 도착했습니다. 말 그대로 얼굴이 창백해졌죠. 그 당시 완전히 시간을 허비했다고 생각했습니다. 그래서 면접장의 문을 열고 앞으로 헤쳐 나가서 지역 관리자였던 돈 발렌타인에게, '제 면접 시간은 3시였습니다. 지금 30분이나 늦게 도착했고, 이력서도 가지고 오지 못했습니다. 게다가 전자 관련 전공자도 아닙니다. 지금 면접을 끝내고자 한다면 전 충분히 이해하겠습니다. 제가 너무 많은 실수를 저질러 버려서요.'라고 말했죠."

놀랍게도 발렌타인은 그 자리에서 마셜 콕스를 고용한다.

일주일 후에 마셜 콕스는 페어차일드의 연간 판매 회의에 참석하려고 실리콘밸리로 비행기를 타고 온다. 그날 진행되는 설명에서 콕스는 아무 내용도 이해하지 못한다. "다행히 5시가 되자 모든 발표가 끝나고 우리는 위층으로 잠시 휴식을 취하려 올라갔습니다. 2층에서 근무하는 직원들은 아직 회의를 끝내지 못했고, 이 곳은 마치 50명에서 60명 정도의 남자 직원들로 가득 찬 커다란 다락방이 층층이 쌓인 듯 했습니다. 우리가 휴식 장소에 다다르자 회사에서는 다과와 스카치 위스키를 제공했습니다. 나는 그 순간, '와, 정말 이상한 회사다. 하지만 나랑 딱이네'라고 생각했지요."9

일 년이 지나 마셜 콕스는 페어차일드의 문화에 완전히 동화되었고 거래처에 영업을 하러 갈 때마다 마치 회사의 중요한 기술 담당인 척한다. 이는 보다 거래에서 상대방에게 유리해 보이려는 것이었고, 거래를 빨리 성사하려는 생각 때문이었다.

끊임없는 소문과 부러움의 대상이 된 영업부의 슈퍼스타 제리 샌더스는 그렇게 많던 논쟁에도 페어차일드에서 근무하던 시절을 가장 그리워했다. 제리 샌더스는 정장을 고수하던 IBM에 영업을 할 때에 핑크색 바지를 입고 갔다고 근거 없는 비난을 받기도 했다. 샌더스는 자신의 경험을 다음과 같이 말한다.

"내 생각에 반도체 산업에 종사하던 사람들 모두가 술을 자주 마셨어요. 우리는 정말 미친 듯이 일했거든요. 열심히 일해야 하다 보니 술을 많이 마신다는 사실을 이해하지 못한 사람들은 모두 떠나고 말았죠. 그들은 모두 낙오하고 맙니다. 우리는 술집의 맹렬한 갱단이었어요. 우리는 정말 끝내줬죠. 그러나 그 당시 우리는 한편으로는 기를 쓰고 일을 했습니다."10

이렇게 커다란 형제 집단 같던 이곳을 마치 세련된 아버지처럼 주도하던 사람이 바로 밥 노이스였다. 노이스는 지구에서 가장 첨단 기업을 이끌었고 점점 더 자신을 포함해 그 시절 그 곳에서 일하던 젊은 기술자들을 모두 부유하게 해주었다. 밥 노이스와 같은 리더가 바로 스포크가 원하던 사람이었다. 특별히 그중에서도 총괄 관리자로서 그리고 최종 의사 결정을 내릴 능력이 있는 사람을 원했던 것이다.

밥 노이스는 페어차일드에 세 가지를 가져왔다. 첫째, 전자 산업 분야의 어느 임원이 그렇듯이 그 스스로가 어느 과학자만큼이나 유능했다. 그리고 페어차일드에서 이루어진 최첨단의 연구를 모두 이해할 능력이 있었을뿐만 아니라 미래에 어떻게 대비해야 할지 아는 통찰력도 있었다. 둘째, 기업의 계층에 따라 권력을 분산하는 방식에 무관심했고 권력을 쥐고자 하지도 않았다. 이와 같은 생각은 단계별 업무라는 환경을 만들어 냈고, 이는 미국의 기업 역사에 없던 형태였다. 또한 곧 실리콘밸리 문화를 전 세계로 퍼뜨리는 역할을 한다. 셋째, 타고난 리더로서의 능력을 바탕으로 다른 리더가 이끌었더라면 오래 가지 못했을 조직을 이끌고 나갔다는 점이다. 페어차일드가 어려워지는 상황이 와도 가장 능력 있는 직원들은 그곳을 떠나려고 하지 않았다. 밥 노이스는 마치 아버지와 같은 인물이었으며 조언자의 역할도 수행하였다. 여러 면에서 다른 이들이 되고 싶은 그런 인물의 표본이었다.

그중에서도 제리 샌더스만큼 밥 노이스를 극단으로 존경한 직원은 없다. 페어차일드의 남부 캘리포니아 영업소에서 근무하던 샌더스는 오랫동안 영화배우가 되고 싶어 하던 꿈이 이루어지지 않자 페어차일드에 입사한다. 헐리우드 방식의 삶은 그에게 단순한 의미 이상이었는데 시카고의 거친 거리에서 강하게 커온 샌더스에게 자비롭고 현명한 아버지 같은 밥 노이스의 모습은 처음 만나는 모습이었다. 반대로 밥 노이스는 어린 시절 성급했고 거칠던 자신의 모습을 생각하면서 언제나 샌더스를 막내 동생같이 생각해 주고, 샌더스가 다른 사람에게 저지르는 실수를 용서해 주며, 항상 특별한 관심을 보여주었다.

또 다른 중요한 직원으로서 헝가리 피난소 출신의 똑똑하고 강한 성격의 앤디 그루브(Andy Groove)는 전혀 다른 경험이 있었다. 앤디 그루브는 1964년 페어차일드에 입사할 무렵, 버클리(UC Berkely)에서 화학 공학 관련 박사 학위를 취득하고 잃어버린 시간을 보상 받고 싶어 하는 열망이 있었다. 밥 노이스와 앤디 그루브가 오랫동안 함께 할 미래를 고려해 보면 밥 노이스의 카리스마가 앤디 그루브에게는 통하지 않았다는 점은 모순일지도 모른다. 수년이 지나고 앤디 그루브는 다음과 같이 말한다. "어려움에 빠진 회사를 운영하는 밥의 모습을 바라보는 내 심정은 유쾌하지 않았고 좌절감을 느끼게 해주었습니다. 두 직원이 의견이 맞지 않아 결론을 내려고 밥을 찾으면 밥 노이스는 언제나 고통스러운 표정을 지으며 '아마도 그 문제를 좀 더 고민해 보는 것이 낫지 않을까?'라고 말하기도 하고, 대화의 주제를 다른 것으로 바꾸기도 했죠."11

반드시 결정을 지어야만 하는 성격을 지닌 앤디 그루브에게 쉽게 결정을 짓지 못하는 밥 노이스의 성격은 많은 좌절감을 안겨주었지만 앤디 그루브가 맡은 대부분의 업무는 연구 개발 부서의 고든 무어와 관련이 깊었다. 고든 무어의 천재성을 늘 존경하던 앤디 그루브가 맡은 업무는 공정 개발의 부관리자였다. 앤디 그루브는 직원들에게 연구소에서 새롭게 설계한 제품을 제조하는 공정을 표준화하는 작업을 지시하는 자리에 있었고, 이 표준화가 이루어지면 대량 생산의 과정으로 넘어가게 되어 있었다. 불행히도 연구소와 앤디 그루브가 근무하는 부서의 관계는 영원히 불화를 가질 수밖에 없는 구조였다. 이 자리는 페어차일드에서 결국 미움을 받을 수밖에 없는 자리였던 것이다.

마셜 콕스는 다음과 같이 그때를 기억한다. "앤디는 그 당시 공정 과정 관리자로서 비난을 한 몸에 받는 사람이었죠. 앤디는 새로운 공정을 개발했지만 실제 양산을 하려면 언제나 제대로 공정이 돌아가지 않았으니까요. 그러면 연구 개발 부서에서는 "이 봐, 당신들이 얼간이가 아니라면 이 공정은 잘 돌아가야하고 양산에 들어가야 하는 것 아닌가?"라고 되물었죠. 하지만 앤디 그루브는 실제 양산 과정을 경험해 보지 못했기 때문에 많은 것을 배워야 했습니다. 연구 개발 부서에서는 앤디가 양산 과정을 운영할 적임자가 아니라고 말을 했지만 제 생각에 그 자식은(앤디 그루브) 스스로를 입증해 냈어요. 앤디는 양산 과정 관리를 잘 해낸 위대한 사람이었습니다."[12]

앤디 그루브는 자신의 위치가 가지는 부당함에 매우 분노를 느꼈다. 그러나 불같은 성격에도 침착하게 그 어려움을 헤쳐 나갈 자신의 주된 기회를 기다렸다. 결국 이미 그때부터 앤디 그루브는 자신의 길을 만들어 갔던 것이다.

1965년까지 이러한 내부 구조상 문제와 치열해지는 경쟁 때문에 페어차일드는 서서히 시장의 선두 자리를 빼앗기기 시작한다. 그리고 모토롤라라는 새로운 스타가 탄생한다. 모토롤라를 지휘하는 레스터 호건(Lester Hogan)은 여러 점에서 밥 노이스와 닮은 모습을 보여주었다. 그러나 호건은 직원을 해고하는 등의 의사 결정을 내릴 때 결코 주저하지 않았다. 언제든 페어차일드가 뒤를 바라보면 그 뒤에 모토롤라가 맹렬히 추격해오는 모습이 보였다.

새롭게 나타나는 경쟁자나 내부에서 일어나는 분쟁을 떠나서 페어차일드가 맞는 중대한 두 가지 문제가 있었고, 이 두 문제는 함께 페어차일드를 서서히 파괴하는 결과가 된다.

이 두 문제 중 첫 번째는 바로 본사인 페어차일드 카메라 앤 인스트루먼트였다. 셔먼 페어차일드와 임원들은 빠르게 페어차일드 반도체 회사 안에 어떤 가치가 있는지 알아차렸다. 그러나 그들이 이해하지 못한 사실은 신명나는 캘리포니아의 이 사업부가 단순히 혁신 제품을 창조하는 곳이 아니라 전혀 다른 성공 정의와 다른 기대감을 가지고 어떻게 혁신을 해나가는지 등등 완전히 새로운 기업 문화를 창출해 나가는 곳이라는 점이었다.

1965년 봄보다 이 극명한 차이가 분명해진 순간은 결코 없었다. 산업 회의에서 밥 노이스는 일격에 전자 산업 전체의 가격 구조를 파괴하는 발표를 한다. 밥 노이스가 부하 직원들의 요구와 충돌에 주저하는 모습을 보였을지도 모르지만 기술 경쟁이라면 첨단 산업 분야에서 가장 맹렬한 위험을 감수하는 혁신가였다. 이 모습은 그가 보여준 중요한 행보 중 하나가 된다. 밥 노이스가 페어차일드에서 만드는 주요 집적회로의 가격을 앞으로 1달러로 하겠다는 발표로 회의에 참석한 사람들이 탄성을 자아내게 만든 것이다. 이 가격은 그 당시 산업 표준에서 보았을 때 정상 가격의 아주 작은 일부일뿐만 아니라 실제로 페어차일드에서 집적회로를 만드는 단가보다도 낮은 가격이었다.

이 발표가 있고 나서 보스턴 컨설팅 그룹(Boston Consulting Group)은 밥 노이스의 발표를 조사하여 앞으로 새로 만들어지는 제품의 학습 곡선을 바탕으로 하는 가격 전략으로 사용한다. 밥 노이스의 가격 전략은 다음과 같다. 경쟁사가 대응하기 전에 시장의 점유율을 확보하고 고객을 계속 유지하려고 제품의 가격을 향후 1년 후나 2년 후의 예상되는 가격으로 미리 책정하면 안 되는가? 밥 노이스는 또한 이 전략이 자신의 믿음과 논리를 넘어 성공하리라는 어떤 실증의 근거가 없이도 이 결정을 실행할 용기까지 있었다.

말 그대로 밥 노이스는 자신이 가진 모든 것을 탁자 위에 던지고 페어차일드 반도체의 운명을 그 내기에 건다. 그리고 머리가 좋은 만큼 운도 좋았던 밥 노이스는 이 내기에서 승리한다.

업계 전체가 술렁이고 페어차일드는 잃었던 시장 점유율을 올리면서 수익은 다시 회복된다. 이렇게 밥 노이스의 전설은 더욱 성장한다. 밥 노이스의 자서전을 쓴 레슬리 벌린(Leslie Berlin)은 다음과 같이 말한다. "극적인 가격 할인 정책이 시행되고 1년이 넘지 않아 시장 자체의 크기가 갑자기 커집니다. 페어차일드는 하나의 주문(약 50만 개의 회로)을 받았는데 이 주문의 크기가 전년도 시장 전체의 크기에서 20% 정도일 크기였죠. 1년 후인 1966년도에는 컴퓨터 제조 회사인 버로우즈(Burroughs)에서 2천만 개의 집적회로 주문을 받기도 합니다."[13]

위와 같은 주문은 페어차일드의 시장 가치에 중대한 영향을 준다. 벌린은 "1965년 초기의 페어차일드 카메라 앤 인스트루먼트의 주식 가치는 447퍼센트나 급등하죠. 27달러에서 144달러로 상승하게 됩니다. 8월 한 달에만 주식 가치가 50% 상승하는 경우도 있었습니다. 이 증가 속도는 그 당시 뉴욕 증시에서 가장 빠르게 급등한 기록입니다. 판매와 수익에서도 또 다른 최고 기록을 경신하게 됩니다."[14] 절정의 순간은 지금도 산업 분야에서 가장 거대한 기업 중의 하나인 IBM사가 페어차일드의 평판형 공정을 면허 생산하면서 찾아온다. 그러자 페어차일드 본사는 성공을 일궈낸 페어차일드의 아이들에게 동부의 기업들이 하던 방식대로 보상한다. 이익의 상당 부분은 다른 자회사의 운영을 위해 보유하고 나머지는 페어차일드 반도체 사업부의 경영진들을 보다 근사한 직위로 승진을 시키고, 맡은 임무를 잘한 보상으로 높은 연봉을 책정했다.

한편 오래된 관행에 익숙한 동부의 기업 경영 문화를 피해 서부로 날아온 임원진과 모든 직원들이 위험과 보상을 공평하게 나누어 가지던 평등주의 기업 문화에 익숙한 직원들에게 이러한 본사의 결정은 수긍할 수 없는 정책이었다. 또한 빠르게 변화하는 최첨단 산업 분야에서 경쟁에서 뒤쳐지지 않으려고 대부분의 수익을 생산 공정에 재투자 해야 하는 기업 환경에서 받아들일 수 없는 결정이었다.

가장 저명한 실리콘밸리의 언론사인 에스콰이어(Esquire)지에서 밥 노이스의 경력을 다루면서 톰 울프(Tom Wolfe)는 동부의 경영 방식과 서부의 경영 방식 사이에 존재하는 좁힐 수 없는 간격을 잘 설명해 주는 사진을 발견한다. 그 사진은 바로 마운틴 뷰 지역의 페어차일드 반도체 회사 정문에서 존 카터(John Carter)가 나오기를 기다리는 운전기사의 모습이었다.

"아무도 운전기사나 리무진을 그 지역에서 본 적이 없다. 그러나 그 모습이 모두의 뇌리에 박힌 중요한 모습은 아니다. 진짜 뇌리에 박힌 모습은 운전기사가 밖에서 대기하면서 거의 8시간 동안 아무 일도 하지 않았다는 사실이다. 여기 그의 주인님 엉덩이가 나타날 때 즉각 봉사하려고 문 밖에서 기다리는 일 말고는 아무 일도 하지 않는 노예가 있었다. 언제 그 엉덩이와 올챙이배와 목살이 나타날지 모르므로. 이 모습은 단순히 뉴욕 방식의 고위 기업 간부들의 삶이 이 곳 산타클라라 밸리에서는 얼마나 이상하게 비춰지는지 나타내는 것이 아니었다. 이 사진은 산타클라라 밸리에서는 끔찍하게 잘못된 모습이었다."15

이 구식의 기업 경영 방식을 고집하면서 페어차일드 카메라 앤 인스트루먼트사는 밥 노이스를 그룹의 부회장으로 승진시키고, 그를 반도체 분야뿐만 아니라 계측기기 분야, 그래픽 분야 그리고 몇 가지 다른 사업부까지 총괄하게 한다. 이 결정은 마치 '반도체 산업'이라는 전지전능한 개념이 모든 사업부에 잘 들어맞는다는 듯이 보였다. 그러나 반도체 사업은 전자 부품을 생산하지만 그 본질은 화학 산업이었으며 동부 지역 경영진의 마음은 결코 이러한 사실에 도달하지 못한 듯했다.

개인의 관점에서나 업무의 관점에서도 본사 전체를 관리하는 일은 밥 노이스가 가장 원하지 않는 일임이 분명했다. 다시 한번 정확하게 그의 존재가 페어차일드 반도체를 하나로 묶어 주는 데 필수라는 사실을 밥 노이스의 본능이 말해주고 있었다.

그러나 페어차일드 카메라 앤 인스트루먼트는 밥 노이스에게 승진 이외에는 선택의 여지를 주지 않았다. 그래서 밥 노이스가 뉴저지로 정기 출장을 가면 그의 공석은 다른 경영진이 밥 노이스의 이동에 따라 빈 업무를 순서대로 대행해야 했다. 밥 노이스가 그룹 부회장으로 승진하면서 나타난 가장 큰 결과는 그가 찰리 스포크를 페어차일드 반도체 총괄 책임자로 임명한 것이었다. 결단력이 있는 스포크를 책임자 자리에 앉히자 그의 휘하 선임 책임자들이 페어차일드 반도체를 이끌기 시작한다. 이 순간은 페어차일드가 정상으로 돌아가고 다시 사람들을 이끄는 능력을 확보하는 순간이 되었어야 했다.

그러나 그 대신 모든 일이 잘못 흘러간다.

정확히 어떤 일이 벌어졌는지는 아직도 전 페어차일드 직원들과 현대 산업 역사학자 사이에서도 논쟁거리다. 분명한 점은 몇 가지가 동시에 일어났다는 사실이었다.

그중 하나는 전체 전자 산업계가 불황에 빠졌다는 사실이었다. 첨단 산업 분야가 4년 주기로 불황을 맞는다는 속설은 오늘날 잘 알려진 사실이다. 실리콘 밸리는 지금까지 수십 번의 이러한 불황을 각자 다른 정도로 맞아왔다. 그러나 1966년에서 1967년에 사이에 있었던 불황은 전혀 새로운 현상이었고, 아마도 새로 나온 UHF 텔레비전의 잘못된 수요 예상으로 과다 생산된 이유이거나, 베트남 전쟁에 힘을 더 쏟는 미군, 또는 나사의 우주 탐사 계획 때문으로 의심했다.

두 번째 요소는 반도체 산업에서 새로운 제조법이 나타났기 때문이었다. 바로 금속 산화물 반도체(MOS: metal-oxide semiconductor) 기술이었다. 이 기술은 기존보다 더 빠르고, 저렴하며, 보다 전력 효율이 좋았다. 따라서 이 기술은 이미 업계의 미래라는 예측이 지배했다. 그러나 다른 반도체 회사들이 전통의 바이폴라 반도체 기술에서 금속 산화물 반도체 기술로 전환하려고 애쓸 때 페어차일드 반도체는 이 혁신을 외면했다. 페어차일드의 전 직원이었던 한 사람은 다음과 같이 회상한다. "모두가 이 기술이 미래의 물결이라는 사실을 알았습니다. 그 망할 전자계산기를 만들려면 명백히 필요한 기술이었죠. 그러나 우리는 이 기술을 연구할 인력이 없었습니다."[16]

그러나 페어차일드에서 근무했던 직원들이 키워낸 과거의 성공 신화가 현 직원들에게 영향을 미친다. 그들은 자신들에게 그 동안 페어차일드의 수천 명의 기술자들이 되새기던 말을 다시 한다. "이곳에서 일하던 직원들은 우리와 다를 게 없다. 확실히 우리보다 똑똑하지도 않다. 그런데 지금 그들이 부자가 된 모습을 봐라. 왜 우리라고 못할까?"

3장
디지털 디아스포라

문이 열리자 처음으로 이 문을 걸어 나간 사람은 페어차일드의 천재 중 한 명이었던 밥 위들러(Bob Widlar)였다. 지난 일을 돌아보면 위들러는 음주와 싸움 그리고 여러 가지 기행으로 유명했다. 그러나 실리콘밸리의 역사 속에서 가장 창의력이 넘치는 천재 중의 한 명으로 기억된다. 밥 위들러의 업무 분야는 증폭 장치와 같은 아날로그 기기였고, 아날로그 기기 분야는 고독하고 창의력이 넘치는 전자 산업계의 예술가들에게 마지막 캔버스와 같은 분야였다. 위들러에게 오직 아날로그 기계보다 중요한 것이 있다면 바로 자유였다. 페어차일드에 있던 나무를 도끼로 찍던 사건으로부터 차에 염소를 태우고 운전하던 일, 내셔널 반도체 회사 앞 잔디를 씹어 먹던 일 그리고 자신의 인생에서 마지막 해에 멕시코에 있던 숙소에서 몇 달 만에 나타나 최신형 기기의 설계도를 제출하던 일까지, 위들러의 상대적으로 짧았던 인생(위들러는 53세로 세상을 떠났다)은 자유를 제약하는 모든 장애를 제거하는 일에 몰두하는 삶이었다. 이 제약에는 물론 금전상의 제약도 포함이 되었다.

1966년 어느 날 아침, 로버트 위들러는 페어차일드를 그만두고 산타클라라의 거리에 위치한 신생 반도체 기업으로 자리 잡으려고 애쓰고 있던 내셔널 반도체로 이직한다고 알린다. 회사를 그만두는 다른 모든 직원들처럼 그만두는 날 면접에서 위들러는 사직의 이유를 설명하는 6장짜리 질의서 제출을 요구받는다. 위들러는 질의서에 내용을 쓰는 대신에 각 장에 커다랗게 글자를 하나씩 적어 제출한다. "나는...정말...부자가...되고...싶다." 그리고 마지막 장에는 서명을 남겨야 했지만 결코 서명을 하지 않는 것으로 유명한 그답게 이름 대신 'X'를 남긴다. 이 사건은 앞으로 페어차일드에 어떤 일이 일어날지 말해주는 최초의 경고였다.

이제 페어차일드의 직원들이 회사 운영에 결코 문제가 발생하지 않으리라 믿어 의심치 않던 제조 분야에서 문제가 발생한다. 무엇보다도 찰리 스포크는 반도체 제조업 생산 담당 분야에서는 신 같은 존재였다. 그리고 산더미처럼 쌓인 주문과 함께 페어차일드의 생산 라인은 좀처럼 멈출 일이 없었다. 오히려 반대로 회사는 생산량을 맞추려고 교대 근무를 추가하는 상황이었다. 그런데 갑자기 생산라인의 수율이 떨어지고 납기일을 맞추지 못하는 일이 발생한다. 페어차일드는 수익을 최대화하는 순간에 반도체 수요에 맞출 양품을 더 이상 충분히 제조하지 못했던 것이다.

1966년 말 무렵에 페어차일드는 주문 받은 물량의 약 1/3만을 납품한다. 상황이 이러다 보니 새로 개발한 제품을 연구 개발 부서와 생산 부서 사이에 갇혀 시장에 선보일 수가 없었다.

그리고 페어차일드 반도체가 무너지는 데 중요한 계기가 되는 세 번째 문제가 발생한다. 많은 페어차일드의 직원들이 페어차일드가 그 당시 실패하는데 이 문제가 가장 큰 역할을 했다고 아직도 믿는다. 바로 본사가 페어차일드 반도체를 현금 창출원으로 이용했다는 점이다. 반도체 사업부의 운영과 설비 투자에 지속해서 필요한 자금을 너무 오랫동안 본사로 끌어갔다. 이제 페어차일드 반도체는 감당하기 힘든 주문량과 함께 말 그대로 설비 자체가 붕괴 직전이었다. 이 논쟁에서 강조할 점은 페어차일드 반도체가 이 현기증 나는 속도를 거의 8년째 유지했다는 점이다. 이 당시 페어차일드는 여덟 명이 모여 시작해 이제 12,000명의 사원을 거느리고, 연간 판매액이 1억 3천만 달러에 이르는 회사로 성장했고, 이 추세는 그 당시 어느 제조업도 이루지 못한 증가세였다. 그러나 작은 회사로 출발해 이렇게 빠르게 성장한 회사들은 예외 없이 성장통을 겪기 마련이었다. 단기로는 자금 부족과 장기로는 불확실성까지 페어차일드의 약점이 서서히 이와 같은 문제에 봉착한다.

네 번째 이유는 아마도 페어차일드가 실패하게 된 가장 큰 이유이다. 찰리 스포크는 페어차일드 카메라 & 인스트루먼트 본사와의 거래에서 해결되지 않는 좌절감을 느낀다. 결코 남에게 굽히지 않는 성격의 스포크는 자신이 본사에서 본 모든 모습을 싫어했다. 그리고 자신이 쓸 아무 수단도 없다는 사실에 분노를 느꼈다. 언젠가 찰리 스포크는 제리 샌더스에게 다음과 같이 말한다. "나는 화가 나서 어쩔 줄 모르는 어린애처럼 굴고 싶지 않아. 나만의 세상을 만들고 싶어."

외부의 상황도 회사 내부 사정과 마찬가지였다. 반도체 산업의 발달은 재능 있는 인재들을 끌어들이는 중심이 되었으며, 1960년까지만 해도 전자 산업 관련에서 필요한 기술이 있는 기술자, 고체 물리학자, 컴퓨터 공학자가 많지 않았다. 반도체를 생산하는 기업들이 쓸 방법은 하나 밖에 없었다. 바로 경쟁사의 인재를 빼오는 방법이었다. 페어차일드에는 능력 있는 인재들이 많았고, 언제나 전자 산업계가 관심을 갖는 중심에 위치했다. 그리고 이는 바로 인재를 수급하려는 경쟁사의 최종 목표가 되었다. 이와 같은 상황에서 스포크가 깨달은 답은 하나뿐이었고, 언제나 페어차일드 반도체 회사가 원하는 답이기도 했다. 바로 자유였다. 또한 이 답은 두 가지를 뜻하기도 했다. 재투자를 통해서 반도체 사업부가 계속 원활하게 돌아가게 하고, 직원들에게 주식 옵션을 제공하는 것이었다.

밥 노이스는 계속해서 본사에 이러한 직원 보상 및 복지 제도와 투자를 간절히 요청해 왔지만 그의 요청은 소귀에 경 읽기와 마찬가지였다. 밥 노이스는 본사를 설득해 자신의 요구를 관철하려는 일에 스포크도 합류시킨다.

그러나 본사는 그들의 시간을 허비하게 했다. 아마도 실리콘밸리 역사상 가장 큰 실수라고 여겨지는 쇼클리가 8인의 배신자라 불리는 직원들에게 했던 일에 버금가는 실수를 페어차일드 카메라 & 인스투르먼트사는 한다. 바로 두 사람의 요구를 거절한 것이다. 본사의 처지에서는 월급 외에 어떤 대가도 지급할 이유를 찾지 못했다.

충격이긴 했지만 충분히 이해가 갈만하게도, 페어차일드를 떠나는 다음 직원은 찰리 스포크였다. 스포크는 당시를 이렇게 회상한다. "문득 이런 생각이 머릿속을 스쳐지나가더군요. '이봐, 어쩌면 새로 시작하는 회사에서 나도 새 출발을 하는 게 나을지 몰라.'"[1]

위들러의 이직이 스포크에게 어디를 바라보아야 할지 제시해 주었다. 바로 내셔널 반도체였다. 이제 이 회사는 실리콘밸리에서 가장 뛰어난 아날로그 장치 개발자를 보유했으며, 마치 실격 선수에서 슈퍼 스타로 등극하려는 듯한 상황이었다. 스포크는 조용히 몇 달 간 회사에서 최고의 과학자인 피에르 라몬드 (Pierre Lamond)부터 젊은 과학자인 플로이드 크뱀(Floyd Kvamme)처럼 가장 능력 있는 직원들을 모아 이직을 준비했고, 1967년 3월, 폭탄선언을 한다. 지역의 유명한 술집에서 밥 노이스에게 페어차일드를 떠나 내셔널 반도체 회사의 회장직과 최고 경영자로서 이직한다고 밝힌 것이다.

밥 노이스는 스포크에게 말을 꺼내지도 않았다. 밥 노이스는 훗날 "내 생각에 나는 마음속으로 스포크가 떠난다는 사실에 고통을 느꼈습니다. 마치 모든 것이 산산조각 나는 느낌이었죠. 훌륭한 동료를 잃었다는 사실을 알게 되었습니다. 솔직히 자신이 좋아하는 사람들과 함께 일하다가 그런 사람들과 이제 같이 일을 하지 못한다는 사실은 마음속에서 무척 괴로운 일이었습니다."[2]

이제 페어차일드의 직원들은 혼돈에 빠졌다. 한 전직 페어차일드 직원은 당시를 다음과 같이 회상한다. "그 소식을 듣고 매우 놀랐고, 두려웠으며, 바로 상심했습니다."[3]

회사 분위기를 유지하려고 스포크를 대체할 인물을 찾을 때까지 밥 노이스가 임시로 반도체 사업부를 총괄한다. 그러나 많은 인재가 이미 페어차일드를 떠난 상태였다. 뒤돌아보면 왜 밥 노이스가 다음과 같이 말했는지 이해가 간다. "마치 모든 것이 산산조각 나는 느낌이었죠."[4] 이제서야 페어차일드 본사는 출혈을 막으려고 조치를 취한다. 본사의 반응은 충분히 예상된 대로였다. 밥 노이스를 뉴저지로 불러들여 반도체 사업부의 광고 비용부터 조직 구조까지 회사 운영 전반에 끊임없는 회의를 하는 것이었다. 밥 노이스는 회의에서 노트에 낙서를 하며 시간을 보낸다. "동부로부터 당장 탈출해!"

마운틴 뷰로 돌아오자 밥 노이스는 조용히 고든 무어의 연구소를 찾는다. 고든 무어는 당시를 이렇게 말한다. "밥 노이스가 나를 찾아오더니 이렇게 말하더군요. '고든, 새로 회사를 차리는 게 어떨까?' 저의 대답은 그저 '별로요, 지금 이 자리가 좋아요.'였습니다."5

결국 본사는 자신들이 큰 실수를 했다는 사실을 깨닫는다. (주식 가치가 절반으로 떨어지고, 주식 애널리스트, 주주, 언론에서 크게 보도를 하면서) 본사는 백여 명의 중간 관리자급 직원들에게 배정할 주식 옵션인 30만주의 주식을 증자를 통해서 조달한다고 밝힌다. 그 중 절반 가까운 사람들이 처음으로 회사의 주식을 갖는다.

그러나 너무 작은 규모였고, 뒤늦은 결정이었다. 수많은 경쟁사들이 페어차일드에 근무하는 직원들에게 수천 주의 자사 주식을 이직 조건으로 제시했다. 이제 페어차일드 반도체의 전 분야에서 인재들이 빠져나가기 시작했고, 직원들의 이직 소식은 지역 술집에서 늘 단골 화제였다. 마셜 콕스는 다음과 같이 그 당시를 기억한다. "우리는 매주 금요일이면 단골 술집에 가곤 했죠. 그리고 슬며시 누군가가 이렇게 말했습니다. '자, 금요일이다. 누가 이번 주에는 내셔널 반도체행 기차에 탔지? 망할 자식들. 그 놈들은 언제나 유능한 기술 직원, 운영 직원, 뭐든지 빼간단 말이야. 이건 정말 회사에 나쁜 영향을 줄 거야. 젠장 할, 탐(탐 베이), 그 망할 자식들을 고소해버려. 도대체 뭐가 문제야?' 하지만 탐은 고소를 하지 않았죠."6

밥 노이스는 이제 페어차일드가 과거의 명성을 되찾는 길은 오직 자신이 다른 사업부를 배제하고, 반도체 사업부 중심에 자리 잡아 시장의 지배력을 다시 확보하는 방법임을 알았다. 그러나 페어차일드 반도체 회사 같이 거대하고 오래된 회사에서 전면적으로 변화를 추구할 방법은 그가 페어차일드 카메라 & 인스트루먼트의 최고 경영자가 되는 방법 밖에는 없다는 사실 또한 알았다. 그러나 밥 노이스는 마음속 깊은 곳부터 그 일을 원하지 않았다.

밥 노이스는 "단지 그런 환경으로 가고 싶지 않았습니다. 나는 캘리포니아에 머물고 싶었죠. 그룹의 본사는 뉴욕에 있었고, 내가 특별히 관심이 없는 토지 답사 사업부나, 출판 사업부와 같은 많은 사업부를 관리하게 시켰습니다. 그리고 내 삶을 돌아봤을 때 나는 작은 회사로 출발해 큰 기업으로 만드는 과정에서 큰 즐거움을 느꼈죠. 또 어떤 점에서 아직도 그렇게 느낍니다. 다른 개인 동기로는 페어차일드에서 거둔 큰 성공이 단지 운이 아니라 내 능력에 따라 이루어진 것이라는 사실을 입증하고 싶었습니다."7

그런데 얼마 지나지 않아 본사에서 최고 경영자를 구한다는 공고를 한다. 밥 노이스 자신을 포함하여 반도체 업계 사람들 중에 밥 노이스가 그 자리에 오를 것을 의심한 사람은 아무도 없었다. 그러나 페어차일드 본사는 밥 노이스를 아직 준비가 되지 않은 인물로 여기고 그 기회를 주지 않는다. 아마도 이 실수는 구시대의 경영진이 새로운 첨단 산업 분야에서 저지른 가장 큰 실수 중의 하나였을 것이다. 첨단 산업 시대는 젊고 유능한 인재들이 책임자의 위치에 오르고 있었고, 실리콘밸리는 세계 경제의 중심이 되어가는 중이었다.

고든 무어는 인터뷰에서 외교적인 수사로 당시 밥 노이스의 감정을 표현했다. "밥 노이스는 임원회의 결정에 약간 언짢은 듯 보였습니다." 아마도 밥 노이스가 느꼈을 감정은 그 표현으로는 충분히 설명이 되지 않을 것이다. 노이스는 어려움에 빠진 본사를 구해냈으며 그들을 부자로 만들어 주었고, 지구에서 가장 첨단 산업의 분야를 그들 손에 넘겨주었다. 그런데 그들의 답변은 그가 아직 준비되지 않은 인물이라는 반응이었다.

다시 한번 밥 노이스가 한 달 전쯤 그렇듯이 고든 무어의 연구실로 걸어 들어와 똑같은 질문을 한다. 이번에는 밥 노이스가 심각하다는 사실을 고든 무어는 잘 알고 있었다. 밥 노이스는 이미 록펠러 펀드(Rockefeller family fund)에서 최고의 벤처 투자자로 일하는 아서 록과 이야기를 나눈 상태였다. 밥 노이스가 오랜 친구인 아서 록에게 페어차일드를 그만 둔다는 이야기를 하자 "이제서야!"라며 아서 록은 그를 놀렸다고 한다. 그러나 아서 록은 이번에 밥 노이스가 고든 무어를 설득하고, 두 사람이 진지하게 새 회사를 차린다는 사실을 입증하려고 어느 정도의 투자를 한다면 자신이 회사를 설립하는데 필요한 자금을 조달하겠다고 말한다.

고든 무어는 페어차일드를 그만두고 새로 회사를 함께 차리자는 제안을 이번에는 받아들였다.

밥 노이스는 이제 준비가 되었다고 생각했다. 그리고 셔먼 페어차일드에게 사직을 직접 통보한다. 쇼클리와 마찬가지로 셔먼은 밥 노이스를 백년에 한 번 나올까 말까한 천재로 생각해 왔기 때문에 그 자리에서 큰 충격을 받는다. 그리고 그를 대신할 인물을 찾을 때까지 머물러 줄 것을 요청하자 밥 노이스는 이를 수락하고 페어차일드 반도체의 새로운 수장으로 모토롤라의 레스 호건(Les Hogan) 박사를 추천한다. 그의 추천에 셔먼 페어차일드는 바로 임원을 피닉스로 보내 레스 호건 박사에게 이직을 제안한다.

한편 제안을 받은 레스 호건은 이 제안을 진지하기보다 재미있게 받아들인다. 왜 최고의 성공 가도를 달리는 모토롤라의 자리를 버리고 잘난 척 하는 인물들이 많고, 많은 인재들이 떠난 문제투성이의 회사로 이직을 한단 말인가? 호건은 제안을 거절한다.

그러자 셔먼이 직접 전화를 걸어 제안한다. 레스 호건은 셔먼에게 감사의 뜻을 전하지만 이번에도 역시 거절한다. 그런데 레스 호건이 전체 산업계를 통틀어 유일하게 자신에게 견줄만한 인재라고 생각하는 사람이 찾아온다. 바로 밥 노이스였다. 레스 호건은 그 당시를 기억하며 매우 놀라웠다고 말한다. 반도체 산업계 모두가 페어차일드 반도체는 밥 노이스의 작품이라는 사실을 알았기 때문이었다. 왜 회사를 떠나려고 할까?

레스 호건은 당시를 다음과 같이 회상한다. "멍청하군요. 당신은 지금 회장

자리에 있어야 했습니다'라고 나는 말했습니다. 그러자 밥 노이스는, '나는 페어차일드를 그만두고 새로운 회사를 차리려고 합니다.'라고 답하더군요. '왜요? 그 동안 잘 해왔잖아요. 물론 문제가 생길지도 모르지만 모두 해결할 능력이 있잖아요?'라고 물었지만 밥 노이스는 완고했습니다."

훗날 왜 레스 호건이 이직을 결정하는지 알게 된다. 바로 돈이었다. 그것도 당시로서는 아주 엄청난 돈이었다. 12만 달러의 연봉에 1만 주의 페어차일드 주식 그리고 9만 주를 더 사도록 5백만 달러의 융자를 해주는 조건은 이제 첨단 산업 분야의 연봉 기준이 되어 버렸다. 마치 다른 경쟁사의 최고 경영자들이 받는 연봉이 레스 호건이 받은 연봉의 조각처럼 느끼게 만들어 버린 것이다. 레스 호건은 심지어 불가능해 보이는 요구까지 관철시킨다. 바로 페어차일드 본사를 마운틴 뷰로 이전하는 일이었다.

그리고 호건이 다음과 같이 말한다. "밥 노이스가 그렇게 하지 않았다면 페어차일드로 이직을 하지 않았을 것입니다. 나는 밥 노이스를 진심으로 존경했으며, 그는 언제나 위대한 기업가였습니다."[8]

페어차일드의 임원회에 보내는 편지에서 밥 노이스는 다음과 같이 솔직한 심정을 밝혔다고 한다. "저의 사직에는 보다 근본적인 이유가 있습니다. 페어차일드 반도체 회사가 커질수록 저는 제 일상의 업무를 즐겁게 하기가 점점 더 어려워졌습니다. 아마도 내가 아주 작은 마을에서 인간관계를 중시하며 성장했기 때문인지도 모르겠습니다. 이제 우리는 제가 살던 마을의 인구수보다 두 배가 많은 직원을 고용했습니다. 나는 행정 업무보다는 새로운 제품을 만드는 창의력이 넘치는 일과 새로운 기술을 개발하는 일 그리고 새로운 조직을 만들던 초기 페어차일드 반도체 회사를 세울 때를 그리워하게 되었습니다.

제 차후 계획은 아직 결정되지 않았습니다. 그러나 휴가를 다녀와서 새로운 첨단 기술 분야를 개척하는 작은 회사에서 보다 선진 기술을 가까이서 접하는 일을 해보고자 합니다. 너무 오랫동안 그런 분야에서 멀어지지 않았다면 말입니다. 어느 작은 신생 회사에서나 마찬가지로 제한된 자원은 큰 제약입니다. 그러나 어떤 큰 계획이 있는 것도 아닙니다. 단순히 반도체를 기존의 방식대로 제조하는 회사에서는 일하지는 않을 것입니다. 차라리 아직까지 아무도 시도하지 않은 새로운 방법을 찾는 작은 회사를 찾을 것입니다. 작더라도 남에게 기대지 않고 자신의 힘만으로 하려면 제가 회사를 차리는 방법을 모색해야 할지도 모르겠습니다."

이 말이 페어차일드 이전에 존재하지 않았던 위대한 기업인 페어차일드 반도체 전설의 마지막 순간이었다. 페어차일드에서 근무했거나 관련된 사람들이 약 백 개 이상의 진취적 기상과 기업가 정신이 가득한 기업을 창업해 실리콘밸리를 채워나갔다. 바로 이들이 실리콘밸리를 디지털 시대의 중심으로 만들었다. 페어차일드 반도체 회사는 디지털 시대의 가장 큰 공헌자였던 셈이다. 그러나 그들의 연속된 큰 성공에도, 나이가 든 페어차일드 출신의 직원들은 언제나 한 가지 미련을 가졌다. 초창기 멤버들이 함께 계속 일했다면 어땠을까? 지역 언론의 한 기자는 다음과 같이 글을 남긴다.

"실리콘밸리에서 가장 유명한 기업은 존재하지 않았다. 차라리 이것은 환상이며, 실리콘밸리의 작은 회사에 15년 간 빛나는 추억을 비추어 주던 마법 등불이 이제 꺼졌다. 그리고 이제 마법의 등불은 거대하고 일그러진 그림자를 이 회사에 드리우려 한다. 가끔은 이 신화 같은 회사 이야기를 하게 될 때마다 사람들은 쉽게 도저히 상대가 되지 않는 지성을 갖추고, 아무도 따라하지 못할 제품과 실리콘밸리에 있는 다른 회사들을 다 합친 것보다도 많은 매출을 올리는 회사가 여전히 있다고 떠올릴 것이다. 이 회사는 가장 크고, 가장 혁신에 앞장섰으며, 가장 흥미진진한 반도체 제조업체이다."9

이 사실은 또한 새로운 전설의 시작이기도 했다. 바로 인텔이었다. 인텔은 밥 노이스와 고든 무어의 명성만으로 출발했다. 그리고 수 세대에 걸쳐 수십억 달러 가치의 회사로 성장했고, 세계 전자 산업의 혁명을 이끌며 세계 경제의 중심에 섰다. 이 과정에서 인텔은 가장 복잡한 전자 부품을 발명하고 이들 부품을 수십억 개의 단위로 제조한다. 그리고 이들은 창업자 중 한 명이 발견한 인류 역사에 전에 없던 변화의 속도에 병적이라 할 만한 집착을 보이며 이를 성취해낸다. 가장 기본 부품의 수준에서 지칠 줄 모르고 끊임없는 발전을 추구해왔고, 급변하는 디지털 기술 분야에서 강력한 추진력을 보여주었으며, 반도체 기술이 구현한 무어의 법칙을 보존하려고 노력해 온 모습은 40년이 넘게 인텔의 역사가 되었다. 그러한 추구는 회사에 거대한 부를 쌓도록 해주었고, 몇몇 측면에서 회사에 불가피한 변화를 가져오기도 했다. 인텔이 구현한 것들을 몇 번의 시대로 구분해서 살펴보며 이 책에서는 인텔의 이야기를 이 시대별로 다음과 같이 보여주고자 한다.

스타트업(Start-up) 시대는 인텔을 설립한 1960년 말부터 인텔이 처음으로 주식을 공개하는 1971년까지의 기간이다. 이 기간 동안 인텔은 메모리칩을 제조하는 많은 기업 중 하나일 뿐이었지만 다른 회사들과는 구별되는 출신 성분의 기업이었다. 회사의 생존은 전혀 보장되지 않았고, 특히 초기 몇 년 동안은 제조 공정에서 수율을 잡으려고 사투를 벌여야 했다. 그리고 마침내 인텔은 수율을 확보하는데 성공하고 성장한다. 그러나 회사 안팎의 상황에서(증가하는 반도체 수요는 많은 경쟁자들을 시장으로 불러들였고, 마이크로프로세서의 시대가 태동한다) 인텔의 메모리칩 생산 시대를 끝내는 새로운 씨앗이 심어진다.

마이크로프로세서 전쟁(시대정신)은 1980년까지 계속된다. 이 기간 동안 인텔과 함께 혁신적이고 천재적인 경쟁 회사들은 마이크로프로세서의 개념을 정립하고, 수익이 창출되는 이 새로운 시장을 점유하려고 거의 목숨을 건 사투를 벌인다. 이 전쟁은 IBM과 함께한 이른바 개인용 컴퓨터라 불리게 되는 시장에서의 승리를 끝으로 인텔의 시대가 된다.

반도체 산업의 거인 시대(세상에서 가장 중요한 회사)에 인텔은 1990년대까지 사세를 확장한다. 이제 앤디 그루브의 진두지휘하에, 거의 자기 자신과의 싸움이라 할 무어의 법칙을 수호하고 끊임없이 높아지는 소비자의 요구에 부응하려고 사투를 벌인다.

글로벌 기업의 시대(가격 혁명)는 앤디 그루브와 고든 무어가 은퇴한 후의 시대로 이어진다. 이 기간 동안 인텔은 세계에서 가장 가치 있는 제조 기업으로 성장한다. 그러나 또한 그들의 역사 속에 남을 성공을 가로막는 구설수에 휘말리기도 한다.

차세대의 시대(창업자들이 모두 떠난 후)는 현재 진행형이다. 크레이그 바렛(Craig Barret)이 최고 경영자가 된 시대로부터 짧은 기간을 경영자로 지낸 폴 오텔리니(Paul Otellini), 브라이언 크르자니크(Brian Krznich)의 시대로 이어진다. 이 세 명의 최고 경영자는 심각한 경제 불황의 시대를 헤쳐 나갔을뿐만 아니라 현재도 사투를 벌이는 반도체 산업 분야에서 급격한 지각 변동의 시대를 겪는다.

그러나 이 이야기는 단순한 기술 이야기나 기업 이야기 그 이상이다. 인간이 기술에 관심을 가지는 한, 실리콘밸리의 진정한 이야기는 그들의 제품만큼이나 사람의 이야기이기 때문이다. 특히 인텔을 세우고 거의 40년 동안 이끌어온 세 사람인 밥 노이스와 고든 무어 그리고 앤디 그루브 이야기를 중심으로 다룰 것이다.

2부
스타트업
1968-1971

The intel trinity

4장
불안한 취업

밥 노이스가 페어차일드를 떠난다는 소식은 회사를 핵심부터 흔들어 버렸다. 스포크의 이직은 페어차일드에 고통스러운 상처를 안겨주었지만 그래도 페어차일드는 그 상처를 딛고 일어섰다. 스포크가 고위직이었고, 널리 존경받는 사람이었지만 고용된 직원 중 한 명일 뿐이었다. 반면 밥 노이스는 회사의 설립자였고 모두가 그를 깊이 존경했다. 스포크가 회사를 떠나는 모습이 마치 군에 입대하는 큰형을 떠나보내는 심정과 같았다면 밥 노이스가 떠나는 모습은 담배를 피려고 밖으로 나가신 아버지가 다시는 집으로 돌아오지 않는 듯한 심정이었다.

페어차일드의 모든 직원이 밥 노이스의 퇴사에 마음속으로 아픔을 느꼈다. 그리고 그 다음에 무엇이 닥쳐올지 알 수 없는 두려움이 페어차일드의 전 부서에 감돌았다.

언론의 반응도 페어차일드 직원들의 반응과 크게 차이가 나지 않았다. 밥 노이스는 현명하게 대처해 나갔지만 고든 무어는 그다지 대응할 필요를 느끼지 못했다. 한 신문의 제목은 "페어차일드를 흔드는 사직"이라 나왔고, 산호세 머큐리 신문은 "또 다른 태풍이 가난뱅이에서 부자가 된 마운틴 뷰의 거인, 페어차일드 반도체 사업부를 덮치다."라고 표현했으며, 기사는 다음과 같은 내용이었다. "지난 한 해 동안 페어차일드에서 설명하지 못할 경영진의 퇴사가 일어났다. 그들은 페어차일드를 세운 여덟 명의 설립 멤버였으며, 페어차일드를 작은 연구실 수준에서 1만4천명을 고용하고, 연간 판매액이 2억 달러에 이르도록 성장시킨 주역들이었다. 그들이 떠나고 이제 설립 멤버 중 두 사람만이 남게 되었다. 줄리어스 블랭크(Julius Blank)와 빅터 그리니치(Victor Grinich) 박사가 그들이다. 수요일 확인된 바에 따르면 밥 노이스는 행정 업무와 책임에서 벗어나 자신만의 자유로운 시간을 보낸 뒤, 그가 사랑하는 연구 개발을 하는 작지만 성장하는 회사로 돌아올 것이라고 한다. '1968년에 내가 하는 일보다 1958년도에 일할 때가 훨씬 즐거웠습니다.'라고 왜 밥 노이스가 현재의 자리에서 물러나는지 설명했다. 밥 노이스는 점점 더 서류 업무의 압박에 직면했고 그 일을 그만두어야 한다고 생각했다고 한다. 밥 노이스는 그가 어디인지는 밝히기를 거부한 회사와 같이 일하는 방안을 논의 중이라고 했으며, 새로운 반도체 회사를 세우는 일을 숙고 중인 것으로 알려졌다."[1]

이 책을 읽는 대부분의 독자는 이 사실을 믿겠지만 전 직장 동료 중 일부와 경쟁사는 그의 동기와 설명에 회의적이었다.

지금은 첨단 산업의 벤처 투자 부분에서 수장이 된 돈 발렌타인(Don Valentine)은 1984년, 스탠포드 대학에서 열린 기자회견에서 다음과 같이 말한다. "내가 1967년에 페어차일드를 떠날 때 밥 노이스가 한 말을 아직도 기억합니다. 노이스가 이렇게 말했죠. '돈, 지금 새로 반도체 사업을 시작하기에는 너무 늦었어요. 계속 함께 여기서 일하지 않을래요? 우리 그 동안 정말 잘 해왔잖아요. 앞으로 더 잘 해낼 것이라 믿습니다.' 하지만 나는 이렇게 대답했습니다. '아니요, 다른 목표가 생겼습니다.' 이 일화가 밥 노이스가 1969년 페어차일드를 떠난다는 소식을 들었을 때 생각난 일이었습니다. 나는 밥 노이스에게 전화를 걸어 그때 일을 기억하며 물었습니다. '2년 전에 나한테 너무 늦었다고 말했던 것 기억나시죠? 어떻게 2년이 지난 지금 새로운 회사를 시작하려 하시나요?'"[2]

밥 노이스는 역설적으로 돈 발렌타인에게 함께 일해보지 않겠냐고 제안한다. 그러나 돈 발렌타인은 제안을 거절하고 미래를 고려하여 새로 출발하는 작은 기업보다는 이미 설립된 내셔널 반도체와 같은 곳에 머무르기를 선택했다.

페어차일드 직원들 중에 이 사실을 아는 사람은 거의 없었지만 이미 밥 노이스와 고든 무어는 밥 노이스의 집에서 비밀리에 새로운 회사의 설립 논의를 하던 중이었다. 페어차일드에 사직서를 제출할 무렵, 밥 노이스와 고든 무어는 반대로 무어의 법칙이 설명하듯이 메모리 시장을 석권하려면 페어차일드가 오랫동안 수용하지 않은 기술이었던 빠른 속도로 제조를 해야 하는 금속 산화물 반도체(MOS)를 만드는 회사를 시작하기로 결론을 내린 상태였고, 아서 록이 매우 당연한 듯 회장직을 맡아 줄 것이라 확신했다.

밥 노이스와 고든 무어는 이제 새롭게 함께 일할 직원을 찾는다. 처음으로 합류한 사람은 페어차일드에서 가장 뛰어났던 마케팅 임원인 밥 그레이험(Bob Graham)이었다. 그렇게 그들이 새로운 회사를 준비하던 1968년은 폭력적이고, 혁명 같은 사건들이 일어나는 혼돈의 시기가 서서히 그 모습을 드러내는 해였다. 그레이험과 밥 노이스가 집에서 모임을 가질 때 맞은편 방에 있던 텔레비전에서 케네디 대통령 암살 소식이 전해진다. 두 사람은 전 세계의 사람들과 마찬가지로 충격에 빠졌고, 밥 노이스는 페어차일드를 대표하여 일렉트로닉 뉴스(Electronic News)에 산업계의 조의를 표한다. 이 글에서 밥 노이스는 "상호 이익을 위해 사람들이 가까이 함께 하며 그림을 그려나가는 대신에 우리 사회는 서로를 적대하는 집단으로 양극화가 이루어지고 이 모두가 상대방의 권리는 무심해 보이는 듯 하다"라고 심정을 밝힌다.3

이 발표가 밥 노이스의 공식 반응이었다. 이 이야기에서 평소 역사적으로 유명한 사람들과는 달리 자신을 평범한 사람으로 여기던 밥 노이스를 발견한다. 밥 그레이험은 후에 찰리 스포크에게 그 당시 밥 노이스가 케네디 대통령의 암살을 진지하게 개인 문제로 받아들이는 듯하다고 말한다. 마치 인생은 짧기에 자신의 운명을 하루 빨리 찾아야 된다는 듯한 느낌이었다고 한다.

새롭게 합류할 직원 중에 두 번째로, 또는 그 이상으로 중요한 사람이 자청하여 합류한다. 그 사람은 바로 앤디 그루브였다. 앤디 그루브는 당시를 다음과 같이 기억한다. "고든 무어는 내가 새로운 회사에 합류하기를 원한다고 하자 '안

됩니다'라고 말하지 않았습니다. 지금은 그때 그가 무엇이라 했는지 잘 기억이 나지 않지만 그렇다고 그가 확실히 나를 받아 준 것도 아니었습니다. 그러나 확실한 점은 제 앞에서 고든 무어가 누구도 확실히 받아 주는 일을 본 적이 없다는 사실입니다. 그래서 우리는 바로 인텔의 미래를 열정적으로 이야기하기 시작했습니다."[4]

앤디 그루브는 페어차일드 연구 개발 부서에서 단순히 고든 무어에 이은 2인자가 아니었다. 그루브는 고든 무어의 가장 열렬한 신봉자였다. 앤디 그루브는 자신이 가장 존경하던 이 나이든 인물에게서 차분한 말투와 과학에 바탕을 둔 엄격함과 지적인 정직함을 보았다. 이러한 존경심은 앤디 그루브에게 페어차일드에서 고든 무어에게 더 충성하게 했다.

그 해 여름 초, 앤디 그루브와 고든 무어는 콜로라도에서 열리는 기술 회의에 함께 참여한다. 앤디 그루브는 하루 일찍 회의장에 도착했기 때문에 후에 고든 무어가 도착하자 회의장에서 전날 무슨 일이 있었는지 설명하려고 평소 업무를 준비했다.

자신이 영웅이라 생각하는 고든 무어의 자문 역할을 수행한다는 사실이 앤디 그루브에게는 자랑스러운 일이었다. 그래서 자신의 설명을 듣는 고든 무어가 집중하지 않고, 거의 듣지 않는다고 여겨지자 앤디 그루브는 풀이 죽는다. 실망감이 들 무렵, 앤디 그루브는 고든에게 무슨 일이 있는지 물어본다. 몇 년 후에 앤디 그루브는 이 일을 찰리 스포크에게 다음과 같이 말한다. "당시 고든이 '페어차일드를 그만 둡니다'라고 말했습니다. 그리고 저도 주저 없이 '나도 당신과 같이 가고 싶습니다.'라고 말했죠." 평소 고든 무어를 자신의 조언자로 여기던 앤디 그루브가 그와 떨어져 일을 하는 모습은 상상이 안 되는 일이었다.

다행히 고든 무어는 반대 의사를 표현하지 않았고, 반대로 계속해서 미래 계획을 이야기한다. 특히 중요한 내용은 새로운 기술 기반의 메모리칩을 개발하는 반도체 회사였다. 불과 몇 분이 지나기도 전에 앤디 그루브는 이미 새로운 모험에 감정적으로 완전히 동화되었다. 그런데 그 순간 고든 무어가 다음과 같은 이야기를 추가한다. "그런데 밥 노이스도 이 일에 관여하고 있습니다."

이 순간을 앤디 그루브는 다음과 같이 설명한다. "나는 그 이야기를 듣는 순간 행복하지 않았습니다. 내가 그 이야기를 듣고 처음 한 말은 '젠장할'이었죠." 두 사람을 거의 50년 가까이 알고 지내고 밥 노이스를 존경하던 찰리 스포크조차도 이 이야기를 듣고 깜짝 놀란다. 왜 밥 노이스에게 그렇게 좋지 않은 반응을 보였는지 나중에 앤디 그루브는 찰리 스포크에게 이야기 해준다.

그루브는 "나는 직원회의에서 직원들이 서로 으르렁거리는 순간조차도 밥 노이스가 초연한 듯한 자세를 보이고, 아무런 결정을 내리지 않는 것을 보았습니다. 밥 노이스는 회의에서 혼자 떨어져 있는 듯 했죠."

언급한 바와 같이 앤디 그루브는 몇 년 후 PBS에서 페어차일드와 인텔, 실리콘밸리 관련 다큐멘터리를 만들려는 인터뷰에서 비슷한 말을 한다. 밥 노이스의 전기 작가인 레슬리 벌린(Leslie Berlin)과의 인터뷰에서 앤디 그루브는 밥 노이스가 마치 직원회의에 참석을 허락 받은 듯한 제3자 같아 보였다고 말한다. "밥 노이스는 직원들을 각자 광견병에 걸린 사람처럼 서로 물어뜯게 내버려 두고, 한편 본인은 무언가 고통스러운 듯한 표정과 어떨 때는 약간 이상한 웃음을 띠는 듯해 보였습니다. 그의 시선은 마치 '어린이 여러분, 제발 행동을 삼가해 주세요.'라는 느낌과 '나는 그 어떤 곳보다도 이 곳과 이 순간이 좋다.'라는 느낌을 섞어 놓은 듯 했습니다." 이런 태도가 그루브가 싫어한 밥 노이스의 이른바 '말다툼은 싫고, 그저 괴로울 뿐'이란 모습이었다.5

한 가지 더 앤디 그루브가 밥 노이스를 싫어하게 된 이유로 앤디 그루브의 자서전을 쓴 작가 리차드 테드로우(Richard Tedlow)에 따르면 윌슨(Wilson)이라는 한 직원 때문에 생긴 나쁜 기억이라고 한다. 윌슨은 페어차일드의 두 개 사업부 중에 한 곳의 관리자였다. 앤디에 따르면 윌슨은 심각한 알콜 중독이었으며 비정상적인 행동으로 회사에 손실을 입히기 시작했다고 한다. 이 시기는 페어차일드가 내부적으로 생산 수율 문제를 겪고 있었을뿐만 아니라 외부적으로 여러 경쟁사의 도전으로 경쟁이 심해지는 시점이었다. 그러나 윌슨을 비난하던 앤디 그루브의 마음은 보다 정확히는 실제 회사 조직을 붕괴하게 한 자금 부족, 주식 옵션, 스포크의 이직 그리고 본사가 보여준 무관심에 밥 노이스가 적절하지 못하게 대응한 것에 가지는 원망이었다.

"페어차일드의 조직이 흩어진 이유는 비틀거리며 11시에 회사에 나와 9시까지 회의 내내 술 냄새를 풍기던 윌슨을 밥 노이스와 고든 무어가 해고하지 못해서가 아닙니다. 페어차일드 조직이 붕괴된 사실은 그렇게 파악하기 어려운 것도, 소문과 같지도 않았습니다. 기술적 문제 때문에 생긴 대량의 집적회로 리콜을 다루려고 사무실에서 윌슨을 두 시간 동안 기다리기도 했습니다. 나는 밥 노이스가 윌슨의 문제뿐만 아니라 페어차일드 조직이 흩어질 때 나서서 이와 같은 문제들에 개입하지 않거나 멍하니 바라보던 것을 직접 목격했습니다."[6]

앤디 그루브의 공식 자서전을 집필한 테드로우조차도 이 인용을 한 후에 무엇인가 의견을 남겨야 하겠다는 생각을 한 듯했다. 그의 생각은 이런 식으로 앤디 그루브가 밥 노이스의 태도를 받아들이지 못하는 한편 자신의 영웅인 고든 무어가 가졌던 밥 노이스와 정확히 똑같은 성격상의 문제를 한 치의 고민도 없이 용인했다는 점이다.

그렇다면 밥 노이스에게 품었던 반감을 고려할 때 왜 앤디 그루브는 개인적으로 과대평가된 인물이라는 생각과 관리자로서의 능력이 없다고 생각한 상사와 함께 그리고 고든 무어와 함께 위험을 감수하고 새로운 출발을 하려 했던 것일까?

이에 몇 가지 가능한 답변이 있다. 그중 한 가지는 앤디 그루브를 포함하여 반도체 산업계의 모두가 인정하듯이 당시 반도체 산업계에 혁신과 활력을 가져오는 기업가, 관리자, 과학자 등과 같은 인물이 그렇게 많지 않았다는 사실이다. 성공은 언제나 이 소수의 사람들을 따라다녔다. 이 말은 사실이고 여전히 유효하다. 따라서 실리콘밸리 역사의 초기 때에도 의식적이지 않더라도 앤디 그루브는 직감적으로 반도체 역사가 전환점을 맞아 그 중심이 페어차일드로부터 벗어나는 느낌을 받았을지도 모른다.

또한 레스 호건이 경영하는 페어차일드에서는 과거 경영 조직의 연구 개발 담당 2인자가 환영을 크게 받지는 못할 것이라는 직감을 가졌을 수도 있다. 그리고 이 직감은 맞았다.

앤디 그루브는 또한 새로 시작하는 조직의 문화가 이전 페어차일드에서 근무하던 때와 같을 것이라고 생각하는 듯했다. 새로운 회사에서 우상인 고든 무어와 함께 하고, 연구실에서 새로운 세대의 집적회로를 개발하는 창의력이 넘치는 일을 하기 때문이었다. 그리고 밥 노이스는 여전히 아웃사이더처럼 행동할 것이고, 항상 투자자와 고객, 언론을 담당하리라 생각했을 것이다. 그렇다면 앤디 그루브와 밥 노이스는 회사에서 서로 크게 부딪힐 일이 없었을 것이고, 앤디 그루브는 지금까지 그래왔던 밥 노이스가 보여준 부족한 지도력을 바라보아야 하는 좌절감을 줄일 지도 모른다고 생각했을 것이다.

그리고 여러 이유보다 경력을 쌓는 과정에서 고든 무어를 따라가는 것이 그가 선택할 유일한 길이었기 때문에 지옥까지도 함께 간다고 말했을 지도 모른다.

마지막으로 무엇보다도 가장 큰 이유는 앤디 그루브가 언젠가 미국에서 가장 성공한 기업가가 될 것이지만 연구실 과학자로서의 관점에서 바라보아도 그들이 꿈꾸는 기업을 밥 노이스나 무어가 경영할 능력은 부족하다고 결론지었을지도 모른다. 따라서 오래지 않아 회사를 운영하는 최고 경영자의 자리에 오를 기회가 그에게 곧 올 것이라 생각했을지도 모른다. 여전히 직감보다 몇 수 앞서 생각하고 그에 따라 결단력 있게 행동할 능력을 갖고, 그런 일을 할 적임자가 앤디 그루브였다. 물론 이런 생각이 1968년 당시 그의 전략이었다면 그 생각은 틀린 것이었다. 그가 최고 경영자 자리에 오르기까지 십여 년의 시간이 걸렸기 때문이다.

한편 근무 첫날부터 앤디 그루브는 자신이 보고하는 두 상사를 걱정할만한 이유를 발견한다. 두 사람은 수개월 간 비밀스러운 모임을 가졌음에도 새로 회사를 설립하는 과정에서 일상적이고 엄격하지 않은 모습을 보인다. 그 동안 회사 이름조차도 확정하지 않은 것이었다. 한 동안 밥 노이스와 고든 무어는 엔엠일렉트로닉스(N.M.Electronics)라는 회사 이름을 임시로 사용한다. 그러나 이름이 기존의 회사들처럼 흔하고 오래된 회사 같은 느낌을 주어 마치 오래된 간이 건물이나 실리콘밸리 공원 주변의 초라하고 기울어진 건물에서 흔히 만나는 느낌이었다. 그 다음으로 그들은 휴렛-패커드의 이름을 본떠, 무어-노이스라고 이름을 짓는다. 그러나 발음이 너무 소음(more-noise)같이 들려 듣기 불편했다. 마치 전자 제품에서 발생하는 소음 같았고, 이와 같은 소음은 반도체를 개발하는 연구자에게는 가장 두려운 소리 중에 하나였다.

결국 막다른 골목에 다다르자 두 사람은 인텔이라는 이름에 합의했다. 집적 전자 기술(Integrated Electronics)의 합성어로 역시 지능(Intelligence)과도 뜻이 유사했다. 반대로 밥 노이스와 고든 무어의 뒤죽박죽인 듯하고 방향이 정해지지 않은 과정에서 세상에서 가장 경쟁력 있는 첨단 기업 회사 이름이 탄생하였다. 이 이름을 짓는 과정에서 의심할 여지없이 앤디 그루브를 반쯤 미치게 만들 정도로 괴롭혔다. 그러나 설사 다른 이름을 생각해냈다고 하더라도 작명에 성공했을 것임에는 의심의 여지가 없다. 또 한 가지 중요한 사실은 밥 노이스와 고든 무어와 달리 앤디 그루브는 설립자가 아니었다는 사실에 주목할 필요가 있다. 그루브는 월급을 받는 직원이었고, 주식을 배당받지 못했다. 회장인 아서 록이 처음에 주식의 배당을 설정해 놓았고, 두 설립자와 달리 앤디 그루브는 언제든지 해고당할지도 모르는 처지였다. 집에 두 아이를 둔 가장으로서 상상만 해도 끔찍한 일이었고, 왜 그가 끝까지 밥 노이스를 바라보는 자신의 의견을 조언자와 나누었는지 이해가 가는 부분이었다. 밥 노이스와 고든 무어가 노는 듯 일하면서 모든 의사 결정을 자신들의 기이함을 바탕으로 했던 반면, 앤디 그루브는 그들과 비교해서 단지 한 명의 종업원일 뿐이었다. 심지어 앤디 그루브의 지위는 두 설립자의 엉성한 업무 처리로 인해 얼룩이 진다. 앤디 그루브는 페어차일드에서 '미친 헝가리인'이라고 불리던 레슬리 바데즈(Leslie Vadasz)를 영입한다. 그의 삶은 앤디 그루브가 살아온 삶의 궤적과 닮았고 앞으로 인텔에서 가장 오래 근무한 직원이 된다. 그런데 그가 입사하던 때 서류상의 실수로 그에게 직원 번호 3이 부여된다. 앤디 그루브가 먼저 입사를 했음에도 앤디 그루브는 직원 번호 4를 받는다.

밥 노이스와 고든 무어는 이 사실을 무시해 버린다. 결국 두 사람은 인텔의 지분을 50대 50으로 나누어 가지고 동전을 던져 누가 최고 경영자(CEO)가 될지 그리고 누가 최고 관리 책임자(COO)가 될지 정한다. 그러나 이 일은 오랫동안 앤디 그루브의 마음에 사무친다. 그루브는 여전히 세상에서 명성을 얻으려고 노력하는 중이었고, 아주 작은 문제에도 집착했다. 특히 해가 갈수록 밥 노이스와 고든 무어가 명백히 유머 기질이 없는 앤디 그루브를 놀리려고 장난기 가득히 '최초 종업원' 또는 '직원 번호 4'라고 부를 때마다 앤디 그루브는 그저 분을 삭힐 뿐이었다.

이런 앤디 그루브의 분노는 더욱 깊어만 갔다. 앤디 그루브는 오직 은퇴할 시점에 가서야 자기가 처음 인텔이 시작하던 시절에 항상 겁에 질려 있었다고 인정한다. "나는 무서워 죽을 것만 같았습니다. 내가 해야 할 일을 정확히 알던 편안한 직장을 박차고 나왔고, 아무도 시도하지 않은 새로운 분야를 개척하는 새 회사의 연구 개발을 시작하던 참이었습니다. 참으로 끔찍했습니다. 말 그대로 매일 악몽을 꾸었죠. 나는 연구 개발 분야의 관리자여야 했지만 나를 연구 개발 관리자로 만들 만한 아무것도 그 당시 없었습니다. 첫 업무는 우리가 살 수 없는 장비의 사양을 설명해 주는 인쇄물을 받으려고 우체통을 사는 일이었습니다."[7]

그러나 그에게 주어진 어떤 불평등도 결국 두 사람 모두에게서 오는 것이었다. 그러면 왜 앤디 그루브는 밥 노이스에게만 분노했을까?

결국 앤디 그루브의 자서전을 쓴 테드로우는 두 가지 이유가 있다고 결론짓는다. 첫째, 앤디 그루브는 이용당하는 것을 매우 싫어했다. 그와 함께 가깝게 일한 사람들은 얼마나 그가 현실을 추구하는 점에 완고했는지에 모두 놀란다. 단순히 매력만으로 결코 그와 친해질 수는 없었다.

둘째로, 아마도 가장 중요한 문제는 앤디 그루브와 밥 노이스는 앤디 그루브가 생각한 것보다 많은 공통점이 있었다는 점이다. 두 사람 모두 특별한 사람들에 둘러싸여 특별한 후광을 받는 것을 즐겼다. 또한 자기 자랑이 심했으며, 세상의 이목을 받는 것을 좋아했다. 그리고 두 사람 모두 연기자 기질이 있었다. 밥 노이스는 연기를 매우 좋아했으며 그가 조직한 사람들과 성악을 부르는 것을 즐겼다. 앤디 그루브는 깊고 울려 퍼지는 음성을 가졌다. '이런 음성은 말하기 연습을 하면서 준비한 것'으로 여겨지며 아주 뛰어나고 잘 정비된 모습으로 대중 앞에 나섰다. 앤디 그루브는 오페라를 어릴 적부터 매우 좋아했으며 단순한 내용 이상의 오페라 지식이 있었다.[8] 또한 두 사람은 거친 면에서도 공통점이 있었다. 앤디 그루브는 탁자를 세게 치고 소리를 지르는 것으로 유명했지만 밥 노이스가 화가 난 것을 본 사람은 그 공포를 절대 잊지 못한다고 한다. 앤디 그루브는 불같이 화를 내고는 이내 용서했다. 그러나 밥 노이스가 그 친절한 태도를 거두고, 그의 검은 눈동자가 완전히 검게 변하는 순간을 접한 불쌍한 사람은 마치 온몸이 등 뒤의 의자에 못 박히는 듯한 기분을 느낀다고 한다. 이 기분은 완전히 상대방에게 압도당하는 느낌으로 쉽게 겪을 수 없는 경험이었다.

결국 테드로우는 밥 노이스와 앤디 그루브 사이의 가장 큰 공통점은 두 사람 모두 '과장된' 사람이라는 점이라고 결론을 내린다. 앤디 그루브가 같은 성향을 통제하려고 하고 애쓰는 과정에서도 밥 노이스의 '과장된 연기를 하는 듯한' 모습은 그루브에게 밥 노이스의 독특하고 까다로운 면을 바라보는 특이한 관점을 가지게 했을 것으로 본다. 스스로 잠재력을 발휘하는 고든 무어와는 달리 두 사람은 언제나 사람들의 깊은 관심을 원했다. "분명히 이 두 사람의 관계 속에는 어떤 질투심이 있는 것이 분명합니다."라고 테드로우는 결론짓는다. 그러나 이 질투심이 앤디 그루브가 밥 노이스에게만 향한 한 방향이었음을 테드로우는 지적하지는 않는다. "앤디 그루브는 주인공이 되고 싶어 했습니다. 그러나 언제나 주인공은 밥 노이스였죠. 하늘 아래 두 개의 태양이 한 번에 뜨지 못하는 법이죠."[9]

이 경쟁심과 질투심은 종종 가혹하리만치 솔직하게 나타나며 결코 앤디 그루브의 마음속에서 사라지지 않는다. 살아생전에 밥 노이스가 가졌던 사람들을 이끄는 능력만큼이나 밥 노이스가 세상을 떠난 후 남긴 유산이 앤디 그루브를 괴롭힌 것이다. 밥 노이스가 세상을 떠난 지 20여 년이 지나도록 앤디 그루브는 여전히 밥 노이스에게 그러한 솔직한 표현을 가끔은 무례할 만큼 드러내 놓고 했다.

앤디 그루브는 자신이 밥 노이스와 닮은 점이 있다는 사실을 결코 인정하지 않았지만 시간이 흘러 한 때 그가 가장 적대시하던 사람만큼 유명해지고 자신이 첨단 산업 분야의 상징이 되어 반도체 산업 전체가 그의 한마디에 요동을 치는 최고 경영자이자 인텔의 대변인이 되면서 서서히 그가 가장 싫어하던 사람처럼 변해갔다. 바로 1990년대의 예상치 못하는 재치와 함께 권력과 명성의 정점에 있던 모습이 밥 노이스 같았던 것이다. 밥 노이스만큼 쾌활하지 못하다면 적어도 큰 위험을 감수할 자세와 직감과 본능을 믿는 선수로서 시합에 참여해야 했다.

앤디 그루브는 경쟁자들을 용서하고 심지어 그들이 자신을 공격하도록 내버려둔다. 그리고 병마가 몸을 쇠약하게 만들자 인생에서 처음으로 자신이 실패할 가능성이 있다는 사실을 받아들인다. 얼마나 자기 자신 속에서 그리고 얼마나 자신이 의도하지 않은 채로 밥 노이스의 영향을 받았는지는 아마도 영원히 알 수 없을 것이다.

그리고 이 모든 이유가 충분하지 않은 듯이 한 가지 뜻하지 않은 이유를 더 고려해야 한다. 밥 노이스와 앤디 그루브가 고든 무어를 존경했지만 직장 밖에서는 고든 무어와 거의 시간을 함께 하지 않았다는 점이다. 고든 무어는 단순한 취미로도 유명했다. 나중에 고든 무어가 억만장자가 되어 자신이 원한다면 산 전체를 사는 일이 가능했음에도 고든 무어와 부인 베티(Betty)의 가장 완벽한 휴가는 차를 몰고 주변 산으로 가서 돌을 수집하는 것이었다. 고든 무어는 우아한 저녁 식사와 모임에서 광석에 대하여 이야기를 나누며 정말 행복해했다는 수많은 일화가 있다. 고든 무어의 사생활은 평온하고 안빈낙도를 추구하여 도저히 헤아릴 수가 없는 경우가 많았다.

한 가지 상징 같은 일화로, 방송국에서 고든 무어와의 인터뷰를 준비하던 방송국 직원이 사무실에서 식사를 하면서 고든 무어가 도착하기를 기다렸다. 그런데 고든 무어가 방송국에 이미 도착하여 어두운 스튜디오 안의 전자 장비와 카메라를 유심히 바라보는 것을 나중에 발견하고 놀라 허둥지둥 댄다. 알고 보니 고든 무어는 차를 직접 몰고 인텔 본사에서 출발해 방송국에 도착해 차를 주차하고, 스튜디오의 문이 열린 것을 확인하자 말없이 걸어 들어와 자신에게 관심이 쏠리도록 하기보다 호기심에 차 방송국 장비에 몰두하고 있었던 것이다.

특별히 앤디 그루브가 고든 무어에게 했던 헌사는 더욱 더 그렇고, 두 사람에게 보여준 빛나는 헌사를 고려해 본다면 그들이 퇴근 후에 주차장에서 차를 몰고 나가 함께 보낸 시간이 많지 않다는 사실은 매우 놀랍다. 앤디 그루브가 밥 노이스에게 품었던 감정을 이해한다면 더욱 놀라운 사실은 앤디 그루브와 밥 노이스가 주말을 포함해 회사 밖에서 개인 시간을 함께 많이 보냈다는 점이다. 두 사람은 가족과 함께 시간을 보냈으며 밥 노이스는 그루브의 가족에게 타호 호수(Lake Tahoe)로 함께 간 몇 번의 여행에서 스키를 가르쳐 주기도 한다.

이러한 사실들은 지금 우리가 생각하는 앤디 그루브의 모습과 맞지 않다. 언제나 밥 노이스가 가졌던 인텔의 지배력에 도전했고, 고든 무어를 존경하고 숭배하며, 가깝게 지내던 모습이 우리가 가지는 앤디 그루브의 모습이었다. 그러나 이 모두가 인텔을 세울 당시에 공동의 목표를 향해 조화롭게 나아가던 똑똑한 세 사람의 초기의 모습과는 다르다. 솔직히 인텔은 초창기에 제대로 굴러가지 않던 스타트업 기업이 첨단 기술의 기업으로 발전한 가장 성공 사례일지도 모른다. 특히 이렇게 다양한 성격의 사람들이 모인 조직으로서 본다면 더욱 그렇다.

향후 20년 동안 인텔을 이끌었던 세 사람을 들여다볼수록, 혹은 두 명의 설립자와 첫 직원을 들여다볼수록, 세 사람은 동료라기보다는 하나의 가족처럼 보인다. 논쟁을 벌이고, 협력하고, 때로는 서로 험한 말을 하고, 분노하고, 질투심을 가지기도 하며, 서로를 비난하기도 하고, 그러나 한편으로 이익을 목적으로 하는 이유보다 훨씬 서로 단단히 결속하고, 서로의 성공을 자랑스럽게 생각하고, 서로의 약점에 대비하고, 공통의 경쟁자를 물리치려고 서로가 품었던 나쁜 감정을 배제하고, 개인보다는 하나의 조직으로서 더 큰 성공을 이끌어낸 것이다. 결국 사후에도 다른 사람들과는 비교 못할 정도로 그들의 삶은 서로 긴밀히 연결되어 있었다.

세 사람은 마치 성경에 나오는 내용과 같이 긴밀한 관계였고, 그들은 함께 역사에 남는 성공을 만들어 낸다. 밥 노이스는 언제나 사랑 받는 카리스마가 있는 인물이었지만 한편으로 나태한 듯하고 의지 못할 아버지와 같은 인상이었다. 앤디 그루브는 아버지보다 더 큰 성공과 명성의 정점에 오르고도 아버지에게 오이디푸스 콤플렉스가 있고, 반항적이지만 똑똑한 아들의 인상이었다. 한편 고든 무어는 친절함과 예의를 구체화해낸 디지털 시대의 성령 같은 존재였다. 그러나 언제나 존재감이 희박했고, 어려운 결정을 내리지 못하는 사람이었다. 세 사람은 성스럽지 못한 삼위일체였지만 가장 완벽한 조합이었다.

다른 세상과 마찬가지로 대부분의 사업 동업 관계는 시작할 때는 서로 관계가 좋다. 그렇지 않으면 시작할 이유가 없다. 그러나 작은 충돌이 결국 험악한 문제로 발전한다. 그러나 대부분 새로 시작하는 신생 기업에서는 이러한 신랄함이 조화로움과 안도감에 묻힌다. 인텔은 설립자들이 그토록 불편한 관계로 시작하여 점차 서로를 존중해 나가며, 커다란 기업으로 성장시킨 드문 사례로 아마 다시는 그런 경우가 생기지 않을지도 모른다.

그들이 그렇게 성공했던 한 가지 이유는 그들 모두가 무어의 법칙이 유지되고, 인텔이 세상에서 가장 성공한 기업이 되도록 수행함에 방해가 되도록 결코 개인감정을 개입하지 않았다는 점이었다. 서로가 서로의 권한과 영역을 존중했고, 각자의 길에서 방해가 되지 않도록 했다는 점이었다. 그리고 이는 결국 인텔을 성공으로 이끌었다. 인텔의 어떤 임원도 인텔 조직상의 최고 경영자들 사이에서 발생하는 어떤 불화도 감지하지 못했다. 그들 사이에 불화가 있었다고 해도 그리 큰 문제는 아니었을 것이고, 인텔을 성공으로 이끄는 데 필요한 불화였다면 언제나 그런 상황을 세 사람은 받아들였을 것이다.

사실, 인텔은 말 그대로 시작한 첫날부터 성공한 기업이다. 그리고 이 성공이 세 사람의 생각을 미래로 향하게 했다.

5장
지능형 전자 기기

엔엠 일렉트로닉스(NM Electronics Inc)는 1968년 7월 18일 설립되었다. 아서 록은 다른 투자자들의 사업 신뢰성을 확보하려고 밥 노이스와 고든 무어에게 각각 50만 달러를 투자할 것을 제안한다. 두 사람은 그 제안 금액의 절반조차도 투자를 거부한다(두 사람 모두 페어차일드에서 주식을 보유하지도 않았고, 그만큼 많은 돈을 벌지도 못했다). 그러자 아서 록은 어깨를 한번 으쓱하고는 자신의 돈 1만 달러를 투자하고 나머지 투자 금액을 모으는 일을 시작한다.

평범하고 형식에 구애받지 않던 밥 노이스와 고든 무어는 설립일에 공식 개업식도 하지 않았다. 세 사람은 단순히 기업을 시작하려고 작성해야 하는 캘리포니아 공식 문서에 서명하고 각자의 일에 매진한다. 아서 록은 회장직에 오르게 되고 밥 노이스와 고든 무어는 회장직과 부회장직을 각각 맡는다. 물론 두 사람은 상대방에게 예의상 훗날 언제든지 두 사람의 지위는 바꿀 수 있다는 단서를 남긴다. 밥 노이스는 나중에 아들에게 이렇게 말했다고 한다. "우리는 누가 어떤 직함을 가졌는지 신경 쓰지 않았단다. 그리고 직함은 단지 회사 외부 사람들에게 회사 내에서 그 사람이 어떤 일을 하는지 알려주는 용도일 뿐이야." 몇 년이 지나자 무어가 다음과 같이 말하기도 한다. "밥 노이스와 나는 함께 오랫동안 일했습니다. 우리는 직급에 신경 쓰지 않는 서로의 모습에 아주 익숙했지요."

엔엠 일렉트로닉스의 처음 몇 주는 입주할 건물을 임대하고, 몇 개의 책상과

의자를 구매하고, 상자와 새로 구입한 연구실 장비를 12명이 채 안 되는 직원들과 함께 차에서 내리고 설치하는 일 외에는 특별한 일이 없었다. 서로 모두가 이름을 알았으며, 월급 명세는 일일이 손으로 작성했다. 그리고 두 명의 설립자를 포함해 모두가 필요한 일이라면 창고 일부터 접수 계원, 복잡한 장비의 설치까지 모든 일을 담당했다.

제조 부분은 그 자체가 좀처럼 신명나는 일은 아니었다. 앤디 그루브는 다음과 같이 기억한다. "제조 공장 부근은 말 그대로 '찰리와 초콜릿 공장'에 나오는 윌리 윈카(Willy Wonka)의 공장 같았습니다. 호스와 전선과 신기하게 생긴 장치들이 칙칙폭폭 소리를 내며 돌아갔죠. 라이트 형제가 임시 장치로 만든 비행기와 거의 동급이었습니다. 공장과 설비는 당시로는 최첨단이었지만 지금의 기준으로 보자면 말도 안 되게 조잡했습니다."[1]

초기에 이들은 무엇을 제조해야 할지 아직 결정을 하지 못했다. 다중 메모리 모듈(multiple memory modules), 쇼트키 바이폴라 메모리(Shottky bipolar-type memory), 실리콘 게이트 금속 산화물 반도체(Silicon-gate metal-oxide semiconductor) 등이 후보였으나 유일한 길은 모든 시제품을 직접 만들어 보는 수밖에 없었다.

이 실험은 나중에 고든 무어가 말하는 이른바 '골디락스(Goldilocks) 반도체 전략'이 된다. 다중 메모리 모듈은 너무 제조하기가 힘들었고, 이 기술은 제품을 만들어내는 데 실패해 사장된 기술이었다. 쇼트키 바이폴라 메모리는 제조하기가 수월했으나 이는 다른 경쟁자들이 쉽게 따라 할 기술이어서 시장에서 쉽게 주도권을 뺏길지도 모르는 단점이 있었다. 그래서 결국 실리콘 게이트 금속 산화물 반도체가 가장 적당하다는 결론을 내린다.[2]

그러나 회사는 이 메모리를 경쟁력 있는 가격으로 대량 생산해 낼 역량이 필요했다. 이는 보다 더 큰 도전을 필요로 했고 따라서 보다 창의력이 넘치는 사고를 필요로 했다.

한 가지 혁신적인 방법은 칩의 거친 모서리를 둥글게 다듬어 주는 기술이었다. 이 과정을 역류 유리 과정(reflow glass process)라 불렀고 칩이 부서지거나 망가지지 않도록 해주는 기술이었다. 이 생각은 고든 무어가 고안해 낸 것으로, 훗날 회사를 살린 기술이라는 큰 자부심을 가지고 회사를 다니는 동안 특허장을 자랑스럽게 사무실 벽에 걸어 놓는다. 라스 바데즈(Las Vadasz)는 금속 산화물 반도체의 두께를 담당한다. "우리는 24시간 쉬지 않고 일했습니다. 조엘 카프(Joel Karp)와 나는 아폴로 우주선이 달 착륙을 시도할 때 제품의 좋은 비율을 연구하고 있었습니다. 우리가 칩을 새롭게 만들 때 라디오를 통해서 달에 착륙한 닐 암스트롱이 '한 사람의 작은 발걸음'이라고 말한 명언을 라디오를 통해 들었지요."3

그러나 반도체를 제조할 올바른 설계를 찾았다는 사실이 성공을 뜻하지는 않았다. 라스 바데즈는 다음과 같이 기억한다. "우리가 반도체 생산을 시작했을 때 시장 반응을 보고 깜짝 놀랐습니다. 우리가 처음 받은 주문 가격은 우리가 예상한 가격의 1/3 밖에 되지 않았습니다. 기술 부분에서 제조 단가를 낮추는 문제는 중요한 일이었습니다."4

한편 메모리를 생산하려면 재정 문제를 해결해야 했다. 초기 자금 50만 달러 중 이미 30만 달러가 연구 개발 분야에서 사용되었고, 매달 2만 달러의 수준으로 자본을 태워나갔다(밥 노이스의 연봉은 페어차일드 당시의 1/3 수준으로 3만 달러였지만 여전히 신생 기업에서는 적지 않은 돈이었다). 엔엠 일렉트로닉스는 회장인 아서 록이 새로운 투자자를 찾는 동안 회사를 운영할 자금을 마련해야 했다. 다행히 밥 노이스의 지명도와 아서 록의 은행 관련 인맥 덕분에 신용 대출로 필요한 자금을 충당한다. 이로 인해 아서 록은 시간을 벌었고, 종종 밥 노이스를 대동하고 투자자를 찾아 나선다.

오늘날 실리콘밸리에 존재하는 새로운 회사를 태동하게 하는 제도는 이미 1969년에 존재했다. 그러나 이 제도는 당시만 해도 지금처럼 복잡하고 까다롭지 않았다(또 지금처럼 큰 자금이 이동하지 않았고). 현재 첨단 기술을 보유한 스타트업 기업이 새로 출발하면서 자금을 확보하려고 하면 몇 가지 단계를 거쳐야 한다. 그 단계는 엔젤 투자자에게 투자 받기로부터 종자돈을 만드는 투자로 이어지고, 그 후 A시리즈와 B시리즈 그리고 어떤 경우는 벤처 투자자로부터 무담보 투자를 유치하기도 하여 그들이 성공한다면 그 때 주식 공개를 하는 것이다. 오늘날 초기 엔젤 투자 형태에서 기본 투자 방법으로 할인이 가능한 전환사채가 대표적이다. 전환사채는 A시리즈 기간 중에 투자 금액을 주식으로 전환하는 옵션(option)을 행사하는 제도이다(할인율은 줄어든 가격을 말하는 것으로 이 변동 가격 기준으로 투자자들이 구입이 가능하고, 기준 가격은 초기 투자자들이 구입한 가격이다). A기간에는 보통 엔젤 투자 기간의 가치보다 열 배 정도로 가격이 상승하고, 대체로 35%의 투자 옵션을 판다. 그리고 이 투자 옵션에 가장 투자를 많이 한 벤처 투자자의 대리인 두 명을 이사회에 선임한다.

아서 록이 인텔에 투자할 새로운 투자자를 찾기 시작했을 때는 이런 과정이 단순했다. 그러나 대신 투자자를 찾으려고 더 광범위하게 움직여야 했다. 오늘날 아서 록이 50명의 투자자를 찾으려 든다면 스탠포드 대학 주변에 있는 멘로 파크(Menlo Park)의 샌드 힐 로드(Sand Hill Road) 주변의 반경 1킬로미터만 방문해도 가능할 것이다. 1969년, 아서 록은 주당 5달러 가치의 50만 주를 팔려고 미국 전역을 누벼야 했다. 그리고 당시 이 주식을 모두 팔게 되면 약 250만 달러의 상당의 전환 사채가 형성될 것이 예상되었다. 주식 공개가 무사히 이루어진다는 가정하에 이 자금은 기본적으로 최초의 주식 공개가 이루어 질 때 주식으로 전환이 가능한 이자부 차용증서와 같은 것이었다.

전체 제조 공정을 계속해서 개선하면서 아서 록은 밥 노이스와 함께 하자는 제안으로 전자 산업에 조예가 있는 사람들을 꽤 모은다. 이 중에는 8인의 배신자 중 6명과, 헤이든 스톤(Hayden, Stone: 초기 페어차일드 설립 시 최초 투자자이자 중개자), 아서 록의 친구 두 명, 맥스 팔레브스키(Max Palevsky: 전설 같은 기업가이자 미국 민주당의 재정 담당, 미술품 수집가 그리고 곧 롤링스톤 잡지의 주인이 됨), 대학 동창인 파예즈 사로핌(Fayez Sarofim), 레이쳄(Raychem)의 최고 경영자 폴 쿡(Paul Cook), 제너럴 커리(General Currie: 페어차일드 고객 서비스와 국방 기술 관련 공급을 하는데이터 테크(Data Tech)의 공동 설립자) 그리고 록펠러 투자 그룹 등이 있었다.

그린넬 대학(Grinnell College)출신이자 충실한 동창으로서, 밥 노이스는 대학의 이사회의 임원들에게 투자 권유를 한다. 밥 노이스의 생각은 임원들이 회사에 투자하고 수익금은 학교에 기증하는 방법이었다. 이 제안이 특히 관심을 끄는 이유는 바로 이사회에 새로 선임된 임원 중에 바로 '오마하의 마법사'라고 불리던 워렌 버핏(Warren Buffett)이 있었다는 사실이다. 한편 이 투자는 워렌 버핏의 유명한 투자 원칙에 어긋나는 듯했다고 버핏은 밥 노이스의 전기 작가 레슬리 벌린에게 2002년 인터뷰에서 밝힌다. "우리는 말을 끄는 기수를 보고 투자하지 말을 보고 투자하지 않는다."는 원칙이었다.5

아서 록은 각각 10만 달러의 투자 금액을 제시하고 이 투자에 신뢰성을 확보하려고(그가 후에 인텔의 최대 주주가 되는 일은 우연이 아니다), 30만 달러를 쏟아붓는다. 전설 같기도 하고, 어떨 때는 허구처럼 들리는 아서 록의 경력은 그를 세상에서 가장 부유한 사람 중 한 명으로 만들어 준다. 아서 록은 후에 다음과 같이 말한다. "인텔은 아마도 내가 유일하게 100퍼센트 성공을 확신하고 투자한 유일한 기업일 것입니다. 이유는 바로 밥 노이스와 고든 무어였죠."6

잠재 고객으로부터의 질문에 답하려고, 아서 록은 밥 노이스에게 사업 계획서를 준비하라고 말하는데 더 정확히 표현하자면 임원들에게 설명하려는 확장된 임원용 요약 사업 계획이었다. 밥 노이스가 준비한 불분명하기로 유명한 사업 계획에서 밥 노이스는 인텔이 지금까지 아무도 만들지 않던 새로운 반도체를 만들 것이며, 지금까지 없었던 높은 수준의 반도체가 될 것이라고 밝힌다. 밥 노이스는 다음과 같이 말한다. "솔직히 우리가 회사 안에서 어떤 일을 하는지 정확히 알려주고 싶지 않았습니다. 경쟁자의 너무 많은 관심을 끌고 싶지 않았으니까요."

첨단 기술을 보유한 회사를 처음 시작하는 사람이라면 밥 노이스의 생각은 신중하고 정확한 판단이었다는 사실을 알 것이다. 모든 기업가가 자신들의 제품을 만들고, 자신들의 전략을 투자자에게 인쇄해서 전달한다는 일은 곧 새로운 경쟁자를 끌어들이고, 잘못하면 경쟁자들이 생각을 쉽게 훔치기 때문이다. 그러나 결국 그들은 투자자가 투자를 하기 전에 어떤 수긍을 하게 하려면 결국 자신들의 전략을 드러내야 한다는 사실도 알았다. 따라서 1968년, 당시 밥 노이스의 명성이 어떠했는지 쉽게 확인된다. 밥 노이스는 "고든 무어와 나는 새로운 종류의 반도체를 만들 회사를 차립니다." 이상의 말을 할 필요를 느끼지 못했던 것이다. 또한 그 당시 밥 노이스는 '메모리' 혹은 '금속 산화물 반도체'라는 표현조차 하지 않았지만 그럼에도 투자자들이 현금 가방을 들고 줄을 서서 기다렸다는 점에 주목할 필요가 있다.

이제 아서 록이 인텔을 바깥세상에 정식으로 공개할 때가 되었다. 아서 록은 상세하게 지목한 투자자들에게 연락을 한다. 이 연락은 하루가 넘게 걸린다. 인텔의 설립자가 걱정했듯이 실리콘밸리와 전자 산업 전체에 인텔의 소식이 퍼져 나간다. 이제 인텔의 투자자로 끌어들이기 원했던 사람들로부터 투자를 제한하기가 어려워진다. 투자를 하고 싶은 사람들이 인텔의 사무실을 완전히 포위하였고, 사무실 밖의 투자자들은 절박한 심정으로 투자할 방법을 찾아야 했다. 어떤 이는 밥 노이스와 고든 무어의 집으로 전화를 해, 고든 무어의 부인인 베티 무어는 대중의 관심을 모르는 척하는 방법을 재빨리 배운다. 이와 같은 상황이 밥 노이스와 고든 무어에게 몇 달 동안 이어진다. 그들의 친구와 지인들조차도 그들 주변으로 몰려들지만 아무도 그들과 가까이 접근 못한다는 사실을 알고 이내 실망한다. 한편 밥 노이스와 고든 무어는 모든 투자 문제는 아서 록을 통해야 한다고 책임을 회피하는 법을 배우기도 한다.

투자를 하지 못한 모든 사람들이 화가 날 이유가 충분했다. 당시 10만 달러의 투자액은 지금까지 그 주식을 보유했다면 약 30억 달러의 가치가 되기 때문이다.

아서 록이 투자자들에게 전화를 걸기 시작한지 48시간이 지나고, 250만 달러의 주식 청약이 사적으로 이루어진다. 아서 록은 후에 이 전설 같은 주식 청약을 다음과 같이 이야기한다. "이 주식 청약의 완료는 이메일이나 문자, 스마트 폰의 시대보다 빨리 끝났습니다. 그 당시 사람들은 전화로 회신을 해야 했었지요."7

이 일은 실리콘밸리 역사에 전환점이 된다. 불과 이틀 만에 수백만 달러의 첫 번째 주식 청약을 무사히 이루어 냈다는 사실은 전자 산업계를 전기에 감전된 듯한 충격에 빠뜨리며, 월가(Wall Street)에 새로운 세대의 첨단 기술 기업의 태동을 알린다. 그리고 페어차일드 반도체 내부에서는 수많은 야심찬 직원들이 인텔과 내셔널 반도체의 길을 따르려는 꿈과 함께 새로운 반도체 스타트업 기업을 준비한다.

한편 페어차일드의 결정은 의외로 쉬웠다. 밥 노이스와 고든 무어의 새로운 출발에 감정적으로 흔들렸지만 아직 모토롤라에서 놀라운 일을 해낸 레스 호건이 페어차일드를 잘 조직되고 수익성이 높은 회사로 만들어 줄 것이라고 믿었고, 그가 페어차일드를 과거처럼 놀라운 속도로 성장시키고 다시 업계 선두주자로 만들어 줄 것이라고 확신했던 것이다.

결국 레스 호건은 이 대부분을 성취한다. 그러나 모든 페어차일드의 모든 직원이 그를 환영한 것은 아니었다. 레스 호건이 나중에 밝혔듯이 자기의 경력 중 일생을 통틀어 후회한 최악의 실수를 한다. 레스 호건은 모토롤라에서 자기와 함께 일하던 동료들을 불러들인 것이다. 다른 표현으로 그들이 페어차일드에 오도록 뒷문을 열어준 셈이었다. 레스 호건이 지역의 유명한 텔레비전 프로에 출연한 후, 명명된 호건의 영웅들은 이미 떨어질 대로 떨어진 페어차일드의 사기를 완전히 파괴해 버리고 만다. 페어차일드의 많은 수의 중간 관리자급 직원들에게는 그들의 도착은 마지막 신호였다. 스포크, 노이스, 무어 그리고 그루브의 퇴사는 현재 페어차일드에서 일어나는 문화적 압력에 저항하게 만들었고, 회사를 그만두고 자신들만의 새로운 기업을 시작하는 것이 가능하다는 선례가 되었다. 인텔(새롭게 시작하는 스타트-업)과 내셔널 반도체(어려운 상태의 기업을 인수한 경우)의 성공은 이러한 도전이 상당한 부를 얻게 해줄 수 있다는 사실을 보여준 것이다. 게다가 외부에서 새로 고용된 사람이 상사와 자신의 일자리를 빼앗을지도 모른다는 사실은 마지막 촉매제였다.

이제 페어차일드의 직원들은 초기의 페어차일드가 가졌던 유전자를 영원히 가진 직원들이 되려 했다. 수백 명의 전직 페어차일드 직원들이 새로운 기업을 차리려고 유랑의 길에 나선 것이다. 그로부터 몇 년 동안 고위직부터 낮은 직위의 직원까지 페어차일드를 그만두고 실리콘밸리의 레드 우드(Redwood city)시부터 산호세(South San Jose) 지역에 걸쳐 자신들만의 기업을 차리기 시작한다. 이 중 많은 직원들이 새로 시작한 회사나 이직한 회사의 리더 자리에 오른다. AMD(Advanced Micro Devices), 인터실(Intersil), 어메리칸 마이크로 시스템즈(American Microsystems), 시그네틱스(Signetics), 컴퓨터 마이크로 테크놀러지(Computer Micro Technology), 프리시즌 모놀리틱스(Precision Monolithics) 그리고 아마도 훨씬 많은 기업들이 생겨났을 것이다. 한편 다른 이들은 시스템 사업 분야의 회사로 진출한다. 데이터 제너럴(Data General), 포 페이스(Four Phase) 등이 그런 회사다. 게다가 수백 명이 실리콘밸리에 회사에 필요한 물품을 납품하는 가게나 공급 업체를 차린다(사무용품, 연구실 장비, 클린룸, 제조 장비 등). 그리고 서비스 관련 분야의 회사도 생겨난다. 홍보회사, 마케팅, 법률, 부동산, 은행 관련, 인력 훈련 등에서 빠르게 성장하는 반도체 회사가 성공하려면 필요한 서비스 관련 분야의 기업들이 생겨난다. 몇 개는 수십 개가 되고, 수십 개는 수백 개가 되어, 페어차일드에서 근무했던 직원들이 주장했던 요구들이 빠르게 실리콘밸리를 향한 골드러시로 바뀐다. 1967년과 1973년 사이에 일어난 이 일련의 과정에서 그들은 방대한 기술과 사업이 연계된 공동체를 형성했을뿐만 아니라 세상 어느 곳에도 없던 새롭게 출발하는 스타트업(start-up) 기업을 육성하는 가장 위대한 장소를 만들어 낸다. 1970년대 중반까지 단지 한 장의 종이에 적힌 아이디어만으로 새로운 회사를 이 곳에서 시작했고, 또 이에 필요한 인력을 이곳에서 바로 구했으며, 그들이 작은 창고에서 출발해 거대한 기업이 되려고 필요한 자금을 제공하는 벤처 투자자를 찾는 곳이 되었다. 이와 같은 일이 가능했던 곳은 그때까지 존재하지 않았다. 이 공동체가 스스로 문화를 형성해 갈 무렵, 그들은 자신들만의 영웅을 만들어 나가기 시작한다. 바로 기업가이다. 그리고 불과 한 세대 안에 거의 모든 세상이 이 문화를 받아들인다.

한편 페어차일드를 그만두고 다른 회사로 이직한 직원들은 자신들이 더 이상 최고이자 가장 똑똑한 사람들에게 둘러싸여 있지 않다는 사실을 깨닫는다. 피터 스프라그(Peter Sprague)가 자금을 지원하는 내셔널 반도체처럼 거대 자본가가 뒤에서 밀어주는 기업도 아니었고, 시장을 선도하는 신기술을 보유한 그런 기업도 아니었다. 솔직히 많은 수의 직원들에게 이런 사실은 안심이 되는 일이기도 했다. 페어차일드 반도체에서의 전력 질주와 같은 개발과 미친 듯한 업무 환경을 벗어나 아주 훌륭한 틈새시장을 안전하게 확보하고도 상당한 성장률을 보이는 회사는 많은 이들에게 좋은 환경이 되어 주었기 때문이었다. 그리고 멀리 캘리포니아에 위치한 작은 사업부를 이해하는 지식이 거의 없으며, 냉담하고 사람을 숨막히게 하는 동부의 기업주가 있는 페어차일드에 남았던 직원들에게는 더욱 더 악몽이 되어 갔다.

그러나 시간이 흐르면서 좋지 않던 기억이 서서히 사라져 가고, 페어차일드가 갈수록 마술 같이 놀라운 기업이 되어가는 것은 놀라운 일이 아니었다. 반대로 페어차일드를 그만두고 기업을 차린 직원들의 실망감은 더욱 커져만 갔다. 놀라운 출발을 보인 인텔이 이들의 좌절감에 작은 위안을 줄 뿐이었다.

제리 샌더스의 경우가 가장 대표적이었다. 몇몇 회사들과 새로 시작한 많은 수의 스타트업 기업 직원들이 그에게 와서 최고 경영자가 될 것을 제시한다. 오히려 이 일은 제리 샌더스를 더욱 놀라게 한다. "내가 회장이 하는 일에 아는 것이 무엇이죠? 나는 재무제표와 손익계산서의 차이점도 몰랐습니다."[8]

마침내 제리는 자신의 능력을 발휘할 회사를 만드는 것이 가능할지도 모른다고 생각한다. 바로 마케팅과 판매에 주력하는 형태의 회사였다. 이런 형태의 회사라면 인텔과 내셔널 반도체 회사 같은 기술 기업들이 막 점화를 한 끊임없는 기술 혁신 경쟁의 부담을 피해 갈 방법도 있고, 다른 회사의 면허를 취득해 '2

차 공급자' 형태의 회사가 된다는 생각을 하게 된 것이다. 이 생각과 함께 제리 샌더스는 최근 페어차일드를 그만둔 존 카레이(John Carey)를 설득하고, 페어 차일드를 그만둔 또 다른 6명의 직원들과 함께 1969년, AMD(Advanced Micro Devices)를 차린다. 나머지 직원들은 제리 샌더스가 최고 경영자가 될 것을 기 대했을뿐만 아니라 영업 이사직을 겸하기를 바라지만 그 제의를 현명하게 거 절하고, 바로 자신의 일이라고 빠르게 알아차린 회사를 운영할 자금을 투자할 투자자를 찾는다. 그러나 그의 선택은 거의 실패로 돌아갈 뻔한다. 샌더스는 자 신의 인맥으로부터 어떻게 투자 자금을 유치해야 하는지도 모르는 벤처 캐피털 과 함께 일을 시작했던 것이다. 결국 그 벤처 캐피털과 결별하고, 샌더스는 직 접 투자자를 찾아 나선다. 하지만 샌더스는 무엇을 해야 할지 전혀 알 수 없었 기 때문에 자신이 가장 믿는 선례를 따른다. 바로 밥 노이스였다. 그리고 그를 통해 아서 록과 약속을 잡는다.

제리 샌더스는 당시를 이렇게 회고한다. "나는 아서 록과 만나 문제를 해결하 지 못했습니다. 아서 록은 나에게 '지금 반도체 산업에 뛰어들기에는 너무 늦었 습니다. 반도체 산업 분야는 지금 유망하지 않습니다. 게다가 내가 유일하게 투 자에 실패했던 경우가 마케팅 담당자가 운영하던 회사였습니다.'라고 말했죠. 그래서 나는 아서 록에게 감사하다는 말을 전하고 헤어졌습니다."9

아서 록이 진실했는지 혹은 미래의 경쟁자가 될지도 모르는 사람을 겁을 줘 서 쫓아 버리려 했는지 모르지만 적어도 아서 록은 제리 샌더스에게 한 번쯤 만나볼 만한 투자자를 소개시켜 줄만큼 너그러웠다. 그러나 제리 샌더스가 소 개 받은 다른 투자자들에게 전화를 걸었을 때 제너럴 일렉트릭이나 RCA 같은 거대한 기업조차도 실패하고 반도체 시장에서 철수하는 마당에 어떻게 AMD 가 경쟁에서 살아남을지 물으며 반도체 산업을 잘 모르는 자신들의 무지함을 보여줄 뿐이었다.

그러나 결국 몇 명의 전 페어차일드 직원과 페어차일드 공급업체 그리고 인 텔의 몇몇 직원들까지 합세한 다양한 투자자로 구성된 투자를 받아 150만 달러라는 투자 목표를 달성한다. 제리 샌더스는 다음과 같이 회고한다. "밥 노이스가 5백만 달러를 유치하는데 5분이 채 걸리지 않았다고 말했습니다. 그리고 내가 5달러를 유치하는데 5백만 년이 걸렸죠. 우울한 상황이었습니다. 그러나 나는 이 순간을 헤쳐 나갔습니다. 나는 스스로 해낼 것이라 알았고 우리는 투자를 받을 것이라 믿었습니다."

1969년 말, 주로 전 페어차일드 직원들로 구성된 새롭고 위대한 반도체 회사의 물결이 실리콘밸리에 밀려와 실리콘밸리를 바꾸어 놓았다. 그로부터 몇 개월 동안 이 새로운 회사들은 시장을 찾고, 일에 착수하며, 세상의 이목을 붙잡는다.

일렉트로닉스 트레이드 프레스(Electronics trade press)가 이 사실을 눈치 채는 데 그리 오랜 시간이 걸리지 않는다. 1971년을 시작으로 전자 산업계의 동향을 주간으로 출간하던 신문사는 이 새로운 물결을 파악하려고 기자를 산타클라라 밸리에 파견한다. 산타클라라 밸리에 파견된 돈 호플러(Don Hoefler)는 1971년 1월 11일부터 세상을 뒤흔들 반도체를 제조하는 지역 공동체 관련 기사를 쓰기 시작한다. 그러나 호플러의 공헌은 무엇보다도 그가 쓴 기사의 시기가 적절했다는 점이었다. 훗날 그가 메리어트 호텔에서 두 세일즈맨의 대화에서 우연히 들었다고 친구에게 장담한 기사의 내용은 산타클라라 밸리 지역에서 새로운 형태의 반도체 회사들이 빠르게 퍼져 나갔다는 사실이었다.

바로 이곳이 '실리콘밸리'의 시작이었다. 그 후 수십 년 동안 실리콘으로 제조된 반도체를 제조하는 기업들이 모인 곳이 된다. 무엇보다도 인텔, 내셔널 반도체, 페어차일드, AMD, 모토롤라 그리고 텍사스 인스트루먼츠사 등 주요 기업들이 첨단 기술 분야를 지배하려고 그리고 기술 분야를 넘어 미국 경제 전체를 지배하려고 목숨을 건 사투를 벌이는 장소가 된다. 그들의 사투는 세상을 바꾸어 놓을뿐만 아니라 쉴 새 없이 새로운 경쟁을 만들어 냈다.

6장
목사의 아들: 로버트 노이스(밥 노이스)

인텔을 설립한 이 세 사람은 누구인가? 우리는 먼저 밥 노이스와 고든 무어를 살펴볼 것이다. 그리고 후에 앤디 그루브를 살펴볼 것이다.

밥 노이스는 1927년 12월 12일, 시카고(Chicago) 데스 모인스(Des Moines)와 세이트 루이스(Saint Louis)의 중간에 위치한 아이오와(Iowa) 주의 벌링톤(Burlington)이라는 작은 마을에서 태어났다. 벌링톤은 미시시피(Mississipi) 강을 끼고 남쪽 아주 끝에 위치한 아주 작은 마을이었고, 노이스 가족의 집은 실제로 덴마크(Denmark)라는 이름의 조합주의파 교회가 다수인 작은 마을에 오히려 가까웠다.

밥 노이스의 어린 시절에 교회가 영향을 준 일은 자연스러운 결과였다. 아버지는 조합주의파 교회의 목사였고, 할아버지도 목사였다. 어머니 역시 목사의 딸이었다. 아버지 랄프 노이스는 덩치가 작고, 수줍은 성격이었지만 똑똑한 젊은이로 가족이 운영하는 축산 농장에서 일하다 1차 세계 대전에 참전하였다. 참전 후 도언 대학(Doane College)에서 그리스어와 라틴어를 전공하고 오벌린 대학(The Theology of Oberlin College)에서 석사 과정을 밟는다. 태어날 때부터 학구적이었던 랄프 노이스는 학업 성적이 뛰어나 장학금을 받는다. 28살이 되던 해에 목사로서의 길을 준비하던 랄프 노이스는 친구의 여동생이자 선교사가 꿈이었던 같은 학교 사회학 학부 과정의 헤리엇 노튼(Harriet Norton)을 소개받는다. 그 후 그녀는 랄프 노이스를 만나 자신의 꿈을 접고, 남편과 4명의 자녀 뒷바라지에 혼신을 다한다. 온화한 성품의 랄프 노이스와 달리, 헤리엇 노이스는 시카고에서 자란 도시의 여성이었다. 그녀는 자기 주장이 확실했으며, 남편이 목사직을 수행하려고 그녀와 가족이 아이오와의 작은 평원의 마을로 이사를 해도 똑 부러지는 도시 여성의 태도를 평생 동안 유지한다.

어린 바비(밥 노이스)는 세 번째 아들이었다. 이번에는 딸을 원했지만 그가 태어나자 어머니는 조금은 실망한다. 밥 노이스는 똑똑함을 부모 양쪽으로부터 물려받았다. 실제로 부모보다 더 똑똑함을 보여주는 보기 드문 경우였다. 밥 노이스는 어머니로부터 과감함을 물려받아서, 어떤 면에서 위험하고 부주의한 성인으로 자랄 가능성을 보여주기도 했으며, 대중의 시선을 한 몸에 받는 것을 즐기는 기질이 있었다. 한편 아버지로부터는 공부에 매진하는 성향과 다른 사람과의 충돌을 매우 싫어하는 기질을 물려받은 듯했다. 이러한 평화주의를 원하는 감정은 아버지 랄프 노이스가 목사로서 성공하지 못하도록 한다. 초원의 조합주의 신자들은 불과 유황을 뿜어내는 듯한 목사를 원했고, 사람들이 자신을 좋아하기를 바라고, 결단력이 없어 보이는 타협주의 성향의 목사보다 자신이 분노할 때 사람들이 두려움을 느끼는 목사를 원했기 때문이었다.

어쨌든 이 두 가지 성격의 이상해 보이는 조합은 밥 노이스를 위대한 인물로 만든다. 그러나 간혹 복잡하고 모순적인 성격을 만들어 내기도 한다. 밥 노이스는 학교에서 가장 똑똑하고 운동 신경이 뛰어난 학생이었다. 밥 노이스를 만나본 사람이라면 누구라도 인정하듯이 밥 노이스는 중년이 되어서도 카리스마가 강한 사람이었다. 그러나 한편으로 차갑고, 개인주의 성향이 강했으며, 항상 속을 알 수 없는 사람이었다. 노이스는 유명 인사가 되는 것을 거부했지만 동시에 세간의 관심을 받는 기회라면 절대 놓치지 않았다. 밥 노이스는 권위주의와 높은 지위에 연연하지 않았지만 결코 최고의 자리를 놓치지 않았다. 그리고 무엇보다도 이상한 점은 필요에 따라 부하 직원들을 다룰 때 가혹함과 냉정함이 요구되는 거물 기업가 혹은 사업가로의 경력을 선택했다는 점이다. 그러나 최고 경영자가 되어서도 동시에 모두에게 사랑받고 존경받는 인물이 되고 싶어 했고, 최악의 직원조차도 해고하지 못하는 최고 경영자였다. 노이스는 언제나 회사를 운영하는데 필요악인 일은 찰리 스포크나 앤디 그루브에게 맡겼다. 그리고 그들을 회사 운영을 위해 필요한 인재로 대우해 줄 뿐이었다. 밥 노이스는 위대한 과학자였으며, 두 가지 뛰어난 발명으로 노벨상을 두 번 받을 수도 있던 인물이었지만 연구 분야보다 사업에 더 치중한다. 그 두 가지 발명의 하나는 집적회로이고, 다른 하나는 터널 다이오드이다. 그러나 언제나 행정 업무로부터 벗어나 그가 하고 싶은 일을 할 아주 작은 회사에서 일하고 싶다는 고백을 하기도 한다. 밥 노이스는 두 개의 거대한 기업을 일구어 냈으며, 밥 노이스가 세운 기업만큼 위대한 기업은 다시 보기 힘들 것이다. 그리고 그 중 하나인 인텔은 세상에서 가장 큰 기업이 되었다.

아마도 그를 아는 사람들이라면 모두가 인정하는 밥 노이스의 뛰어난 호소력은 이와 같은 모순적인 성격 때문일 것이다. 그럼에도 그 성격뿐만 아니라 그어떤 업적도 그가 이룩한 업적에 비하지는 못할 것이다. 한 개인으로 보자면 밥 노이스는 외관상으로도 무척 눈에 띄는 인물이었다. 낮고 육중한 목소리를 가졌고, 대화 도중 마치 가벼운 기침을 하는 듯 했으며, 두드러지는 웃음으로 끊임없이 즐거워했다. 대체로 작은 체구이지만 의외로 자신의 지위와 나이에 걸맞는 모습이었던 밥 노이스는 언제나 동작이 빨랐고, 언제든 의자를 박차고 일어날 듯했다. 그의 명성은 이론 분야에서 먼저 만들어졌지만 현실에서도 이론 분야만큼이나 자신의 존재감을 확고히 만들어 갔다.

다른 유명한 사람들처럼 밥 노이스의 집중력은 거의 보통 사람들의 상상을 초월했다. 그와 대화를 한 사람들은 마치 대화 중 밥 노이스의 개인 공간에 들어온 느낌과 오직 한 가지 초점에 맞추어지는 듯한 느낌을 받는다. 그와 대화를 나누게 되면 불과 몇 분 사이에 당신은 그와 가까운 친구가 된 듯한 기분이 들고, 당신의 모든 말에 동의를 하는 밥 노이스의 모습을 보며 희열을 맛보게 될 것이다. 당신은 그와의 대화를 끝내고 싶지 않은 기분을 느낄 것이다. 이런 방식이 밥 노이스가 모든 사람들과 대화를 나누는 방식이라는 사실을 알고, 모두가 밥 노이스는 자기편이라는 느낌을 준다는 사실을 알지라도 말이다. 그리고 당신은 그와 다시 이야기를 나누고 싶어 견딜 수 없을 것이다.

밥 노이스와 함께 있는 시간은 그보다 훨씬 더 유명해진 스티브 잡스의 "현실 왜곡장"과 자주 비교되어 왔다. 스티브 잡스는 밥 노이스의 가장 위대한 신봉자이기도 했다. 그러나 사실 두 사람은 다른 성격이었다. 밥 노이스가 만드는 분위기가 호소력이 있으며, 마음을 감동하게 하는 것이었다면 잡스의 호소력인 이른바 '현실 왜곡장'은 차갑고 절묘한 것이었다. 밥 노이스는 당신을 중요한 사람으로 느끼도록 만들어 주었다. 누군가가 용기를 내도록 격려를 받는다면 그들은 아주 중요한 일들을 성취해 낼지도 모른다. 그리고 오로지 목적을 달성하려고 과감히 위험을 감수하고, 어려움을 인내하며, 함께 앞으로 나아갈 것이다. 그뿐만 아니라 그런 도중에 함께 웃음을 지을 것이다. 바로 밥 노이스가 사람들을 그렇게 느끼도록 만들었다. 그가 리더로서 역할을 하면서 당신의 역할에 당신이 가장 어울리도록 만들어 나가는 것이다. 리더의 자리는 밥 노이스에게 가장 어울리는 역할이었다.

반면 스티브 잡스의 경우 세상을 바꾸는 일에 당신을 초대한다. 그리고 스티브 잡스가 생각하기에 당신이 그럴만한 가치가 있다고 느껴진다면 그가 바라보는 미래 전망을 마치 당신의 전망처럼 받아들이도록 만들고, 당신을 새롭고, 창의적이고, 신선하며, 새로운 지식의 세계로 초대할 것이다. 그 지식의 세계가 당신이 그 동안 확신이 서지 않았거나, 가치가 있다고 생각하지 않았던, 또는 알 수 없는 방식으로 스티브 잡스를 괴롭히던 것으로, 그 동안 사람들이 버리고 피하고 더 이상 관심을 갖지 않던 일일지라도 말이다.

두 사람 사이의 차이점은 활짝 웃는 밥 노이스의 사진과 스티브 잡스의 살짝 웃으며 무언가 있다는 듯한 미소에서 가장 잘 드러난다.

모순이라면 스티브 잡스의 "현실 왜곡장"이 수십억 명의 마음을 사로잡은 반면, 밥 노이스의 비전은 세상을 훨씬 덜 휩쓸었다는 사실이다. 스티브 잡스가 세상 사람들이 애플 컴퓨터를 가지고 싶게 만든 반면, 밥 노이스는 세상을 디지털의 시대로 안내하고 싶어 했다.

'미래를 향한 도전'이라고 스스로 부르던 집적회로 발명과 관련하여 가졌던 유명한 텔레비전 인터뷰에서 밥 노이스는 의도하지 않은 채 카메라로 돌아서서 렌즈를 바라보며, 마치 수백만 명의 시청자에게 말하려는 듯이 이렇게 말한다. "자, 과연 당신이 정상에 서는지 한번 봅시다." 그리고 밥 노이스 특유의 미소를 짓는다. 보는 사람에 따라서 이런 행동은 오만하게 보일지도 모른다. 그러나 이런 모습이 밥 노이스에게서 나오면 이 모습은 자신감이었고, 마치 각각의 경쟁자가 경기장에서 우정에 기반을 둔 순수한 경쟁을 한 후, 늘 그가 그렇듯이 경기에 승리하고 정상에 서서 웃는 모습처럼 보였다.

밥 노이스는 경쟁자를 만나 그와의 경쟁에서 승리하는 것을 즐겼고 또 그렇게 승리했다. 밥 노이스는 경쟁을 위해 살았고, 이 경쟁심이 밥 노이스 자신과 경쟁자를 위험에 빠뜨리기도 했다. 그러나 승리했고 또 경쟁자가 다시 일어서도록 손을 내밀었으며, 경쟁자의 등을 두드리면서 격려했다. 그리고 경쟁자에게 얼마나 이기기 힘들었는지 말해 주었다.

대부분의 이런 특징은 밥 노이스가 어린아이였을 때부터 분명했다. 밥 노이스의 어린 시절에 다음과 같은 일화가 있다. 그가 다섯 살이었을 때 아버지와의 탁구 경기에서 이기고 매우 기뻐하는데 어머니가 이렇게 말한다. "이기도록 봐주시다니 자상하시지 않니?"

이 말에 화가 난 작은 소년은 어머니에게 "그건 경기가 아니에요! 경기를 하고 싶다면 이기려고 해야죠!"라고 소리를 질렀다고 한다.

이 일화는 친절하고 권위를 그다지 내세우지 않던 아버지와, 처한 상황을 헤쳐 나가려면 기꺼이 조금 잔인해질 수도 있는 주도적인 성격의 어머니 그리고 부모보다 경쟁심이 강하고, 놀랍도록 똑똑하며, 운동 신경을 타고난 작은 소년의 이야기였다.

아버지의 일 때문에 여기저기 자주 이사를 다녀야 했던 밥 노이스의 어린 시절을 살짝 들여다보면 그가 태어난 지 불과 6주 만에 밥 노이스 가족은 아이오와 주의 서쪽에 위치한 작은 마을로 이사를 가야 했다. 이 마을은 오마하와 데스 모인스 사이의 중간쯤에 위치했다. 그리고 이 곳에는 약 이백 명 가량의 신도와 목사 한 명이 있는 조합주의 교회가 있었다. 목사님은 밥 노이스의 가족에게 설비가 갖춰진 집을 제공했고, 그곳에서 밥 노이스의 아버지가 설교를 준비하며 연구를 하도록 배려해준다.

그러나 그곳의 삶은 풍요롭지 못했다. 밥 노이스는 당시를 이렇게 표현했다고 한다. "그 당시 내 어린 시절을 돌아보면 조금은 우울했던 시절이었습니다. 교회는 아버지에게 급료를 지급하지 않았고, 농산물로 대신하였죠." 밥 노이스의 가족은 목사 집안의 전형이었다. 아버지 랄프 노이스는 설교를 준비하려고 토요일 저녁은 서재에 머물렀고, 일요일은 온종일 교회에서 설교를 했다. 밥 노이스의 어머니, 해리엇은 자신만의 취향을 유지하면서, 목사의 부인 역할을 수행했다. 종교와 관련된 모든 일에 적극 관여하고, 여성 보조 단체, 성경 학교 등 마을을 개선하는 역할을 도맡았다. 그리고 평일은 물론 주일에도 항상 교회에 상주했다.

밥 노이스의 두 형은 예상대로 교회 공동체와 예배를 드리는 일이 삶의 일부가 된다. 단순히 교회를 돕는 위치가 아니라, 다양한 주일 학교와 단체에 가입하여 활동하고, 교회에서 부족한 부분을 항상 채워준다. 그리고 밥 노이스가 점차 커가자 밥 노이스도 같은 일을 해야 했다.

당연히 목사의 아들로서 밥 노이스 역시 형들처럼 행동해야 하는 것이다. 천사처럼 착하지 않더라도 적어도 말썽을 부리지 않기를 모두가 바랐다. 그래서 밥 노이스가 어느 정도 나이 먹을 때까지는 이런 기대대로 자라 주었고, 이는 성직자인 아버지가 주로 집에서 생활을 하였기에 밥 노이스의 공부부터 놀이까지 방향을 잡아주었기 때문이었다.

평온했던 삶은 밥 노이스가 8살이 되던 1935년까지 이어진다. 그러나 그것도 잠시, 오랫동안 힘든 시기가 다가올 것이라는 신호가 온다. 주식 시장의 붕괴는 그저 먼 나라의 이야기 같았다. 그러나 1932년까지, 주식 시장 붕괴의 여파가 급격한 디플레이션을 가져왔고, 대량 해고와 실직 그리고 대공황의 삐걱거리는 가난이 중서부까지 밀려온다. 농산물 가격이 폭락하고 가족의 수입을 바닥까지 떨어뜨린다. 이 일은 대량의 농장 폐쇄로 이어진다. 마을에서는 소매상과 용역을 수입원으로 살아가던 사람들이 수입이 떨어지는 것을 그냥 바라보아야만 했다. 그리고 대공황의 상징과도 같은 지역 은행들의 과다 대출로 인해 예금자들에게 필요로 하는 자금을 지급하지 못하는 상태에 빠진다. 그리고 상환 불능에 빠진 대출금을 회수할 담보가 충분하지 못해 결국 은행이 파산하기 시작한다. 이런 상황은 종종 도시의 사람들을 농부보다 더 절박한 상황에 놓이게 했다.

밥 노이스의 가족도 예외는 아니었다. 랄프 노이스의 급여가 반으로 줄고, 사무실이 폐쇄되었지만 상대적으로 안정된 직업과 지원받은 주택 덕분에 초기 몇 번의 대공황 물결을 무사히 넘긴다. 그러나 지역 은행이 폐쇄되면서 랄프 노이스의 생명 보험에서 네 번째 태어나는 아들의 출산을 위해 대출 받은 금액을 회수해 버린다. 결국 노이스 가족은 아이들이 자라면 대학 등록금으로 사용하려고 저축해 두던 돈을 써야만 했다.

이제 밥 노이스의 삶은 평온하고 안락하던 어린 시절과는 전혀 다르게 변한다. 밥 노이스는 집 앞에서 음식을 구걸하거나, 잘 곳, 또는 임시 일자리 등을 구하는 부랑자들의 모습에 익숙해져야 했다. (의심할 여지가 없이 노이스 가족이 사는 집 대문에는 구걸을 잘 받아 준다는 뜻의 X표시가 되었음은 말할 것도 없다.) 목사의 부인으로서 해리엇 노이스는 이 세 가지를 모두 제공해 줄 의무를 종종 느꼈고, 숙소는 닭을 키우던 장소에 마련했다. 밥 노이스 역시 이방인과 집을 공유하는 것에 익숙해져야 했다. 교회가 어려운 사람들에게 일 자리를 마련해 주는 동안, 노이스 가족은 그들의 아이들을 돌봐 주어야 했다. 한편 아버지의 급여는 계속해서 떨어졌고, 결국 지급이 정지되고 만다. 1935년 중반, 교회로부터 5달째 월급 지급이 밀렸고, 목사에게 현물로 월급을 대신해야 할 만큼 규모가 줄었다. 밥 노이스는 아버지가 농산물과 축산물을 집으로 가져오던 일을 기억한다. 그러나 그 당시 트럭에 옥수수자루를 겨울철 땔감으로 사용하려고 가져온다는 사실을 알기에는 너무 어렸다.

결국 허리띠를 졸라 매는 것으로도 충분하지 않은 상황이 오고 해리엇과 랄프는 포기해야만 하는 상황에 처한다. 1935년 10월 말, 마지막 설교를 마친 후 노이스 가족은 짐을 싸고 데코라(Decorah)라고 불리는 북동부의 작은 마을로 이사를 간다. 이곳은 미네소타의 국경으로부터 불과 몇 킬로미터 밖에 떨어지지 않은 곳이었다.

경제적으로, 데코라 지역은 노이스 가족이 훨씬 지내기가 좋은 지역이었지만 문화적으로는 그 반대의 지역이었다. 세상은 변했다. 끝이 보이지 않는 불황과 더욱 악화되는 상황 때문에 마치 계시록의 상황과도 같았다. 랄프 노이스가 개인의 믿음을 확인하려고 던지는 완곡한 질문은 지적인 설교 스타일과 결합하여 데코라의 시민들과 엉뚱하게 마찰을 빚었다. 밥 노이스의 아버지는 마을 사람들이 구원이나 종교적 개입을 필요로 하거나, 원할 때 설교를 해주었다(이 마을은 스칸디나비아/노르웨이식 마을의 전형이었다고 밥 노이스는 기억한다). 그러나 예배에 모인 사람들은 불만을 표시했고 참석자가 계속 줄어들었다. 그리고 2년이 채 되지 못해, 다시 노이스 가족은 데스 모인스의 북쪽에 제법 큰 도시인 웹스터 시(Webster city)로 이사를 간다.

웹스터에서 랄프는 엄격히 말해, 아이오와 교구회의 행정직으로 승진한다. 새로운 일은 관리 감독관으로서 관리 업무뿐만 아니라 부재중인 목사의 위치를 지원하고, 아이오와 전체의 교구 청소년 교육 과정을 관리하는 일이었다. 이 교육 과정을 관리하려고, 랄프 노이스는 다음 해에 거의 매일 차로 이동하며, 대부분의 시간을 길에서 보낸다. 12개월이라는 기간 동안 랄프 노이스는 거의 4만 킬로미터의 거리를 이동한다. 대부분의 길은 먼지와 흙으로 뒤덮인 길이었고, 랄프 노이스는 백 개가 넘는 교구와 교회에서 설교를 해야 했다.

이제 열 살이 된 밥 노이스는 이때를 아버지가 일요일 저녁 식사 시간에 집에 거의 6주 만에 한 번 돌아오던 때로 기억한다. 그러나 아이들은 빨리 적응해 나갔다. 그리고 밥 노이스의 삶에서 가장 놀라운 시기가 시작되었다.

그렇게 이 시기가 중요한 이유는 어머니였다. 목사의 아내로서 가져야 하는 모든 의무에서 자유스럽게 된 어머니는 이제 모든 관심을 자녀에게 쏟아 부었다. 밥 노이스의 두 형인 돈(Don)과 게일로드(Gaylord)는 십대가 되었고, 돈이 병약했던 것과 달리, 게일로드는 과학자로서의 싹을 틔우기 시작하고, 자신의 모험과 실험에 밥 노이스를 참여시킨다. 고등 교육을 받은 도시 여성의 전형이었지만 전업 주부로서 자신의 생활에 제한이 있을 수밖에 없었던 밥 노이스의 어머니 해리엇은 자신의 시간을 아이들이 방과 후에 죽은 고양이를 박제하는 것부터 폭발물을 제조하는 법까지 가르치는 데 할애하고, 아이들에게 사회생활에 필요한 교양까지 가르치면서 혼신을 다한다. 출간되지 않았지만 해리엇은 회고록에서 다음과 같이 글을 남긴다. "나는 단지 목사의 부인으로서가 아닌 한 개인으로서 내 자신이 가치가 있다고 믿었습니다."

밥 노이스는 처음으로 이 때 과학 실험을 경험한다. 그리고 과학 실험만큼 중요했던 점은 한 사람의 배경에서 지적 지원이나 물질적 지원이 개인의 성취에 얼마나 중요한 역할을 하는가였다.

아버지 랄프 노이스의 웹스터 생활은 데코라에서 성직자 생활을 하던 때와는 전혀 달랐다. 랄프 노이스는 웹스터에서의 성직자 생활을 발판으로 삼아 새로운 목표를 향해 나아간다. 끝이 없어 보이는 외로운 여정을 참고 견디며 성직자 생활을 묵묵히 18개월 간 이어간다. 그리고 다시 한번 짐을 싸서 가족과 함께 그가 꿈꾸던 곳으로 이사를 하고, 이곳은 가족의 영원한 정착지가 된 아이오와의 그린넬(Grinnell)이었다.

랄프와 해리엇에게 그린넬은 그들이 결혼을 할 때부터 꿈꾸던 그런 지역이었다. 이곳은 작지만 나무랄 데 없는 초원과 도심이 함께 있었고, 언뜻 교회가 골목마다 보였다. 그리고 마을 대부분의 삶과 문화가 많이 알려지지는 않았지만 최고의 교육 수준을 자랑하는 그린넬 대학을 중심으로 전개되는 대학가로 이 지적인 부부를 위한 최적의 장소였다.

지난 4년 동안 세 번의 이사를 경험하며, 이사에 익숙해진 어린 밥 노이스에게 이곳은 그저 또 한 번의 정착을 위한 소동이었지도 모르지만 빠르게 친구를 사귀기 시작했고, 한편으로 지역 학교 과정에 등록한다. 밥 노이스는 성인이 되어서도 사람들과 어울리는 재능을 잘 살린다. 이제 12살이 된 밥 노이스는 학구적이고, 공부를 좋아하며, 똑똑한 형을 어려워하는 작은 소년이 되었다.

시간이 흐르면서 밥 노이스는 서서히 진가를 드러내기 시작한다. 그로부터 5년이 지나 고등학교를 졸업할 때 즈음에는 학업 성적, 운동 능력 그리고 사람들을 이끄는 능력이 있는, 특히 이성을 이끄는 매력을 소유한 자신감 넘치는 청년이 되었다. 그린넬 고등학교에 입학하던 때 밥 노이스는 형과 비교당하며, 기가 죽고, 같은 반 학급의 동급생들과 눈을 마주치려 하지 않는 어쩌면 실패자였을지도 모른다. 그러나 그가 그린넬 고등학교 강단에 올라서서 졸업장을 받을 때에는 인생의 승리자가 되어 있었으며, 앞으로 위대한 일을 할 운명의 소유자라는 사실을 아는 듯했다.

놀라운 변신이었다. 기대감을 갖게 하는 특별한 성인으로서의 가능성이 이때부터 보이기 시작한 것이다. 이러한 이유로 밥 노이스의 젊은 시절을 좀 더 들여다 볼 필요가 있다.

7장
그린넬의 악동

그린넬에 정착하면서 밥 노이스는 흔들리는 때도 있었지만 처음으로 인생에서 안정감을 맛본다. 아마도 지난해의 스트레스 때문일 것으로 추정하는데 아버지가 경미한 뇌출혈을 겪으면서 부분적으로 시각 장애를 가지게 되었고, 단기 기억 장애를 가지게 되었기 때문이었다. 그 일로 인해 끝이 없어 보이던 출장은 줄어들었지만 그 대신 밥 노이스의 가족은 재정적으로 더 힘든 상황을 맞는다. 그래서 밥 노이스가 고등학교를 다니는 동안 노이스 가족은 그린넬에서 계속 생활하였지만 가족을 위한 집을 마련할 만큼 경제적 여유가 없었다. 어머니 해리엇은 거의 매년 가족을 데리고 새로운 임대 주택을 구해 이사를 해야 했다. 그러나 그린넬에 계속 머물렀기 때문에 아이들은 10년 넘게 계속 학교를 옮기지 않고 같은 지역에서 다닐 수 있었다.

이런 안정감은 노이스 아이들의 속박을 풀어주었다. 그중에서도 밥 노이스가 특히 남달랐다. 해를 넘어 밥 노이스와 둘째 형인 게일로드는 자신들만의 탐험을 계속했고 이제 그들이 성장하면서 새로운 단계로 접어든다.

이웃들이 기억하기에 두 형제가 성취한 가장 유명한 일화는 바로 글라이더를 만든 사건이었다. 1950년대 베이비붐이 일기 전에, 이와 비슷한 베이비붐이 1차 대전이 끝난 1920년대 일어났다. 따라서 1930년대 밥 노이스가 살던 교외 지역은 마치 1960년대 미국의 교외 지역 같았다. 아이들이 거리에 넘쳐 났다. 그때 밥과 게일로드는 글라이더를 만들기로 결심한다. 그들이 살던 이웃에는

18명 가량의 아이들이 살았고 그중 17명이 남자 아이였다. 노이스는 가장 어렸지만 빠르게 이 무리의 대장이 된다. 이는 자신감 때문이기도 했지만 끊임없이 새로운 아이디어와 계획을 만들어 내던 상상력이 한몫을 한다. 한 이웃이 기억하기로 어머니인 해리엇은 매일 아이들 때문에 정신이 없을 정도로 바빴다고 한다. 특히 그중에서도 밥 노이스는 장난기가 심한 아이였다.

글라이더를 만들겠다는 동기는 지금은 잊었지만 당시 소년들에게는 놀라운 영향을 미친 사건으로부터 시작한다. 선거 유세를 위해 순회를 다니던 한 사람이 포드사의 비행기를 몰고 전국을 누비며, 1달러에 짧은 시승을 시켜준 것이었다. 이에 수천 명의 소년들이 몰려들었고, 대부분은 부모의 손을 잡고 비행기를 타는 기회를 잡는다. 반면 또 다른 수많은 가난한 소년들은 그저 동경의 눈으로 이 행사를 바라보아야만 했다.[1] 밥 노이스는 이 기회를 놓치지 않았고, 시승을 마치고 자신만의 비행기를 만들겠다는 신념에 불탄다. 아니면 적어도 자신만의 글라이더를 만들어야겠다는 마음을 먹는다.

밥 노이스는 형을 시작으로 온 동네 아이들을 동원해서 비행기를 만들려 한다. 심심해 보이는 소녀에게도 비행기 날개로 쓸 천을 바느질하게 시킨다. 글라이더의 날개가 되어줄 나무는 지역 목사님 중에 한 분이 가지고 계시던 가구점의 카펫을 감아 보관하던 나무 봉이었다. 어머니 해리엇 역시 동참해 풀을 반죽하여 도움을 준다. 그리고 글라이더의 설계도는 집에 있는 백과사전을 참조한다. 이리하여 전체 비용은 4달러 53센트가 소요된다.

50년 전쯤, 라이트 형제의 초기 비행기를 닮은 모양으로 만들어져 뒷부분의 꼬리 안정 날개까지 있었고, 이는 어떤 면에서 대단한 성취였다. 특히 이 글라이더가 12살과 14살 소년의 손으로 만들어졌다는 점은 인상 깊었다. 1미터 가량의 높이에 약 5미터 가량의 길이로 이 글라이더는 성인 한 명이 타기에는 조금 작은 크기였다. 그러나 이론상으로 보자면 이 글라이더는 한 명의 소년을 태우기에는 충분했다. 이 글라이더는 바퀴나 미끄럼 장치가 없었기 때문에, 밥 노이스는 동네 소년들을 동원해 이 글라이더를 들어 올려 공중으로 날려야 했다.

놀랍게도 소년들이 글라이더를 머리 위로 들어 올려 거리를 향해 다 같이 날려 보내자 실제로 아주 짧은 비행을 해낸다. 아마도 밥 노이스의 생각보다는 실망스러운 결과였지만 흙으로 경사를 만들어서 글라이더를 날리자 비행 거리는 더욱 길어진다. 그러나 비행기에 열광한 광팬에게는 만족스럽지 못한 비행이었다. 마침 그중 가장 나이가 많은 소년이 최근에 자동차 면허증을 획득했을뿐만 아니라 가족의 차를 운전하도록 허락을 받은 상태였다. 결국 그 소년이 자동차를 끌고 돌아오는데 그리 많은 시간이 걸리지 않는다. 그들은 글라이더를 자동차의 범퍼에 줄로 연결하였고, 이제 일곱 살이 된 막내 동생 랄프 노이스는 본인의 의지와 상관없이 시험 비행사가 된다. 마침내 비행기는 이륙했고, 무엇보다 중요한 일은 막내 동생 랄프가 무사히 비행에서 귀환한 사실이었다. 그리고 그 누구도 다시는 이 이야기를 하지 않는다.

그러나 밥은 아직 야망이 있었다. 재정 지원을 확보했고, 비행이 가능하다는 증명을 했으며, 시제품이 있었다. 이제 진짜 비행 시험에 걸어야 할 때가 온 것이다. 밥 노이스는 농장 건물의 지붕에서 글라이더를 타고 뛰어 내리려고 준비한다. 농장 건물은 집 뒤의 들판에 있었고, 모든 준비가 완료되자 밥 노이스와 아이들은 글라이더를 끌고 농장 건물로 행진한다. 그러자 이 소문이 그린넬 전부에 퍼지고, 작은 군중이 소년을 응원하려고, 혹은 소년이 떨어져 다리가 부러지는지 직접 확인하려고 현장에 모여들기 시작한다. 그리고 그린넬 해럴드 신문의 사진 기자까지도 합류한다(어떻게 신문 기자가 이 일을 알게 되었는지 아는 사람은 없었다. 밥 노이스나 어머니는 전혀 이 사실을 알지 못했다).

밥 노이스는 3층에서 4층 높이의 농장 건물 지붕에 올라갔고, 소년들은 약 12 킬로그램 무게의 쉽게 부서질 듯한 글라이더를 지붕에 있는 밥 노이스에게 올려 준다. 그리고 그 자리에 당시 있었던 사람들에게 이 장면은 다시 잊지 못할 장면이 된다. 12살 된 소년이 농장 건물 지붕에서 불안하게 균형을 잡고 선 채로 커다란 연을 잡고 숨호흡을 크게 한 뒤 지붕에서 뛰어내린 것이다.

바로 이 순간에 야망이 가득한 목표, 기술 재능, 사람들을 이끄는 능력, 자기 동기 그리고 무모하다고 할 만한 용기까지 모든 것이 있었다. 게다가 밥 노이스에게 어린 나이에 무명으로 죽음을 맞이하지 않을 운까지 있었다. 이 시도는 대단한 비행은 아니었다. 차라리 통제된 추락에 가까웠다. 그러나 글라이더는 충분히 비행을 한다는 증거를 보여주었고, 또 밥 노이스가 비행기를 다룰 기술이 있다는 사실도 입증했으며, 거칠지만 충분히 착륙할 성능이 된다는 점도 입증했다.

그 후 밥 노이스는 청소년기에 이르기도 전에 이미 지역에서 유명한 인사가 된다. 그러나 전설은 이제 시작일 뿐이었다. 비행기를 사랑하는 마음은 절대 잃지 않았지만 밥 노이스의 관심은 당시 모든 미국의 젊은이들처럼 자연스레 자동차로 옮겨간다. 훗날 밥 노이스가 페어차일드를 떠나 부자가 되었을 때 열렬한 비행기 조종사가 되었고, 여러 대의 비행기를 사기도 한다.

논쟁의 여지가 없는 글라이더 비행으로부터 약 1년이 지나고, 밥 노이스와 친구들은 그들의 첫 번째 자동차를 조립한다. "우리는 거의 못 쓰게 된 세탁기에서 떼어낸 가솔린 엔진으로 초보 수준의 자동차를 만들었습니다. 그때를 회상하면 이제 전기가 시골에도 들어오기 시작한 때로, 그동안 가솔린 엔진을 사용한 세탁기들이 버려지기 시작했고, 버려지는 세탁기를 아주 싼 값에 구입했습니다."[2]

밥 노이스의 아버지는 밥이 "아드레날린과 가솔린'에 관련된 일이라면 곧 잘 해냈다고 전한다.

이 일은 단지 시작에 불과했다. 레슬리 벌린은 다음과 같이 설명한다.

밥 노이스는 당시 파퓰러 사이언스(Popular Science) 잡지에서 강철에 구멍을 뚫는 일이 가능하다는 설명을 보고 나서, 주머니에 전선과 클립을 가득 넣고서 이웃집을 방문해 그가 전기 용접을 하도록 220볼트 콘센트를 사용해도 되냐고 엉뚱하게 묻기도 한다. 이제 담배를 피기 시작했으며, 친구들과 야외 간이 화장실 건물을 뒤집어 놓는 장난을 즐기고, 양심의 가책 때문에 범죄 현장으로 되돌아가 악취 속에서 땀 흘리며, 다시는 간이 건물을 뒤집어 놓지 않겠다고 맹세하고 건물을 바로 세워 놓기도 한다. 그들은 불꽃놀이 폭죽을 경사진 곳에서 메릴 공원(Merill Park)으로 쏘고, 대학 캠퍼스 게이트 홀 지붕에서 쏘기도 한다. 밥 노이스의 형이 고등학교에서 조합 교회주의에 더욱 헌신하는 반면에, 밥 노이스는 넓은 4번가의 구석에 있는 오래된 석조 교회에서 보내는 시간이 점점 더 줄어들었다.[3]

당시 모든 일들이 즐겁거나 짓궂은 장난만은 아니었다. 집안의 재정 상태를 바로 잡으려면 밥 노이스도 스스로 용돈을 벌어야 했다. 그리고 휴일과 방학은 신문을 돌리거나 특송 우편배달, 눈 치우기, 콩을 괭이로 파내기, 옥수수 따기 등 온갖 아르바이트로 시간을 보냈다.

짧은 중학교 시절 동안 밥 노이스는 삶의 궤적을 완전히 바꾼다. 노이스는 이제 안정적이고, 유명하고, 점점 더 자신의 능력을 확신하는 젊은이로 변해갔다. 고등학교에 입학할 때가 다가왔고, 자신의 흔적을 남길 준비를 한다. 1941년 12월 8일 월요일 아침, 밥 노이스는 그린넬 고등학교 강당에서 열린 입학식에서 이미 모두가 알았던 소식을 함께 듣는다. 미국이 제2차 세계 대전에 참전한 것이다. 전쟁은 모든 세상을 바꾸어 놓지만 어린 밥 노이스에게 아직은 아무 것도 변하지 않은 상태였다. 전쟁이 시작되고 초기 몇 년 동안 적어도 큰형과 작은형인 돈과 게일로드가 군에 입대할 나이가 될 때까지, 밥 노이스의 삶은 이전과 다른 것이 없었다. 밥 노이스는 학업 성취와 함께 자신의 능력에 점점 더 자신감이 생긴다. 신문을 배달하면서, 지역의 빙과점에서 친구들과 어울리기도 하고, 그가 사랑한 가솔린 엔진을 단 모형 비행기를 만들기도 했으며, 나중에 운전면허를 취득하고 나서는 어머니의 자동차를 몰면서 더욱 인기를 끄는 학생이 된다. 고성능 엔진을 장착한 이 자동차는 운전대를 잡은 밥 노이스를 악마로 만들었다. 그리고 도심에서 벌어지는 자동차 경주에서 금세 명성을 얻기 시작한다. 그러면서도 여전히 오보에 연주 연습을 했으며, 아무도 눈치 채지 못했지만 모든 과목에서 A를 받으며, 좋은 성적을 유지한다.

그리고 사업가로서의 가능성을 보여주는 다른 이야기가 나온다. 밥 노이스는 이웃집들과 집 앞의 눈을 청소하는 대가를 고정으로 받기로 계약한다. 이 계약 덕분에 이웃집들은 눈이 내릴 때마다 눈을 치워줄 아이들을 구할 필요가 없어졌고, 반면에 노이스는 매일 하늘을 바라보며, 눈이 내리지 않기를 기도해야 했다. 종종 이 금액은 각각의 아르바이트로 번 금액보다 많을 때도 있었다.

그 당시 전쟁 분위기는 모든 곳에 퍼져 있었다. 상급 학생들은 졸업하자마자 군에 입대했고, 그들의 차출(종종 죽음으로 끝난)은 마을 모임에서 발표되거나 학교 신문에 게재되었다. 밥 노이스는 학교생활을 하면서 정규 집합과, 도심 운전 금지, 시민 야경단 그리고 정기적인 정전 훈련에 참여한다.

그러나 차를 운전할 때 밥 노이스는 거의 악마처럼 변했다. 한적한 교외로 몰래 들어가 농부가 보지 못하는 사이에 트랙터에 흡입기를 달아 배급된 가솔린을 몰래 빼냈다. 뒷자리에 앉거나 차를 운전하지 않을 때 모든 소녀들이 마음에 들어 하는 소년이었다. 학교의 모든 소녀들이 그에게 열광하였다. 한 동창생은 다음과 같이 회상한다. "여학생들은 밥 노이스가 세상에서 가장 멋진 얼굴을 가졌다고 믿었습니다."

그중 메리앤느 스탠딩(Marianne Standing)은 가장 예쁜 여학생이었다. 그녀는 밥 노이스를 처음 보자마자 한 눈에 반해버리고 만다. "밥은 아마도 내가 보았던 남학생 중에 가장 육체적으로 우아한 남학생이었죠. 잔디밭을 걷든, 자동차를 몰든, 말을 타든 말이죠."라고 메리언은 그때를 회상한다.[4] 밥 노이스 역시 메리언의 매력 넘치는 외모에 반했을뿐만 아니라 그녀의 지적 매력에도 마음을 빼앗긴다. 어머니가 이혼한 메리언도 밥 노이스처럼 흡연을 좋아했다. 그 당시는 대부분 어린 나이에 아이를 낳아 엄마와 딸의 관계가 빨리 만들어지는 시대였다. 오래지 않아 언제나 두 명이 함께 자동차를 타고 도심을 지나가는 모습이 자주 목격된다. 밥의 어머니는 둘이 사귀는 것에 "메리언은 말썽을 일으킬 소질이 있다."라며 반대한다. 그러나 이러한 말썽을 일으킬 소질이 바로 밥 노이스가 찾던 것이었기도 했다.

어머니는 가장 말썽꾸러기인 아들을 울타리 안에 가두고 메리언의 성격을 바꾸기 위해 저녁 식사에 초대해 같이 찬송가를 부르는 등, 밥 노이스의 마음을 분산하려고 더 많은 과외 활동을 시킨다. 그리고 이 과외 활동 중 하나가 뜻하지 않게 밥 노이스의 삶을 바꾸게 되는데 바로 밥 노이스와 둘째 형을 교회의 일원이자 그린넬 대학의 물리학 교수인 그랜트 게일(Grant Gale)의 집에 자주 들리게 하는 것이었다.

수줍음이 없던 어머니는 곧 게일 교수에게 밥 노이스가 상급 과정인 물리학 개론을 수강할 수 있도록 요청한다. 대학 과정을 수강하는 고등학생이 지금은 흔한 경우이지만 1944년도만 해도 흔치 않은 경우였다. 고등학교 졸업 앨범에는 밥 노이스를 "모든 질문에 답한 퀴즈왕"이라고 소개한다. 모든 과목에서 최고 점수를 받는 것뿐만 아니라 고등학교 과정에서 배우는 가장 어려운 과목인 물리학 시간에서도 밥 노이스는 내용이 쉬워 지루해 했다. 수업 시간에 시계를 가져와 책상 밑에 놓고 수업 시간을 보냈으며, 친구들을 웃기려고 선생님이 칠판에 수업 내용을 적으려고 돌아서면 시계 수리공이 눈에 끼는 작은 돋보기를 눈에 끼기도 했다. 그러기에 게일 교수가 밥 노이스의 뛰어난 재능을 몰라봤다면 밥 노이스의 어머니가 한 제안에 그렇게 기쁨을 느끼지 못했을 것이다. 게일 교수는 고등학생이 대학 수업을 들었던 전례가 있는지 살펴보고, 사례를 확인하자 이웃의 아이를 수업에 초대한다. 그래서 1945년 1월을 시작으로 밥 노이스는 그린넬 고등학교와 그린넬 대학교를 동시에 다니게 된다.

밥 노이스는 이 상황을 다음과 같이 말한다. "고등학교의 마지막 해에 대학 과정을 수강합니다. 특히 물리학 과정이었죠. 이유는 단지, 내가 고등학교에서 배우는 내용이 쉬워 지루함을 느꼈기 때문이었습니다."[5] 그러나 그 이상의 효과가 있었다. 다시 한번 행운이 작용하도록 밥 노이스의 재능이 그를 완벽한 곳으로 보낸 것이다. 그린넬 대학교는 작은 중서부의 자유주의 예술 중심 대학이었고, 그랜트 게일 교수의 물리학 강의에서 다루는 주제는 제한이 있었기 때문에 수업 인원이 더욱 줄었고, 덕분에 수업에 참여한 학생 개개인의 기호에 맞게 만든다(밥 노이스는 강의실의 유일한 남학생이었다).

게일 교수는 실제로도 뛰어난 능력의 교육자였다. 물리학 과정에 참여한 과학에 문외한인 사람들도 수업에 집중하게 할 능력이 있었다. 그리고 누구나 과학에 흥미를 갖게 만드는 능력이 있었다. 게일 교수는 전통 이론 수업을 삼가하고 학생들에게 숙제를 내지 않았으며, 교과서는 단지 참조용이었다. 대신 실제 삶의 문제와 해결책을 이용하여 학생들을 가르쳤다. 게일 교수는 학생들을 이끌고 교실 밖으로 나가 눈덩어리를 뭉쳐 교실 건물 벽에 던지게 해서 충격량을 측정하게 하거나, 스케이트를 타며, 팔을 안으로 끌어들여 회전을 빠르게 하여 변화하는 관성을 측정하게 하였다. 게일 교수는 짧게는 인내심이 강하였고, 길게는 설득력이 강한 교육자였다. 게일 교수는 교실에서 앉아, 여학생들을 둘러싸고, 물리학 실험을 자신만의 방식으로 진행해 학생들을 어리둥절하게 했다. 이곳은 밥 노이스에게 마치 천국과 같았다. 게일 교수의 "호기심은 전염된다."라는 말에 밥 노이스는 "나는 완전히 호기심에 전염되어 버렸습니다."라고 응수한다.

한편 밥 노이스는 여전히 고등학교를 졸업해야 했고 졸업할 때 졸업식 대표가 되자 친구들조차 깜짝 놀란다. 물론 모두가 노이스가 똑똑한 줄은 알았지만 학교에 무관심했고 수업 시간에 빈둥대곤 했기 때문이었다. 그런데 학교생활을 쉽게 해나가는 듯했던 그가 가장 높은 점수를 받은 것이다.

몇 년 전만 해도 노이스의 성적이 이렇게 좋을 것이라고 생각하기는 불가능했다. 학교에서 우수한 성적을 내는 학생이 가지는 명예는 언제나 진지한 형 몫이라고 여겨졌기 때문이었다. 그러나 이제 밥 노이스가 무엇인가 대단한 일을 해낼 것이라는 느낌을 서서히 가지기 시작했다. 오랜 시간이 지나고 밥 노이스는 이렇게 말한다. "나는 내가 다른 학생들보다 조금 능력이 낫다는 사실을 알게 되었습니다."

실제로 상을 받고 나서 밥 노이스는 '똑똑한 녀석'으로 알려지기 시작한다. 그 해 여름, 밥 노이스는 작은 형인 게일로드를 따라 큰 형이 인턴으로 근무하는 마이애미 대학에 간다. 그리고 여가 시간을 활용해 수학 강좌를 청강하는데,

강사로부터 들은 이야기를 이렇게 전한다. "강사로부터 제법 좋은 평가를 받았습니다. 실제 수업에 참석한 것도 아닌데 말이죠."

수업 시간에 가끔 참여하는 대신에 밥 노이스는 바쁜 시간을 보낸다. 오페라를 감상하기도 하고, 수백 킬로미터 떨어진 여자 친구를 보려고 지나가는 차를 얻어 타기도 했으며, 특히 지루함을 느낄 때에는 수영을 즐기기도 했다. 1945년도에 수영은 그렇게 밥 노이스의 반복되는 주제가 된다. 밥 노이스는 거의 매일 수영을 하며 점점 더 몸매 또한 좋아졌다. 어느 날은 마이애미 다이빙 선수 세 명이 다이빙을 하는 것을 보고 다이빙을 직접 시도한다. 그날이 끝나갈 무렵을 밥 노이스는 이렇게 회상했다고 한다. "두 번이나 등으로 입수를 하고 나서야 나는 다이빙 기술을 완전히 익혔습니다. 집에 돌아가기 전에 3미터 높이의 점프대에서 1.5회전하는 다이빙 기술을 구사하게 되었죠."

그렇게 열중하던 일들이 그에게 자신감을 만들어준 것이 아니라고 가정한다면 몇 주 후 그에게 발송된 대학 초대장은 그에게 자신감을 만들어 주기에 충분했다. 초대장은 마이애미 대학 물리 학과장에게서 왔다. 그에게 일자리를 제공한다는 내용이었고, 학교 기관의 급여를 받는 연구실 직원에, 논문을 쓰게 해주고, 몇몇 강의를 하도록 해주겠다는 내용에, 자신이 원하는 수업도 듣게 해준다는 내용이었다. 열아홉 살 먹은 젊은이는 이제 우쭐해져서 인생에서 가장 좋은 시절을 맞는다. 언제나 졸업생 수준이 되어야만 가능한 제의가 막 입학한 신입생에게 주어진 것이다.

누구나 인생에서 전환점을 맞는다. 그리고 그 전환점은 가끔 인생 최고의 시점에서 찾아오곤 한다. 밥 노이스의 삶은 이때 마이애미 대학으로 향했다. 벌써 물리학과의 뛰어난 교수가 되는 꿈을 꾸고, 아마도 오랫동안 경력을 만드는데 성공하며, 몇 가지 중요한 연구와 발명을 앞으로 할 듯했다.

그 대신 밥 노이스는 올바른 선택을 한다. 물론 엉뚱한 이유로 한 선택이었지만 늘 노이스에게는 행운이 따라주었다. 그렇게 큰 학교에서 "별로 눈에 띄지 않는 평범한 학생"이 되는 것이 두려웠던 밥 노이스는 다시 고향으로 돌아가 그린넬 대학교에서 장학금을 받고 신입생으로 입학한 것이다.

학교생활은 신나는 일의 연속이었지만 대학 총장이 직접 보낸 입학 허가 편지는 밥 노이스에게 다른 생각을 준 것이 분명했다. "자네의 형은 이 학교에서 두드러지는 학업 성취를 보여 주었고, 자네도 형만큼 좋은 학업 성과를 보여주리라 믿으며, 우리는 자네가 큰일을 해낼 것이라 의심치 않습니다." 이 편지를 보고 밥 노이스는 결코 형의 그림자로부터 자유로울 수 없을 지도 모른다고 생각한다. 작은 형인 게일로드는 이제 대학 우등생 중에 선발된 전미 학생 친목회(Phi Beta Kappa)에 가입을 했고, 밥 노이스는 마이애미 대학으로 진학하여 형의 그늘에서 벗어날 기회를 얻었지만 다시 형의 그늘 밑으로 들어가는 길을 선택한 셈이었다.

밥 노이스는 마치 그린넬이라는 작은 세상이 형들을 완전히 잊게 하려는 듯 다이빙, 합창단, 연극부, 학년별 앨범 제작 그리고 물론 연애까지 대학 생활에 열정적으로 참여한다. 마치 정신없이 바빴던 고등학교 생활이 게으르게 보일 정도였다. 밥 노이스는 여전히 우수한 성적을 유지했고, 특히 전공과목의 성적은 뛰어났다. 대학은 이제 전쟁터에서 돌아온 남학생들로 가득했고, 그들은 자신의 경력을 만들고자 열성을 다했다. 이 속에서 밥 노이스의 전자 공학 교수는 밥 노이스에게 직접 시험 문제를 만들도록 했으며, 수학 교수는 밥 노이스에게 수학 과목 중 하나를 강의하도록 한다. 그러나 이 모든 것들에 밥 노이스는 성이 차지 않았다. 그래서 물리학에서 자신이 배운 모든 공식을 직접 증명하려 한다. 그래서 물리학 분야의 전 역사를 개괄하여 요약한다. 이 노력은 과장된 몸짓으로 자신의 존재를 세상에 과시하고 싶었던 젊은이의 혈기였다. 그리고 적어도 그린넬에서는 그런 노력이 통했다.

그러나 밥 노이스에게 학업만으로는 충분하지 않았다. 신입생 생활이 절반 정도 지나자 밥 노이스는 대학 다이빙 대표단에 들어가기로 결심한다. 적어도 두 형 중에 누구도 대표단에 들어가지는 않았다. 그리고 다이빙은 밥 노이스가 이상하리만치 집착하는 운동이었고, 매일 이상한 구조의 그린넬 수영장에서 연습했다. 낮은 지붕 때문에 다이빙을 연습하는 선수들은 천장 중에 움푹 들어간 부분에서 다이빙을 연습해야 했기 때문이었다. 매일 저녁 그는 "다음 단계에 있는 나 자신을 상상'하게 하는 기술이라 부르는 것을 연습했다. 이 연습은 그가 완벽하게 다이빙을 하는 상상이었다. 이런 과정에서 마음으로 미리 상상하여 연습하는 운동선수들의 기법을 예상했던 것이다. 그리고 또한 자신만의 정신을 가다듬는 방법을 만들어서 평생 동안 이 방법을 사용한다.

이 방법은 마침내 결실을 맺는다. 다이빙 선수단에 들어간 지 2년째에, 밥 노이스는 1946-1947년 미국 중서부 다이빙 결승전에서 우승한다. 그가 이루어낸 모든 것들 성적, 수상, 클럽에서 사교 활동 그리고 다이빙까지, 그린넬 상급생 과정에서 모든 활동은 정점을 찍게 되고, 밥 노이스가 보여주었던 모습들은 세대를 거쳐 그린넬의 학생들에게 회자되는 전설이 된다.

그러나 이 모든 것들이 한 순간에 무너지는 사건이 벌어진다.

8장
돼지 절도 사건

아마도 이 사건은 어쩔 수 없었을지도 모른다. 그가 대학에 입학하고 달려온 격정의 시간들 속에서 보다 많은 일과 책임을 맡게 되고, 항상 최고일 것이라는 기대를 한 몸에 받으며 지냈지만 제 아무리 밥 노이스였더라도 이 모든 것들을 계속 유지할 수는 없었다.

최초의 균열은 1949년 중서부 다이빙 결승전에서 나온다. 밥 노이스는 전 대회 우승자로서 경기에 참여했고, 경기를 보고자 도시로 올라온 부모님을 포함해 모두가 밥 노이스의 우승을 믿었다. 밥 노이스 역시 우승을 확신했다. 그러나 2점 차이로 우승을 놓친다. 다른 이들에게 준우승 자리는 최선을 다해 얻은 자랑스러운 결과였지만 밥 노이스는 이 결과를 실패로 받아들였다.

그리고 균열은 더 심해져 갔다. 마치 첫 번째 실패처럼, 밥 노이스가 완전무결한 표면에 남긴 오점은 서서히 커져 간다. 이제 전쟁에 참여했던 소년들이 남자가 되어 그린넬로 돌아온다. 그들은 유럽의 전선이나 태평양에서 참혹한 광경을 목격하고 돌아온 세대였고, 마치 인생을 짧고 허망하게 여기는 듯 조용했던 그린넬에 새로운 문화를 불어 넣는다. 시끄럽고 미친 듯한 파티에, 규제로부터 풀려난 듯한 그리고 언제나 행동이 앞서는 앞뒤 따지지 않고 마구 덤비는 성인이 되어 돌아온 것이다. 전쟁에서 훈장을 가슴에 달고 돌아온 24살 전후의 베테랑들로 전에는 반쯤 비어 있던 강의실이 이제는 온통 건장한 남자들로 가득 차고, 학교 축제에는 늘 북적대는 그들로 채워진다. 밥 노이스는 학교에서 새롭게 성장하는 인재였지만 그들 틈에서 자신만의 자리를 찾으려고 다시 고군분투해야 하는 상황에 놓인다.

전쟁에서 돌아온 퇴역 군인들과 쉽게 친구가 되려고 밥 노이스의 타고난 카리스마가 움직이기 시작하고, 그들과 우정을 다지려고 밥 노이스는 많은 여가 시간을 그곳에 할애한다. 그리고 기숙사에서 봄맞이 기숙사 축제의 주제로 화와이 루아우(Hawaian luau)를 정하자 밥 노이스는 이 축제에서 부근 농장에서 돼지를 몰래 훔쳐와 고기구이를 하는 역할을 자연스럽게 받아들인다. 이 일은 잘난 척하고 우쭐해 보이고자 하는 짓에 불과했지만 현명하지 못한 결정이었고, 상황은 더욱 나빠진다. 밥 노이스의 여자 친구가 임신을 한 것이다. 결국 그녀는 임신 중절을 하고, 밥 노이스는 그 후로 결코 이 이야기를 하지 않는다. 이 결정에 밥 노이스가 어떤 감정이 있었는지 아무도 알 수 없다. 그러나 불과 몇 달 전만 해도 세상을 다 가진 듯 했던 젊은이에게 이제 이 일들은 마치 나락으로 떨어진 기분이었을 것이다. 완벽함을 추구하던 꿈이 악몽으로 변한다.

그리고 상황은 더더욱 나빠져 갔다. 여자 친구의 임신 소식에 침울해지고 속상했던 와중에, 의기소침해진 밥 노이스에게 곧 축제 기간이 다가왔고, 맡은 역할 대로 돼지를 몰래 잡아와야 하는 일을 해야 했다. 일종의 더 이상 잃을 것이 없다고 느끼는 청년들이 보여주는 될 대로 되어라 식의 태도로 밥 노이스와 한 친구는 술을 마시고 밤중에 학교 교정 너머의 골프장을 지나, 잘 가꾸어진 농장에서 12킬로그램 정도 무게의 새끼 돼지를 몰래 기숙사로 끌고 온다. 그 두 사람의 비밀스러운 임무는 친구 중 한 명이 돼지를 3층 샤워장에 끌고 가 도살하는 것으로 끝난다. 섬뜩한 돼지의 비명 소리가 그날 모든 학교의 교정에 퍼지면서 학교의 축제는 끝나고, 밥 노이스는 여전히 학교의 영웅으로 남는다.

그러나 아침이 돌아오고 정신을 차린 밥 노이스와 친구는 돼지를 훔쳐온 일에 죄책감을 느낀다. 그래서 농장으로 돌아가 사과하고, 돼지 값을 지불하려 한다. 그러나 그들은 절도죄의 대상으로 자신들이 지목되는 최악의 선택을 했음을 바로 직감한다. 레슬리 벌린은 당시 상황을 이렇게 기록한다. "농장주는 그린넬의 시장이었습니다. 시장은 이 일을 그저 어처구니없는 장난으로 받아들이지 않고 심각하게 법적으로 처리하려고 합니다. 처벌과 배상을 원한 것이죠. 최근 은퇴한 군 대령 출신의 학교 인사 및 학생 담당 총장도 가능한 가혹한 처벌을 내려야 한다고 동의했습니다. 총장은 몇 달 후에도, 게일 교수의 지도 학생 중 한 명이 보모에게 욕설을 한 이유로 퇴학을 시켰습니다. 그리고 농장은 도시의 권역을 벗어났기 때문에 지역 경찰관이 호출되어 옵니다.”1

세월이 지나, 실리콘밸리에 처음으로 돼지 사건 이야기가 나오자 무척 재미있는 화젯거리가 된다. 점점 더 의심할 여지없이 성공한 인물이 된 밥 노이스의 인간미가 보이는 단면을 보여주는 사례였기 때문이었다. 1980년대 샌프란시스코 바닷가 지역에서 이런 일이 벌어지면 약간의 벌금과 사과 편지로 문제는 해결이 되었을 것이다. 그러나 1948년도에 특히 아이오와 주와 같은 곳에서는 이 문제는 아주 심각한 사건이었다. 밥 노이스의 부모에게 보낸 학생 인사 담당 총장의 편지에는 "농업이 핵심인 아이오와 주에서 가축을 훔치는 일은 중대한 범죄이며, 이는 최대 1년의 징역과 1천 달러의 벌금이 부과 됩니다.”2라고 쓰여져 있었다. 편지의 첫 부분은 확실히 소 떼를 몰던 서부 정착 시대가 남긴 유산이 분명했다. 그러나 벌금 문제는 심각했다. 거의 아버지 랄프 노이스의 일 년 연봉에 맞먹는 금액이었고, 거의 3년 치 학비에 맞먹었다. 설사 밥 노이스가 처벌을 받지 않더라도, 학교에서 퇴학을 당하는 일은 분명해 보였다. 이와 같은 기록은 그가 결코 대학원에 진학 못하도록 만들 것이 분명했다. 또한 그의 재능에 어울리는 직업을 결코 가지게 될 수 없음을 뜻하기도 했다.

결국 밥 노이스는 물리학과 교수인 그랜트 게일과 사무엘 스티븐스(Samuel Stevens) 학생 총장의 도움을 받아 구제받는다. 두 사람 모두 한 세대에 한 번 볼까 말까 한 학생을 놓치고 싶지 않았던 것이다. 처음에는 돼지를 소유했던 농장주가 완고했지만 게일교수와 스티븐스 학생 총장은 농장주를 설득해 밥 노이스가 돼지의 값을 지불하게 하고, 여하의 처벌은 취하하기로 한다.

다행히 법의 책임을 면한 밥 노이스였지만 여전히 학교생활 내에 문제가 남아 있었다. 그는 퇴학 위기를 넘기고 그 해 학기를 무사히 마쳤지만 다음 학년의 첫 학기에 정학을 받았고, 단지 학교만 출입금지 당한 것이 아니라, 도심에서도 출입을 금지 당했다.

무사히 고비를 넘겼지만 밥 노이스의 부모는 그렇게 생각하지 않았다. 그 후 밥 노이스는 부끄러움과 수치심에 도심을 떠나 가족이 새로 마련한 일리노이즈의 샌드위치에 위치한 집으로 돌아간다. 그가 집에 도착했을 때 부모님이 자신에게 화가 났을뿐만 아니라 대학에도 분노감을 표현하는 것에 놀란다. 아버지 랄프 노이스는 밥 노이스가 편지를 보내지 못하게 하기도 전에 스티븐스 학장에게 편지를 쓰기도 한다. "아이오와의 농장주가 받아들이지 않더라도, 우리 가족은 밥의 참회와 용서를 받아들일 준비를 기꺼이 하고 있습니다." 편지 내용에서 의심할 여지없이 그린넬에서 밥이 겪은 일에 가족이 가지는 아픔이 느껴진다. 그러나 스티븐스 총장이 밥 노이스를 위해 얼마나 많은 노력을 기울였는가를 생각한다면 감사 표현이 부족한 이 편지는 총장을 놀라게 했음에 틀림이 없었다.

한편 밥 노이스는 그린넬로 돌아가기 전에 학교와 도심에서 만나는 사람들과 마주할 용기를 다시 내기 위해서도 다가오는 6개월 간의 공백을 뜻있게 채울 방법을 찾아야 했다. 다행히 전 수학 선생님의 도움을 받아 뉴욕에 있는 이퀴터블 생명보험사에 일자리를 구한다. 또 게일로드가 컬럼비아 대학에서 박사 과정을 밟았으므로 밥 노이스는 다음 6개월 간의 일자리와 잠자리를 모두 구한 셈이 되었다. 어떤 이에게는 아이오와에서 뉴욕으로 갑작스럽게 옮기는 일이 두려울지도 모르지만 밥 노이스에게는 이미 익숙한 일이었다. 밥 노이스와 친구는 지난 2년 동안 여름이면 뉴욕의 북부에 위치한 클럽에서 바텐더와 웨이터를 해왔던 차였다. 그린넬에서 건초 더미를 집어 던지는 일보다는 훨씬 나았기 때문이었다. 급여는 상대적으로 나쁘지 않았고 두 젊은이는 틈틈이 뉴욕 시내로 놀러 나가기도 한다.

밥 노이스는 빠르게 새로운 환경에 적응한다. 처음에는 보험 계리사로서의 경력을 쌓는다는 점에 흥미를 가졌지만 계리 업무가 지루하다는 사실을 바로 알아차린다. 그러나 적어도 사무실에 여직원이 많다는 점은 밥 노이스에게 위안이 되어 주었다. 저녁이 되면 브로드웨이 쇼를 보러 가서 예술가들이나 극작가와 어울리고 자유분방한 생활을 하며, 그곳에서 하는 일을 싫어하는 만큼 일을 훌륭히 처리한다. 그리고 인간의 동기가 되는 돈의 힘을 배운다. "돈이 주는 동기부여에 얼마나 사람들이 무의식적으로 반응하는지 몇 가지 사실들을 알았습니다. 사람들에게 돈을 주면서 죽으라고 시키면 사람들은 죽을 것입니다. 사람들에게 돈을 주면서 살라고 시키면 살 것입니다. 적어도 통계로 보자면 말이죠."[3] 그곳에서 일한 후 밥 노이스는 또한 통계를 작성하는 정보에 의구심을 충분히 가지게 된다.

그곳에서 일한 9개월의 기간은 길다면 길었지만 그만한 가치가 있었다. 밥 노이스는 그 당시를 이렇게 말한다. "나는 그곳이 편안하고 안전한 곳임을 알고 갔습니다. 그리고 나는 그곳이 끔찍하게 지루한 곳임을 알고 나왔습니다."[4]

밥 노이스는 그 이후로 다시는 편안한 길을 선택하지 않는다.

1949년 1월, 밥 노이스는 그린넬로 돌아온다. 밥 노이스는 고개를 높이 치켜들고 빠르게 자신이 두고 떠났던 바쁜 삶 속에 몰두한다. 표면적으로 변한 것이 없었다. 밥 노이스는 동급생들과 동등하게 6월에 졸업할 만큼 충분히 학업에 자신감과 신뢰가 있었다. 그러나 이면에는 무언가 변해 있었다. 완벽함을 추구하던 밥 노이스는 더 이상 존재하지 않았다. 그 대신 진지하고 성숙한 밥 노이스가 그 자리를 차지하였던 것이다.

이제 거의 마술처럼 행운이 다시 돌아온다. 놀라운 우연으로 그랜트 게일 교수가 존 바딘(John Bardeen)과 함께 위스콘신 대학에 갔다가 존 바딘과 그랜트 게일 교수의 부인이 어릴 적 친구였던 사실을 알게 된다. 더군다나, 바딘의 상사이자 벨 연구소의 소장인 올리버 버클리(Oliver Buckly)는 그린넬에서 석사 과정을 마친 선배였다. 또한 두 아들이 당시 그린넬에서 학업을 진행했고 간혹 그린넬의 물리학과로 낡은 연구용 기구를 보내기도 했던 것이다.

1948년, 뜻밖에도 밥 노이스가 이퀴터블 생명보험사에서 출자금을 배울 때 얼마 멀지 않은 곳에 위치한 벨 연구소에서는 바딘(Bardeen), 브래튼(Brattain), 쇼클리(Shockley)의 트랜지스터 발명을 알리는 공개 기자 회견이 있었다(사실 상 기술 관련 논문을 발표하는). 홍보 행사로서 이 회견은 실패작이었다. 뉴욕 타임스가 이 트랜지스터 발명 논문에 몇 문단 만을 기사에 실었을 뿐이었다. 누구보다도 트랜지스터의 운명에 가장 큰 영향을 준 밥 노이스는 분명히 이 회견을 전혀 몰랐다.

그러나 아이오와의 그랜트 게일 교수는 이 사실을 알았다. 게일 교수는 기사를 오려 물리학과 사무실 벽의 게시판에 붙여 놓았을뿐만 아니라 올리버 버클리에게 보내는 장비 요청 편지에서 몇 개의 트랜지스터를 보내주는 일이 가능한지 물어본다. 밥 노이스는 아이오와로 이와 비슷한 때에 도착한다. 그린넬에 도착한 밥 노이스는 이 트랜지스터 문서와 관련하여 열광하는 게일 교수를 만난다. 그리고 게일 교수와 함께 트랜지스터에 몰두한다. 훗날 게일 교수는 이렇게 말한다. "내가 밥 노이스를 가르쳤다는 말은 과장된 표현입니다. 우리는 함께 트랜지스터를 배우기 시작했죠." 이에 밥 노이스는 다음과 같이 대답했다고 한다. "게일 교수님은 트랜지스터에 관심을 보이고 계셨습니다. 그리고 이 열정은 학생들에게 옮겨 갔습니다. 그래서 나는 그 당시 가장 신기한 물질 중에 하나였던 트랜지스터를 연구하기 시작했습니다."

미래의 기업가가 이미 나타난 셈이다. 게일 교수가 트랜지스터를 또 하나의 연구 주제로 바라본 반면, 밥 노이스는 다음과 같이 말한다. "활용하기에 좋은 물건이라고 생각했습니다. 아마도 '활용'이라는 단어가 적절한 표현이 아닐지도 모르지만 적어도 나는 무언가 재미있게 연구할 만한 것이라고 생각했습니다."5

트랜지스터 실물을 확보하지 못해 실험이 불가능했기 때문에 밥 노이스와 게일 교수는 주로 트랜지스터의 물리 특성을 이해하는데 그쳐야 했다. 특히 부도체에 전자 불순물을 혼합하여 이 반도체를 타고 흐르는 전류를 작은 주변 전류

(a small side current)로 통제하는 것이었다. 똑같은 문제를 두고 10년 전에 바딘과 브래튼이 연구하던 것이었다. 밥 노이스와 게일 교수가 연구한 것과 같은 초창기 트랜지스터 고체 물리 회로는 증폭기로 사용되던 보다 크고, 파손되기 쉬우며, 열이 많이 발생하는 진공관을 대체했다. 그로부터 10여 년 동안, 밥 노이스의 가장 큰 공헌은 이 회로를 키거나 끄는 실리콘 스위치(switch)로 사용하거나 디지털 시대의 심장과 같은 0과 1의 이진법 신호를 보내는 통로(gates)로 사용하게 해준 공로와 트랜지스터를 평평하게 2차원의 형태로 만들고 이들을 서로 연결시켜 배열하는 법을 만들어낸 것이다.

트랜지스터 실물이 없는 밥 노이스와 게일 교수가 할 가장 최선의 일은 트랜지스터 이론을 가능한 한 많이 이해하는 일이었다. 이론만으로 파악하는 점이 트랜지스터를 이해하는데 그들이 가졌던 가장 큰 단점이었지만 오히려 그들은 이론에만 집중했기에(실제 트랜지스터를 가지고 연구하여 마음이 분산되는 일이 없이), 밥 노이스의 마지막 학기가 끝날 즈음에는 당시 벨 연구소의 어느 과학자만큼이나 트랜지스터 지식이 많아졌다. 학부 과정의 학생인 밥 노이스가 이런 어려운 기술 문서를 모두 이해한다는 사실 자체가 경이로움이었지만 밥 노이스를 아는 다른 사람들과 마찬가지로 게일 교수는 조금도 놀라지 않는다.

1949년 6월, 밥 노이스는 수학과 물리학에서 학위를 취득하고 그린넬 대학을 졸업한다. 그리고 우등생만 가입하는 전미 학생 친목회(Phi Beta Kappa)에 들어가고 "가장 적은 노력을 들이고, 가장 좋은 성적을 거둔 상급생"의 자격으로 브라운 더비 수상을 같은 반 학우들로부터 받는다. 그리고 그답게 마지막 상은 유머로 받아들이면서 한편으로는 사업가의 관점으로 수상을 바라보기도 한다. 부모님께는 "연구에 시간을 보낸 사람이 받는 최고의 보상"이라고 농담조로 말한다.

밥 노이스는 또한 매사추세츠 공과대학(MIT)에서 박사 과정과 부분 장학금을 제안 받는다. 그리고 게일 교수에게 전자의 운동, 그중에도 특히 고체를 통한 전송 연구를 할 계획이라고 밝힌다.

밥 노이스가 받은 장학금은 수업료를 대신 내기에 충분했지만 당시 금액으로 연간 약 750달러인 숙소와 교통비를 포함한 생활비까지 해결하지는 못했다. 밥 노이스의 부모님은 이렇게 큰 금액을 감당할 상황이 아니었기에, 어쩔 도리 없이 밥 노이스는 여름에는 공사장에서 일을 했다. 이곳은 부식성에 피부를 타게 만드는 크레오소트(우리는 지금 이 물질이 발암 물질이라는 사실을 안다)로 방부 처리된 나무를 가지고 일하는 곳이었다. 말 그대로 이 끔찍한 경험으로 밥 노이스는 인생에 교훈을 배운다. 결코 이런 노동을 할 만큼 어려워지지 않겠다고 다짐한 것이다. 그리고 MIT에 도착하고 몇 달 만에, 부분 장학금에서 전액 장학금을 받는다.

시골 출신 젊은이의 전형인 밥 노이스가 도시의 큰 대학에 입학한 후, 복잡한 도심 방식의 세계에서 가장 우수한 교육 기관의 위용에 압도당하는 느낌은 어쩌면 당연한 일이었다. 그러나 22살이 된 밥 노이스는 정반대였다. 아이오와에서 밥 노이스는 이미 가장 최첨단 응용 고체 물리학을 경험했다. 그런데 이 위대한 MIT공대에 "트랜지스터를 아는 교수가 한 명도 없다"는 사실을 알아차린다. 반대로 이 순간에 그린넬에 그랜트 게일 교수는 벨 연구소로부터 트랜지스터를 선물로 받는다.

행복한 발견이 아니었다. 밥 노이스는 성급하게 아무 수업이나 듣는다. 주로 반도체 물리를 공부하려면 필요한 전자 물리 과정을 듣는다. "그 시절 이 분야에서 가장 큰 논쟁은 음극선 관의 전자 방출과 진공관이었습니다. 그러나 이 논쟁은 트랜지스터와 많은 물리적 특성을 공유했고, 이를 이해하려면 새로운 언어를 배워야 했는데 이는 양자역학 같은 학문이었습니다."6 밥 노이스가 전국에서 진행되는 가장 소수의 기술 회의에 참여하면서까지 선택한 나머지 교육들은 트랜지스터 기술 관련 교육이었다. 이 과정에서 밥 노이스가 만난 과학자들은 당대의 가장 유명한 과학자이자 앞으로 더욱 유명해지는 과학자들이었으며, 밥 노이스의 인생에 중요한 역할을 하는 윌리엄 쇼클리와 레스터 호건도 포함되어 있었다.

밥 노이스의 출발이 좋지는 않았다. 그린넬 대학에서는 슈퍼스타였지만 이곳 MIT의 물리학 과정에서는 세계에서 모여든 최고의 학생들 중 그저 한 명일 뿐이었다. 그중에는 미래에 노벨상을 수상하는 머레이 겔만(Murray Gellman)도 포함되어 있었다. 더군다나 그린넬에서 배운 기본 교육은 일정 부분에 뛰어났지만 다른 분야에서는 적절하지 못한 것으로 보였다. 밥 노이스는 반 편성 시험에서 나쁜 성적을 받았고 이론 물리학 학부 과정을 두 학기 동안 수강할 것을 학생부로부터 지시받는다. 게일 교수는 이 소식에 젊은 밥 노이스가 걱정되어 MIT 물리학부에 편지를 써서 밥 노이스가 정규 박사 과정을 듣도록 요청하지만 회신을 받아 보고 실망하고 만다.

한편 밥 노이스는 학교생활을 무사히 마칠 만큼 돈이 넉넉하지 못했다. 학교 기숙사 비용은 그에게 너무 비싸서 밥 노이스는 친구와 캠브리지 주변의 값싼 아파트를 함께 이용하였고, 대부분의 끼니를 친구에게 의지해야 했다. 다행히 그린넬에서 어린 시절 친구 두 명인 스트롱 형제(Strong Brothers)가 이웃에 살았고(그들은 밥 노이스와 함께 글라이더를 만들던 어린 시절 친구였다), 작은 형 게일로드는 뉴 헤븐(New Haven)에 결혼하여 자리를 잡고 있었다. 그리고 밥 노이스답게 빠르게 같은 과정에서 새로운 친구를 사귀어 나간다. 그들은 부유층 출신에서, 가난한 집 출신, 노동자 집안, 이민자 집안 등 모두 출신 성분이 달랐다. 그러나 그들 모두가 MIT 첫 학기에서 살아남으려고 사투를 벌이는 공통점이 있었다. 그리고 놀라운 일이 아니겠지만 밥 노이스는 재빨리 여자 친구를 사귄다. 그러나 시험 기간이 몰려 있을 때는 간혹 여자 친구와 만나는 것을 삼가 하기도 한다.

밥 노이스의 대학 생활은 궁핍하고 어려웠다. 밥 노이스는 부모님께 보내는 편지에서 어려운 내색을 하지 않으려고 애쓴다. "내가 주변을 살펴보면서 처음 느낀 점은 대부분의 학생들이 나만큼이나 악조건이라는 사실이었고, 이러한 사실이 나에게 위안이 되어 줍니다. 삶은 때때로 즐거워 보이지 않을 때도 있는 듯합니다." 그러나 결국 밥 노이스는 부모님께 그가 얼마나 힘든지, 얼마나 좌절감을 느끼는지 실토하고 만다.

"게일로드 형을 찾아가는 일을 포함하여 모든 것들이 제 자신이 얼마나 잘못된 방향으로 가는지 지적해 주었습니다. 주변 모든 사람들이 무언가 가치 있는 목표를 가지고 살아가는 듯합니다. 그리고 아무래도 나는 그런 목표가 없는 듯합니다. 나는 이 사실을 잊기 위해서라도 제가 배우는 물리학 과정을 무사히 마무리하기를 바랍니다."

그래도 적어도 작은 형과의 저녁 식사 시간은 밥 노이스의 힘든 삶에 잠시 한숨 돌릴 틈이 되어 주었다고 노이스는 부모님께 말한다. "학교로 돌아가 어떻게 살아남을 지 걱정하기 전까지 형과 저녁 식사를 하는 동안 만큼은 현실 걱정이 창문 밖으로 날아가 버렸습니다."7

몇 주가 지나고 밥 노이스는 학교에서 낙제하지 않는다. 그리고 서서히 자신감을 회복한다. 아마도 밥 노이스는 MIT에서 진짜 자신감을 얻었는지도 모른다. 여기서 두 개의 교과 과정이 밥 노이스의 미래에 중요한 역할을 한다. 첫 번째는 양자역학으로 유명한 물리학자였던 존 슬레이터(John Slater)가 학생들을 가르쳤다. 슬레이터는 양자역학 부분에서 고전 같은 책들을 저술했으며, 그가 가르치는 대부분의 학생들이 자신의 강의를 이해하지 못하는 것에 놀라운 감정을 숨기지 않았다. 그리고 학생들을 쳐다보지 않고, 그저 칠판에 방정식을 적으며, 간혹 질문을 던지기만 했다. 그런데 그가 하는 질문에 대부분 대답을 하는 밥 노이스를 발견하고 이 학생이 반도체의 기초 물리학이 되는 이 분야에 하늘이 내려주신 재능이 있음을 알게 된다.

두 번째는 전자 공학(electronics)으로, 이 학문을 가르치는 교수가 수업보다 밥 노이스에게 더욱 중요한 역할을 한다. 그 교수는 웨인 노팅험(Wayne Nottingham)으로, 노팅험은 이미 실험실에서 첨단의 진공관을 만들어 내는 재능으로 유명한 교수였다. 그리고 또한 연간 전자 물리 회의를 주최하며, 전국에서 명성을 쌓았고 이 과정에는 당대의 내노라하는 유명한 과학자들이 참석했다.

노팅험 교수의 전자 공학 과정은 밥 노이스로서는 그다지 큰 관심을 끌만한 과목이 아니었다. 더군다나 수강 첫 해에는 트랜지스터 관련 언급조차도 없던 과목이었다. 그러나 그 회의는 교육 과정에서 주춧돌 역할을 한다. 적어도 그 회의에 참석하는 강연자 중 한 사람이 바로 존 바딘이었기 때문이었다.

첫 학기가 끝나갈 무렵, 밥 노이스는 다른 학생들의 성적을 따라 잡고 시험을 통과할뿐만 아니라 이어서 수강하는 MIT의 모든 과정에서 인정을 받게 되었고, 모든 과정에서 앞서가는 학생 중에 한 명이 되어 갔다. 그린넬 대학에서 그렇듯이 갑자기 두각을 드러낸다. 그저 평범해 보이던 한 학생이 갑자기 모든 동급생을 제치고 앞서 나가기 시작하고 다른 어떤 학생보다도 빨리 지식을 흡수하고 이해하는 듯 보였다. 동급생 친구 중 한 명은 같은 아이오와 출신의 강속구를 던지는 야구 선수 밥 펠러(Bob Feller)를 본떠 밥 노이스에게 '매우 빠른 노이스(Rapid Noice)'라는 별명을 지어준다.

학급 친구였던 버드 휠론(Bud Wheelon)은 밥 노이스의 똑똑함에 깊은 인상을 받는다(버드 휠론은 나중에 CIA의 기술 부분 총괄이 된다). 그리고 밥 노이스가 사는 누추한 환경을 보고 안타까운 마음이 들어 밥 노이스가 눈치 채지 않게 사적으로 슬레이터 교수를 만나 밥 노이스에게 보조 강사직을 달라고 부탁한다. 이 강사직은 밥 노이스가 자랑스럽게 여길 것이 틀림없는 자리였다. 슬레이터 교수는 이 일은 자신들과 아무 상관이 없는 일이라며, 휠론을 돌려보낸다. 그러나 몇 주 후, 밥 노이스는 자신이 특별 연구 장학금을 받게 된다는 사실을 알고 매우 놀란다.

이제 다시, 고등학교와 대학 때와 마찬가지로 밥 노이스는 학과에서 최고의 성적을 받기 시작한다. 기품 있고, 붙임성이 있으며, 똑똑한 밥 노이스로 돌아간 것이다. 석사 과정의 연구실에서 진행되는 모임에서 담배 불빛만으로도 밥 노이스의 존재를 확인했고, 언제나 관심의 중심이 되었다. 밥 노이스는 새로 받은 장학금으로 아침 일찍 일어나 통학해야 하는 생활을 끝내고 기숙사로 옮겼고, 이는 밥 노이스의 존재를 더욱 두드러지게 만든다. 밥 노이스는 곧 사교 모임이나 자주 춤을 추러 가게 되고, 요란 법석한 파티를 주도하여 악명을 떨치기도 한다. 물리나 화학을 공부하던 주변 학생들 중 아무도 노이스처럼 맥주통에 펌프를 연결하여 맥주잔에 술을 채우거나, 엄청난 양의 맥주를 파티에서 그렇게 마실 줄 몰랐기 때문이다. 그들은 맥주를 따르는 법을 배우려 했지만 언제나 맥주 거품을 뿜어 낼 뿐이었다.

곧 밥 노이스는 공부에 자신감을 회복하고 새로운 도전을 찾는다. 밥 노이스는 미국 전역에서 가장 유명한 합창단 중의 하나인 보스턴의 전문 합창단(Boston's Chorus Pro Musica)의 바리톤 자리에 지원하여 합격한다. 그리고 곧 합창단의 예쁜 여자 단원과 어울리기 시작한다. 물론 밥 노이스의 데이트 신청에 대부분의 반응은 환영이었다. 곧 수영도 다시 시작했고, 당시 수영장에서 그를 본 여자들에 따르면 마치 육체미 선수 같아 보였다고 한다.

석사 과정의 첫 해가 끝나갈 무렵, 밥 노이스는 보통 사람들이 보여줄 수 없는 초인 같은 능력을 다시 보여주기 시작한다. 그러나 이번에는 전과 같은 실수를 반복하지 않는다. 오히려 꾸준하게 능력을 과시한다. 그리고 다시 모형 비행기를 조립하기 시작하고, 천문학에 관심을 보이며(보다 정확하게 반사 망원경을 만든다), 그림을 그리기 시작한다. 그리고 프랑스로 유학을 보내주는 풀브라이트 장학금(Fulbright-Hays grant / 옮긴이: Fulbright Act(1946)에 따라 미국과 외국과의 문화 교류를 위하여 지급됨)에 지원하여 합격하지만 장학금을 받지 않는다.

아마 그가 한 일 중 가장 눈에 띄는 점은 엄청난 스케줄 중에도 뮤지컬 연기에 관심을 가져 몇 번의 공연을 했다는 사실이다. 또한 이 공연을 주도하기도 하고, 작은 형인 게일로드가 연극을 보려고 공연장에 참석해서 그의 연기를 관람하기도 한다. 훗날 게일로드는 벌린에게 이렇게 당시를 전한다. "밥의 타고난 자신감과 카리스마는 어떤 재능보다도 밥을 모든 분야에서도 전문가로 만드는데 공헌을 했습니다. 연기자로서 밥의 목소리는 대단하지는 않았고, 발음이 정확한 것도 아니었지만 밥 노이스는 그곳에 있었고, 또 공연 전체를 이끌었습니다."[8] 그 자신감은 연기자들이나 무대 직원에게도 효과가 있었다. 그리고 터프츠 대학(Turfts University)에서 밥 노이스가 공연을 하는 동안 한 의상 디자이너의 눈에 뜨인다. 조용하고 금발의 작은 여성이던 베티 바텀리(Betty Bottomley)가 그녀였다. 거의 밥 노이스만큼이나 열정이 넘치고 재치와 지성이 아주 뛰어난 여성이었고, 그녀의 친구들은 베티를 재치와 동부 출신 특유의 세련됨이 있는 도로시 파커(Dorothy Parker / 옮긴이: 미국의 유명한 여류 작가)에 비유하곤 했다. 대부분의 사람들은 그녀의 똑똑함에 기가 죽곤 했다. (그녀의 어머니가 그렇듯이) 밥 노이스는 베티에게 푹 빠져 든다.

그러나 우선 박사 학위를 취득해야 했다. 밥 노이스의 첫 해가 끝나갈 무렵인 여름에, 그랜트 게일 교수는 MIT로부터 새로 연락을 받는다. 이 서신에 "로버트 노이스(밥 노이스) 학생은 모든 점에서 아주 뛰어난 학생입니다. 우리는 계속해서 그의 잠재력에 깊은 감명을 받았으며, 그에게 내년도 물리학 부문 쉘 장학금(Shell Fellowship)을 지급할 예정이고, 올해는 장학금을 이미 받았습니다. 로버트 노이스를 가르친 게일 교수님의 훌륭한 교육에 경의를 표합니다. 우리는 앞으로도 로버트 노이스가 이루어 낼 학업상의 성취에 높은 기대를 가집니다."[9]

게일 교수는 그 후로 그 서신을 평생 동안 소중히 간직한다.

9장
날개를 달다

밥 노이스는 자신이 원하던 자리에 있었다. 쉘 재단에서 주는 장학금 1,200 달러로 다음 해의 등록금을 충당했고, 생활비는 연구보조직으로 받는 급여로 충당했다. 밥 노이스는 부모님에게 다음과 같이 편지를 쓴다. "제가 가을에 이곳에 처음 도착했을 때 지금과 같은 일들이 일어나기를 바랐습니다. 이제 제가 원하던 일이 일어나니 제 바람은 정당화될 듯 합니다."[1]

1950년 여름 동안 밥 노이스는 보스턴에 위치한 실바니아(Sylvania)에서 일하는데 실바니아는 훗날 실리콘밸리에서 이웃이 되기도 한다. 같은 해 5월에는 박사 학위 구두시험을 무사히 마치고, 한 광학 회사에서 컨설팅 업무를 담당한다. 이 시기에 밥 노이스는 MIT에는 없던 과정을 하버드에서 청강하면서, MIT 부설 물리 전자 연구소에서 진공관을 연구하는 연구 보조직으로 다시 자리를 옮긴다. 그러나 주요 관심은 조언자를 찾아 박사 학위를 취득하는 일이었다.

밥 노이스는 처음 노팅험 교수를 선택한다. 주로 그가 이론 물리학이 아닌 실험 물리학자였기 때문이었다. 그리고 곧 이른바 "부도체 표면 상태의 광전 효과 연구"라는 실험에 착수한다. 이 연구는 새로운 벨 트랜지스터 연구소에서 가장 중요한 연구 과제이기도 했고, 대중의 관심사가 쏠리기 시작하던 연구이기도 했다. 그러나 실험 물질이 약 섭씨 540도 가량까지 가열되어야 했으므로 폭발 실험의 양상이 될 것이 명백했고, 어려운 도전임이 확실했다. 그러나 밥 노이스는 결코 실패의 사나이가 아니었다. 그리고 인내심을 가지고 측정 가능하고 반복 가능한 결과를 달성해 낸다.

항상 연구만 하던 것은 아니었다. 노팅험 교수는 야외 활동을 즐기는 사람이었고, 겨울이 되면 대부분의 시간을 뉴햄프셔에 있는 자신의 스키 통나무집에서 보냈으며, 자주 학생들을 스키장으로 초대하곤 했다. 넓은 초원에서 자란 밥 노이스는 스키를 배우는 기회로 이 초대를 십분 살린다. 그가 처음 다이빙을 할 때 금세 익숙해져서 아무도 그가 다이빙을 배우던 순간을 기억하지 못 했듯이 밥 노이스는 금세 스키를 타기 시작한다. 그리고 스키에 매우 열광한 나머지, 결국 "논문이 없으면 스키도 없다"라는 자신만의 규칙을 세워 박사 과정에 몰두한다.

다시 한번, 예전에 글라이더와 수영에 빠졌듯이 밥 노이스는 빠르게 스키 점프를 배우기 시작한다. 그러나 이번에는 운이 좋지 않았다. 너무 거칠게 착지를 하는 바람에 넘어져 오른 팔에 골절상을 입고 만 것이다. 골절은 고통스러웠고 신경 압박과 혈전이 생길지도 모르는 등의 위험이 있었기 때문에, 밥 노이스는 바로 다트머스(Dartmouth)로 향한다. 병원에서 의사는 밥 노이스의 팔에 뼛조각을 제거하고, 약 2주간 보철을 하게 한다. 밥 노이스가 MIT로 돌아가 실험을 할 정도로 회복하는데 약 2개월이 걸리게 되며, 평생 동안 오른 팔에 후유증을 가지고 살아가게 된다.

밥 노이스는 1953년 중반에 박사 과정을 무사히 마친다. 훗날 자신이 인정하듯이 그가 한 실험은 완전한 실패는 아닐지라도 확실한 결론을 내리지 못했다. 밥 노이스는 결코 표면 현상을 발견하지 못한다. 그러나 그런 현상이 존재하지 않는지 아니면 밥 노이스의 실험 기술이 부족했는지는 확실하지 않다. 밥 노이스는 그 과정에서 적어도 산화마그네슘 관련 지식을 갖추는데 공헌을 했다고 스스로를 위안한다. 하지만 이 결과는 그가 바라던 승리의 결과는 아니었다.

벌린은 나중에 밥 노이스의 연구에서 무형의 결과가 있었음을 발견한다. "박사 과정에서 얻은 가장 중요한 경험은 쉽게 문서상에 기술하기가 쉽지 않았습니다. 밥 노이스는 고체 물리 실험 과정에서 두드러지는 연구 기술을 습득하니다. 밥 노이스가 경험한 초기 잘못된 시작은 그에게 어떻게 실험 물질을 준비해야 하고, 어떻게 오염으로부터 보존해야 하는지 가르쳐 줍니다. 또한 광전 효과, 전자, 양자 상태, 전자의 빈자리, 고체의 속성도 이해하게 됩니다."

이 모두가 반도체를 향해 나아가는 젊고 미래를 갈망하는 과학자에게 유용한 지식이었고 진실이었다. 그러나 현실에서 밥 노이스의 박사 과정 논문에서 나온 최고의 결과는 이 논문 결과가 실패였다 하더라도 그 분야에서 떠오르는 스타 중의 한 명으로서 밥 노이스의 명성에 전혀 해를 입히지 않았다는 점이다. 밥 노이스는 아직 전 세계에 몇 안 되는 트랜지스터 기술을 다루는 유명한 사람들을 모두 만났다. 그리고 그들은 밥 노이스가 같은 조직에 있기를 바랐다. 이제 로버트 노이스(밥 노이스) 박사는 세상 밖으로 나가 그들 중 자신이 성공할 길을 찾기만 하면 됐다.

먼저 밥 노이스는 그 해 8월, 베티 바텀리와 일리노이스(Illinois) 샌드위치(Sandwich)에서 성직자인 아버지 랄프 노이스가 주례를 서는 가운데 결혼한다.

이제 밥 노이스에게 필요한 것은 직업이었다. 미국 전역에서 가장 영향력 있는 전자 공학 학교에서 응용 전자를 전공하고, 가장 우수한 학생이었던 밥 노이스는 미국에서 가장 큰 전자 기업인 RCA, AT&T, GE 같은 곳에서 연구 학자로 직장을 구하고, 남은 여생을 과학자로서 특허와 수상 기록을 수집하며 보내는 것도 가능했다. 그러나 밥 노이스에게는 다른 계획이 있었다. 평생 동안 밥 노이스는 예상되는 길보다 자신의 운명을 스스로 결정짓고, 경쟁자 사이에서 자신을 드러내는 길을 선택하는 성향이 있었다.

그래서 그가 필코(Philco)라는 필라델피아에 위치한 잘 알려지지 않은 중견 전자 회사를 선택했을 때 산업계 전체가 놀라고 실망감을 감추지 못한다. 필코는 배터리 생산으로 출발한 회사로 이제는 라디오를 거쳐 텔레비전을 생산하는 회사였다. 그리고 고체 물리학이 미래의 신기술 분야라고 판단한 필코는 트랜지스터를 연구하는 연구소를 열었으나 아직 이렇다 할 성과를 내지 못하는 중이었다.

밥 노이스는 왜 필코를 선택했을까? 이는 대기업보다 적은 연봉을 뜻했다. 그리고 필코는 최첨단 기술 기업이라고는 말하지 못할 곳이었다. 확실히 바딘, 브래튼, 쇼클리가 근무하는 벨 연구소에 비교할 바가 되지 못하는 곳이었다. 밥 노이스는 훗날 웃으면서 이렇게 말한다. "내가 그 당시 필코에 입사한 이유는 그들이 정말로 나를 필요로 했기 때문입니다. 다른 회사들은 일이 어떻게 돌아가는지 알았으며, 자신들이 무슨 일을 하는지 모두 알았죠."2

첫 번째 직장에서 이미 미국에서 가장 큰 기업의 연구 개발 부서에서 일하는 어느 선임 과학자보다도 더 많이 알았던 밥 노이스의 자신감을 이 말이 보여준다. 사실 지난 몇 년 전부터 노이스의 자신감이 사실일지도 몰랐다. 필코사는 전쟁 기간 동안 미군에게 주로 레이더와 라디오에 쓰이는 전자 장비와 진공관 같은 부품을 납품하는 거대한 계약을 체결했기 때문이었다.

1950년, 전자 산업계의 모든 기업들과 마찬가지로 느릿느릿했지만 필코사는 트랜지스터 산업에 뛰어들기로 결정한다. 그리고 연구 개발 선임 이사로 빌 브래들리(Bill Bradley)를 임명하고 개발 계획을 세우고 인력을 고용하도록 지시한다. 브래들리는 이미 25명의 과학자와 기술자를 고용하거나 보직 변경을 시켜 새로운 사업으로 인원을 배치했고 MIT를 졸업하는 신예 과학자들을 고용한다.

밥 노이스의 행운이 그 순간을 잡는다. 밥 노이스가 입사하기 전에, 필코사의 연구 개발조직은 이미 아주 새롭고 독창적인 '표면 장벽 트랜지스터(surface barrier transister)'라 불리는 새로운 형태의 게르마늄 트랜지스터를 고안해 냈던 것이다. 이 트랜지스터는 벨 연구소에서 바딘, 브래튼 그리고 쇼클리가 특허를 낸 원조격인 점 접촉식(point-contact) 방식에 가장 근접한 최초의 제품이었다. 그러나 성능이 더 좋았고 우수했으며, 더 높은 주파수에서 더 적은 전기를 사용하며 작동하였다(속도가 더 빠르다는 뜻). 필코사에 자금을 지원하며, 더 경쟁력 있는 첨단 제품을 만들도록 했던 미군은 이 제품에 깊은 인상을 받아 대형 계약을 준비한다. 엄격히 말해 이 제품의 개발은 군과의 계약에서 만든 결과가 아니었으므로 필코사는 이 제품을 상업 용도로 판매하는 일이 가능했다. 이러한 기대감 속에 필코사는 이미 개선된 게르마늄 제조 과정을 개발한다. 이렇게 개선된 웨이퍼 기술과 혁신적이고 새로운 디자인으로 필코사가 트랜지스터 시장을 지배하는 선도 기업이 될 것이라고 확신하게 만들어 주었다.

밥 노이스가 필코에 입사하는 시기는 완벽했다. 새로운 트랜지스터는 밥 노이스가 회사에 입사한 때로부터 3개월 후쯤에 시장에 소개될 예정이었다. 밥 노이스는 슈퍼스타와 같은 신인으로서 그리고 앞으로 산업계의 혁명을 이끌 사람으로 주목을 받는다. 더 다행인 일은 밥 노이스가 결론을 찾지 못했던 박사 학위 논문의 내용인 표면 물리학이 이제 새로운 표면 장벽 트랜지스터에 이상적으로 잘 적용됨이 입증된 것이었다. 따라서 밥 노이스는 회사에 입사하여 일반 견습 과정을 거치기보다 필코의 트랜지스터 제조 부서에서 중요한 역할을 맡는다.

밥 노이스의 임무는 식각 공정(etching)과 게르마늄의 표면에 전기 도금을 하는 것이었다. 특히 처음 작업을 멈추고 두 번째 작업을 다시 개시하는 시간 조절의 기술이 거의 현미경으로 보는 수준의 아주 미세한 단계에서 이루어져야 했고, 필코사가 시장에 제품을 소개하려 한다면 트랜지스터를 연구소 제조 공정에서 최대한 빨리 꺼내서 대량 생산 단계로 전송해야 했다. 밥 노이스는 한 계점에 다다를 때까지 게르마늄 수정체를 식각할 만큼 강력한 광선을 이용하는 놀라운 방법을 고안해 낸다. 필코사는 밥 노이스의 방법에 깊은 인상을 받아 이 방법을 밥 노이스의 첫 번째 발명으로 특허 출원한다.

밥 노이스는 박사 과정을 마치자마자 바로 중요한 역할을 하고자 필코에 입사를 했고 이제 그가 바라던 일이 이루어진 것이다. 그리고 필코사의 새로운 형태의 트랜지스터가 세상에 소개되고 많은 주목을 언론으로부터 받게 되자 밥 노이스는 실제로 표면 장벽 트랜지스터가 작동하는 물리 법칙을 설명하는 기술 논문을 공동으로 감독하는 일에 몰두한다. 논문을 작성하는 일은 수개월이 걸렸지만 회사는 이 기술 문서가 공개하기에는 너무 가치가 크다고 판단한다. 이 일은 밥 노이스의 명성을 확인해 주었고, 산업계에서 가장 첨단 기술을 다루는 일을 하는 신입 사원의 소문이 세상으로 퍼져 나간다.

시쳇말로, 밥 노이스는 이 분야에서 선수였다. 단순히 직업적으로만 그런 것도 아니었다. 그리고 눈부실 정도로 화려한 전직 예술가 출신인 직속 상사를 따라하며 밥 노이스는 회사에 편안한 평상복 차림으로 출근한다. 조직화된 기업 문화 속에서 정장을 입고 근무하는 것이 자연스러웠던 시절에 그의 행보는 파격이었다. 또한 필코에서 근무하면서 직장 동료들의 관심을 즐긴다.

그린넬 대학에서 밥 노이스의 조언자가 되어 주었던 그랜트 게일교수와 달리, 밥 노이스의 다음 역할을 기업을 경영할 인재로 본 사람은 결국 이 곳 부서장인 브래들리(Bradley)였다. 브래들리로부터 밥 노이스는 격려를 할 줄 아는 수장의 힘을 배운다. 계속 탐구심을 가지고 새로운 생각을 추구하도록 부하 직원을 격려하는 지도자(대부분의 경우에는 그렇게 격려해도 소용이 없지만)는 자신의 권위를 낮추려고 하지만 오히려 이런 태도가 권위를 강화한다는 사실이었다. 함께 일했던 한 동료는 밥 노이스를 다음과 같이 회상한다. "밥 노이스는 말 걸기가 쉽고, 기꺼이 도움을 주려 했으며, 보통 관리자들과는 전혀 다른 모습을 보여 주었습니다." 그가 관리자로서 약점이 있었다면 오히려 생각이 깊지 않는 사람이나 게으른 사람들 때문에 쉽게 힘들어 하지 않는다는 점이었다. 그리고 해가 지날수록 사내 정치에서도 능숙해져서 정부 관료, 언론 기자, 주주 등과 같은 사람들도 상대한다.

밥 노이스가 필코에서 보낸 처음 18개월은 그가 원하던 모든 것이었다. 기술 측면뿐만 아니라 사업을 하는 측면에서도 그가 원하던 모든 것이 그곳에 있었다. 밥 노이스는 이제 반도체 산업 분야에서 떠오르는 샛별 중의 한 명이었다. 자신의 이름이 시장에서 가장 유망한 새로운 트랜지스터의 설계에 언제나 나타났고(세계 최초의 보청기도 그중 하나였다), 무엇보다도 반도체 분야를 이끄는 선두 주자로서 주목을 받게 되었다는 점이었다.

그러나 이 모든 일들이 한 순간에 나쁜 방향으로 향한다. 필코는 미군과 계약을 맺었고, 이는 정부 관료와의 짜증나는 거래, 계약 협상, 문서 작업 등을 뜻했다. 더군다나 60년대의 오래된 사고방식을 고수하던 회사 안에서 트랜지스터 사업부는 아직 입증되지 않은 작은 부서일 뿐이었다. 반도체 사업부가 회사 내에서 독립된 벤처 사업 방식으로 존재하는 한, 밥 노이스는 경직된 회사 생활로부터 보호받았다. 그러나 이제 밥 노이스는 선임 경영자들 그리고 주요 고객들과 교류하며, 회사의 중요한 제조를 관리 감독하는 관리자가 되었다. 밥 노이스는 곧 회사 생활이 사람을 얼마나 바보같이 만드는지 발견한다.

설상가상으로 회사는 손실을 기록했고 모든 연구 개발을 포기해야 하는 상황으로 갔다. 밥 노이스는 부모님과 형들에게 보내는 편지에 이렇게 썼다. "필코사는 장기적으로 연구 개발에 투자할 여력이 없어 보입니다."

밥 노이스는 "헛짓거리, 쓰레기, 불요불급한 일 그리고 동기 부여가 되지 않는 일"이라며, 몹시 싫어하던 단조롭고 지루한 업무를 한다.[3] 좌절감이 얼마나 컸던지, 스스로를 형편없는 관리자라고 생각하기까지도 한다.(모든 정황을 봤을 때 전혀 그렇지 않음에도)

돌아보면 비참한 일자리에서 일하는 수백만의 다른 사람들의 직장 경험과 비교해서 밥 노이스의 이 짧은 기간이 미래에 실리콘밸리에서 일하는 문화와 첨단 기술의 시대를 확장하는 과정에 심오한 영향을 줄 만큼 그를 낡고 고루하게 만들지는 않았다. 무엇보다도 밥 노이스는 젊고 유명하고, 함께 일하는 동료들에게 존경을 받는 인물이었다. 그리고 이와 같은 사실이 필코에서 근무한 기간이 그에게 어떤 반전의 기회를 주지 않았다 해서 변하는 사실은 없었다.

밥 노이스는 혁신을 최우선으로 삼지 않는 환경에서는 절대 다시는 일하지 않겠다고 다짐한다. 차라리 직장을 그만두는 상황이 오고, 경력을 위험에 빠뜨리는 상황이 오더라도 현실과 타협을 하지 않겠다고 마음을 먹는다. 그리고 다시는 그렇게 타협하지 않는다. 수많은 연구가 설사 실패하더라도 자신의 운명을 스스로 통제하겠다는 자세가 기업가로서의 핵심 자질임을 입증한다.

초반의 모든 성공이 밥 노이스에게 이제는 덫에 걸린 듯 느껴졌고, 행운의 여신은 통제 밖에 있는 듯했다. 밥 노이스의 삶에서 필코에서의 생활은 기업의 전통 존재 방식에서 발생하는 모든 나쁜 것들을 비유하는 대상이 되고 좌절감을 느끼게 했다. 그리고 이 경험은 15년 후에 페어차일드의 고압적인 태도를 앞세운 경영 방식에 극단적인 반응으로 반향 되어 나타난다.

필코에서의 상황은 계속 악화된다. 파업 때문에 공장 두 곳이 문을 닫는다. 그리고 밥 노이스는 회사 밖에서 파업을 하며 소리치는 직원들과 마주친다. 동시에 연방 정부는 회사를 녹점 방지법에 의거하여 고소한다. 불확실한 미래 속에서 밥 노이스에게 보이는 사실은 예산 삭감과 해고 뿐이었고, 진보를 위한 기회는 거의 보이지 않았다. 그리고 무엇보다도 나쁜 점은 점점 과학과 관련된 일을 할 수가 없었던 것이었다. 밥 노이스는 반도체와 관련된 고체 물리 분야의 모든 사람들이 자신을 앞질러 가는 기분을 느꼈다.

더군다나 밥 노이스만 가족 중에서 불행을 느끼는 사람이 아니었다. 부인 베티는 밥 노이스 보다 더 큰 좌절감을 맛보는 듯했다. 그녀는 과학자의 아내로서 엘킨스 공원(Elkins Park)이라는 필라델피아의 교외에 갇혔다. 새로 태어난 아들 빌리(Billy)는 그녀를 꼼짝 못하게 만들었고, 그녀가 사랑하는 지적 활동이나 문화 단체 생활을 할 기회가 없었다. 그리고 남편은 자주 집에 돌아오지 못했다. 설사 집에 돌아오더라도 지역 교회의 성가대에서 찬송가를 부르러 가거나 방 2개짜리 아파트인 집에서 항상 무엇을 만들었고, 아들 빌리가 울 때마다 가방을 들고 사라져 베티를 더욱 절망적으로 만들었다.

필코에서 상황이 악화될수록 밥 노이스의 가정불화도 커져만 갔다. 베티는 밥 노이스의 파티, 저녁 식사, 사회생활에 전혀 참여하지 못했고, 마치 유령과 같았다. 주변 사람들은 밥 노이스가 부인과 대화를 나누지 않고 아무것도 함께 하지 않는다는 사실을 알게 된다. 밥 노이스의 전 동료였던 한 사람은 벌린에게 그가 밥 노이스의 부인을 한 번 만났는데 그때가 밥 노이스의 집에 에어컨이 고장 나서 같이 수리하려고 갔을 때라고 전한다. "밥 노이스는 계속해서 그녀를 뒤로 숨기는 듯 했어요." 훗날 베티는 자신의 사회적 과묵함이 속물근성에서 나왔다고 인정한다. 도심의 상류층 출신인 그녀는 음울한 교외의 생활에 지쳐 있던 것이다.

"계속 못할 일이라면 하지 않는 편이 낫다." 밥 노이스는 그렇게 깨닫는다. 그리고 그가 무엇보다도 원했던 것은 필코에서 벗어나는 일이었고, 새로운 곳에서 새 출발이었다.

바로 그런 기회가 1955년 찾아온다. 다행히 반도체 산업계는 밥 노이스를 잊지 않았다. 웨스팅하우스(Westinghouse)가 피츠버그에 있는 트랜지스터 연구소에 이직을 권유하면서 밥 노이스에게 접근한다. 피츠버그는 제2차 세계대전 때 기념비와 같았던 컴퓨터 애니악(ENIAC)을 만든 이래, 적어도 전자 관련 기술 분야의 중심지였다. 웨스팅하우스는 이직 시 25%의 급여 인상과 향후 2년 동안 매년 10%의 급여 인상 조건을 제시한다. 무엇보다도 밥 노이스가 다시 반도체 산업이라는 경기에 참여하는 일이 가능해졌다. 이 소식을 확인한 필코 역시 반대급부를 제시한다. 밥 노이스의 경영 관리자 자리를 영구직으로 전환해주겠다는 제안을 한 것이다. 그리고 밥 노이스의 사무실을 본사가 있는 랜스대일(Lansdale)로 옮겨 주겠다고 제안한다. 이 제안은 베티에게 '큰 정원이 있는 작은 집'을 꿈꾸게 한다.

밥 노이스는 두 가지 제안을 놓고 일주일 동안 고민한다. 그리고 필코에 남기로 결정한다. 밥 노이스는 이 일을 나중에 부유함 보다는 명성을 선택한 일로 기억한다. "어릴 적 유일한 꿈은 신발 두 켤레를 한번에 사는 것이었습니다. 어릴 적부터 형이 쓰던 물건을 물려받아 쓰던 이유 때문이었죠." 그러나 이제 밥 노이스에게는 자라나는 아이들과 부인이 있었고, 보다 품위 있는 존재가 되어야 했다. 그리고 그 자신도 전문직으로서의 수입을 즐겼다. 결국 그가 분명히 웨스팅하우스에서 더 안정된 자리를 잡는 일이 가능했음에도 그와 같이 큰 인물이 머물기에는 너무 작고 문제가 많은 곳이었던 필코에 남기로 결정한다.

그러나 이미 역사의 바퀴는 방향을 바꾸고 있었다. 밥 노이스는 이 제안을 받아들이고 오래지 않아 워싱턴(Washington, D.C.)에 과학 논문을 제출하려고 방문한다. 그리고 뉴욕으로 가서 회의에 참석하는데 이 회의장에는 윌리엄 쇼클리가 있었다. 윌리엄 쇼클리는 이미 벨 연구소를 떠날 준비 중이었고, 자신의 트랜지스터 연구소를 고향인 스탠포드 대학교 근처에 세울 계획이 있었다. 윌리엄 쇼클리도 이미 밥 노이스를 10년 넘게 알았고, 이 날 연구 발표는 밥 노이스가 얼마나 기술 추세를 잘 따르는지, 관련 과학자로서 얼마나 성장했는지를 들여다보는 기회였다. 쇼클리는 밥 노이스를 기억 속에 심어 놓는다.

1955년이 끝나길 무렵, 이직 제의와 함께 찾아왔던 잠시의 행복은 사라지고 만다. 젊은 부부는 이제 새로운 딸을 가지게 되었다. 이름은 페니(Penny)라고 짓는다. 새로운 아기를 제외하고는, 그들의 삶은 크게 변할 것이 없었다. 필코에서의 상황은 여전히 문제가 많았고, 랜스데일로 이사를 가는 일은 물거품이 되었다. 자녀를 가진 직원에게 주는 혜택과 새로운 직함 속에서, 밥 노이스는 전보다 더욱 절실함을 느끼기 시작한다.

그렇게 시간이 흐르고 1956년 1월, 밥 노이스는 한 통의 전화를 받는다. 상대편 전화에서 전해오는 이야기는 다음과 같았다. "윌리엄 쇼클리입니다."

"마치 하나님과 통화를 하는 기분이었습니다." 훗날 밥 노이스는 당시의 기분을 이렇게 말한다. "쇼클리는 서부 지역에서 새로운 일을 시작한다고 말했습니다. 그리고 저와 함께 일하고 싶다고 말하더군요. 뭐라고 해야 할까요. 쇼클리는 트랜지스터의 '대부'였습니다. 그러니 그 제안은 저를 겸손하게 만들었습니다. 이제 마이너 리그에서 제 할당량을 모두 끝마친 기분이었죠."라고 회상한다.

쇼클리는 이미 2년 전 나쁜 감정을 품고 벨 연구소를 떠난 상태였다. 그리고 그중 한 해를 칼텍(Caltech)에서 학생들을 가르치며 보내고, 한 해는 워싱턴의 펜타곤 무기 관련 부서(Pentagon weapon group)에서 보낸다. 이제 쇼클리는 샌프란시스코 베이 지역(Bay Area)으로 옮겨와 새로운 트랜지스터 회사를 차려 부자가 되려는 꿈을 꾸고 있었다.

그 해 2월 23일, 밥 노이스와 베티 노이스는 야간 비행편을 이용해서 샌프란시스코에 아침 6시에 도착한다. 그들이 펜실베이니아를 떠날 때 땅에는 눈이 쌓여 있었다. 반면 샌프란시스코 베이(Bay area) 지역은 미국 전역에서 부러워

하는 햇살이 따뜻한 겨울 날씨고, 두 사람은 벌써 이 날씨를 즐기고 있었다. 적어도 밥 노이스는 캘리포니아에서 살기를 언제나 꿈꿔 왔었고, 마침내 자기 집에 도착한 기분이었다. "버클리(Berkely)에서 형이 학생들을 가르쳤고, 아시다시피 형의 편지에는 늘 따뜻한 햇살과 좋은 날씨 이야기로 가득했습니다." 그리고 이제 베티는 가족과 친구들로부터 거의 5천 킬로미터 떨어진 곳에서 살게 될 것을 알았다.

잘난 척하기를 좋아하며 자기 확신에 찬 사람들이 이곳에 몰려든다. 밥 노이스는 쇼클리와 함께 일하게 될 것을 알았고 다시는 동부와 필코로 돌아갈 일은 없을 것이라 다짐한다. 쇼클리와 만나기로 한 약속 시간은 오후 2시였다. 오전 9시에 두 사람은 이미 부동산 중개업자를 만나 살 곳을 살펴보았고 로스 알토스(Los Altos)의 한 집을 저축한 돈으로 산다. 가격은 당시 금액으로 1만9천 달러로 조금은 낡았지만 우아하고, 팔로 알토(Palo Alto) 도심에 인접한 집이었다. 그리고 쇼클리와의 인터뷰를 마친 후 몇 시간 뒤에 함께 일하자는 제안을 받는다.

밥 노이스는 새로운 직장을 구했으며, 새로운 집을 마련하였고, 이제 전설이 될 준비를 마친다.

10장

정밀 박사: 고든 무어

오랜 시간이 지나 터먼(Terman), 휴렛(Hewlett), 패커드(Packard), 노이스(Noyce), 주커버그(Zuckerberg), 브린(Brinn), 페이지(Page), 심지어 스티브 잡스(Steve Jobs)와 같은 실리콘밸리 이야기의 모든 사람이 잊혀져도 고든 무어는 여전히 기억될 것이다. 단지 첨단 산업 분야에서 쌓은 경력 때문이 아니라, 물론 이 경력조차도 비교할 대상이 없지만 그가 만든 무어의 법칙 때문이다. 미래의 역사학자들은 이 법칙이 발견된 때를 인간 혁명의 가장 위대한 기간으로 그리고 가장 많은 부유함을 만들어낸 기간으로 규정할 것이다. 수 세기가 지나고 고든 무어가 떠나고 없더라도 무어의 법칙은 인류에게 새로운 시대의 시작을 알린 전환점으로, 이제는 잃어버린 짧고 황금 같았던 기간의 메트로놈으로 살아남을 것이다.

고든 무어와 무어의 법칙이 가지는 관계는 복잡하다. 그가 처음 인정했던 듯이 일렉트로닉스 매거진(Electronics Magazine)에 글을 쓸 때 고든 무어의 바람은 소박했다. "연구실 안의 내 위치에서 보던 사실은 전자 제품이 점점 저렴해지는 길 위에 반도체 장치가 위치했다는 점이었습니다. 이것이 내가 집적 회로와 관련하여 전달하고자 한 메시지였고, 반도체 회로의 집적도는 거의 매년 두 배로 증가했다는 점이었습니다."[1]

"놀라울 정도로 정확한 예측으로 입증되었고, 내가 예상했던 것보다 훨씬 정확했습니다. 나는 단지 이 집적도가 높아지는 회로가 트랜지스터와 다른 전자 부품을 더 저렴하게 만들 것이라는 생각을 전달하려 했을 뿐이었습니다."

'정확하다'라는 표현은 고든 무어의 세상에서는 최고의 칭찬이다. 실리콘밸리가 만들어낸 백만장자 또는 억만장자 중에 고든 무어는 사람들에게 가장 사랑을 받는 사람이었다. 캘리포니아에 사는 부자라는 면에서 고든 무어를 싫어하는 사람은 없는 듯했다. 고든 무어는 친절하고, 상냥했으며, 언제나 부드러운 말투를 사용하고 눈에 띄는 사람이 아니었다. 동료가 세상에서 제일 큰 요트를 사고, 가장 고급스러운 차를 살 때 또는 엉뚱한 짓을 하거나 자유분방하게 살아갈 때도, 고든 무어와 부인 베티는 휴일이 되면 그저 픽업트럭을 몰고 돌을 수집하러 다녔다.

그러나 기술이나 수학에서 정확하지 못하거나 깔끔하지 못한 경우, 전혀 다른 고든 무어의 모습을 보게 될 것이다. 화를 내지 않지만 차갑고, 냉담하고, 오싹한 태도로 이제부터는 당신을 정중하게 그러나 그 이상으로 대하지 않고 다시는 당신을 진지하게 받아들이지 않는 고든 무어를 만나게 될 것이다. 고든 무어는 친절한 사람이었지만 언제나 정확함을 추구하는 엄격한 사람이었다.

오랜 시간 동안 고든 무어는 자신이 발견한 법칙과 그에 따르는 명성을 누려왔다. "나는 이 발견을 무어의 법칙이라 부르는 것을 쑥스럽게 느꼈지만 이제 저도 그 표현에 익숙해졌습니다. 나는 이 법칙을 세운 공로를 인정받고 싶습니다."라고 말하며 웃는다. "그러나 내가 진정으로 한 일은 집적회로의 집적도가 증가하고 그에 따라 가격이 하락한다는 사실을 예측한 것이었습니다."

그러나 한편으로 그가 발견한 법칙은 그 이상이다. 고든 무어가 발견한 법칙을 자랑스러워하는 이유가 단순히 메모리칩과 반도체 산업, 현대 문명의 발달을 통틀어 지난 50여 년 동안 계속 그 추세가 증가해온 사실에도, 그가 예측한 대로 정확하게 실현되었다는 점이다. 고든 무어는 작지만 빠르게 성장하는 새로운 산업 분야에서 자신이 법칙을 찾아 낸 것을 알았다. 그리고 그 법칙은 매우 정확하여 단순한 법칙을 떠나 시대정신이 된 것이다. 오랜 시간 후 집적회로가 사라질지라도 무어의 법칙은 인간의 삶에 지금까지 그래왔듯이 여전히 유효하게 적용될 것이다. 바로 무어의 법칙 그 자체가 아니라 실리콘밸리의 유산인 끊임없는 진보를 향한 헌신처럼 말이다.

고든 무어는 아주 특별한 천재성으로 축복받았지만 한편으로 아주 평범한 한 사람이었다. 실리콘밸리에서 성공하여 어른들을 위한 비싼 장난감을 사서 자랑하거나, 한껏 우쭐대거나, 기괴함을 과시하던 그 어떤 사람보다도 천재성 때문에 고든 무어는 고유하고 독특한 인물이었다. 또한 실리콘밸리의 창시자 중에서도 미국 본토에서 태어난 몇 안 되는 드문 사람이었다. 고든 무어는 페스카데로(Pescadero)에 위치한 작은 마을의 언덕에서 태어나 레드우드 시(Redwood City)의 페닌술라(Peninsula) 마을의 북쪽에서 자라났다. 법은 고든 무어의 가족에게 이어지는 공통 주제였다. 고든 무어가 법칙을 만들어 낸 사람이라면 아버지는 법을 수호하는 사람이었다. 고든 무어의 아버지는 산 마테오 카운티(San Mateo County) 서부 해안 지역의 전체 치안을 담당하는 보안관이었다. 산 마테오 카운티는 불과 몇 킬로미터 거리의 길쭉한 평야 지대로 동쪽으로 산악 지역에 접하고, 서쪽으로는 태평양을 포함하는 지역으로 샌프란시스코의 남쪽으로부터 산타크루즈의 북쪽으로 향하는 지역이었다.

오늘날 하프 문 베이(Half Moon Bay) 지역을 제외하고는 대부분의 이 지역은 더 이상 사람이 살지 않는다. 이제는 주립 공원이 되었거나 자연 보호 구역으로 지정된 곳이다. 고든 무어는 페스카데로 지역을 늘 다음과 같이 농담조로 말하곤 했다. "페스카데로는 내가 아는 한 50년 전에도 캘리포니아 내에서 가장 작은 마을이었습니다."2

그러나 1920년대와 1930년대에 해안가의 마을이 확대되는 모습은 시카고 남부의 모습과 흡사했다. 1번 고속도로가 해안을 따라 개통되고 고속도로를 따라가다가 만나게 되는 이른바 밀조된 위스키를 파는 '식당'이라고 불리는 곳에서 프리스코(Frisco)에서 온 부자들이나 언덕 너머 벌링엄(Burlingame)에서 찾아온 사람들이 마른 목을 축이던 곳이었다. 위스키는 캘리포니아 중심부 또는 로스앤젤레스에서 고속도로를 따라 흘러들어 왔다. 또는 몇 킬로미터 밖 경계에 정박한 배에서 밀수된 술을 고속정으로 공수해 오기도 했다. 밀수품들은 손쉽게 가까운 해안가 중에 어느 바닷가에도 가져왔고, 트럭에 가득 싣고 몇 십 킬로미터 밖의 북쪽으로 운송되었다. 그래서 밀수를 하는 배들은 굳이 금문교를 넘어서는 위험을 자초할 이유가 없었다.

한편 대부분의 해안가 평야 지대는 호박, 돼지감자, 멜론 같은 농사를 짓는 농장이었다. 안개와 바람이 부는 여름 그리고 따뜻하고 맑은 날씨의 가을을 사랑하는 유럽과 멕시코에서 넘어온 이민 노동자들이 주변의 농장 막사에 몰려 살았다. 그리고 토요일 밤은 대부분 결국 칼싸움 같은 폭력으로 끝나곤 했다.

지역 보안관이었던 고든 무어의 아버지가 담당하던 곳이 바로 여기였다. 혼자 단독으로 무법 지대와 같은 곳의 치안을 다스려야 했던 것이다. 고든 무어의 어린 시절 기억 속에 항상 총을 차고 저녁마다 근무하러 나가시는 아버지의 모습이 담겨 있었다. 아버지는 보안관으로서 뛰어났다. 180센티미터가 조금 넘는 키에 90키로 가량의 몸무게가 나갔던 아버지는 두려움이 없었고, 종종 술집에서 벌어지는 싸움 한가운데 뛰어들어 싸움을 말리기도 했다. 또한 고든 무어의 아버지는 밀수를 하는 사람과 트럭을 잡아내는 데 명성이 자자했다. "그 시대에는 총 싸움은 그리 많지 않았습니다. 하지만 아버지는 항상 총을 휴대하고 다니셨죠."라고 고든 무어는 기억한다.[3]

당연히 산 마테오 카운티에서 고든 무어의 아버지는 유명 인사가 된다. 훗날 더 유명해진 아들 고든 무어가 중년의 나이가 될 때까지도 아버지의 명성에 미치지 못할 정도였다. "아버지는 덩치가 크신 편이었지만 그렇다고 거대하지는 않으셨습니다. 그러나 아버지는 사람들을 서로 합의하게 만드는 자신만의 방법을 알고 계셨죠."

아버지가 그렇듯이 아들도 그와 같았다.

1939년, 고든 무어가 10살이었을 때 무어의 가족은 레드우드 시 안의 베이 지역으로 이사를 간다. 일을 잘 하시던 아버지는 산 마테오 카운티의 부보안관으로 승진한다. 이 자리는 선거 없이 오르는 가장 높은 자리였고, 고든 무어의 아버지는 은퇴할 때까지 이 직책을 수행한다.

한편 고든 무어는 자신을 '바닷가 소년'이라고 묘사하며, 이사한 새로운 환경에 잘 적응한다. 레드우드 시는 지금의 오라클(Oracle)사가 뻗어나간 복잡한 반도의 모습이 아니라 당시는 그저 반대편 바닷가의 한쪽 끝부분이었고, 체리, 자두, 매화나무가 수백만 그루 심어진 수십 킬로미터의 과수원 지대였다. 이 반도의 도시는 지금은 대규모 택지와 산업 단지로 개발되었지만 당시만 해도 남부 켈리포니부터 산호세까지 엘 카미노 리얼(El Camino Real)의 긴 선 속에 작은 물방울처럼 균등하게 퍼진 오아시스 같은 기차역과 작은 소매점 단지기 전부였던 지역이었다.

레드우드 시에서 꽃이 만개한 해안을 따라 어린 고든 무어는 페스카데로에서 만큼이나 자유롭게 살아간다. 전 세대(프레드 터먼; Fred Terman 교수의 세대)가 햄 라디오를 가지고 놀았고, 이어지는 실리콘밸리의 미래 세대가 컴퓨터와 인터넷을 가지고 놀았듯이, 밥 노이스가 글라이더를 직접 만들었듯이, 고든 무어와 같이 새롭게 등장하는 실리콘밸리의 창시자 세대들도 직접 제작하는 과학 용품에 몰두했다. 고든 무어 역시 아마도 대표 사례일 것이다. 화학에 관심 있던 고든 무어는 곧 자신의 집에 있는 창고에 화학 연구실을 만든다. "이 당시 자신이 원하는 어떤 화학 물질도 우편으로 구매가 가능하던 시절이었습니다. 정말 좋은 때였죠. 제가 구한 화학 물질로 정말 재밌는 실험을 했습니다."

화학에 관심을 가지는 다른 젊은이들과 마찬가지로, 고든 무어도 곧 폭발성 물질을 만든다. 훗날 텔레비전 인터뷰에서 그가 말했듯이 "나는 소량의 니트로글리세린을 제작하는 단계에 이르렀습니다. 이 물질을 다이너마이트로 변환시키는 일이 가능했죠. 그리고 아주 근사한 폭죽을 만들어 냈습니다.(두 손을 올려보여주며) 하지만 아직 손가락 열 개가 무사히 다 있습니다." 그리고 명확히 다음과 같이 언급한다. "그때는 지금처럼 복잡한 시절이 아니었습니다. 내가 그때처럼 폭약을 만든다면 아마 지금 나는 심각한 상황에 처해 있을 것입니다."

아무런 사고 없이 고든 무어는 학교에서도 우수하고, 성실하고, 정확한 학생임을 입증한다. 오랜 시간이 지난 후 고든 무어는 자기 자신이 공립 교육 제도의 우수한 사례임을 지적하며 캘리포니아 공립 교육 제도의 견고한 지지자가 된다.

고든 무어와 같은 세대 아이들이 모두 그렇듯이 고든 무어도 조금씩 자라면서 작은 가게에서 일한다. 그가 유일하게 해고를 당한 곳은 새터데이 이브닝 포스트(Saturday Evening Post) 잡지를 집집마다 직접 돌며 구독 신청을 하는 일이었다. "나는 그 일을 잘하지 못했습니다. 집집마다 전화를 걸어 잡지를 구독하도록 유도하는 일은 내가 남들보다 잘할 수 있는 일이 아니었습니다." 수십억 달러 가치의 기업 회장이 되어서도 고든 무어는 고객 판매를 격려하는 일과 관련해서는 모두 회피했다. 이와 같은 일들은 대게 밥 노이스나 앤디 그루브의 몫이었다. 밥 노이스와 마찬가지로 고든 무어도 제2차 세계 대전 당시 군에 입대하기에는 몇 살이 어렸다. 레드우드 시의 고등학교를 졸업하자 전쟁이 끝났다. 젊은 과학도로서 명성과 우수한 성적은 밥 노이스와 마찬가지로 고든 무어를 미국에 어느 대학에서도 입학이 가능하게 했다. 그리고 그가 한 선택은 고든 무어의 성격이 어떠했는지 보여주는 사례가 된다.

현재도 수백 킬로미터 떨어진 지역 고등학교를 졸업한 학생들 중에도 일어나는 재미있는 현상이자 가장 적게 언급되는 현상이, 졸업한 학생들이 주로 캘리포니아의 대학을 선호한다는 점이다. 캘리포니아의 대학이나 교육기관의 등록금이 저렴한 점도 있지만 또 한 가지는 바로 문화였다. 캘리포니아 출신의 젊은 이들은 동부나 중부의 추운 겨울을 싫어했다. 그래서 전 세대도 그랬고, 다음 세대도 그렇듯이 고등학교 졸업장을 받자마자 캘리포니아에 머물기로 결정한다.

그렇다면 어느 학교에 진학할까? 주 정부가 운영하는 지역 대학과 4년제 고등학교 과정의 빠른 증가는 아직 몇 십 년 후의 일이었지만 1940년대라고 해도 여전히 많은 선택의 여지가 있었다. 그리고 어디를 선택하든 고든 무어는 입학할 만큼 성적이 우수했다. 더군다나 학교들 사이에서도 순위가 있었다. 북부 캘리포니아에서는 스탠포드 대학교와 칼텍이 가장 상위권에 위치했다. 반면 남부는 UCLA와 USC가 가장 상위권이었다. 그 아래에 몇몇 사립 학교들의 위치를 차지했으며, (고든 무어의 시대에는 산타클라라 대학교, USF, 세인트 메리 대학교 등이다) 그 아래에 몇몇의 주립 대학교가 있었다. 대부분의 학교가 교육대학으로 시작하여 종합대학으로 발전하였다.

고든 무어의 선택은 산호세 대학교였다. 아마도 모두를 놀라게 만드는 결정이었다. 산호세 대학교는 주립 대학 중에서도 중위권에 위치한 대학이었다. 산호세 도심에 위치했기 때문에, 마치 도시 학교(urban school)같이 보였고, 이 학교의 주 목표는 나날이 증가하는 베이 남부 지역의 은행이나 공장, 제조업에서 종사할 인력을 양성하는 것이었다. 학교 주변의 이웃한 사람들에게조차 이 학교는 몇 킬로미터 떨어진 산타클라라 대학보다 떨어지는 수준의 대학으로 여겨졌다.

고든 무어는 나중에 자서전이나 일대기와 같은 기록을 남기지 않았기 때문에 왜 그가 좋은 성적에도 그런 선택을 했는지 정확히 알 수는 없다. 그러나 한 가지 분명한 점은 틀림없이 돈 문제였다. 부보안관 자리의 아버지는 대학 학비를 마련할 만큼 충분한 급여를 받지 못했다. 1940년대조차도 지역 사립 대학교의 등록금은 중상류층 이상의 가정에서 온 학생들의 등록으로 유지되었다. 고든 무어는 나중에 다음과 같이 말한다. "나는 단순히 산호세 대학교가 집에서 가까웠고 통학이 가능했기에 그곳을 선택했습니다."

그러나 그는 그곳에서 그리 오래 머물지 않는다. 고든 무어는 산호세 대학에서 2년 동안 학업을 마치고, UC 버클리 대학으로 옮긴다. 성적이 우수해 캘리포니아 주로부터 충분한 재정 지원을 받았기 때문이었다. 그러나 산호세 대학에서 머문 기간이 짧다 하더라도, 이 시간은 고든 무어의 삶에 절대 잊을 수 없는 순간이 된다. 산호세 대학에서 부인 베티를 만났기 때문이었다. 베티는 진정한 산타클라라 출신이었다. 그녀는 라스 게토스(Las Gatos)에서 태어났고 그녀의 할아버지는 산호세 도심 부근 가장 큰 과수원을 마지막까지 소유했다. 고든 무어와 베티는 1950년 결혼한다.

이제 무어는 새 신부가 생겼지만 돈이 충분하지 않아 마음이 급한 청년이 되었다. 젊은 부부는 결혼한 학생들이 거주하는 칼텍의 기숙사에 생활하면서 고든 무어가 학교에서 학업을 진행하는 동안 베티가 일을 하며 두 사람의 생계를 유지한다. 1950년, 고든 무어는 화학 학위를 취득하고 우수한 성적으로 석사 과정을 밟기 시작한다. 이때 언제나 고든 무어가 자신의 힘으로 인생을 결정하도록 했던 고든 무어의 아버지가 처음으로 아들의 인생에 개입한다. 고든에게 의학 전공을 제안한 것이다. 그러나 고든 무어는 의사가 되겠다는 생각을 해본 적이 없었다. 그리고 고든 무어는 칼텍(California Institute of Technology)을 선택한다. 두 젊은 부부는 인생에서 가장 큰 이동을 한다. 언제나 정확했던 고든 무어는 "내 인생에 석사 과정을 마칠 때까지, 네바다(Nevada), 레노 지역(Reno)의 동부에 가본 적이 없었습니다. 그리고 페서디나(Pasadena)가 레노 지역의 동부에 위치했다는 사실을 알게 되었으며 캘리포니아 주에서 가장 멀리 가본 곳은 레노가 되었고 레노는 내 인생에서 가장 멀리 가본 곳이 되었습니다."

칼텍에서 고든 무어는 승승장구한다. 똑똑한 아이라고 오랫동안 알려졌던 바닷가 소년이 이제는 미국 서부에서 최고의 과학 분야 대학 안에서도 얼마나 똑똑한 사람인 지가 명백해진다. 페서디나에서 4년이 지나고, 고든 무어는 화학 박사 학위를 취득한다. 그리고 부전공으로 물리학에서도 학위를 취득한다. 이 학위는 새롭게 등장하는 반도체 산업에 완벽하게 부합되는 조건이었다.

아마도 아버지의 영향에 감사의 표시인지 몰라도 고든 무어는 'Ph. D' 대신 'Dr' 호칭을 이름 앞에 놓는다. 밥 노이스와 그루브를 포함하여 실리콘밸리의 대부분의 박사 출신들이 그 명예로운 호칭을 사용하지 않는 것을 선호함에도 그 호칭을 계속 사용한다.

칼텍의 생활을 이야기 할 때 무어는 항상 겸손함의 전형을 보였다. "나는 운이 좋았습니다. 나는 좋은 논문 주제를 선택하였고 교수님들은 학생들을 오랫동안 주변에 붙들어 놓지 않으셨죠." 한편 베티는 콘솔리데이트 엔지니어링 코퍼레이션(Consolidated Engineering Corp)이라는 회사에서 짧게 근무를 마치고 나서, 포드 재단(Ford Foundation)의 홍보 부서에서 만족스러운 직장 생활을 찾는다.

그러나 박사가 된 고든과 부인은 새로운 결정을 해야 할 시기를 맞는다. 고든 무어는 "캘리포니아에서 기술 관련 직업을 찾기가 쉽지 않다는 사실을 알았을 때 정말 믿기 어려웠습니다. 내가 공부한 내용에 걸맞는 직업을 찾으려고 동부로 가야만 했죠."라고 회상한다. 고든과 베티는 이를 악물고 존슨 홉킨스 대학(Johns Hopkins University)의 해군 비행 연구소의 일자리가 기다리는 메릴랜드(Maryland)로 향한다.

해군 비행 연구소에서 하는 일은 새로운 미사일 기술의 개발로 좋은 일자리였으며 도전 의식이 생기는 자리였다. 무엇보다도 고든 무어가 하는 대부분의 연구가 "내가 대학에서 공부하던 이론과 관련된 연구를 하도록 해주는" 전자를 원격으로 측정하는 시스템에 관한 것이었다.

그러나 2년이 지나고 고향으로 돌아갈 때가 온다. 평소의 그답게 자신을 낮추며 꼼꼼하게 이 일을 설명한다. "나는 그곳에서 우리가 공표하는 논문의 단어 당 비용을 계산하는 일을 하게 되었습니다. 그래서 납세자들이 보기에 단어 하나에 5 달러의 가치를 가지는지 살펴보는 거죠. 그리고 얼마나 많은 사람들이 논문을 읽을지도 확신하지 못했습니다. 그래서 무엇인가 보다 실용적인 일에 접근해야겠다고 생각했고, 솔직히 캘리포니아로 돌아오고 싶었습니다. 물론 몇 년 동안 동부에서 보낸 생활을 즐겼습니다. 그러나 캘리포니아의 삶이 언제나 더 낫다고 생각했습니다."

그러나 처음 캘리포니아에서의 구직 활동은 신통치 않았다. 남부 캘리포니아에 휴스 항공에서 구인을 했지만 고든 무어가 관심을 갖는 분야가 아니었다. 그리고 샌프란시스코 바닷가 지역(the Bay Area)에서 몇 개의 정유 회사가 연구소에서 일할 사람을 찾고 있었다. 그러나 이 모집도 "내게 관심을 끌지 못했습니다."라고 고든 무어는 말한다.

흥미를 끄는 곳은 제너럴 일렉트릭 컴퍼니(General Electric Company)였다.

당시로서는 이곳 연구소가 고체 물리학과 관련된 연구에서는 유일하게 벨 연구소와 경쟁 상대였던 곳이다. 그러나 GE는 고든 무어가 원하는 연구 목적으로 고용에는 관심이 없었다. 이보다는 고든 무어가 핵을 연구하기를 원했다. "나는 핵에 특별히 관심이 없었습니다."라고 고든 무어는 당시를 회상한다. 서서히 희망이 사라져갈 무렵, 고든 무어는 로렌스 리버모어 연구소(Lawrence Livermore Laboratory)에 지원한다. 이 연구소는 모교인 칼텍과 긴밀한 관계였다. 그리고 이 선택은 고든 무어가 캘리포니아로 돌아가고 싶어 하는 절박한 의지였다. GE에서 핵 관련 직장을 거절한 고든 무어가 이제는 핵무기를 만드는 곳에 지원을 한 것이다. 로렌스 리버모어 연구소는 고든에게 일자리를 제공하지만 끝내 고든 무어는 고사하고 만다. 고든 무어가 캘리포니아로 돌아갈 여지는 무척 좁아 보였다.

그러나 고든 무어와 베티에게는 다행히도 당시 또 다른 캘리포니아 향수병에 걸린 한 사람이 있었다. 더군다나 그 사람은 일자리를 찾을 필요가 없는 사람이었다. 그 사람은 자신의 회사를 차릴 계획이 있고, 지구에서 가장 뛰어난 응용 과학자 중 한 명이었던 윌리엄 쇼클리였기 때문이었다. 윌리엄 쇼클리는 GE가 지원자들의 서류를 보게 해줄 것이라 확신했으며, 그중에 회사의 제의를 거절한 사람을 찾을 것이라 생각했다.

그중 눈에 띈 사람이 바로 젊은 과학자로 최근의 로켓 연구에 가려져 있던 고든 무어였다. 윌리엄 쇼클리가 고든 무어를 알았는지는 확실하지 않다. 그러나 고든 무어의 모든 구직 실패에도 쇼클리는 고든 무어의 이력서를 검토하고 그가 뛰어난 재능이 있다고 확신한다. 그리고 무엇보다도 행운은 쇼클리가 벨 연구소에서 근무하는 동안 필요한 직원으로 인식하던 화학 전공자를 찾았던 것이다.

"그래서 쇼클리가 어느 날 저녁 전화를 내게 걸어왔습니다. 그렇게 쇼클리와 실리콘과의 만남이 처음으로 시작된 것이죠."

고든과 베티는 짐을 싸서 마침내 서부로 향한다. 그들은 월요일에 도착했고 쇼클리 트랜지스터 연구소에 18번째 정식 사원이 된다. 고든 무어는 앞서 금요일 이 곳에 도착해 고용된 사람을 알게 된다. 그 사람은 밥 노이스였으며, 17번째 사원이었다. "나는 언제나 내가 운전을 좀 더 빨리해서 밥 노이스 보다 그곳에 빨리 목요일에 도착했으면 어떤 일이 벌어졌을지 궁금합니다."

고든 무어가 기억하 듯이 밥 노이스는 나머지 고용된 직원들 보다 눈에 띄는 사람이었다. 단지 지성과 똑똑함 때문이 아니었다. 연구소에 입사한 모든 사람들은 똑똑함만으로 다른 사람들을 압도하는 사람들이었다. 바로 밥 노이스의 경험 때문이었다. "밥 노이스는 쇼클리를 제외하고 유일하게 반도체 사업에 확실한 경험이 있는 사람이었습니다. 당시 나는 반도체가 무엇인지조차도 몰랐습니다. 밥 노이스는 나머지 직원들보다 확실히 반도체에 자세하고 상세한 지식이 있었습니다.

저명한 과학자이자 새로운 상사인 쇼클리에게 좋은 인상을 심어주고 싶던 직원들의 바람은 쇼클리가 반도체를 전혀 모른다고 직원들을 질책하자 이내 사라지고 만다. 이 주제와 관련해서 고든 무어가 타인을 평가할 때 보여주는 점잖은 태도가 사라진다. "나는 쇼클리가 폭군이라고 생각하지 않습니다. 쇼클리는 복잡한 성격의 소유자였죠. 경쟁심이 강한 사람으로 자신이 고용한 사람들과도 경쟁심을 가지는 사람이었습니다. 비전문가로서 평가하자면 편집증 증세를 보이는 면이 있었고, 주변에 일어나는 모든 일들이 특히 자신을 망치려는 방향으로 일어난다고 믿는 듯이 보였습니다. 이 두 가지의 조합은 최악이었죠."

8인의 배신자 모두에게 전환점이 되었듯이 고든 무어에게 전환점은 바로 쇼클리의 결정이었다. 연구소에서 몇 가지 사소한 사고가 일어나고 쇼클리는 직원들에게 거짓말 탐지기를 사용한다. 지금 시대의 독자들이 이 이야기를 듣는다면 충격을 받고 바로 쇼클리를 혐오하게 될 것이다. 사실 거짓말 탐지기는 범죄 수사에 반드시 필요한 도구지만 당시만 해도 미국 사회에서조차 익숙하지 않은 문화였다. 쇼클리 트랜지스터에 입사한 젊고 똑똑한 과학자들에게 가장 충격적이었던 일은 이 장치가 독단적이고, 처벌의 성격이 강했으며, 한심하고, 무엇보다도 연구소 안에서 영구적으로 사용될 것이라는 점이었다. "당시 케인호의 반란(The Cane Mutiny)이라는 영화가 성황 중이었고, 이 영화에서 편집중 증세를 보이는 배의 선장 퀵(Queeg)과 쇼클리의 유사점을 우리는 발견했죠."라고 무어는 말한다.

고든 무어가 8인의 배신자 중의 한 명으로 쇼클리 트랜지스터를 떠났지만 리더는 아니었다. 고든 무어를 자신의 뜻대로 내버려 두었다면 아마 다른 캘리포니아에서 일자리를 찾을 때까지 쇼클리 트랜지스터에서 몇 년 동안 더 일했을지도 모른다(대신 그가 나머지 7인과 함께하지 않고, 쇼클리 트랜지스터에 남았다가 IBM이나 휴렛패커드로 옮겼다면 실리콘밸리의 역사가 어떻게 바뀌었을지 상상해 보면 흥미롭다. 그러나 8인은 모두 함께 행동하기로 굳게 뭉쳤으며, 그들의 능력을 그렇게 그 속에 무사히 보존하며, 그 혼돈 속에서 탈출구를 찾을 때 함께 움직였다).

불행하게도, 이들이 나중에 세우는 전설 같은 기업과는 달리 당시 8인 중 누구도 사내 정치를 할 만큼 특별한 지위에 있지 못했다. 그리고 그들의 처음 전략은 시작부터 실패할 운명에 처했다. 고든 무어는 "우리는 실제 쇼클리의 눈에 띄지 않게 연구소의 운영 재정을 지원하던 배크만 인스트루먼트(Beckman Instrument)사의 아놀드 배크만(Arnold Beckman)을 찾아가 쇼클리를 일종의 컨설턴트의 지위를 유지하는 운영 관리자로 발령하기를 권유하기도 합니다."라고 회상한다.

그러나 그들은 순진했고 어리석었다. "우리는 그 당시 우리 자신을 너무 과대평가했죠. 우리가 하려던 일은 회사를 설립하고 노벨상을 받은 설립자를 그 자리에서 끌어내리려고 하는 일이었습니다. 배크만은 그렇게 한다면 쇼클리의 경력을 완전히 파괴할 뿐이라며 이렇게 말합니다. '이 보세요, 쇼클리는 당신들의 상사이고 쇼클리가 하자고 하면 하는 겁니다.' 우리는 그 당시 배수진을 쳤음을 느끼기 시작했습니다."

이제 배수진을 친 이상 돌이킬 수 없었다. 그 어떤 상사도 이러한 배신에 분노를 느낄 것이 분명했다. 그러나 특히 쇼클리라면 더 끔찍한 보복을 할 것이 분명했다. 고든 무어가 나머지 7인과 함께 배크만에게 다가갔던 사실에 쇼클리가 의심을 가진다면 그들은 회사 밖으로 쫓겨나는 현실과 함께 증발되어 버렸을지도 모르는 일이었다.

오랜 시간이 지나고, 8인의 배신자 일화와 페어차일드를 그만두고 인텔을 설립하는 일화가 나올 때마다 고든 무어는 크게 웃으며, 실리콘밸리의 그 위대한 역사를 별로 좋아하지 않는다고 말한다. 밥 노이스를 포함한 이 사람들은 그럴 수밖에 없는 상황에 몰렸으므로 직접 회사를 차렸다. 그리고 그들이 세운 회사는 자신들의 창조물을 그릴 캔버스가 되어준다. 고든 무어는 자신을 '나쁜 면을 먼저 보는 관점의 기업가'라고 묘사한다. 자신이 현재 불행한 회사를 그만두고 새로운 스타트업 기업에 합류하였기 때문에 "나는 좋은 면을 먼저 보는 관점의 기업가는 아닙니다."라고 말한다.

아마도 이러한 차이가 위대한 두 사람을 함께 묶어 주었는지도 모른다. 밥 노이스는 두려움이 없고, 똑똑하며, 카리스마를 가지던 고든 무어의 아버지 성격과 매우 닮았고, 무어는 생각이 깊고, 사려 깊으며, 언제나 지적으로는 맹렬하던 밥 노이스의 아버지와 매우 닮았던 것이다. 거의 두 사람이 처음 만난 순간부터 상대방을 깊이 신뢰하는 듯했다. 서로가 상대방이 절대 배신하지 않을 것을 알았고 서로를 존경했다. 그리고 두 사람이 성공하려면 각자의 성격에 보완을 해주는 서로가 필요하다는 사실을 직감적으로 알았다. 무어의 정확함은 항상 밥 노이스를 지적으로 정확하게 유지하도록 해주었으며, 그가 자기 자신을 믿고 너무 과감한 도전을 하지 않도록 도와주었다. 밥 노이스는 반면에 무모하리만치 과감한 도전 정신으로 무어와 함께 기업 역사상 가장 성공한 기업 중의 하나를 함께 만들어 낸다. 그리고 이러한 성과는 두 사람 모두 혼자서는 결코 이루지 못했을 성공이었다.

이제 페어차일드의 편안하고 안전한 연구소에서 회사의 운영은 천재 같은 기업가들인 밥 노이스, 스포크, 베이에게 맡기고 고든 무어는 자유롭게 자신이 가장 잘하는 중요한 경향을 찾거나 방식을 찾는 일에 몰두한다. 이런 연구는 그가 본능에 따라 집중하는 일이었다. 특히 집적회로 이론을 만들어 가는 중이었다. 그리고 집적회로는 고든 무어가 마감을 앞두고 서명을 포함한 전자 산업 관련 잡지에 투고 기사에서 철저하게 토론하고 싶어 하는 주제였다. 기사의 제목은 조금 특이했다. "집적회로에 더 많은 부품을 구겨 넣기"라는 제목으로 1965년 4월 19일 판 '일렉트로닉스 매거진(Electronics Magazine)'에 쓰여진 기사에서 4 시작되는 단락은 첨단 기술 분야 역사상 가장 위대한 예측 중에 하나가 된다.

"집적 전자 회로의 미래는 전자 산업의 미래 그 자체이다. 집적도의 향상은 전자 제품의 번영을 끌어다 줄 것이며, 이 과학의 성과를 새롭고 더 많은 분야에 적용하게 될 것이다. 집적회로는 가정용 컴퓨터와 같은 놀라움이나 적어도 중앙 컴퓨터와 연결된 터미널을 가정에서 사용하는 일, 자동 운전 시스템 그리고 개인 휴대용 통신 장비 등을 가능하게 해줄 것이다. 전자 손목시계는 실현 가능한 디스플레이가 필요할 뿐이다.

그러나 가장 큰 잠재력은 거대한 시스템을 구축한다는 점에 있다. 전화 통신의 디지털 필터에서 집적회로는 다중 송신 장비의 채널을 분리시킬 것이다. 집적회로는 또한 전화기의 회로와 정보를 처리하는 능력 또한 모두 바꾸게 될 것이다.

컴퓨터는 성능이 더욱 강화되고 전혀 다른 방식으로 제작될 것이다. 예를 들어 집적 전자 회로로 만든 메모리는 중앙 집중화된 기기 대신에 아마도 각각의 기기를 통해 분배될 것이다. 추가적으로 개선된 안정성은 집적회로가 더 큰 프로세스 단위 제조를 가능하게 해 줄 것이다. 현존하는 전자 제품들을 보다 낮은 가격으로 제조 할 것이며 그 수명 주기가 점점 더 빨라질 것이다."5

고든 무어가 지적하는 점은 잡지 형식의 만화 '매드(Mad)'에서 잘 강조했다. 백화점에 물건을 사러 온 사람이 잡화 코너나 화장품 코너는 무시하고 세 번째 코너에서 가정용 컴퓨터를 소리치며 파는 판매원 앞에 몰린 풍자였다. 그러나 놀랍도록 정확한 고든 무어의 예측은 일단 독자들이 세 번째 페이지 왼쪽 하단에 실려있던 작은 도표를 그저 무심히 보고 지나치자 바로 잊혀진다. 이 도표에는 아무런 표시나 자막 설명이 달려있지 않았고 단순히 격자 도표만이 있었다. 가로축에는 1959년부터 1975년까지 연도가 적혀 있고, 세로축에는 '하나의 집적회로에 들어가는 부품 수의 로그2'라고 적혀 있었다. 이 잡지를 읽는 모든 독자가 미래의 세상을 본다는 사실을 알 필요는 없었다. 고든조차 아직 몰랐다. 그러나 그들이 도표의 라인을 공부하고 그 라인이 뜻하는 바를 알아챌 만큼 눈치가 빨랐다면 이 도표는 그들의 머리를 쭈뼛 서게 만들고 아마 그들을 억만장자로 만들어 주었을 것이다.

1965년에는 도표 상에 네 개의 점만이 45도 각도로 직선을 이루었지만 도표의 추세는 분명히 당시만 해도 단순한 메모리칩이었던 집적회로가 그 전의 제조업에서는 볼 수 없었던 새로운 특징을 드러내는 것이 분명했다. 그 특징은 바로 집적회로의 성능이 18개월마다 두 배로 뛴다는 사실이었다. 고든 무어는 분명하지는 않지만 직관에 따라 무언가 일정한 변화가 일어나는 것을 감지했고, 이 기사를 쓰려고 준비를 하면서 눈앞에서 몇 년 동안 진행되던 놀라운 사실을 발견했음을 알게 된다.

그가 그날을 다시 기억하자면 당시 도표 작성 용지를 꺼내 페어차일드에서 생산한 지난 3세대 집적회로의 가격 대비 성능비를 구상했다. 그리고 자신이 이미 이 집적회로의 특징을 알았음에도 무어는 각 세대가 바뀔 때마다 집적회로의 성능이 대폭 향상된다는 사실을 발견하고 놀란다. 특히 3세대에서 4세대로 넘어가기 시작하면서 그 특징은 더욱 명확해지고, 페어차일드에서 개발 속도는 이제 놀라울 정도로 빨라서, 그 도표 곡선이 그리는 쌍곡선은 거의 수직에 가까울 정도로 도표 작성 용지를 뚫고 상승할 기세였다. 그래서 고든 무어는 도표 작성 용지를 로그 도표 용지로 바꾸고 다시 내용을 작성하자 도표 상의 정보를 가리키는 점들은 부드럽게 한 직선을 이루게 된다. 그가 이에 다음과 같이 글을 남긴다.

"부품 비용을 최소화하는 집적도는 대략 2년 단위의 주기로 계속 증가해 왔습니다. 분명히 이 주기는 단기 관점에서 보았을 때 계속될 것으로 보입니다.

장기 관점에서 보았을 때 증가의 비율은 조금 불분명합니다. 그러나 이 증가세가 10년 동안 지속된다는 믿음을 가지지 않을 이유가 없습니다. 이 말은 1975년까지 최소한의 비용으로 한 집적회로에 넣는 부품의 수가 65,000개라는 뜻입니다."

"나는 위와 같은 고집적도의 회로를 하나의 웨이퍼(Wafer)에서 생산할 것이라 믿습니다."[6] 고든 무어가 이 예측을 1965년에 했고 누군가 가령 인당 소득, 기대 수명, 지정학 요소 등 기존의 전통 예측 방법으로 고든 무어가 했던 예측을 하려 한다면 그 누구도 고든과 같이 예측하지 못했을 것이고, 아무도 무어의 법칙보다 정확하게 미래를 바라보지 못했을 것이다. 고든 무어가 확인한 이 추세는 그리고 그로부터 약 이십 년 동안, 반도체 산업 협회의 일련의 정기 논의에서 논의되고 개정된 이 추세는, 군용 컴퓨터에서 일반 소비자가 사용하는 컴퓨터까지 모든 전자 제품이 점점 더 디지털 제품으로 바뀔 것이라는 뜻이었다. 그리고 반도체를 제조하는 평판형 공정 덕분에 전자 제품의 심장이 되는 집적회로를 기하급수 속도로 더 작게, 더 저렴하게 그리고 더 높은 집적도로 생산하게 된다.

인간이 발명한 물건 중 이와 같은 속도로 개선된 발명품은 없었다. 오랜 시간이 지나고 작가들이 이와 유사한 사례를 찾아보았다. 한 가지 인기 있던 사례는 바로 자동차 산업이었다. 디트로이트가 무어의 법칙대로 자동차의 성능을 향상시킨다면 자동차는 약 4리터로 320킬로미터를 달리고 한 시간에 약 800킬로미터의 속도를 낸다. 그리고 여기에 소요되는 비용은 약 1.5달러가 될 것이다. 그러나 무어의 법칙이 계속 적용되어 1975년도에 무어가 예측한 65,000개의 트랜지스터 집적회로가 가능해지면서 이 증가에 비교할 만한 유사한 사례는 전혀 찾아볼 수 없었다. 이제 작가들은 중국의 황제에게 봉사한 유명한 수학자 이야기를 떠올린다. 황제가 그 보수를 수학자에게 물어보자 수학자는 "나는 바둑판의 격자로 만들어진 처음 사각형 안에 하나의 쌀알을, 두 번째는 두 개의 쌀알을, 세 번째는 네 개의 쌀알을 넣어서 바둑판을 가득 채워 주시길 바랄 뿐입니다."라고 말했다고 한다. 황제는 기쁜 마음으로 동의하였지만 바둑판의 절반이 채워지기도 전에 수학자는 중국에 있는 모든 쌀을 가지게 되고, 곧 전 세계의 쌀을 소유하였다는 이야기다.

1971년, 고든 무어가 인텔의 CEO가 되고 새로운 마이크로프로세서의 혁명을 이끌 때 SIA 연설에서 무어의 법칙에 관련하여(이미 그의 이름을 본떠 유명해진) 20년 후가 되는 1991년에 DRAM 메모리의 속도는 1천 비트(이제는 과거의 유물이 된 속도로)에서 1백만 비트가 될 것이라고 예측한다. 그리고 1991년이 되었을 때 다시 한번 자신이 옳았음을 증명한다.

그로부터 무어의 법칙은 전자 산업계를 지배하는 규칙이 된다. 컴퓨터에서 다른 기타 전자 기기, 소프트웨어까지 무어의 법칙에 맞추어 기하급수 속도의 성능 향상을 보여준다. 무어의 법칙은 단순히 빠른 성장과 빠른 혁신을 보여주었을뿐만 아니라 무엇보다도 예측 가능한 미래를 보여주었다. 이제 제조업체들은 다음 세대의 칩과 프로세서를 이용하여 제품을 만들어 낸다. 그리고 제조업체가 그런 차세대 칩과 마이크로프로세서를 이용할 수 있는 시기를 적절하게 예상하고 그에 맞추어 제품을 만든다면 경쟁자들보다 앞서며 행진할 것이다. 그러나 대신에 그 성능에 맞는 비싼 가격을 또한 지불해야 할 것이다.

이 증가의 추세가 무어의 법칙이 기술 혁명을 차례로 이끌어온 디지털 시대에 전자 제품, 소형컴퓨터, 개인용 컴퓨터, 내장형 시스템, 서버, 인터넷, 무선 통신, 개인 건강 그리고 원격 진료, 통계(big data) 그리고 더 많은 분야에서 이루어져 온 일이다. 개인 원자력 헬리콥터에서 화성 식민지까지 대부분의 미래 예측이 1960년대에 이루어졌지만 이 예측을 이루려면 현실 속에서 누적되어야 하는 단계가 너무 컸다. 그 대신에 그 꿈들을 다른 방법으로 이루어냈다. 바로 고든 무어의 법칙에 따라 이루어진 놀라운 속도의 작고 완전한 상업 전자 제품 혁명이 가능해진 것이다.

요즘 시대에는 학교에서 학생들에게 무어의 법칙을 가르친다. 그리고 우리는 급격하고 끊임없는 변화에 물든 삶 속에서 무어의 법칙의 속도에 완전히 동화

되어 살아간다. 현대 사회는 이제 무어의 법칙에 의존하며 무어의 법칙은 우리 삶의 메트로놈이다. 그리고 어느 날 무어의 법칙이 갑자기 끝나게 되면 이 사건은 수많은 세대를 거듭한 인류에게 위기와 같을 것이고, 완전히 새로운 질서의 세계로 우리를 이끌게 될 것이다.

1970년대 말을 기점으로 집적도의 증가세가 상대적으로 느려질 가능성이 있다고 고든 무어가 예측했음에도 여전히 무어의 법칙은 1조 바이트(bytes)이상의 정보를 저장하는 메모리칩으로 여전히 우리 시대에 영향력을 미친다. 더욱 놀랍고 여전히 사람들이 생각하지 못하는 부분은 고든 무어가 그린 45도 각도의 직선은 그가 처음에 그리려 했던 쌍곡선 도표가 아닌 로그 함수 도표에 그려진 추세라는 점이다. 그리고 지금 현재 일어나는 모든 일들, 전자계산기로부터, 인터넷, 스마트폰, 태블릿 등이 이제 겨우 무어의 법칙 곡선의 초입이라는 사실이다. 진짜 곡선은 2005년도를 기점으로 거의 직선 형태로 뻗어나가기 시작했다. 이는 지난 50여 년 동안 무어의 법칙에 따라 만들어진 거대하고 급격한 변화가 겨우 시작이라는 뜻이다. 아마도 과학자인 레이 커츠웨일(Ray Kurzwail)이 말한 인간과 컴퓨터가 하나로 통합되는 '특이점'이라 불리는 단계의 시작일지도 모른다. 그러나 그런 일이 이루어지지 않는다고 해도, 전자 산업계는 무어의 법칙이 적어도 21세기 중반 까지는 이어질 것이라고 전한다. 그리고 이 맘때가 되면 단 한 개의 칩이(그때까지 이런 형태를 취한다면) 지금 현존하는 모든 메모리와 프로세서를 합친 것보다 더 크고 빠른 능력을 발휘하게 될 것이다. 이와 같은 시나리오는 지금은 상상하기 어려운 일일지도 모른다. 그러나 오늘날우리 아이들이 가지고 노는 장난감에 내장된 메모리칩은 고든 무어가 법칙을 발견할 때의 메모리칩에 비하면 상상하지 못할 만큼 성능이 강력하다.

역사는 이 기적을 기록하게 될 것이다. 무어의 법칙은 예측된 인류 역사에 가장 뛰어난 업적 중에 하나이며, 인류의 삶을 농업혁명이나 산업혁명과는 전혀 다른 양상으로 이끈 그리고 가장 심오하고 큰 충격을 준 예측으로 기억할 것이다. 이 변화가 왜 그렇게 거대했고, 또 계속 이어지는 이유 중 하나로 고든 무어는 사람들에게 자신의 예측을 '법칙'이라고 말한 적이 없다. 이 예측은 일종의 반도체 산업 분야와 사회에 이 증가 속도가 가능한 한 계속해서 변화를 이끌겠다는 작은 약속이었다. 그리고 후에 이러한 노력의 과실을 보상으로 받게 될 것이라는 약속이었다. 무어의 법칙은 반도체 기술에 내재된 본질이 가지는 성격이기에 가능한 것이 아니었다. 반대로 세계에서 가장 큰 반도체 회사가 더 이상 진보된 메모리칩을 생산하지 않기로 결정하면 무어의 법칙은 더 이상 진보를 보이지 않을 것이며, 앞으로 수십 년 동안 제자리에 머무를 것이다.

그 대신 무어의 법칙은 계속 이어져 왔다. 전 세계에서 수많은 사람들, 과학자, 디자이너, 마스크 제작자, 공정 제작자, 프로그래머, 혹은 최소한 인텔의 직원들만이라도 그들의 상상력을 발휘해 혼신을 다하고 무어의 법칙을 단지 미래의 방향으로 몇 센티미터라도 진보하려고 애써 왔기 때문이다.

무엇이 오늘날의 인텔을 가능하게 했고, 무엇이 세상에서 가장 중요한(때로는 가장 가치 있는) 회사를 만들었는지 쉽게 상상이 되지 않을 것이다. 인텔은 단순히 무어의 법칙을 발견한 회사가 아니라 언젠가 무어의 법칙이 멈추게 될지라도 무어의 법칙이 유지되도록 회사가 좋을 때나 나쁠 때나 혼신의 힘을 다한 기업인 것이다.

고든 무어가 한 잡지의 기사를 준비하면서 작성했던 도표에 이제 모든 세상이 사로잡혔다. 그러나 인텔과 인텔의 최고 경영자들보다 더 이 법칙에 사로잡힌 곳은 없다. 무어의 법칙을 유지하려고 끝이 없고 도저히 상상하지 못할 노력을 그들은 해온 것이다.

무어의 법칙에 모순 같은 점 중에 하나는, 이 발견을 말 그대로 '법칙'이라고 정했던 것도 아니고, 무어가 단독으로 이 법칙을 발견하지 않았다는 사실이다. 그 안에는 어느 정도의 정의가 이미 놓여졌다. 페어차일드 반도체 내부에서는 오랫동안 밥 노이스와 텍사스 인스트루먼츠의 잭 킬비가 집적회로의 발명에 모든 명성을 차지했다는 불만이 있었다. 확실히 밥 노이스가 최초의 집적회로 설계를 한 것은 사실이다. 그러나 사실 밥 노이스의 설계를 실현하려면 거의 동등한, 밥 노이스의 설계보다 대단하지는 않더라도 또 다른 혁신이 필요했고, 그 혁신이 바로 진 호에르니(Jean Hoerni)의 평판형 공정(Planar Process)이었다. 진 호에르니는 언제나 이 혁명 같은 발명에 자신이 기여한 바를 역사가 기억하지 못한다고 투덜거렸다. 그러나 여기에는 다른 사람들의 노력도 역시 포함된다. 바로 8인의 배신자로 불리던 사람들로 집적회로를 만들려고 다른 부서에서 고든 무어 못지않은 헌신을 한 사람들이다. 그러나 고든 무어는 논쟁을 일으키지 않았고 이런 태도가 그를 더 훌륭하게 해주었다.

이제 고든 무어는 밥 노이스, 킬비, 호에르니가 했던 발명보다 더 오래갈 놀라운 발견을 한다. 이 발견은 집적회로 그 자체보다 더 뜻이 있었다. 바로 자신의 이름이 이 발견에 들어간 것이다. 그런데 고든 무어가 이 법칙을 생각해 낼 때와 비슷한 시기에 맞은편 사무실에서 밥 노이스가 모든 페어차일드 반도체의 트랜지스터 가격을 대폭으로 낮추어 판매하겠다는(고든 무어의 법칙을 처음 적용한 셈인) 발표를 한 일이 우연은 아닐 것이다. 무엇보다도 반도체 산업계의 가격 정책에 영향을 주게 될 무어의 법칙이 아직 제시되지 않았던 때에 그 법칙에 맞아떨어지는 계산을 밥 노이스가 했다는 사실을 제외한다면 당시의 트랜지스터 가격을 앞으로 다가올 몇 년 후의 가격으로 낮추겠다던 밥 노이스의 결정은 어떻게 설명한단 말인가? 밥 노이스의 가격 결정은 무어의 법칙과 거의 동시에 이루어졌거나 무어의 법칙의 발표보다 앞섰다. 그럼에도 무어의 법칙의 모든 공로는 고든 무어의 차지였다. 그리고 수많은 이야기들이 밥 노이스와 경영 파트너였던 고든 무어가 이 공로를 공유할 것을 논의한 적이 단 한 번도 없었다고 말해준다. 고든 무어는 법칙을 발견했기 때문이 아니라 이를 구체화했기 때문에 그 공로를 가지게 된 것이다.

고든 무어가 은퇴하는 시기가 다가오던 때를 기억하면서, 고든 무어는 오랜 동료인 밥 노이스를 이렇게 말한다. "밥 노이스는 정말 대단한 사람이었습니다. 정말 믿을 수 없을 정도로 똑똑했고, 생각이 폭이 넓었으며, 타고난 수장이었습니다. 관리자가 아닌 수장이었죠. 직원들에게 무엇이 옳은 것이고, 또 그렇게 해야 한다고 제안한다면 직원들은 그 제안을 채택하고 또 그 제안에 따라 행동할 만큼 충분히 현명하다는 원칙하에 밥 노이스는 회사를 운영했습니다. 당신이 무엇을 따를 때 걱정을 할 필요가 없었죠. 밥 노이스는 만나는 사람 모두가 한 번에 반하는 정말 보기 드문 사람이었습니다. 그리고 아시다시피 나는 그와 함께 일을 해왔습니다. 내가 밥 노이스를 약간 칭찬했는지도 모르겠네요. 내가 관리자로서 그보다 아주 조금 더 체계적이었을지도 모릅니다. 물론 큰 차이는 아닐지도 모르지만 말입니다."7

고든 무어는 마지막 언급을 농담으로 간주하곤 했다. 그러나 사실 '정밀 박사(Dr. Precision)'라 불리던 고든 무어는 오랜 동료였던 밥 노이스보다 훨씬 더 정확하고 정밀했다. 그러나 고든 무어와 밥 노이스는 서로를 높게 평가하고 늘 칭찬했다. 그리고 페어차일드와 인텔이 바로 그 칭찬의 증거다. 언론과의 접촉에서 밥 노이스가 과학자로서보다 기업가로 비춰질 때에도, 밥 노이스가 남긴 기술의 빈 공간을 채운 사람이 고든 무어였다. 과학과 기술 분야의 최고의 인물로 인정받으면서, 고든 무어는 결국 반도체 산업의 사실상 최고의 인물로 자리 잡았고, 또한 무어의 법칙과 함께 전자 산업 전체에서도 최고의 인물로 인정받았다.

두 사람은 각자가 따로 완벽한 성공을 이룰 수는 없었을 지도 모른다. 두 사람이 함께 함으로써 놀라운 조직을 구성하였고, 미국 역사상 가장 창조적인 기업을 두 번이나 세웠다. 그러나 두 사람 모두 어떤 면에서 기업가다운 성공을 이루기에는 부족함이 있었다.(이에 후회는 없지만) 두 사람 모두 자신들이 세운 기업과 함께 사라지지 않았지만 두 사람 모두 역시 경쟁자가 나타났을 때 가혹하게 경쟁자를 눌러버리려는 본능을 가지지 못했다. 무엇보다도 두 사람 모두 충돌이 발생했을 때 직접 얼굴을 맞대는 상황을 편안하게 생각하지 않았고, 기업의 장기 생존을 위해 잔인한 고용 해고를 실행할 만큼 계산적이지 못했다.

페어차일드에서 두 사람은 그러한 기업가다운 행동을 할 2인자 찰리 스포크를 찾았다. 그리고 찰리 스포크가 이직했을 때 그러한 성향으로 불과 몇 동네 밖의 거리에 위치한 내셔널 반도체를 강인한 회사로 만들었다. 이제 인텔에서 두 사람은 강인하고 간결한 성격의 앤디 그루브를 찾아낸다. 앤디 그루브가 공공연히 인정하듯이 두 사람은 사적으로도 인텔에 앤디 그루브가 없었다면 인텔은 혁신 제품으로 명성을 날리는 중견급 회사로 오래가는 일이 가능했겠지만 그리 큰 기업은 되지 못하고 아무도 모르는 사이 사라진 그저 그런 회사가 되었을 것이라고 말한다. 거인이 끌고 가지 않는 단호하지 못한 인텔이었다면 무어의 법칙에만 집착하여 보다 영리한 넷 세미(Nat Semi), AMD, 보다 혁신성이 뛰어난 모토롤라 그리고 보다 강력한 텍사스 인스트루먼츠와 같은 경쟁사 때문에 망하고 말았을 것이다. 앤디 그루브와 함께 인텔은 모든 경쟁자를 물리친다. 그리고 그 곳에 역시 고든 무어가 앤디 그루브의 불같은 성격을 가라앉히고 모난 성격을 다듬어 주지 않았다면 인텔 스스로도 망하고 말았을 것이다. 고든 무어의 이 놀라운 동반자 의식과 적응은 그 시대에 가장 컸던 두 거인의 성격을 다루면서 밥 노이스의 기초가 되어 주었고, 앤디 그루브의 의식이 되어 주었다. 무엇보다도 놀라운 사실은 앞서 말한 두 역할을 모두 수행하면서도, 자기 자신에게 진실하고, 또 부와 명성도 쌓았다는 점이다.

11장
전무후무한 스타트업

페어차일드에서 대량으로 인력이 빠져나가던 대탈출과 놀라운 인텔 설립 그리고 한편으로 세계 최초의 상용 마이크로프로세서인 인텔의 4004 모델의 출시라는 그림자에 묻혀 오직 한 번의 큰 사건을 제외하고(돌이켜보면 이 한 번의 사건이 대변혁이었다), 인텔의 초기 5년 동안은 알려진 것이 그다지 없다. 인텔의 공식 제품 계획도 1971년이 될 때까지 시작되지 않는다. 이 시기에 인텔은 이미 몇 개의 특허 제품을 시장에 소개했음에도 말이다.

그러나 이 시기는 나름의 중요성을 포함한다. 이 시기에 인텔은 기업으로서 조직을 정비하고, 기업의 존속 기반이 되는 기술의 숙련도를 완성해 나갔고 나머지 반도체 산업계가 쫓아오기 전에 새로운 제품을 시장에 선보이기 시작한다. 그리고 우연히 그러나 다음 세대로 이어지는 중요한 인텔만의 문화를 만들어 나간다.

새로 설립하는 스타트업 기업의 경우 역사를 만들고 이를 유지하는데 어려움을 겪는 경우가 많다. 그리고 이런 사실은 좋은 일이다. 새로 설립한 어떤 회사일지라도 자신들의 이야기를 정리하고 목록을 만들 만큼 여유가 있는 회사는 최선을 다하지 않았다는 증명이기 때문이다. 정말 성공하는 회사라면 나중에 미래 역사가의 손에 기록을 남길 뿐이다. 그리고 미래 역사가들은 회사가 가장 성공할 때의 기록 속에 파묻혀, 몇 남지 않은 회사 초기의 자료를 검토해야 하는 상황에 놓인다. 초창기 직원들의 기억조차도 공로를 부풀리거나 과장하려는 인간 본능에 따라 시간이 지나면 서서히 잊혀지고 나중의 일들 역시 왜곡되는 경우가 많다. 초창기 회사는 크게 성장한 후와 다르게 행동하는 경우가 많고, 거대 기업이 되고 나서 과거의 자랑스럽지 못한 행보를 당황스러워 하는 경우가 많다. 그들은 과거를 돌아볼 때 성공하려고 일직선으로 달려온 듯이 보이기를 원하고, 시시했던 다툼이나, 의문이 생기는 거래, 초심자가 저지르는 불완전한 결정 같은 것들이 드러나지 않기를 바란다.

인텔 박물관에는 현재 전시된 기준으로 볼 때 전체 전시 공간의 약 2%를 차지하는 부분에 인텔의 초기 5년 동안의 유산이 있다.[1] 이 공간마저도 1970년대 마운틴 뷰 지역에 있었던 인텔의 본사 건물을 뒤로 하고 당신의 모든 직원들이 찍은 확대된 사진이 뒤에서 비춰지는 조명을 받으며 대부분의 공간을 차지한다. 이 사진의 호소력은 이 사람들이 사진을 찍은 시점으로부터 어떤 일들을 성취해 나갈지와 대조된다. 이 사진은 현재 인텔에서 근무하는 직원들보다도 박물관을 찾는 사람들에게 훨씬 인기가 많다.

이 사진은 그 시절로부터 약 8년이 지나서 마이크로소프트를 설립하는 초창기 11명의 공부벌레 같은 직원들의 사진처럼 절대 수줍어하는 사진이 아니었다. 오히려 이 사진은 나사의 통제실 사진 같은 시대의 것이었고, 60년대 기술자 사진의 전형이었다. 하얀 와이셔츠, 얇은 넥타이, 짧고 각지게 깎은 머리 그리고 뿔테 안경까지. 5년이 지나고 유행이 지난 모습이라고 조롱거리가 되던 사진 속의 모습이 이제 약 40년이 지난 지금 다시 유행으로 돌아와서 인텔에서 근무하는 최신 유행에 민감한 젊은 기술자들은 사진 속의 모습과 최대한 비슷하게 하고 다니려고 애쓴다.

인텔 직원들이 사진 앞에 서서 사진을 유심히 관찰하게 될 몇 가지 이유가 있었다. 그중 하나가 500억 달러에 달하는 매출과 10만 5천 명의 직원, 공장, 전 세계에서 사무실을 연 회사의 모습이었다고 보이지 않기 때문이다. 너무나 작고 제한된 공간으로 유리와 나무로 된 과거의 작은 본사 앞에 지금의 직원 중 몇 백 명만 모여도 그 앞을 채울 듯한 공간이다.

직원들은 또한 사진 속의 인물 중에 알아보는 사람이 있는지 확인해 보고 싶어 한다. 인텔은 시작부터 평등주의에 자부심이 있었다. 넓지 않은 사무실 공간 그리고 마치 의자 뺏기 놀이처럼 직위를 무의미하게 받아들이던 밥 노이스와 고든 무어, 앤디 그루브의 공적인 모습이 아닌 듯한 일상의 태도로 회사 조직도에 상관없이 자유롭게 오가는 의사소통이 그 대표적 모습이었다. 인텔은 이 진보주의 기업 문화로 인해 유명해지기 시작한다. 1960년대 미국의 기업 역사 속에서도 이 저돌적이지만 민주주의 형태인 기업 문화는 인텔을 그 어떤 기업보다도, 심지어 실리콘밸리에서조차도 두드러지게 한다.

그럼에도 1970년대 평등한 조직으로 보이는 인텔의 사진조차도 지금의 인텔 문화 기준으로 보면 상하 관계가 심한 계층 구조가 있는 회사로 비춰진다. 이 사진 속에서 최고 경영자들은 가장 잘 보이는 전경에 자리 잡았으며 설립자인 노이스와 고든 무어는 카메라에 가장 가깝게 위치하여, 더 두드러져 보이는 듯한 모습이었다. 그 뒤에 위치한 레스 바데즈는 복장이나 겉모습에서 지금과 거의 차이가 없었고, 직원들이나 방문자들이 사진 속의 인물이 누군지 알아보고는 탄성을 자아내게 할 만한 인물이 있었다. 바로 앤디 그루브로 거의 알아볼 수 없을 정도로 두꺼운 뿔테 안경과, 어두운 색상의 셔츠, 타이 그리고 사진 속에 있는 다른 직원들과는 달리 긴 머리를 했다. 앤디 그루브의 오른쪽 어깨 방향으로 앤디 그루브 보다 훨씬 키가 크고 지금과 똑같은 안경을 쓰고 구레나룻이 난 사람은 선임 과학자인 테드 호프였다.

회사의 경영진이었던 이 사람들의 뒤로 거의 회사 건물 정문까지 이어진 줄에 있는 사람들 중에, 지금은 잊혀지고 대부분이 지금은 회사를 떠났지만 몇 명은 여전히 인텔에 남아 근무했다. 이 사진을 유심히 바라보면 거의 사진 속에 인물들이 모두 비슷한 연령대라는 사실을 알게 된다. 모두가 30대 중반으로 반도체 사업을 일으킨 초창기 사람들이고 또 대부분이 페어차일드에서 같이 일했던 사람들이었다.

직원 중에 여성의 수를 비교하면 초창기보다 여성의 비율은 훨씬 더 높아졌다. 사진이 찍힌 시대에 비교하면 거의 20배나 증가했다. 이 중 많은 수가 비서직으로 근무하고, 하얀 작업복에서 알아차리듯이 또 많은 수가 제조 공정 라인에서 근무한다. 1980년대 인텔에는 오직 한 명의 여성 과학자가 있었다. 그녀의 이름은 캐린 앨리스(Carene Ellis)였고, 이제 페어차일드에서 이직한 직원으로 그녀는 남자들만의 세계로 여겨지던 반도체 산업 분야에 돌파구처럼 여성들이 진출하는 이정표가 되었다. 17년 후에 그녀는 인텔의 부회장이 되고, 거기서 6년 후에는 회사의 CIO(Chief Infrormation Officer)가 된다. 그러나 열린 사고 방식을 지향하는 현재의 인텔에서조차도 기술과 경영 분야는 여전히 남자들의 수가 여성의 수를 압도한다.

현재 실리콘밸리에서도 여전히 기술 분야는 남자의 수가 많다. 여성이 일자리를 구할 여지는 주로 비기술 분야나 홍보, 마케팅, 광고 분야와 영업 분야에서 생긴다. 비슷한 사진을 지금 인텔 직원을 모두 모아 놓고 찍으려 한다면 거대한 축구 경기장 같은 곳이 필요할 것이다. 회사의 남녀 성비는 1980년대 이래로 거의 변화가 없다. 변화가 있다면 보다 많은 비율의 여성이 고위직에 있다는 사실이다.

그리고 무엇보다도 현재의 인텔에 가장 큰 변화가 있다면 바로 각 인종 비율의 변화일 것이다. 많아야 한 두 명의 흑인을 제외하고는 인텔은 거의 백인 위주였다. 그렇다고 그런 오래된 사진을 바라보는 수백만에 이르는 방문객, 대부분의 학생들 그리고 한국, 일본, 중국, 인도에서 찾아온 동양 관광객의 관심을 잃게 만드는 사진은 아니다. 인텔의 얼굴은 실리콘밸리의 얼굴처럼 그리고 세계 전자 산업의 얼굴처럼 지금은 다른 양상을 보이기 때문이다. 인텔 직원들이 많이 사는 쿠페르티노(Cupertino)는 홍콩이나 중국 본토에서 전문 교육을 받고 인텔에서 근무하는 중국계 미국인들이 사는 소수 민족 거리가 되었다. 스페인 선교의 통로였고, 실리콘밸리의 주요 상업 지구인 엘 카미노 리얼(El Camino Real)은 이제 인도계 소매상이 뻗어 나가 본사까지 다다른다. 그리고 산호세로부터 몇 킬로미터 아래의 크고 번성하는 지역은 최근 투표를 통해 지역 이름을 리틀 사이공(little Saigon)으로 정했다.

인텔이 40여 년이 넘는 기간 동안 이룩한 중요한 성취 중에 가장 낮게 평가받는 부분이 있다면 기업 문화와 기업의 정체성일 것이다. 이 문화와 정체성은 사진 속에 고스란히 남아 있으며, 회사의 직원 규모가 거의 천 배가 되고 매출이 수만 배 가까이 커져 온 동안에도 거의 변하지 않았다. 오히려 인텔의 방식을 전 세계로 퍼트렸으며, 회사에서 근무하는 인종 다양성과 민족 다양성이 확산되었다.

인텔에 근무하는 직원들의 정체성이란 어떤 것일까? 실리콘밸리에서 확실히 인텔만의 '유형'이 있다. 기술에 중점을 두고, 자칫 오만하게 보일 수도 있는 자부심에 업무는 전투에 임하듯이 하지만 교활한 술수로부터는 자유롭고 또 그런 생각을 자랑스럽게 여기며, 겉모습이 유행에 뒤쳐져도 당당한, 경쟁에 사납고, 차분하게 최종 승리를 자신하는 모습 등, 이 모든 것들이 흠이 없고 이음새가 없어 보이는 강철 상자에 모두 들어 있는 모습이다. 노이스, 무어, 그루브 세 사람을 혼합한 모습을 상상했다면 당신은 인텔에서 일하는 사람들의 모습을 만들어 내지 못할 것이다. 위에 언급한 모든 것들을 분석한다면 당신은 앤디 그루브의 호전 성향과 담백함을 발견하게 될 것이고, 고든 무어의 자신감과 확신을 찾게 될 것이며, 밥 노이스의 경쟁력과 통찰력을 찾게 될 것이다.

이 세 사람의 성향이 조합되어 강력한 힘을 발휘했지만 그렇다고 해서 완벽함을 말하는 바는 아니다. 인텔의 정신이 된 세 사람의 성격을 각자 드러내면 그 곳에는 앤디 그루브의 딱딱하고 유머가 없는 성격에, 고든 무어의 지나치게 겸손한 자세, 밥 노이스의 미친 듯한 기업 경영 방식도 있다. 그리고 이 모습들은 모두 안타까운 약점일지도 모른다. 그래서 인텔은 마치 이 세 사람의 성격에서 모든 요소를 끌어내는 것이 아닌 필요한 부분의 조각을 모아 경쟁에서 이기려고 조합을 만들어낸 듯하다. 그리고 이 안에서 밥 노이스와 고든 무어가 고용한 앤디 그루브의 영향력이 보인다.

이러한 성격과 개성이 인텔 문화의 주장이 되고 증거가 된다. 그리고 이러한 문화의 대부분은 인텔이 출발할 때부터 그 곳에 존재했다. 앤디 그루브와 바데 즈가 입사한 날로부터 인텔은 언제나 최고의 기술에 재능이 있는 직원을 고용 하려고 애썼다. 그리고 그들의 실패에 일말의 동정도 주지 않았고 인간의 나약 함에도 그다지 관용을 베풀지 않는 근무 환경에 그들을 투입했다. 실리콘밸리 전문직들의 삶을 규정하는 8시간 근무제는 당시 인텔에서 처음 공식화(문서상 으로 명시하지는 않았지만) 되었다.

그리고 이러한 혁신 개념은 직원들 마음속에 심어지고, 당연히 그들은 자신 들이 최고이며, 가장 똑똑한 직원들이라는 자신감을 갖게 했다. 바로 인텔에서 근무하기 때문이다(이와 같은 자부심은 구글 같은 기업에서는 보이지 않는 부분이 기도 하다).

인텔은 오래전 페어차일드가 아니었다. 이곳에서는 페어차일드처럼 술에 취 하거나 기이한 행동은 용납되지 않았다. 적어도 초창기 인텔에서 초인 같은 업 무를 해내려면 위와 같은 여유를 부릴 직원은 없었다. 한 기술자는 일요일 아침 회의에 대한 스트레스로 심장마비를 겪기도 했다.

이와 같은 노력으로 최고의 직원들이 불가능도 가능하게 하리라는 믿음과 함 께 승리를 가져다 줄 것이라 믿었다. 그리고 이는 인텔의 가장 악명 높은 문화를 만들어내다. 그 문화는 "창조력을 발휘하기 위한 충돌(creative confrontation)' 이라 불리었다. 인텔 내부에서는 이 '창조력을 발휘하기 위한 충돌' 과정을 조 심스럽게 그리고 미세하게 나누고 분석했다. 이 과정은 대화를 통해 현재 직면 한 문제에 최선의 답안이 무엇인가와 개인의 생각, 감정, 편견을 떠나서 무엇이 회사를 위해 최선인가 토론하는 일이었다. 그러나 이 과정은 회사 외부인이 바 라보았을 때는 마치 탁자를 두들기거나, 서로 소리를 지르는 것 같이 보일 뿐 이었다. 또 한편으로 이 과정에 참석하지만 인텔에 근무하지 않는 관찰자들은 마치 그들은 상사에게 혼나는 직원들의 사기를 올리고, 교육을 하듯이 보이는 재밌는 점을 발견한다.

"창조력을 발휘하기 위한 충돌 과정에서 중심이 되는 화제는 '실행력(performance)'이었습니다. 내셔널 반도체를 망쳐버려라, 그러지 않으면 잘 곳은 없다. 휴렛패커드도 마찬가지다. 당신은 지금 비공식 회의 공간에 참석했고, 당신이 이 회의에 적응하는데 문제는 거의 없다. 인텔에서는 오늘 당신이 보여주어야 할 성과를 보이지 못한다면 당신에게 소리를 지를 것이고, 내일 당신이 출근해 못했던 성과만큼 다시 보여준다면 아무도 과거의 문제를 언급하지 않겠다고 말하는 듯 했습니다."2

1980년대와 1990년대를 거치면서 강력한 인텔을 만드는 데 일조한 이 문화는 인텔이 설립한 때로부터 몇 년 동안은 정착하지 못한다. 주로 이 시기는 인텔이 주로 노이스와 무어의 경영하에 있던 시기였다. 인텔의 이후 시기와 비교하여 초창기는 보다 독특하고, 조합원들이 모인 듯한 그리고 원칙보다는 보다 엉뚱한, 무엇보다도 재미가 있던 문화였다. 이러한 인기 있던 개념들은 물론 두 설립자의 성격으로부터 기원하지만 이 개념들은 단지 일부만을 보여주는 것이었고, 이에 못지않게 중요했던 점은 바로 회사의 '규모(size)'였다. 그들은 이제 출발한 스타트업 기업이었다. 인텔은 다른 회사들에서 이직하는 수많은 직원들로 주로 이루어진 회사였고, 종종 인텔만의 문화를 만들어가거나 유지하려면 잦은 충돌을 거쳐야 했다. 1975년 말에 인텔의 직원 수는 지금 인텔이 사용하는 사무용 빌딩 수보다 적은 5,000여명이었다. 서로 낯선 직원들이 모여 일하는 거대한 기업의 경우 규칙과 규정에 따라 운영이 되는 반면, 당시 인텔은 대부분의 직원과 설립자가 서로를 잘 알았고, 상호 신뢰 관계를 통해 회사를 운영했다.

그리고 작은 규모는 또 대기업에서는 거의 효과가 미치지 않을 영향력을 증폭시킨다. 명백한 예로, 1970년대 인텔은 급속한 성장을 하고, 이에 따라 새로운 직원을 대규모로 고용한다. 그러나 이들을 인텔만의 새로운 문화에 동화하게 하는데 적절한 시기를 놓치고 만다. 이때 대부분의 새로 고용한 직원들은 전 텍사스 인스트루먼츠에서 근무하던 사람들로 성공 가도를 달리는 인텔에 합류하고자 이직을 한 직원들이었다. 새로운 기업 문화에 적응하지 못한 전 텍사스 인스트루먼츠 출신들은 과거 자신들이 다니던 기업의 문화였던 상하 관계로 형성된 계층 문화와 고도의 사내 정치를 하는 성격으로 돌아가 상당한 규모와 파괴력 있는 소집단을 형성하였고, 인텔은 이 문화를 없애려고 수년 동안의 시간을 소비한다. 이와 같은 이야기는 초기 인텔의 문화가 얼마나 깨지기 쉽고 무너지기 쉬운 문화였는지를 보여준다.

그리고 '유연성'(Flexibility)'이 있다. 당시 인텔의 회사 조직은 서열과 업무 분장이 불분명했다. 이제 시작하는 작은 규모의 회사로서 회사가 성공하려면 직원들은 수평 구조의 형태로 다중의 업무를 해야 했다. 인텔에서도 노이스와 무어는 그와 같은 수평 조직 철학을 실천하고자 했고, 실제로 조직도는 완전한 수평 구조로 임원을 위한 식당, 주차 공간, 화장실, 일등칸을 이용하는 출장 등의 제도가 없었고, 누구나 임원들이 사용하는 사무실 앞 통로를 사용했다. 당시로서는 파격적인 문화였던 것이다.

같은 이유로, 유연성은 이 시기에 인텔이 성공했던 적응력의 핵심 요소 중의 하나였다. 결국 십여 년에 걸친 시간에서 인텔은 핵심 기술, 핵심 사업 그리고 핵심 고객을 완전히 바꾸는 데 성공한다. 이와 같은 일은 인텔에서 일하는 직원들이 수년 동안 기꺼이 업무, 임무, 책임 사항을 여러 번에 걸쳐 바꾸었기에 가능했다. 다른 기업들도 그와 같은 혁신을 단행하려고 대규모 직무 이동과 대량 해고 등을 시행한다. 이와 같은 극단의 조치는 단기적으로는 성공하지만 이 회사들의 지적 자산이나 직원들의 충성도를 구하는데 실패하고 만다. 반도체 칩 산업 구조의 특성상 4년 주기로 돌아오는 불황이 계속 반복되고, 대량 해고나 고용을 시행하던 회사가 어려움에 처하면 이러한 정책을 시행하던 회사가 존속하도록 머물려는 의지가 있는 직원이나 고객은 찾기가 힘들었다.

또 다른 요인으로 '시대상의 반영(the era)'이 있다. 당시 반도체 산업은 출현한 지 채 10여 년이 되지 않은 시기였고, 수십억 달러 가치의 제조 공장과 5만 명에 이르는 직원 수는 아직 먼 미래의 이야기였다. 제조 공정과 과정에서 반도체 칩을 만드는 회사들은 공장이 생산할 최대 능력으로 생산을 하던 시기였고, 생산성과 수익성 기준이 아직 완성되지 않은 시절이었다. 실제로 고객의 수요와 수익성 모두를 맞추는 생산량을 유지하면서 제대로 작동하는 칩을 생산하는 적정 수율을 유지하는 능력은 그 당시로는 과학이라기보다 예술에 가까웠다.

단지 5년 전만 해도, 반도체 칩을 제작하는 공정은 너무나 원시적이어서 주변의 강수량의 변화에 따른 꽃가루의 증가부터 주변 농장에서 뿌리는 제초제 양의 변화 그리고 화장실에 다녀온 후 손을 씻지 않은 남자 직원의 손에 따라서도 수율이 달라졌다(불과 몇 년 전만 더 거슬러 돌아가도 실리콘밸리는 주택단지와 산업단지가 들어서기보다 가족이 운영하는 농장 지대에 가까웠다). 인텔이 설립되고 나서, 제조 공정 전체가 환경을 제어하는 시설로 옮겨가는데 이런 시도는 현대 외과 수술 수준의 청정도를 가지는 반도체 클린 룸 시설의 원조가 된다.

그러나 이렇게 품질 문제를 해결하자 새로운 문제들이 무어의 법칙하에서 나타나기 시작한다. 반도체 칩 표면에 광학 마스크를 이용하여 만드는 설계가 점점 더 작아졌고, 하나의 반도체 칩에 집적되는 트랜지스터의 수는 빠르게 증가했다. 따라서 하나의 트랜지스터라도 실패하면 반도체 칩 전체를 사용 못하게 만드는 위험도 함께 증가했으며, 실리콘 결정은 점점 더 큰 반경으로 형성되어야 했다(초창기 실리콘 결정의 반경은 약 2.5센티미터였고, 지금은 약 35센티미터 크기이다). 그리고 실리콘 결정의 순도는 우주 전체에서도 찾기 어려울 만큼 높아졌다. 웨이퍼를 씻는 물조차도 지구에 있는 어떤 물보다도 순수하게 만들려고 여러 번 증류 공정을 거쳐야 했다. 그래도 새로운 도전 과제들이 계속 나타났다. 웨이퍼를 자르는 문제, 반도체 칩을 잘라 꺼내는 문제, 금속 붙이기, 가스 확산, 선 납땜, 부품 접합, 적합 시험 등 모든 상황들이 2년 주기로 매번 개선되고 향상되었다.

인텔을 비롯하여 다른 반도체 회사들이 서서히 전체 공정 과정을 체계화 해나갔지만 전체 공정의 세부 과정은 여전히 수가공을 하는 기능 수준이었고, 마치 마술을 부리는 듯한 수준이었다. 스포크가 관리하던 페어차일드의 공정처럼 언제든 이런 공정이 나빠질 가능성이 있었다. 이러한 상황이 일종의 비정상 상태를 언제든 일으킬 가능성이 있었고, 인텔이 되고 싶어 하던 실증적이고, 체계가 잡힌 기업으로 발전하는 꿈으로부터 인텔을 가로막을지도 모르는 육감에 의지하는 의사결정을 내리게 할지도 몰랐다.

그리고 이 시기에는 반도체 산업을 규정하는 또 하나의 혼돈스러운 힘이 있었다. 바로 '무법'이었다. 1970년 초기는 반도체 산업이 미국에서 가장 새롭게 뜨는 산업 분야였고, 엄청난 부를 만들어내기 시작하였던 시기였다. 그러나 이 산업 분야는 지리적으로 워싱턴 DC와 맨해튼으로부터 떨어져 있었고, 또한 아직 많은 사람이 이해하지 못하는 신기한 기술을 이용하는 산업 분야였으므로 가장 관심을 받지 않고 또 법의 제재를 받지 않는 산업 분야이기도 했다. 여기에 한 가지를 더 추가한다면 반도체 산업은 기본적으로 대규모 인력이 함께 일해야 하는, 또는 대규모 인력이 일하는 다른 기업과 경쟁하는 집단형 산업이었다(보다 정확히 표현하자면 많은 연구원이 필요했다).

따라서 피할 방법이 없는 결과는 바로 이 초기 시절에 다른 경쟁사와 잔인하다고 말할 정도의 경쟁을 하고, 또 경쟁에서 이기려고 자신이 속한 회사에 충성도가 높아지는 성격의 조합을 가진 산업으로 규정된다. 이런 과열된 경쟁은 때로는 윤리에 어긋나고, 불법 행동까지 야기했다.

12장

디지털 서부 개척 시대

돈 호플러(Don Hoefler)보다 기업의 뒤편에서 벌어지는 소문의 잠재성을 이해한 사람은 없었다. 돈 호플러는 자신이 반도체 산업계에서 월터 윈첼(Walter Whinchell / 옮긴이: 미국의 소문이나 풍문을 기사로 다루던 악명 높은 언론가)로 살아갈 것이라는 점을 재빠르게 확인했다. 호플러는 일렉트로닉 뉴스(Electronics News)를 떠나 스스로 마이크로일렉트로닉 뉴스(MicroElectronic News)를 창간한다. 이 주간지는 실리콘밸리의 반도체 산업 분야에서 일하는 짧고 각지게 깎은 머리에 얇은 타이를 맨 사람들 사이에서 일어나는 나쁜 경영 사례, 개인적 사고, 깨끗하지 못한 뒷거래와 같은 사건 사고를 대중에 폭로하는 기사를 목적으로 창간된 신문이었다.[1] 호플러는 그다지 유능한 기자는 아니었다. 분명히 딴 속셈이 있어 보이는 단독 취재원으로부터 얻는 정보를 기사로 쓰는 호플러는 언제나 의구심을 자아냈고, 이런 기사는 항상 명예훼손으로 고발이나 손해배상으로 이어졌다. 의심할 여지없이 실리콘밸리에서 가장 사람들이 싫어하는 존재로서 알콜 중독이 심해지면서 기사 역시 더욱 질이 떨어지기 시작한다.[2]

그럼에도 1970년대 호플러의 주간지를 연구한 자료에서 결코 실리콘밸리의 공식 역사로 기록되지 않은 초기 반도체 산업 분야의 어두운 면이 살짝 보인다. 실리콘밸리는 그보다 50여 년 전 텍사스와 오클라호마에서 무모한 석유 시굴 사업을 벌이던 이들과 닮았다. 거대한 이익을 얻기 위해 위험을 감수하는데 두려움이 없었고, 똑똑하고 재능있는 인재와 고객을 스스럼없이 훔쳤으며, 기술자를 빼앗아 오거나 경쟁자들을 앞서려고 경쟁자의 사업을 방해하는 일을 서슴지 않았다.

이번 장은 실리콘밸리의 회사들이 서로의 최고 과학자나 투자자를 뺏어 오거나, 가끔은 상대방의 신제품을 모방하기도 하며, 가끔은 경쟁자를 뒤쳐지게 만들려고 애쓰는 모습의 이야기이다. 이 이야기는 개인 컴퓨터를 이용하여 상대방 회사의 완성되지도 않은 설계를 훔쳐가는 컴퓨터 해커가 등장하기 훨씬 전 이야기이다. 전시회에 나온 초기 원형의 제품을 드러내 놓고 모방한 회사의 설립자 사무실 앞 복도에서 싸움이 나기도 하고, 정리 해고가 책상에 앉아 있는 직원들 위의 스피커에서 알파벳순으로 이름을 부르며 진행되기도 하며, 고장 난 칩을 고객에게 선적해 보내 수율을 끌어올리려는 시간 벌기로 이용하기도 하던 시절의 이야기이다.

이 이야기 중에 얼마나 사실이고, 정확할까? 오랜 시간이 지나고 실리콘밸리에서 근무했던 한 사람들은 이 이야기가 대부분 사실이라고 인정한다. 확실히 그 당시 실리콘밸리의 많은 회사들을 떳떳하게 행동하지 못하고 나쁜 짓을 많이 하는 회사로 여겨졌다. 내셔널 반도체에서는(찰리 스포크는 호플러라면 질색을 했다) 단순히 마이크로일렉트로닉스 주간지를 소지하는 일만으로도 해고 대상으로 삼았다.

적어도 업계 선두라면 가질 덕목이기에 인텔은 청렴결백의 모범은 아닐지라도 항상 정직함을 중시하였고, 호플러의 누더기 같은 기사에 좀처럼 등장하지 않는다. 그러나 이러한 사실이 언제나 그 시대의 실리콘밸리의 기업들이 가지던 성향에서 인텔이 면역성이 있고 자유롭다는 뜻은 아니었다. 인텔 역시 시작부터 상거래에는 강하게 밀어붙였다. 특별히 거래처가 자신들과의 거래에서 충성도를 보이지 않을 경우에는 더욱 단호하게 그들을 어두운 바깥으로 내쫓았다(거래처 목록의 맨 위에서 바로 맨 바닥으로). 그리고 언젠가 기회가 오면 잔인하게 응징했다. 또한 인텔은 경쟁사의 인재를 빼앗아 오는데 주저하지 않았다. 이는 인텔의 설립자가 페어차일드에서 근무할 때 가장 비난하던 일들이었다는 점에서 모순이다. 이러한 모순은 약 20여 년이 지나고 고든 무어가 인텔에서 재능 있는 인재들을 빼내어 새로운 기업을 차리는 '벌쳐 자본가(Vulture Capitalists)'에게 공공연히 불만을 표현한 일에서 절정을 이룬다.

이렇게 무모한 사업 형태가 당시의 실리콘밸리의 모습을 규정했다. 특히 1960년대에서 1970년대까지 반도체 산업계의 이러한 성향이 인텔에게도 밀려왔지만 인텔이 다른 경쟁사들과 달랐던 점이 있었다면 이러한 무모한 사업 형태를 앞장서서 규정하지 않았다는 점이다. 이러한 규정은 확실히 인텔 설립자들의 우월한 기업 윤리에 따른 결과라기보다 밥 노이스와 고든 무어가 인텔을 세울 때부터 페어차일드 반도체에서 저질렀던 실수를 반복하지 않으려 했기 때문이었다. 다시 한번 말하지만 업계 선두가 경쟁 관계에서 가지는 사치스러운 여유 때문이었다. 인텔이 업계에서 가장 앞선 기술력을 보유했다는 점을 고려한다면 이 기준이 업계의 경쟁사들이 다른 방법을 찾기보다 인텔에서 기술을 훔치려 했기 때문에 인텔이 그렇게 무모한 사업 형태를 보이지 않을 여유를 만들어 주기도 했다. 그로부터 약 20년이 흐르는 동안, 인텔이 새로운 혁신 기업들 때문에 똑같은 위협에 처했을 때 인텔 역시 무모한 방식으로부터 자유롭지는 못했다.

그러나 인텔이 다른 경쟁사들처럼 초기에 나쁜 방법을 사용하지 않았다 하더라도, 어쩔 도리 없이 경쟁을 해야 했던 그 당시 상황이 확실히 인텔의 문화에도 그 영향을 미쳤을 것이다. 이 시대에 실리콘밸리의 이단아 같은 문화는 큰돈을 펑펑 쓰고, 도박판 한 가운데 탁자 위에 자신이 가진 모든 돈을 한 번에 거는 무모한 투기 양상을 인텔 내부에 반영했고, 이는 인텔이 그때까지 알 수 없었던 모습이었다.

그러나 이 시기의 독특한 인텔 문화가 형성된 이유가 모두 성장에 따른 문제이지 구조 문제, 이 시기의 반도체 산업의 시대상 때문만은 아니었다. 인텔에 입사하는 직원이라면 누구나 빠르게 거대한 연구소 같은 회사 한복판에서 이루어지는 이른바 '창조력을 발휘하기 위한 충돌'이라는 인텔만이 가지는 독특한 문화가 있다는 사실을 배우게 되고, 마치 모든 것을 가능한 한 자연스럽게 하려는 듯하다는 사실을 알게 된다. 이 독특한 문화는 밥 노이스와 고든 무어 그리고 앤디 그루브의 성격을 혼합해 놓은 듯해, 인텔이 반도체 산업의 가장 유망한 기업 중에 하나임에도, 고위 경영진 중 한 명인 밥 노이스가 아스펜(Aspen)에서 스키 사고로 목발을 짚고 다리를 끌면서 돌아다니며 자유롭게 행동하거나, 99번째 낙하산 뛰어내리기를 하다가 발목이 부러져 치료를 받은 상태로 회사로 출근한 관리자의 모습이 신입 사원의 눈에는 어색하게 보일지도 모르지만 인텔에서는 매우 자연스러운 모습이다.

이런 자연스러운 경영 방식의 본질을 탐 울프(Tom Wolfe)가 '에스콰이어 (Esquire) 잡지'에 실은 밥 노이스의 약력 소개글보다 잘 포착한 기사는 없다. 이 기사는 여전히 인텔의 초기 시절이나 그 독특한 문화를 잘 기술한 것으로 유명하다.

"인텔의 마케팅 부서가 중요한 의사 결정을 내리는데 이 결정이 기술 부서에 영향을 미치게 되면 이 과정에서 발생하는 문제를 상하 구조의 계층 중에 두 부서를 모두 감독하는 경영진이 면밀히 검토 후 찾아내는 것이 아니라, 그 의사 결정의 영향을 받는 양측 부서의 현업에서 근무하는 직원들로 구성된 '회의체'에서 문제를 스스로 협의해 해결한다. 회의체는 수평 구조로 이루어져 있으며, 모든 문제를 동등한 처지에서 해결한다. 그들은 아무런 권한을 부여받지 않는다. 따라서 아무도 지배력을 발휘하는 영향을 행사하지 않고, 회의체를 통해서 조화를 이루는 절충점을 찾는다."

"노이스는 회의에 강한 믿음이 있었다. 각 부서에서 근무하는 직원들은 스스로 필요하다고 느낀다면 언제든지 회의를 소집하도록 격려 받았다. 인텔 안에는 마치 주차장처럼 먼저 회의를 하고자 하는 사람이 쓸 공간이 마련되었다. 회의는 종종 점심시간에 열리기도 했다. 물론 정해진 규칙은 아니었다. 단지 노이스 때문에 생긴 하나의 사례였다. 노이스가 회의를 요청하면 회의 주제를 세우고 그 후로는 회의실에서 모두가 수평 관계가 된다. 당신이 신참 기술 담당이고, 무언가 새로운 생각을 떠올려서 그 생각을 다른 직원들에게 전달하려고 하는데 직위 고하를 막론하고 그 생각을 제대로 이해하지 못한다면 언제든 그 문제를 말하고 그들을 설득시키는 일이 가능했다."[3]

독재 같은 모습이고, 위로부터 아래로 지시 사항이 내려가는 명령과 통제 방식, 임원 전용 식당, 사장과 직원 관계의 세계인 맨해튼의 모습에 익숙한 톰 울프에게 인텔의 문화는 새로운 혁명의 출현이었다. 그리고 이 문화는 급격하게 변하는 실리콘밸리의 환경에서 너무 크게 자라버린 유치원생 같은 소셜 네트워크 기반 스타트업에서부터 거대 기어까지 현 시대의 후예들이 따르며 어디에서나 흔히 보이는 문화가 되었다. 그리고 이러한 문화는 뉴욕을 포함해 전 세계 주요 도시들의 기업 세계에 새로운 현대 기업 문화를 만들어 냈다.

그러나 페어차일드에서 이런 자연스러운 경영 문화의 전조를 목격한 사람들은 인텔의 '혁신' 경영 문화가 그때와 다른 점이 없다는 사실을 알았다. 밥 노이스와 고든 무어가 페어차일드에서 겪었던 실패를 인텔에서 반복하지 않겠다고 다짐했음에도, 이들의 경영 방식을 살펴보면 인텔의 두 설립자는 여전히 전과 같은 약점을 안고 경영을 했다. 바로 페어차일드에서 재앙으로 입증되었던 혼란스러운 환경을 만들었던 것이다.

그럼 왜 인텔에서는 이들의 방식이 성공했을까? 과연 무엇이 달랐을까?

달랐던 점은 '앤디 그루브'의 존재였다.

앤디 그루브는 그 누구보다도 자신의 이름이 인텔에 늘 따라다닌다는 사실을 잘 알았다. 앤디 그루브 식으로 하자면 그의 이름과 인텔은 동음이의어였다. 앤디 그루브는 자신이 지켜보는 가운데 인텔이 어떤 실패도 하도록 용납할 사람이 아니었다. 밥 노이스와 고든 무어는 진지한 사람들이었고, 새로 설립한 회사를 위해서라면 무엇이라고 희생할 각오가 있었다. 그러나 밥 노이스와 고든 무어는 인텔이 실패하더라고 생존에 문제가 없었다. 밥 노이스는 집적회로를 발명하였고, 고든 무어는 무어의 법칙을 발견했다. 그렇다면 앤디 그루브는 자신만의 무엇이 있었을까? 반도체 산업에 영향력 있는 책의 저작권? 저작권은 거대한 야망을 품은 사람에게는 충분하지 않은 주제였다. 앤디 그루브는 자신이 역사에 길이 남을 흔적을 좋은 것이든 나쁜 것이든 간에 인텔에서 남길 것이라는 사실을 알았다. 분명히 말하건대, 앤디 그루브는 회의에 모인 사람들이 도의적 설득이나 하면서 아무 일도 하지 않기 때문에 회사가 망하도록 지켜볼 사람이 아니었다.

밥 노이스가 이끄는 경영 방식에 무엇이 필요한지 명확해진 것이다. 바로 '결과'였다. 분명히 당신은 회의에 참석해 동등하게 이야기를 나눌 권리가 있다. 그리고 당신은 노이스나 무어, 그루브에 맞서서 당신의 의견을 말할 자유가 있다. 그러나 회의가 끝나면 당신은 계획을 가지고 회의장을 나가거나, 회의장에 참석한 모든 사람들 또는 자신이 져야 할 의무에 따라 행동으로 옮겨야 한다. 그렇지 않으면 혹독한 대가를 치를 것이다. 결론이 나지 않을 듯 했고, 논쟁이 끝나지 않을 듯한 회의장에 반복해서 들어간 당신이 앤디 그루브의 책상 앞에 선 것을 발견할 때 이곳은 아마 당신이 이 우주에서 가장 있고 싶지 않은 자리가 될 것이다.

이제 과정에 결과를 추가함으로써 앤디 그루브는 밥 노이스가 페어차일드에서 하던 경영 방식에 빠진 중요한 요소 하나를 추가한다. 페어차일드 출신들은 끝나지 않을 듯한 길고 긴 회의에 시간을 허비하더라도 아무 문제가 발생하지 않는다는 사실을 알았다. 회의에서 끝까지 자신의 주장을 펼치는 자가 밥 노이스에게서 답을 얻어가던 것과 반대로, 앤디 그루브는 회의에 참석하고부터 모든 사람들이 회의를 짧고 간결하게 결론을 짓도록 유도하였다.

많은 조직에서 2인자의 자리에 앤디 그루브 같은 인물이 위치한다. 상냥한 대령을 따르는 소령은 검열 기간에 소리를 지르며 부대를 통솔한다. 기업 안에서도 악명 높은 악역은 언제나 최고 경영자들이 하기 어려운 나쁜 일을 대신 처리한다. 직원들을 관리하는 대표 관리자는 최고 경영자의 이름하에 의사 결정을 진행한다. 현대 기업에서는 여전히 이들에게 듣기 좋은 최고 관리 책임자(Chief Opreating Officer)라는 직함을 달아 주지만 이들의 근본 역할은 변하지 않았다.

인텔의 처음 10년 동안, 이 역할은 앤디 그루브의 것이었다. 앤디 그루브는 노이스와 무어가 세운 장기 목표를 달성하려는 일일 기준에 맞춰 회사를 관리했고, 모든 직원의 행동과 회사의 움직임에 결과를 부여했다. 인텔의 모든 부서에 비용 책임을 단호하게 부과하고, 실적을 달성하지 못하는 실패는 절대 용납하지 않았다. 그리고 밥 노이스는 앤디 그루브의 능력을 알게 된다. 앤디 그루브를 바라보는 견해가 어떤 것이든 간에 (앤디 그루브의 성공을 늦추게 하지만 결국 그 결과에 만족하는)밥 노이스는 적합한 인재를 찾았다는 사실을 알았던 것이다.

오랜 시간이 지나고, 앤디 그루브가 인텔에서 취한 경영 방식 중 많은 경우가 밥 노이스가 세운 경영 방침에 위배되는 경우가 많았다. 그런데 왜 밥 노이스는 이런 일에 개입하지 않았을까? 직원들과 충돌을 싫어하는 성격의 노이스는 앤디 그루브의 지나친 행동을 단속하는데 주저하는 듯했다(어쩔 때는 앤디 그루브의 행동을 즐기는 듯해 보이기도 한다).

한 가지 설명이 가능한 이유라면 인텔의 성공은 밥 노이스가 처음 생각했던 것보다 더 큰 의미가 있다는 점이다. 그리고 앤디 그루브의 강하게 밀어붙이는 방식이 이 목표를 달성하게 해준다면 밥 노이스는 기꺼이 그런 앤디 그루브를 수용했을 것이다. 밥 노이스는 언제나 개인적으로 자신이 몇 되지 않는 명석한 두뇌와 축복 받은 재능에, 행운까지 가지고 태어난 선택받은 사람이라는 운명에 강한 믿음이 있었다. 밥 노이스는 어떤 경우에도 이길 것이며, 그렇게 앤디 그루브와 함께 또는 찰리 스포크와 함께 굳이 큰 노력을 들이지 않고도 쉽게 문제를 해결할 순간을 맞을 것이라 확신했다. 그렇게 노이스는 논쟁이 잦은 다툼을 피하고, 장기적이고, 큰 전략을 구상하며, 궂은일은 앤디 그루브에게 남기고 자신의 구상을 확고히 하면서 어떻게 해서든지 목표를 달성했을 것이다.

오래 전에 잊혀진 언급으로 레스 호건은 앤디 그루브를 다음과 같이 이야기한다. "앤디는 방해가 된다면 자신의 어머니도 해고할 사람이었습니다."[4] 마셜 콕스는 "밥 노이스가 좋은 역할을 맡았어야만 했다는 사실을 알아야 합니다. 사람들이 자신을 좋아한다는 점은 밥 노이스에게 아주 중요했기 때문입니다. 그래서 누군가는 악역을 맡아야 했죠. 그리고 앤디는 그 역에 아주 잘 맞았습니다."5

밥 노이스는 인텔에서 앤디 그루브만큼이나 성공이 필요했다. 단지 이 사실에 솔직하지 않았을 뿐이었다. 당시 역사는 인텔에서보다 페어차일드 반도체에서 밥 노이스가 보낸 기간을 더 높이 평가했다. 그리고 이 황금알을 낳는 거위와 같던 페어차일드 반도체를 다루던 본사의 서투른 경영 방식이 실패의 공식 이유라는 데 모두가 동의를 했다. 그러나 페어차일드 반도체가 내부로부터 파열음이 들리던 당시에는 직원들의 퇴사 행렬이 이어지지 않았다. 당시 상황은 심각했다. 매출 하락, 시장 점유율 하락, 수익 악화 그리고 새로운 제품을 만들어 낼 수 없는 상황, 마지막으로 좌절한 경영진 등이 당시의 상황을 말해주었다. 이 모든 것에 책임은 바로 지금 인텔의 최고 경영자인 밥 노이스라고 앤디 그루브는 강하게 믿었지만 아무도 이 사실을 '반도체 산업의 최고 현자 밥 노이스(Saint Bob)'에게 말하려 들지 않았다. 그러나 실리콘밸리에서 가장 능수능란한 기업가였던 밥 노이스 자신은 이 사실을 잘 알았다. 그래서 승리가 필요했다. 그것도 아주 큰 승리가 필요했다. 세상의 존경을 받고 싶다면 집적회로가 기술 분야에서 성취한 만큼 큰 상업 분야의 승리가 절실했던 것이다.

인텔이 그 승리자가 되려 했고 그 승리에 필요한 모든 것이 있었다. 기술, 위상, 조직, 돈 그리고 노이스는 천천히 앤디 그루브가 인텔이 그 승리를 이끌어 낼 쟁기를 끄는 말이 되어줄 것이라는 사실을 알았다.

그러나 확실히 시작부터 그렇게 된 것은 아니었다. 그루브가 인텔에 고용되었을 때 고든 무어가 회사의 전략을 세우고 전체 조직의 운영을 하는 밥 노이스를 도우려고 승진하게 되면 인텔의 기술 부문의 운영은 앤디 그루브가 맡게 될 것이라 예상했다. 고든 무어는 그 상황을 다음과 같이 말한다. "우리는 원래 앤디가 우리 기술 부분 총책임자 같은 역할을 결국 하게 될 것이라 생각했습니다. 앤디 그루브는 운영과 제조 부분과 기술 부분을 갖추는 일도 걱정했습니다. 결국 앤디가 조직을 만들고 그 조직이 어떻게 해야 잘 돌아가는지 생각하는 일을 좋아한다는 사실을 우리는 알게 되었죠. 박사 학위를 뛰어넘어 일종의 경영 문제를 걱정한 것이고, 인텔에 입사한 순간 앤디의 시야가 넓어진 것입니다. 전체 회사 운영을 보게 되면서 제조 공정이 어떻게 이루어지는지 알게 된 거죠. 앤디 그루브는 체계적이고, 짜임새가 있는 사람이었습니다. 경영 능력이라면 앤디 그루브는 노이스의 가장 먼 반대쪽 스펙트럼에 위치하는 사람이었습니다. 그리고 우리 세 사람은 함께 일을 잘 해냈습니다."[6]

마지막 언급은 고든 무어의 성격을 잘 드러낸다. 사실 세 사람의 장점과 단점은 긴밀히 연결되어 인텔이 성공하도록 훌륭하게 작용했다. 무엇이 인텔을 위해 최선인지 그리고 인텔이 가야 할 방향에 세 사람의 의견이 불일치하는 경우는 거의 없었다. 실제로 세 사람이 가진 다른 점이 감정적으로 비슷한 사업 동반자들이 갖는 사업 의견 일치보다 더 성공하도록 작용하는 듯해 보였다. 그러나 삶의 모든 면에서 그렇듯이 개미와 베짱이는 강력한 한 팀이 될 수 있지만 베짱이가 종종 열심히 일하는 개미를 너무 당연한 듯이 받아들이게 되고, 개미는 힘든 일은 아무 것도 하지 않으면서 공은 다 차지하는 베짱이를 싫어하게 된다.

이러한 분위기는 인텔이 처음 시작할 때부터 경영진 사이에 이미 존재했다. 그러나 사업을 시작하는 바쁜 초기에 설립자인 밥 노이스와 고든 무어는 이러한 잠재적 위험을 신경 쓸 겨를이 없었다. 그리고 회사가 성공할 기회가 머지않아 나타나는데 너무 거대하고, 상충되고, 변화무쌍해서 곧 다른 내재된 문제들을 수년 동안 덮어버린다. 그리고 인텔이 그 시기로부터 벗어나기 시작하자 오래된 마찰이 복수를 하려고 돌아온다.

13장

메모리 시장의 성공

1965년 봄, 인텔은 바이폴라 기술로 제조된 64비트 메모리칩을 최초 상용 제품으로 소개한다. 물론 이 제품이 분명히 인텔의 최고 제품을 뜻하지는 않았지만 인텔의 핵심 제품 중 두 번째라는 사실로 위안을 삼는다. 게다가 이 제품은 나머지 반도체 산업계가 인텔의 향보를 예측하지 못하게 만드는 뛰어난 결과였음이 드러난다.

모델명이 3101 SRAM(Static Random Access Memory)인 이 최초의 제품은 쇼트키 TTL(transistor-to transistor logic) 설계 구조를 이용한 64비트 메모리였다. 이 제품은 기존의 시장에 존재하던 페어차일드의 64비트 메모리보다 두 배 빠른 속도를 달성하려고 제작되었다. SRAM 제품은 시장에서 인기가 있었는데 이 제품은 단품으로 또는 여러 제품을 한 묶음 단위로 기존 컴퓨터 모델에 장착하기 때문이었다. 이 추가 장착은 IBM사가 '메모장(scratchpad)'라고 일컫던 것으로 사용자가 쉽게 이용하는 임시 저장 장치였다. 기존의 자기 코어 메모리는 이러한 어플리케이션에 임시할당 할 수가 없었다.

또한 SRAM 메모리는 다른 메모리가 하지 못하는 장점이 있었는데 바로 전력이 새어나가지 않고 주기적으로 재생(refreshed)을 해 줄 필요가 없었다. 따라서 메모리에 전력이 계속 공급되는 한, 정보를 영원히 저장했다. 그러나 이 메모리 방식은 한 셀에 여섯 개나 그 이상의 트랜지스터를 더 필요로 했기 때문에 제조 단가가 비싸질 수밖에 없었고(메모리 제조에 수율은 영원한 문제였다),

더 느려지고, 경쟁 상품보다 집적도가 낮았다.

보다 현실적인 표현으로 바꾸자면 이 모든 요소가 말하는 바는 SRAM을 제조하려는 어떤 회사든지 간에 완전한 생산 단계에 이르려면 몇 년이라는 시간을 투자해야 한다는 뜻이었다. 그런 뜻에서 3101모델이 가져다 준 충격은 인텔이 빠른 시간 내에 제품을 생산해 냈다는 점이었다. 거의 불가능하다고 느껴질 만큼 빠른 속도였다.

인텔을 설립할 당시 밥 노이스는 인텔에 뛰어난 인재들이 많고, 자본이 충분하며, 세상에서 가장 최신의 기술을 연구하며, 시장 전략을 잘 준비한다고 이야기하며 언론에 깊은 인상을 심어주었다. 노이스가 언론에 말했듯이 "인텔은 매일 첨단 기술의 즉석 사진을 찍고 이 기술이 무엇인지 파악하여 어떤 기술이 구현 가능하며, 가장 생산성이 높은지를 파악하길 원합니다. 우리는 서두르지 않을 것이며, 반대로 이 순간에 구현되는 기술을 기업의 백지 상태에서 이용할 것입니다. 우리는 공장의 라인을 연속으로 운영하겠다는 약속을 하지 않으며, 어떤 구식의 기술에 갇혀있지 않을 것입니다."

인텔이 설립된 지 18개월이 지나지 않아 갑자기 3101 모델의 출시를 발표하자 반도체 산업계는 소스라치게 놀란다. 어떻게 그렇게 짧은 시간 안에 인텔은 더군다나 설계까지 포함하여 반도체 제조 공정 시설을 갖추고 새 제품을 발표했는가?

어떤 일이 일어났었는지 정확히 알았던 고든 무어는 새 제품을 그렇게 짧은 시기 안에 만들어낸 일은 기적 같은 일이었다고 회상하며 "회사 초창기는 정말 신나는 때입니다."라고 대답한다. 그렇게 초기 인텔의 핵심 요인은 다른 스타트업 기업들이 무에서 유를 창조하려고 처음부터 시작하는 일과 달리 기존 시장에 있는 기술을 바탕으로 하는 시작이었다.

"우리는 작은 반도체 회사가 한때 운영했던 시설을 찾았습니다. 당시 실리콘밸리는 작은 반도체 회사로 가득했습니다. 대부분이 페어차일드에서 독립해 나온 사람들이 차렸던 회사였죠. 그 시설에는 우리기 필요한 장비들이 많았고, 보통 새로 출발하는 스타트업 기업이 겪는 텅 빈 사무실과 공장에 입주하여 처음부터 시작하려고 겪는 비용과 시간을 아꼈습니다. 우리는 젊고 유능한 직원을 고용하였으며, 페어차일드에서 우리가 배운 사실 하나는 스타트업 기업에서는 관리자를 양성할 기회가 있다는 사실이었습니다. 우리는 새 회사가 성장하는 만큼 함께 빠르게 성장할 인재들을 구하기 바랐습니다."

회사의 제조 공정이 원활하게 움직이도록 하는 일도 노련한 경영진만이 가지는 보증이었다. 고든 무어는 이를 다음과 같이 말한다. "우리는 경력이 풍부한 직원들을 기술 개발 부문과 첫 번째 제품 생산 부분으로 나누었습니다. 기술 개발을 담당하는 직원들은 그 해 말까지 우리가 제품 개발을 진행하도록 기초 공정에 필요한 기술을 개발 완료할 것을 약속했습니다. 이 약속은 일종의 도박이었습니다. 이 도박에서 승리하려면 개발 직원들은 장비들이 상대적으로 잘 작동하도록 해야 했고 성능이 안정적으로 구현되는 트랜지스터를 만들어야 했습니다. 그리고 회사가 설립한 지 몇 개월이 지나지 않은 1968년 말까지 이정표가 되는 몇 가지 기술을 구현해내야 했습니다. 아무런 장비가 갖춰지지 않은 건물로 8월에 입주하고, 제조 장비를 구입하여 설치하고, 시운전을 하고, 기초 공정 과정을 시현하기에는 상대적으로 시간이 촉박했습니다. 그리고 마지막 이정표와 같은 성과는 12월 31일에 이루게 되는데 이 성과는 오직 모든 직원이 몸과 마음을 기울여 노력을 했기 때문에 가능했던 일이었습니다."[1]

이 젊은 회사는 그렇게 첫 번째 제조하게 될 제품의 기본 설계를 적시에 마치고 새해를 맞는다. 인텔과 관련이 없는 외부인들 중 인텔이 이렇게 빨리 제품을 준비하게 될 것이라는 생각하는 사람은 없었다. 반도체 산업에 관심이 많은 사람들 중에 인텔의 설립자들이 메모리 산업에 뛰어들 것이라는 추측을 하는 사람들이 주로 많았다. 결국 페어차일드 출신들로서 가장 큰 장점은 메모리 분야였기 때문이었다. 그러나 인텔이 메모리 분야 중에 어느 분야를 시작하게 될지 어렴풋이조차 추측하는 사람은 없었고, 3101 모델이 출시되자 이 수수께끼의 해답처럼 보였다. 인텔은 바이폴라 SRAM 메모리 제조 회사가 된다고 모두가 믿게 된 것이다. 그리고 실리콘밸리는 SRAM 메모리 시장에서 인텔과 경쟁하려고 서서히 전의를 불태운다.

그런데 왜 SRAM 메모리를 선택했을까? 시작 초기부터 인텔은 반도체 장치 분야에서 새롭고 가장 큰 기회는 소프트웨어 작동을 위한 ROM(Read Only Memory) 기능을 하거나, 원천 정보를 작업하려는 RAM(Random Access Memory)으로 사용하려고 고안된 반도체 칩이 자기 코어 메모리의 대체품으로 나온다고 예측했다. 한편 SRAM 메모리는 하나의 셀(cell)에 적어도 여섯 개의 트랜지스터를 필요로 했고, 상대적으로 공정 작업이 느렸기 때문에 높은 수율을 유지하면서 제조하기가 어려웠다.

그러나 인텔은 높은 속도를 내는 바이폴라 기술의 물리 특성을 가지고 SRAM 메모리의 구조상 느린 단점을 보완하는 일이 가능하다는 사실을 알았다.

3101 모델이 1969년 봄, 시장에 선을 보이자 18명의 인텔 직원 모두는(그중 세 명은 몸에 깁스를 했다) 회사의 식당에 모여 샴페인을 마시며 첫 출발의 성공을 축하한다. 이제 인텔은 본격으로 궤도에 오른 것이다. 나머지 반도체 산업계는 또 하나의 심각한 경쟁자이자, 기술 혁신 기업 그리고 짧은 기간 안에 높은 수율을 달성하는 제조업체가 출현했음을 알게 된다. 한편 인텔의 놀랍도록 빠른 제조 능력으로 야기된 반도체 산업계의 두려움은 적어도 인텔이 SRAM 메모리 시장으로 진출할 것이라는 예측 가능한 목표가 되었다는 자각 때문에 조금 누그러든다.

그러나 첫 출발은 상업 측면에서 가지는 전략이었을 뿐이었다. 몇 달 사이에 인텔은 당시 기준으로 가장 빠른 속도인 1024비트의 기존 쇼트키 바이폴라 ROM 메모리인 3301 모델을 선보임으로서 세상에 충격을 던져준다.

무엇보다도 놀라운 점은, 금속 산화물 반도체(Metal-Oxide semiconductor) 기술을 이용한 새로운 SRAM 메모리인 1101 모델을 선보였다는 사실이었다.

초기 인텔의 역사 속에 3301모델을 포함해 많은 제품들을 만들어 내는 원동력은 최첨단 기술과 높은 경쟁력을 보유한 인텔과 계약을 체결하기 원하던 외부 거래 업체 회사에서 나온다. 이와 같은 일이 가능했던 이유는 반도체 산업에서 일하는 똑똑한 인재들에게 신뢰가 있었기 때문이다. 그리고 모든 최첨단 제품은 당시 인텔로부터 시작했다.

1101 모델과 관련해서는 반도체 산업계를 놀라게 한 이유는 이 모델의 성능이 아니라 예상하지 못한 제조 방식 때문이었다. 물론 경쟁 제품과 비교해도 성능이 뛰어났다. 모두가 인텔이 단지 기존의 방식으로 메모리를 제조하는 업체로 자리 잡을 것이라고 결론지을 때 인텔은 예상치 못하게 성숙된 기술 기반의 금속 산화물 반도체 메모리를 시장에 선보였다.

그렇다면 왜 금속 산화물 반도체 메모리가 중요했을까? 고든 무어는 다음과 같이 이 기술을 설명한다. "실리콘-게이트 MOS라고 불리는 금속 산화물 반도체 기술 기반 메모리는 전자 회로의 금속성 부분과 비금속성 부분 사이로 전류가 흐르는 금속 전극 단말기(metal electrode terminal)입니다. 우리가 익숙하게 잘 알듯이 대부분의 회로 전류는 금속 전도체를 통해 흐릅니다. 그러나 어떤 회로 구간에서는 전류가 실리콘 필름 같은 비금속성 전도체 구간을 지나 흐르게 됩니다. 이 새로운 기술인 금속 산화물 반도체 메모리 공정은 자기 등록(Self-registration)이라는 장점을 제공하고(자기 등록이라 함은 메모리 구조의 한 층이 그 전 웨이퍼에서 적용된 층들과 자동으로 정렬한다는 뜻입니다), 따라서 이 장치는 크기가 더 작아지고 더 높은 주파수에서 작동합니다. 또한 이 장점은 우리에게 다양한 층을 통해 서로 연결된 설계를 하는데 유연성을 제공해 줍니다."

단순히 말해, 금속 산화물 반도체 메모리는 바이폴라 메모리보다 빠르지 않았다.(군수 산업에서 알았던 것과 같은 방식이 아니고, 방사선에 강한 것도 아닌) 그러나 이 메모리는 설계와 제조가 훨씬 쉬워 이런 속도 제한을 보상하고 남는 충분한 장점이 있다. 또한 이 메모리 방식은 더 작게 그리고 더 조밀하게 만드는 일이 가능했다. 고든 무어가 지적했듯이 금속 산화물 반도체 메모리는 트랜지스터에 실리콘 게이트라는 특징이 있는 새로운 설계를 이용한다는 점이었다. 제조 공정의 한 부분인 이 특징은 반도체에 불순물을 첨가하여 둘러싸는 부분과 불순물이 첨가되지 않고 빠져나가도록 한 부분을 만들려고 트랜지스터의 전극 부분을 마스크처럼 사용하여 반도체 칩 표면에 층을 만드는 공정을 단순하게 해준다.

이는 아주 단순화한 반도체 칩을 만드는 과정이라 알려진 것의 복잡한 설명이다. 또 앞서 설명한 것과 마찬가지로 중요한 점은, 금속 산화물 반도체 메모리 기술 기반의 칩 표면에 위치하는 트랜지스터가 자기 정렬(self-aligning)을 한다는 사실이다. 바로 이 특징이 바이폴라 칩과 비교해서 급격하게 수율을 끌어 올려주도록 해주었다. 결국 개선된 품질과 줄어든 크기는 컴퓨터 산업을 새롭게 바꾸고, 상대적으로 작은 기업을 위한 저렴한 소형컴퓨터 생산이 가능해진다. 그 당시 페어차일드에서 근무하면서 실리콘 게이트 기술을 개발한 젊은 이탈리아 출신의 물리학자 페데리코 패긴(Federico Faggin)은 20세기에 발명된 가장 위대한 발명 중에 하나를 이룬 발명가가 되고, 곧 인텔 역사의 방향을 바꾼다.

이미 언급한 바와 같이, 바이폴라 메모리 공정에서 금속 산화물 반도체 메모리 공정으로의 전환은 어려운 일이었다. 1970년대 중반까지 금속 산화물 반도체 메모리 공정으로 전환하지 못하는 회사도 존재했다. 그러나 인텔은 실리콘 게이트 기술을 이용하여 한번에 금속 산화물 반도체 메모리 공정으로 전환했을뿐만 아니라 마치 바이폴라 메모리 공정에서 반도체 산업 분야의 선두 주자였다는 듯이 자연스럽게 전환을 이루어 낸다. 인텔이 처음 만들어낸 제품이 소비자와 거래 업체, 반도체 산업 관련 언론들에게 깊은 인상을 심어주었다면 가장 명성을 얻게 한 금속 산화물 반도체 메모리 위주로 시장을 전환하는 일은 식은 죽 먹기였다.

채 1년이 지나지 않아, 인텔은 반도체 산업 분야에서 선두를 달리는 기업이 된다. 그러나 인텔은 아직 시장에 보여줄 비장의 무기가 또 하나 있었다. 다시 한번, 기회는 인텔의 첨단 기술의 이점을 얻고자 하는 외부 거래 업체로부터 나온다.

이번 경우에는 허니웰(Honeywell)이 그 야심찬 잠재 고객이었다. 그리고 허니웰은 당시 가장 큰 메인프레임 컴퓨터 제조업체 중에 하나였다. 1959년 10월, 전자 산업계의 거인 IBM이 처음으로 소규모 기업을 위한 컴퓨터를 선보인다. 그 모델명은 1401이었다. 그리고 나머지 일곱 난쟁이(IBM에 비해 상대적으로 작은 규모의 컴퓨터 업체들을 당시 백설 공주의 일곱 난쟁이로 빗대어 불렀다) 회사들은 IBM을 따라가면서 1960년대를 소모한다. 허니웰도 그중 한 회사로서 1963년도에 모델명 200이라는 제품을 선보인다. 그리고 시장에 무사히 안착하자 1970년대까지 이 제품을 개선시켜 나간다.

이 시기는 성능 개선의 시대였다. 1969년도에 허니웰은 인텔과 접촉하여, 인텔이 DRAM(Dynamic Random Access Memory)이라는 새롭고 특별한 형태의 메모리를 만드는 일이 가능한지 의뢰한다. 훗날 DRAM은 빠르게 반도체 산업 분야의 속도를 중시하는 상품의 기준이 된다. 이 방식은 기본적으로 바이폴라 방식으로 제조가 되지만 계산 기능을 담당하는 셀(computational cell)에 적은 수의 트랜지스터가 들어간다. 이 방식은 극단적으로 빠르게 작동하고 어떤 집적회로 방식보다도 집적도가 높아진다. 그렇게 DRAM은 때때로 반도체 산업 분야에 다른 장치들의 속도를 가늠하는 기준이 되고(지금은 대부분 플래시 메모리칩(Flash memory chip)으로 대체되었지만), 무어의 법칙을 표시하는 도표에 중심 자리를 잡는 장치가 된다. 그러나 속도를 위해 개조된 자동차처럼 DRAM은 속도를 위한 장치였지 내구성을 위한 장치가 아니었다. 전류가 지속적으로 공급되는 한 메모리 속의 정보를 무한히 기억하는 SRAM과 달리 DRAM은 조금씩 전력을 손실했고, 말 그대로 '역동적(Dynamic)'이려면 주기적으로 재저장(refreshed)을 받아야 했다.

허니웰이 인텔에 원한 기술은 각 메모리칩 셀(cell)에 세 개의 트랜지스터를 집어넣는 것이었다.(현재의 DRAM 셀에는 하나의 트랜지스터와 하나의 콘덴서만 들어간다) 그리고 이러한 설계는 당시로서는 상당히 급진적인 설계였다.

허니웰은 가야 할 방향을 제대로 보았다. 그러나 허니웰은 단순히 제조만 할 줄 아는 회사가 아닌 더 능력이 많은 회사에 자신들의 고유 설계를 맡기는 중대한 실수를 한 것이다.

인텔은 허니웰이 요청한 제품을 제조한다. 그리고 1970년대 초반, 모델명 1102의 1킬로비트 속도의 금속 산화물 반도체 DRAM을 납품한다. 허니웰은 결과에 대만족 했지만 인텔은 그렇지 않았다. 제품 설계에 성능을 발휘하는데 문제가 있었던 것이다. 그래서 고든 무어는 내부에 비밀 실험 연구 부서를 만들도록 지시하고 허니웰과 이해관계에서 문제가 생기지 않도록 허니웰에 납품한 제품과 전혀 다른 설계 방식으로 1킬로비트 속도의 금속 산화물 반도체 DRAM을 개발하도록 지시한다. 아직 직원이 백 명이 채 안 되는 작은 회사임에도 연구 부서를 별도 구성하는 놀라움을 발휘한 것이다. 인텔은 이 새로운 칩을 시장에서 앞서려고 제조한 것이 아니었지만 이 제품은 시장을 휩쓸어 버린다. 밥 노이스는 페어차일드에서 그렇듯이 반도체 칩의 가격을 1비트당 1센트보다 낮게 책정한다. 이 결정이 뜻하는 바는 인텔이 이 정책에 맞게 제품을 제조한다면 시장에서 기술을 선도하는 기업일뿐만 아니라 가격을 선도하는 기업이 된다는 사실을 뜻했다. 이 전략은 누구도 막을 수 없는 조합이었다.

그러나 결코 쉬운 일은 아니었다. 이 새로운 칩의 마스크 개발과 설계를 담당한 직원은 조엘 카프(Joel Karp)와 바바라 매니스(Barbara Maness)였고(여성이 설계한 최초의 중요한 반도체 칩이라는 명성을 얻게 해준)[2], 그들은 인텔이 수용할만한 제품의 품질을 얻기까지 다섯 번의 마스크 수정을 거쳐야 했다. 수율은 반도체 산업에서 언제나 중요한 요소였다. 그러나 당시 인텔은 이 제품이 성능을 제대로 내는 부분을 중요하게 여겼다. 이 제품이 성공하면 최초의 상업용 DRAM 칩이 되기 때문이었다.

모델명 1103이라 명명된 이 장치는 1970년 10월에 시장에 선보인다. 그리고 이 제품이 선보이는 시기는 아주 완벽했다. 바이폴라 칩인 DRAM이 가지는 속도와 내구성은 군용이나 우주 항공용으로 "군 사양"에 쓰이는 제품에 이상적이어서, 베트남 전쟁에 참여하고 소련과 냉전 시대를 맞게 된 국방부와 우주 탐사 계획을 진행하던 나사(NASA)에서도 그 수요가 발생한다. 이제 70년대의 시작과 더불어 세 가지 형태의 메모리 제품 중에 단계적으로 두 가지 형태로 줄어들었고(SRAM과 DRAM), 낮은 원가와 소형화가 가능한 금속 산화물 반도체 기술은 소비자 전자 산업 시대의 출현과 더불어 가장 적합한 기술이 된다. 인텔이 이끄는 반도체 산업은 전환점을 맞이하면서 결코 다시는 뒤를 돌아보지 않게 된다.

그로부터 약 10년 동안 DRAM은 반도체 산업의 "통화"가 된다. 컴퓨터, 계산기, 전자 오락기 등에 너무나 중요한 부품이 되었고, 지구 전체의 경제 전쟁에서 일본 전자 산업계는 DRAM을 미국 전자 산업을 공략하는 최전선의 무기로 사용한다.

인텔은 모든 전자 제품에 메모리가 반드시 필요한 부품이 되어갈 때 1103 모델을 가지고 효과적으로 세계 메모리 시장의 점유율을 높여간다. 그리고 채 2년이 지나기 전에 인텔은 바이폴라 SRAM과 금속 산화물 반도체 DRAM 시장에서 선도 설계 기술이 있는 기업이 된다. 게다가 이 두 방식의 메모리 장치는 용량에서 새로운 규격을 만들어냈고, 인텔이 서로 다른 시장의 제품을 만들뿐만 아니라 또한 각각의 시장에서 혁신을 이끄는 능력이 있음을 증명한다. 대부분의 반도체 회사가 이제 공장을 세우고 제품을 생산하려고 속도를 높일 때 인텔은 시장의 모든 분야를 휩쓴다. 메모리 시장에서 경쟁을 하고자 하는 어떤 반도체 회사도 시장에서 인텔과 근접전으로 격돌해야 함을 알았다. 그리고 대부분이 안전한 논리 칩을 제조하는 길이나 인텔과 겹치지 않는 시장을 택한다. 수많은 경쟁 회사들이 도전장을 냈음에도, 지난 2년 동안의 시간에서 인텔은 반도체 산업계의 첫 번째 전쟁에서 승리한다. 그러나 어느 작은 회사의 연구소에서 소규모의 연구 조직이 디지털 세계를 완전히 바꾸어 버릴 새로운 개념의 제품을 만들어 트랜지스터와 집적회로가 가져온 혁명을 그림자 속으로 밀어 넣을지도 모르는 일이었다. 이렇게 된다면 현대 사회의 본질을 송두리째 바꿀 것이고, 세계 어디에서나 보는 제품이 될 것이 분명했다. 그리고 이런 예상은 인텔에게 가장 어렵고 중대한 결정을 하도록 만든다. 이 과정이 인텔 역사에서 놀라운 초기 시절을 중요하지 않은 부분으로 만들고, 인텔의 공식 역사 이야기 속에서 생략하게 만든다.

3부
시대 정신
(1972-1987)

14장

소형화의 기적

인텔의 기술력에 관심이 많은 고객이 한 곳 더 있었다. 이 고객은 인텔이 다른 어느 고객보다도 기대하지 않았던 고객이었다.

진정한 최초의 반도체 칩 기반 소비자 전자 제품은 사무용 계산기였다. 사무용 계산기 시대가 열리면서 천공카드 기계는 주판만큼이나 구식이 되어버린다.

계산기를 만드는 산업이 전자 산업화 된다는 사실은 분명했다. 그리고 그 과정은 1950년대 말에(아직 진공관과 전자 릴레이를 사용했지만) 최초의 '전자' 계산기가 나오면서 시작된다. 이 분야의 선구자는 카시오(Casio)였다. 1957년, 일본의 전자 산업계는(이 시점까지만 해도 아직 시장을 주도하는 역할을 하지는 못하던) 새롭게 출현하는 전자계산기 시장을 지배하겠다는 결심을 세상에 알린다(대부분은 일본을 얕잡아 보고 무시한다). 곧 캐논, 소니, 도시바와 같은 다른 일본 전자 산업체들이 오래된 기업인 올리베티(Olivetti), 몬로(Monroe) 그리고 스미스-코로나(Smith-Corona)와 함께 경쟁에 뛰어든다. 1960년대가 되면서 처음 연산 논리 칩과 메모리칩을 선보인 곳은 페어차일드, 텍사스 인스트루먼츠, 모토롤라였다. 더 작고, 더 가벼운 집적회로 칩을 장착한 전자계산기를 만드는 경쟁이 시작되었다. 곧 프라이든(Friden)이 세계 최초의 트랜지스터 전자계산기를 선보인다. 그리고 얼마 지나지 않아 도시바에서 최초로 반도체 메모리를 사용한 계산기를 선보인다. 1965년도에는 개인 컴퓨터의 전신이라고 할 최초의 소프트웨어 프로그램이 구동하는 반도체 계산기를 올리베티에서 선보인다.

이 모든 상황은 반도체 산업계로서는 환영할 만한 일이었다. 반도체 수요가 엄격하게 통제되고 주기가 있는 군 수요와 항공 수요를 벗어나 새로운 잠재 시장이 열렸기 때문이었다. 그리고 이에 따른 저렴한 RAM 메모리의 수요가 확실히 초기 인텔의 생산 의사 결정에 중요한 영향을 미친다. 1960년 말에 다양한 소비자 전자 제품 시대가 열리려는 전조가 형성되고, 전자계산기를 만드는 산업은 거의 수직의 성장률을 보인다. 가격대가 안정화되기 시작하자 성능이 개선되기 시작하고 소매상과 소비자들은 새로 출시되는 개선된 사무용, 가정용 제품에 몰려들기 시작한다. 그리고 다시 소비자 관련 전자 기기에 산업계의 과잉으로 거품이 형성되기 시작하는데, 그 이유로는 첫째, 수많은 기업들이 수익성을 보고 전자계산기 시장에 뛰어들었고, 둘째, 시장이 세분화 되면서 새로운 수익 분야를 찾아 기업들이 과잉 투자를 했기 때문이었다.

1970년까지 시장에는 약 백여 개의 전자계산기 제조업체가 난립한다. 그리고 시장에 이미 진출했던 기존의 기업들은 새로운 기능을 추가하고 더 작게 만들어 휴대가 가능하도록 개선을 하며, 경쟁에서 앞서 나가려고 하거나 기본 사양만 갖추어 제조 원가를 최대한 낮추고 수익성을 낮게 잡는다. 또 다른 전략은 시장에서 많은 돈을 마케팅과 유통에 투자하는 방법이었다. 기존 업체가 이렇게 전략을 구사하는 사이에 치열한 시장 안으로 새로운 기업들이 진부한 4칙 연산 계산기를 만들어 경쟁에 뛰어든다. 특히 휴렛패커드를 선두로 하는 미국 기업들이 가장 먼저 전자계산기 시장에서 앞서 말한 첫 번째 전략을 구사한다. 두 번째 원가 절감과 수익성을 낮추는 전략은 텍사스 인스트루먼트, 일본의 전통 전자계산기 업체인 카시오가, 세 번째 마케팅 전략은 일본의 거대한 기업인 캐논 등이 구사한다. 그리고 조만간 다가오는 경기 침체의 시기에 나머지 기업들은 막다른 골목에 다다르고 만다.

파산에 처할 운명의 기업 중에 하나가 비지컴(Busicom)이었다. 적어도 이 이름은 1969년도에는 이 회사의 정식 명칭이었다. 전자계산기 시장의 급격한 증가가 가져다준 무책임하고 오래가지 못할 운명에 사로잡혀 비지컴도 ETI나

NCM(Nippon Calculating Machine)과 같은 회사처럼 이 시대에 단명한 기업 중의 하나가 된다. 비지컴은 전자계산기 시장에서 큰 업체는 아니었지만 상대적으로 작은 회사도 아니었다. 그리고 비지컴이 경쟁에서 앞서는 사업 측면의 통찰력이나 투자할 거대 자본이 없었다고 해도 비지컴은 일종의 위험을 감수하고 도전하는 용기가 있는 소수의 기업이었다. 특히 같은 일본 경쟁 업체들과 비교해서 더욱 그러했다. 그렇게 1969년, 대부분의 경쟁 회사들이 자신들이 막다른 골목에 다다르고 파산할 운명에 처했다는 사실을 알게 되었을 때 비지컴은 전자계산기 제조 사업을 접는 것을 거부하고 대신 업계 선두 기업들을 앞지르려고 자신들이 가진 모든 것을 기술 부분에 쏟아 붓는 도박을 감행한다.[1]

그때까지 기술 분야에서는 대체로(특히 반도체 산업 분야에) 하나의 칩에서 다중의 기능을 하는 새로운 금속 산화물 반도체 기술이 이론상 가능하다고 알고 있었다. 이 말은 칩을 설계하고 제조할 때 칩의 각각 다른 표면 부분 중에 한 부분은 논리·연산 기능을, 한 부분은 정보의 기억 기능을(ROM: read only memory – 하드웨어 안에 영구적으로 기억되는 펌웨어를 저장하는), 한 부분은 RAM의 캐쉬 기능을(입력된 정보를 잠시 보관하고 결과를 출력하는) 그리고 한 부분은 입력·출력을 관리하고, 또 다른 부분을 전력을 통제하는 기능으로 사용한다는 뜻이었다. 이러한 각 부분은 이론상 하나의 칩 안에서 서로 연결되었다. 하나의 칩이 전자 기기의 주기판에서 수행하는 다양한 기능들을 수행한다는 뜻이고, 말하자면 하나의 칩이 바로 하나의 전자계산기가 된다는 뜻이었다. 이론가들은 이런 단일 칩을 '마이크로프로세서'라고 부르기 시작하고, 이 단일 칩이 바로 '하나의 칩으로 구성된 중앙 연산 처리 장치(CPU on a chip)'였다. 그리고 이 장치의 등장은 그 당시 전자계산기 안에 들어가는 주기판으로부터 각종 기능을 수행하려는 모든 칩들이 수행하는 역할을 한 칩이 해결한다는 뜻이었다.

역사 속에서 마이크로프로세서의 발명이 바로 '이 순간'이었다고 명확하게 말할 수 없다. 고든 무어는 이렇게 말한다. "기술 측면에서 진짜 발명은 없습니다. 돌파구나 혁신은 모두가 언젠가 할 것이라고 말해오던 그 무엇이 마침내 가능하다고 인식하는 순간에 이루어집니다."2

1969년의 초기에 마이크로프로세서는 드디어 이론에서 가능성으로 그 선을 넘는다. 그리고 RCA, 컴퓨터 전산망 전문 포-페이스(Four-Phase), IBM 같은 거대 기업들이 마이크로프로세서 연구를 시작한다. 그러나 모두가 그렇듯이 마이크로프로세서의 가능성을 인식하는 일은 이제 겨우 걸음마를 시작한 상태였다. 그리고 이 가능성을 현실로 이루려면 넘어야 할 장애물이 아직도 많이 남아 있었다. 설계, 마스크 제작, 제조, 열 분산, 프로그래밍, 패키징, 시운전, 수율 그리고 더 많은 장애물들이 산적해 있었다. 마이크로프로세서의 개념은 충분히 가능했지만 마이크로프로세서의 수요가 없는 상태에서 어느 회사도 소중한 자원을 이 개념을 현실화하는데 투자할 용기를 가지지 못했다.

이와 같이 불가능해 보이고, 마술 같은 마이크로프로세서 장치를 설치하고 발명하자고 제안한 곳이 바로 비지컴이었다. 그렇게 시도해서 회사가 무엇을 잃는가? 시장은 이미 경쟁자로 포화 상태였다. 그래서 모험을 하지 않을 이유가 없었다. 칩 제조사가 어떤 계약을 하던 간에 모든 위험은 감수해야 했다. 칩 제조사가 이 모험을 해낸다면 비지컴은 전자계산기 시장 전체에서 주도권을 잡게 될 것이 분명했다. 또한 이 제품은 경쟁사보다 훨씬 낮은 가격에 제조되면서 경쟁사들보다 훨씬 고가에 팔리는 제품이 될 것이 분명했다. 그리고 칩 제조사가 실패한다면 재정적 손실을 감당해야 하지만 비지컴은 여전히 기적을 이룰 것이라는 희망에 매달렸다.

비지컴이 하나의 칩으로 마이크로프로세서를 만든다고 해도 이 도전은 여전히 머나먼 과정이었다. 이러한 기술적 도약에 도전하려는 반도체 회사는 존재하지 않았다. 그러나 현존하는 10개 정도의 칩을 하나로 통합한다면 크기와 비용 면에서 엄청난 기술적 도약인 돌파구가 될 것이고, 이 제품이 비지컴을 다시 경쟁의 한복판으로 되돌릴 것이 분명했다. 또한 이렇게 기술적 위험도가 상대적으로 낮은 도전이라면 미국의 반도체 회사가 수락할 것이라고 생각했다. 그래서 비지컴은 캘리포니아에 위치한 혁신성이 높은 신제품을 만드는 것으로 유명한 반도체 회사와 함께 도전하기로 결정한다. 그 회사가 바로 인텔이었다.

이 즈음에 몇몇 회사가 이미 마이크로프로세서를 제조하는 몇 가지 조사에서 실질적인 결과를 얻기 시작한 시기였다. 미 국방성과 계약을 맺은 락웰(Rockwell)은 이미 초보 수준의 시제품 마이크로프로세서를 만들었다. 그리고 페어차일드에서 근무하는 젊은 이탈리아 출신 과학자인 페데리코 페긴(Federico Faggin)이 실리콘 게이트 기술을 발명하고, 마이크로프로세서 연구를 계속 해나간다는 기사가 나간다.

한편 산업계의 이론에서는 연산용 칩이 가야 할 미래 방향의 논의가 진행 중이었다. 당시 산업계를 지배하는 의견은 각각의 고객 수요에 맞는 개별 집적회로를 개발하는 것이었다. 이와 같은 그들의 주장은 전자계산기의 성능이 증가하면서 한편으로는 칩 설계에 독점 지배를 유지할 최선의 길이라는 것이었다. 의견이 다른 소수의 쪽에서는 매번 새로운 제품에 맞는 각각의 새로운 칩을 설계하는 일이(무어의 법칙이 이러한 공정을 점점 더 복잡하게 만듦으로) 어쩔 수 없이 칩의 가격 상승을 이끌 것이라고 주장했다. 그 대신 그들은 전혀 다른 해결책을 제시했다. 그중 하나는 컴퓨터 산업계에서 나온 해결책으로 각각의 의뢰인이 필요한 응용 프로그램에 따라 프로그래밍이 모두 가능한 다목적 칩을 제조하는 방법이었다.

돌이켜보면 두 번째 의견이 훨씬 나은 방법이었다. 소수의 사람들이 주장했듯이 각각의 고객 수요에 맞게 칩을 만드는 일 자체가 말도 안 될 정도로 비용을 상승시킬 것이 명확할뿐만 아니라 다양한 재프로그래밍이 가능한 다목적 칩은 의뢰받은 계산기 이외의 다른 소비자 전자 제품에도 사용이 가능했다. 그러나 당시 상황을 고려하여 알아야 할 사실은, 그 시대에는 소비자를 대상으로 마이크로프로세서를 필요로 하는 전자 제품이 아직 없었고, 여전히 제품의 목적에 맞게 제작되는 칩 설계가 상대적으로 쉬울 때였다는 점이다.

비지컴이 이 새로운 중앙 처리 장치 계약을 제안하는데 기꺼이 위험을 감수했는지도 모르지만 이러한 칩의 설계 구조 측면에서 비지컴의 태도는 훨씬 보수적이었다. 이 칩은 비지컴 전용으로 제작되기로 계약을 한 것이다.

그렇다면 왜 비지컴은 기본적으로 새로운 전자계산기를 위한 칩 제조사로 인텔을 선택했을까?

간단한 대답은 바로 인텔이 계산기용 칩을 제조하기로 계약을 맺지 않은 유일한 회사였기 때문이었다.

그러나 그 어떤 것보다도 왜 밥 노이스가 실리콘밸리의 역사에서 중요한 인물인지 말해주는 더 미묘한 사실이 있었다. 그리고 왜 밥 노이스 때문에 인텔이 특별해졌는지 말해주는 사실이었다. 그 일은 일본에서 시작한다. 디지털 전자 산업계에서 자리를 확보하고자 사투를 벌이던 일본의 기술자들은 집적회로를 공동으로 발명한 밥 노이스에게 존경심을 가졌으며, 집적회로의 발명은 그 시대의 인상 깊은 지성의 성취를 대표하는 것이었다. 또 밥 노이스가 페어차일드에서 보여준 사람들을 이끄는 능력이 일본의 기술 기업들이 닮고 싶어 하던 미국의 기업가 정신을 대표하던 것이기도 했다. 페어차일드로 시작해 인텔까지 실리콘밸리를 방문한 일본 기업의 경영진에게 아무리 짧더라도 밥 노이스와 함께 한다는 사실은 명예의 상징과 같았고, 일본으로 돌아가 어떻게 그렇게 자신들이 밥 노이스와 함께하여 변화했는지 모두에게 설명해 주기도 했다.

이렇게 밥 노이스를 우러러 보는 시각을 정작 밥 노이스 자신은 그다지 신경 쓰지 않았다. 그리고 인텔의 생산 관리자인 밥 그레이험(Bob Graham)과 동반한 첫 번째 일본 출장 때까지 그저 일본 특유의 문화에서 나오는 극도의 존경심과 예의로 이 문화를 받아들였다. 그러나 일본 출장 중에 자신에게 일본 전자 산업계가 가지는 진실하고 깊은 존경심과 경외심을 목격한다(인텔의 기업 변호사는 나중에 일본의 기술자들이 말 그대로 밥 노이스를 '신'처럼 보는 듯했다고 전한다). 그리고 그러한 태도는 인텔에 이익으로 돌아오기도 한다. 인텔의 마케팅 부사장이었던 에드 겔바하는 일본의 수석연구원이 밥 노이스에게 연락하여 다음과 같은 말을 들었던 기억을 되살린다. "우리는 이 제품을(인텔의 칩이 들어간 제품) 단지 로버트 노이스 박사님 때문에 만들었습니다."3

그러나 밥 노이스가 만난 일본의 가장 큰 전자 업체 중에 하나이며, 전 세계를 대상으로 사업을 벌이던 샤프(Sharp)의 경영자인 타다시 사사키(Tadashi Sasaki)만큼 노이스를 존경한 사람은 없었다. 사사키는 쇼클리의 시대부터 밥 노이스의 경력을 그대로 추종했고, 평판형 공정과 집적회로 지식은 샤프에서 사사키의 성공에 핵심 역할을 한다. 그래서 사사키는 자신의 경력에서 밥 노이스에게 빚을 졌다고 믿었으며 노이스와의 만남을 절실히 원했다. 그리고 첫 데이트에 나가는 젊은 연인처럼 사사키는 노이스의 흥미를 일으킬 것이라 생각한 주제를 말하는데 그것은 기술자 중 한 명이 자신에게 컴퓨터의 모든 기능을 하나의 칩에 넣는 개념을 제안했다는 이야기였다.

그러나 노이스와의 만남은 그가 계획한 대로 흘러가지 않는다. 전 세계에 퍼져있던 개념이었던 하나의 칩으로 구동되는 컴퓨터(computer-on-a-chip)를 말하는 사사키에게 노이스의 반응이 어떠했는지 공식 기록은 남아있지 않다. 그러나 노이스가 진정으로 원하던 일은 사프로부터의 칩 주문이었고, 이 주문을 사사키가 자신의 영웅에게 줄 수 없었다는 사실을 알았다. 사프와 가능한 어떤 사업도 당시에는 없었던 것이다.

자신이 존경하는 사람을 실망한 채로 둘 수 없었던 이유로 사사키는 오래된 친구인 비지컴의 회장인 요시노 코지마(Yoshino Kojima)를 동반하고 노이스와 그레이험을 저녁 식사에 초대한다. 당시 저녁 식사에서 어떤 이야기들이 주고 갔는지 모른다. 그리고 실제로 저녁 식사가 있었는지 기록도 정확하지는 않다. 그러나 그 결과는 있다. 오래지 않아 비지컴이 칩 제조 의뢰를 인텔에 한 것이다. 사사키는 훗날 비지컴과 인텔의 거래를 성사시키려고 비지컴에 4천만 엔을 투자했다고 주장한다.[4]

밥 노이스는 가장 위대한 기업가가 아니었을지도 모른다. 그러나 반도체 산업 분야에서 자신이 가진 명성과 카리스마를 통해 연쇄 반응을 일으키는 일이 가능한 사람은 밥 노이스 말고는 아무도 없다는 사실은 명확했다. 노이스는 사사키를 사로잡았고, 사사키는 코지마를 사로잡았고, 비지컴은 인텔을 사로잡았다. 그리고 인텔은 세상을 사로잡는다.

키가 크고 호리호리한 그리고 뿔테 안경에 약간은 실없는 듯한 웃음을 머금은 마션 에드워드 테드 호프(Marcian Edward "Ted" Hoff)는 이미 로체스터(Rochester)에 살던 어린 시절부터 과학 발명에 특별한 재능을 보였다. 고등학교 상급생 시절에 웨스팅 하우스가 주최한 유명한 과학 경진 대회(Westing-house Science Talent Search)의 최종 후보에 진출하여 이미 전국에서 관심을 받았다. 그리고 호프는 트로이(Troy)에서 약 320킬로미터 떨어진 렌슬러 폴리테크닉 인스티튜트(Rennselaer Polytechnic Institute)에 진학하고, 여름 방학이 되면 제너럴 레일웨이 시그널 코퍼레이션(General Railway Signal Corporation)에서 일을 병행한다. 게다가 아직 학부 과정을 마치지도 않았던 당시에 그곳에서 이미 특허 두 가지를 출원한다. 그리고 캘리포니아로 떠나서 스탠포드 대학에 진학하여 1959년에 석사와 학위를 취득하고, 전자 공학 박사 학위를 1962년에 취득한다. 호프는 박사 학위 취득과 함께 "최소화 방법을 이용한 정방형 필터(least means square filter)"를 지도 교수와 함께 공동 발명한다. 이 장치는 간섭 효과를 줄이려고 사용되는 공정에서 아직도 사용된다.[5]

테드 호프는 새로운 것을 발명하는데 탁월한 사람이었다. 그리고 이제 전자 공학 박사 학위와 함께 자신의 재능을 가장 필요로 하는 회사로 향한다. 테드 호프는 1968년 12번째 직원으로 인텔에 입사한다.

설립 초기만 해도 인텔은 중앙처리장치 개발을 고려할 여력이 그다지 없었다. 실제로 최초의 상용 메모리 제품을 출시하는 일에 몰두했기 때문이었다. 그러나 테드 호프는 이미 중앙처리장치를 심각하게 고민 중이었다. 그리고 호프가 반도체 칩 산업의 문제에 몰두할수록 답은 결국 중앙처리장치에 있었다. 또한 그러한 다목적의 반도체 칩을 만들려면 설계 구조를 어떻게 해야 할지도 알았다. 이 답은 완전히 새로운 개념의 소형컴퓨터 산업을 뜻했다. 이 작고 새로운 컴퓨터는 가치 있는 틈새시장을 만들어 낼 것이 확실했지만 그전에 존재하던 컴퓨터들보다 더 작고 더 저렴해야 하는 문제가 있었다. 이 새로운 개념의 소형컴퓨터는 많은 양의 데이터를 비연속으로 입력하는 메인프레임 컴퓨터와는 달리 실시간 기준으로 연속해서 기초 정보가 입력되어 작동하는 개념이었다.

반대로 호프는 인텔에서 보낸 짧은 기간 동안 집적회로를 설계할 때 소형컴퓨터를 사용하면서 그 위력을 알게 된다. 그리고 호프에게 강한 인상을 심어준 제품은 디지털 이큅먼트 사의 PDP-10이었다. 호프는 특별히 이 제품이 "어플리케이션(application)"이라 불리는 수정이 가능한 소프트웨어 프로그램을 이용하여 놀라울 정도로 복잡한 과제를 처리하며 비교적 간단한 명령으로 통제하는 기초 계산 장치라는 사실에 관심을 보인다. 바로 이 방식이 호프가 찾던 다목적 프로세서를 만드는 설계 구조였다.6

비지컴과의 협상이 끝나자 호프는 이 새로운 의뢰인과 협업하는 일에 자원한다. 특히 비지컴은 설계조직을 인텔의 본사에 파견할 계획이었다. 그러나 비지컴과 함께 다목적이며 프로그래밍이 가능한 컴퓨터 단일 칩을 개발하거나 몇 개의 새로운 칩을 설계한다는 점 외에는 비지컴과의 협업은 그에게 실망을 안겨주고 만다.

비지컴에서 3명으로 구성된 설계조직이 도착할 무렵, 비지컴은 대체로 명확한(물론 목적에 특화된) 10개의 반도체 칩 전략이 있었다. 이 10개의 전략은 그들이 만들려고 계획하는 전자계산기에 들어갈 새로운 기능들을 모두 추가할 12개의 괴물 같은 성능의 칩을 만들도록 계획되었다. 이와 같은 성능을 구현하려면 이 새로운 칩들이 각각 3천 개에서 5천 개의 트랜지스터의 기능을 수행해야 했다. 당시 전자계산기들이 가지는 일반 성능의 다섯 배에 달하는 성능이었다. 더구나 비지컴의 설계조직은 이 설계를 산타클라라 현장에서 인텔의 도움을 최소한으로 받으면서 하려 했다. 계약서에 따르면 인텔은 이 반도체 칩을 제조하는 대가로 10만 달러를 받기로 되어 있었다. 그리고 최소 주문량을 6만 개로 하고 개당 50달러를 받는 조건으로 생산하기로 계약한다.7

밥 노이스의 관점에서 보자면 이 계약은 만족스러웠다. 젊고 유능한 반도체 설계 기술자인 마사토시 시마(Masatoshi Shima)가 이끄는 비지컴의 설계조직이 이 칩을 설계하는 모든 어려운 업무를 담당하기로 했고, 인텔은 사용하지 않는 연구소 공간을 제공하고 요청이 있는 경우에 조언과 협조를 하기로 했기 때문이었다. 처음 사업 책임자인 호프가 아주 작은 시간을 지원하려던 것 외에는 인텔은 이 사업을 위해 연구 인력을 늘리고 자금을 더 투입하게 될 것이라고는 생각하지 못했다. 다른 말로 인텔은 비지컴이 의도하던(모든 위험은 비지컴이 감수하는 조건이었기에) 연구를 인텔에서 하도록 하게 할 생각이었다.

그러나 한 가지 문제가 첫날부터 발생했다. 테드 호프는 이 설계가 얼마나 복잡한지 확인하고 충격에 빠진다. 그리고 이 사업에서 비지컴의 설계조직이 실패할 뿐만 아니라 이 계약과 관련하여 인텔을 궁지에 빠뜨릴 것이 분명하다고 확신한다. 이 확신 중에 어떤 부분은 자신만의 추측을 믿는 한 직원의 편견일 것이라고 보일지도 모르는 일이었지만 이 생각은 분명히 설계를 읽을 줄 아는 최고 일류의 과학자가 내린 평가였다. 이제 호프는 자신이 어려운 구속에 묶여 있음을 발견한다. 인텔은 새로운 설계의 반도체 칩을 시장에 선보이려고 애썼다. 그러나 비지컴의 설계조직이 한 시대를 풍미할 위대한 장치의 기회를 날려버릴지도 모른다고 확신한다. 게다가 호프는 어떻게 이 문제를 해결할지 알았고 인텔이 궁지에 몰리는 것을 막는 일이 가능했다. "인텔은 이제 시작한 스타트업 기업이었습니다. 그리고 많은 이들이 재정적으로 성공하기를 바랐죠. 그래서 나는 우리의 중요한 노력 중 일부가 재앙으로 끝나는 것을 원치 않았습니다."라고 훗날 호프는 전한다.[8]

그래서 그가 상황을 감독하려고 써야 하는 하루 몇 분의 시간 대신에 호프는 비지컴의 설계조직과 많은 시간을 연구에 투자하며 연구가 올바른 방향으로 가도록 노력한다. "나는 설계 책임이 없었지만 내가 전혀 소속되지 않은 연구에 어느새 푹 빠지게 되었습니다."라고 호프는 말한다.

그러나 호프가 강하게 밀어붙일수록 비지컴의 설계조직은 더 완고하게 자신들의 생각을 견지한다. "나는 그래서 일본의 설계 기술자들에게 다목적 설계 구조(the general-purpose architecture)와 함께 할 몇 가지 제안을 합니다. 그러나 전혀 나의 제안에 관심을 가지지 않았습니다."라고 호프는 그 당시를 회상한다. "그들은 이 설계가 얼마나 복잡한지 충분히 인지했고, 단순화 공정으로 자신들이 원하는 전자계산기 설계를 하는 일이 가능하다고 답변합니다. 단지 다른 일에는 관심이 없었던 거죠."9

설계조직의 일원인 시마(Shima)에 따르면 호프가 제안한 단일 칩에서 다양한 소프트웨어를 구동한다는 생각은 흥미롭지만 이 생각이 흥미 이상의 번뜩임이 없었다고 회상한다. 시마에게 호프의 설계는 "시스템의 개념이 충분히 설립되지 않았고 십진법으로 운영되기에 부족함이 있었고, 조작 환경(interface)이 너무 부족했으며, 실시간으로 통제하기에도 너무 부족한, 한마디로 끝이 없었습니다."10

비지컴의 설계조직에 중요한 일은 회사의 사활을 걸고 인텔에서 자신들 회사의 계산기에 사용될 반도체 칩을 설계하는 연구였던 것이지 입증되지 않은 새로운 제품 시험이 아니었다.

반면에 호프는 소중한 시간을 비지컴의 설계에 너무 많이 빼앗겼다. 시마와 연구원들이 요구하는 작은 칩의 개념에 들어가는 미묘한 차이를 설계하기에는 시간이 그리 많지 않았다. 그래서 호프는 중대한 결정을 내린다. 일본의 설계조직이 자신들이 원하는 설계를 하도록 내버려 두고 자신은 사무실로 돌아가 조언자로서의 역할만을 수행하기로 결심한 것이다. 그러나 동시에 호프는 상황을 해결하려는 해결책을 노이스에게 직접 보고한다.

"내 생각에 우리가 이 문제를 단순하게 만드는 일이 가능합니다. 이 칩이 컴퓨터를 흉내 내도록 만들 방법이 있습니다."라고 호프는 노이스에게 말한다.

노이스는 호프와 이 문제에 공감한다. 밥 노이스는 언제나 부하 직원들과 함께 했다. 그러나 스스로 인정하듯이 노이스는 컴퓨터에 대하여 아는 것이 거의 없었다. 노이스는 아날로그 시대 사람이었다. 그리고 지금 컴퓨터에 사용되는 반도체 칩을 만들었지만 프로그래밍이라는 세계는 도저히 알 수 없는 분야였다. 이 문제는 호프와의 논쟁에서 큰 장애물이 되어 버린다. 다행인 점은 밥 노이스는 놀라울 정도로 학습 속도가 빠른 사람이었다는 사실이다. 노이스는 빠르게 호프를 다그친다. 어떻게 계산기가 컴퓨터가 되는가? 어떻게 컴퓨터 운영 체계가 작동하는가? 그리고 이와 같은 과정에서 호프는 노이스로부터 전형적인 긍정의 반응을 포착한다.

다시 한번 집적회로를 만들던 때와 같이 노이스는 회사의 미래를 결정하는 중대한 갈림길에 놓인다. 이 결정은 사실 자신의 미래뿐만 아니라 반도체 산업계 전체 그리고 세상을 바꿀 갈림길이었다. 밥 노이스는 역시 다시 한번 똑같은 결정을 내린다. 페어차일드에서 집적회로를 개발하면서 노이스는 실제로 두 조직을 구성했다. 한 조직은 호에르니의 지휘 아래 연구를 하고 다른 조직은 무어의 지휘하에 연구를 진행해서 두 조직이 평행하게 각자의 연구를 하도록 지시했다. 그리고 집적회로를 개발할 당시 호에르니가 지휘하는 조직이 평판형 공정의 발명과 함께 승리를 한다. 이번에는 하나의 칩으로 구동되는 컴퓨터(computer-on-a-chip), 다시 말해 마이크로프로세서를 개발하려고 노이스는 같은 전략을 구사하기로 결정한 것이다. 그러나 이번에는 보다 더 명백하고 솔직하게 문제에 접근한다. 비지컴의 설계조직은 자신들이 연구하는 설계를 계속 해나가고 필요하다면 호프의 조언을 받도록 한다. 그리고 노이스가 호프에게 다음과 같이 말한다. "자신이 생각하는 설계를 해보는 것이 어떤가요? 어쨌든 사업의 비상계획(back-up)을 세워 두는 일은 나쁠 것이 없으니까 말이죠."[11]

속박에서 풀려나자 호프는 신이 나서 자신이 구상하는 프로세서 설계를 준비한다.

엄격히 말하자면 유일한 문제는 호프가 고든 무어를 거치지 않고 밥 노이스에게 제안을 했다는 사실이었다. 테드 호프는 조직 안에서 승인 단계를 밟지 않고 바로 노이스에게 가서 별도 사업을 진행할 비밀 연구 부서를 만든 것이다. 이는 회사의 운영 책임자인 고든 무어의 지위를 무시한 경우였다. 그리고 잘 흥분하고 화를 내는 앤디 그루브에게 이 사실이 알려지면 결코 좋게 끝나지 않을 일이었다.

설상가상으로 수율 문제가 산더미처럼 쌓인 1101 메모리칩 생산에 인력이 필요한 시기에 호프를 그만의 사업을 수행하도록 놓아준 결정은 상황을 더욱 악화시켰다. 인텔은 당시 생산 부분에 문제가 있었고 아직 수익을 내지 못해서 잘못하면 파산의 위험도 있던 상황이었다. 그런데 이런 상황에서 회사의 CEO가 회사의 최고 과학자를 아직 검증되지도 않았고 성공의 가능성도 극도로 낮은 사업을 위해 별도의 연구를 하도록 지시한 것이었다.

왜 노이스가 이와 같은 결정을 했는지 추측해 보는 것은 흥미롭다. 아마도 사람들과 충돌을 싫어하는 노이스의 성격 때문이었을지도 모른다. 페어차일드에서도 있었던 '아니요'라고 말하지 못하는 똑같은 약점을 인텔에서도 보여주었는지도 모르는 일이었다. 또는 레슬리 벌린이 밝혔듯이 노이스는 호프에게서 젊은 시절 야망을 가지고 도전하려던 자신을 발견하고 또 그 야망을 깨버리고 싶지 않았을지도 모른다. 마치 쇼클리가 노이스를 고용했을 때 노이스의 창의성을 파괴하려 했던 기억처럼 말이다.

아마도 이 두 가지 모두가 작용했을 것이다. 그러나 밥 노이스는 반도체 산업의 혁명을 이끌고 회사를 성공으로 이끌게 되는 능력이 뛰어난 최고의 인재들을 고용하는데 타의 추종을 불허했다. 정확하게 사람들을 판단했고, 또 그렇게 고용하여 그들이 위대한 일을 하도록 하고, 옳은 결정을 내리는 용기를 가지도록 그들을 신뢰하였다. 세상의 역사에 남을 이 순간에 노이스는 호프를 신뢰하였던 것이다. 그리고 호프가 자신이 생각하는 프로세서 설계를 지금 추구한다면 회사의 재정 상태가 어떻든 간에 노이스는 회사의 어떤 반대에도 그가 연구를 진행하도록 여전히 모든 면에서 전적으로 지원했을 것이다.

미래에 사용될 다목적의 단일 칩으로 구동되는 컴퓨터를 전망했기 때문에 호프는 대체로 또는 단독으로 마이크로프로세서의 발명가로서 인정을 받는다. 그러나 이와 같은 일은 밥 노이스가 회사의 이익에 반하는 결정을 하지 않았다면 불가능했을 것이다. 얼마나 많은 CEO가 이와 같은 일을 했던가? 호프가 마이크로프로세서를 연구하게 한 결정은 노이스를 가장 위대한 기업가 중에 한 명으로 만들어 준다.

거의 다음 석 달 동안 호프는 단독으로 마이크로프로세서의 개념 연구를 한다. 그리고 이 짧은 기간 동안 호프는 인텔의 존재 자체를 위협할 수도 있는 중요한 기술적 연구를 마이크로프로세서의 연구를 위해 방치한다. 인텔 내부적으로 이 사업은 비밀일뿐만 아니라 잠재적으로 회사 내부에서 큰 구설수가 될 가능성이 있었기 때문이었다. 그래서 밥 노이스가 회사 내에서 악마의 변호사, 치어 리더, 비평가, 조언자, 건전한 임원 등 수많은 역할을 하느라 한 곳에 집중 못했음에도 이 사업을 이야기할 사람은 밥 노이스 뿐이었다. 호프는 "밥 노이스는 언제나 격려를 아끼지 않았고, 도움이 되었고, 좋은 의견이 있었습니다." 라고 회상한다. 마이크로프로세서 연구는 바로 이 두 사람의 화려한 공연 같은 것이었다.

도중에 고든 무어도 이 사업 이야기를 듣는다. 노이스가 파트너를 신뢰하기로 결심했기 때문일 것이다. 언제나 새로운 기술적 돌파에 호기심이 있던 무어는 마이크로프로세서를 조사해 보고 자신이 조사 속에서 발견한 것을 좋아한다. 그러나 고든 무어는 의심할 여지없이 1103 모델의 수율 위기 문제에 집중했다고 기억한다. "그때 제 반응은 그다지 열광적이지 않았습니다."[12]

8월이 되자 호프는 하드웨어 설계에 능력을 발휘하지만 이 설계된 다목적 프로세서 하드웨어에서 운용할 소프트웨어 설계에는 자신이 적합하지 않다는 사실을 인식하고 최근 페어차일드에 이직한 28살의 젊고, 남에 눈에 띄는 것을 좋아하지 않으며, 부드러운 말투의 소프트웨어 기술자 스탠 메이저(Stan Mazor)를 사업에 합류시킨다. 메이저의 업무는 이제는 인텔 4004로 명명된 제품의 핵심 논리 연산 처리를 지시하는 명령어 작성과 '4개의 칩(four-chip)'이라 불리던 칩 설계를 위한 소프트웨어 구조 설계 담당이었다.

2주 정도가 지나자 두 사람은 4004 모델의 설계 구조 기획을 마친다. 그리고 그 달 말에는 노이스가 비지컴의 코지마 회장에게 편지를 써서 비지컴 연구팀의 설계에 따르는 우려와 인텔의 설계조직이 연구하는 대안 설계를 알린다. 노이스의 일본 출장이 가르쳐준 사실은 일본 기업 문화에서 외교의 중요성을 노이스에게 가르쳐 주었다는 점이다. 그래서 노이스는 말머리에 "제가 비지컴의 계산기 설계를 비판하려는 의도는 아닙니다만…"이라고 화두를 연다. 그리고 자신이 말하고자 하는 바를 서술한다. 비지컴이 기획하는 계산기를 만들려는 설계의 복잡성 때문에 "저희 회사가 귀사의 제품을 개당 50달러에 만드는 일은 불가능에 가깝다고 생각합니다. 이보다 더 단순하게 설계한다고 해도 그 가격에는 어렵습니다."라고 설명한다. 그리고 노이스는 솔직하게 현실을 설명한다. 이 크고 복잡한 칩을 개당 300달러의 수준으로 설계를 한다고 해도 운이 좋은 상황이라고 전한 것이다.

그리고 노이스는 다음과 같은 질문과 함께 결론을 내린다. "이 설계의 기본을 바탕으로 우리가 연구를 진행하는 편이 바람직하겠습니까? 아니면 여기서 연구를 멈춰야 하겠습니까?"[13]

분명히 태평양을 사이에 두고 당황스러움과 혼란 속에서 틀림없이 양 회사 간에 서신이 오고 갔을 것이다. 이제 9월부터 이 비밀 사업에 관여한 밥 그레이험도 코지마의 비지컴이 기획하는 설계가 보여주는 복잡함에 비판을 하는 쪽지를 보낸 것이다. 그러자 처음으로 코지마와 직원들이 인텔의 설계를 대신 사용할 것을 제안해 온다. 그리고 그 달에 비지컴은 자사의 기술 전문가를 인텔로 급파한다.

이 시기는 아주 적절했다. 그 달에 역시 비지컴의 설계조직은 예상되던 설계의 한계에 부딪혔던 것이다.

호프는 당시를 "우리는 인텔의 설계조직(호프와 메이저)이 연구하는 제품과 일본의 설계조직이 연구하는 제품을 일본에서 넘어온 경영자에게 설명하려고 회의를 했습니다. 그 당시 우리가 구상하는 설계를 설명했죠. 게다가 이 제품은 비지컴이 원하는 계산기 뿐만 아니라 다른 많은 응용 가능성이 있었습니다. 그들은 우리의 설계를 마음에 들어 했고 채택하기로 합니다."[14]

인텔의 설계조직은 비지컴이 너무나 빠르고 쉽게 인텔의 설계를 채택하는 의사 결정을 내리는 모습을 보고 놀란다. 비지컴의 경영자는 인텔의 '4개의 칩 (four-chip)' 설계를 마음에 들어 했을까? 확실히 그렇다고 말한다. 그렇다면 그들은 이 칩과 함께 하는 소프트웨어 구동을 마음에 들어 했을까? 그렇지 않은 듯했다. 이 다목적 칩이 새로운 시장을 열어 줄 것이라고 그들이 생각했을까? 아니다. 그리고 마침내 가격을 협상해야 하는 순간이 다가온다. 밥 노이스가 보낸 서신의 내용 때문에(감히 누가 그 당시 밥 노이스의 의견에 반대했겠는가?) 코지마 회장은 설계조직이 성공하더라도 이 설계를 바탕으로 만든 전자계산기는 시장에서 팔리지 않을 정도고 고가가 될 것이라는 사실을 알았다. 선택의 여지가 없었던 것이다.

호프가 조심스럽게 '일종의 반란'이라고 부른 일로, 다급해진 비지컴이 자신들의 최고 기술자(하나의 칩에 2,000개의 트랜지스터가 들어가는 유사한 형태의 칩 설계를 12 종류 이상 제안한)에게 인텔의 급진적인 4개의 칩 설계(하나의 칩에 1,900개의 트랜지스터가 들어가는)를 따르라고 할 것을 인텔은 확신했다. 게다가 아직 작성되지 않은 많은 소프트웨어가 여기에 포함되어 있었다. 그리고 노이스만이 가지는 명성과 설득에 비지컴의 설계조직에서 계속 늘어나는 설계 문제 보고서가 결합되면서 이와 같은 협상이 가능해졌다.

디지털 시대의 역사 속에서 가장 중요한 지적 유산 중에 하나가 되는 이 제품을 확정하려고 인텔은 이 사업을 잠시 멈춘다. 약 넉 달이 지나고 양 회사의 법률 관련 부서를 통해 계약이 이루어진다. 그러나 인텔은 여전히 사업을 진행하지 않는다. 그렇게 한 달이 지나고 마침내 비지컴에서 사업의 진행 상황과 개선 상황(진행의 증거로서)을 묻는 예의를 갖춘 쪽지를 노이스에게 보낸다. 마침내 인텔은 '하나의 칩으로 구동되는 컴퓨터 사업(computer-on-a-chip project)'을 시작한다.

그렇다면 왜 인텔은 이 사업을 지연했을까? 인텔은 '거의 공황 상태의 경영진'이라 불리는 인텔 역사 속의 시기에 갇혀 있었기 때문이다. 1101모델이 가졌던 어려움만큼이나 새로 나온 1102 모델은 더 나쁜 상황이었다. 호프와 메이저까지 포함한 회사의 모든 직원들이 허니웰에 납품할 메모리를 시장에 내놓으려고 총력을 기울였다. 아니면 적어도 모든 기능이 상황에 따라 이루어지도록 애썼다. 상황은 더욱 악화되었고, 비지컴은 사업 상황을 노이스에게 재촉한다. 인텔은 빠르게 자금 사정이 악화되었기에 결국 전체 직원의 10%에 달하는 20명의 지원 부서 직원은 고통스럽게 해고한다.

설상가상으로 좋지 않은 소식이 있었다. 1960년대를 거치면서 호황기를 구가하던 반도체 산업은 트랜지스터 라디오 시장에서 군용 제품, 항공용 제품, UHF 텔레비전, 소형컴퓨터 등 한 시장에 이어 새로운 시장이 계속 출현했다. 그러나 지금, 적어도 이 모든 시장들이 이미 포화 상태에 이르기 시작했거나(적어도 전자계산기 시장에서는 포화가 확실했다), 내부적으로 이에 상응하는 새로운 수요를 창출할 수 없는 정점에 다다랐던 것이다. 모든 전자 산업계의 선도 지침이 되는 반도체 산업도 예외일 수는 없었다. 그리고 곧 인텔을 포함한 모든 반도체 회사들이 재정적으로 어려움을 맞는다.

그러나 초기 투자 금액에 아직 여유가 남아있던 인텔에게는 약간의 위안이었을지 모르지만 인텔도 순손실을 기록한다. 그러자 위로부터는 아서 록 회장이 임원 회의에서 경영진에게 지출에 보다 엄격함을 요구하고, 잔인할 정도의 비용 감축을 주문한다. 아래로부터는 앤디 그루브가 밥 노이스와 고든 무어에게 회사의 모든 역량을 1101 모델을 생산하는데 주력해야 하고, 더 나아가서는 허니웰에 납기를 맞추려면 1102의 수율 문제를 먼저 해결해야 한다고 주장한다. 그리고 1102의 핵심 기술을 기반으로 하는 새로운 제품인 1103으로 성장 속도가 떨어지는 시장에서 새로운 고객을 찾을 방법이 있다고 확신한다. 밥 노이스와 고든 무어는 위 아래 모든 방향에서 오는 요구와 주장을 경청했다. 그러나 아서 록을 실망하게 하고 앤디 그루브를 분노하게 만들면서도 두 사람은 원하는 길을 걸어 나간다.

더 이상 지체하지 말고 앤디 그루브가 싫어할 수밖에 없는 의사 결정을 통보해야 할 때라고 노이스는 판단한다. 밥 노이스는 앤디 그루브의 사무실로 찾아간다. 그리고 벌린에 따르면 "노이스가 그루브의 책상 한 모서리에 걸터앉자 그루브는 뭔가 의심쩍은 느낌을 갖습니다. 언제나 노이스가 태연한 척 하는 상황의 분위기에서 그루브 자신이 좋아하지 않는 소식을 전달함이 분명하다는 사실을 잘 알기 때문이었죠. 노이스는 구석에서 그루브를 잠시 쳐다보다가 바로 직면하고서 '우리는 새로운 사업을 시작할 거야'라고 웃음을 입가에 띠고 그루브에게 말합니다. 훗날 그루브는 자신이 그 당시 했던 생각을 다음과 같이 말합니다. "헛소리 하지 마요, 헛소리 하지 마, 도대체 어떤 회사가 지금 당장 망하게 생겼는데 새로운 사업을 시작한답니까."15

대답은 "회사는 기술적 혁신을 외면하지 않는다"였다.

위의 인용에서 보듯이 이 순간은 앤디 그루브에게는 악몽 같은 순간이었을 것이다. 앤디 그루브가 인텔에 합류할 때 가장 걱정하던 일은 통제력을 상실한 기업이었다. 고든 무어는 연구실에 묻혀 최신 기술에 몰두할 것이 분명했고 노이스는 말 그대로 노이스가 될 것이 분명했다. 성공보다는 사람들이 자신을 좋아해 주기를 바라고, 마지막까지 의견을 굽히지 않는 사람에게 영향을 받고, 의견 충돌을 피하고, 이익에 따른 대가보다 영광을 추구하는 바로 그런 사람이었다. 이제 아직 인텔이 설립된 지 2년이 채 지나지 않았지만 노이스는 과거의 모습을 그대로 보이기 시작한 것이다. 회사는 서서히 죽어갔고 반도체 업계의 현자 노이스는 환상을 쫓았다.

그러나 앤디 그루브는 선택의 여지가 없다는 사실을 잘 알았다. 앤디 그루브는 운명을 인텔에 걸었고 당시와 같은 경기 불황에 지금 인텔의 위치와 같은 자리를 쉽게 얻지 못할 것이라는 사실을 잘 알았다. 게다가 지금 자신의 경력으로 봤을 때 그가 가장 믿고 따라야 할 사람은 고든 무어였다. 그리고 고든 다음으로 믿는 사람은 역설적으로 바로 밥 노이스였다. 결국 전체 반도체 산업에서 봤을 때 앤디 그루브는 아직 인텔에서 회사 운영을 할 능력을 입증하지 못한 전 페어차일드 출신 과학자에 불과했다.

그래서 최선을 다해 이 악몽 같은 새 사업을 반대해야만 했다. 한편 비지컴 사업은 계속해서 멈춰 있었다. 설계조직에 속한 두 사람 때문이었다. 호프와 메이저는 지금 메모리와 관련된 일을 진행해야 했다. 메이저는 메모리와 관련하여 그리고 호프는 계속해서 고객으로부터 오는 불만을 해결해야 했다. 한편 비지컴의 설계조직은 일본으로 돌아간다. 하나의 칩으로 구동되는 컴퓨터 사업 (computer-on-a-chip project)에는 이제 하나의 조직만 남는다. 앤디 그루브는 이 사업을 계속 이끌 주체가 필요했다. 그리고 그에게는 완벽한 후보가 있었다.

15장

이탈리아에서 온 발명가

작지만 외모에서 흠 잡을 데 없고, 부드러운 말투와 겸손함까지 갖춘 페데리코 페긴(Fedeico Fagggin)은 책상 앞에 앉아 공부만 했을 것 같은 기술자의 전형과는 정반대의 인물이었다. 이제 겨우 스물여덟 살로 이탈리아 비센자(Vicenza)출신이었고, 철학 교수의 아들로 미국으로 넘어온 지 2년이 채 되지 않았지만 이미 유명한 발명가로서의 경력을 착실히 쌓아갔다. 페긴은 이미 수십억 개 칩의 심장이 되는 금속 산화물 반도체 실리콘-게이트 방식을 발명하였고 나중에 모바일 컴퓨팅과 스마트폰 혁명을 가능케 하는 터치 패드와 터치 스크린을 발명한다. 페데리코 페긴은 초창기 직원들이 많이 떠난 페어차일드 연구소에 근무하고 있었지만 다른 직원들과 마찬가지로 역시 불과 몇 킬로미터 밖에 떨어져 있지 않는 새롭게 뜨는 회사에 관심이 많았다. 레스 호건이 이끄는 페어차일드에서 페긴이 받은 대우는 나쁘지 않았다. 반대로 회사는 그 어느 때보다도 전문 집단으로 재편성되어 있었다. 경기는 하락세였지만 페어차일드는 다시 한번 수익을 올렸고, 경영진과 함께 어떤 예산 삭감이나 구조조정이 일어나더라도 페어차일드 연구소에서의 삶은 나쁘지 않았다.

그러나 페데리코 페긴 같은 유형의 사람들에게는 편안함만으로는 삶이 충분하지 않았다. 페긴은 반도체 산업에 가장 최전방의 기술 혁신에 위치하고 싶어했다. 그리고 자신이 있고 싶어 하던 자리를 얻어낸다. 페긴은 신나는 일을 갈망했고 반도체 사업의 주도권은 인텔로 옮겨간 듯 보였다. 그래서 인텔에서 제의가 왔을 때 바로 인텔로 회사를 옮긴다. 그리고 인텔로 옮기자마자 자신이 신기한 하나의 칩으로 구동되는 컴퓨터(computer-on-a-chip) 사업에서 칩을 설계하는 책임자로 내정되었다는 사실에 놀란다. 사업의 상황을 확인하기 전까지는 꿈이 실현되는 것과 같았다. 페긴은 당시의 상황을 다음과 같이 회상한다. " 추정하건대 호프와 메이저는 이미 칩셋의 구조 설계와 논리 설계를 마친 상태였습니다. 그리고 약간의 회로 설계와 칩의 배치가 남아 있었습니다. 그러나 그 설계는 제가 인텔에 입사할 때 기대한 일이 아니었고, 시마(Shima)가 일본으로부터 이곳에 도착했을 때 기대한 일도 아니었습니다. 시마는 비지컴에서 전자계산기의 실제 제작이 가능한지 여부를 확인할 논리 설계를 검토할 것이라 기대했습니다. 그러나 약 6개월 전에 왔을 때로부터 아무런 진전이 없었다는 사실에 화가 난 채로 일본으로 돌아갑니다. 시마는 완벽하지 않은 영어로 계속 다음과 같이 말했습니다. '나는 이곳에 확인을 하러 왔습니다. 그러나 확인할 아무 것도 없습니다. 그저 아이디어일 뿐입니다. 전자계산기를 제조하려고 합의된 일정은 고치기 힘들 정도로 위태로운 상황입니다.'"[1]

이 일을 기억하면서 페긴은 믿기 힘들다는 듯이 머리를 끄덕인다. "내가 그 순간에 있었습니다. 그리고 내가 일을 시작하기도 전에 이미 계획보다 일정은 한참 밀려 있었습니다."

그래서 늦어진 일정을 보충하려고 업무에 착수한다. 페긴은 메인 프로세서 칩에서 작동하는 설계 일부를 회로 설계 담당인 시마에게 제출한다. 한편 페긴은 호프가 4004 모델을 설계하면서 예상하지 못한 기술 문제에 이렇게 말한다. "하루에 12시간에서 16시간씩 설계를 해 나갔습니다." 그 엄청난 문제란 어떻게 표면이 타지 않게 낮은 전력을 사용하면서 칩을 더 작고 빠르게 작동하도록 하느냐였고, 동시에 칩에서 읽는 신호를 내보낼 만큼 강력해야 하는가였다.

인텔은 올바른 선택을 한다. 그때 이 문제를 해결할 반도체 물리 과학자는 한 사람 뿐이었다. 바로 금속 산화물 반도체 실리콘-게이트의 발명가 페긴이었다.

"먼저 나는 남은 설계 구조상의 문제를 해결했습니다. 그리고 내가 칩셋을 설계하려고 사용하는 설계 시스템의 기초를 제시했습니다. 마침내 나는 논리 회로 설계와 4개의 칩 배치를 시작했고, 실리콘-게이트 기술을 이용하여 불규칙 논리 설계를 위한 방법을 개발해야 했습니다. 이와 같이 개발된 일은 그때까지 없었습니다."[2]

이 부수적이고 작은 발명은 사실 실리콘-게이트 기술만큼이나 반도체 산업 역사에 중요한 발명임이 드러난다. 페긴은 '부트스트랩(bootstrapped: 각 게이트를 트랜지스터의 위쪽에 위치하게 하는 것)'이라 불리는 지금까지 불가능하다고 여겨지는 방법을 발명한 것이다. 이 방법이 발명되고 나서 거의 40여 년 동안 모든 종류의 칩 제조에 채택되어 사용된다. 그러나 그 순간에 페긴은 자신이 발명한 방법을 숙고할 만한 여유가 없었다. 그래서 계속 설계에 몰두한다.

1970년 말이 되자 페긴과 시마는 4개의 칩으로 구성된 설계를 완성하고 중요한 기술을 손에 쥔다. 이 제품들은 4000 제품군(4000 family)으로 불릴 예정이었다. 인텔은 이 제품을 단지 한 가지 궁여지책으로 생각하지 않았다는 점을 여전히 강조했다. 인텔은 이 제품을 4개의 칩이 하나의 그룹으로 작동하지만 하나의 칩으로 구동되는 컴퓨터 사업의 전신으로 여긴다. 이에 따라 4개의 칩은 다음과 같이 명명된다.

1. 4001 모델은 소프트웨어 프로그램을 상주하게 하려고 설계된 2,048비트 ROM 메모리칩이었다.
2. 4002 모델은 정보를 이용하려는 캐시로 작동되도록 설계된 320비트 RAM 메모리칩이었다.
3. 4003 모델은 메인프로세서에 정보를 제공하고 그 결과값을 없애는 10비트의 입출력 레지스터였다.
4. 무엇보다도 중요한 칩으로 4004 모델은 4비트 논리 회로 칩으로 이루어진 중앙 프로세서였다.

몇 년 후, 인텔이 실제로 단일 칩 마이크로프로세서를 제조하였을 때 반도체 산업계는 이 선도적인 칩을 프로세서 칩의 이름으로 부른다. 오늘날 4000 제품군으로 구성된 4개의 칩을 부를 때 단순히 4004 마이크로프로세서 모델이라 부른다.

(비트/바이트는 듣는 이에게 혼돈을 줄지도 모른다. 사실 이들은 사과와 오렌지의 관계이다. 바이트는 4개의, 또는 64개의, 혹은 그 이상의 '비트'로 구성된 모음을 말한다. 바이트는 메모리의 용량을 측정하는 단위로 사용된다. 최신이 1테라 디스크 메모리는 대략 1조 바이트의 글자, 심볼, 숫자 등의 정보를 저장하는 용량이다.)

1970년대로 돌아가면 페긴과 시마는 256바이트 크기의 정보를 저장하는 용량의 ROM 메모리와 프로세서에서 정보가 입력되기 직전에 320비트 단위의 원천 정보가 1초보다 더 짧은 순간 동안만 기억되는 40바이트 크기의 RAM 메모리 그리고 프로세서에서 처리된 정보를 외부 메모리로 내보내기 전에 유지하는 칩을 개발한 것이다.

반면에 논리 칩이나 프로세서의 상황 속에서 비트를 이야기 할 때 각각 프로세서에서 처리되는 단위의 크기를 이야기하는 것이다. 4004 프로세서 칩은 4개의 자릿수로 된 정보를 처리했으므로 4비트 마이크로프로세서라 불린다. 반면 인텔의 최신 마이크로프로세서는 64비트나 128비트로 작동한다. 논리 칩이나 프로세서의 크기(volume)는 칩이 정보를 처리하는 클록(clock) 속도나 주파수로 측정된다. 4004모델은 740 킬로헤르츠(740 kHz)의 성능을 내거나 1초당 740,000번의 연산을 수행한다. 최신의 인텔 마이크로프로세서는 거의 4,000 메가헤르츠(MHz)의 성능을 낸다. 이 성능은 1초당 거의 40억 번의 연산을 수행하는 능력이다. 불과 몇 십 년 사이에 이루어진 놀라운 성능의 향상은 바로 무어의 법칙의 본질을 잘 말해준다.

페긴은 이제 자신의 칩셋 설계를 마쳤다. 그러나 아직도 칩셋을 제조해야 하는 순서가 남아 있었다. 1970년 8월이 되자 시제품의 제조가 시작된다. 가장 먼저 제작된 칩은 4001 모델이었다. 페긴과 시마는 완성된 시제품을 가지고 특별히 고안된 실험 장치에 시제품을 장착한다. 그리고 실험을 한 결과 이 시제품은 잘 작동한다. 페긴과 시마는 서로에게 축하를 전하고 이 결과를 호프와 인텔의 경영진에 통보한다.

그 다음 차례는 4002 모델과 4003 모델이었다. 이 두 모델은 ROM 칩으로 사용되는 데 성능에서 아무런 결점을 보여주지 않는다. 그리고 전자 산업 역사상 시제품의 성능 시험에서 가장 좋은 결과를 보여준다. 페긴은 흥분을 감추지 않지만 그렇다고 놀라지도 않는다. 페긴은 자신이 고안한 '부트스트랩 방식의 게이트/트랜지스터의 효과를 입증하였고, 그 외 나머지 대부분의 설계는 이미 입증되었기 때문이었다(상대적으로 대부분 새로운 설계였지만).

그리고 새 해가 시작되기 불과 며칠 전, 최초의 4004 프로세서 시제품이 제조 공정으로부터 도착한다. 그러나 이 시제품은 작동하지 않았고 페긴은 놀라고 만다. 아직 입증되지 않았고 새로운 설계로 제작된 최초의 칩일뿐만 아니라 이미 시마가 대부분의 배치를 마친 상태여서 페긴이 다른 세 가지 칩을 만들 때에 비하면 이 칩의 설계에는 거의 참여를 하지 못했다. 당황스러움을 안고 페긴은 이 제품을 실험 장치에 넣어 시험한다. 그러나 아무런 반응이 없었다.

칩은 전혀 작동하지 않았다. 식별 가능한 미약한 신호조차도 나오지 않았다. 페긴은 심장이 내려앉는 것 같았다. 다시 한 손 가득 다른 시제품 칩을 가져와 실험 장치에 넣어도 아무 반응이 없자 상황은 더욱 악화된다. 직원들 모두가 이 결과를 보고 그 자리에서 한 발짝도 움직이지 못한다. 새로운 장치에서 이와 같은 결과는, 특히 반도체 칩에서는, 그 당시의 전자 산업계에서도 흔하지 않은 결과였다. 그러나 처음 세 가지 칩이 보여준 좋은 결과를 위안 삼으면서 페긴과 시마는 다시 심기일전한다. 이제 페긴은 거의 초인처럼 노력했고 남은 연휴 기간과 아마도 1월 대부분의 시간을 작동하지 않는 칩의 원인을 파악하려는 길고 긴 사후 분석을 위해 사용하게 될 것이라는 사실을 알았다.

그런데 놀랍게도 분석에 들어간 지 불과 몇 시간 만에 페긴은 자신이 현미경을 통해 들여다보던 4004 모델의 재앙에 가까운 실패 원인을 즉각 확인한다. 바로 시제품을 제조하는 공정 과정에서 이 칩의 표면에 놓아야 하는 한 층의 회로를 설치하는데 실패했던 것이다. 페긴은 안도의 한숨을 쉰다. 이 실패는 제조 공정상의 단순한 실수였지 설계상의 오류가 아니었던 것이다.

페긴은 집으로 돌아가서 기대하지 못했던 새해 축하를 맞는다. "그렇게 실망했던 순간으로부터 3주 후에 다시 새롭게 제조한 4004 모델이 나왔습니다. 제가 5센티미터 크기의 웨이퍼를 검사 장치에 넣을 때 제 손은 떨리고 있었죠. 늦은 저녁이었고, 저는 연구소에 혼자 있었습니다. 저는 이 칩이 나머지 자잘한 문제를 해결할 만큼 잘 작동하기를 기원했고, 그렇게 된다면 다음 단계에는 납품할 만큼 충분한 수율이 나오기 때문이었습니다. 그리고 회로의 여러 부분에서 잘 작동되는 것을 확인하면서 서서히 흥분을 감출 수 없었습니다. 새벽 3시가 되고 집으로 돌아와 이상하게도 피로와 흥분감을 동시에 느꼈습니다. 칩이 제대로 작동해 준 순간, 그 동안의 모든 노력이 강렬한 만족감으로 돌아와 주었던 것이죠."3

그로부터 며칠 간 페긴과 시마는 4004 모델을 인증하려고 계속 실험을 진행한다. 그리고 몇 가지 자잘한 문제점을 제외하고는 두 사람은 시험 결과에 대단히 만족해하며 이 소식을 밥 노이스에게 보고한다. 1971년 2월이 되자 비지컴과 새로운 칩을 만들기로 계약한 지 2년이 지나서야 비로소 4004 모델은 양산의 준비에 들어간다. 스탠 메이저 역시 ROM 메모리 안에 저장되어 메모리를 구동할 소프트웨어 코드를 완성한다.

드디어 마이크로프로세서의 시대가 열린 것이다. 인텔은 명확하게 그 사실을 인지하지 못했지만 인텔은 이제 세상에서 가장 중요한 기업 중에 하나로 올라가는 길을 걷기 시작한다.

16장

역사에 남을 은메달

그로부터 다가오는 수십 년 동안 마이크로프로세서를 인정하지 않던 분위기에서 마이크로프로세서는 그저 복잡한 반도체 칩이 아니라 적어도 트랜지스터와 집적회로에 버금가는 혁명 같은 발명이라는 사실을 점점 더 사람들이 깨닫기 시작한다. 마이크로프로세서는 아직 고가의 신기한 물건으로 몇몇 고급 제품에만 이용되었고 마이크로프로세서의 설계는 쉽게 공유되었다. 그러나 마이크로프로세서가 수십억 단위로 생산되기 시작하고, 개인 컴퓨터, 인터넷, 스마트폰 그리고 각종 산업계, 소비자, 자동차, 의료 분야 등의 핵심 부품이 되자 설계 소유권은 중요한 가치를 띄기 시작한다. 그리고 오래지 않아 개인, 기업, 정치, 국가적인 측면에서 그 가치를 인식하고 중요하게 여기기 시작한다.

그렇게 다가오는 15년 동안 테드 호프를 제외하고 4004 사업을 진행한 모든 직원들은 인텔을 떠났다. 그러나 이 사람들 모두가 좋은 모습으로 떠난 것만은 아니었다. 이제 마이크로프로세서와 인텔은 동의어처럼 사용되었고 순식간에 세상에서 가장 중요한 기업 중에 하나가 되었기에 어떤 측면에서 공식 기록이 필요해지기 시작하였고 또 어떤 측면에서 4004 모델의 '진정한' 발명가를 확정할 필요가 생긴다. 그리고 인텔은 테드 호프를 선택한다. 곧 인텔의 문서와 기록물에 테드 호프가 발명가로 기록되고 새로 생긴 인텔 박물관에도 4004 발명의 대부분 공로를 테드 호프에게 돌린다.

그러나 여기에도 정치적인 요소가 작용한다. 미국과 일본의 전자 산업계 간의 전쟁에서 특히 반도체 분야는 더욱 양국은 비신사적인 언사를 서슴치 않으며 극도의 긴장 관계를 유지한다. 당시 일본은 오랫동안 노동집약적인 저렴하고 일회성 제품을 생산하는 국가의 이미지에서 혁신과 경쟁력 있는 고품질의 제품을 만드는 국가의 이미지로 탈바꿈하려고 애쓰고 있었다. 그들에게는 패커드, 노이스, 무어, 게이츠 그리고 잡스와 견줄만한 영웅이 필요했다. 그들은 소니의 모리타(Morita), NEC의 오사푸네(Osafune) 그리고 과학자 중에 이제 인텔의 경쟁자 중 한 명이 된 마타토시 시마(Matatoshi Shima)를 찾아낸다.

시마는 자신에게 몰리는 관심을 환영했다. 인텔에서 그가 받은 대우로 인해 시마는 신경이 곤두서 있었기 때문이었다. 인텔의 공식 역사에도 시마의 공로는 거의 나타나지 않는다. 시마는 4004 모델의 발명에 자신의 공로가 가장 크다고 생각했다. 설계 작업의 대부분을 시마가 담당했고 인텔 역시 시간이 지난 후 인정했듯이 시제품의 제작 공정에서 시마가 회로 설계를 트랜지스터 수준에서 일일이 수작업으로 실행했으며 칩 제조를 위한 납득할 만한 '평면도/평면 배치 기법(floor plan)'을 만들어 냈기 때문이었다.

시마의 관점에서 보면 4000 제품군의 칩 중에 혁신 제품은 4004 프로세서 모델 뿐이었다. 그리고 그가 바로 이 칩의 설계 담당이었다. 그렇기 때문에 마이크로프로세서의 발명가로서 누구보다 자신이 불릴 자격이 있다고 생각한 것이다. 일본 전자 산업계는 미국의 원조 반도체 산업으로부터 기술을 훔쳐온다는 비난에 지쳐 있었고 일본의 언론 매체와 함께 시마의 이야기에 기꺼이 동조하고 이를 십분 활용할 생각이었던 것이다.

페긴의 처지에서 보면 4004 칩셋의 발명에 참여한 사람들 중에 오직 한 사람을 발명가로 뽑아야 한다면 그 영광이 돌아가야 할 후보 중의 한 사람이었다. 그러나 페긴은 후에 앤디 그루브의 미움을 사고 수십 년 동안 인텔의 공식 역사 기록물에서 지워진다.

가장 공정하게 4004 모델과 마이크로프로세서의 발명의 공을 돌린다면 이네 사람 모두에게 각각 공을 돌려야 할 것이다. 호프는 마이크로프로세서가 나아가야 할 방향을 세웠고, 페긴은 새로운 방법을 창조해 냈으며, 시마는 이를 현실에서 만들어 냈다. 그리고 싸움에 뛰어들기에는 너무나 공손했던 프로그래머 스탠 메이저도 있었다. 오늘날 세상은 그렇게 마이크로프로세서의 발명에서 네 사람의 공을 인정한다. 그리고 이 사실이 후에 오바마 대통령이 마이크로프로세서를 발명한 이 네 사람 중에 세 사람의 미국인에게 상을 수여하는 이유가 된다. 또한 이 일이 집적회로를 발명한 노이스와 킬비, 트랜지스터를 발명한 바딘, 브래튼, 쇼클리를 역사가 어떻게 평가했는지 보여 주는 부분이다. 그리고 노벨상이 마이크로프로세서를 발명한 사람에게 주어진다면 이 네 사람 모두에게 주어져야 할 것이다.

그러나 여기에 마이크로프로세서를 발명하는데 기여한 공로가 있다고 여겨지는 다섯 번째 인물이 포함되어야 한다는 강력한 주장이 있었다. 바로 밥 노이스다. 4004 모델의 발명 과정에 통틀어 언제나 그곳에 함께 있었다. 회사가 재정적으로 극도의 어려움에 몰려 있던 시기에도 노이스는 호프에게 자신의 꿈을 따르도록 허가해 주었으며 회사 내 비밀 연구 부서를 만들어 주었다. 그리고 호프가 목적을 달성하도록 격려하고 도전하게 하였으며, 업무를 올바르게 하도록 지원했다. 그리고 사업을 중단하게 하고 회사의 중요한 인적 자원들을 긴급한 상황에 투입하려는 경영진의 의도를 굴복시켰다. 게다가 비지컴이 이 칩을 비 계산기 분야의 소비자에게 파는 권리를 인텔이 보유하도록 이끌어냈다. 그후 몇 년 동안 밥 노이스는 두 가지 캠페인을 펼치는데 헌신을 다한다. 첫 번째는 마이크로프로세서를 새로운 생산품으로 인텔 내부에서 받아들이도록 하는 일과, 두 번째로는 마이크로프로세서를 '내장' 지능형 기기를 세상이 받아들이도록 하는 일이었다.

세상에는 이미 이전에 컴퓨터의 모든 기능을 하나의 칩에 넣는 생각을 한 과학자들이 많이 있었다. 테드 호프가 자신의 생각을 밀어붙이지 않았더라도 인텔은 수년 내에 마이크로프로세서를 만들려고 시도를 했을 것이다. 시마는 똑똑한 기술자였지만 인텔 내부에 이에 못지않은 직원들이 있었다. 페긴과 메이

저가 그렇듯이 이들 직원은 대체하기 쉬운 인재들이 아니었다. 그리고 당시 반도체 산업계는 이들이 수 주 동안 이루어 낸 일들을 똑같이 해내려 했다면 아마 수년의 시간이 걸렸을 것이다. 그러나 밥 노이스가 비지컴에서 4000 제품군의 칩을 개발하는 주문을 받아낸 사실이 없었다면 그리고 호프의 비밀 연구 부서의 지원과 회사의 자원을 비밀 연구가 성공하도록 지원하고, 또 페긴의 고용을 승인한 일 그리고 우리가 보게 되는 바와 같이 인텔의 사무실을 벗어나 전 세계에 이 새로운 개념의 제품을 받아들이도록 고군분투한 사실이 없었다면 아마 마이크로프로세서의 발명이 세상에 나오기까지는 몇 십 년은 더 걸렸을 것이다. 또한 분명히 인텔에서 처음으로 마이크로프로세서가 나오지도 않았을 것이다. 밥 노이스가 마이크로프로세서를 연구하고 발명하는 역할은 아니었지만 밥 노이스는 마이크로프로세서의 발명에 빠질 수 없는 인물임이 분명했다.

17장
위기 극복

인텔의 비밀 연구 부서가 4000 시리즈의 칩을 설계하고 시제품을 만들려고 노력할 때 인텔의 대부분 직원들은 회사 존망 위기의 문제에 매달렸다. 문제는 회사의 중요한 메모리인 1103 모델로 1,024비트의 속도와 최초의 상용 DRAM 제품이었고 허니웰 핵심 메모리로 사용될 예정이었다. 이 제품은 상업적으로 큰 시장을 목표로 했으며 당시의 경제 불황 속에서 인텔의 생존을 보장해 줄 제품이기도 했다.

그러나 그 계획은 인텔이 1103 모델을 무사히 양산할 때나 가능한 일이었고, 1970년 가을까지 인텔은 이 제품을 만들어 내지 못한다. 앤디 그루브가 말했듯 이 "어떤 악조건에서는 메모리가 기억을 잘하지 못하는 듯 했습니다."[1] 이 문제는 메모리칩에게 좋은 현상이 아니었다. 특히 고성능에 특정 중요한 업무를 처리해야 하는 응용 제품을 위한 메모리로서는 더욱 문제가 컸다. 어떤 제품은 유리로 된 덮개를 씌우면 저장된 기억이 희미해지고 어떤 제품은 진동이 가해지면 바로 꺼졌다. 더군다나 어떤 제품은 비현실적으로 불규칙한 주기로 꺼졌다. 테드 호프는 다른 사업으로 인해 손실된 시간을 보상하려고 1103 모델의 작동과 불량에 28장으로 된 메모를 작성한다.

반도체 산업의 역사 속에서 최첨단 장치들이 심하게 낮은 수율을 보이던가, 사용 중에 불타버리던가, 혹은 고객의 손에 주어지자마자 멈춰버리는 일은 다반사였다. 재앙 같은 이런 일들의 많은 부분이 페어차일드에 있었다. 그러나 인텔은 그 출발부터 반도체 산업의 혁신 기업일뿐만 아니라 안정된 제조 품질을 보여주는 기업으로서의 방침을 표방했다. 그런데 이제 인텔은 신뢰하기 힘든 제품을 손 안에 가진 셈이었다. 게다가 인텔은 그 당시 절실하게 수익이 필요했다. 결국 다른 선택의 여지가 없던 인텔은 방침을 깨기로 한다.

1970년 10월, 4000 시리즈의 시제품이 개발되기 시작할 즈음, 인텔은 1103 제품을 다음과 같은 광고와 함께 출시한다.

'종말: 자기 코어 저장 장치는 이제 가격 경쟁에서 새로운 칩에게 패배합니다.'

반도체 산업계 내부에서 이 광고는 하나의 경고와 같았다. 인텔은 컴퓨터 관련 산업 역사상 처음으로 기존의 내부 저장 매체인 작은 자석 링에 전선을 감아 넣은 자기 코어 메모리와 성능에서 대등하고 집적회로 메모리의 가격대에 수백 배 작고 훨씬 전력 효율이 높으며 빠른 그리고 무엇보다 상대적으로 저렴한 가격대의 메모리를 출시한다고 공표한 것이다. 반도체 산업을 가까이서 살펴 보아왔던 사람들에게는 이 공표가 이제 메모리칩 시장에서 무어의 법칙 도표의 곡선이 코어 메모리 개발의 수평선을 넘었고 곧 수직 상승할 것이라는 뜻이었다.

그러나 이러한 지식이 있던 독자들이 모르던 사실은 인텔이 1103 칩과 관련하여 발생하는 문제(bugs)를 아직 모두 해결하지 못했지만 이 제품들을 일단 배송하기로 결정했다는 사실이었다. 이 제품을 만드는 일에 참여한 사람이지만 이 결정에 앤디 그루브보다 분노한 사람은 없었다. 앤디 그루브는 이 제품이 고객의 손에 도착함과 동시에 작동하지 않는다는 사실을 확인하고 분노하는 고객들의 전화와 계약 취소를 생각하며 두려움을 느끼고 있었다.

그런데 단순히 운이라고 밖에 할 수 없는 이상한 일이 벌어지기 시작한다. 인텔은 오랫동안 뛰어난 혁신성으로 알려져 왔고, 많은 실수로부터 빠르게 습득하고 그리고 사나울 정도의 경쟁력이 있다고 알려져 왔다. 그러나 이 경우에 인텔은 대재앙의 막다른 끝으로 몰릴지도 모르는 상황이었다. 그러나 분명히 운이 따라준다.

고든 무어에 따르면 1103 제품이 가져올 이 위기를 무사히 넘긴 이유는 반도체 시장이 가지는 특이한 본질 때문이라고 말한다. 컴퓨터 메모리 산업에 종사하는 기술자들은 장치가 멎어버리거나 기기의 작동이 갑자기 되지 않는 현상을 종종 겪는다. 그리고 이 현상은 1103 메모리를 제조할 당시에 겪은 현상과 놀라울 정도로 유사했다. 자기 코어 메모리와 1103 메모리 둘 다 주변의 다른 전자 기기에 따라 영향을 받았으며 1103 메모리가 주기적으로 초기화되는 현상은 코어 메모리에서 '자기 파괴 성향의 읽기'라고 불리던 작동 불능과 놀라울 정도로 닮아 1103 모델이 보여주는 초기화 현상을 자연스럽게 받아들이도록 만들었던 것이다.

메인프레임 컴퓨터 메모리 기술자에게 이러한 실패의 유사함은 경멸보다는 신뢰를 가져다준다. 1103모델의 까다롭게 정상적으로 작동하지 않는다는 사실은 기술자들이 이 새로운 기술을 채택함에 편안함을 느끼게 만들었다. 고든 무어는 이를 다음과 같이 말한다. "1103제품을 구성하는 이러한 특징들은 컴퓨터 기업에 근무하는 기술자들에게는 위협적이기보다는 일종의 도전 과제였습니다. 우리가 이렇게 의도한 것은 아닙니다만 우리가 1103 모델을 완벽하게 작동하도록 만들었다면 우리는 경쟁자로부터 더 큰 저항을 만났을 것입니다."[2]

불행히도 인텔에게 종종 따르던 이러한 행운이 나중에 하자가 발견된 제품을 그대로 판매하도록 하는 잘못된 결정을 내리도록 하게 만드는 결과를 낳기도 한다. 그리고 이러한 의사 결정은 약 20여 년이 지나 큰 대가를 치루게 만든다.

그러나 한편으로는 인텔에게 이러한 행운이 계속 따라준다. 1103 모델이 가지는 중요성 때문에 소형컴퓨터에서 개인용 컴퓨터까지 모든 분야에 수요를 만들어냈고 세상에 존재하는 모든 컴퓨터에 반드시 필요한 새로운 기술이 된다. 하지만 1103 모델이 가지는 잠재적 수요를 감당하려면 메모리 시장이 갖는 예측 불가능한 면과 더불어 컴퓨터를 만드는 회사들이 지속해서 안정적으로 메모리를 제공해 주는 제조사를 확보하는 일이 필수였다. 다시 말해 2차 공급자가 될 회사를 원했던 것이다. 이 기회를 처음 인식한 곳은 벨 캐나다(Bell Canada)의 생산 보조 회사인 마이크로시스템즈 인터내셔널 리미티드(Microsystems International Limited)였다. MIL은 밥 노이스와 접촉을 시도한다. 밥 노이스가 현장 영업 능력은 떨어질지 모르지만 필요한 경우에는 종종 발군의 수완을 발휘하곤 했다. 밥 노이스는 그럴 때마다 두려움이 없는 도박가와 같았다. MIL에게 한 답변은 독창적이었다. MIL이 1103 모델의 2차 공급자가 되기를 원한다면 인텔에 이 모델의 순자산 가치를 지불해야 할 것이고 이를 수락한다면 인텔이 가지는 지식을 전수하겠다고 말한 것이다.

MIL이 이 제안을 수락할지 여부를 판단하고 인텔이 살아남으려면 얼마나 많은 돈이 필요할지 실질 분석을 따르는 것이 아닌 자신의 직감을 따르는 것은 분명히 비정상적이었다. 경영진이 발휘하는 이런 종류의 임기응변은 앤디 그루브와 같은 기업가를 화나게 하고 좌절하게 하기도 했지만 한편으로 이러한 임기응변이 통할 때는 그들을 놀라움에 빠뜨리기도 했다.

MIL은 1103 메모리를 만드는 제조법을 판매하는 조건과 캐나다 오타와에 제조 공장을 세우는 데 연구 인력을 파견해 주는 조건으로 1972년도에 걸친 판매 로열티를 포함하여 1백5십만 달러에 2차 공급자의 권리를 갖는 계약을 맺는다. 그리고 새로 세운 공장이 생산 목적을 달성하면 인텔에 추가로 50만 달러를 추가로 지불하기로 합의한다. 밥 노이스는 인텔의 투자자에게 보내는 편지에서 "MIL이 계약하에 지불하는 자금은 이미 충분한 상태의 인텔 자금 사정을 더욱 개선할 것이며 우리 공정의 우수함에 암묵과 같은 보증이 되어 우리를 도와줄 가치 있는 마케팅 도구가 되어줄 것입니다."라고 적는다.

앤디 그루브는 이 소식을 듣고 크게 화를 낸다. "하나의 웨이퍼에서 한 개 혹은 두 개의 1103제품이 작동하지 않았습니다. 이는 낮은 수율이었죠. 우리는 우리 제조 공정에서 어떤 엉터리를 만드는지 모른다고 생각했습니다. 더군다나 이 낮은 수율도 인텔이 보유하는 모든 기술자와 과학자들이 동원되어 얻는 상태였습니다. 그런데 MIL과의 계약 때문에 나는 제조 공정 관리자나 선임 기술자 없이 수율을 맞추어야 하는 상황이 된 것입니다. 이제 두 사람이 오타와로 향하고 있었습니다."[3]

거기에는 앤디 그루브가 화가 나는 또 다른 이유가 있었다. 앤디 그루브는 인텔의 선임 운영 임원이었고 자신을 두 창업자의 동료로 아니면 적어도 회사가 내리는 중요한 모든 의사 결정에 최소한 가까이 간섭할 사람으로 여겼다. 이제 회사의 마지막 의사 결정일지도 모르는 상황에서 자신은 한 옆으로 밀려나서 회사가 어디로 향하는지도 알 수 없는 어둠 속에 갇힌 셈이었다. 앤디 그루브가 가장 존경하는 고든 무어마저도 앤디 그루브를 옆에서 지원 세력이 되는 고용인으로 취급하였다. 그 순간 앤디 그루브가 회사를 그만 두지 않은 것은 사실 놀라운 일이었다.

그 대신 앤디 그루브는 밥 노이스에게 몇 차례 이 문제를 심각하게 논의하기 위하여 접근했지만 노이스는 앤디 그루브를 배제한다. 마침내 1971년 여름에 기술조직이 오타와로 떠날 준비를 마치자 앤디 그루브는 마지막 시도를 한다. 앤디 그루브는 노이스의 사무실로 급히 찾아가(마침 그때 고든 무어도 노이스의 사무실에 있었다) 지금 제조하는 1103 메모리의 수율을 잡는 일과 오타와 공장에서 생산이 이루어지도록 기술조직을 파견하는 일을 동시에 하는 것은 현재 불가능하다고 '가장 강력하게 그리고 진지하게' 의견을 피력한다. "이번 결정은 우리에게 사형 선고와 같습니다! 우리는 1백5십만 달러를 받고 회사는 가라앉을 거라구요!"

노이스가 의견 충돌을 피하기로는 유명했지만 어떤 이유에서 앤디 그루브와 의견 충돌을 가질 때는 좀 다른 기준을 가지는 듯했다. 밥 노이스는 언제나 앤디 그루브는 한 수 아래라고 생각하는 듯했고 이러한 생각 때문인지 결코 화해나 협상을 이끌어 내지 않았다. 그래서 노이스는 누구와도 그렇듯이 앤디 그루브에 동의하는 대신에 침착하게 앤디 그루브가 지르는 고함을 경청한다. 그리고 느리고 조심스럽게 "우리는 이미 결정을 내렸고 앤디는 어떻게 이 문제를 해결할지 파악하는데 힘을 쏟을 필요가 있어요."

앤디 그루브는 그렇게 사무실을 나갔다. 후에 이때의 심정을 앤디 그루브는 다음과 같이 말한다. "나는 완전히 맥이 빠져 있었습니다." 다시 한번 왜 그가 그때 회사를 그만두지 않았는지는 여전히 의문이다.[4]

결국 마이크로 시스템즈와의 거래는 성공이었을뿐만 아니라 훌륭하게 마무리된다. 그리고 캐나다의 회사는 인텔에 추가로 50만 달러의 보너스를 지급한다. 1103 설계조직은 오타와로부터 돌아와 영웅 같은 환영을 받으며 하와이의 카우아이(Kauai)에 위치한 리조트에서 가족을 동반하여 3일 간의 휴가를 즐긴다. 충분한 술과 함께 그들은 수영복으로 갈아입고 바닷가에서 여가를 즐긴다. 다이빙 선수로 메달을 받았던 노이스는 직원들을 이끌고 바다로 뛰어들지만 물이 빠진 시기라 오직 젖은 모래를 뒤집어쓰고 상처투성이에 웃음을 머금은 채 밖으로 나온다. 그렇게 노이스는 직원들과 즐거운 시간을 갖는다.

인텔은 분명히 이렇게 축하할 이유가 있었다. 그들이 휴가를 즐길 시간에 실리콘밸리에서는 이미 노이스가 마치 악마와 같은 능수능란한 사업 기질로 MIL과 거래를 성사시켰고 그 거래 성사로부터 자금을 마련하는데 성공했다는 소문이 산업계로 흘러나갔다. 경쟁사들은 이미 페어차일드에서 실패했지만 인텔에서 다시 시작한 창업자가 뛰어난 사업 수완이 있는 경영자라는 사실을 주목했던 것이다. 그리고 이 메모리칩의 성공 때문에 이제 인텔은 매출과 이익을 창출해 내는 진정한 기업으로 자리를 잡는다. "MIL과의 거래 성공은 진짜로 그들의 운명을 바꿔놓았습니다."라고 인터실(Intersil)에서 그 거래를 바라보았던 마셜 콕스는 회고한다.[5] 이 거래는 몇 킬로미터 밖에 있는 내셔널 반도체의 찰리 스포크에게서 기대했던 거래보다 더 달콤한 거래였다.

그리고 MIL과의 거래 성공은 밥 노이스의 위상을 과학자에서 기업인의 모습으로 바꾸어 놓는다.

페어차일드에서 하나의 칩을 1달러 수준에 판매하겠다던 전략을 뺀다면 자신의 경력에서 기업가로서 이루어낸 거래 중에 가장 성공한 것이었다.

페어차일드가 안정적으로 운영되는 동안 회사를 훌륭하게 이끌다가 회사가 흔들리고 추락을 시작할 때 밥 노이스는 회사가 안정을 되찾도록 이끌지 못했다. 페어차일드는 레스 호건의 도착과 동시에 빠르게 안정을 되찾았고 구조를 받았다.

그러나 지금 인텔에서 산업계가 부딪힌 경기 부진과, 수익 악화, 회사의 대표 상품이 심각한 수율 하락을 겪고 있을 때 밥 노이스는 거의 모든 경영 규칙을 깬다. 밥 노이스는 중요 연구진을 장기 목표를 향해 매진하도록 비밀리에 지시하고 회사의 주요 경영 관리자조차도 그 사실을 모르게 한다. 그리고 직원들을 나누어서 잘못될 경우 경쟁자가 될지도 모를 2차 공급자들이 공장을 원활하게 운영하도록 지원하게 한다. 밥 노이스는 이 모든 것을 해낸다. 이 과정에서 밥 노이스는 인텔의 자본금을 두 배로 늘릴뿐만 아니라 결국 회사의 모든 사람들이 알게 될 전자 산업의 역사 속에서 가장 위대한 발명품 중의 하나를 만들도록 조언한다.

모두가 허리띠를 졸라 매던 불황기에 반도체 산업계와 실리콘밸리를 통틀어 모두가 인텔의 행보에 입을 다물지 못한다. 밥 노이스의 무책임한 성격이 인텔이 가지는 가장 큰 약점이라 여기던 모든 사람은 자신들의 믿음에 속고 만 것이다. 그리고 다가오는 어려운 시기에 웅크리고 있어야 하는 자신들에 비해 이제 넘치는 자금 위에 앉아 높은 수준의 R&D를 수행하고, 경기 호황이 다가오면 포효할 인텔을 바라보게 될 것이라는 사실을 알았다. 이미 집적회로를 발명한 과학자로서 명성을 세웠던 노이스는 이제 세계적인 기업가로서의 명성도 얻게 된 것이다.

18장

연금술사의 반도체

　그러나 새로운 발명인 마이크로프로세서를 가지고 무엇을 한단 말인가? 이미 비지컴과 인텔 사이에 계약을 맺고 4000 시리즈 칩을 배송한 지 1년이 지났다. 그 시간 동안 예상했던 바와 같이 사무용 계산기 시장에 많은 변화가 생긴다. 그리고 밥 노이스는 이 변화를 재빨리 발견한다. 1971년 2월 밥 노이스는 자신의 명성을 이용하여 신제품을 설계하려는 일본의 컴퓨터, 전자계산기 그리고 각종 전자 기기 제조업체들에게 1103 메모리를 사용하여 설계하도록 설득하려고 일본 출장을 단행한다. 곧 이 출장은 효과가 크게 나타난다. 15퍼센트의 수익이 일본 업체로부터 발생하기 시작한 것이다.

　이 출장의 두 번째 목적은 4000 칩셋의 납품이 임박하고, 이와 관련하여 비지컴의 코지마 회장에게 설명을 하려는 것이었고, 밥 노이스는 환영을 받을 것이라고 기대했지만 깜짝 놀라고 만다. 지난 몇 달 사이에 전자계산기와 관련하여 경기가 빠르게 식어버리고 만 것이다. 전자계산기의 가격이 폭락하고 경쟁사들은 빠르게 방어 전략을 구사한다. 가격 전략의 전형으로 낮은 성능의 사칙연산 계산기를 낮은 가격으로 공급해 다른 경쟁사들을 고사하게 하려는 전략을 구사한다. 전자계산기 시장에서 주요 업체가 아니었던 비지컴도 예외가 될 수는 없었다. 이제 회사가 의도한 대로 고성능에 프린터가 장착된 4000 시리즈 칩셋의 전자계산기는 마치 시대착오 같은 제품처럼 보였다.

　이제 열렬한 환영 혹은 인텔이 이루어낸 것에 칭송까지 기대하면서 일본에

온 밥 노이스는 그 대신에 돌처럼 굳어버린 표정의 요시노 코지마 회장을 만난다. 그리고 코지마 회장은 노골적으로 4000 시리즈가 가격이 비싸게 매겨졌다며 재계약을 해야 한다고 밥 노이스에게 통보한다. 실망하여 캘리포니아로 돌아온 밥 노이스는 4000 시리즈 사업에 참여한 주요 직원들과 일일이 만나 일본에서 일어났던 일을 설명한다.

호프는 노이스에게 다음과 같이 말한다. "아무 타협도 얻어내지 못한다면 최소한 칩을 다른 고객에게 팔 권리라도 달라고 하세요." 페긴도 같은 말을 노이스에게 전한다.

밥 노이스가 자신이 흔들린다면 이 사업에 그 동안 쌓아온 노력이 위험해 질지도 모른다는 생각이 들자 4000 시리즈 개발에 참여한 직원들은 자신들의 발명품을 사업부의 일이 아닌 회사 전체의 일로 만들려 한다. 호프는 "우리 모두가(메이저, 패긴 그리고 내가) 마케팅 직원에게 가서 한 말입니다. '다른 고객에게 팔 권리를 달라 하세요!'라고 말이죠." 그리고 그와 같은 방법에 마케팅 부서 일각에서 거부감을 보인다. 인텔은 메모리를 제조하는 회사였고, 메모리는 고객의 요구 사항에 맞추어진 상품이었다. 따라서 컴퓨터 산업에서 마케팅을 펼치는 일 자체가 매우 어려운 일이었다. 따라서 이 제품을 시장에서 상용화하여 판매하자는 아이디어를 두고 논쟁을 벌인다.[1]

그래도 인텔은 여전히 동맹군이 있었다. 인텔의 마케팅 컨설턴트이자 평론가인 레지스 맥케나(Regis Mckenna)였다. 바로 일 년 전부터 레지스 매케나는 자신만의 사무실을 열고 마케팅과 홍보 대리인으로서 독립했고 첨단 기업 분야에서 곧 주요 고객이 되는 인텔은 첫 번째 고객 중에 한 회사였다. 레지스 맥케나는 4000 시리즈와 비지컴의 이야기를 듣고 나서 본격적으로 이 논쟁에 참여한다. 레지스 맥케나는 4000 시리즈와 관련된 논쟁이 인텔을 위해 해결될 방법이 있다고 현명하게 제안한다. 바로 이 칩셋 자체가 다른 메모리 수요를 더 만들 것이라는 것이었다.

결국 모든 결정은 다시 밥 노이스에게로 돌아온다. 그리고 다시 한번 밥 노이스는 위대한 마이크로프로세서의 수호자임이 드러난다. 코지마 회장과 다시 협상하기로 한 것이다.

1971년 5월, 비지컴은 전자계산기와 관련된 사용을 제외한 다른 모든 분야에서 4000 시리즈의 독점 권리를 양도하기로 합의한다. 그리고 이 계약은 기업 역사상 가장 큰 실수 중에 하나가 된다. 비지컴이 그 독점 권리를 계속 유지했다면 비지컴은 세상에서 유일하게 마이크로프로세서 설계 소유권이 있는 회사가 되었을 것이고 면허 생산을 통해 수십억 달러를 계속해서 벌어 들였을지도 모르는 일이기 때문이었다. 대신에 1971년 말까지 절박했던 기업 사정은 전자계산기에 사용되는 4000 시리즈의 독점 권한마저도 양도하게 만든다. 비지컴은 시장을 지배했을지도 모른다. 그러나 그 대신 거대한 산업 불황 속에서 수많은 전자계산기 업체들처럼 휩쓸려 사라져 갔다. 비지컴의 실수는 운이 나빴던 전자계산기 업체 이상의 함축된 의미가 있다. 다가오는 수십 년 동안 일본은 수없이 반복하여 모든 중요한 마이크로프로세서 사업에서 경쟁을 시도하고 계속해서 실패한다. 그리고 이러한 실패는 곧 임박할 미국에 대항한 반도체 전쟁의 최종 승부를 결정하게 만든다.

한편 인텔 내부에서는 컴퓨터의 중앙 처리 프로세서를 아주 소수의 칩으로 줄일지 아니면 기존의 입증된 기술로 제조를 해야 할지까지 여러 가지 기술 토론이 진행 중이었다.

한 가지 개념은 계속 칩의 수를 줄여서 두 개 그리고 다시 하나로 줄이자는 주장이었다. 이 주장은 확실히 기술적 중요도와 무어의 법칙이 제안하는 올바른 길이었다. 그러나 그렇게 하려면 큰 기술적 문제가 기다렸다. 4000 시리즈 칩셋을 포함하여 그 당시까지 모든 칩은 오직 하나의 목적을 수행하려고 제조되었다. 논리, RAM, ROM 그리고 입출력을 각각 담당하는 것이었다. 여기서 칩의 수를 더 줄이면 다른 기능을 함께 수행해야 함을 의미했다. 어렵고 아직 입증되지 않은 기술로서 실리콘의 표면에 각각의 역할을 하도록 다른 부분에 다른 설계를 해야 함을 의미했고, 그 각각의 역할을 하는 표면 부분들 간의 복잡한 연결을 해결해야 했다. 이 진정한 마이크로프로세서가 요구하는 부분은 그 당시로서는 인텔일지라도 너무나 위험 요소가 컸다. 그러나 다가오는 몇 년 안에 이러한 변화가 불가피하다는 사실은 분명해 보였다.

그러나 다행히 다른 대안이 있었다. 그 대안은 임시방편으로 4개의 칩으로 구성된 4000 시리즈의 칩셋 성능을 개선하고 이 칩셋의 응용 장치를 개선하는 일이었다. 이 개선은 보다 안전한 전략이었지만 그렇다고 위험이 존재하지 않는 것은 아니었다. 심지어 이 방법조차도 빛을 보지 못할 뻔했다.

비지컴과 개정된 계약을 체결한 지 두 달이 지나지 않아 인텔은 4000 시리즈를 시장에서 상용화를 목표로 생산 라인에 공식 투입한다. 4000 시리즈의 소유권을 확보하려는 싸움부터 바로 이 순간에 도달하려고 인텔이 거쳐 온 모든 것들에 아마도 어떤 사람들은 이 제품의 생산까지 일사천리로 진행되었을 것이라고 생각할지도 모른다. 그러나 현실은 테드 호프조차도 이 생산에 반대하는 편이었다.

호프는 틀림없이 이 제품이 혁신이지만 기술적 제한 때문에 결국 4000 시리즈를 4비트 단어 길이, 낮은 용량의 ROM, 느린 속도의 저가형 전자계산기에만 쓰이게 될 것이고 이는 대형 컴퓨터와 같은 다른 응용 장치에서도 사용이 가능한 마이크로프로세서의 잠재적 유용성을 심각하게 훼손하기 때문이라고 말한다. 모순이라면 호프가 반대의 이유로 주장하는 내용이 바로 그가 처음 이 제품을 고안할 때 사용한 논리라는 것이다. 다목적의 설계 구조를 한 칩은 고객들에게 많은 프로그래밍을 요구할 것이며 이와 같은 프로그래밍이 가능하다고 예상되는 회사들은 아직 이러한 개념에 준비가 되지 않았던 것이다. 호프와 다른 직원들이 질문했듯이 누가 영업 담당들을 교육시켜 시장에 나가 이 혁신 신제품을 팔도록 할까? 어떤 고객들이 사후 서비스를 할 기반이 없는 회사가 만든 새롭고 급진적이고 입증되지 않은 제품을 쓰려는 위험을 안을까?

그러나 4004칩(이제 앞으로 개발되는 모든 칩셋이 이 칩셋의 이름을 본 떠 지어지게 되는 역사적으로 중요한 시점이었다)을 만든 부모 중 한 쪽이 이 제품을 고아로 만들 준비를 했다면 다른 한 부모는 그렇지 않았다. 페데리코 페긴은 4004 칩의 상업적 가능성을 보았던 것이다.

페긴은 제조 공정에서 구조를 개선하여 제작한 4004s를 시험하려고 자신이 만든 장치를 가리킨다. 그리고 4004 칩처럼 스스로 통제하는 제품은 없다는 점을 강조하며 바로 이점이 이 제품이 가지는 시장에서 성공할 상업상의 잠재력임을 말한다.

결국 논쟁에서 페긴이 승리하지만 페긴의 승리는 상처뿐인 영광이었다. 3주 후 인텔은 의사 결정을 내린다. 그런데 회사의 직원들은 업계의 선두 제품을 소개하는 잡지인 일렉트로닉스(Electronics)의 최근 경향 부분에 텍사스 인스트루먼츠사의 새로운 광고를 보고 충격에 빠지고 만다. 이 광고에서 거대한 칩 사진(실제로 '거대하다' 표현은 여기에서 채 1평방 센티미터가 안 된다)과 제목에 다음과 같이 광고 문구가 실렸던 것이다.

하나의 칩으로 이루어진 중앙 처리 장치 (CPU ON A CHIP)

인텔은 새롭고 혁신적인 장치인 마이크로프로세서를 만들려고 거의 1년 이상을 회사의 인재와 자원을 투자해 왔다. 그리고 이 제품을 시장에 선보일 지 여부를 가리려고 내부적으로 격렬한 토론까지 벌인 후 이제 경주를 시작하기도 전에 승부에서 밀리는 상황이 된 것이었다. 광고 문구까지 인텔의 직원들을 낙담하게 만든다. 세계에서 가장 큰 반도체 회사 중에 하나이자 실리콘밸리에서 가장 강력한 경쟁사 중의 한 곳이 진정한 마이크로프로세서를 먼저 선보였을뿐만 아니라 분명하게 금속 산화물 반도체를 이용한 집적회로 기술로 미세한 공정에서 마이크로프로세서를 대량으로 생산할 능력이 있었기 때문이었다.

한 가지 더 위험한 요소가 있었다. 광고의 문구에는 텍사스 인스트루먼츠의 하나의 칩으로 이루어진 중앙 처리 장치가 컴퓨터 터미널 코퍼레이션(Computer Terminal Corporation: 오늘날의 Datapoint)를 위해 만들어졌다는 사실이었다. 이 사실은 인텔의 처지로서는 뼈아픈 사실이었다. 원래 CTC와의 첫 계약은 인텔과 이루어졌었지만 인텔이 서투르게 처리하다가 놓치고 만 계약이었던 것이다.

이 일의 경위는 다음과 같다. CTC는 비지컴과 같이 단일 칩으로 구성된 컴퓨팅에 관심이 있어 인텔에 접근한다. CTC의 경우 인텔이 자사의 최신 모델인 2200 컴퓨터 터미널의 마더보드를 가져가기를 원했다. 그래서 이 마더보드에 장착된 거의 100개에 이르는 바이폴라 논리 칩의 숫자를 약 24개 정도의 금속 산화물 반도체 칩으로 줄여주기 바랐다. 비지컴처럼 CTC는 성능을 저하시키지 않으면서 규모를 줄이고, 비용을 낮추는 것이 목적이었던 것이다. 테드 호프는 CTC의 요청을 검토하고 나서 인텔이 CTC에서 요청한 계약 내용을 다 이행할 수 있을뿐만 아니라 페데리코 페긴이 페어차일드에서 고안한 실리콘-게이트 기술을 사용하면 20개의 바이폴라 칩을 하나의 금속 산화물 반도체 칩으로 대체가 가능함을 깨닫는다. 호프는 이 놀라운 해결책을 가지고 CTC를 만나고, 비지컴과 달리 CTC는 바로 이 설명을 바로 받아들인다.

CTC와의 계약에는 크게 두 가지가 비지컴과 다른 점이 있었다. 첫 번째로 호프가 비지컴의 사업에 비지컴의 설계조직과 깊게 관여했던 것과 달리, 지금은 4004 칩과 관련한 업무로 바쁜 상태였다. 그래서 인텔에서 1201이라 명명한 이 CTC의 새로운 칩 설계와 관련한 업무 분장 권한을 부하 직원 중 한 명인 할 피니(Hal Feeney)에게 넘긴다. 피니는 특히 페긴의 도움을 받아 1201 칩을 설계하고 제조할 충분한 능력이 있었지만 인텔에서 호프만큼의 명성이나 정치적인 영향력이 없었다. 몇 개월이 지나고 1103 칩을 제조하는 과정에서 어려운 위기가 발생하자 앤디 그루브는 피니를 1201 칩 설계에서 빼오는 데 주저하지 않는다. 그리고 회사를 구하려는 싸움에 피니를 투입한다. 그리하여 1201칩 설계는 교착 상태에 빠지게 되고 활기를 잃고 만다. 결국 CTC는 인텔의 답변을 얻지 못하자 계약 건을 텍사스 인스트루먼츠와 다시 하게 된 것이었다.

이제 8개월이 지나고 텍사스 인스트루먼츠의 광고가 준 충격이 인텔을 휘젓는다. 그러자 이번에 전의에 불타 오른 당사자는 앤디 그루브였고 4004 칩의 개발에 반대하던 편에서 텍사스 인스트루먼츠를 물리치려고 정반대로 태도를 바꾼다. 앤디 그루브는 CTC를 찾아가 원천 계약을 유지하려고 싸운 끝에 성공한다. 앤디 그루브는 인텔에서 미래의 마이크로프로세서의 모습을 보지 못했다 하더라도 여전히 경주에서 승리하고 싶어 했던 것이다.

한편 여전히 4004 시제품을 시험하던 페데리코 페긴은 1201 칩을 구하는 임무를 할당받는다. 1201 칩과 관련하여 인텔에서 어떤 일이 일어났었는지 유일하게 아는 피니도 다시 페긴과 함께 1201 사업을 완성하려고 임명된다. 지금까지는 이 사업이 지지부진해왔지만 텍사스 인스트루먼츠가 이 사업을 인텔의 가장 중요한 사업이 되도록 만든다. 두 사람은 1971년 봄까지 8비트의 1201 칩 설계에 어떻게 4004 칩의 설계에서 배운 내용들을 접목시킬지 연구한다(1201 칩을 4비트가 아닌 8비트로 설계하는 일에 큰 논쟁이 있었다. 이는 4004칩을 상업적으로 사용하기에 당시 그 응용 장치가 크게 부족했던 경험에서 기인한다). 그리고 6월에 텍사스 인스트루먼츠의 광고 폭탄이 떨어지자 연구 부서는 더욱 가속도를 올린다.

그리고 7월에 또 다른 일이 벌어져 인텔에 충격을 준다. CTC가 인텔에 찾아와 경기 침체가 찾아오고 논리 칩의 가격이 폭락하는 상황에서 계약을 해지하고 싶다고 밝힌 것이다. 이 일로 인해 1201 사업은 취소가 될 상황에 처했고 인텔이 마이크로프로세서 개발에 깊이 관여할 기회가 사라질 뻔한다. 그러나 노이스와 일본의 깊은 인연 덕분에 인텔은 곧 시계 회사인 세이코(Seiko)가 새로운 디지털 산업에 뛰어들려 한다는 사실을 알게 된다. 세이코는 디지털시계를 제조하려 했고 여기에는 1201과 같이 강력한 논리 칩이 필요했다. 이 세이코와의 거래 덕분에 인텔은 CTC와의 거래를 끊는다. 반대로 인텔은 1201제품의 상업적 판매 권리까지 획득하고 이 제품명을 곧 8008 칩으로 정한다.

다시 한번 페긴과 연구 부서는 새로운 제품을 시장에 선보일 준비를 한다. 그러나 이번에는 호프가 조직에 합류하지 못한다. 호프는 시장에 새로운 개념의 제품 홍보와 교육을 위해서 산업 박람회와 기술 회의에 참석하는 임무를 맡았기 때문이었다. 그리고 행운을 바라며 수단과 방법을 가리지 않고 인텔에 거대한 시간과 자금을 투자할 고객을 찾기 시작한다.

그러나 좋지 못했던 점은 호프가 새로운 제품을 팔려한 것이 아니고 새로운 개념을 알리려 간다는 사실이었다. 항상 그렇듯이 사람들에게 급진적이고 새로운 혁명을 받아들이게 하려면 그리고 이 개념이 현재의 상태와 아주 많이 차이가 난다면 대부분의 사람은 쉽게 받아들이지 않으려 한다는 사실이었다.

호프는 다음과 같이 그때를 기억한다. "사람들은 마치 컴퓨터라고 하면 크고 비싼 장비로 잘 보호해야 하고 지켜야 하는 소중한 것으로 받아들였고, 마치 컴퓨터는 비용 대비 효율적이고 무언가 가치 있는 일에 사용해야 한다고 생각했으며, 컴퓨터는 반드시 그렇게 사용되어야 한다는 강박관념에 익숙해져 있었습니다. 나는 마이크로프로세서의 수리를 걱정하는 한 회의에 참석한 기억이 있습니다. 그리고 그 회의에서 다음과 같이 말한 것도 기억합니다. '백열전구가 나가면 전구를 빼고 쓰레기통에 버린 후 새 전구를 끼우죠. 마이크로프로세서도 같은 논리입니다.' 그러나 그들은 그와 같은 생각을 컴퓨터와 관련하여 받아들이지 못했습니다."[2]

엄밀히 말하자면 테드 호프가 말하는 장비는 1971년 기준으로 400달러에 달하는 장치였다. 그러니 일부 고장 난 장치를 제거하고 새로 교체한다는 개념은 당시로서는 설득력이 약했다. 더군다나 마이크로프로세서의 아이디어 또한 만장일치로 받아들여지지 않는 분위기였다. 호프는 결국 4004 칩을 홍보하기 시작한다. 심지어 회사의 최고 경영자 중의 한 명인 앤디 그루브 조차 기술적 성취에 존경심을 표했지만 나쁜 의도가 아닌 방향으로 이 혁신 제품의 시장이 존재하는지 의구심이 있었다. 그리고 인텔에 근무하는 직원 누구도 정확히 누가 이 칩을 살지, 무슨 목적으로 쓸지 정확히 말하지 못했다. 그러나 이러한 새로운 제품을 받아들이는 과정에 가장 큰 장애는 인텔의 결단력 부재와는 상관이 없는 잠재 고객들의 상상력 부재였다. 컴퓨터 과학자들과 프로그래머들은 평생을 정보가 입력되기를 기다리는 거대한 메인프레임을 가지고 일을 해왔고(카드, 테이프 그리고 최종 단계인 단말기를 통해), 대량의 묶음 정보 단위로 업무를 처리했으며, 결과물은 주로 거대하고 시끄러운 프린터를 통해 출력해왔다. 이 프린터는 마치 거대한 타자기와 같은 형상이었고 메인프레임 컴퓨터의 크기는 거의 원룸 아파트만한 크기였다. 메인컴퓨터는 스스로 온도와 환경을 조절하는 별도의 공간을 필요로 했고, 수백만 달러의 비용과 많은 수의 운영 인원을 필요로 했다. 단지 15년 전에 정보 저장에 한 획을 긋는 발전이 있을 뿐이었다. 바로 1톤의 무게가 나가던 IBM의 RAMAC 자기 디스크 드라이브였다. 이 제품을 배송하려면 특별히 제작된 보잉사의 707 비행기를 이용해야 했다.

명백히 이 거대한 컴퓨터는 지난 20여 년 동안 거대한 괴물 같은 크기에서 점점 더 작은 크기의 초기 소형컴퓨터로 천천히 진화해 왔다. 소형컴퓨터의 크기는 몇 개의 냉장고를 합쳐 놓은 듯한 크기였으며 이제 가격은 '겨우' 몇 만 달러 수준으로 떨어졌다. 컴퓨터 과학자들은 이러한 크기, 성능, 가격에서 보여주는 종류의 진화는 기술이 발달할수록 계속 수준을 올릴 것으로 예상했다.

그러나 테드 호프가 잠재 고객들에게 묘사한 개념은 모든 면에서 너무나 급진적이고 달라서 호프가 발표장에서 자신들의 기술이 외계에서 왔다고 발표를 시작한다고 해도 이상할 것이 없을 정도였다. 발표를 진행하는 호프는 손 안에 한 세트에 400달러의 가격인 내 개의 칩셋을 잡았고, 이 가격은 당시 메인프레임 컴퓨터의 단말기 한대 가격과 비슷한 금액이었으며, 사람들이 오랫동안 익숙해져 있던 거대한 철 덩어리 구조물을 손 안에 있는 이 작은 딱정벌레 같은 제품이 대체하게 될 것이라고 발표하던 것이다. 서두에 호프는 다음과 같은 점을 지적한다. 바로 이 작은 장치는 실시간으로 정보를 주고받기 때문에 24시간 연속으로 자료를 입력하고, 또 결과물을 바로 출력한다는 점이었다. 또한 이 장치를 운영하려고 비용이 많이 발생하는 편도 아니고 온도를 조절하는 별도의 공간이 필요하지도 않다고 말한다. 바로 일반 삶의 공간에서 사용 가능하며 기존의 프로그래밍 언어를 이용하여 마이크로프로세서가 운용 가능하다고 발표한다.

발표장의 고객들이 이 사실을 믿어 주기만 한다면 발표는 성공이었을 것이다. 나쁜 소식은 이 오래된 메인프레임 컴퓨터를 이용해 온 사람들은 비싼 컴퓨터, IT 센터, 수백만 줄의 코드, 수천 명의 운영 요원 등과 같은 과거의 유산에 익숙하다는 점이었다. 이 작은 칩이 이 모든 기능을 한다고 치더라도(이런 능력이 가능하다고 믿는 사람은 당시에는 거의 없었다), 누가 이 칩을 원할까? 호프는 4004 칩을 구입할 만한 가장 유망한 고객을 찾아가 만난다. 그러나 그 고객은 다른 미래를 준비하는 기업들처럼 인텔이 충분한 IBM 메인프레임 컴퓨터를 보유하지 않았다는 이유로 거절 의사를 밝힌다.

더 큰 문제는 회사가 성공하기 위하여 대량으로 이 칩을 판매해야 할 인텔의 마케팅과 영업 담당 직원들조차도 이 제품을 믿지 않았다는 점이다. 마케팅 책임자였던 밥 그레이험은 호프에게 다음과 같이 말한다. "이 봐요, 호프. 컴퓨터 제조 회사가 한 해에 약 2만 대의 소형컴퓨터를 팔아요. 그리고 우리는 이 시장에서 후발 주자입니다. 우리가 운이 좋다면 시장의 약 10%인 2천 대에 들어가는 칩을 팔지도 몰라요. 그렇지만 이 숫자 가지고는 우리가 처한 문제를 해결해 주지는 못합니다."[3]

위와 같은 언급이 인텔의 외부인인 고객들뿐만 아니라 내부에서조차 '하나의 칩으로 구동되는 컴퓨터'라는 제한된 표현 그 자체를 넘어서 조그마한 마이크로프로세서가 내부에 장착되어 단지 거대한 컴퓨터의 중앙 처리 장치를 대체하는 것이 아니라 그 이상의 세상을 열어줄 것을 보는 사람은 없었던 것이다. 이렇게 제한된 시선으로 바라보는 그저 신기하고 새로운 칩으로, 놀랍도록 작고 저렴하지만 상대적으로 느리고 기존의 중앙 처리 장치를 넘어설 수 없는 장치 그 이상이 아니었던 것이다. 이 마이크로프로세서를 병렬로 다수를 연결해 기존의 메인프레임과 같은 성능을 낸다 하더라도 결국엔 거대한 구조물을 필요로 하고 이들을 연동시켜 작동하게 해줄 엄청난 양의 코드를 작성해야만 했다.

그렇다면 왜 현대의 컴퓨터를 단순히 반도체 소자로 만들려고 25년이라는 긴 세월과 수십억 달러의 비용을 쏟아부었을까? 단순히 성능이 목적이라면 왜 그냥 이미 시장에 나온 전용의 논리 칩과 ROM 메모리를 사서 쓰면 되지 않는 가? 중요한 결정의 순간이 인텔과 전자 산업계에 찾아온다. 그러나 지금 당장은 이 시장에서 가장 적극적이고, 공세의 자세를 취하는 인텔이나 텍사스 인스트루먼츠, 모토롤라와 같은 회사들의 처지에서 계속 적극적으로 뛰어드는 수밖에 없었고, 언젠가 시장이 이런 새로운 추세를 이해하기를 바라는 수밖에 없었다.

인텔에서는 페긴과 연구 부서가 8008 모델을 개발하려고 혼신의 힘을 다하고 있었고, 최고 경영진도 4004 모델을 세상이 진지하게 바라보도록 하려고 모두가 출장길에 오른다. 출장길에는 밥 노이스와 테드 호프, 마케팅 총책임자로 새로 입사한 에드 겔바하(Ed Gelbach)가 함께 한다. 페긴은 나중에 에드 겔바하를 고용한 것은 아마도 인텔 역사에 가장 운이 좋은 경우 중의 하나라고 말한다. 그리고 인텔에 일어난 재앙 같은 문제를 승리로 바꾸어내는 도저히 설명할 수 없는 능력을 보여주는 하나의 사례가 된다.

인텔의 첫 번째 마케팅 총책임자였던 밥 그레이험은 밥 노이스의 오른팔 같은 존재로 둘은 가까운 사이였으며, 회사가 설립되던 첫날부터 비지컴과의 계약을 포함하여 여러 계약과 협상을 처리해 왔다. 더군다나 고든 무어와 낚시를 함께 다니는 절친한 친구였다. 그러나 마이크로프로세서 사업에 강력하게 반대하던 모습은 노이스와 무어의 지지에 손상을 입히고 만다. 무엇보다도 밥 그레이험은 무어에게 넘어서는 안 되는 선을 너무 자주 넘고 만다. 그리고 앤디 그루브는 페어차일드 시절부터 밥 그레이험과는 전혀 가깝지 않았고, 지금은 매일 서로 업무를 하려고 마주쳐야 하는 상황에서 그를 좋아하지 않던 마음은 이제 경멸로 바뀌었다. 앤디 그루브와 사석인 경우 뿐만 아니라 회사의 업무에서도 마찬가지였다. 앤디 그루브는 밥 그레이험이 자신이 하고자 하는 바를 방해할뿐만 아니라 인텔의 앞날도 막는다고 확신했다. 특히 앤디 그루브 만큼이나 확고부동한 태도와 상사와의 끊임없는 불화는 그레이험 자신에게도 상처를 주었고 자신의 능력을 발휘하여 업무를 해결하는데도 방해가 되기 시작한다.

1971년 봄, 앤디 그루브와 밥 그레이험 간의 내분이 중대한 국면을 맞는다. 5월이 되자 앤디 그루브가 고든 무어의 사무실로 찾아가 회사를 그만두어야 할지도 모르겠다고 말한다. 이유는 다음과 같았다. "내가 해야 할 필요가 있는 일을 계속하기에는 너무 고통스럽습니다. 그리고 밥 그레이험과의 반목도 너무 힘듭니다." 이 상황은 고든 무어에게도 스트레스를 주었고, 고든 무어는 자신이 힘들 때 하던 습관인 클립을 폈다 굽혔다를 반복할 뿐이었다.[4]

고든 무어가 밥 노이스 만큼이나 의견 충돌에 익숙하지 않다는 사실을 알기에 앤디 그루브는 고든 무어의 사무실을 나오면서도 과연 고든 무어가 자신의 최후 통보와 관련하여 어떤 결정을 할지 몰랐고, 아무 움직임이 한동안 없다면 자신이 회사를 그만두는 수밖에 없다는 사실을 알았다.

이제 결정은 밥 노이스의 손에 달렸다. 노이스는 강요당하는 상황을 싫어했을뿐만 아니라 직원을 직접 해고하는 행동을 하지 않으려 했다. 특히 밥 그레이험처럼 자신이 존중하는 직원은 더욱 그랬다. 그러나 여기는 페어차일드가 아니었다. 인텔에서 밥 노이스는 승리에 목말라 있었다. 그리고 뒤에서 자신을 지원해 줄 강력한 운영 책임자가 없이는 이러한 승리는 결코 달성할 길이 없다는 사실을 잘 알았다. 노이스는 페어차일드에서 필요한 사람이 누구인지 배웠고, 지금 페어차일드만큼 기반 시설이 안정화되지 않은 인텔에서 누가 가장 필요한 사람인지 알았다. 노이스는 지금 인텔에 가장 필요한 사람은 앤디 그루브라는 사실을 알았으며 따라서 밥 그레이험을 내보내야 했다.

밥 노이스는 1971년 6월을 밥 그레이험의 대체자를 찾으며 보낸다. 그리고 텍사스 인스트루먼츠에서 마케팅 전문가로 일하는 에드 겔바하를 발견한다.

겔바하는 그레이험과는 전혀 다른 성격의 소유자였다. 그레이험은 적극적이고 소비자 중심의 사고를 했으며 보다 멀리 바라보는 노이스와 비슷한 성향이 있었고 겔바하는 좀 더 앤디 그루브와 같은 성향의 소유자였다. 거칠고, 실용적이고, 차분한 말투에 경험을 중시하였다. 노이스는 분명히 이와 같은 유사함을 겔바하에게서 발견했고 앤디 그루브가 분명히 겔바하를 좋게 받아들이고, 쉽게 회사를 그만두지 않을 것이라고 판단한 듯했다. 게다가 겔바하가 지금 텍사스 인스트루먼츠에서 하는 일을 보면 그가 메모리와 마이크로프로세서 산업에 익숙할 것이라는 사실이 그를 대체자로서 흠이 없게 만들었다.

어려운 협상 뒤에 겔바하가 고객과 힘든 일을 처리함에 자신이 회사의 중요한 자산이 될 것을 보여주자 인텔 입사가 결정된다.

겔바하의 입사 결정과 함께 밥 그레이험의 해고 문제가 남았다. 고든 무어는 미리 계획이 잡혔던 낚시 여행을 떠나 자리를 비웠기 때문이었다.(고든 무어는 훗날 덕분에 이 일을 보다 쉽게 만들었다고 말한다) 그래서 밥 그레이험을 해고하는 일을 하지 않으려고 애쓰던 밥 노이스의 몫이 된다. 밥 노이스의 자서전을 집필한 벌린은 "그레이험은 아마도 밥 노이스가 수십 년 동안 최고 경영자 위치에 있으면서 놀랍게도 개인적으로 해고한 첫 번째 인물일 것입니다."라고 추정한다. 이와 같은 추정은 가능하다. 실제 밥 그레이험은 노이스가 직접 대면하여 해고한 첫 번째 인물이었다. 노이스는 자세를 가다듬고 그레이험의 사무실로 들어갔다. 그리고 "젠장! 우리가 여기 어쩔 수 없는 상황에 직면했습니다. 아무래도 당신이 회사를 떠나야 할 것 같습니다."[5] "노이스가 목적을 달성하려면 치뤄야 할 대가였습니다. 마치 자신의 간을 잘라내는 심정이었을 것입니다."라고 앤디 그루브는 훗날 말한다.

물론 앤디 그루브는 흥분을 감추지 못한다. 그에게는 마치 해트트릭을 달성한 것과 같았고 자신의 정적을 제거한 것과 같았다. 앤디 그루브는 이제 인텔이 보다 강력하고 원칙에 입각한 마케팅 전략을 구사할 것이라 믿었다. 그리고 무엇보다도 좋은 결과는 이제 인텔의 창업자와 나머지 회사 조직 사이에서 중심축이 될 존재로 자신만이 남았다는 사실일 것이었다.

그레이험에게 해고는 분노보다는 안도감을 가져다주었다. 그루브와의 반목과 인텔에서 요구받는 과다한 업무량이 결합하여 건강이 나빠졌고, 가족과의 관계도 소홀해져 있었다. 밥 그레이험이 집으로 돌아와 이 사실을 알리자 그레이험의 가족 모두가 안도의 한숨을 쉬었다고 한다.

오래지 않아 밥 그레이험은 인텔의 빛나는 역사 속으로 사라지지만 그가 인텔에 남긴 업적은 상당했다. 비지컴과의 협상과 마이크로프로세서의 소유권을 인텔이 가지도록 한 업적을 넘어 인텔의 첫 번째 마케팅 캠페인인 "Intel Delivers(인텔이 해결해 드립니다)"를 고안해 냈다. 이 캠페인은 "Red X"와 "Intel Inside"마케팅 캠페인이 시작되기 전까지 인텔의 최초 캠페인으로 10여 년 동안 사용된다. 그뿐만 아니라 이어 나오는 중요한 마케팅 캠페인의 바탕이 되기도 한다.

그리고 보다 중요한 업적으로 인텔의 제품 개발 속도를 무어의 법칙에 따라 지정된 인텔 내부의 개발 속도에 맞추도록 고정한 것이다. 이 일은 대략 2년의 주기로 사양이 높아진 새로운 제품을 연속으로 출시하도록 결과를 만들어 낸다. 그리고 경쟁 회사를 완전히 무너뜨려 버린 286,386,486 그리고 펜티엄과 그 후로도 계속 사양이 높아진 제품을 연속으로 출시한다. 물론 그레이험이 인텔의 공식 역사 속에서 이와 같은 업적의 공로를 많이 인정받지는 못한 것은 사실이다.

그럼에도 인텔에서 해고된 일은 밥 그레이험의 경력에서 가장 좋은 결정이된다. 앤디 그루브와의 관계는 회복하지 못하고 있었고, 앤디 그루브의 영향력은 계속 커져갔으므로 어쨌든 틀림없이 그레이험을 해고했을 것이다. 그 대신에 밥 그레이험은 자신의 마케팅 능력을 반도체를 제조하는 공정에서 필요한 장비를 제조하는 어플라이드 머터리얼(Applied Mertarial)이라는 회사에서 발휘한다. 그리고 능숙한 실력으로 단순히 '하드웨어'만을 제조하던 회사를 '하드웨어/소프트웨어/교육 훈련/서비스'를 아우르는 '솔루션(solution)' 회사로 탈바꿈시킨다.

이 과정에 조금의 모순도 없었다. 앤디 그루브가 인텔의 마케팅 담당자로 적합하게 생각하지 않았던 밥 그레이험의 뛰어난 능력이 머지않아 인텔이 경쟁력을 유지하려면 절대적으로 필요한 방법을 제공하게 된 것이다. 곧 보게 될 '크러쉬 작전(Operation Crush)' 이야기처럼 인텔은 역사 속에서 회사의 존망 여부를 가르는 단일 사건으로는 가장 컸던 위험한 순간을 맞게 되고(아마도 우연은 아닌), 인텔은 '솔루션' 중심의 마케팅 기법을 발휘하면서 다시 놀라운 반전을 맞는다.

그레이험은 비슷한 반전을 다른 반도체 제조 회사에서 성취해낸다. 노벨러스(Novellus)에서 인텔과 미국 반도체 산업이 일본의 반도체 산업과 전투를 다시 벌이기 시작할 때 그레이험은 '솔루션' 중심의 제품에서 벗어나 보다 생산성이 높은 하드웨어 제품으로 이동한다.[6]

그레이험은 1998년 향년 69세의 나이로 별세한다. 그리고 그가 반도체 산업에서 공헌한 마케팅은 산업 협회로부터 위대한 업적으로 인정받아 SEMI(Semiconductor and Equipment and Meterial International)에서 그의 업적을 기리고자 밥 그레이험 상을 지정하여 반도체 업계에서 뛰어난 마케팅과 영업 능력을 보여준 사람에게 수여한다.

한편 앤디 그루브는 인텔에서 밥 그레이험이 이룬 업적을 공식 인정하지 않는다.

밥 그레이험을 해고한 것은 인텔에게 좋은 결과였을까? 역사가 증명하기로는 이는 올바른 결정이었다. 인텔은 어려운 시기로 들어가고 한번은 회사가 둘로 갈라질 위기도 맞는다. 혁신적인 신제품을 팔려면 뛰어난 마케팅 인력이 필요한 만큼 역시나 인텔 내부에 수치에 민감한 과학자들이나 기술자들을 납득하게 하고 마케팅에 따르게 할 수치에 밝은 사람을 필요로 했다. 그리고 인텔은 정확히 이 일을 해낼 에드 겔바하를 찾아낸다.

19장

세기의 제품

한편 인텔의 연구소 내에서는 임원의 자리를 놓고 다투는 경쟁 같은 것은 관심 밖의 일이었다. 중요한 것은 손 안에 잡히는 변화였다. 그리고 이 변화는 타협안으로 만들어졌던 1201 칩을 세상을 뒤흔들 8비트의 8008 칩으로 전환하는 일이었다. 페긴과 연구 부서에게는 다행히도 8008 칩을 설계하는 과정은 순조롭게 진행된다. 이런 과정은 의심할 여지가 없이 새로운 설계 구조를 생각해내야 하는 것이 아니기 때문이었고, 단순히 전작의 잘못된 부분을 수정만 하면 되었기 때문이었다. 그래서 이 과정은 바로 시제품을 제작하는 공정으로 이어진다.

그렇게 페긴과 연구 부서가 축하의 샴페인을 터트리려고 준비할 무렵 문제가 발생한다. 이 문제는 일시적인 문제로 보였고 초기 설계 공정에서는 보이지 않았던 것이다. 그러나 시제품을 연속해서 이용하려고 하면 간간히 8008 칩이 작동되지 않았다. "이 문제를 해결하는데 일주일 가량 걸립니다. 이 문제는 회로의 설계와 배치 사이에서 물리적으로 발생하는 까다로운 것이었습니다."라고 페긴은 말한다.[1] 특히 페긴은 8008의 설계 구조상 전류가 칩의 메모리 부분에서 새어나가는 것을 발견한다. 페긴은 잠을 자지 않고 칩의 배치를 새롭게 설계한다. 인쇄물 상에서 칩의 설계를 수정하는 작업은 몇 십 년이 지난 지금의 고도로 복잡해진 프로세서였다면 불가능한 일이었을 것이다.

1972년 4월, 인텔은 8008 모델을 세상에 선보인다. 이 일은 인텔이 4004 모델을 1971년 11월에 일렉트로닉스에 선보인 지 불과 5개월이 지난 시기로, 마이크로프로세서 시장에서 견줄 수 없는 놀라운 속도를 보여준 것이었다. 그리고 이 8008 모델은 마치 전작에 터보 엔진을 단순히 달아준 정도의 속도가 아니었다. 실제로 이 모델은 50% 증가된 트랜지스터(2,300개에서 3,500개로)와 거의 여덟 배 빨라진 클럭 속도(108kHz에서 800kHz로)를 내는, 한마디로 기술상의 새로운 도약이었다.[2] 트레이드 프레스(The trade press)에서 이 제품을 알아본다. 8008 모델은 인텔의 짧은 역사 속에서 가장 좋은 평가를 언론으로부터 받는다. 그러나 불행하게도 이 좋은 평가가 아직도 회의감을 가지는 시장에 불을 놓지는 못했다. 인텔은 마치 고약한 악순환에 빠진 듯해 보였다. 이 상황은 마치 점점 더 아무도 사고 싶어 하지 않는 제품을 칭송하는 일과 같았다.

그러나 변화가 일어나기 시작한다. 이 변화는 처음에는 명확하지 않았다. 불과 몇 달 전에 4004 제품을 팔려고 그렇듯이 노이스, 호프 그리고 결국 페긴까지 8008 모델의 장점을 활용하여 판매하려고 출장길에 오르지만 결과는 신통치 않았다. 그런데 갑자기 8008 모델 주문이 쏟아져 들어오기 시작한 것이다. 그러나 주문들은 두 모델이 필요해서가 아니라 다양한 설계 장치나 인텔이 이 새로운 제품을 지원하도록 만들던 시험 보드용이었다(회로가 내장된 에뮬레이터와 같이 연구자가 마이크로프로세서의 실제 작동되는 원리를 모사하여 어떻게 이 마이크로프로세서를 자사의 시스템에 이용할지 보는). 최초의 장치는 이제 출시된 인텔렉(Intellec)의 MIC-8이었다. 아무도 인텔이 선보인 이 두 가지 칩에 구매 의사를 밝히지는 않았지만 많은 설계자들은 이 칩을 살펴본 것이었다.

중요성을 감지한 인텔의 경영진은 다시 한번 잠재 고객을 찾으려고 분주히 움직인다. 이 일은 인텔이 처음으로 고객 기반이 산업계에서 상업 고객으로 전환하는 현상을 경험하는 계기가 된다. 바로 '학습 곡선'(the learning curve)이었다.

군이나, 항공 산업 그리고 산업계는 전형적으로 자신들만의 기술조직을 보유하고 충분한 자금이 있기 때문에 새로운 기술을 수용하고 받아들이는 속도가 빠르다. 그러나 이러한 경향은 상업 회사들에게는 반드시 필요한 것이 아니었고, 특히 일반 소비자에게서는 더욱 더 그랬다. 시장에서는 비지컴이 보여준 바와 같이 이윤의 폭이 너무나 작아 회사가 혁신적이고, 새로운 기술을 받아들이고자 하더라도 그에 따른 인력이나 자금이 충분하지 않은 경우가 많았다. 특히 적어도 인텔의 4004 모델이나 8008 모델과 같이 혁신적인 기술 전환 제품에는 고객이 이 새로운 개념의 제품이 거대한 자기 코어 메모리, 마더보드, 또는 논리 칩과 메모리가 가득한 제품들을 대체하게 될 것이라는 생각을 머릿속에서 가질 때까지 충분한 시간이 필요했다. 고객들은 이 기술이 유효한지 파악하려고 다른 경쟁사에서 내놓은 비슷한 제품이 있는지 살펴보려 한다. 그리고 자신들의 제품에 이 새로운 기술을 합치려고 재설계해야 하는 비용을 살펴보고, 이 새 기술 기반의 제품을 만드는 데 필요한 비용을 계산하고, 새로운 마케팅과 최종 결과물의 가격을 추정한다.

거의 1971년 중반에 트레이드 프레스에 소개된 4004 모델의 기사로부터 8008 모델의 홍보를 위한 경영진들의 여름 출장까지 이 제품들이 인식되기까지 거의 1년이 걸린다. 이 과정에 참여한 직원들에게는 놀라운 경험이었다. "산업계 전체가 서서히 깨달아 가는 듯 했습니다. 인텔의 노력이 마침내 효과를 들어내기 시작한 거죠. 갑자기 하루아침에 그들이 방문하는 곳의 기술자들이 마이크로프로세서의 개념을 이해하는 듯 했습니다. 그들은 관련 기사를 읽고 설명회에 참석해 이야기를 들었으며 자신이 이해한 내용을 동료들에게 전달했습니다. 그리고 마치 모두가 실리콘이라는 마차에 합류하려고 뛰어드는 모양이었습니다."3

사실, 새로운 기술을 수용하려는 그들의 태도는 너무 과열되어 있었다. 마치 아무 기대 없이 몇 달을 허송세월을 보내다 이제 그 잃어버린 시간을 보상하려 하는 듯 맹렬했다. "이 상황은 조금 혼란스러웠습니다. 불과 몇 달 전만 해도 테드 호프나 밥 노이스의 설명회를 듣던 사람들은 아무도 믿지 않는 듯이 앉아 있었습니다. 그런데 그들은 너무 많은 것을 기대하는 듯 보였습니다. 오직 의구심으로 흐르던 방향이 일시에 과다한 기대의 방향으로 방향을 바꾸었습니다. 이제 잠재 고객들은 400달러짜리 칩이 5만 달러 소형컴퓨터가 하는 일을 왜 다 못하는지 알고 싶어 했습니다."4

자신들이 개발한 새 제품에 시장의 관심을 얻어내려고 불꽃에 점화를 시도하던 인텔의 직원들은 이제 몰려드는 관심의 불길에 자신들이 위험에 처할 상황이 된다.

페데리코 페긴만큼 이 관심과 반응을 기뻐한 직원은 없었다. 페긴은 이 두 가지 칩을 개발하려고 정말 열심히 연구를 하였고 칩을 제조하는 과정에서 중요한 발명을 해내기도 했다. 이제 유럽에서 계속된 회의를 통해 제품을 시연하던 페긴은 냉담한 반응이 아닌 인텔의 제품에 존재하는 부적합함에 열정적이고 끝이 없는 불평을 듣는 상황에 놓인다. 더 큰 어려움을 느낀 페긴은 이 대부분의 불평이 사실 유효한 것들임을 스스로 인정해야 했다. "내가 집으로 돌아왔을 때 어떻게 8008 칩보다 더 개선되고 사람들이 원하는 특징과 결합한 8비트 제품을 만들 것인지 생각했습니다. 그리고 그런 특징들은 주로 속도 향상과 사용자가 쉽게 느끼는 조작이었습니다."5

페긴은 간절히 4개의 칩으로 구성된 8008 칩을 하나의 칩으로 구성된 제품으로 바꾸려 했고 진정한 세계 최초 '하나의 칩으로 구동되는 컴퓨터' 제품이 될 이 제품을 전작들보다 강력하고 빠르게 만들려 한다.

인텔 외부의 사람들에게는 경이로운 일이 될 제품의 소형화 요구는 여러 가지 측면에서 볼 때 사실 가장 쉬운 부분이었다. 그리고 무어의 법칙이 다시 한 번 움직인다. 이 새로운 칩에 식각(etch)되는 설계는 이제 6 마이크론(6 microns wide) 크기만큼 작아졌다. 이 크기는 4004 모델과 8008 모델에 사용된 10 마이크론 크기보다 거의 두 배 작은 크기였다. 이 크기는 4개의 칩에 사용되는 3,500개의 트랜지스터를 하나의 칩에 넣을뿐만 아니라 추가로 1,000개의 트랜지스터를 넣는 크기였다. 그리고 이 모든 것이 충분하지 않다는 듯이 페긴은 칩의 클럭 속도를 800kHz에서 2MHz로 끌어올리려 한다. 속도는 모든 기술자로부터 가장 큰 불만을 받은 부분이었기 때문이었다. 이제 알맞은 응용 장치와 함께 1초에 1백만 개의 계산이 가능했고 당시 소형컴퓨터에 맞먹는 속도였다.[6]

속도가 전부는 아니었다. 페긴은 마이크로프로세서의 성능 향상만으로는 만족할 수가 없었다. 페긴은 다시 한번 혁신을 이끌어내려 했다. 새롭게 개발하는 칩에서 페긴은 입출력 속도를 높이려고 칩과 기판을 연결하는 핀의 개수를 늘렸고, 온보드 ROM 메모리에 더 많은 명령어를 입력했으며, 새롭고 중요한 트랜지스터 설계 구조를 만들어 내는데 이는 기존의 P-채널 방식이 아닌 N-채널 방식이었다.

1972년 초에 인텔이 8008 칩을 선보일 즈음, 페긴은 새로운 칩 제조 방식을 가지고 최고 경영자들을 만났다. 그리고 이 칩을 8080이라 불렀다. 페긴은 이 새로운 설계에 확신에 차 있어서 회사가 새로운 설계를 승인할 것이라 믿고 시마(Shima)를 영입하여 새로운 설계조직을 구성하려 했다.

그러나 실망스럽게도 회사는 페긴의 제안을 거절한다. 페긴은 이미 회사가 개발한 세 종류의 새로운 마이크로프로세서를 판매할 경로를 확보할 때까지 기다려야 하는 상황이었다. 새롭게 등장한 마이크로프로세서에 반응하는 시장의 분명한 태도 변화에도, 인텔은 아직 이 새로운 마이크로프로세서로 충분한 시장을 창출해낼지 확신하지 못했고, 입증된 핵심 사업인 메모리로부터 회사의 자원을 분산해야 할지 확신하지 못했다.

이와 같은 의구심은 마이크로프로세서의 시작부터 있었다. 비지컴과의 계약이 정확히 그렇게 보였다. 회사의 중요한 사업에 필요한 자원을 잠시나마 분산할 만큼 고객의 요청이 돈이 될 만한 가치가 있어야 했기 때문이었다. 한편으로 노이스와 무어는 4004 칩의 제조 권리를 획득했지만 여전히 이 사업에 뛰어들지 망설인다(호프와 페긴의 재촉에도) 앤디 그루브는 인텔의 제조 공정에 있는 수많은 DRAM라인과 SRAM라인에서 발생하는 문제를 해결하느라 정신이 없었다. "마이크로프로세서는 나에게 아무런 의미가 없었습니다. 오직 두 메모리의 수율 관리가 중요했습니다."라고 앤디 그루브는 당시를 기억한다.[7]

결국에 테드 호프는 모든 경력을 이 발명에 걸고 최선을 다한다. 그리고 노이스가 4004 칩을 시장에 내놓을지 결정을 하지 못했다고 말하자 호프는 노이스에게 거의 소리를 지를 뻔한다. "항상 결정을 내리지 못하고 지연합니다! 언제나 지연하겠다는 결정을 내리죠. 누군가 우리를 앞지를 것이 뻔합니다. 우리는 지금 기회를 놓치고 있습니다."[8]

그 당시 노이스가 호프에게 말하지 않은 점은 마이크로프로세서의 출시 결정에 이사회에서 저항이 있었다는 사실이었다. 이사회도 역시 현재 생산되는 메모리칩을 출시하여 수익을 내는 것과 회사의 자원을 나누어 아직 입증되지 않은 새 제품을 만들려고 투입하는 방법은 적절하지 않은 일로 결정을 내린다. 다른 디지털 시대의 가장 위대한 발명인 트랜지스터부터 아이폰까지 그리고 이 모든 것을 넘어서는 혁신 제품처럼 언제나 위험을 감수하고 새로운 제품을 만드는 사업은 하지 말아야 할 실용상의 이유와 고려가 존재한다.

다시 한번 밥 노이스가 돌파구를 마련한다. 아서 록 회장과, 고든 무어, 에드 겔바하를 한 자리에 모아 노이스는 이사회의 저항을 넘어선다. 이제 인텔은 마이크로프로세서를 제조하는 회사가 된 것이다.

그러나 작은 가게를 운영하는 일에서 한 기업을 운영하는 것으로 전환할 때 이사회의 전폭 지지를 받는다 해도, 호프나 페긴 같은 뛰어난 과학자 이상의 요소가 필요했다. 그리고 이와 같이 하려면 '전도사'가 필요했다. 호소력 있는 메시지를 만들 능력이 있고, 그 메시지를 직원들, 언론, 투자자 그리고 누구보다도 잠재 고객들에게 전파할 열심히 일하는 진정한 믿음이 있는 사람이 필요했다.

다시 한번 행운의 여신은 인텔에 미소를 지어준다. 1971년, 인텔은 마이크로프로세서의 수호자가 될 두 사람을 찾는다. 결국 그들이 마이크로프로세서의 출현과 반도체 산업계에서 인텔이 가지는 주도권에 기여한 공헌은 최고 경영자나 설계조직만큼이나 훌륭했던 것이다. 이 수호자 중에 한 명이 에드 겔바하였다. 에드 겔바하는 텍사스 인스트루먼츠에서 근무하다가 인텔로 이직하였으며 반도체 산업 분야의 마케팅 능력에서는 누구도 비교하지 못할 사람이었다.

그리고 인텔의 마이크로프로세서 사업에 가장 큰 경쟁사인 텍사스 인스트루먼츠에서 마이크로프로세서의 미래 전망을 잘 알았던 인물이다. 고참 언론인인 레이드(T. R. Reid)는 집적회로의 역사를 쓰면서 다음과 같이 기록했다. "반도체 산업이 시작될 때 겔바하는 다른 텍사스 인스트루먼츠의 직원들처럼 반도체 사업부에서 일을 시작했다. 그리고 패트릭 해거티(Patrick Haggerty) 회장의 세계관에 푹 빠져 있었다. 겔바하는 이제 곧 인텔이 다목적 칩을 제조함으로써 반도체 산업의 방향을 바꾸게 될 것을 즉각적으로 인지한다. 겔바하는 '다목적'이라는 표현을 '골고루 사용하는'이라는 뜻으로 해석했다. 그가 바라본 이 새로운 장치를 필요로 하는 시장은 이전과는 완전히 다른 새로운 시장이었다. 오늘날 마이크로프로세서라고 불리는 이 단일 중앙 처리 장치와 함께 집적회로는 많은 전자 제품에 처음으로 '지능과 같은 능력을 추가'할 것이다."9

4004 칩을 홍보하려는 출장과 8008 칩을 개발하는 과정을 보면서 겔바하는 점점 더 마이크로프로세서라는 발명이 그 시대에 가장 흥미로운 발명품이 될 것이라는 사실을 확신한다. 그리고 회사의 새로운 직원들은 어떤 비용을 들여서라도 이 새로운 기술을 익혀야 한다고 확신한다.

두 번째 마이크로프로세서의 수호자는 인텔이 직원이 아닌 마케팅 컨설턴트였던 레지스 맥케나(Regis Mckenna)였다. 맥케나는 1962년 피츠버그에서 실리콘밸리로 마케팅 경력을 쌓으려고 옮겨온다. 그와 부인 다이앤(Dianne: 후에 산타클라라 카운티의 감독관이 된다)은 서니베일(Sunnyvale)에 집을 구입하여 그곳에서 약 반세기를 보내며, 훗날 미국 대통령이 그들을 방문하기도 한다. 마케팅을 많이 알았지만 아직 첨단 기술 분야는 아는 바가 많지 않았던 맥케나는 1965년 제너럴 마이크로 일렉트로닉스(General Micro Electronics)의 마케팅 부서에 입사한다. 이 회사는 페어차일드 출신 세 명이 일 년 전에 창업한 회사로 금속 산화물 반도체 칩 기술을 기반으로 하는 반도체 회사였다. 그때의 경험이 레지스가 인텔과 함께 일할 때 많은 도움이 되어 준다.

맥케나는 제너럴 마이크로 일렉트로닉스에서 2년을 근무한 후, 페어차일드에서 찰리 스포크와 부하 직원들이 합류할 무렵 내셔널 반도체로 이직한다. 다시 한번 운이 좋은 시점이었다. 찰리 스포크의 지휘 아래 내셔널 반도체 회사는 신속하고 공세 위주의 반도체 회사로 거듭나게 되기 때문이었다. 빠른 속도로 새로운 제품을 출시하고 쉼 없이 새로운 시장을 공략하는 회사와 함께 레지스는 회사의 마케팅 책임자로서 숱한 비난 속에서 빠르게 하나의 제품 마케팅 전략을 세우고 또 바로 새로운 전략을 세우는 과정을 개발하면서 반도체 시장을 배워 나간다.[10]

무어의 법칙이 만들어낸 2년여의 세대교체 주기와 함께 레지스는 이미 첨단 기술 분야, 특히 반도체 칩 관련 마케팅을 당시 누구보다도 잘 이해했다. 찰리 스포크가 이끄는 내셔널 반도체는 수익을 계속 올리고 있었지만 지루한 그곳에 계속 머무는 대신 레지스는 기민하게 그곳을 떠나 자신만의 마케팅 대행사를 차리기로 결정한다. 마케팅 컨설팅이었지만 레지스 멕케나 컨설팅은 많은 고객사들이 마케팅 경험이 부족하다는 사실을 확인하고, 각 고객사들에게 직접 홍보, 연설 기법 그리고 광고 기법 등을 전수하려고 고객의 업무에 깊숙이 개입한다. 레지스는 크고 길게 보는 관점을 좋아했다. 그러나 컨설팅을 차리고 초기 몇 년 동안은 자신의 존재를 알리려는 홍보 과정에서 방해와 간섭을 겪는다.

인텔은 물론 가장 큰 경쟁사 중에 한 곳에서 그가 해온 일을 알았으며, 곧 레지스가 컨설팅 회사를 차리자 그곳의 문을 두드린다.

그 당시 레지스는 스티브 잡스의 애플과 더 긴밀하게 협조하고 있었지만 이 역시도 밥 노이스와의 가까운 유대 관계에서 비롯되었고 인텔에 향후 30여 년 동안 거의 헤아릴 수 없는 만큼의 중요성을 갖는다. 다가오는 십여 년 사이에 인텔의 경영진은 레지스를 신뢰한 나머지 언론사에서 인텔의 경영진과 이야기를 나누고 싶어 전화를 걸면 비서진은 전화를 팔로 알토에 있는 레지스의 사무실로 바로 연결시켜 줄 정도였다. 앤디 그루브나 레스 바데즈(Les Vadasz)가 전화를 받을 것으로 기대하던 언론사는 전화로 들려오는 음성에 놀랄 수밖에 없었다. "안녕하세요, 기자님. 레지스 컨설팅입니다. 무엇을 도와드릴까요?"[11]

인텔이 레지스 멕케나에게 보여준 신뢰만큼 서로 긴밀한 관계와 통제권을 회사 밖으로 넘겨준 사례는 거의 없을 정도였다.

이 놀라운 관계는 레지스가 인텔과 컨설팅 계약을 하면서부터 바로 시작되었다. 레지스는 계약을 하자마자 자신이 인텔의 마이크로프로세서와 관련된 수수께끼 같은 문제에 직면한 것을 발견한다. 그러나 사실 이 신개념의 제품이 주는 뜻에 충격을 받았다는 사실이 맞을 것이다. "많은 사람들이 이 신제품에 두려움을 느꼈습니다. 어떤 이들은 그냥 무시하기도 했고, 어떤 사람들은 인정하려 들지 않았습니다. 내 친구 중에 많은 전자 기술자 출신들은 마이크로프로세서를 속임수가 있는 장치라고 비웃었습니다." 이런 반응에 레지스의 해결책은 "시장이 이 제품을 이해하도록 교육시켜야 합니다."이었다.12

이와 같은 믿음을 바탕으로 레지스는 겔바하와 공동전선을 취한다. 그리고 그들은 곧 인텔의 경영진들을 신제품을 시연하는 강사로 만든다. 레지스는 "그 순간에 어떻게 마이크로프로세서를 사용해야 하는지 알리려고 인텔은 지역 대학의 목록에 나온 강의보다 많은 연구 회의와 토론회를 열었습니다. 밥 노이스와 고든 무어, 앤디 그루브는 전국을 순회하는 강연의 한 일부가 되었습니다. 몸이 아프지 않은 직원이라면 모두가 강사가 되었죠. 그러자 효과가 있었습니다."13

그와 동시에 이 마케팅 전략을 인텔에 전달하려고 오던 겔바하는 마이크로프로세서가 당면한 도전을 해결하려는 독자 마케팅 전략을 고안한다(비밀 연구는 초기 인텔의 기업 문화를 규정짓는 모습인 듯했다). 이 전략을 구사하려고 겔바하는 젊고 유망한 다트머스/칼텍/스탠포드 박사 출신이며, 갓 휴렛패커드를 사직한 빌 다비도프(Bill Davidow)를 고용한다. 다비도프의 아버지는 대공황 시절에 백과 사전류의 저작권이 있었고 이를 다시 염가판으로 제작해 소매상에 판매함으로써 적지 않은 부를 축적한 사람이었다. 이러한 마케팅 능력이 바로 그 아들에게 전해진 것이 분명했다. 인텔에 입사하고 시간이 지나 첨단 기술 분야에서 다비도프가 발휘한 마케팅 능력은 멕케나의 마케팅 전략만큼이나 훌륭했다.

명백하게 4004 모델과 8008 모델을 시장에 무사히 안착시키려고 모인 이 세 명의 사람들은 진짜 업무는 인텔의 마이크로프로세서 사업을 살리는 것임을 빠르게 인식한다.

그들은 세상이 이 신제품에 깊은 관심이 있다는 사실을 잘 알았다. 그들이 아직 파악하지 못한 것은 어떻게 이 관심을 판매로 연결시킬지였다. 다비도프는 다음과 같이 말한다. "많은 사람들이 마이크로프로세서에 관심을 가지고 관련 내용을 알고 싶어 했습니다. 그들이 이와 관련해서 그 어떤 것을 구매할지는 별도로 말이죠."14

마케팅 조직은 이러한 관심을 충족하게 하려고 끝없이 새로운 매뉴얼, 기술 논문, 정보 자료, 백서 등을 제작한다(보통 제품의 매뉴얼이 10장 내외인 점을 비교할 때 4004 모델의 매뉴얼은 내용이 이보다 10배나 길었다). 인텔은 4004 칩셋보다 더 많은 매뉴얼과 설명 자료를 시장에 내놓을 정도였다. 이러한 활동은 최소한 호기심을 유지하도록 해주었으며, 반대자들 또한 보다 오랫동안 이 전략에 머물게 하고, 마케팅 조직이 새롭고 더 강력한 메시지를 마련하도록 시간을 벌어주었다.

마침내 인텔의 마이크로프로세서 제품군과 사용하도록 설계된 완전히 새로운 형태의 제품으로 해결책이 나타난다. 그중 하나는 새로운 메모리칩으로써 인텔의 직원이었던 도브 프로만(Dov Frohman)이 고안해낸 삭제가 가능한 프로그램 읽기 전용 메모리(erasable programmable read-only memory: EPROM)였다. 도브 프로만의 부모님은 네덜란드에서 태어난 이스라엘 사람들로 2차 대전 당시 홀로코스트에서 돌아가셨다(도브 프로만은 네덜란드 저항군의 보호를 받아 살아남았다). 프로만은 나중에 인텔의 부회장 자리에 오르게 되며, 인텔의 유명한 텔 아비브 연구소(Tel Aviv research facility)를 세우는 데 중요한 역할을 한다.15

프로만의 고안은 기본적으로 두 가지 중요한 특징을 갖는다. 첫 번째로 이 제품은 '비휘발성'이라는 특징이 있고, 장치에 저장된 정보를 유지하면서도 전원을 끌 수 있다는 뜻이었다. 두 번째로 저장된 정보는 자외선을 비추면 쉽게 지워졌다. (주로 수은-증기 램프에 의한) EPRAM은 또한 눈에 띄는 모양을 하는데 다른 칩 모양의 전형이라 할 금속 덮개가 씌어진 납 구조물 대신에 EPRAM은 작은 석영 유리로 된 창 같은 구조물이 있어서 광선이 필요할 때 이 창을 통해 비추도록 하는 구조물 형태를 띄었다.

ROM 메모리를 EPROM 메모리로 대체한 인텔의 초기 마이크로프로세서는 이 칩셋이 내장되는 프로그램(펌 웨어)을 사용하는 고객에게 판매한다는 뜻이었다. 이제 고객들은 인텔의 마이크로프로세서를 작동하게 하려고 프로그램을 위한 추가 코딩이나 성능을 향상 시키려고 지속적으로 코드 업로드를 할 필요가 없어진 것이다. [16]

두 번째 해결책은 다비도프 조직으로부터 나왔다. 이 해결책은 처음 인텔렉(Intellec)사의 회로 내장형 에뮬레이터(in-circuit emulator)로부터 시작한다. 새로 개발된 EPROM과 결합하여 다비도프 조직은 마이크로프로세서에 쓰이는 응용 프로그램을 시험하는 일이 가능해졌고, 작동되는 응용 프로그램 코드를 고객의 제품에 내장된 수천 개의 같은 종류의 마이크로프로세서에 복제하고 저장하게 된 것이다. 이와 같은 성과는 경쟁사들이 해낸 그 무엇보다도 높은 성취였다. 앞서 언급된 바와 같이(다비도프가 시간이 지나 지적한 내용과 같이), 이 인텔렉의 에뮬레이터와 테스트 장치는 키보드와 디스플레이 장치와 일체의 장비로 구성되어 초기 개인 컴퓨터를 제작하던 IMSAI, 알타(Altair), 애플(Apple) 그리고 다른 경쟁사들을 거의 5년이나 앞서 물리치는 일도 가능했다. 그러나 인텔은 그보다 더 중대한 문제가 당시에 있었다.

1972년, 인텔은 회사를 설립한 지 4주년을 맞는다. 당시 인텔의 연간 매출액은 1천8백만 달러 수준으로, 페어차일드의 10분의 1 수준이었고 아직은 수익을 내지 못하고 있었다. 전체 직원 수는 큰 회의장 안에 가득 찰 정도였고, 아마도 가장 중요한 것으로 이미 혁신 제품을 만든다는 점이었다. 바로 금속 산화물 반도체 메모리였고, 이제 추진력을 얻어 눈부신 속도로 성장한다. 그러나 두 개의 다른 제품 생산 라인을 추구한다는 생각은 위험한 생각임에 틀림이 없었다. 그것도 완전히 다른 시장을 목표로 하는 생각은 말할 것도 없었다. 게다가 시장이 활발히 성장하는 제품과 아직 시장 자체가 형성되지 않은 제품을 한꺼번에 같이 추진한다는 전략은 확실히 기업 측면에서 자살이나 다름없는 전략이었다.

그러나 테드 호프가 먼 출장길에서 돌아와 시장의 태도 변화를 보고한다. 강연 과정에서 사람들로부터 받은 반응으로 강연 내용이 적지 않게 수정되었기 때문이었다. 다비도프가 마케팅을 펼치는 제품들은 서서히 판매가 되기 시작했다. 그리고 이 판매는 아마도 자사의 제품에 4004 칩이나 8008 칩을 내장하여 설계를 진행하는 잠재 고객이 있음을 의미했다. 겔바하는 모든 수단을 동원하여 경영진의 의사 결정을 재촉한다. 지금 결정하지 않으면 경쟁사인 텍사스 인스트루먼츠나 다른 회사가 먼저 치고 나올지도 모른다는 경고까지 한다.

한편 레지스 멕케나는 겔바하의 지원을 받으면서 노이스와 고든 무어에게 설명할 일련의 자료를 준비한다. 이 자료는 컴퓨터를 넘어서 인텔의 마이크로 프로세서를 사용하는 새롭고 잠재성이 높은 응용 제품의 시장을 설명한다. 훗날 이때 레지스가 만든 목록은 허무맹랑해 보이기까지 하는 야망 때문에 많은 농담의 대상이 되기도 한다. 레지스는 이 일을 웃으며 다음과 같이 회상한다. "이 목록에는 전자식 화장실 비데로부터 전자식 젖소 우유 흡입기, 공항의 마약 탐지 장치, 전자 게임기, 혈액 분석기까지 다양한 품목들이 있었습니다." 그러나 이와 같은 분석은 인텔의 주도하고자 하는 일이 컴퓨터의 마더보드를 뛰어넘어 세상을 보도록 하는 목적을 달성한다. 인텔의 이사회의 한 임원은 이 설명을 듣고 다음과 같이 질문한다. "그래서 자랑스럽게 생각하는 고객이 하나라도 있나요?" 그럼에도 이사회는 이를 지지하기로 한다.

마지막이자 가장 중요한 요소로, 연구소의 페데리코 페긴과 연구원들은 기대하던 세계 최초의 단일 칩 마이크로프로세서가 정확히 작동하는지 확인한다. 이 장치의 개념은 혁신적이어서 마이크로프로세서가 성공한다면 전체 전자 산업계의 지도를 바꾸게 될 일이었다. 이 사실을 고든 무어보다 잘 이해하는 사람은 없었다. 결국 이 제품에 사람들이 다른 의견이 있다고 해도 이 제품을 만들어야겠다고 한 결심은 노이스나 그루브를 능가했다. 때가 되자 이 결심을 도운 것은 페데리코 페긴이 제품을 만드는 데 성공했을뿐만 아니라 기대했던 것보다 더 훌륭한 결과물을 만들어 냈다는 점이었다. 이사회의 승인하에 인텔 경영진은 마이크로프로세서 조직에게 8008 칩을 양산하라는 허가와 새로운 칩을 개발하라는 지시를 내린다. 이 새로운 칩은 8080 마이크로프로세서 모델로 불리게 되고 20세기에 생산된 가장 중요한 제품이 된다. 8080 칩과 이 후속 제품들 그리고 그 경쟁사가 만든 제품들은 이 제품이 시장에 소개되기 전과 후의 인간 사회를 전혀 다른 모습으로 만들고 또 심오한 영향을 미친다.

페긴과 시마 그리고 그들의 조직은 즉시 새로운 연구에 착수한다. 시작부터 그들은 시간에 쫓겼기에 놓친 시간을 보상하려고 애를 쓴다. 8008 제품이 시장에 선을 보인지 3개월가량이 지나고 다른 거대 반도체 회사에서 유사한 제품이 나올 것이라는 소문이 돌기 시작한다. 한 가지 위안은 역시 페긴이었다. 페긴은 지난 잃어버린 몇 달 사이에 기존 제품보다 새롭고 개선된 아이디어가 있었던 것이다. 그리고 스탠 메이저도 역시 제품의 펌웨어를 수정하고 추가하려는 작업을 하려고 업무로부터 자유로운 상태였다.

초기 두 제품과 달리 8080 모델은 큰 무리 없이 자연스럽게 개발되었다. 이 제품을 개발하는데 6개월가량이 걸렸고, 첫 번째 제품의 시험은 1973년 12월에 이루어졌다. 첫 시험에서 문제가 조금 나타났지만 바로 문제를 개선한다. 1974년 3월, 페긴과 연구원들이 이 개발에 참여한 지 9개월이 지나서 인텔은 8080 제품을 대중에 선보인다.[17]

이 제품은 설계 구조상 뛰어난 특징과 기술력이 있었고, 이에 상응할 만한 제품은 전자 산업 역사에 존재하지 않았다. 그러나 이 뛰어난 특징과 기술력에 상응하는 것은 바로 겔바하가 이끄는 마케팅 조직의 혁신적이고 인상적인 전략이었다. 그리고 이 뛰어난 전략에는 레지스 맥케나의 컨설팅 회사 지원이 있었다.

인텔은 다른 경쟁사와 달리 재정상의 어려움에도, 또 사업부가 잘 운영되는

데도 그리고 다른 수익 분야로 회사의 역량을 분산시키는 속에서도, 신속하게 새로운 분야로 움직이는 일이 가능함을 보여주었고, 거대한 기술 기업만큼이나 아주 새로운 기술을 만든다는 점도 보여주었다. 그리고 회사의 최고 경영자로부터 회사의 말단 직원까지 하나로 뭉치는 일이 가능함을 보여주었다. 또한 회사가 거의 매일 자신들의 제품, 지원 그리고 홍보 등을 개선함으로써 고객, 경쟁사, 논평가로부터도 배운다는 점을 보여주었다.

인텔은 이 능력을 역사 속에서 계속해서 보여준다. 그러나 8080 모델을 개발하고 소개하던 과정보다 더 훌륭하고 또 더 큰 위험을 감수했던 석은 없었다. 3개월 후에 텍사스 인스트루먼츠도 마이크로프로세서 모델을 시장에 선보인다. 그리고 모토롤라와 다른 업체들이 그 뒤를 따른다. 그러나 이때는 세 가지 마이크로프로세서 모델로 무장한 특히 대표 제품으로 8080 모델을 앞세운 인텔이 업계 선두 주자의 자리를 차지하고, 향후 약 40년 동안 마이크로프로세서는 다양한 주요 산업 분야에서 만드는 제품의 '두뇌'가 된다. 그리고 뛰어난 능력이 있는 경쟁사와의 경주에서 인텔은 그 후로 절대 선두 자리를 빼앗기지 않는다.

4부
세상에서 가장 중요한 기업
1988-1999

The intel trinity

20장
작전명: 크러쉬

1979년 12월 4일 수요일 아침, 수심에 찬 얼굴을 한 인텔의 경영진들이 본사 회의실로 모였다. 그리고 거의 3일 간 자리를 떠나지 못한다.[1]

회의장에 모인 경영진은 마이크로프로세서 마케팅 총책임자인 윌리엄 다비도프, 보드 생산품 책임자 짐 랠리(Jim Lally) 그리고 부책임자 리치 베이더(Rich Bader), 지역 판매 책임자 캐시 파웰(Casey Powell) 그리고 인텔의 외부 컨설팅 조언자인 레지스 맥케나였다. 이들은 인텔의 최고 관리 책임자인 앤디 그루브로부터 회의실에 모이라는 통보를 받은 상태였다. 그리고 해결책이 나오기 전까지는 회의를 계속하라는 지시를 받는다. 새로운 마케팅 해결책이 필요했다. 놀랍게도 지난 십여 년 동안 인텔은 기술 혁신의 돌파구가 서서히 사라져 갔고 회사가 설립된 이래 가장 큰 위협을 맞았기 때문이었다.

앤디 그루브는 며칠 전 파웰에게서 받은 쪽지를 보고 화가 나서 갑작스럽게 회의를 연다. 이 쪽지에는 오랫동안 세계에서 최고의 제품을 판다는 자부심을 가지던 인텔의 영업 담당이 갑자기 그리고 설명 못할 이유로 가장 위험한 경쟁 상대인 모토롤라에게 시장을 빼앗기고 있다는 사실을 전하는 생각하기조차 싫은 내용이 들어 있었다. 더 정확히는 미래의 고객 완제품에 들어가는 결합 부품(design win) 시장을 잃는 중이었다.

18개월 전에 인텔은 16비트 마이크로프로세서인 8086 모델을 선보였다. 이 제품은 최초의 단일 칩 모델이었던 8비트 8080 모델과 비교하여서 엄청난 기술적 진보를 이뤄냈을뿐만 아니라 이 제품의 설계 구조는 오늘날까지도 디지털 시대를 지배하는 프로세서 설계의 기준을 규정하는 제품이다. 8086 모델의 광고에서 해가 뜨는 모습과 광고 문구가 다음과 같이 나오는데 이 광고 문구는 과장이 아니었다.

"새로운 시대의 탄생."

인텔은 빠르게 가시권 안의 모든 완제품에 들어가는 결합 부품(design-wing) 시장을 휩쓴다. 특히 새롭게 뜨는 개인 컴퓨터 시장에서도 독점적 자리를 확보한다.

8086 모델은 반도체 전체 산업을 뒤흔드는 상품이 되지만 그 영광이 그리 오래 가지는 않는다. 반도체 사업 분야는 거의 20년 동안 잔인할 정도로 자유 경쟁 상태였다. 그리고 자신들에게 닥친 고난을 극복하지 못한 회사들은 이미 오래 전에 사라지고 없었다. 그런데 인텔의 공습으로 비틀거리던 모토롤라가 6개월 후에 16비트 모델인 68000을 가지고 반격을 가한다. 그러자 모토롤라가 공격적으로 시장에서 대응하기에는 너무 크고 오래되었다는 의구심이 시장에서 사라진다. 68000 모델은 그동안 만들어졌던 마이크로프로세서 중 어떤 모델보다도 훌륭했기 때문이었다.

바로 이러한 모토롤라의 반격이 앤디 그루브를 충격에 빠지게 만든다. 그리고 마케팅 임원들이 회의실에 모이게 된 이유이기도 했다. 모토롤라의 68000 모델은 단순히 8086 모델과 동급이 아니었다. 인텔 제품에 충성도가 높은 사람들이 받아들이기는 힘들겠지만 이 제품은 성능이 훨씬 좋았다. 시장에서 패배한 후 모토롤라는 경쟁에 뒤늦게 뛰어드는 주자들이 사용하는 전형의 전략을 아주 훌륭하게 구사했다. 자동차 경주에서 선수들이 흔히 하듯이 모토롤라는 인텔이 길을 개척하게 내버려두었다. 다음 세대의 프로세서 설계를 하도록 하고, 설계에서 발생하는 자잘한 문제들을 해결하고, 시장에 신제품을 이해하게 하려는 교육을 실시하여 자원을 소모하며, 소비자가 어떻게 새 제품을 사용하는 것이 최선인지 생각하도록 만든 후, 이렇게 다듬어진 8086 모델이 가지는 특성 중에 장점과 개선된 특징을 더하여 자신들의 신제품을 출시한 것이었다.

이러한 전략은 새로 생긴 시장에 진입하는 두 번째 주자에게 생기는 여러 가지 장점에도 쉽게 실행이 가능한 전략이 아니었다. 이 전략을 실행하려면 가장 중요한 점은 속도였다. 선두 기업이 시장과 고객을 장악하고 가격이 떨어지지 않는 상황에서 고수익을 모두 거두어들이기 전에 제품을 설계하고 생산할 민첩함이 있는지 여부가 핵심이었다. 이 민첩함이 왜 많은 기업들이 필사적으로 두 번째로 시장에 진입할 때 이 전략을 구사하려 하고 해도 성공하는 회사는 극소수 밖에 없는지 설명해 준다.

그런데 모토롤라는 바로 이 전략을 해냈을뿐만 아니라(세대를 거쳐 기술 기업에게 내려온 교훈에 따라) 수익이 정점일 시기의 시장 상황에서 68000 모델을 안착시키는 데 성공한다.

인텔 본사는 처음에 이 새로운 제품을 무시했지만 영업 분야에서는 심각한 타격을 입고 있었다. "이 소식을 서부 지역 경영진에게 보냈지만 반응이 없었습니다."라고 동부 지역 본부의 영업 담당이었던 직원은 회상한다. 그리고 인텔의 마케팅 임원이었던 빌 다비도프는 이때를 다음과 같이 회상한다. "고객이 계속해서 당신에게 직원들이 저지른 실수와 경쟁자의 장점에 잔소리를 하는 일은 사기를 꺾는 일이었습니다. 고객들은 대부분 인지도가 있는 인텔의 제품을 고수하고 싶어 했습니다."[2]

11월 2일 마침내 뉴욕 허퍼지(Hauppauge)에 위치한 동부 지역 본부는 산타클라라 본사에 다가오는 재앙과 나쁜 상황에 상세한 내역을 팩스로 보낸다. 이 내용도 다른 영업 담당 직원으로부터 또 다른 매출 상황 연락이 동시에 도착하지 않았다면 무시되어 버렸을지 모른다.

분노한 앤디 그루브를 제외하고 태평하던 인텔 직원 모두가 순식간에 하얗게 질려 버리는 상황으로 바뀐다. 인텔에게는 단순한 반도체 회사가 아닌 산업계 전체를 이끄는 첨단 기술 분야의 선두 주자라는 자부심이 있었다. "우리는 이 세상에서 가장 뛰어난 과학자와 기술자들이다." 그런데 지금 모토롤라가 그 자부심을 뛰어넘은 것이었다. 엎친 데 덮친 격으로 이제 모토롤라만이 아니라는 점이었다. 트레이드 프레스(The Trade Press)에 따르면 또 다른 반도체 회사인 자이로그(Zilog)에서 자신들만의 16비트 프로세서인 Z8000을 곧 출시한다는 기사를 내놓았다. 그리고 자이로그에는 인텔에서 마이크로프로세서의 발명을 이끌었던 페데리코 페긴이 근무하고 있었다. Z8000이 8086 모델보다 더 뛰어날 것이라는 점에 이견이 없었다. 이 경쟁에서 패배는 인텔의 시장과 고객의 점유율에 타격을 줄뿐만 아니라 회사의 장기 존속에 악영향을 미칠 것이 명확했다. 그리고 최고의 인재들이 모인 최고의 회사인 인텔에 근무하는 직원들의 자존심에 부분적이나마 상처를 줄 것도 분명해 보였다. 자존심을 가지고 최고의 직원들로 구성된 회사라는 인상도 역시 마찬가지였다.

그전에도 그랬고 앞으로도 마찬가지로 인텔의 자연스러운 반응은 기술 돌파구를 찾는 일이었다. 그리고 이 전략이 결국 인텔의 가장 큰 장점이자 철학이었다. 그러나 12월에 구성된 회의에서 모토롤라와 자이로그의 도전에 맞대응하려고 8086 모델을 개선하고 성능을 향상시키는 방법은 너무 늦었다는 결론을 내린다. 인텔은 핵심 능력인 기술 분야 밖에서 방법을 찾아야 했고 고객들에게 성능 차트에서 이미 성능이 밀리는 제품을 구매하도록 확신시킬 방법을 강구해야 했다. 그러나 이렇게 하기 전에 인텔은 스스로 자신들이 실패했음을 인정해야 했다. 마치 이 실패는 쓴 약을 삼켜야 하는 일과 같았다.

"화요일에 이어진 직원회의는 이보다 불편할 수가 없었습니다." 다비도프는 이렇게 기억한다. 앤디 그루브가 인텔의 대응책을 이끌려고 시작한 회의 참석이 '자발적인지 강제적인지' 기억하지 못할 정도였기 때문이었다.

빌 다비도프는 이 경험을 바탕으로 쓴 고전이 된 저서, '기술 산업 분야의 마케팅(Marketing High Technology)에서 자신이 첫 번째로 해야 할 일은 인텔의 모든 영업력을 모아 문제의 심각성을 파악하게 하는 일이었다고 밝힌다. 그리고 자신들이 파악한 문제를 해결할 가장 적합한 인재를 모아 조직을 구성하는 일이었는 데 이 과정은 몇 주가 소요된다. 다비도프가 직접 선택한 비상 대책 조직이 12월경에 구성되자 인텔이 해야 할 대응책의 정확한 분석을 준비한다.[3]

"첫 번째, 조직이 한 일 중에 무엇이 문제인지 합의를 보는 것이었습니다. 이 과정은 어렵지 않았죠. 시장에는 세 명의 주자가 경쟁을 했는데 첫째 주자는 모토롤라였고, 둘째는 자이로그 그리고 세 번째로 인텔이 장애물을 넘으려고 달리고 있었습니다."[4]

한때 눈에 보이던 끔찍한 진실이었고 인텔이 직면한 실질 위협이었던 모토롤라가 오래된 오만함과 허세를 보이기 시작한다. 그러나 인텔은 단지 시장에서 살아남으려는 전략을 펼치지 않는다. 인텔은 모토롤라를 물리치려고 모든 것을 걸기로 한 것이다. "우리는 모토롤라를 제치면 모든 경쟁에서 이긴다고 동의했습니다. 그러한 이유로 우리는 단순히 시장 점유율 회복이 아닌 인텔이 시장에서 가지던 우월한 위상 회복을 목표로 했습니다."라고 다비도프는 말한다.[5]

우월한 위상이란 결합 부품으로서 인텔의 프로세서를 모두 장착함을 의미했다. 이 목표는 단지 단기 수익을 올리는 것뿐만 아니라 계속해서 인텔의 수익원이 되어줌을 뜻했다. 한 업체가 새로운 제품에 들어갈 특정한 마이크로프로세서를 선택하면 후에 이 프로세서의 신제품이나 성능이 향상된 제품이 나와도 새로 나온 프로세서 규격에 맞게 제품의 전원 공급 장치, 소프트웨어, 작동법 등과 같은 다른 부분들도 변경을 해야 하는 이유로 새로운 프로세서로 바꾸는 일에 신중했기 때문이었다. 이러한 관계로 특히 제품군의 첫 번째 제품이나 성공한 제품이 나온 후에는 계약이 계속 갱신되어도 십여 년을 넘게 초기 프로세서를 계속해서 사용하는 경우도 발생했다.

비상 대책 조직은 재빨리 전 세계에 퍼진 인텔의 영업 담당들에게 주어지는 결합 부품의 할당량을 최소로 줄이는 일이 필요했다. 그리고 몇몇의 뛰어난 영업 능력을 보여주는 직원들에게 의존하는 방법보다 전체 판매망의 연합만이 인텔이 다시 주도권을 잡는 유일한 길이라 판단한다. 그렇다면 할당량을 어떻게 배분하여야 할까? 한 달에 영업 담당 한명이 하나의 고객 특화형 결합 부품을 파는 것이 가장 현실 가능한 숫자였다. 비상 대책 조직은 그렇게 방침을 정한다.

이와 같이 합의한 방침에 따라 한 직원이 필요한 결합 부품의 수를 계산하자 1980년 말까지 인텔이 설계해야 하는 고객 특화형 결합 부품의 수는 2천 개에 육박한다. 이 숫자는 도저히 현실적으로 말이 안 되는 숫자였다. 분석가가 아무리 좋게 추정을 해도 최선을 다하면 이 목표의 절반이 가능할 것이라 했고 대부분은 3분이 1이 가능한 수치라고 분석한다.

여기서 인텔 역사에서 가장 중요한 결정 중에 하나가 이루어진다. 마케팅 조직은 최초 합의를 본 숫자에 맞추어 전략을 구사하기로 한 것이다. 그리고 2천 개의 고객 특화형 결합 부품을 조달하려고 인텔은 각고의 노력을 기울인다.

그러나 이는 여전히 의문점을 남긴다. 무엇으로 이렇게 많은 수의 제품을 만들고 판매를 달성한다는 말인가?

이 문제를 해결하려고 조직은 하루 종일 경쟁사인 모토롤라와 자이로그 제품의 장점을 분석한다. 비상 대책 조직은 두 경쟁사의 제품이 가지는 하드웨어 설계상 장점은 8086 모델과 비교하여 속도와 처리 능력의 관점에서 약간 앞선다는 결론을 내린다. 그러나 이러한 차이가 잠재 고객의 마음속에서 결정 요소로 작용하지 않는다는 사실을 확인한다. 차라리 68000 모델과 Z8000 모델이 가지는 장점은 상대적으로 작지만 유망한 고객 집단에게 유리한 설계였던 것이다. 바로 그 고객 집단은 '소프트웨어 기반' 회사다. 이 회사들은 하드웨어의 성능보다 고객의 업무를 해결해 주는 '솔루션'에 초점을 잡고 있었다.

소프트웨어 기반 회사들은 대부분 혁신적이었던 소형컴퓨터가 메인프레임 컴퓨터 시대를 대체하는 과정에서 소형컴퓨터에서 사용되는 소프트웨어를 제작하면서 성공하기 시작했다. 이제 애플 컴퓨터가 주도하는 새로운 세대의 컴퓨터 시장을 보면서 이 소프트웨어 중심 회사들은 다음 세대의 중심 시장은 개인 컴퓨터 시장이 될 것이라는 사실을 알았다. 그래서 우선 순위의 일들은 그들에게 소형컴퓨터에 특화된 프로그램을 개인 컴퓨터 전용이나 기타 '스마트'한 장치나 기구에서 운영되도록 바꾸는 일이었다.

그러나 이러한 변환은 쉬운 과정이 아니었다. 초기 마이크로프로세서 세대가 소형화의 기적이었을지도 모르지만 소프트웨어 중심의 회사들에게는 '진짜' 컴퓨터(소형컴퓨터)에서 구동되던 프로그램의 성능을 마이크로프로세서에 맞추어 떨어뜨려야 하는 일이었다. 소프트웨어는 쉽게 변환되거나 단순화할 대상이 아니었기 때문에 처음부터 다시 생각하고 다시 작성해야만 했던 것이다.

따라서 소프트웨어 회사들의 걱정은 당연한 일이었다. 시간과 돈을 투자해야 하는 일일뿐만 아니라 복잡하게 뒤얽히고, 문제가 자주 발생하는 인기 없는 프로그램이 나올 것이 명확했기 때문이었다. 또는 이보다 더 나쁜 일로 프로그램을 너무 늦게 출시하여 새로운 변화에 맞추어 진화하는 고객을 모두 잃어버릴지도 모른다는 점이었다. 다른 말로 표현하자면 이러한 관련 업계 회사들은 결코 뒤로 물러설 수 없고, 원래 있던 자리에 안주할 수도 없으며, 고통스럽지만 언제나 앞날의 변화를 준비해야 한다는 뜻이었다. 이러한 이유로 왜 수많은 소프트웨어 회사들이 반도체 산업 분야에서 아무도 견줄 수 없는 명성을 보유한 인텔과 함께 하고 싶어 했을지도 모르지만 한편으로 소프트웨어 회사들의 마음속에는 보다 '소프트웨어 친화적인' 모토롤라와 자이로그의 마이크로프로세서 설계 구조를 선택하는 길이 안전한 길이었던 것이다.

인텔의 마케팅 조직에게 이제 문제의 본질이 보다 명확해졌지만 그렇다고 쉬운 일은 아니었다. 16비트 마이크로프로세서가 제공하는 새로운 시대에 맞추어 고객이 받아들이는 시장의 제품을 고려할 때 인텔이 8086 모델을 그에 맞추어 개선하고 보다 나은 제품을 만들려고 모든 것을 건다고 해도, 이와 같은 노력은 당시로서는 너무 늦거나 큰 의미를 가질 수 없었다. 비상 대책 조직은 이미 인텔이 가지는 장점을 가지고 새로운 방법을 찾아내야만 했다. 다비도프는 다음과 같이 말한다. "우리는 지금 필요한 것은 보다 기업 고객의 요구 사항에 맞는 새로운 것을 고안해 내야 한다고 결론을 내렸습니다."6

돌이켜 보면 앤디 그루브가 내렸던 가장 현명한 결정 중에 하나가 바로 그 당시 비상 대책 조직을 구성한 일일 것이다. 언제나 기술자와 과학자에게 우선권을 부여하는 인텔 같은 회사에서, 마케팅 전문과 영업 전문 담당을 키워낸다는 개념은 회사의 인상에 잘 맞지 않는 전략이었고, 전혀 전문가답지 않고, 실리콘밸리의 회사들이 그다지 신뢰하지 않는 방법이었으며, 회사 내의 직원들이 이 사실을 알게 되면 화가 날 일이었다. 홍보나 마케팅 분야를 우선시함은 인텔의 성격에 결국 맞지 않는 결정이었던 것이다.

그러나 이 결정은 뛰어난 것이었다. 인텔 안에서 고객의 마음을 헤아리고, 기술로 해결하는 방법 외에 바깥을 둘러보는 능력은 마케팅 부서만이 가졌기 때문이었다. 이전에는 아무도 인텔이 공감 능력을 가지지 못했다는 이유로 비난하지 않았다. 그러나 회의가 진행되는 3일 간 조직은 서서히 고객의 입장에서 문제를 바라보기 시작한다. 그리고 마침내 고객인 소프트웨어 회사들이 느끼는 알 수 없는 두려움과 자칫 회사를 망칠지도 모르는 잘못된 기술적 결정으로부터 보호 받을 필요를 이해하기 시작한다.

소프트웨어 회사들이 원하는 것은 고성능이나 저렴한 가격의 마이크로프로세서도 아님을 서서히 이해한 것이다. 또한 마이크로프로세서의 높은 사양에 소프트웨어 회사들이 가산점을 주는 것도 아니며, 심지어 소프트웨어 친화적인 점도 아니었다. 소프트웨어 회사들이 가장 원하는 것은 바로 '해결책'이었다. 소프트웨어 회사들에게 마이크로프로세서는 단지 어떻게 비용이 적게 드는 마이크로프로세서를 작은 상자 안에 집어넣고 거대한 컴퓨터가 내는 성능을 낼 것인가라는 질문에 따르는 대답이었을 뿐이다. 성능을 올리는 일이 아닌 컴퓨터를 잘 작동하게 만드는 고민과 노력을 소프트웨어 회사들이 더 적게 할수록 더 좋은 해결책인 셈이었다. 모토롤라의 68000 모델이 인텔의 8086 모델보다 성능이 조금 뛰어난 점은 훌륭했다. 그러나 진짜 핵심은 소프트웨어에 많은 노력을 들이지 않고도 모토롤라의 68000은 그 하드웨어 안에서 잘 작동한다는 점이었다. 답을 찾은 것이다. 그리고 이제 계약이 이루어진다.

여기 21세기에 사는 우리는 기업 경영에 '솔루션(solution)'이라는 단어와 친숙한 시대에 산다. 그리고 기업의 광고에 끊임없이 언급되는 회사의 목표 중 하나이다. 모든 MBA 과정에서 피터 드러커(Peter Drucker)의 격언을 가르친다. "아무도 상품을 보고 돈을 지불하지 않는다. 사람들이 지불하는 것은 만족이다." 테드 레빗(Ted Levitt) 역시 비슷한 말을 남겼다. "사람들은 4분의 1인치 드릴을 원하지 않는다. 사람들이 원하는 것은 4분의 1인치 구멍이다."[7]

그 회의가 진행되던 시기인 1980년대는 이와 같은 관점의 마케팅이 태동하던 때였다. 그리고 인텔의 이러한 생각에 동력을 부여하는 일이 발생한다. 인텔의 한 영업 담당 직원이 들은 바에 의하면 모토롤라의 68000 모델을 사용한 한 초기 고객사로부터 문제가 발생했다는 소문이었다.

초기 트랜지스터에서 오늘날의 마이크로프로세서까지 반도체는 기술자의 손으로 만들어지고, 기술자의 손으로 팔리고, 기술자가 구매했다. 모두가 같은 언어를 사용하는 사람들이었고, 그들 모두가 경험에 기반 한 기술을 숭배해왔으며, 똑같은 기술 관련 서적을 읽고, 똑같은 전시회를 갔다. 그들의 경쟁은 끝이 없는 기술의 싸움이었고, 성능과 사양에서 최고를 만들었다고 자부하는 사람이 누구이든지 간에 승자임을 선포했으며, 시장 대부분을 차지했다. 한편 패자는 자신에게 남은 상처를 어루만지며 다음 기회를 위해 마음을 가다듬어야 했다.

그런데 인텔의 마케팅 조직은 마이크로프로세서 시장의 전쟁에서 패배할지도 모른다는 두려움, 기술적 정확도가 부족할 때 오는 당황스러움, 자금의 부족, 게으름까지도 포함되는 특징으로 정의되는 기술 이외의 차원을 이해하면서 갑자기 반도체 사업 자체를 새로운 차원에서 바라보기 시작한다. 그들은 방금 엄청난 기회를 포착한 것이다. 그리고 이 기회를 승리하려는 방법으로 재정의한다.

다비도프는 "모토롤라나 자이로그에서 출시한 제품이 우리보다 뛰어나다는 사실을 씁쓸하지만 받아들여야 했습니다. 당시 그들과 제품의 성능을 가지고 싸우려 했었다면 우리는 아마 경쟁에서 패배했을 겁니다. 우리는 마이크로프로세서를 설계하는데 마이크로프로세서 이상의 의미가 필요했습니다. 우리는 더 뛰어난 성능의 마이크로프로세서를 만들어 경쟁자들을 물리쳐 왔고, 그동안 우리의 장점이자 동시에 경쟁자의 장점으로 경쟁을 해왔습니다. 이제 우리만의 장점을 살려야 할 때가 온 것입니다."[8]

말할 필요도 없이 비상 대책 조직이 착수하는 다음 업무는 인텔만의 '장점'을 찾아 목록으로 작성하는 일이었다. 그들은 재빨리 회사의 장점을 정리하기 시작했고 여기에는 인텔이 지닌 명성과 창업자의 출신 성분이 포함되었다. 인텔은 반도체 산업계에서 혁신과 품질 부분에서 휴렛패커드와 IBM과 함께 가장 강한 인상이 있었다. 두 창업자 중에 노이스는 집적회로의 발명으로, 고든 무어는 무어의 법칙으로 이미 반도체 산업계에서 전설 같은 존재였다. 그리고 앤디 그루브를 포함하여 반도체 산업계에서 가장 강력한 경영진을 가진 것으로 인정받았다. 8086 모델과 관련하여 잠시 주춤한 일을 빼고 인텔은 새로운 세대의 제품이 나올 때마다 업계 최초 그리고 최고의 제품을 선보인 오랜 역사가 있었다. 그리고 인텔은 또 한 가지(외부에서는 알지 못했지만) 장점이 있었는데 8086 칩이 미래에 설계할 마이크로프로세서 구조의 바탕이 되는 최고의 장기 전략이 있다는 점이었다. 그리고 한 번의 거래로 관계가 끝나는 자이로그와 달리 인텔은 고객사와의 관계를 튼튼하고 강력하게 이어갔다.

비상 대책 조직은 보다 널리 영역을 넓힌다. 인텔의 강력한 인상은 제외하고 그동안 무엇이 인텔의 제품과 서비스가 경쟁사보다 더 좋은 해결책으로 믿게 만들었는지 조사해 나간다. 이 조사로 앞서 나열한 장점에 이어 두 번째 다른 목록을 만드는데 그 경우 인텔만이 가지는 생산적인 장점들이었다. 이 장점에는 인텔이 전문성이 강하다는 인상이 있다는 점이 포함되었다. 인텔이라는 회사는 마이크로프로세서와 같은 특화된 제품에 전문화되어 메모리에서 자동차 라디오까지 만드는 모토롤라와 인상이 달랐던 것이다. 그리고 더 좋은 장점은 모토롤라는 아직 성능이 떨어지고, 자이로그는 아직 개발하지 못한 부동 소수점 연산장치(a math coprocessor)를 포함하여 칩을 지원하는 더 완성된 패키지 상품을 인텔이 제공한다는 점이었다. 게다가 인텔은 마이크로프로세서를 사용하여 제품을 만들 때 이를 도우는 전문화된 도구를 기업 고객에게 제공했다. 가장 대표가 될 만한 예가 인텔렉(Intellec)의 회로 내장형 에뮬레이터로 최초의 개인 컴퓨터의 개념을 가진 시제품으로 여겨지는 제품이다. 인텔은 이 시스템을 이용하여 기업 고객을 지원하는데 너무나 초점을 맞춘 나머지 이 시스템에 모니터를 연결하여 개인 컴퓨터 상품으로 만들 생각조차 하지 않았다.

금요일이 되자 비상 대책 조직이 모토롤라에게 쓸 대응책이 명확해진다. 그 동안 인텔이 만들었던 제품이나 서비스와 완전히 다르고 새로운 솔루션이라는 중요한 개념을 적용한 '정책'을 만들어 낸다. 이 새로운 정책에 '크러쉬 작전(Operation Crush)'라는 대담한 이름을 붙인다.

몇 해가 지나고 마케팅을 공부하는 학생들이 기업 고객 정책 내용을 읽을 때 언제나 다음과 같이 질문한다. 과연 인텔의 마케팅 조직이 진정으로 8086 모델에서 새로운 제품 그리고 하드웨어, 소프트웨어 그리고 지원 정책을 묶은 상품을 만들어 냈다고 믿는지, 아니면 단지 고객이 그렇게 믿도록 만든 것인지 의구심을 가지는 것이다. 이 의구심에 대답은 명확하지 않다. 오직 거리를 두고 간접으로나마 파악하는 우리 관점에서 크러쉬 작전을 진행한 조직들은 이 새로운 상품을 믿도록 스스로 확신했으며 자신들의 생각을 인텔의 경영진과 기업 경영의 세계 모두에 관철시켰다는 점이다.

이 크러쉬 작전을 진행한 마케팅 조직은 회사의 약점을 경쟁력 있는 장점으로 전환시켰고 첨단 기술 산업에서 마케팅, 패키징 그리고 브랜드 관리의 방법을 통째로 바꾸어 놓았다. 이 전략은 종종 산업계에서 기적으로 불리기도 한다. 그러나 당시 진짜 기적은 회의가 끝나고 몇 시간 후에 온다. 회의가 끝나고 연속된 회의에 피로했지만 만족했던 조직원들이 집으로 돌아가고 다비도프는 계획을 앤디 그루브에게 전달한다.

인텔은 이미 일을 진행함에 설계에서 제조, 새로운 제품의 개발까지 빠른 속도로 유명해져 있었다. 전달된 계획을 본 앤디 그루브마저도 흥미 있게 내용을 살펴본다. 그리고 다가오는 화요일인 12월 10일까지 계획을 충분히 검토한 후 승인한다. 일주일이 지나고 부서 대부분이 연말 송년회를 준비할 때 앤디 그루브는 각지에서 백 명 이상의 영업 담당을 호출하여 이 계획을 그들에게 설명한다. 그리고 송년 연휴가 시작되기 전에 천 명 이상의 인텔 직원을 모으고, 이 계획을 8086 모델을 세울 당시의 계획만큼이나 중요한 계획으로 공표한다.

이 계획은 단순히 영업 부문만 동원된 것이 아니었다. "이 계획을 실행하려는 수많은 모임이 결성되고, 새로운 시스템을 반영하려고 생산 조직보다 새로운 영업 지원 조직이 형성된다. 시스템의 수위를 조절할 기준이 준비되고, 기술서가 작성된다. 기존 기업 고객에게는 자신들의 조항을 작성하도록 협조를 구하고, 새로운 정보 문서가 작성된다. 그리고 주어진 시간이 짧음에도 놀라울 정도로 빠르게 새로운 카탈로그가 작성된다. 한편 레지스 맥케나는 새로운 광고 캠페인을 고안한다. 그리고 다가오는 몇 달 사이에 전 세계에 걸쳐 50개 이상의 고객 회사에서 설명회와 사용자 회의가 개최된다. 그리고 각각의 과정에서 어떤 형태이든 간에 효과가 없는 경우는 과감히 폐지하고 새로운 방식을 재시도 한다.9

우수한 기술로 어떤 어려움도 이겨낸다는 믿음으로 출발한 인텔이 이제 마케팅과 브랜드 가치를 깨달아 가기 시작한 것이다. 그리고 이 일은 인텔에게 중요한 교훈이 된다.

지금 당장은 회사가 위기를 모면하기 힘들어 보였지만 어떻게든 새로운 제품을 갑자기 만들어냈다고 스스로를 확신하는 분위기였다. 그러나 이러한 새로운 제품이 경쟁사에게도 똑같은 확신을 줄지는 아직 입증되지 않은 상태였다. 당장 새로운 주문은 계속 쏟아 들어왔지만 한 해에 2천 개로 잡은 목표인 각 기업 고객 특화형 결합 부품 수에는 아직 이르지 못했다.

그런데 작은 기적이 일어나기 시작한다. 16비트 마이크로프로세서 시장을 장악했다고 차분히 자신감에 차있던 모토롤라는 '새로운' 인텔의 8086 홍보에 허를 찔리고 발목을 잡힌 듯했다. 더욱 좋지 않은 현상은 제품 주문에서 기업 고객들이 인텔로 눈에 띄게 이동하기 시작한 것이었다. 모토롤라는 당황스러움을 감출 수 없었고, 최악의 방법을 쓰지 않을 수가 없었다. 그리고 인텔의 새로운 전략을 모방한다. 모토롤라는 전문가답지 못하게 68000 모델 카탈로그를 작성해 기업 고객에게 배포하기 시작했다.

이 일은 여러 가지 원인을 볼 때 당연한 이유로 가장 최악의 방법 중에 하나가 되어 버린다. 모토롤라는 자신들에게도 '솔루션(solution)'이 있음을 기업 고객에게 보여줌으로써 인텔의 주장과 전략을 무마할지도 모른다고 생각했던 것이다. 그러나 이러한 결정은 모토롤라가 전쟁의 장소를 인텔이 유리한 곳으로 한 발 더 나아가는 결과를 낳고 만다. 그리고 이 새로운 전쟁과 장소에서 모토롤라는 약점이 많았다. 첨단 기술 산업의 오랜 역사 속에서 IBM과 버로우즈(Burroghs), 마이크로소프트와 넷스케이프, 페이스북과 마이스페이스 등, 두 회사 간의 대결에서 인텔과 모토롤라처럼 전쟁에서 패한 자가 그렇게 강한 위치를 점했던 적도 없고, 약자와 대면해서 완전히 자신을 파괴한 경우도 찾아 볼 수가 없었다.

다비도프는 "모토롤라가 우리의 도전을 무시하고 자신들의 방식을 계속 고집했다면 아마도 인텔은 심각한 상황에 직면했을지도 모릅니다."라고 회상한다.[10]

그리고 모토롤라가 싸움에서 물러설 기미를 보이자 인텔은 빠르게 자이로그를 향해 방향을 바꾼다. 자이로그(Zilog)의 처지에서는 인텔과 경쟁하기에는 자금이 부족하고 작은 업체였기에 빠르게 프로세서 시장에서 철수하고 틈새시장에 주력한다. 인텔이 이렇게 노력하기까지 상당한 시간이 소요된다. 그리고 그해 중반에 이르러서도 인텔이 계획했던 2천 개의 기업 고객 특화형 결합 부품에 이르지 못했다. 그러나 추세는 분명했다. 인텔의 영업 부문은 승리를 감지했고 오른 보너스에 흥분을 감추지 못한다. 그리고 더욱 경쟁력을 갖추어 나간다. 앤디 그루브의 아낌없는 지원 아래 이루어진 크러쉬 작전은 이제 서서히 증가하는 판매에 따라 수익을 내기 시작했고, 8086 제품군에 추가되는 항목을 만드는 재투자를 이끌어낸다. 8086 제품군 중에 염가형 제품으로 8088 모델이 있었다. 이름과 달리 보다 비싼 8086 모델에서 약간 성능을 떨어뜨린 제품으로 8088 모델은 8086 모델처럼 정보를 처리하는 기준이 16비트였지만 8086 모델과 다른 점은 외부 버스(external bus: 정보를 프로세서 밖으로 보내는 파이프 라인)가 저렴한 8비트 버스로 구성되어 속도가 상대적으로 느렸다.

경쟁사와의 싸움에서 승리하면서 자신감에 가득찬 인텔의 영업 부문 기술자들은 모험을 시작한다. 이제 영업 부문은 몇 달 전만 해도 유력한 기업 고객 후보에도 오르지 않던 잠재적 고객을 찾아 영업을 시작한 것이다. 가장 큰 모험을 한 영업 담당 중에 한 사람이 바로 얼 웻스톤(Eearl Whetstone)이었다. 얼 웻스톤은 인텔에서 가장 뛰어난 영업 직원 중에 한 사람이었지만 그렇다고 그가 크러쉬 작전의 할당량에서 자유로운 것은 아니었다. 한 달에 하나의 기업 고객 특화형 결합 부품을 팔려고 산업계에서 그 어느 업체보다도 거대한 IBM에 전화를 건다.

당시 IBM은 외주 공급 업체로부터 부품을 공급받지 않는다고 모두들 여기던 시절이었다. 그리고 IBM은 실제로 그럴 필요가 없기도 했다. 당시 약 400억 달러에 달하는 기업 가치를 당시에 가졌던 IBM은 인텔보다 20 배가량 덩치가 컸고, IBM의 내부 반도체 사업부(반도체를 만들어 회사 내부에 파는)는 당시 인텔을 포함해 산업계에 존재하는 어느 반도체 회사보다도 규모가 컸다. 더군다나 IBM은 1950년대부터 전자 산업계에서 가장 중요한 컴퓨터 시장을 점령하다시피 하던 회사였다. 경쟁사인 버로우즈(Burroghs)나 유니백(Univac)을 완전히 물리친 후 IBM은 메인프레임 컴퓨터 시장을 독점하다시피 했고, 1980년대까지 이 지배는 이어진다. 1960대에 접어들면서 디지털 이큅먼트(Digital Equipment), 데이터 제너럴(Data General) 그리고 휴렛패커드(Hewlett-Packard)와 같은 경쟁사들의 도전에도 IBM은 소형컴퓨터를 만들어 승리하며 다시 한번 시장을 지배했다. 얼 웻스톤이 IBM에 전화를 걸 당시는 "IBM 제품을 구매해서 해고된 사람은 아무도 없다'라는 문구가 기업 세계의 정보 통신 분야에서 유행하던 시절이었다.

그러나 이러한 모든 성공이 대가를 치루지 않고 나온 것은 아니었다. 실제로 1970년대는 IBM에게는 우울한 시기였다. 1969년, IBM이 컴퓨터 시장을 독점하여 시장의 경쟁 구도가 파괴되자 미국 법무부는 셔먼 반독점법(Sherman Act) 2조 위반에 따라 IBM에 독점 금지 위반 소송을 제기한다. 이 소송은 13년 동안 이어지고 IBM에 10년 넘게 짙은 그림자를 드리운다. 설상가상으로 연관성이 있지만 별도의 소송이었던 허니웰(Honeywll) 대 스퍼리-랜드(Spery-Rand) 건에서 연방 법원은 1956년 이루어진 스퍼리와 IBM의 특허 공유 합의가 무효한 것으로 판결을 내린다. 이 판결에 따라서 전자 컴퓨터 원천 특허가 무효가 되었고 컴퓨터와 관련된 권리가 공공의 손으로 넘어간다.

그리고 법무부가 IBM에게 건 소송은 연방정부가 '소송에 따른 아무런 혜택'이 없다는 이유로 소송을 기각할 때인 1982년까지 지속된다. 법무부는 소송에서 패했지만 의도한 바를 얻어내는 데 성공한다. 가장 유명한 경우로 IBM은 자사의 컴퓨터 하드웨어와 소프트웨어를 '묶어서 하나의 상품으로 파는' 행위를 멈춘다. 그리고 이와 같은 결정은 앞으로 이어질 수십 년 동안 회사의 궤적을 만들어 낸다. 그리고 한 동안 법무부의 소송 위협 때문에 IBM은 진출하면 바로 지배할 수 있는 시장에 조심스럽게 접근하게 된다. 명백한 예로 급성장하는 개인 컴퓨터 시장에서(애플에게는 안도가 되는) 설명하기 힘든 태도로 한 동안 방관자 같은 모습을 보인다. 이렇게 계속되는 소송의 위협에 IBM은 점점 편집증적이고 비밀주의 성향을 보이게 된다. 결국 회사 안에서 벌어지는 어떤 전달이나 어떤 짧은 회의도 법무부의 소환장을 받는다. 1970년대 후반이 되면서 IBM은 거의 외부 세계에 벽이 없는 것 같은 상황에서 기적적으로 성능을 향상시킨 소형컴퓨터를 출시하고 세계 메인프레임 컴퓨터 시장을 지배하는 운영체제가 내장된 360/370 모델을 이끌며 시장에서 분전한다.

그리고 마치 법률 소송으로 시련이 충분하지 않다는 듯이 IBM은 지도력의 위기를 겪기도 한다. 초반 10여 년 동안 회사를 이끈 토마스 왓슨 주니어(Tomas Watson Jr)가 심장마비를 겪으며 은퇴하고, 50여 년 동안 이어진 가족 경영의 종말을 고한다. 권력의 공백은 이를 차지하려는 두 진영의 싸움을 만들어 낸다. 보수 진영은 IBM이 머리를 숙이고 핵심 사업에 몰두하여 반독점법 소송을 극복해야 한다고 주장한다. 한편 진보 성향의 사람들은 회사가 정부의 소송에 흔들려 힘을 분산하게 하지 말고, 자신들이 가진 기술적 우위와 마케팅에서 대담함을 바탕으로 계속 주시해 오던 새로운 시장에 진출해야 한다고 주장한다. 이 진보 성향이 있는 집단 중 한 명이 돈(Don)이라 불렸던 필립 도널드 에스트리지(Phillip Donald Estridge)였다. 필립 도널드 에스트리지는 기술자였다. 그는 코모도(Commodore), 아타리(Atari), 애플(Apple) 그리고 수백 개의 컴퓨터 회사들이 개인 컴퓨터 시장에 첫 세대로 출현하는 것을 목격하면서, IBM이 새롭게 형성되는 중요한 컴퓨터 시장 하나를 잃는 것이 아니라 미래의 컴퓨터 시장 자체를 잃는 것이라고 확신한다. 1978년, IBM이 개인 컴퓨터 시장이 본격화 될 경우에 대비하여 미리 교두보를 마련하여 시장에 진출해야 된다는 생각을 가지고 상사에게 의견을 제시한다. 그러나 상사로부터 IBM은 진짜 컴퓨터 산업에서 일을 하지, 소비자를 상대로 사업을 하지 않는다는 답변을 들으며 퇴짜를 맞는다.

그러나 포기하지 않는다. 한편 IBM은 애플 컴퓨터를 주의 깊게 관찰해오며 서서히 새로운 가능성을 보기 시작하였고, 다른 소형컴퓨터 시장의 경쟁자들도 이와 같은 기회를 눈치 채고 개인 컴퓨터 시장을 살펴보기 시작한다. 그리고 돈(Don)을 업무에서 풀어준 후 같은 부서의 직원 다섯 명과 함께 작은 비밀 연구 부서를 IBM 연구소가 있는 플로리다의 보카 레이튼(Boca Raton)에 차리게 한다. 인텔은 이 괴짜 같은 연구 부서가 독립하지 않고 회사의 품 안에 머물도록 부품, 부속을 제작하는 외주 회사와 소프트웨어를 만드는 외주 회사를 구하도록 지시하며 전례를 깬다.

얼 웻스톤(Eearl Whetstone)이 보카 레이트 연구소에 전화를 건 순간은 돌이켜보면 거의 IBM 역사 속의 갈라진 틈이며, 놀라운 행운의 순간이자 적절한 시기였고, 결정적 순간이 된다. IBM이 마이크로프로세서 제조와 연관된 블랙박스 프로젝트(Black box projet)라 불리는 비밀 연구를 수행한다는 소문이 돌았기 때문에 얼 웻스톤은 현관에서 퇴짜를 맞고 쫓겨날 것이라 생각했던 것이다.

그러나 뜻밖에도 필립 도널드 에스트리지의 따뜻한 환영을 받는다. 스톤은 IBM 특유의 오만함과 'IBM에서 만들진 것이 아닌'이라는 그들 특유의 거만한 태도를 예상했다가 필립 도널드 에스트리지의 따뜻한 환영과 타인의 의견을 수용하려는 태도에 흥분을 감추지 못한다. 더군다나 에스트리지의 관심은 크러쉬 작전의 정책과 맞아떨어지는 듯해 보였다. 에스트리지는 인텔이 기존에 가지는 프로세서의 설계상의 작은 장점 또는 성능보다는 차라리 몇 세대를 거치면서 장기적으로 마이크로프로세서에 헌신해 온 인텔의 서비스에 더 관심이 있는 듯해 보였다. 그리고 새로운 추가 기능이나 서비스, 다양한 제품군으로 작성된 새로운 8086 모델 카탈로그에 깊은 인상을 받은 듯해 보였다. 또한 8086/8마이크로프로세서를 지원하는 부동 소수점 연산 장치와 같은 지원 품목에도 관심을 보인다.

웻스톤은 자신이 만난 행운을 믿을 수가 없었다. 스스로 보카 레이튼 연구소의 에스트리지 조직과의 이상한 관계에 점점 커가는 의구심도 지울 수 없었다.

웻스톤은 당시를 다음과 같이 회상한다. "모든 것이 비밀리에 이루어졌습니다. 우리가 기술 지원을 제공하면 우리의 기술 지원 조직은 검은 커튼으로 가려진 한편에 물러서야 했고, 그들은 그 반대편에서 시제품을 가지고 개발을 했습니다. 그리고 우리가 질문을 하면 그들은 검은 커튼 반대편에서 구두로 답변을 해주었고, 우리는 말 그대로 암흑 속에서 문제를 해결해야 했습니다. 운이 좋을 때는 그들은 우리 기술 지원조직의 손을 커튼 안으로 이끌어서 시제품을 더듬게 해 무엇이 문제인지 파악하게 했습니다."[11]

그로부터 약 2년이 지난 1980년 8월 12일에 세상은 이 비밀스럽고 보이지 않는 사업이 세상에서 가장 성공한 전자 제품 중에 하나가 된 IBM PC라는 사실을 알게 된다.

1980년, 인텔의 크러쉬 작전은 성공적으로 진행되어 목표인 2천 개의 기업 고객 특화형 결합 부품을 달성할뿐만 아니라 이를 뛰어 넘어 2천5백 개의 납품을 달성한다. 그리고 납품 달성은 산업계의 방향을 뒤바꾸어 버린다. 이제 모토 롤라와 자이로그는 게임 산업에서 전력을 다하기 시작했으며, 한편 8086 모델 은 빠르게 업계의 표준이 된다.

그리고 아직 인텔은 몰랐지만 IBM과 함께 사용되는 제품이 가장 중요한 역 할을 한다. 앤디 그루브는 다음과 같이 말한다. "IBM 제품에 들어가는 기업 고 객 특화형 결합 부품은 중요한 거래였지만 이 거래가 다른 회사와의 거래보다 특별하다고 생각하지는 않았습니다. 그리고 내가 생각하기에 다른 직원들도 마 찬가지로 생각했을 겁니다."12

웻스톤은 다음과 같이 말한다. "그 당시 한 건의 거래 중 큰 규모가 1년에 1만 개 정도 수준이었습니다. 아무도 개인 컴퓨터 시장이 한 해에 1천만 개 수준으 로 성장할 것이라고 예상하는 사람은 없었죠."13

웻스톤은 나중에 인텔의 영업 담당 부회장으로 승진한다. 그리고 IBM은 마 침내 에스트리지의 재능을 알아보기 시작한다. 에스트리지는 생산 담당 부회장 으로 승진하고 IBM 이사회의 자문이 된다. 그 당시 스티브 잡스가 에스트리지 에게 애플의 회장 자리를 제의하기도 한다. 에스트리지는 조만간 IBM의 회장 에 오르게 될 수순을 밟고 있었다. 그러나 비극이 발생하고 만다. 1985년 8월 2 일, 댈러스(Dallas) 포트 워스(Fort Worth) 공항에서 에스트리지와 부인이 탑승 했던 델타 191편 비행기가 추락하여 세 딸을 두고 두 사람 모두 사망한다. 그 당시 에스트리지는 48세였고, 자신의 예측이 옳았음을 증명해 냈으며, 자신이 고안해 낸 IBM PC는 세계에서 가장 많이 팔린 컴퓨터가 된다.

그 당시 아무도 몰랐지만 인텔이 IBM에 판매한 8088 모델은 PC의 중앙 처 리 장치가 되고 마이크로프로세서 전쟁이 미처 시작되기도 전에 전쟁에 종지 부를 찍은 셈이었다. 인텔은 이제 명백하게 시장을 지배하는 기업이 된다. 바로

IBM과 계약서에 서명을 하던 순간부터 다른 경쟁자들은(자이로그, 내셔널 반도체 등) 사라지거나 합병될 운명에 처한 것이다. 오직 모토롤라가 살아남는다. 물론 그 생존도 본인들의 의사를 넘어선 흥미로운 사건이지만 말이다. 그리고 당시 신생 기업이었던 애플 컴퓨터는 자사의 애플 I 과 애플 II 에 모토롤라의 마이크로프로세서 복제품을 사용한다.

왜 IBM과 인텔이 계약한 것이 모든 경쟁의 '종말'이었는지 이해하려면 그 후 어떤 일이 벌어지는지 살펴보아야 한다. IBM 연구소의 에스트리지와 연구 부서는 인텔의 8086 모델을 자신들이 만드는 컴퓨터의 중앙 연산 장치로 이용하면서 본체를 완성하게 하지만 여전히 이 하드웨어를 구동시킬 소프트웨어를 필요로 했다. 그리고 이 이야기에서 빌 게이츠가 등장한다. 빌 게이츠는 하버드 대학을 중퇴하고 친구인 폴 앨런(Pal Allen)과 함께 마이크로소프트(Microsoft)를 창업한다. 그리고 어머니의 지인 덕분에 보카 레이튼에 IBM 연구소에서 소프트웨어를 시연할 설명회를 갖는다. IBM은 마이크로소프트의 워드프로세싱 소프트웨어에 특별히 관심을 보이지만 지금 IBM에 절실한 것은 하드웨어를 운영할 운영체제였다. 그래서 빌 게이츠는 캘리포니아에 위치한 디지털 리서치(Digital Research)의 DR-DOS를 추천한다. 빅 블루(IBM)는 빌 게이츠의 추천에 따라 디지털 리서치와 협상을 하지만 무산되고, 다시 IBM은 빌 게이츠의 마이크로소프트로 찾아와 DR-DOS에 상응하는 운영 체계를 만들어 줄 것을 요청한다. 게이츠와 앨런은 재빨리 운영 체제로 사용할 코드를 가진 소프트웨어를 만드는 시애틀의 한 회사를 인수해 이 소프트웨어를 MS-DOS라 명한다(몇 번의 세대교체를 통해 마이크로 소프트의 윈도우로 진화한다). 그리고 만족해 하는 IBM에 MS-DOS를 공급한다.

그 다음에 어떤 일이 일어나는지는 모두가 아는 사실이다. 과거 6 년여에 걸쳐 시장을 선도하던 애플 컴퓨터를 따라잡으려고, 다시 한번 놀라운 능력을 발휘하는 에스트리지에 따라 IBM은 전혀 IBM답지 않은 전략을 선택한다. 자신들의 컴퓨터나 응용 프로그램을 감히 복제하는 회사는 가차 없이 고소하는 애플의 전략과 달리 IBM은 다른 회사들이 MS-DOS를 복제하는 것을 허용할뿐만 아니라 다른 회사들에 MS-DOS를 판매한다. IBM은 원천 기술 부호 체계(source code)를 공개하여 소프트웨어를 제작하는 회사들이 MS-DOS에 호환되는 응용 소프트웨어를 제작하여 다른 회사나 소비자에게 팔도록 해준다.

이 전략은 강력한 반격이었다. 곧 시장은 PC 복제 컴퓨터들로 가득 차기 시작한다. 그리고 컴퓨터 소매상의 선반에는 끝이 없는 윈도우 기반 상용 소프트웨어 제품들이 진열된다. 그중 무엇보다도 중요한 상용 소프트웨어는 바로 게임이었다. 게다가 반세기가 넘게 세상에서 가장 시장을 많이 차지한 사무용 컴퓨터 공급 업체였던 IBM의 명성과 기반으로 각 사무실에는 빠르게 PC가 사무용 기기들과 연동되기 시작한다. 이 사무용 시장은 애플조차도 교두보를 마련하는데 실패한 영역이었다.

이러한 공습 속에서 개인 컴퓨터 시장의 90% 이상을 점유하던 애플 컴퓨터는 시장 점유율이 떨어지는 것을 비틀거리며 그저 바라보아야 했다. 1984년 컴퓨터 시장에 새로운 개념을 선보인 매킨토시가 출시되지만 애플 컴퓨터의 추락을 늦추었을 뿐 멈추게 할 수는 없었다. 그리고 그로부터 10여 년 동안 애플의 시장 점유율은 한 자리 수로 떨어진다.

그리고 IBM보다도 이 정책의 가장 큰 수혜자는 인텔과 마이크로소프트였다. 인텔과 마이크로소프트는 IBM에 제품을 판매했을뿐만 아니라 세상에 존재하는 다른 회사의 복제 컴퓨터에도 제품을 판매했으며, 윈도우 소프트웨어 기반의 전자 제품들, 즉 게임 콘솔에서 스마트폰까지 모든 분야에 제품을 판매한다. 그래서 이 두 회사는 서로 얽힌 운명의 관계 때문에 서로 이렇게 불리는 것을 싫어했지만 양측의 성격을 담은 '윈텔(Wintel)'이라는 별명으로 불리게 된다. 이 관계의 장점(대부분이 산업 표준이 되어버린)과 단점(서로의 실수를 싫어하는)은 다가오는 25년 동안 두 회사가 해나가는 사업을 규정한다.

크러쉬 작전 정책과 8088 모델을 IBM이 사용하도록 계약하는 과정을 뒤돌아보면 이 두 가지 모두 영리했던 상황 대처와 운의 조합으로 무시할지도 모른다. 영리했던 상황 대처, 다시 말해 다비도프와 마케팅 조직은 경쟁력이 떨어지는 제품을 몇 가지 여분의 부품과 함께 포장하고, 다소 과장된 서비스를 제품의 판매에 포함시켜서 마치 이 제품이 경쟁사의 제품보다 더 좋고, 우아한 제품처럼 보이게 만든 것이다. 운이라고 할 부분은 모토롤라가 인텔이 던진 미끼를 물고 인텔이 유리한 상황에서 경쟁을 벌였고, 더 큰 행운은 얼 웻스톤이 IBM에 전화를 걸어 영업하려 했을 때 IBM이 처음으로 외주 업체에서 설계한 부품을 내장하는 제품을 만들려 했다는 점이다. 그리고 마지막 운의 한 조각은 IBM이 자신들의 원천 기술 기반을 공개해 열린 플랫폼으로써 제품을 판매하였고, 이 결정은 세대를 넘어 인텔의 마이크로프로세서(마이크로소프트의 윈도우까지)가 산업계의 표준이 되는 장을 마련해 준 계기였다.

그러나 이 일련의 과정을 판단하는 일에 한 가지 핵심 요소를 인식하지 못했다. 바로 인텔이 현명한 결정을 내렸다는 점과 인텔의 뛰어난 경영 능력과 문화를 보여주었다는 점이다. 예를 들어, 지금이나 옛날이나 많은 회사들의 현장 영업 부문에서 나쁜 소식, 화가 난 기업 고객의 요구 사항 등을 다시 본사에 보고하는 것을 꺼린다는 점이다. 더군다나 이러한 좋지 않은 소식들은 회사의 최고 경영자에게 어떤 식으로든 보고되지 않을 것이며 앤디 그루브가 빠르게 대처했듯이 그렇게 빠른 의사 결정을 끌어내지도 못했을 것이다.

마케팅 조직 기준으로 보아서도 특히 인텔과 같이 첨단 기술 분야의 기업이 자신들의 운명을 소규모의 영업, 마케팅, 홍보 분야의 직원들에게 맡기는 일은 좀처럼 없는 일이었다. 또한 어떤 기업의 한 조직이 인텔의 조직만큼 회사 전체가 믿고 의지할 과감한 솔루션을 제안하는 경우도 드물었다.

그리고 인텔이 당시의 다른 회사들과 무엇보다도 달랐던 점은 비상 대책 조직이 해결책을 만들어 앤디 그루브에게 제시한 후에 일어난 일이었다. 앤디 그루브는 이 제안된 해결책을 수용하고 회사 전체를 통해 이 정책을 바로 당일 실시한 것이었다.

자서전에서 레지스 맥케나는 크러쉬 작전 정책을 실시하던 시기에 앤디 그루브가 내린 결정이야 말로 가장 중요한 인텔의 성공 요소였다고 말한다. "내가 후에 모토롤라의 전 경영진이었던 사람에게 인텔이 크러쉬 작전 정책을 세우고 실행하는데 7일이 걸렸다고 말하자 모토롤라는 아마 회의를 소집하는데만 7일 이상이 걸렸을 것이라고 말했습니다."[14]

군대 방식으로 표현하자면 인텔은 신속하게 움직임으로써 모토롤라의 보이드 사이클(Boyd cycle) 또는 OODA(Observe, Orient, Decision, Act) loop 전략 안으로 침투해 모토롤라가 인텔의 움직이는 어떤 단계를 확인하고 대응하려고 해도 항상 한 단계 먼저 빠르게 움직인 것이다. 인텔의 카탈로그에 모토롤라의 적절하지 못했던 반응은 곧 조직을 혼돈스럽게 만들어 상대편의 움직임에 대응하는 속도가 느려지게 만든 것이다.

인텔이 위기를 인식하고 이 위기에 자신들이 가진 모든 것을 걸어서 다시 반도체 산업에서 위상을 회복한 것과 비교된다. 인텔은 이전에도 이와 같은 과감한 결정을 내린 적이 있다. 그리고 이후로도 여러 번의 과감한 결정을 내리는 모습을 보인다. 그러나 크러쉬 작전 정책을 펼치는 과정에서 인텔은 처음으로 회사의 색깔을 세상에 보여준다. 자신감이 가득 차 있고, 무어의 법칙을 끝까지 지키려는 자세와 마이크로프로세서 시장을 장악하려고 모든 것을 내기에 거는 듯한 모습을 보여준 것이다.

그러나 인텔의 특징 중 세상에 가장 적게 알려진 것은 바로 자신들이 과거에 저지른 잘못을 예상치 못하게 기꺼이 인정하는 자세였다(인텔도 스스로 이런 점을 인정한다). 그리고 인텔은 이런 상황을 개선할 때까지(계속 약점이 지속되는 동안에도) 하늘과 땅을 오간다.

인텔이 처한 현실과 인텔의 신화가 항상 일치하지는 않는다. 그리고 이는 인텔에게 가장 좋은 일이기도 했다. 인텔은 언제나 세상에 그리고 자신에게조차도 틀리지 않는 보증수표와 같은 인상을 주었다. 그리고 인텔의 창업 시절부터 오늘날의 세계 유일이자 최고의 주도권을 가질 때까지 언제나 지성을 바탕으로 한 계획과 이성에 따르는 행동을 오랜 기간에 걸쳐 구체화하는 기업 이미지였다. 그러나 실제는 인텔의 역사를 보다 가까이서 자세히 들여다 본 사람이라면 인텔이 첨단 기술 기업 분야의 세상에서 가장 많은 실수를 저지른 기업 중에하나라는 사실을 알게 될 것이다. 여기에는 두 가지 이유가 있다.

첫째, 인텔은 설립 초기부터 보다 큰 위험을 안는 도전을 거의 50여 년 동안이어서 해왔다는 사실이다. 그리고 이는 전설 같은 IBM과 애플 컴퓨터보다도오래된 역사였다. 더 많은 도전은 아무리 회사를 잘 운영한다고 해도 더 많은실수를 뜻했다. 그럼에도 회사의 절정기라고 할 1990년대는 세상에서 가장 잘운영되는 회사였다.

둘째, 대부분 기술 기업은 중요한 기술에서 실수를 저지를 경우 생존하지 못한다. 수없이 많은 전자 회사가 인텔이 설립된 이후로도 설립되고 또 사라졌다.특히 인터넷 기반 기업(dotcom) 거품이 일던 시기에 어떤 기업들은 인텔이 출발하던 시기보다 더 많은 기회와 더 많은 투자를 받고도 불과 몇 개월을 버티지 못하고 사라져 갔다. 인텔의 위대한 점은 인텔이 다른 회사보다 훨씬 똑똑했다거나 현명해서 실수를 다른 회사보다 적게 해서가 아니라(바로 이 장에서정반대의 사례를 살펴보았듯이) 끊임없이 개선해 해왔다는 점이고, 앞으로도 그럴 것이라는 점이다. 그리고 실수로부터 회복해 나가는 것도 이전과 마찬가지일 것이다.

인텔이 수십 년 동안 이어져 오고 또 상상력이 허락하는 선에서 가장 복잡하고 움직임이 활발한 산업에서 항상 최고의 자리를 지켜왔다는 점이 인텔이 실수로부터 회복할뿐만 아니라 이를 다시 수익원으로 만들어내는 뛰어난 능력을입증하는 증거가 된다. 이는 공세의 자세를 취하고 경쟁력을 높이며 타협하지않는 경영진의 능력의 조화가 있었기에 가능했으며 화수분 같은 직원들의 헌신과 노력이 있었기에 가능했다. 인텔을 바라보는 이에게는 경이로움을 그리고인텔의 경쟁자에게는 당혹감을 안겨주는 사실이, 인텔이 언제든 어려움에 빠지면 자신을 스스로 추켜세우며 일어서고 먼지를 툴툴 털고 나서 오히려 이전보다 더 강력하게 앞으로 나아간다는 점이었다. 8086 모델의 실패는 인텔이 크러쉬 작전 정책을 세우도록 만들었다. 그리고 8088 모델의 성공으로 이 노력은 이어졌다. 그리고 '인텔 인사이드(Intel Inside)' 캠페인은 첨단 기술 산업 분야의 마케팅 중 가장 성공한 사례가 되었다.

바로 이와 같은 점이 인텔을 승자로 만들어준 요소였다. 그리고 인텔은 계속해서 다시 성공하며 자리를 고수했다. 이런 요소는 인텔의 DNA에 있다고 말할지도 모른다. 당신은 아마 인텔의 강한 정책이나 법 기준을 넘어서는 정책 때문에, 인텔의 오만함과 무어의 법칙을 고수하려는 집착 때문에, 또는 기업 고객에게 보여준 고압의 자세 때문에 불만을 가질지도 모른다. 그러나 결국 경쟁자조차도 세계 경제에 중심에 있어야 할 회사로 인텔을 인정한다. 그리고 거칠고 인정사정없는 기업의 세계에서 최고의 자리를 지키려고 날카롭게 발톱을 세우고, 수십 년을 거치면서 세상과 첨단 산업 분야에서 만난 수많은 도전자들을 물리쳤다. 그리고 자신이 해야 할 일을 결코 가볍게 생각하지 않았으며, 결코 자신에게 주어진 책임감을 외면하지 않았다. 또한 언제나 현대 사회의 동력이 되어준 무어의 법칙을 고수하려는 임무를 다했다.

인텔은 세상에서 가장 중요한 회사이다. 세상에 어떤 회사도 못하는 일을 해나가는 역할을 맡았다고 여기기 때문이다. 인텔은 특별한 회사다. 스스로를 특별한 회사로서 생각하고 그 외에 어떤 것도 고려하지 않기 때문이다. 그리고 크러쉬 작전 정책으로 실리콘밸리에 존재했던 그리고 존재하는 어떤 회사보다도 스스로 배우는 방법을 배웠다. 그리고 이 점은 다가오는 여러 해 동안 다른 회사들이 자신들이 저지른 실수에 굴복할 때에도 회사를 어려움에서 구해낸다.

21장
실리콘밸리의 귀족들

인텔의 초기 5년 동안의 역사는 메모리 시장에서 선두 자리를 차지하려는 길고 긴 경주로 정의된다. 그리고 마이크로프로세서를 금속 산화물 반도체 메모리와 함께 완성해 가는 과정이었다. 또 적어도 앞서 서술한 만큼이나 재정적으로 안정된 상태를 유지하려고 매일 사투를 벌이던 과정이었으며 급성장을 보이는 시장에서 살아남으려고 거대한 물량을 감당할 만큼 구조적으로 튼튼한 회사를 만드는 과정이었다.

회사의 성장 관리는 첨단 기술 기업에게는 가장 저평가되는 부분이기도 하다. 사람들은 새로운 제품이 출시될 때 마치 이 제품이 기업의 중심 이야기처럼 축하하곤 한다. 그리고 무어의 법칙 때문에 어떤 회사라도 약 2년이라는 기간에 따라 움직이는 반도체 산업의 시계에 맞추어 제품 생산 공정을 향상시키지 않으면 결국 도태될 것이다. 그러나 첨단 기술 분야에도 산업계의 혁신 선두가 되지 않고 차라리 선두 기업의 뒤를 쫓으며 수십 년 동안 수익을 내는 회사들이 있다. 물론 제품의 수익은 적지만 그만큼 위험의 부담도 적다. 그들은 어느 정도 수준의 품질과 낮은 가격 그리고 많은 양으로 경쟁한다.

휴렛패커드는 60년대 전자 기업상 처음으로 1년 수익이 1천억 달러를 돌파했던 유명한 혁신 기업으로서의 인상을 버리고 마크 허드(Mark Hurd)의 지휘 아래 21세기에는 위와 같은 전략을 구사한다. 이름만 가지고는 보통 사람들은 알 수 없는 수많은 전자 산업계의 기업들이 이미 오래전 기술이 되어버린 반도체 칩 설계를 인텔이나 모토롤라 같은 기업으로부터 싼 값에 면허를 받아 고성능이 필요하지 않은 저가 제품이나 기타 응용 제품을 만들어 저렴하게 팔아 나름 만족하며 기업의 생존을 유지하는 회사도 많다.

한 가지 예로, 1980년대 내장형 마이크로프로세서로 인텔이 내놓았던 8051 모델은 20여 개 이상의 회사에서 면허 생산하였고, 단일 제품으로는 세계에서 가장 많이 생산된 제품이었다. 이 모델은 수십억 개가 생산되어 개인용 컴퓨터와 같은 응용 제품에(IBM PC와 같은 제품)에 사용되었고, 이제는 개당 가격이 몇 십 센트 수준으로 저가의 디지털 카메라나 어린이 장난감용으로 사용된다.

고든 무어가 강조했듯이 반도체 기업의 세계는 무어의 법칙에 따라 정의된다. 바로 새로운 시장에 가장 먼저 진입한 회사는 척후병이 되기가 쉽지 승자가 될 확률은 적다. 그리고 먼저 금광을 발견하고 철조망을 친 기업이 다른 기업들이 시장에 진입할 때 경고로 사용하기도 한다. 이른바 '최초 진입 실패 증후군'이라 불리는 경우의 사례로 개인용 컴퓨터 시장에서 알테어(Altair), IMSAI, 실리콘 그래픽스(Silicon Graphics), 네스케이프(Netscape)와 같은 기업들이 있다(그리고 스티브 잡스가 다시 돌아오기 직전에 뉴턴(Newton)이라는 제품을 출시한 애플도 마찬가지였다). 그리고 이베이(eBay)가 나오기 전에 최초의 인터넷 경매 사이트들도 마찬가지였다. 그리고 검색엔진 시장에서 구글(Google) 이전의 사례도 마찬가지이며, 가장 최근의 사례로 마이스페이스(Myspace)가 있다.

어떤 이들은 이러한 패러다임을 제대로 이해하지 못하는 경우가 있다. 그 사람들은 단지 더 크고 공격적인 자세를 취하는 기업들이 그 시장으로 포효하며 쳐들어와 시장을 강탈한다고 생각하기 때문이다. 그러나 이런 경우는 단지 하나의 사례일 뿐이다. 빠른 성장을 감당하지 못하는 경우도 있고, 갑자기 성공한 기업으로서 당면하는 도전에 대응할 원칙이 없는 경우도 있기 때문이다. 이러한 경우는 불과 몇 달 사이에 갑작스럽게 두 배로 늘어나는 직원, 보다 큰 시설로 끊임없는 이동, 확장을 감당하지 못하는 단기 자금 부족, 공급 과다에 부딪힌 경우 그리고 그 무엇보다도 부와 명성의 변덕스러움 때문이었다.

어떤 훌륭한 기업들은 위와 같은 여러 가지 요소 중에 한두 가지는 무사히 넘긴다. 그러나 이 모든 것을 무사히 피한 기업은 없다. 인텔도 분명히 넘지 못한 요소들이 있었다. 실제로 거의 모든 요소들과 맞닥뜨린다. 그러나 대부분의 기업들과 달리 인텔은 그 통과의례에서 살아남았을뿐만 아니라 해가 거듭할수록 실패로부터 배우고 더욱 강력해져 갔다. 이 가차없고 잔인한 첨단 기업의 세계에서 가장 중요한 능력으로 경험에서 배우고 강해지고, 넘어지면 다시 일어서고, 싸움에서 되갚아 주는 등의 생존 본능은 거의 모든 부분이 앤디 그루브의 공로였다. 가장 중요한 부분에서 인텔과 다른 기업들의 차이점이 바로 앤디 그루브였던 것이다. 30년이 넘게 회사가 넘어지면(어떤 경우는 앤디 그루브 자신의 실수로) 강력한 의지로 회사를 다시 일으켜 세운 장본인이 바로 앤디 그루브였다. 또 회사를 다시 세워 어느 방향으로 이끌어야 할지 지시해 준 것도 그였다.

이러한 도전 속에서 인텔은 하나를 겪을 때마다 다시 재정비하고 또 다른 도전을 맞으면서 장기 성공을 위해서는 최고인 그러나 당장 닥친 현실에서는 최악인 상황 속에서 재정비하며 앞으로 나갔다.

인텔이 처음 메모리를 생산하면서 생존을 위한 수율을 맞추던 과정은 앞장에서 이미 언급하였다. 비지컴과 허니웰 등의 관계 속에서 수많은 등락이 있었다. 그러나 그보다 더 많은 이야기가 여기 있다.

1970년, 인텔이 1101 모델의 판매가 가능해 보이는 수율을 맞추고, 후속작인 1103, 4004 모델을 개발하려고 전력을 다할 때 인텔의 마운틴 뷰에 위치한 시설은 공간이 부족해지기 시작한다. 인텔은 보다 크고 새로운 시설로 이전을 해야 했다. 인텔은 산타클라라 부근에 있는 3만평 대지 규모의 새로운 회사 자리가 될 곳을 찾는다. 이곳은 내셔널 반도체로부터 불과 800미터 가량 떨어진 곳이었고, 센트럴 익스프레스웨이(Central Expressway)와 코핀 로드(Coffin Road)의 갈림길 사이에 위치했다(인텔은 곧 시에서 이 매력적이지 않은 도로 이름(Coffin:관)을 지역 가문의 역사가 깊은 농장 가족의 이름을 따 바워스 애버뉴(Bowers Avenue)로 바꿀 것을 알았다). 1970년, 부지를 구입하고 인텔의 최초 건물인 산타클라라 1은 입주자를 위해 그로부터 1년 후에 지어질 것으로 계획을 잡는다. 그리고 이곳이 의도하지 않았지만 세상을 바꾸는 지역이 된다. 지금은 실리콘밸리의 가장 핵심 지역이지만 1970년도의 실리콘밸리에 살던 사람들에게 이곳은 황무지와 같았다. 그 당시 실리콘밸리의 중심은 팔로 알토에 위치한 휴렛패커드와 마운틴 뷰에 위치한 페어차일드였고, 인텔의 새로운 본거지가 될 곳으로부터 거의 20킬로미터 가까이 떨어져 있었다. 사실 이곳은 산타클라라의 대학과 사회 시설로부터도 멀리 떨어져 있던 곳이다. 이곳은 멀리 딸기밭과 꽃밭이 있던 베이쇼어 고속도로 101(Bayshore Highway 101) 외곽에 위치한 지역이었다. 가장 가까운 시설이라고는 2차 대전이 끝나고 캠프에서 돌아온 니세이(Nissei)라는 일본 농부가 운영하는 온실이 전부였다. 늦은 밤에 그 온실에서 새어나오는 불빛이 새로운 인텔의 집이 되어줄 초기 센트럴 익스프레스웨이 주변에 사람이 산다는 증거가 되어주었다. 가을이 되면 공터에서 자라던 둥글게 뭉쳐 바람에 떠돌아다니는 회전 잡초가 약해진 줄기로부터 떨어져 나와 바람결에 고속도로를 넘어와 사람 키 높이의 철조망에 쌓이곤 했다. 이곳은 인텔이 가장 최신의 모델을 개발하는 순간에도 오래된 서부의 마지막 모습을 간직하던 곳이었다.

이제 인텔은 향후 확장을 위한 충분한 공간이 있는 최신식 건물에서 일하게 되었지만 산타클라라로 이전하는 가장 중요한 특징은 명확하기보다 훨씬 더 미묘했다. 인텔이 오랜 페어차일드의 이웃에서 그리고 지역 술집과 과거 경쟁사들과 또 새로이 나타날 경쟁사들로부터 멀리 떨어지기는 이번이 처음이었다. 예전의 위치에 계속 머물렀다면 페어차일드가 겪을 운명을 똑같이, 아니 먼저 겪었을지도 모른다. 인텔이 1103 모델을 개발하던 도중에 겪은 어려운 시기에 직원들이 느꼈을 고용 불안감은 쉽게 상상이 간다. 그리고 마이크로프로세서를 개발하려고 고용한 직원들은 주변 술집이나 음식점에서 다른 회사의 직원들처럼 흥청망청 술을 마셨을 것이다.

그 대신에 이제 인텔은 산타클라라의 산업 단지로부터도 고립되고, 마운틴 뷰 지역으로부터도 몇 킬로미터 밖이며, 산호세 도심에서도 떨어져 있었다. 심지어 엘 카미노 리얼(El Camino Real)의 커피 가게에서조차도 멀리 떨어져 있었다. 제조 공정에서 일하는 직원부터 최고 경영자까지 매일 점심을 먹을 곳으로 선택할 장소는 사내 식당 밖에 존재하지 않았다. 그리고 최고 경영진이 개인 사무실이 없이 다른 직원들과 마찬가지로 파티션으로 나누어진 사무 공간에서 함께 일하는 모습과 결합하여 직원들과 함께 사내 식당에서 식사를 하는 문화는 인텔의 문화를 특징짓는 간편하지만 뛰어난 기술을 추구하는 것으로 평등하고 수평적인 철학을 강화시킨다.

이 유명한 문화가 진실이었을까? 아직까지는 그렇다. 가장 실력주의 중심의 사회인 인텔의 문화 속에서 어떤 이들은 다른 사람들보다 더 평등했다. 회사의 서열은 기술과 사업의 정확도에 따라 결정되었지, 그 사람의 직함이나 경력에 따라 결정되지 않았다. 물론 예상했을지도 모르지만 이와 같은 스파르타 방식이 잘 지켜지지 않는 경우도 있었다. 여기 출처가 분명하지 않지만 한 가지 유명한 일화가 있다. 1980년도에 최고 경영자의 부인이 본사에 직접 왔는데 남편을 태우고 돌아가려고 벤츠를 몰고 온 것이다. 그리고 그 최고 경영자가 차를 보았을 때 다음과 같이 말하며 부인을 호되게 꾸짖었다고 한다. "여보, 내가 말했잖소. 회사에 좋은 차를 몰고 오지 말라고!" 그 최고 경영인은 그때까지 모두에게 중고차를 가지고 다니는 것으로 알려졌었다.[1]

결국 산타클라라로 이전을 한 가치는 인텔 스스로 다른 방식의 경영, 인사 그리고 대외 인상에서도 변화를 갖는다. 예전의 위치에서 계속 있었다면 이와 같은 변화는 이끌기 힘들었을지도 모른다. 정확하게 회사가 앞으로 다가올 커다란 도전에 대응하려는 기업 문화였기 때문이었다. 따라서 산타클라라로 이전한 것이 인텔의 성공을 이끌었다고 할지도 모른다.

새로운 건물과 시설로 이전하는 내용에서 앤디 그루브가 빠르게 성장하는 회사를 일일 기준으로 얼마나 잘 운영해 나갔는지 확인된다. 본사 건물을 새로 짓는 회사의 주식은 매도를 한다는 실리콘밸리의 오래된 규칙은 경험에서 나온 것이었다. 한 회사가 새로 본사를 이전하는 경우 종종 사내 정치 문제로 어느 부서가 어떤 자리를 차지할 것인지에 분쟁이 일어나곤 한다. 누가 최고로 좋은 자리를 얻을까, 혹은 누가 임원 식당을 차지할까 등등 수없이 많은 문제가 생긴다. 그리고 연구실과 제조 공정 설비 등을 이동하여 배치하게 하는 모든 문제를 하나에서 열까지 해결해야 한다. 그리고 새로 한 배치에 따른 냉각, 전원, 공간에서 발생하는 추가 문제를 해결해야 한다. 인텔은 12개월이라는 회사 이전을 위한 충분한 시간이 아직 있었지만 이 시간이 주는 장점만 있는 것은 아니었다. 통제할 확실한 지배권이 없이는 남은 시간도 좋은 사무실 공간을 차지하려는 사내 정치 움직임에 따라 소모될 것이 분명했다. 그러나 이러한 성격의 일들이 앤디 그루브가 가장 두각을 내는 분야였다. 구체화된 업무, 명확한 시간표 그리고 위험에 처한 회사의 운명을 다루는 문제는 앤디 그루브가 제격이었던 것이다. 회사의 이전은 아무런 장애 없이 진행된다. 그러면서 생산 일정에 조금도 차질을 빚지 않는다.

뿔테 안경에 고수머리 스타일의 미소 짓는 앤디 그루브가 마운틴 뷰 공장의 놀라울 정도로 원시적인 조립 라인 앞에서 두 명의 남자 기술자 그리고 네 명의 공정 조립 라인에서 근무하는 제조 복장을 한 여성 조립 담당자와 함께 자세를 취하는 사진이 걸려 있다. 뒤편 벽에는 배송 상자들이 쌓여 있었지만 그 사진 속의 네 명의 여성 중 세 명은 여전히 최종 검사 라인에서 칩을 검사하며 근무한다. 사진 속의 여성들 뒤에 배송 상자 하나가 더 있는데 이 상자는 열려 있고 "마케팅용 1103, 아니면 파기"라는 글이 상자 바깥쪽에 적혀 있다. 카메라가 사진 속에서 잡아낸 순간은 앤디 그루브가 산타클라라로 이동하는 회사 이전 직전까지 마운틴 뷰 지역에서 진행된 생산을 유지했다는 놀라운 업적의 기록이었다.

이처럼 앤디 그루브가 처리하는 뛰어난 성과는 인텔의 창업자인 두 사람에게는 반드시 필요한 것이었다.

22장
주식 공개

성공한 회사의 이야기 속에서 처음으로 대중에게 주식을 공개하는 '상장'보다 더 흥미진진하고 어려운 부분은 없을 것이다.

주식 공개와 더불어 상장하는 일은 회사가 보통 가장 젊고 빠른 성장의 기간 중 절정에 있을 때 이루어지기에 어려운 것이다. 특별히 기술 기업일수록 이런 경향은 더 심해진다. 이미 회사가 적정 이상으로 사업을 확장했을 수도 있고 한 사람의 핵심 직원을 잃어 회사 전체가 흔들릴지도 모른다. 또는 회사의 경영진을 둘로 나누어야 할 때도 생긴다. 그중 한 경영진은 그 전보다 더 낮게 회사를 운영해야 하는 거의 불가능에 가까운 임무를 맡기도 하며 한 경영진은 상장을 하려고 기진맥진하게 만드는 일련의 경주를 해야 한다. 증권업자를 찾아 함께 일을 진행해야 하고, 사업 계획서를 작성해야 하며, 전 세계를 돌아다니며 유망한 잠재 투자자를 찾아 주식 공개 설명회를 가져야 한다.

이런 과정은 흥미진진한 일이다. 회사 설립의 혼란스러웠던 과정이 끝나기를 기다려왔고, 최선을 다해 일하던 순간, 잃어버린 시간, 결혼 생활의 불화, 회사 내에서 우의를 다지는 동안에 겪은 고생에 보상을 받는 것이기 때문이다. 그리고 이 보상은(이제 세상이 점점 더 이 보상에 익숙해진) 회사의 창업자에게 수십억 달러의 부를 안겨주기도 하며 최초 주식 공개 시 주식 옵션을 받은 영리한 혹은 운이 좋은 비서진, 컨설턴트, 기술자 그리고 기타 다른 직원들에게 수백만 달러의 부를 동시에 안겨 주기도 한다. 이와 같은 일을 전망하면서 생기는 기대감은 이미 주식 공개 전에 특히 강렬해지며 주식 공개일이 다가올수록 그 강렬함은 참을 수 없을 정도로 강해진다. 특히 주식 공개 일정이 미리 알려지지 않았을 경우에는 더욱 그렇다.

그리고 회사는 변신한다. 회사가 상장이 되었다는 주식 심볼이 나오고, 주식 가격이 뉴욕 주식 시장(New Your Stock Exchange)이나 나스닥(NASDAQ)의 화면에 뜨면 회사는 예전과는 결코 같아질 수가 없게 된다.

회사가 나아갈 방향은 이전과는 달라지고 회사의 직원들에게도 마찬가지이다. 이제 회사의 전략은 장기 관점뿐만 아니라 매 분기 별로도 살펴보게 된다. 그리고 주주들의 만족이 기업 고객의 만족만큼 또는 직원들의 사기를 올려주는 일보다 중요하게 된다. 부유하게 된 직원들은 계속 회사와 함께 하고 싶다고 말하지만 그들이 가지게 된 부의 유혹을 받으며 관료 조직처럼 변하는 현상으로 이어진다. 이는 도전 정신으로 출발한 스타트업 기업에서 주식이 공개된 기업으로 전환되는 과정과 함께 찾아온다. 그리고 창업 당시부터 근무하던 직원들의 변화에 회사는 점점 비우호적으로 변할 수밖에 없다.

실리콘밸리에서 수많은 기업들이 주식 공개를 하고 나서(특히 그중 많은 수가 1990년대 말기의 광적이었던 인터넷 기반 기업(dotcom) 거품으로 질주할 때 주식을 공개했다) 주식 시장의 관계자 및 시장 참여자들은 이러한 첨단 기술 기업의 주식 공개에 표준 모델을 만들어 낸다. 2012년 페이스북이 주식 공개를 할 때 수많은 이른바 '전문가' 논평가들과 파워 블로거들은 주식이 공개될 때의 가격을 예상하며 페이스북의 주식 공개 기준과 자신들의 기준에서 일치시킬 수 없는 차이를 지적했다. 옵션 가격을 규제하는 사베인스-옥슬리(Sarbanes-Oxley) 법률과 여러 가지 정황 때문에 주식 공개가 많이 줄어든 요즈음, 주식 공개 절차는 점점 더 체계화되었고, 대부분 회사가 주식 공개 결정부터 샴페인을 터뜨리는 과정까지 모든 단계를 컨설턴트의 자문을 받아 진행한다.

그러나 1971년 초기에 인텔이 주식 공개를 고민하던 시기에는 첨단 기술 기업들은 대체로 주식 공개를 꺼리던 시절이었다. 모토롤라, IBM, HP와 같은 거대 기업들은 이미 몇 년 전에 주식 공개를 했지만 현대 실리콘밸리의 어머니와 같은 역할을 했던 페어차일드는 주식 공개가 된 그룹사의 한 사업부로서 출발해 주식 공개의 기회를 가지지 못했다. 그리고 내셔널 반도체는 찰리 스포크가 자리를 그곳으로 옮기기 일 년 전에 주식 공개를 마친 상태였다.

그래서 인텔의 주식 공개는 실리콘밸리에서도 무언가 새롭고 드문 일이었다. 그리고 주식 공개를 무사히 이끌려고 참조하거나 지침으로 삼을 만한 것이 많지 않았다. 그래서 인텔은 스스로 주식 공개의 방법을 찾아야만 했다.

문제는 나쁜 소식이었다. 그리고 좋은 소식은 애플/ 넷스케이프/ 구글의 주식 공개가 이제 날갯짓을 하는 새로 생겨난 스타트업 기업들에게 주식공개라는 목표를 주고, 실리콘밸리에서 가장 흥미진진한 일이 되는 요즘과는 달리, 1971년 인텔의 주식 공개는 주로 회사 직원, 투자자 그리고 월 스트리트의 증권 거래소에서만 관심이 있었다. 현 시대와 같은 주식 공개로 수십억 달러를 유치하는 일과 비교하여 달러가 강세였던 시대였음에도 당시 인텔의 주식 공개는 상대적으로 규모가 작았다. 아무런 수익 모델도 없고 실제 시장에 내놓은 상품도 없었지만 주식 공개를 단행하던 미친 듯한 인터넷 기반 기업(dotcom) 거품의 시대의 투기와 달리 인텔은 실체가 명확한 기업이었다. 제리 샌더스는(Jerry Sanders) 이렇게 말한다. "돌아보면 그 당시는 실물을 다루는 기업만이 주식 공개가 가능했습니다. 실제 기업 고객과 실제 수익이 나는 기업 말이죠."[1]

주식 공개 준비와 진행 과정 역시 앞으로 수십 년 후에 다가올 것만큼 복잡하지 않았으며 힘들지도 않았다. 물론 쉬운 과정은 아니었지만 주식을 공개한 후에 해야 하는 서류 작업, 사업 계획서 준비, 공개 설명회 등은 오늘날만큼 그렇게 힘든 일이 아니었다. 밥 노이스는 1971년 봄과 여름을 주식 공개를 준비하면서 보내고 최종 결제 서류에 서명한다. 그리고 직원들과 투자자, 잠재 주주들에게 설명회를 갖고 증권 회사와 협의를 갖는다.

20년 전에 휴렛패커드는 자사의 직원들이 자사 주식을 구매하는 혁신 경영 기법을 도입하여 실리콘밸리에 새로운 바람을 불러 일으켰고, 진보 성향의 회사들은 휴렛패커드의 방식을 따르기 시작했다. 인텔은 회사 설립부터 이런 방식을 적용했고(영리한 인텔 직원은 가능한 한 많은 자사 주식을 사들였다. 그리고 1990년 말 기준으로 최초 인텔 창업시 주식 한 주에 투자된 금액이 270,000 달러 상당의 수익을 돌려준 것으로 추산되었다), 밥 노이스가 솔직하게 인정한 목표는 회사에 근무하는 충실했던 모든 이에게 바로 회사의 경비직에게까지, 회사 성공의 일부를 돌려주겠다는 것이었다.

그러나 주식 공개일이 가까워지면서, 증권 거래 위원회와 주식 거래를 중개하는 연방 정부 담당으로부터 인텔이 계획하던 모든 직원들에게 혜택이 돌아가는 주식 공개는 진행이 불가능하다고 통보를 받는다. 인텔이 훌륭했던 점은 기존의 직원 주식 제도를 폐지하더라도 주식 공개 후에 직원들을 위한 새로운 제도를 준비했다는 점이었다. 그러나 분명히 노이스, 무어 그리고 그루브가 직원들에게 주식 옵션을 제공하는 제도에 전적으로 찬성한 것은 아니었다. 대신에 충분히 주식 시장을 이해하지 못한 직원들이 변동이 심하고 위험 요소가 큰 옵션을 잘못 이해할 것을 우려했다. 직원들이 투기 목적으로 주식을 매매하는 행위도 빼놓을 수 없었다. 결국 노이스는 두 가지 방법을 선택하기로 결정한다. 보다 전문 지식이 있는 직원들은 주식 옵션에 참여하도록 하고, 주식 시장에 충분한 이해가 부족한 직원들에게는 과거의 제도인 주식을 구매하는 방법을 사용하도록 한 것이다. 몇 년 안에 실리콘밸리는 주식 옵션을 가진 직원들로 가득 찰 것이고, 이른바 '주식 시장에 이해가 부족한' 직원들을 현명한 재정 관리를 통해 부유하게 만들 것을 확신했다. 그리고 이는 실리콘밸리를 세상에서 가장 능력 위주의 사회로 만들 것이라 믿었다.

인텔의 주식 공개가 앞으로 따라오는 수십 년 동안 첨단 기술 관련 기업들의 주식 공개 시대를 규정하는 사건이 아니었을지도 모르지만 그럼에도 인텔의 주식 공개는 중요한 시사점을 갖는다. 인텔은 당시 많은 현금을 필요로 했다. 회사에는 중요한 공정 라인이 세 개가 있었고, 마이크로프로세서를 연구하려는 새로운 연구 시설과 새로 지은 본사가 있었다. 그리고 이 모든 것이 완료

되었을 때 예상되는 비용은 당시 시세로 1천5백만 달러에서 2천만 달러에 이르렀다. 이 투자만으로도 인텔은 이미 상당한 재정 위기 속으로 자신들을 집어넣은 상태였고, 어떤 판매로도 이 자금을 당시에 충당할 방법이 없었다. 1103 제품의 예상되는 판매의 성공에도 이제 수율이 더 이상 생산량을 늘릴 수 없는 상태였고, 노이스가 약속했던 비트 당 1페니의 경쟁 때보다 가격이 상승했지만 그 외의 충분한 자금이 없이는 인텔은 계속되는 성공을 장담할 수 없는 상태였다. 수요에 맞춰 생산에 필요한 재료와 장치를 구매할 여력이 되지 않았기 때문이었다. 그렇게 되면 그 결과는 재앙과 같아서 주요 기업 고객들은 주문을 취소하고 그 주문량을 경쟁사에게 넘길 것이 분명했다.

이 시기는 인텔의 역사 속에서 가장 힘든 시기 중에 하나였다. 노이스는 늘 그렇듯이 세련되고 평상심을 잃지 않은 모습을 공석의 자리에서 보여주었지만 인텔 내부의 분위기는 점점 더 악화되어 갔다. 이 기간은 밥 그레이험이 해고된 때로 마케팅 부서 내부에서는 분노가 일고 있었다. 제조 부분에서는 레스 바데즈가 여전히 안정적인 수율 수준을 확보하려고 고군분투하고 있었고, 패긴과 연구 부서는 8088 모델의 연구에 박차를 가하며 그 성공 가능성을 바라보던 중이었다. 앤디 그루브는 경쟁자였던 밥 그레이험의 해고 문제가 해결되자 회사 이전을 위해 모든 것을 분류하고 준비해 나가는 과정에서도 의도대로 회사를 이끌어 생산성을 최대로 끌어올린다.

주식 거래 위원회에서 '침묵의 기간'이라 불리는 기간인 주식 공개일 전 약 30일에서 90일 간의 기간에는 주식 공개일에 주식 가치에 영향을 줄만한 어떤 행동이나 사건도 일어나서는 안 된다. 그러나 인텔 안에서는 앞서 언급한 모든 일들을 여전히 진행 중이었다. 이 일들이 주식 공개에 영향을 미쳐서가 아니라 회사를 설립한 지 몇 년이 지났음에도 인텔은 여전히 안정화 상태에 접어들지 못했기 때문이었다. 그리고 주식 공개를 몇 주 앞두고 밥 노이스는 증권 거래 위원회와 거의 매일 연락을 취한다.

1971년 10월 13일, 인텔은 주식 공개를 시행한다. 공개되는 주식의 수는 30

만 주였으며, 각 주당 23.50 달러의 가격이 제시되었다. 가격이 높게 책정되었고 주식 청약은 소강 상태였다.(이때는 1990년대의 주식 시장과 분위기가 달랐다) 이 청약은 분할 후 220만 주에 상당하는 가치였고, 인텔의 초기 투자자들과 직원들이 주식을 사들였다. 인텔은 주식 공개 후 7백만 달러의 자금을 확보한다. 이 자금은 앞으로 진행해야 할 모든 회사의 사업을 진행하고도 충분한 것이었다.

한편 초기 회사 설립을 주도했던 투자자들에게 주식 공개 후 다음 날 인텔의 주식을 사려는 일반인들로 인해 주가가 치솟는 상황에서 그들이 맨 처음 사들인 한 주에 투자된 4.04달러 가치의 일곱 배에 해당하는 수익을 얻게 됨을 뜻했다. 이 수치는 공급 과잉의 시대였던 1960년대에 나쁘지 않은 결과였다. 이렇게 주식 공개와 동시에 인텔의 최고 경영진은 적어도 서류상으로 수백만 달러를 가진 부자가 된다. 당시 실리콘밸리의 최고급 주택은 약 5십만 달러 정도였고, 최고급 자동차 페라리는 15만 달러가량이었다. 그리고 밥 노이스가 희망한 대로 시간제 근무를 하는 직원을 포함하여 많은 직원들이 자신들이 상상했던 것보다 더 큰 부를 거머쥔다. 노이스와 무어에게는(아서 록에게는 이미 좀 덜한 뜻이었지만) 주식 공개는 목사의 아들과 보안관의 아들이 이제 백만장자가 된다는 뜻이었다. 그리고 실리콘밸리에서 가장 부자 중의 한 사람이 되는 것을 뜻하기도 했다. 이 결과는 5년 동안의 피나는 노력에 상당히 만족스러운 결과였다.

몇 달 후 베티 노이스의 부모님 결혼 50주년 모임에서 밥 노이스와 베티 노이스는 모든 가족을 캘리포니아로 초대한다. 밥 노이스는 버스를 빌려 모든 가족을 태우고 캘리포니아 베이 지역을 관광하면서 도중에 44014 논리 칩이 식각된 약 8센티미터 반경의 실리콘 웨이퍼를 들고 모두를 불러 다음과 같이 연설한다. "모두가 이 웨이퍼에 집중해 주시기 바랍니다." 밥 노이스가 연설을 하는 순간, 세상의 모든 잠재 고객에게 연설하는 듯한 경영진의 차분한 목소리로 말한다. "이 웨이퍼가 세상을 바꾸게 될 것입니다. 이 웨이퍼가 여러분의 집에 혁신을 가져다 줄 것입니다. 여러분 모두가 자택에 컴퓨터를 가지게 될 것이며, 거의 모든 종류의 정보에 접근하게 될 것입니다. 더 이상 실물 형태의 돈이 필요 없을지도 모릅니다. 모든 것이 전자화될 것입니다."[2]

밥 노이스의 연설은 아마도 새로운 기술인 마이크로프로세서가 만들어진지 5년 안에 나왔던 예측 중에 최고일 것이다. 그리고 이 연설은 밥 노이스가 한 대부분의 연설에 세상에서 가장 큰 기업들이 내놓던 회의적인 비평과 똑같은 얘기를 듣는다. 밥 노이스의 가족과 친지들은 웃으면서 아마도 밥 삼촌이 좀 과장스럽게 말하는 것으로 생각했을지도 모른다. 그리고 과학자들은 아마도 마이크로프로세서를 바닥에 떨어뜨리면 어떤 일이 일어나는지 그리고 바닥 깔개 사이에 끼면 어떻게 되는지 같은 기분을 상하게 하는 질문을 했을지도 모른다.

그러나 고든 무어와 긴밀하게 연관된 미래의 모습을 보여주며 밥 노이스는 가족과 친지 그리고 과학자들 모두에게 무엇인가 중요한 사실을 말하려 했다. 노이스는 잠재 기업 고객에게 거대한 패러다임 전환이 진행 중이고 이 패러다임 전환은 기업 경영 환경 전체를 통째로 바꾸게 될 것이며 이에 따르는 변화에 준비를 해야 함을 말해주려 했던 것이다. 가족에게 이 메시지는 보다 미묘하기는 했지만 첫 번째 단초는 바로 임대한 버스였다. 밥 노이스의 메시지 속에 든 뜻은 임원 주식의 매매 금지 기간이 끝나고 밥 노이스가 큰 부를 곧 손에 쥘지도 모른다는 사실을 말해주기도 했지만 이 새로운 발명이 세상뿐만 아니라 모든 사람들도 바꾸어 놓을 것이라는 사실을 말해준다는 점이었다.

그리고 이는 현실이 된다. 인텔의 주식 공개 중에 가장 알려지지 않은 것은 주식 공개의 혜택을 받은 사람들에게 이 뜻이 많이 전달되지 못했다는 점이다. 마이크로소프트가 주식 공개를 하고 벌어진 일들을 살펴보라. 그러면 당신은 지금은 백만장자가 된 수백 명의 직원들이 다가오는 해가 거듭할수록 회사와 자신들에게 부여된 주식 옵션 때문에 회사를 떠나고 자선 사업이나 자신의 사업, 혹은 각자의 개성에 맞춘 삶과 같은 꿈을 추구하기도 한다. 결국 마이크로소프트는 엄청난 인적 자원 손실을 입었고, 다시는 이러한 우수한 인적 자원을 회복하지 못한다(이 부분에 논란이 있을지도 모른다). 마이크로소프트보다 정도가 약하긴 했지만 애플 컴퓨터나 구글에서도 비슷한 일이 벌어진다.

그러나 인텔이 주식 공개를 했을 때 몇 가지 주목할 만한 사례를 제외하고는(이제 곧 이 사례를 이야기 할 것이다) 주식 공개 때문에 생긴 인적 자원 손실이 그다지 크지 않았다. 이와 같은 사실의 일부는 시대 상황에 영향을 받았고(한 회사에 20년, 30년을 다니는 것이 그 당시에는 자연스러웠다), 일부는 당시의 문화에 영향을 받았다(실리콘밸리는 아직 수많은 기업을 상대할 준비가 되어 있지 않았고, 대부분이 주식 공개를 통해 새로 태어난 거대 기업들이었다). 그리고 반도체 기술자들의 타고난 특징에 영향을 받았을 것이다(컴퓨터와 소프트웨어 부분의 기술자들이다).

그러나 위에 언급한 것들만큼이나 중요한 요소가 바로 새롭게 출현한 인텔의 문화일 것이다. 인텔의 직원들은 이제 은행에 많은 돈을 보유했음에도 계속 인텔에 머물기를 원했다. 지난 몇 년 동안은 힘들었을지도 모른다. 그리고 당장 많은 자금이 유입되었음에도 회사의 성공은 장기 관점에서 여전히 확신하지 못하는 상황이었다. 그러나 이미 짧은 기간 사이에 인텔은 자신들이 약속한 것을 이행했고, 반도체 분야를 넘어 전체 첨단 기술 분야에서 가장 혁신을 만드는 회사가 되어 있었다. 인텔의 메모리 출시를 보며 전자 산업계는 놀라움을 감출 수 없었고 최초의 마이크로프로세서의 출시를 보면서 놀라움은 경외심으로 바뀌었다. 위대한 제품과 안정된 재정 상태 그리고 첨단 기술 분야에서 가장 존경받는 세 사람의 수장이 있는 인텔을 보면서 이 반도체 회사가 세상에서 가장 성공할 것을 의심하는 사람은 없었다. 그러니 누가 이런 회사에서 머물고 싶지 않겠는가?

이러한 사실들이 왜 실리콘밸리의 역사 속에서 가장 취약하고 제정신이 아닌 듯 했던 회사에 3년 넘게 머물면서 차분하게 회사의 주식 공개를 맞이하게 된 이유인 것이다. 1967년에 페어차일드에서 주식 공개가 있었다면 그들은 실리콘밸리를 불태워 잿더미 속으로 사라지게 만들 듯이 열광했을 것이다. 그러나 1971년 인텔에서는 주식 공개가 무사히 이루어지자 몇 시간 동안 모여 축하를 나눈 후 각자 자리로 돌아간다.

여기 페어차일드 출신으로 인텔에서 일하며, 결코 변한 것이 없어 보이고, 진지하고 책임감이 넘치는 그리고 완고한 한 사람이 있었다. 위대한 과학자이지만 예술가의 영혼을 지닌 듯한 그 사람은 회사에서 유일하게 시종일관 앤디 그루브의 원칙에 입각하고 거친 경영 방침에서 자유로운 사람이었다. 바로 밥 노이스였다.

밥 노이스가 가족을 초청해 임대한 버스로 시내 관광을 하면서 언급한 메시지에는 또 하나의 뜻이 있었다. 반도체 시장에서 부는 혁명이 '자기 자신'도 변화시킬 것이라는 뜻이었다.

인텔을 설립하던 날부터 밥 노이스와 고든 무어는 이미 실리콘밸리 문화의 한 부분이 된 야근과 같은 추가 근무로 자신들이 뽑은 직원의 영혼을 빨아들이는 회사는 만들지 않겠다고 선언했었다. 인텔은 직원들의 일과 사생활이 조화를 이루는 회사가 되려 했다. 물론 이미 우리가 보아 왔듯이 항상 이렇게 되지는 않았지만 말이다. 제품의 배송 일자를 맞추지 못했을 때, 수율이 떨어졌을 때, 경쟁이 더 치열해졌을 때 그리고 경제가 침체기로 들어설 때는 그와 같은 말을 지키지 못하는 경우도 있었다. 그러나 여전히 회사가 시작하던 날부터 이러한 철학을 바탕으로 고든 무어는 낚시 여행을 종종 다녔고, 밥 노이스는 매주 이른 날짜 중 하루에는 그가 사랑하는 성가대 합창단의 일원이 되려고 자리를 비웠다. 그리고 그들은 계속 이러한 자유를 즐겼다. 그리고 앤디 그루브는 이들을 막을 수가 없었다. 인텔의 모든 직원들이 하루 12시간의 근무를 하고 주말에 나와 회의를 가질 때도 마찬가지였다.

그러나 밥 노이스가 문서화되지 않은 인텔의 규칙에 무관심했던 혹은 보다 정확하게 말하자면 페어차일드로부터 고집해온 자유분방함이 사생활 부분뿐만 아니라 공적인 부분까지도 넘어서고 만다. 1969년 초기에 밥 노이스는 바바라 메인스와 부적절한 관계를 맺는다. 그녀는 반도체 마스크 작업을 선도하며 이끈 28세의 젊은 여성으로, 인텔에 43번째로 입사한 직원이었다. 밥 노이스의 부인인 베티가 아이들을 데리고 메인(Maine)지역에 여름 휴가를 떠났을 때 노이스는 이 틈을 이용해 젊고 아름답고 똑똑한 여성과 저녁 식사를 한다.

해가 갈수록 밥 노이스는 이 관계에 대하여 점점 더 대담해진다. 그녀를 데리고 스키를 타러 다니기도 하고 함께 배를 타러 여행을 가기도 한다. 그리고 그녀에게 비행기를 모는 법을 가르쳐 주기도 한다(노이스는 비행기 운전에 열광했고, 비행기를 수집하기 시작했다). 그리고 회사에서 그녀를 만나려고 모임을 주선하기도 하고 회사 밖에서도 만남을 이어간다. 말할 필요도 없이 그들의 불륜은 곧 공공연한 비밀이 되고 밥 노이스는 이 사실을 그다지 숨기려 하지 않는 듯했다. 노이스가 인텔의 주식 공개를 하는 행사를 하려고 맨해튼에 갔을 때도 그녀는 곁에 있었다. 그리고 그 두 사람은 맨해튼 거리에서 사람들의 시선을 의식하지 않는 듯이 뜨거운 연애의 시간을 보낸다.[3]

70년대, 실리콘밸리의 이혼율은 하늘을 찌를 듯이 올라갔다. 실리콘밸리의 가장 인기 있던 화제 중에 하나가 중년의 위기라는 것이었다. 특히 중년에 들어 큰돈을 손에 처음으로 거머쥔 사람들에게서는 더욱 그랬다. 밥 노이스가 위험을 즐기며 마치 죽으려는 듯이 스키를 타는 모습이나 새로 구입한 비행기(밥 노이스는 주식 공개가 끝나자마자 비행기 조정 면허를 따려고 교육을 받기 시작했다)에 열광하는 모습은 그가 그런 추세에 편승하듯이 보이게 만들었다.

이 시절에 밥 노이스를 알았던 사람이라면 그가 결혼 생활에서 위기를 맞았었다는 사실을 알 것이다. 베티 노이스는 한 남자의 구속을 받으며 살아가기에는 너무 똑똑하고 자신감이 넘치는 여자였다. 그런데 캘리포니아에서는 생활은 그녀가 원하지 않았던 삶이었다. 그래서 어쩔 도리 없이 원하지 않던 삶을 받아들이지 못했을 것이다. 그래서 그녀가 메인(Maine)에서 보내는 시간은 점점 더 늘어 갔다. 그들의 자녀들은 대학을 다니려고 기숙사로 모두 떠나갔기에 이러한 것들이 가능해 진 것이다. 두 사람이 공공장소에서 함께 있을 때는 그들은 서로 거의 말을 나누지 않는 듯이 보였고, 그 대신에 돌처럼 가만히 앉아 서로 담배를 피우기만 했다.

밥 노이스는 결혼 생활을 끝내고 싶어 했다. 그리고 베티가 이런 의사를 눈치 채지 못했다고 가정해도 그의 뻔뻔한 행동은 점점 더 심해졌다. 밥 노이스의 딸 중 한 명은 이 행동을 '결혼 생활의 자살 행위'라고 불렀다. 베티가 메인에서 집으로 돌아왔을 때 집에 남은 바바라의 물건을 발견하곤 했다.

이런 증거들을 발견하면서 베티는 결혼 생활을 파탄으로 이끈 책임을 밥 노이스가 인정하기를 요구했다. 그러나 밥 노이스는 이러한 사실을 인정하려 들지 않았다. 한편 바바라 메인즈는 밥 노이스의 이러한 행동에 전혀 놀라지 않았다. 밥 노이스는 점점 더 부인과의 관계에 싫증을 느꼈고, 점점 더 과감한 행동에 빠져들었고, 그런 자신의 모습이 발각되기를 바랐다는 사실을 알았기 때문이었다. 밥 노이스는 자신이 현재 적정하다고 느끼는 것을 유지하고 싶어 하는 동시에 한편으로 현재 상태에 파괴 행위를 함으로써 다른 사람들에게 고통스러운 결정을 대신 하도록 만들려는 듯이 보였다.

베티 노이스는 노이스의 그런 성격을 잘 알았다. 결국 그녀는 이혼 전문 변호사를 만난다. 그리고 변호사는 먼저 서로 화해할 것을 권한다. 그러나 이 결혼은 돌이키기에는 너무 늦은 상태였다. 밥 노이스는 심지어 결혼 상담가와 이 문제를 이야기할 시도조차 하지 않는다. 베티 노이스가 그녀의 어머니에게 썼지만 보내지 못한 편지에서 다음과 같이 이야기한다.

"밥은 바바라와의 문제를 이야기하고 싶어 하지 않았어요. 밥은 바바라와의 추억을 계속 간직하고 싶어 하는 듯 했고, 바바라의 인상이 훼손되는 것을 원하지 않았어요. 밥은 이 일은 자신만의 문제이니 아무도 간섭하기를 원하지 않는다고 생각하는 듯 했죠. 바로 밥의 전형적인 모습으로 '그만 이야기합시다. 내가 원하지 않기 때문에'라는 오만한 모습이었어요. 종종 밥이 표현하던 대로, '다 지나간 일이잖아, 잊어버리자고'. 이 표현을 밥 먹듯이 반복했고, 요리 학교에서 성의 없이 행동하거나 쉽게 화를 내는 행동으로 나를 오랫동안 괴롭혔어요."4

1974년 여름 두 사람은 부부 관계를 유지하려는 마지막 시도를 한다. 밥과 베티는 가족과 함께 메인에서 휴가를 보낸다. 그러나 이 휴가는 재앙이 되고 만다. 휴가에 동행했던 지인은 당시를 '전쟁과 같았다'고 표현한다. 말없이 앉은 밥 노이스에게 베티는 험담을 퍼부었고 밥 노이스는 그저 고개를 숙이고 있었다고 한다. 그리고 어느 날 아침 평소 생각하지 못했던 밥 노이스의 행동에 베티 노이스는 놀라고 만다. 그가 이혼을 원한다고 선언한 것이다. 그리고 그 선언이 마지막이었다. 캘리포니아 법에 따라 전 재산은 50 대 50으로 나누어야 했다. 쉬워 보이는 방법이었다. 그러나 문제는 밥 노이스가 자신의 투자나 재산을 정확하게 파악하거나 기록을 하지 않았다는 사실이었다. 이러한 사실은 밥 노이스에게는 큰 위험이 될지도 모르는 일이었다. 이혼 후 새로 파악되는 자산이 발견될 경우 사기죄로 고소당하기 때문이었다.

밥 노이스는 현명하게, 전 페어차일드에서 재정 전문이었고 후에 유명한 개인 자산 관리 책을 출간하기도 한 폴 효스친스키(Paul Hwoschinsky)를 찾아간다. 밥 노이스의 전기를 쓴 레슬리 벌린에 따르면 밥 노이스는 앤디 그루브나 다른 사람들이 그렇듯이 효스친스키를 고민하지 않고 선택했을 것이라고 한다. 이유는 효스친스키는 밥 노이스의 매력에 쉽게 흔들리지 않는 성격을 가졌기 때문이었다고 한다. 한번은 그가 밥 노이스에게 다음과 같이 말한다. "당신이 절벽으로 걸어가면 사람들은 당신을 따라갈 겁니다. 그러나 나는 그렇지 않아요. 내가 하고자 하는 말은 당신의 카리스마는 무서울 정도에요. 현명하게 이용하세요."

효스친스키는 빠르게 밥 노이스의 자산을 감사하고 목록을 작성한다. 수백만 주의 인텔 주식은 약 5천만 달러에 달했고, 캘리포니아와 메인에 소유한 주택, 밥의 늘어나는 비행기 부대 등이 주요한 자산이었다. 자산 목록을 정리하는 과정은 평이한 듯해 보였다. 그러나 신발 상자에서 나온 차용증에 밥 노이스는 당황하고 만다. 차용증의 수령인을 제외한 거의 모든 사람에게 알려지지 않았던 사실이 드러난다. 밥 노이스는 실리콘밸리와 그 외 모든 지역의 첨단 기술 스타트업 기업에 오랫동안 투자를 해왔던 것이다. 그 어떤 유명세도 없이 실리콘밸리 최초의 중요 '엔젤 투자자'가 되었던 것이다.

레스 바데즈는 레슬리 벌린에게 다음과 같이 이야기한다. "밥 노이스는 관대한 사람이었습니다. 밥 노이스는 빌려주는 돈 걱정을 하지 않았습니다. 투자 건에 확신이 들지 않아도 '뭐 어때? 좋아질 때도 있겠지'라며 그다지 심각하게 받아들이지 않는 듯 했죠." 그 해 9월, 밥 노이스와 베티 노이스는 공식 이혼한 다. 그녀는 메인에 남게 되며 다시는 실리콘밸리로 돌아오지 않는다. 장차 그녀 가 가진 인텔의 주식은 계속해서 가치가 증가하고 캘리포니아에서 가장 부유 한 여성 중에 한 명이 된다. 그리고 아마도 그녀의 훌륭한 업적 때문인지도 몰 라도 캘리포니아에서 가장 성공한 자선 사업가가 된다.

한편 밥 노이스는 불륜 관계의 죄책감 때문에 삶을 소모한다. 특히 자녀들에 게 준 영향 때문에 더욱 괴로워한다. "가족보다 내가 중요하게 생각해 온 것은 없습니다. 나는 실패한 부모였던 것이죠."라고 아버지와 어머니에게 고백한다. 왜 이렇게 자기 자신, 가족 그리고 회사가 이러한 일들을 겪도록 했을까? 밥 노 이스의 딸인 페니(Penny)는 다음과 같이 생각한다. "1970년대는 정말 많은 변 화가 일던 시기였죠. 자유주의, 사회적 금기가 느슨해지려는 분위기 등이었죠. 내 생각에 우리 아버지는 1970년대를 거치면서 방향을 잃으신 듯해요." 실제 로 이 당시 밥 노이스가 찍은 사진을 보면 정장에 접은 깃이 넓은 당시의 유행 을 따랐고 자전거 손잡이처럼 양 끝이 위로 올라간 수염을 했다(후에 앤디 그루 브도 이와 같은 수염을 한다. 에드 갤바하도 마찬가지로 따라한다). 그리고 가장 인 상 깊은 것은 냉담하고 화가 난 듯한 눈빛이었다. 그 후 밥 노이스는 다시는 그 런 표정을 짓지 않는다.

시간이 지나고 삶이 조금 안정되기 시작하자 아니 적어도 밥 노이스 자신이 안정되었다고 인정하는 수준이 되자 밥 노이스는 당시를 돌아보며 이렇게 말 한다. "나 자신조차도 당시의 나를 좋아할 수가 없었습니다. 수염을 기른 이유 도 나 자신을 그렇게라도 바꾸어 보고자 한 것이었지만 아무런 효과가 없었습 니다."라고 스스로 인정한다.

이 기간 동안 인텔에 밥 노이스의 사건이 미친 영향은 컸다. 한편으로 페어 차일드 시절부터 이어온 명성에는 아무런 문제가 없었고, 밥 노이스의 행동에 충격을 받은 사람은 그리 많지 않았다. 그리고 당시는 70년대였다. 모두가 회사를 키우기에 여념이 없었고, 밥 노이스의 행동을 깊이 생각해 볼 여유가 없었다. 그러나 한편으로는 "사내 연애는 하지 마라"와 같은 완곡한 아포리즘을 들으며 자란 세대의 경고이기도 했다. 그런데 지금 회사의 가장 높은 상사이자 가장 신뢰의 대상이 그와 같은 실수를 한 것이다. 회사의 여성 직원들 속에서 바바라가 반도체 마스크 제조 부분에서 이미 상당한 지위에 있음에도 다른 여성 직원들보다 특혜를 받는다는 원성이 일어난다. 대부분이 전 페어차일드 출신들로 이제는 대부분이 자기 짝을 찾아 삶을 이어가는 도중에 회사 최고 경영자가 자신들 중에 한 명의 여성 동료와 그와 같은 일을 벌이는 것이 탐탁하게 볼 이유가 없던 것이다.

이사회에서는 아마 그렇게 많은 내용을 알지 못했을 것이고 이 문제가 큰 사건으로 번지지 않기를 바랄 뿐이었다. 그러나 고든 무어와 앤디 그루브에게는 이 문제가 심각할 수밖에 없었다. 두 사람은 처신에 한번도 소홀한 적이 없는 사람들이었다. 모든 면에서 앤디 그루브는 행복한 결혼 생활을 해나갔으며 남은 여생도 그럴 것이 분명했다. 그리고 고든 무어의 경우도 마찬가지였다. 고든 무어가 아내를 극진히 사랑하는 모습은 실리콘밸리에 유명한 전설이었다. 그들의 결혼 생활은 완벽해서 가끔은 그들에게 외부 세계가 전혀 필요해 보이지 않을 정도였다. 고든 무어가 밥 노이스의 행적을 처음 알았을 때 보인 반응은 어깨를 들썩이는 것이 전부였다. 밥 노이스가 겪는 것과 같은 문제는 결코 겪지 않을 성격이었고, 평소 태도처럼 "뭐, 밥이 늘 그렇잖아."라고 말한다.

인텔을 성공하도록 만든 모든 공로를 인정받는 노이스가 저지르는 불륜은 앤디 그루브에게 최악의 실수는 아닐지더라도 반도체 분야의 현자라 불리는 밥 노이스의 인상을 손상하게 하는 심각한 배신 같은 행동이었다. 이러한 밥 노이스의 행동은 경력이나 회사 그리고 삶 자체를 심각하게 받아들이지 않는다는 증거와도 같은 것이었다. 이 모든 것이 자신의 이상을 쫓으며 그 행동의 결과로 인해 주변 사람들, 특히 가족이 상처를 얼마나 받든 상관하지 않는 그저 장난 같아 보였던 것이다. 결국 앤디 그루브는 밥 노이스가 자신의 매력을 이용해 이 모든 것을 교묘하게 회피하려 한다는 사실을 알고 분노와 실망을 느낀다. 인텔에 처음 합류할 때부터 물었던 질문 "내 운명을 밥 노이스와 함께 하는 선택이 맞는가"만이 앤디 그루브의 마음속에서 되살아난다. 결국 이 모든 것들이 예상한 대로 흘러간다. 베티 노이스는 메인으로 떠나고 인텔은 새로운 계획과 전환을 맞는다. 밥 노이스는 빠르게 자신의 명성을 되찾고 다시 또 다른 회사 여직원과 염문에 쌓인다(이번에는 지난번보다 훨씬 더 책임감 있게 행동한다). 그리고 앤디 그루브는 항상 그렇듯이 계속해서 불만에 부글부글 끓어야 했다.

23장
소비자 시장의 환상

　점점 더 정신 분열에 가까울 정도로 인텔은 두 가지 다른 방향으로 줄곧 달려왔다. 메모리 사업 분야는 사업 초기의 수율 문제와 설계 문제를 거의 해결했다. 모두가 인텔을 이제 메모리 부분에서, 특히 금속 산화물 반도체 분야에서는 최고의 회사로 인식했다. 70년대 중반이 되자 메인 프레임 컴퓨터 시장은 (특히 IBM) 성능이나, 가격, 전기 소모량 면에서 유리한 반도체 메모리의 장점을 십분 활용한다. 컴퓨터 역사상 가장 유명했고 기념비와 같은 IBM의 370 시리즈로 시작해서 1970년대 메인컴퓨터는 이제 반도체 메모리를 주력으로 사용하기 시작한다.

　IBM은 자체적으로 반도체를 생산하여 사용했지만 빅 블루(IBM)와 반도체 시장에서 경쟁하는 회사들은 모두가 ROM 분야와 RAM 분야에서 확고하게 자신의 자리를 확보하고 싶어 했다. 한편 소형컴퓨터 시장은 빠른 속도로 성장했다. 디지털 이큅먼트(Digital Equipment)의 PDP-11모델은 테드 호프의 4004 설계를 바탕으로 제조되었고 하나의 작은 단일 보드로 작동하는 컴퓨터였다. 그리고 새로운 32비트 가상 메모리를 사용하는 소형컴퓨터인 벡스(VAX)를 선보인다. 데이터 제너럴(Data General)에서는 슈퍼 노바(the Super Nova)와 엠엑스 이글(MX Eagle)이라 불리는 두 가지 유사한 컴퓨터를 만들어 시장에서 경쟁한다.

　휴렛패커드는 1972년에 출시하여 성공한 자사의 제품인 HP 3000으로 소형

컴퓨터 시장에 자신만의 분야가 있었다. 소형컴퓨터 시장을 미래에 중요한 분야라고 인식한 휴렛패커드는 실제로 시장에 출시한 제품이 실패할 경우, 이를 회수하고 2년 후에 새로이 향상된 버전을 출시하기도 한다. 이러한 전략은 성공으로 이어지고 HP 3000 시리즈는 소형컴퓨터 시장에서 가장 오래 유지된 제품이 된다. 이 제품은 출시한 후부터 약 30여 년 동안 사용되고 인터넷 시대가 열리면서 이 제품은 서버의 기능으로서 시장에 자리를 잡는다.

아폴로(Apollo), 왕(Wang), 프라임(Prime), 컴퓨터비전(Computer vision)을 포함한 다른 회사들이 자신들만의 제품을 내놓으면서 소형컴퓨터 시장에 도전장을 내민다. 그리고 이는 수백만 개의 ROM 수요와 수천만 개의 RAM 수요를 만들어낸다. 이제 메모리 시장에서 영광스러운 인텔의 미래는 보장된 듯해 보였다.

이와 같은 메모리 시장에서 성공을 일군 앤디 그루브는 아무도 비교할 수 없는 넘치는 자신감으로 다음과 같이 글을 남긴다. "잠시 내가 오만하고 거만하게 말하자면 기술 측면이나 장치를 개발하는 측면, 시스템 측면 그리고 이 제품을 대량 생산하는 측면에서 1103 모델을 만드는 것은 꽤나 걸출한 조화가 필요했습니다. 기술자로부터 설계 전문가, 안정화, 전문화까지 모두가 다른 형태가 있는 하나의 목적을 달성하려는 일정에 맞추어 동시다발적으로 똑같은 수준에서 일해야 했죠."[1]

그러나 현실은 그와 전혀 달랐다. 그리고 인텔을 이끄는 세 사람의 바람대로 가지 않는다. 현실은 메모리 시장이 성장함에 따라 경쟁도 그만큼 치열해진 것이다. 미국과 유럽의 반도체 회사만이 새롭게 성장하는 메모리 시장으로 진출할 뿐만 아니라 전혀 생각지도 못한 그동안 신기한 저가의 전자 제품이나 계산기를 주로 만드는 줄만 알았던 NEC, 후지츠(Fujitsu) 그리고 세이코(Seiko: 디지털 부분이 인텔의 이웃 회사인 인터실에 따라 개발된)와 같은 일본의 거대 전자 기업들도 반도체 시장으로 진출하기 시작한 것이다.

1972년 이러한 과열된 경쟁은 메모리 산업 분야를 작고 수익성이 떨어지는 분야로 보이게 만든다. 한편으로는 메모리 시장은 매우 빨리 성장하여 마치 모두를 위한 자리와 수요가 충분히 시장에 존재하 듯이 보이기도 한다. 그러나 2년 여 후 시장은 급격하게 변하기 시작하는데 이 변화는 인텔에 유리한 변화가 아니었다.

첫 번째 변화는 앞서 언급한 기업들과 같은 많은 경쟁자들이 시장에 진입하여 반도체 메모리를 만들기 시작한 것이다. 인텔과 몇몇 소수의 기업들이 1960년대 후반에 금속 산화물 반도체 메모리 시장을 개척하여 그 수익을 즐겼지만 이제 모든 경쟁자들이 같은 기술을 보유했다. 이제 이 경쟁사들의 신기술 개발로 차지하는 시장 점유율이 바로 인텔이 계속 시장을 지배하려면 필요한 부분이었다. 더군다나 모토롤라나 텍사스 인스트루먼츠사와 같은 기업은 인텔보다 규모가 큰 기업이었다. 그리고 일본 기업은 그보다 훨씬 규모가 거대해서 인텔이 주식 공개를 통해 얻은 자본 규모보다도 충분한 자금이 있었다.

한편 인텔은 이 상황을 해결하려고 많은 준비를 하지 않았다. 이미 메모리 분야와 마이크로프로세서 두 분야를 구축하려고 자금 사정이 여유롭지 못한 상황이었기 때문이었다. 그래서 이제 인텔은 기술 분야에서 가장 위험한 전략을 구사하기로 결정한다. 바로 기업 고객을 상대하는 일이 아닌 소비자 시장을 개척하기로 한 것이다. 어떤 이는 오만이라고 생각할지도 모르지만 자신감에 찬 인텔은 새롭게 성장하는 디지털시계를 제작할 모든 요소를 자신들이 가졌다고 확신하고 있었다.

앤디 그루브가 회상 하듯이 "우리는 디지털시계 시장에 우리가 필요한 모든 요소를 갖추었다고 확신했기에 이 시장에 진출하기로 결정합니다. CMOS (Complementary metal on silicon: 노이스가 페어차일드 시절에 발명한 초저전력 반도체 칩), LCD 그리고 조립 공정이 모두 있었죠."[2]

그리고 이 요소들로 충분하지 않다고 판단한 인텔은 기존의 시계 제조 회사를 조사한다. 해밀튼에서 1972년 제조된 금으로 만들어진 Pulsa P1 한정판은 현재 시가로도 가격이 1100 달러에 달했다. 시계를 제작하는데 그 모든 요소와 부품도 제작한다면 수익이 얼마나 남을지 상상해 보라!

실리콘밸리를 규정하는 중요한 기술 요소는 "우리가 최첨단 기술을 동원하여 제품을 제조하면 똑똑한 소비자들은 이 제품의 이점을 알아볼 것이고, 따라서 그에 상응하는 대가를 지불할 것이다."였다. 그러나 많은 전자 기업들이 다가오는 몇 년 안에 실망하게 되면서, 그와 같은 조언은 고가가 아닌 일반 가격으로 구매하려는 소비자들과 맞닥뜨리게 되는 주관적이고 비이성적인 양상 속으로 가라앉고 만다.

인텔이 뛰어난 기술로 튼튼하고 신뢰가 가는 제품을 개발하고 만들어낸다면 세상은 길을 만들어주고 문을 열어줄 것이라고 믿었다. 바로 수백만 개의 인텔 시계를 살뿐만 아니라 그 안에 내장되는 수많은 인텔의 반도체 칩도 판매 됨을 의미했다. 인텔은 마이크로마(Microma)라는 이름의 자회사를 이 목적을 달성하려고 설립한다. 공장을 세우려고 수백만 달러를 쓰고 부품과 공구와 장치들을 사들인다. 그리고 나중에 애플 컴퓨터의 최초 사무실이 된 버브 로드(Bubb Road) 부근의 쿠퍼티노(Cupertino) 부근 건물에 사무실을 차린다.3

인텔만이 이 새로운 시장에 진출하려고 계획한 회사는 아니었다. 내셔널 반도체와 텍사스 인스트루먼츠도 이 대열에 합류한다. 일본 업체들도 예외는 아니었다. 유명한 세이코와 카시오 등이 그 대표 사례다. 아날로그시계를 제작하던 몇몇 업체들도 우위를 가지고 조심스럽게 디지털 부분에 OEM으로 진출한다.

그러나 인텔과 다른 반도체 회사들이 발견하게 된 것은 너무 늦게 알았지만 아무리 디지털시계라 할지라도 시계 산업은 귀금속 산업의 일부라는 점이었다. 소비자들은 여러 가지 이유로 시계를 구매했다. 가성비, 사회적 지위, 값 비싼 귀금속, 매력, 부와 명예의 상징 등 많은 이유가 있었다. 그리고 주로 대부분의 의사 결정을 반짝이는 잡지, 카탈로그, 텔레비전, POS 광고 그리고 보석상의 권유 등의 영향을 받는다. 소비자는 상품에 동봉된 사양표에 명시된 성능과 사양에 그다지 관심이 많지 않았다.

디지털시계의 최초 구매 폭증은 허상에 지나지 않았다. 부자들은 주로 금과 은으로 장식된 값비싼 LED 시계를 구입했다. 이 시계들은 새로웠고 보기 드문 제품으로 많은 사람들의 시선을 끌었기 때문이다. 두 번째 이유로 디지털시계를 구입하는 대부분 사람들의 구매 이유는 단지 디지털 시대의 일부가 되고 싶었기 때문이었다. 그리고 진심으로 디지털 괴짜처럼 보이고 싶었던 사람이거나 단순히 10분의 1초 이하의 정확도로 엄격하게 정밀함을 추구하는 것을 좋아하는 성격의 사람들일지도 모르는 일이었다. 이런 종류의 사람들이야 말로 제품에 동봉된 제품 설명서를 읽는 사람들이었다.

그러나 마지막 군에 속하는 사람들은 그 규모가 꽤 되는 편이었지만 400달러짜리 신기한 시계를 구입할 만큼 자금 사정이 넉넉한 사람들이 아니었다. 당시 그들이 원하면 디지털시계 가격의 10분의 1 가격으로 시계 회로에 초보 게임 기능이나 스톱 와치 기능과 같은 새로운 별도 기능이 추가된 제품을 구매하는 일이 가능했다. 그러나 이와 같은 낮은 가격의 대량 생산 방식은 인텔 같은 미국 회사에게는 능력 밖의 일이었다. 디지털시계의 가격대를 일상 용품의 수준으로 내려보냈기 때문이었다. 인텔이 기초하는 사업 모델은 희소성과 첨단 기술이 집약된 가치 중심의 혁신 기술 제품이었다. 이런 시장은 길고 비참한 싸움을 벌여야 하는 일상품의 시장이 아니었다. 그 당시 그런 일상 용품의 시장은 일본 제품의 몫이었다. 그리고 몇 년 지나지 않아 이러한 저성능의 디지털시계 시장은 일본의 기업들이 점령한다. 디지털시계 시장에서 남은 곳은 고성능의 제품 시장 밖에 없었다. 그러나 이 시장은 전통적으로 고급 시계를 만들던 회사들의 몫이었다. 어떤 회사들은 르네상스 시절부터 이 시장을 장악했다. 이 기업들은 고객 성향을 잘 알았으며 자신들의 이미지를 어떻게 만들어야 하는지 잘 알았던 것이다. 그들은 어떤 광고가 고객들에게 영향을 주는지 그리고 상점의 전시를 어떻게 해야 하는지도 이미 잘 알았고 탄력성이 없는 가격과 복잡함도 잘 이해했다. 또한 수 세기가 넘게 유통 경로를 확보해 왔다. 그런데 인텔의 자회사인 마이크로마가 제공할 경쟁력이 있는 부분들은 성능을 올려주는 부분들이었으며 고성능은 고급 제품을 찾는 부유한 사람들이 그다지 관심을 갖지 않는 부분이었다.

그렇게 마이크로마는 저비용의 방법으로 고수익을 올리는 새로이 형성되는 시장에 진출하려고 하다가 곧 고사양에 고수익을 올리는 고가의 고급 제품을 다루는 전문 회사와 저사양에 저수익을 남기는 일상 제품을 만드는 그리고 시장이 수익을 내기 시작하는 성숙 단계나 분화될 때까지 충분히 버티는 운영 자금과 생산 시설을 갖춘 일본의 거대 기업 사이에서 선 상황에 놓인다.

마이크로마는 더 이상 버틸 수가 없었다. 그래서 마이크로마는 마지막 시도를 한다. 시계 제품을 광고하려고 광고 대행사와 계약을 한 것이다. 그리고 광고비로 약 60만 달러를 지불한다. 이 광고 금액에 평상시 전자 산업 관련 언론지에 전면 광고비로 약 2천 달러 가량을 광고비로 지불하던 마이크로마와 인텔의 경영진 모두가 놀라고 만다. 그리고 소비자를 대상으로 전자 제품을 팔거나 시계 산업에서 오래 종사한 사람들이라면 추가 캠페인이 따르지 않는 단발 광고는 그 효과가 미미할 것이라는 말을 해주었을 것이다. "그냥 단 한 번의 광고가 나갔습니다." 그렇게 앤디 그루브는 당시를 불평한다. "그리고 꽝! 그게 다였죠."4

1975년, 그렇게 마이크로마가 설립 된지 채 3년이 지나기 전에 인텔은 마이크로마 자회사를 포기한다. 인텔은 시계 기술과 부품 재료들 그리고 장치 등을 타이맥스(Timex)에 매각하고 회사명은 한 스위스 회사에 매각한다. 팔리지 않고 재고로 있던 시계들은 1980년대 중반까지 회사에서 우수한 직원에게 주는 포상으로 소진한다. 그리고 샘플로 남은 시계는 지금도 인텔의 박물관에 있다. 인텔의 역사 속에서 한 가지 예외 사항 같았던 사건이었고, 인텔은 다시는 그 역사를 돌아보지 않는다.

앤디 그루브는 그 사업을 설명하는 자신의 묘비명을 이미 가졌다. "우리는 그 경기가 소비자 마케팅을 해야 하는 경기임을 아는 순간 빠져 나왔습니다. 소비자 시장은 우리가 모르는 그 무엇이었습니다." 그리고 이 실패에 마지막 저항은 고든 무어였다. 고든 무어는 오랜 시간이 지난 후에도 자신이 "1천 5백만 달러짜리 시계라고 부르던 낡고 낡은 마이크로마 시계를 계속 해서 차고 다녔다. 왜 그렇게 계속 시계를 차고 다녔는지 누군가 묻자 고든 무어는 다음과 같이 대답하였다고 한다. "누군가 내게 다가와 소비자 상품 아이디어를 이야기하면 내가 해야 할 유일한 일은 내가 손목에 찬 시계를 바라보고 답을 얻는 것이었습니다."5

그루브의 자서전을 집필한 리차드 테드로우(Richard Tedlow)에 의하면 두 가지 이유로 마이크로마의 와해는 인텔 역사상 가장 논쟁거리였다고 한다.

첫 번째는 인텔이 마이크로마의 폐업을 하는 방법이었다. 다른 여러 회사와 마찬가지로 돌아가기에는 너무 늦을 때까지 운영을 했다. 인텔은 마이크로마의 사업이 흘러가는 방향을 보면서 잘 될 것이라는 희망은 가지되, 최악의 순간을 대비하였다. 실용적이면서 예언서와 같은 행동을 언제나 보여줬듯이 그루브는 바우처(Boucher)에게 '사업의 종료 계획'을 준비하라고 지시한다. 이 계획의 중심은 마이크로마의 직원들을 인텔로 다시 불러들이고, 재통합하는 일이었다. 이 결정은 주기적으로 고용과 해고가 반복되던 반도체 산업의 특징으로부터 벗어나는 결정이었다.

테드로우에게 재고용의 소식은 마치 "당신은 우리에게 중요합니다. 당신이 우리에게 최선을 다해 준다면 실패하더라도 우리가 할 모든 일을 당신에게 할 것입니다. 우리가 도울 방법이 있는 한 우리는 당신을 길바닥에 내던지지 않을 것입니다."와 같았다. 이와 같은 생각은 실리콘밸리에서 새로운 것은 아니었다. 바로 윗 지역인 팔로 알토에서 빌 휴렛과 데이비드 패커드는 25년이 넘게 무해고 정책으로 명성을 떨쳤다. 그러나 이제 반도체 사업에 뛰어든 지 7년 밖에 안된 회사에서 이와 같은 일은 확실히 혁명과도 같은 일이었다. 테드로우는 인텔이 직원들에게 보여준 신뢰도는 인텔에 고용된 모든 직원들이 인텔의 '파란 피를 가지도록'하는 문화를 창조했고, 장차 인텔이 직원들에게 희생을 필요로 할 때 그 진가가 증명된다.

마이크로마 사태가 인텔에 가져다 준 두 번째 변화는 예전보다 덜 긍정적인 분위기였다고 테드로우는 말한다. 인텔은 이 경험으로부터 '잘 배웠고, 우리는 소비자 상품 시장은 가까이 하지 않는 것이 좋다'라고 스스로에게 말하는 듯했다고 테드로우는 앤디 그루브의 자서전에 남긴다. '소비자 상품 시장은 우리의 유전자와 맞지 않다'라고 말하며 애플의 아이팟을 예로 든다. 그리고 그가 차라리 개인용 컴퓨터를 예로 든다면 더 좋았을지도 모른다. 이 분야는 인텔이 쉽게 진출할 분야였기 때문이었다. 그리고 자기 예언적이었던 마이크로마 자회사의 실패 경험 후에 소비자 상품 시장을 향한 어설픈 접근의 위험성을 말해주는 증거로서 2005년 앤디 그루브가 한 말을 다음과 같이 인용한다. "그 후 우리는 소비자 상품 시장으로 진출하려는 시도에 한마디로 냉담했습니다."

아마도 성공한 것을 가지고 논쟁을 벌이기는 힘들 것이다. 인텔은 애플처럼 매킨토시 같은 성공작을 내놓지 못하거나 스티브 잡스가 세상을 떠나기 전에 애플이 세상에서 가장 가치 있는 회사가 된 것과 같이 아찔한 가치에도 도달하지 못했을지도 모른다(물론 인텔의 가치가 10년 전에 비슷하게 도달했지만). 그러나 역사는 인텔의 x86 시리즈의 마이크로프로세서를 더 큰 성취로 기억할 것이다. 더군다나 인텔은 애플이 1990년대에 경험했듯이 회사가 망하기 직전의 아슬아슬한 경험을 한 적이 없다. 또한 인텔을 애플 같은 단일 회사와 비교하는 것은 정당하지 않다. 애플은 1970년대 이후의 다른 소비자 상품 시장에서 경쟁하던 다른 회사와 비교하는 것이 맞기 때문이다. 그리고 거의 40여 년이 넘도록 전자 산업의 핵심 기술을 보유하고 이 분야에서 만큼은 경쟁을 불허하는 유일한 회사였다.

테드로우가 관찰한 것 중에 여전히 유효한 것이 있다. "실리콘밸리의 사람들에게 왜 인텔은 아이팟을 만들지 않았는지 물어보십시오. 그러면 당신은 항상 다음과 같은 대답을 얻을 것입니다. '그들은(혹은 인텔 직원에게 묻는다면 우리는) 소비자 상품 시장에 진출하지 않았습니다.' '왜 진출하지 않았죠?'라고 다음 질문을 한다면 당신을 바라보는 공허한 눈빛을 발견하게 될 것입니다. 인텔의 역사에 중요한 설명이나 사례가 있다면 마이크로마입니다."6

24장
마이크로프로세서의 아버지들

1974년 이래 인텔은 사세를 과다하게 확장한 듯 보였다. 어마어마한 양의 반도체 칩을 제조했고, 한 번의 실수라도 생긴다면 회사에도 치명적일 상황이었다. 디지털시계 거품으로 막다른 골목에 다다르기도 했고, 시장에는 경제 불황의 어두운 그림자가 서서히 드리우는 중이었다. 그러나 계속해서 호황을 맞는 사업 분야가 한 곳 있었다. 기술력에 따라 좌우되고 언제나 경쟁력이 뒷받침되어야 하는 그리고 인텔이 이 경쟁에 뛰어들어야 하는지 유일하게 확신하지 못하던 분야가 있었다. 바로 마이크로프로세서 분야였다.

새로운 직원인 페데리코 페긴과 마사토시 시마로 이루어진 연구 부서는 1972년에 연구를 진행하라는 청신호를 받고 8080 모델을 연구하기 시작한다. 그리고 몇 달 사이에 스탠 메이저가 코드(code)를 작성하려고 합류한다. 새로운 마이크로프로세서의 첫 번째 시험은 1973년 12월에 이루어졌다. 그리고 몇 가지 작은 오류를 수정하고 나서 시장에 새 제품을 출시한다. 이 제품의 가격은 출시 당시 특가로 360달러였다. 더 좋아진 점은 이 제품이 마더보드에서 완전한 성능을 내려면 필요한 지원 칩이 6개 밖에 되지 않는다는 점이었다. 이는 8008 모델에서 20개의 지원 칩이 필요했던 것에 비하면 많은 발전을 이룬 것이었다. 줄어든 지원 칩이 뜻하는 바가 커서 이 모델은 이론상 주머니에 들어가는 전자계산기를 만드는 것이 가능했다.

그날을 기억하며 페긴은 다음과 같이 말한다. "8080 모델이 마이크로프로세서 시장을 열었다고 말해도 과언이 아닙니다. 4004 모델과 8008 모델이 마이크로프로세서 시장의 가능성을 보여주었다고 하면 8080 모델은 진정한 마이크로프로세서의 모습을 보여준 것입니다."[1] 그리고 이 제품은 새로운 역사를 만들었다고 말하는 것이 가능했다. 8080 모델이 선보이고 나서 진정으로 인류의 삶이 바뀌기 시작했기 때문이었다. 한 획을 그었다고 말할 수 있는 다른 발명과 달리, 전 세계에서 오랫동안 이 신제품이 출시되기를 기다리던 수많은 기술자들이 8080 모델이 가지는 놀라운 본질을 이 제품이 출시되자마자 바로 알아보았다는 점이다. 그리고 그 해에 8080모델은 수백 개 종류의 다른 상품에 사용된다. 그리고 이로부터 세상의 모든 것이 뒤바뀐다.[2]

그러나 인텔이 역사에 남을 제품을 손에 가졌다고는 하지만 경영진이 페긴과 연구 부서가 8080 모델을 연구 개발하도록 의사 결정을 내리는 과정에 머뭇거린 시간은 후에 대가를 치른다. 이른바 '마이크로컴퓨터'라는 모델을 시장에 선보이려다 실패하고 컴퓨터 터미널 코퍼레이션(Computer Terminal Corporation)과의 중요한 계약에서 계속 손실을 보아오던 텍사스 인스트루먼츠가 이제 마이크로프로세서 시장이 열리자 여기에 자신들이 가진 모든 것을 걸고 뛰어들려 했기 때문이었다.

텍사스 인스트루먼츠의 진출은 단순한 복수가 아니었다. 당시 인텔 이상으로 마이크로프로세서 시장이 가지는 방대한 잠재성과 가치는 다가오는 경제 폭풍 속에서 유일하게 피신할 항구라는 것을 텍사스 인스트루먼츠도 잘 알았기 때문이었다. 그리고 인텔의 기술이 당장은 앞선다 하더라도 적어도 마이크로프로세서의 설계만이라도, 텍사스 인스트루먼츠는 자신들만이 가지는 장점을 잘 알았다. 바로 자신들이 만들어서 자신들에게 판다는 점이었다. 이 한 가지만으로도 회사가 마이크로프로세서 시장에 뛰어들 이유는 충분했다.

텍사스 인스트루먼츠가 처음으로 개발한 마이크로프로세서는 인텔의 8080 모델에 비해 세 배 정도 컸고, 성능도 인상적이지 못했다. 그러나 인상깊은 것은 이제 40년의 역사와 수십억 달러의 가치를 자랑하는 이 오래된 거대 기업이 보여준 설계와 제조 능력이었고, 빠르게 제품을 개선하고 성능을 향상하며 가격을 낮추는 능력이었다. 게다가 텍사스 인스트루먼츠가 인텔에서 계약 취소된 컴퓨터 터미널 코퍼레이션의 주문을 가져간 지 오래지 않은 때였다.

터미널 코퍼레이션의 주문을 가져간 일은 시작에 불과했다. 1974년에 페긴과 연구 부서가 8080 모델을 완성한 지 몇 달이 지난 후, 텍사스 인스트루먼츠는 TMS-1000이라는 모델을 시장에 선보인다. 이 제품은 단일 칩으로 구성된 금속 산화물 반도체 마이크로프로세서로 8080 모델과 성능이 거의 차이가 없었고 가격 경쟁력에서 8080 모델을 앞질렀다. TMS-1000 모델은 텍사스 인스트루먼츠의 혁신성이 높은 휴대용 전자계산기에 내장되어 사용하도록 설계되었고 오래지 않아 디지털시계 시장보다 전성기가 오래가는 소비자 전자 제품의 전성기가 시작된다. 또한 The Silent 700이라는 컴퓨터 터미널 시리즈를 통해 터미널 시장을 거의 지배한다. 텍사스 인스트루먼츠는 순식간에 상업용 마이크로프로세서 시장에서 가장 높은 점유율과 가장 규모가 큰 기업이 된다. 당시 매출이 텍사스 인스트루먼츠의 6분의 1에 지나지 않았고 마이크로프로세서를 전문으로 제조하는 회사도 아니었던 인텔은 이 기세에 압도당한다. 오직 인텔의 기술적 우위가 회사의 경쟁력을 담보해 줄 뿐이었다.

이제 텍사스 인스트루먼츠는 대기업의 장점인 규모의 경제를 살리면서 인텔이 가진 기술 우위의 틈마저 빼앗으려 한다. 텍사스 인스트루먼츠는 1976년 연간 보고서에서 TMS-1000이 최초의 단일 칩 마이크로프로세서임을 천명한다. 그리고 이 회사의 법률 부서는 마이크로프로세서와 관련하여 자신들이 발명했다고 주장하는 부분들에 특허 신청을 쏟아내기 시작한다.

이러한 행동에 인텔은 충격을 감출 수가 없었다. 특허 자체가 충격이었던 것이다. 인텔이 4004 모델과 8008 모델을 자신들이 발명한 혁신 제품이라고 공공연히 주장해 왔지만 인텔은 자신들이 그동안 만들어 낸 마이크로프로세서를 이미 자신들이 보유하던 회로와 칩을 혼합한 진보된 기술 이상으로 생각하지 않았기 때문이다. 테드 호프는 당시를 이렇게 말한다. "인텔은 마이크로프로세서가 모든 특성을 아우르는 특허를 가지는 그런 새로운 성격의 제품이 된다고 생각해본 적이 없었습니다."[3] 한편 텍사스 인스트루먼츠는 분명하게 다르게 생각했던 것이다. 그리고 이제 인텔은 자신이 가장 중요하게 생각하는 발명을 통제할 권한을 잃어버릴지도 모르는 상황에 처한 것이다.

그러나 다시 한번 인텔은 직원 모집에 행운을 누린다. 1962년으로 돌아가 밥 노이스가 페어차일드에서 근무한 12년 동안, 로저 보로보이(Roger Borovoy)는 실리콘밸리에서 기업 특허와 관련하여 최고의 명성을 떨쳤다. 1974년에 로저 보로보는 전 직장 동료가 설립한 인텔에 부회장 겸 법률 담당 책임자로 취임한다. 새로운 고용주가 텍사스 인스트루먼츠의 법률 공세에 적절하게 대응하도록 적기에 취임한 것이었다.

보로보이는 작지만 유창한 달변가에 활기가 넘치는 사람이었다. 1980년 연간 회의에서 회의 진행 도중에 너무 흥분하여 의자에 덜썩 앉다가 강단 뒤로 사라진 일이 있었다. 그가 강단 뒤로 사라지자 걱정이 된 고든 무어가 "로저! 괜찮아요?"라고 외쳤고, 회의에 참석한 사람들이 웅성되기 시작하자 갑자기 강단 뒤에서 마치 장남감 상자에서 인형이 튀어나오듯이 강단 위로 손을 흔들며 튀어 올라와 "네 저 괜찮습니다. 여기 있어요."라고 외친 일은 유명한 일화이다.[4]

그러나 보로보이는 또한 유명한 특허 관련 변호사이기도 했다(훗날 컴팩의 법률문제를 해결하기도 한다). 보로보이가 인텔의 마이크로프로세서와 관련된 법률적 권리를 보호할 때 이전에 페어차일드에서 집적회로와 관련된 법률적 권리를 보호하던 때와 마찬가지로 마치 사나운 불독 같은 모습을 보인다. 그리고 그가 인텔에 도착하자마자 인텔의 발명 권한을 보호하려고 바로 텍사스 인스트루먼츠의 법률 소송에 대응하는 반대 소송을 제기한다. 역사는 그의 편이었지만 증거는 법정에서 인정할 만한 것이 아니었다.

소송과 반대 소송은 복잡하고 상호 모순적이었다. 이 법률 분쟁의 내용은 대략 다음과 같다. "텍사스 인스트루먼츠는 1972년 초에 마이크로프로세서를 공식 발표한다. 인텔은 8008 모델을 1972년 4월까지 공식 발표하지 않았다. 그러나 인텔은 1971년 말에 8008 모델 저작권을 명시한 'The Altemative'라 칭한 책자가 있다고 주장한다. 한편 텍사스 인스트루먼츠는 컴퓨터 터미널 코퍼레이션에 납품한 단일 칩으로 움직이는 컴퓨터의 설계를 언급한 문서를 1971년 6월에 제작하였다고 주장한다. 이에 인텔이 대응한 것은 실제 작동하는 칩 기준이어야 하는데 텍사스 인스트루먼츠가 1972년 6월에 컴퓨터 터미널 코퍼레이션에 납품한 제품은 작동되지 않는 칩으로 만들어졌으며 게다가 4004 모델과 8008 모델이 진정한 최초의 마이크로프로세서임을 주장한다."5

1978년 2월, 약 2년여 간의 법률 소송 후에 특허청은 최초의 마이크로프로세서 권리를 텍사스 인스트루먼츠의 과학자 마이클 코흐란(Michael Cochran)과 게리 분(Gary Boone)에게 부여한다. 인텔은 몇 가지 사항에 특허를 획득하지만 회사가 받을 손실은 명백했다. 오늘날 밥 노이스와 잭 킬비, 페어차일드와 텍사스 인스트루먼츠가 집적회로의 발명의 공로를 공유했지만 마이크로프로세서 발명의 공로는 미국 대통령이 수여하는 발명 수상에서도 호프와 페긴, 메이저 그리고 시마를 제외하고는 누구도 인정을 받지 못했다. 실제로 이 네 사람 중 누가 가장 큰 공로를 기여했는지가 진정한 논란일지도 모른다.

그러나 그 당시에는 특허가 인텔이 마이크로프로세서의 발명과 관련하여 모든 권한을 가질 수 없도록 만들었다. 그리고 문제는 더욱 심각해진다. 8080 모델이 시장에 선을 보일 무렵 단지 실리콘밸리와 기술 산업 분야뿐만 아니라 미국 경제 전체가 경제 불황의 시기로 진입하던 때였다. 이유는 여러 가지 다방면에서 온다. 나사의 달 탐사 계획과 베트남 전쟁의 종료, 경제 주기, 석유 수출입 금지, 닉슨 행정부의 가격 통제, 무엇보다도 핵심은 이 경제 불황이 전방위에서 몰려왔다는 사실이었다. 인텔과 다른 반도체 기업들은 이 시기에 제조 부문을 보다 경기가 좋은 사업 분야로 옮겨야 했다. 그러나 시장에 경기가 좋은 분야는 보이지 않았다. 기업들은 이미 너무 많은 분야로 사업을 확장한 상태였고 그 어느 때보다도 강력한 경쟁을 했다. 인텔은 마이크로프로세서 시장을 포기할 만한 많은 이유가 있었다. 적어도 경기가 다시 활성화될 때까지 이 사업을 중지시켜야 할지도 몰랐다.

그리고 그 무엇보다도 큰 충격적인 사건이 또 벌어진다. 8080 모델을 개발한 지 불과 몇 달이 지나자 경영진의 결정을 빨리 내리지 못하는 모습과 앤디 그루브의 경영 방식에 답답함을 느끼던 페긴이 인텔을 떠난다고 공식 선언한 것이다. 페긴은 마이크로프로세서를 개발하는데 들인 자신의 공로가 인텔의 '성골'인 테드 호프에게 가려지는 것에 괴로워했고, 이전 세대의 실리콘밸리의 최고 과학자와 경영진도 자신과 똑같은 과학자가 아닌 기업가의 관점에 전염되는 것을 서서히 느꼈기 때문이었다.

그렇게 인텔을 떠나기로 결정하고 그가 겪는 일은 평생을 걸쳐 잊지 못하는 경험이 된다. "1974년 이른 10월이었습니다. 나는 새로운 마이크로프로세서를 만드는 회사를 만들기로 결심했습니다. 나는 부서의 관리자였고 레스 바데즈가 제 상사였죠. 그래서 나는 먼저 바데즈를 찾아갔습니다. 바데즈는 부하 직원을 상당히 혹사하는 상사였습니다. 그러나 내가 떠나는 이유를 이해했습니다. 기본적으로 나는 정말 열심히 일했습니다. 그리고 이 모든 것을 당연시했죠. 내가 원하는 바를 얻고자 싸워야 했습니다. 물론 회사가 성공하도록 돕는 일이었지만 말이죠. 나는 인텔을 위해 가장 빠른 static RAM을 개발했고, 물론 마이크로프로세서도 만들었습니다. 그리고 내가 8080 모델을 개발하도록 인텔을 설득하는데 9달이 걸리기도 합니다. 그러나 인텔이 한 일은 내가 페어차일드에서 발명한 것을 빼앗는 일이었습니다. 인텔은 내가 발명한 것이 정상적으로 작동하지 않는다고 내게 말했습니다. 그리고 다시 정상적으로 작동하자 회사 이름으로 특허를 신청합니다. 더 이상은 참을 수 없었습니다. 왜 내가 나를 신경 쓰지 않는 회사를 위해 더 일할 필요가 있었겠습니까?"

앤디 그루브는 페긴을 자신의 사무실로 부른다. 앤디 그루브는 재정 지원과 추가 보상을 제시하면서 회유가 담긴 태도로 페긴에게 인텔에 계속 머물기를 권유한다. 두 사람 모두에게 현실을 초월하는 듯한 순간이었다. 밥 노이스가 자신이 아끼는 사업인 마이크로프로세서의 개발을 장려하려고 회사에서 실제로 돈을 벌어다 주는 메모리 산업 분야에서 발생한 자금을 마이크로프로세서 개발에 쏟아 부을 때 앤디 그루브는 모욕적인 태도를 보였었다.

대화가 시작될 때, 앤디 그루브는 예상치 못하게 친절했고 외교적인 모습을 보인다. 페긴은 당시를 이렇게 기억한다. "앤디는 내게 다정한 말투로 인텔의 미래 속에서 내 모습이 굉장할 것이라며 인텔에 머물 것을 권유했습니다. 평소의 그와는 전혀 다른 모습이었죠. 그러나 나는 이미 마음을 굳힌 상태였습니다. '아니요, 이곳을 떠나기로 결정했습니다.'라고 답했습니다."

즉시 상냥했던 앤디 그루브는 사나운 원래 모습으로 돌아간다.

"앤디가 내 답을 듣자 180도 태도가 바뀌었습니다. 거의 사악할 정도였습니다. 나는 그가 한 말을 아직도 기억합니다. '네가 인텔을 떠난다면 결코 성공 못할 거야. 네가 무슨 일을 하더라도 말이지. 넌 자식들과 손자들에게 해 줄 아무 얘기도 없을 거다.' 이 말은 내가 반도체 산업에서 아무 것도 남기지 못할 것이라는 뜻이었습니다. 내가 인텔에서 남긴 업적을 아무런 인정도 받지 못할 것이라는 뜻이었죠. 마치 내게 저주를 퍼붓는 듯 했습니다. 나는 그를 바라보며 머릿속으로 생각하던 말을 지금도 기억합니다. '이 개자식'. 하지만 차마 그를 눈앞에 두고 그렇게 말할 수는 없었습니다 나는 그 순간에도 앤디의 권위에 눌려 있었던 것 같습니다."

이렇게 인텔은 그 시대에 가장 위대했던 발명가 중에 한 명을 잃는다.[6]

페긴은 혼자 인텔을 떠나지 않는다. 시마(Shima)를 데리고 회사를 떠난다. 그리고 또 2년 전에 마이크로프로세서 개발을 위해 인텔에 입사하고 이미 연구 개발 부분 책임자로 승진한 랄프 엉거맨(Ralph Ungermann)이라는 천재 직원을 함께 데리고 떠난다. 그들이 찾은 새 둥지는 자이로그(Zilog)였다. 자이로그는 인텔의 자회사인 마이크로마에서 아주 가까운 거리에 위치했다. 그리고 그들은 곧 8080 모델에 답변을 보여주기 시작한다. 이제는 반도체 공정 연구 시설이 비싸져서 자이로그는(반도체 1세대의 마지막 위대한 회사라고 불리던) 엑슨(Exxon) 같은 대기업으로부터 벤처 투자를 받아 생존해야 했고, 십여 년이 넘게 수익을 올리지 못한다. 그러나 한편으로 자이로그는 세상에서 가장 뛰어난 마이크로프로세서를 제조해 내기도 한다.

"페긴이 인텔에서 2년 정도 빨리 나오고 반도체 산업이 어떻게 바뀌었을지 상상해보면 흥미롭습니다. 말하자면 8080 모델보다 8008 모델을 개발한 직후 겠죠. 빠르게 변하는 시장에서 특히 마이크로프로세서 시장은 말할 것도 없이, 2년이란 시간은 한 사람의 일생과 같습니다. 대신 페긴은 1974년까지 기다렸을 뿐만 아니라 인텔의 대표 제품을 생각하도록 기여했습니다. 그래서 자기 자신 과 경쟁을 하도록 상황을 만든 운명이 되었죠."[7]

페긴의 명성만큼이나 그루브도 자신이 한 말은 반드시 지키는 성격이었다. 반도체 시장과 같이 작고 경쟁이 치열한 분야에서, 두 사람은 간간히 서로를 만나게 되지만 그루브는 결코 페긴에게 다시는 말을 건네지 않는다. 한편 인텔의 모든 공식 역사에서 페데리코 페긴의 이름을 언급하는 것을 금지한다. 시마 역시 공식 역사 기록에서 배제된다. 이어지는 30년 동안 인텔에서 출판되는 기록, 연간 보고서, 웹 사이트, 인텔 박물관에 마이크로프로세서 발명의 공로는 모두 테드 호프에게 돌아간다. 메이서는 잊혀졌고 시마 역시 엄격히 그 이름을 언급하는 것을 금지한다. 그리고 가장 부끄러운 일은 결국 인텔을 살린 페데리코 페긴의 잘못된 정보를 외부에 흘리라는 캠페인이었다. 앤디 그루브에게 인텔을 그만두는 직원은 잊는 것이 최선이었지만 인텔의 경쟁자가 됨은 용서할 수 없는 일이었다. 페긴을 잊어버리고 용서하지 않는 방법은 사람들의 기억 속에서 그를 조용히 사라지게 하는 것이었다.

오직 2009년, 페긴이 자이로그를 떠나고 오랜 시간이 지난 후 앤디 그루브가 인텔의 경영에서 손을 떼고 나서 노이스와 쇼클리 그리고 현재 실리콘밸리를 다룬 다큐멘터리인 "The Real Revolutionaries"의 첫 상영장에서 만나 서로 화해를 한다. 페데리코의 명예를 되찾으려고 오랫동안 싸워온 부인 엘비아 (Elvia)는 다큐멘터리를 후원한 인텔에서 초대를 받고 최초 상영과 모임에 참석한다. 그리고 오래된 인텔 출신의 고참인 그를 참석자들은 열렬히 환영한다. 그 순간으로부터 페데리코 페긴은 다시 인텔 공식 역사의 한 부분이 된다.

그리고 결정적 순간이 하나 더 있었다. 1974년 말, 모토롤라가 마이크로프로세서를 출시한다. 모토롤라는 이미 1928년에 설립되어 자동차 라디오 제품에 특화되어(회사명이 여기에서 나왔다. Motion과 Victrola) 그 당시까지 사업을 넓혀온 유명한 기업이었다. 그리고 트랜지스터가 자동차 라디오에 쓰이는 진공관보다 훨씬 내구성이 좋았으므로 모토롤라는 트랜지스터가 개발되는 초기에 이 사업 분야에 뛰어들었다. 그리고 트랜지스터, 집적회로, 마이크로프로세서 분야의 선구자를 바짝 쫓는 추격자였다. 텍사스 인스트루먼츠 보다 더 광범위하게 기업 고객을 상대했고, 다양한 상업 제품을 취급하여 자체적으로 만든 반도체 칩을 소화할 능력이 있었다. 이러한 장점의 완벽한 예가 디지털시계와 같은 경우였다. 다른 반도체 제조 회사가 소비자 상품 시장에서 퇴출되거나 저수익성을 무기로 하는 기업과 경쟁할 때 모토롤라는 디지털시계 완제품을 만드는 것을 중지하고 디지털 통합 부품을 만들어 몇몇 기존의 시계 회사에 납품한다. 레스 호건이 모토롤라에서 페어차일드로 떠나고 모토롤라는 잠시 반도체 산업 분야에서 주춤한다. 그러나 곧 총책임자 존 웰티(John Welty)의 지휘 아래 반도체 산업 분야의 선두 자리로 포효하며 돌아온다. 웰티는 나이가 많은 모토롤라의 고참이었지만 진보 성향의 소유자였다. 그리고 그가 거의 폐쇄 직전인 모토롤라의 반도체 사업부의 총책임자가 되었을 때 웰티가 반도체 사업부의 부활을 결정했다는 소문이 업계에 파다했다. 게다가 무거운 발걸음을 걷는 듯한 모토롤라의 기업 문화를 통째로 바꾸어 놓는다(이 과정에 'ponderous pachyderm: 육중한 코끼리'라고 불리던 자사 광고에 쓰이는 코끼리의 이름을 별명으로 붙인다). 웰티는 다음과 같이 말한다. "반도체 사업 조직은 소비자의 수요를 파악해야 하는 감각을 잃었고, 빠른 의사 결정을 할 수가 없었습니다."[8] 그리고 변화를 결심한다.

웰티는 두 가지 유리한 점이 있었다. 웰티는 호전적인 성격의 윌리엄 제이 와이츠(William J. Weisz) 모토롤라 회장의 전폭 지원을 등에 업고 있었고, 와이츠

회장은 계속해서 지원을 약속했다. 웰티는 모토롤라를 마이크로프로세서 시장에서 선두 기업으로 만들 계획이 있었고, 이 성공을 곤봉삼아 잠든 모토롤라의 다른 사업부를 깨우려는 야심이 있었다. 두 번째는 그가 실패한 디지털시계 사업 출신인 게리 대니얼(R. Gary Danial)을 마이크로프로세서 개발 총책임자로 임명한 사실이다. 상냥한 성격의 대니얼은 얼핏 보기에 세금 관련 회계 담당 같아 보였으며 그 일을 하기에는 너무 나이가 많아 보였다. 그러나 그는 마이크로프로세서의 설계와 제조에 강력한 의지를 보여준 사람이었다. 1974년 대니얼이 그 자리에 임명되었을 때 모토롤라는 6800이라는 단일 칩 8비트 NMOS 마이크로프로세서를 시장에 선보였지만 이 제품의 새로운 역할에 회의감이 있었다. 그러나 곧 새로운 제품의 3가지 특징을 파악한다. 이 제품은 설계가 잘 되서 앞으로 다가올 차세대 마이크로프로세서의 시금석이 될 것이라는 점과 업계 최초의 5볼트를 사용하는 마이크로프로세서라는 점이었고 이는 현존하는 컴퓨터의 논리 담당 칩 자리에 바로 설치하여 대체로 사용이 가능하다는 것을 뜻했다. 그리고 불황이 가져다 준 성장 속도의 둔화 덕분에 모토롤라는 2년 늦게 마이크로프로세서 사업에 진출했지만 상대적으로 시간 손실이 적었다는 점이었다.

그리고 1975년 초, 대니얼이 이 일을 시작하고 몇 개월이 지나서 천국에서 온 듯한 소식이 도착한다. 제너럴 모터스(General Motors)가 마이크로프로세서 사용 협의를 요청한 것이다. 원유 수출 금지에 따른 여파로 인해 자동차 산업의 거인들은 이제 소비자들에게 호소할 무엇인가가 필요했다. 연비를 개선하고 거대한 엔진과 강력함 힘을 포기해야 함에 따른 소비자들의 이탈을 막으려고 기를 쓰고 있었다. 제너럴 모터스는 자동차에 마이크로프로세서를 장착하고 싶어 했다. 정확히 말해 자동차 특성에 맞게 개조한 6800 모델을 자동차의 대쉬 보드 트립 컴퓨터에 사용하는 마이크로 컨트롤러(산업계 용어로 비컴퓨터 분야 또는 기타의 아날로그 방식의 응용 제품에 사용되는 경우에 사용하고 컴퓨터에 사용되는 경우는 마이크로프로세서)로 사용하기 원했던 것이다. "현명한 선택이었습니다. 마이크로프로세서의 작동 불량이 자동차를 운전하는 사람의 목숨을 위협하지는 않았기 때문이었죠. 제너럴 모터스는 곧 마이크로프로세서를 자동차에 장착하는 일이 위험도가 낮은 시도임을 알아차립니다."9

제너럴 모터스의 접근은 50년 이상을 자동차 산업과 함께 해온 관계에 따른 보상이었다. 그리고 믿을 수 없을 정도의 커다란 행운이었다. 세상에서 가장 큰 자동차 제조사에 독점으로 물품을 공급할 기회일뿐만 아니라 모토롤라가 제너럴 모터스에 납품할 또 다른 응용 제품을 개발하여 자동차 산업 거인에게 판매하기 때문이었다. 모토롤라는 이 거대한 기회를 놓칠 수가 없었다. 이제 사업부의 방향타를 잡은 대니얼은 이 기회를 놓치지 않는다. 모토롤라는 계속해서 제너럴 모터스에 납품하고 이 판매는 소중한 수익의 기본이 되어 모토롤라를 수십 년 동안 마이크로프로세서 시장을 지배하는 선도 기업 중의 한 곳으로 만들어준다.

1974년과 1975년 사이에 다른 여러 회사들도 마이크로프로세서 시장에 진출한다. 호건이 이끄는 페어차일드도 F8이라는 제품을 내놓는다. 그리고 부족한 자본으로 출발해 계속 사투 중이던 제리 샌더스가 이끄는 AMD(Advanced Micro Devices)도 2900 모델을 선보인다. 스포크가 이끄는 내셔널 반도체는 INS 제품군을 내놓는다(어떻게 내셔널 반도체가 그렇게 짧은 시기에 마이크로프로세서를 개발했는지는 여전히 논란거리이다. 돈 호플러는 인텔이 8080 모델의 시제품을 실리콘밸리 지역에 있는 지역 전문대학에 전시했었고, 시제품은 전시한 첫날 사라졌다고 말한다. 같은 날 전시회를 함께 가졌던 내셔널 반도체는 이와 관련하여 어떤 부정행위도 하지 않았다고 강변한다. 그러나 짧은 시간 안에 마이크로프로세서 시장에 진입한다. 실리콘밸리의 초기 시절은 이와 같이 서부 활극 시대와 다름없을 정도였다. 페어차일드의 정신과 서부 시대의 정신이 공존하던 시기인 셈이다).

다음은 페긴이 근무하는 자이로그가 뛰어난 성능을 보여주는 Z80 제품을 선보임으로써 반도체 산업계를 놀라게 한다. 이 제품은 인텔의 8080 모델보다 설계에서 더 뛰어났다고 인정받는 제품이었다.

그러나 이 이야기의 가장 중요한 다음 추세는 MOS 테크놀러지(MOS Technologies Inc)라는 펜실베이니아 노리스타운(Norristown)의 작은 회사였다. 이 회사는 자사의 제품으로 6502 모델을 시장에 선보인다. 6502 모델은 전 모토롤라 출신의 기술자 7명이 모여 만든 제품이었고, 설계 구조가 모토롤라의 오래 되었지만 우수한 성능을 보여준 6800 모델과 유사해 업계의 대부분이 복제품 (산업계의 기준으로 기존에 존재하는 제품의 설계와 거의 유사하게 만드는 경우를 이렇게 표현한다)으로 인식했다. 그러나 이 작은 회사의 가장 큰 차이점은 모토롤라를 제품 설계의 기준으로 삼았고, 보스턴 컨설팅의 가격 전략을 구사하는 텍사스 인스트루먼츠와 같은 전략을 구사했다는 점이다. 낮은 가격대로 제품을 판매하고 짧은 시간 내에 시장 점유율을 높여 안착하려는 전략이었다. 물론 초기 판매 가격으로는 수익을 올릴 수 없는 구조가 있었지만 무어의 법칙이 말하듯 마이크로프로세서의 가격대는 몇 년 후에 다가올 생산 단가가 떨어진 미래의 가격대였던 것이다.

"학습 곡선" 가격은 전자 산업계가 의도한 대로 떨어졌다. 시장에서 다른 경쟁자들이 수익을 거의 올릴 수 없을 만큼 수익의 많은 부분을 빼앗아 버렸기 때문이었다. 그러나 1970년대 중반에는 기술 산업 분야에서는 가장 많이 사용되는 전략이었다. 텍사스 인스트루먼츠사는 전자계산기 시장의 대부분을 차지하려고 이 전략을 구사했다. 그러나 결국에는 이와 같은 동등한 방법으로 저렴한 제품을 만들어 내는 새로운 경쟁자인 일본 회사에게 밀리는 상황에 놓인다. 그리고 이와 같은 일이 반복된다. 이제 이 전략을 MOS 테크놀러지는 마이크로프로세서 분야에서 적용한다. 이 전략은 결국 MOS 테크놀러지를 통해 시장 선도 기업으로 만들어주는 데는 실패하지만 MOS 테크놀러지는 단순한 낙오자 이상의 뜻을 남긴다. MOS 테크놀러지의 가격 전략은 우연히 산업 역사 속의 소비자 시장 마케팅 전략 중에 가장 영향력 있는 것임을 입증한 것이다.

1975년 봄, MOS 테크놀러지는 샌프란시스코에서 열리는 웨스콘 컴퓨터 전시회(Wescon computer show) 기간 동안 전시장을 차리고 미래의 개인용 컴퓨터를 제조하게 될 최초의 잠재 고객, 소프트웨어 기술자, 컴퓨터광들을 맞이할 준비를 한다. 그리고 전시된 곳에서(이곳에서 판매는 금지되었지만), 최신 제품인 6502s 모델을 놀라울 정도로 낮은 가격에 판매한다고 알린다. 20달러의 "전시회 특가"는 8080 모델이나 6800 모델의 10분의 1가격이었다.[10]

말할 필요도 없이, 이 전시회 특가 행사는 주최 측이 마음을 바꿀까하는 급한 마음에 사람들은 매장의 수백 개 6502s를 모두 쓸어 담고, 재빨리 빠져나가려했다. 그로 인해 웨스콘 컴퓨터 전시회의 거리 광장까지 이어지는 줄서기 경험의 주요 행사가 된다.[11]

전시장에는 이제 날갯짓을 시작하는 젊은 기술자들이 모여 있었는데 그중에 한 명이 스티브 워즈니악이었다. 워즈니악은 홈 브루 컴퓨터 클럽에서 인상 깊은 제품을 선보이려고 설계하던 컴퓨터의 마이크로프로세서로 이 제품을 사용하고 싶지 않았다. 스티브 워즈니악의 마음은 인텔의 8080 모델로 향했다. 워즈니악이 보기에 인텔의 제품이 더 강력하고, 성능이 뛰어나고, 설계 부분이 우수하다고 믿었기 때문이었다. 게다가 인텔은 자신의 출신 지역에 위치한 회사였다. 워즈니악의 아버지는 록히드(Lockheed)에서 근무했고, 바로 거리 건너편에는 페어차일드와 인텔의 옛 본사가 위치했다. 그리고 인텔에서 근무하는 기술자들과 컨설턴트가 이웃이었다. 테드 호프는 몇 거리 너머에 살았고, 레지스 맥케나는 불과 두 거리 바깥에 살았다. 테드 호프가 살던 집 바로 뒤의 이름 없는 교차로에서 불과 몇 년 전까지 평일 저녁이면 밥 노이스가 집으로 향했고, 십대의 스티브 워즈니악은 수영장에서 자전거를 타고 집으로 돌아갈 때 그 교차로를 지나갔다. 바로 이 순간은 집적회로를 발명한 사람과 마이크로프로세서를 발명한 사람 그리고 개인용 컴퓨터의 시대를 연 사람이 서로 교차하는 순간이었던 것이다. 바로 전자 산업 시대에 가장 중요한 발명을 한 사람들이 한 곳에 모인 것이다(이 주장에 논란이 있을지도 모른다).

워즈니악은 속이 뻔히 보이는 장사 속의 6502 모델로 손을 뻗는다. 선택의 여지가 없었다. 실리콘밸리 역사상 가장 논란이 있고 한편으로 의식적으로 외면하는 일화로 워즈니악이 그보다 나이가 어린 친구가 일하는 게임 제작사 아타리(Atari)에서 새로운 비디오 게임을 만드는 것에 도움을 준 이야기가 전해진다. 그 친구는 카리스마가 넘치며, 마치 거역할 수 없는 힘으로 남을 부리는 듯한 재주를 가진 스티브 잡스였다. 워즈니악은 휴렛패커드에서 기술직으로 근무하는 중이었다. 젊은 시절, 한편으로 주업에 충실하며 결혼 생활을 위기로 몰아가기까지 하면서도 날을 새며 일해 잡스의 일을 도와주었지만 잡스는 사업의 대가를 워즈니악에게 솔직히 말하지 않는다.[12]

이 이야기는 나중에 실리콘밸리의 우상 같은 존재가 되고 또 세상에서 가장 유명한 기업가 중에 한 명이 되는 젊은이의 어두운 면을 보게 해주는 실화이다. 또한 이 일화는 현대 산업 역사를 바뀌는 계기가 되기도 한다. 이미 많이 알려진 이야기처럼 잡스는 자신의 폭스바겐 밴 자동차를 팔고 워즈니악은 자신이 소중히 아끼던 HP-65 전자계산기를 팔아 애플 I 컴퓨터를 만들고 저율 생산을 시작한다. 잡스가 일의 대가로 공평하게 수익을 나누자고 했던 약속대로라면 워즈니악은 추가로 3천 달러를 이 시기에 받았을 것이다. 그리고 자신이 만들고자 했던 새로운 컴퓨터에 충분히 사용하고도 남을 인텔 8080 모델을 구입했을지도 모른다.

워즈니악은 실리콘밸리의 진정한 천재 위들러(Widlar) 같은 또 한 명의 천재였다. 현재의 기술자들이 보아도 놀라운 능력을 보여준 워즈니악은 6502 모델이 주는 제한에도 컴퓨터를 만들어 냈을뿐만 아니라 그다지 우수해 보이지 않는 저가의 지원 칩들을 사용해 컴퓨터를 완성해 낸다.

일반인들에게 완전한 첨단 기술을 생활 속으로 가져다 준 개인용 컴퓨터 혁명이 시작된 것이다. 그리고 잠시나마 인텔은 이 물결에서 제외된다.

1975년이 지나 1976년이 되자 인텔은 지난 2년을 뒤돌아보았고, 마이크로프로세서라는 새로운 제품과 함께 시장에서 지각 변동이 일어나면서 점점 더 흥미로운 시장을 형성하는 상황을 보게 된다. 그러나 메인프레임이나 소형컴퓨터, 자동차, 계산기, 게임 그리고 개인용 컴퓨터와 같은 중요 시장을 선점하려고 반도체 최고의 설계자가 마이크로프로세서를 연구하도록 허락하는 일을 결정하는데 인텔은 몇 달 동안 모호한 태도로 머뭇거린다(그리고 인텔이 결정을 지연하자 경쟁 회사로 페데리코 페긴이 떠나는 결과를 낳는다). 실제로 당시 인텔은 마이크로프로세서 시장에서 머물러야 할지 결정을 내리지 못했다. 마이크로프로세서의 특허 출원도 심각하게 생각하지 않았다.

이제 첨단 기술 분야에서 가장 최신의 회사로 존재하는 대신에 인텔은 여러 경쟁사 중의 하나가 된 상황이 된다. 그리고 대부분의 경쟁사는 경험이 더 많았고, 몇몇 회사는 제조 및 마케팅 측면에서 훨씬 월등한 능력을 보유했다. 한 회사는 이미 일상 용품의 가격대로 제품을 판매했다. 그리고 어떤 회사보다도 기술 우위에 자부심을 가지는 인텔을 짜증나게 하는 경쟁사는 인텔보다 더 좋은 기술이 있는 곳이었다.

한편 일본이 올 것이라는 사실을 의심하는 사람은 없었는데도 일본 기업 소식은 아직 들리지 않았다.

이 모든 것을 넘어서 1975년은 인텔에 가장 비극적인 시기가 된다. 신조차도 인텔의 야심을 비웃는 듯했다. 제조에 핵심이 되는 북경에 위치한 공장이 화재로 소실된 것이다. 그리고 경제 불황이 심화되면서 인텔은 살아남으려고 뼈를 깎는 구조 조정을 해야 한다는 사실을 받아들여야 했다. 1975년이 끝나는 시점에서 인텔은 3천 5백 명의 직원 중 30%의 고용 해고를 단행한다.

인텔 역사 속에서 가장 큰 규모의 고용 해고가 미친 영향은 충격이었다. 분명히 다른 반도체 기업들도 경제 불황기를 맞아 똑같은 구조 조정을 단행했다. 내셔널 반도체도 같은 구조 조정을 단행한다. 그러나 내셔널 반도체는 냉혹한 기업가였고 세상에서 가장 유명한 현장 감독 출신의 찰리 스포크가 이끌었기에 그의 행동은 예상된 것이었다. 페어차일드에는 더 무서운 윌프 코리건(Wilf Corrigan)이 있었다. 윌프 코리건은 리버풀 항구 출신으로 레스 호건이 페어차일드로 회사를 옮길 때 함께 온 '호건의 영웅들(Hogan's Heroes) 중에 가장 강인한 사람이었다. 종종 레스 호건이 회장이 되도록 다그치던 사람이었고, 페어차일드에 그만의 냉철한 경영 방식을 이식한다. 언론에 소개된 가장 기억에 남을만한 사건을 돈 호플러(Don Hoffler)는 다음과 같이 묘사했다. 페어차일드의 직원들은 스피커에서 큰 소리로 나오는 알파벳 순서의 해고자 명단을 듣고 겁에 질린 표정으로 스피커 앞으로 달려갔다. 그리고 텅 빈 상자를 든 회사의 보안 요원이 곧 나타나 해고된 직원들에게 회사 밖으로 나갈 것을 지시했다고 한다.

인텔의 직원들은 자신들은 그와 다를 것이라고 생각했다. 인텔은 가장 의식있는 반도체 회사였고 인텔의 직원들은 자신들은 최고 중에 최고이므로 다를 것이라고 확신했다. 그렇지 않다면 왜 인텔 같이 최고의 회사와 유명한 과학자들로 이루어진 경영진과 고든 무어가 그들을 고용했겠는가? 게다가 그들은 가족과 같았다. 이 차이점이 위대한 밥 노이스가 이끄는 회사에서 일하는 바를 뜻했다. 밥 노이스는 자신이 고용한 직원들을 보살폈다. 그리고 직원들을 해고하기 꺼려하는 것으로 유명했다. 그리고 무엇보다도 인텔의 직원들은 지난 5년 동안 많은 일들을 함께 겪어왔다. 회사를 설립하고, 새로운 발명과 기술에 도전하고, 어려운 시기를 함께 하면서 산타클라라로 옮겨 왔으며, 주식 공개의 혼란과 같은 이 모든 어려움 속에서도 그들은 고용 해고를 하지 않았다.

비참함 속에 밥 노이스는 친구에게 다음과 같이 말한다. "월가(Wall street)의 몇 안 되는 망할 놈들의 관점 때문에 우리는 사람들의 삶을 망쳐놨어."[13]

결국 인텔도 고용 해고를 단행한다. 당시 선택의 여지가 없었다고 항변한다. 그러나 해고되는 직원들에게 선택의 여지가 없다는 이유는 그저 작은 위안거리일 뿐이었고, 특히 주식 옵션의 혜택을 많이 받지 못한 직원의 해고 경우에는 더욱 그랬다. 그리고 충격을 받은 남은 직원들의 사기를 올리기에는 턱없이 부족한 이유였다.

오직 부모가 된 사람만이 아는 문구가 있다. "이 일이 너를 마음 아프게 할지 모르지만 너보다 더 마음 아파하는 사람은 부모다" 사실 밥 노이스보다 고용 해고로 인해 고통을 겪는 사람은 없어 보였다.

의심할 여지없이 독자들이 이미 알고 있는 것처럼 밥 노이스는 다른 어떤 위대한 기업가보다도 사업에 다른 방식으로 접근했다. 이 방식은 밥 노이스의 가장 큰 약점이었지만 오히려 밥 노이스를 훌륭한 사람으로 만들어 주었다. 고든 무어는 페어차일드 시절과 마찬가지로 인텔을 자신의 상상력을 영원히 채워줄 중요한 기술의 바탕이 되어줄 것이라 보았다. 앤디 그루브는 인텔을 자신의 놀라운 능력을 세상에 보여줌으로써 세상이 자신을 존경의 눈으로 바라보게 하고, 자기 자신을 정의할 수단으로 보았다. 또한 자신이 필사적으로 보호해야 할 그 어떤 것으로 바라보았다. 그러나 밥 노이스에게 인텔은 확장된 자신 그 자체였으며, 자신의 의지와 상상력이 현실로 나타난 모습이었고, 도덕과 윤리의 잣대였다. 사람들은 밥 노이스처럼 되고 싶어 했다. 그리고 지난 5년 동안 인텔의 직원으로 근무하는 것은 부분적으로나마 그 바람을 이루는 것이었다. 그리고 밥 노이스의 카리스마와 성공을 공유하는 것이었다. 직원들은 이런 이유로 밥 노이스를 진심으로 좋아했다. 밥 노이스의 장점이 그가 보여준 많은 단점에도 그를 용서한 이유였다.

게다가 이 방식은 단순히 한 방향의 관계가 아니었다. 노이스는 언제나 세상이 어떻게 자신을 판단하는지 정확히 알았고, 특히 인텔의 직원들과의 관계에서는 더욱 그러했기 때문에 그들을 실망시키지 않으려고 자신이 할 수 있는 최선을 다했다. 사람들에게 사랑받는 것은 그에게 중요한 부분이었다. 불과 몇 달 전 이혼으로 비틀거리던 밥 노이스에게 그가 보호하기로 다짐했던 몸과 마음을 바쳐 일해온 인텔의 직원들을 해고하는 일은 어쩔 도리가 없었음에도, 자신의 믿음이 고통스럽게 무너지는 것과 같았다. 노이스를 누구보다도 좋아하고 한편으로 존경하던 아서 록 회장이 보기에 1974년 고용 해고는 밥 노이스의 영혼을 파괴하는 것 같이 보였다고 한다.[14] 언제나 삶을 하나의 놀이처럼 생각하며 살아오던 사람이 더 이상 재미를 느끼지 못하는 듯 보였던 것이다. 오래된 당시 사진을 보면 두 창업자가 감정적으로 가라앉았다는 사실이 느껴진다. 사진의 뒤편에는 고든 무어가 팔짱을 낀 채 회의실 창문 틀에 앉아 반대편을 바라보았고, 사진의 전경에는 탁자 위에 신문이 펼쳐 있으며 빈 물잔만이 올려져 있다. 노이스는 의자에 기대어 굳게 입을 다물고 심각한 표정으로 앉아 있다. 마치 더 나쁜 소식이 오기를 기다리는 사람처럼.

아서 록은 후에 밥 노이스가 당시 인텔을 다른 회사와 합병하는 문제를 심각하게 고민했다고 전한다. 합병으로 직원들을 해고하지 않고 인텔의 기술도 살릴 것이라 판단한 것이다. 인텔이라는 이름을 유지하지 못하더라도 말이다. 아서 록은 다음과 같이 밥 노이스를 말한다. "밥 노이스는 진정으로 사람들의 나쁜 점을 말하는 것을 싫어했고, 사람들의 지위를 떨어뜨리거나 특히 고용 해고를 정말 싫어했습니다. 그러나 최고 경영자의 한 단면일 수밖에 없는 그런 일들이 밥 노이스를 흔들어 놨습니다." 밥 노이스가 실제로 내셔널 반도체의 찰리 스포크를 만나 인텔의 매각을 고려했다는 사실보다 그가 당시 느꼈던 고뇌의 깊이를 보여주는 것도 없다. 그를 만난 후에 고든에게만 이 사실을 알렸다고 한다. 그리고 항상 평정심을 유지하던 고든 무어가 다음과 같이 그 모습을 기억한다. "나와 먼저 상의 없이 노이스가 다른 사람들과 의논을 하는 일은 이상한 일이 아니었습니다." 그리고 이와 같은 설명은 그들 간의 엄청난 신뢰감을 보여주는 명백한 증거가 된다. 고든 무어는 찰리 스포크를 만나 의견을 나누는 것에 동의하지만 결국 잠시 노이스를 옆으로 불러내 다음과 같이 말하면서 인텔을 영원한 소멸로부터 구해낸다. "한 동안 내가 인텔을 경영하는 것이 어떨까 싶은데요."

이와 같은 제시를 할 사람은 세상에서 한 사람 밖에 없었다. 한숨 놓은 노이스는 고든 무어의 제안에 동의한다. 노이스는 그 당시 48살이었다. 그리고 다시는 회사를 경영하는 일에 간섭하지 않는다.

다음 숙제는 인텔의 최고 경영진을 어떻게 다시 구성하는지의 문제였다. 이미 한 사람은 그런 계획을 세워 놓았다는 사실은 놀라운 일이 아니었다. 바로 앤디 그루브였다. 레슬리 벌린이 기술했듯이 "노이스와 무어가 그루브를 서니베일의 먼 거리에 있는 식당으로 점심 식사에 초대합니다. 그리고 노이스는 '아무래도 인텔에서 더 이상 시간을 보내지 못할 듯합니다. 어떻게 하면 당신이 책임지고 경영할 준비가 될지 말해보세요.'라고 그루브에게 묻습니다. 영원히 동요하지 않을 듯하던 성격의 앤디 그루브가 잠시 뜸을 들이고 다음과 같이 답변합니다. '내게 맡겨주세요.'"15

아서 록은 이미 오랫동안 벤처 투자자에서 영구 이사회 회장으로 충분히 자리를 지켜왔고, 즐거운 마음으로 원래 투자자였던 모습으로 돌아가는데 동의하면서, 노이스에게 인텔의 이사회 회장을 맡긴다. 그리고 이와 같은 변화가 인텔의 미래를 결정한다. 앤디 그루브는 최고 관리 책임자(Chief Operation Officer)로 승진하고 이사회에 합류한다. 이제 오랜 경력 속에서 처음으로 회사를 운영할 최고 권한을 부여 받는다. 형식상 앤디 그루브는 밥 노이스에게 보고서를 제출해야 하지만 진짜 상사는 여전히 그가 무척 존경해 마지않는 고든 무어가 된다. 더욱 좋은 점은 인텔을 운영하는 방식에 앤디 그루브는 거의 고든 무어와 의견 일치를 보았다는 점이었다.

어떤 이는 아마 혼란과 지연, 고용 해고, 새 출발, 하락세 그리고 경영진의 교체 등이 혼재되어 마이크로프로세서를 만드는 사업부의 폐쇄로 이어지기에 충분하다고 확신할지도 모른다. 인텔은 그 당시 이제 겨우 4년 차였다. 그 대신에 인텔은 마이크로프로세서 개발과 같은 위험한 도전을 하기로 결정하고 자신들이 가진 모든 것을 거는 공격적인 모습을 보인다.

왜 갑자기 마음을 바꾼 것일까? 불과 연초만 해도 인텔은 자신들이 마이크로프로세서 사업 안에 있기를 바라는지조차도 명확하지 않았다. 겔바하, 맥케나 그리고 다비도프와 같은 마케팅 부문의 사람들이 장담을 했음에도 이 사업은 회사 내에서 크게 비중을 두지 않았다. 그런데 갑자기 회사의 모든 역량을 마이크로프로세서에 걸려 했다.

여기에는 몇 가지 설명이 따른다. 그중 한 가지는 회사의 운영 최고 권한을 가진 앤디 그루브에게 자신의 업무였던 메모리 사업 분야를 힘들게 하고, 사내의 경쟁 부문이었던 마이크로프로세서 사업 부문이 이제는 그가 돌봐야 할 중요한 문제가 된 것이다. 그리고 언제나 앤디 그루브가 그렇듯이 일단 자기편에 들어온 것을 지키려면 죽음을 불사하고 싸울 준비가 된 인물이었다.

두 번째 이유는 적합성이었다. 초기 스타트업 기업의 연구에서 드물게 논의 되는 부분으로 혁신 제품을 단독으로 개발하고 보유한 회사가 경쟁자도 없고, 시장에서조차 혁신 제품을 이해하지 못하는 상황에서 어떻게 행동해야 하는지 이다. 당신은 소중한 보물을 상자 속에 숨길지도 모른다. 그러나 결국에는 밖 으로 나가 투자자를 만나야 하고, 분석가, 언론 그리고 잠재 고객을 만나 설명 과 설득을 해야 한다. 그리고 그 모두가 당신의 상품이나 서비스에 회의적이고, 부정적일 때 계속 일을 진행하는데 필요한 높은 자긍심을 유지하기란 절대 쉬 운 일이 아니다. 그래서 왜 많은 위대한 기업가들이 오만하고 과대망상 같은 것 에 집착하는 이유다. 더한 경우는 유아론(Solipsism)에 집착하기도 한다. 그들 은 가끔 혼자만의 통찰력을 가져야 하고 그 비전을 현실로 만들어 내야 한다.

1975년 모든 것이 변한다. 갑자기 여섯 개 이상의 대기업이 마이크로프로세 서 시장에 진출을 시도한다. 더 이상 잡지사나 언론사는 마이크로프로세서 시 장이 성장 가능성이 있는지 아니면 비싼 비용을 쓰고 끝난 시장인지 물어보지 않았고, 서서히 누가 이 시장에서 최종 승자가 될 것인지 추측하기 시작했다. 그리고 그동안 호프의 노력에도 반신반의하던 설명회의 청중들은 이제 벌떼처 럼 몰려들어 많은 이들이 서서 설명회를 들어야 할 정도였다.

그리고 이 결과가 왜 인텔이 마이크로프로세서 시장에 본격적으로 뛰어들려 고 하는지 이유가 된다. 바로 경쟁이었다.

거의 4년 넘게 인텔 홀로 세상이 필요하다고 생각하지 않거나, 특별한 경우 에만 필요하다고 생각한 제품이라고 여기던 마이크로프로세서를 연구하고 개 발했다. 그리고 실제로 4004 모델을 만들어 세상에 선보였을 때 회사가 직면한 것은 많은 사람들의 하품이었다. 이 제품은 너무 고가인데다, 너무 느리고, 너 무 불안정하였고, 당시 상황에서 대체품으로는 용도가 한정되었다. 그리고 후 속작으로 8080 모델이 나온다. 단일 칩으로 앞서 언급되었던 모든 문제를 해결 한 제품이었다. 그런데 이제 세상은 인텔에게 세상에 너무 많은 경쟁자가 있다 고 말하는 것이었다. 인텔의 칩은 자이로그의 제품보다 성능이 뛰어나지도 않고, 모토롤라처럼 생산 규모를 올릴 수도 없으며, MOS 테크놀러지만큼 저렴하지도 않다고 말한다. 텍사스 인스트루먼츠처럼 가격 전쟁을 벌일 능력도 없다고 말한다.

반도체 시장에 존재하는 어떤 기업보다도 인텔은 이제 마이크로프로세서에 따르는 대중의 견해를 잘 이해했다. 지금 대중이 어떤 관점으로 생각하든지간에 신뢰가 가지 않는다는 사실을 파악한 것이다. 그리고 시장 전략을 세우는데 전혀 유효하지 않다는 사실도 파악한다. 지금까지 오직 확실한 사실은 절대 무어의 법칙으로부터 한 눈을 팔지 말고 차세대 제품을 만드는 것을 멈추지 말아야 한다는 점이었다.

기술 개발이 인텔의 피에 흐르는 페어차일드 시절의 정신이었다. 그리고 이제 이 정신은 원칙에 입각한 경영 방식과 결합한다. 인텔은 지난 15년 동안 계속 시장 학습을 해왔다. 경쟁자가 있었는가? 더군다나 인텔은 자신들이 가진 자산이 경쟁자들의 생각보다 더 낫다는 사실도 알았다. 페긴과 시마를 잃었을 때도 인텔은 여전히 산업계에서 가장 뛰어난 마이크로프로세서 설계 조직이 있다고 확신했다. 크러쉬 작전 정책 이야기에서 나온 겔바하, 맥케나 그리고 다비도프와 같은 가장 뛰어난 마케팅 조직을 보유하기도 했다. 아직 인텔이 이러한 모습을 큰 그림에서 보지는 못했지만 적어도 이 시점에서 인텔은 소프트웨어가 마이크로프로세서의 고객에게 중요한 부가 가치를 부여한다는 사실을 깨달았다. 마지막으로 이에 못지않은 중요한 것으로 인텔은 반도체 산업계가 존경하는 수장들이 이끌며 시작했다는 명성이 있었다. 그리고 자긍심 넘치는 과학자들을 보유한 인텔을 점점 더 가장 무서운 경쟁사로 인식했다. 그래서 서류상으로 경쟁 상대가 특정한 장점이 있다고 해도 인텔은 실제 운영의 모든 면에서 상당히 장점이 있음을 알았다.

그러나 네 번째 이유이자 가장 중요한 이유는 바로 마이크로프로세서가 이제 진정으로 그 성능을 발휘하기 시작했다는 점이었다. 나머지 전자 산업계가 불황 속으로 빠져 들어갔지만 마이크로프로세서의 판매는 계속 증가한다. 그리고 시장에 맨 처음 진입한 덕분에 인텔은 특히 디지털 이큅먼트(Digital Equipment)가 자사의 소형컴퓨터에 사용하려고 8080 모델을 채택하기로 결정했을 때 이 반전의 최대 수혜자가 된다(이 순환의 고리가 완성되기 7년 전에 이미 테드 호프는 디지털 이큅먼트(Digital Equipment)의 컴퓨터 설계에서 미래의 칩을 보았다). 디지털 이큅먼트가 세계에서 가장 큰 컴퓨터에 들어가는 외주 구매 칩으로 인텔의 8080 모델을 원한다면 세상도 그렇게 따라가게 됨을 뜻했다.

주문이 쏟아져 들어오기 시작했다. 인텔의 부회장이자 마이크로컴퓨터 그룹의 총책임자로 합류한 데이브 하우스(Dave House)는 웃으며 다음과 같이 말한다. "처음 다섯 달 간의 선적으로 8080 모델의 연구 개발비는 회수한 듯 했습니다."[16]

이 성공이 아니었다면 자칫 자금 문제를 일으킬 뻔했던 인텔은 살아난다. 인텔은 1974년에 1억 3천 5백만 달러의 판매액을 올린다. 전년 보다 두 배의 금액이었다. 심지어 연간 보고서에서 주주들에게 다음과 같이 주의를 주었다. "이 결과 단독으로는 해당 연도의 판매 추세를 모두 반영하지 않습니다." 메모리 부분의 판매액이 추락했기 때문이었다. 메모리 산업 분야의 판매 하락은 바닥을 쳤다. 마지막 희망은 이제 마이크로프로세서 밖에 없었다. 인텔이 확신을 갖지 못하고 심사숙고하던 기술이 회사를 살아남게 하는 유일한 사업이 된 것이다. 2년 전만 해도 유효한 전략인지 의구심을 갖게 하던 것이 이제는 생각할 필요조차 없는 당연한 일이 되었다. 인텔이 반드시 마이크로프로세서 시장에 머물러야 하는 이유는 모든 긍정의 신호로부터 오직 하나의 부정으로 쏠린다. 그 부정의 신호는 이제 인텔은 선택의 여지가 없다는 점이었다.

회사의 운영 철학을 유지하려면 특별히 앤디 그루브의 생각처럼 인텔은 과하다 싶을 정도로 지금 현상에 만족해서는 안된다고 판단한다. 그 대신에 인텔은 시장에서 반드시 승리해야 한다고 결정한다. 이제 인텔은 경쟁자들을 물리치고 마이크로프로세서 시장에서 최고가 되려 하고 있었다. 그래서 인텔은 창업자가 발견한 법칙을 무시하고 한 번에 두 세대를 뛰어넘는 신제품을 만들기로 결정한다. 인텔이 만들려고 하는 새로운 마이크로프로세서는 기술이 매우 앞서서 이 제품이 성공한다면 경쟁사들은 먼지 속으로 사라질 것이 분명했고 다시는 따라오지 못할 것이 분명했다.

승리의 순간을 향하면서 인텔은 시장에서 선도 기업의 자리를 공고하게 하려고 단순히 현재 기술을 완전히 뛰어넘는 그러나 인텔의 역사 속에서 가장 재앙에 가까운 신제품 전략이었던 iAPX 432를 개발한다.

25장
무어의 법칙을 수호하는 기사단

인텔 이야기를 기념비와 같은 제품들의 행진과 인텔이 집중했던 특징인 높은 수준의 기술 경쟁에만 초점을 잡으면 단순하고 쉬운 것이 된다. 회사를 설립했을 때부터 바로 지금 이 순간까지 인텔은 항상 반도체 산업이 첨단 기술 산업의 엔진이 될 것이라는 믿음이(충분한 근거도 있고) 있었고, 반도체 산업을 이끄는 선도 기업이라는 믿음이 있었다. 또한 지구에서 가장 진보한 기술이 있는 회사라는 믿음에 변함이 없었다. 경쟁사들은 거만함이라고 부르는 인텔의 이런 인상은 회사 설립 때부터 이어져 왔으며, 싸움터에 나서는 선사 같은 문화였다. 회사의 엄격한 고용 절차 때문에 구글의 직원들은 자신들을 첨단 기술 분야에서 가장 똑똑한 사람들이라 말한다. 인텔의 직원들도 마찬가지라는 점을 명확히 안다.

게다가 무어의 법칙이 밝힌 성스러운 불이 꺼지지 않도록 보호하며 또한 결과적으로 지난 반세기가 넘게 인류가 즐겨온 놀라운 전자 산업의 진보와 운명은 자기들 손에 달렸다고 확신한다. 계속해서 이러한 의무감을 매일 느끼는 것이 커다란 동기가 되어 다른 기업에서는 볼 수 없는 인텔만의 고유한 문화를 만든 것이다. 한 학교의 현대 기업 이론에서는 위대한 기업은(주로 요즘은 애플이 그 사례가 된다) 단순히 사업 목표만 추구하지 않고 어떤 식으로든 세상을 바꾸겠다는 자기 윤리의 중요성을 특징으로 하는 십자군 같은 자세로 임한다고 한다. 이 이론이 말하고자 하는 바는 진실임에 틀림없다. 그리고 애플은 이러한 자세를 인텔로부터 배웠다. 혹은 앞으로 보게 될 것과 같이 스티브 잡스는 이러한 정신을 밥 노이스와 앤디 그루브로부터 배웠다고 말하는 것이 정확할지도 모른다. 그리고 인텔의 높은 이상을 위해 가지는 열정과 같은 감성 그리고 내재된 우월함은 애플의 제품보다 덜 눈에 띄고 덜 요란스러울 뿐이다. 이러한 의무감은 질서이며 어떤 뜻에서 질투의 대상이기도 했다.

1984년부터 실리콘밸리의 역사 속 거대한 연구 조직의 인상은 인텔 스스로가 만들어낸 인텔만의 기업 철학을 이해하는데 중요한 역할을 한다. 연구 조직 안에서는 연구 사업을 총괄하는 책임자로부터 연구소를 청소하는 사람까지 모두가 평등하다. 모두가 제품을 개발하려는 최종 목표를 달성하는데 각자의 전문 부문을 가지고 공헌한다.

"인텔은 여러 면에서 무한한 에너지와 한정된 분야에 관심을 집중하는 똑똑한 젊은이들이 모인 캠프와 같습니다. 이러한 사실은 인텔이 대학을 갓 졸업한 젊은이들을 주로 고용하는 이유이기도 합니다. 인텔은 젊은 직원들이 기업 속의 한 부분으로 묻혀 버리는 삶에 오염되기를 원하지 않습니다. 그리고 대부분 젊은 사람들에게서 찾게 되는 가슴 뛰는, 무한한 믿음이 있습니다. 그 믿음이 있는 젊은이들이 자신들을 회사와 결합시킬 때 세상에서 가장 위대한 일을 해냅니다. 이 믿음은 그들이 인류라는 이름으로 악의 세력을 밀어내는 정신을 지닌 조직의 일원이 되었다는 확신 같은 것입니다.[1]

이러한 신념이 인텔이 휴렛패커드나 야후처럼 컨트리클럽 혹은 가족용 나들이 장소가 되지 않은 이유이다. 반도체 산업 분야에서 행복하고 자유분방했던 시간은 초기에 이미 끝나고 없었다. 반도체 시장에서 살아남은 기업들은 이제 경건하게 검소함에 다가서는 모든 방법을 찾아야 했다. 반도체 산업 분야는 이제 심각하고 진지하지 않으면 살아남을 수 없는 분야가 되었다. 이와 같은 상황이 페어차일드의 윌프 코리건(Wilf Corrigan)이 공포 정치를 단행한 이유였다. 그리고 찰리 스포크가 경비를 절약하려고 직원들을 비좁은 건물 안의 깜빡이는 낡은 전등 불빛 아래서 근무하도록 한 이유이기도 했다. 인텔에서 한 번의 실수는 곧 강등을 뜻했으며, 기술자들은 서로를 피했고 확실히 고성이 서로 오가기도 했다. 그럼에도 회사를 그만두는 사람들은 오직 자신만의 회사를 차리려는 사람들 뿐이었다. 그리고 자신만의 회사 근무 환경 역시 척박하기는 마찬가지였다.

이 진지하고 심각한 자세는 자신들의 우월함을 믿는 강철 같은 확신이었고, 언제나 인텔을 위험한 경쟁자로 만들었다. 인텔은 1970년대에 텍사스 인스트루먼츠에게 겪었고, 2010년대에 삼성에게 겪는 것과 같이 기술에서 그 어떤 경쟁자에게도 밀린다는 사실을 결코 묵인할 수 없었다. 인텔은 반드시 어떤 회사보다도 기술에서 앞서야 했고, 그게 아니라면 인텔은 존재해야 할 이유가 없었다. 경쟁자는 단순한 적대 대상이 아니었다. 그들은 인텔의 왕관을 찬탈하려는 자들이었다. 그리고 드물게나마 인텔이 기술 경쟁에서 뒤지는 경우가 발생하면 마이크로프로세서를 개발할 때 그렇듯이 1980년대에 일본 기업들과 경쟁할 때 그렇듯이 그리고 21세기에 들어 모바일 시대에 그렇게 하듯이 초인 같은 노력과 끝이 없는 시간 투자 그리고 냉철한 자아비판 후 도전할 차례인 것이다. 그리고 회사가 가장 어려운 순간에도 여전히 냉철히 사업을 진행하는 것이다. 가장 중요하지만 가장 덜 알려진 이 도박과 같은 도전 정신은 4년 주기로 돌아오는 반도체 산업의 불황에 대응하는 인텔의 모습에서 쉽게 찾는다. 4년 주기로 돌아오는 불황은 대부분 그 정도가 약하지만 경우에 따라서 심각한 시기도 찾아오는데(1974년의 경우), 이는 호황기에 제정신이 아닌듯한 회사들이 만들어낸 거품에 따라 반작용으로 발생하는 것으로 대기업도 무너지는 경우가 종종 발생하였다.

이성을 유지하며 정상적으로 사업을 운영하던 기업들은 이런 불황의 시기가 찾아오면 몸을 사리면서 불필요한 인원에 구조 조정을 단행하고, 새로운 사업 기획을 중단하며 비용을 최대한으로 줄이려 한다. 그리고 현금을 최대한 확보하려 들고 반도체 산업계의 다음 호황기가 올 때까지 충분히 오래 살아남기를 바라는 희망에 모든 것을 건다. 그리고 이런 방법이 단 한 회사를 제외하고 실리콘밸리의 기업들이 해오던 방식이었다. 그리고 그 예외의 기업이 바로 인텔이었다.

결국 이 문제는 산업계에 불어오는 불황 속에서 사업이라는 현실과 무어의 법칙이라는 기술 중요도의 충돌로 귀결된다. 이미 언급한 바와 같이 반도체 산업계는 4년 주기로 불황이 찾아온다. 한편 무어의 법칙은 2년이나 3년 주기로 기술 혁신이 이루어짐을 뜻한다. 이는 두 가지 주기가 겹침을 뜻하기도 한다. 그리고 불황과 혁신의 주기가 겹치는 때에는 반도체 산업에 종사하는 모든 기업이 선택을 해야 하는 순간이 된다. 허리띠를 졸라매고 생존을 하려고 몸을 사릴까, 아니면 무어의 법칙에 따라 기술 혁신의 주기를 따르려고 필요한 투자를 진행할까? 그리고 그 과정에서 회사가 쓰러질지도 모르는 위험을 감수하고라도 그렇게 경쟁력을 확보할까의 문제로 귀결되는 것이다.

대부분의 회사는 전자를 택한다. 그러나 인텔은 언제나 후자를 택해 왔다. 후자의 선택이 회사의 미래를 위협하는 것이 분명해 보여도 말이다. 이렇게 실행하는 과정에서 판매 부진이나 회사의 수익이 증발해버리더라도 인텔은 계속해서 높은 수준의 연구를 진행했다. 종종 연구비가 전체의 10%가 넘어가는 수준까지도 인텔은 투자를 계속 한다. 이와 같은 투자는 회사의 주식 가치에 손상을 주기도 하며 종종 근무 과다에 시달리는 직원들을 놀라게 하기도 한다. 그러나 이러한 연구비 투자는 불황이 끝나면 인텔이 새로운 기술과 제품을 가지고 시장을 호령하게 해주었고 경쟁사들은 인텔과의 경쟁에 보다 조심스럽게 변한다.

그리고 언급되지는 않았지만 경제 법칙보다 무어의 법칙을 우선시하는 정책은 회사의 채용과 모집에서 확인된다. 외부 세상에는 거의 알려지지 않은 것이지만 인텔의 장기 생존을 위해 필요한 기술 혁신보다도 무어의 법칙을 우선시하는 철학이 더 중요하다는 사실이다.

가장 훌륭한 사례는 1970년대 중반에 일어난 것들이다. 인텔에서 대규모의 구조 조정이 있었을 때 인텔은 두 명의 중요한 사람을 고용한다. 그리고 이들이 결국 다가오는 10년 동안 인텔의 최고 경영진의 지도력을 결정하게 된다.

첫 번째 인물은 크레이그 바렛(Craig Barrett)이다. 바렛은 35세의 나이로 인텔에 입사하였고 오랫동안 스탠포드 대학에서 학문을 연구하며 뚜렷한 경력을 남긴 사람이었다. 바렛은 스탠포드 대학에서 재료 과학 박사 학위를 받았으며 풀브라이트 장학금(Fulbright)을 받아 특별 연구원으로 덴마크 대학에서 연구를 해왔다. 그리고 스탠포드 대학의 재료 공학 부서에 복귀하기 전 2년 동안은 나토(NATO)의 장학금을 받으며 특별 연구원으로 영국에서 연구를 진행했다. 바렛은 주목할 만한 경력을 학계에서 쌓았으며 그 동안 재료의 속성에서 미세 구조가 미치는 영향과 관련하여 40여 편의 관련 논문을 작성하여 관련 학계의 교과서와 같은 고전이 된다.

바렛은 1974년까지 스탠포드 대학에서 연구를 진행한다(변화가 없는 대학 연구 시설을 충분히 볼 만큼). 그리고 바렛이 인텔로 향하는 모습을 보고 모두가 놀란다. 영구 교수 자리를 확보한 사람이 세계에서 가장 우수한 대학 중의 한 곳을 떠난다는 일은 상상조차 못했고, 더군다나 경제가 불황인 시절을 감안하면 그 결정은 더욱 놀라웠다. 바렛은 인텔에서 대규모 구조 조정이 이루어진 시점에 합류한다. 이 시기는 새로운 관리자로서 따뜻한 환영을 기대하기 이려운 시점이었다.

그러나 바렛은 강인한 성격의 소유자였다. 그 당시에 어떤 이는 바렛의 성격을 너무 강인하다고까지 말했다. 샌프란시스코 남부의 교외인 산 카를로스(San Carlos)에서 태어나 스탠포드 대학에 다니기 전까지 불과 십 킬로미터 내외만을 다녀본 바렛은 고든 무어나 휴렛 그리고 몇몇 소수의 실제로 베이 지역(Bay Area)에서 태어난 초기 실리콘밸리 출신의 선구자 중 한 사람이었다.[2] 다른 실리콘밸리 출신처럼 그도 역시 그 지역 사람의 전형이었다. 똑똑한 과학자, 타고난 기업가 기질 그리고 열정이 넘치는 야외 활동이 그와 같은 모습이었다. 무어에게는 낚시 여행이 취미였고, 유명한 산장을 소유했던 바렛에게는 사냥이 취미였다. 바렛은 대학의 연구실에서 새로운 제조 공정을 연구할 때나 어깨에 총을 메고 산장에서 하이킹을 할 때 가장 행복한 듯 보였다.

그러나 그의 야심은 첨단의 진보 기술을 다루는 산업 현장으로 그를 뛰어들도록 만든다. 그럼에도 그가 인텔에 입사했을 때 상황에 맞닥뜨릴 준비가 되어있지 않았다. 이제 인텔에 도착해 자신의 물건을 책상에 놓고 한편으로 주변 직원들이 짐을 싸서 떠나는 모습을 보면서 자신이 내린 결정이 올바른 것이었는지 스스로에게 질문을 해야 했다. 그러나 한편으로는 적어도 자신이 해야할 일을 올바르게 할 만큼 침착했다. 바렛은 남은 경력 기간을 "자신보다 앞서간 사람들의 그림자" 속에서 보내야 한다는 사실도 알게 되었다.3 그러나 반도체 산업계의 최첨단 기술 분야에 머물기 위해 그런 사실도 받아들일 준비가 되어 있었다. 그리고 그 그림자 밖으로 나왔을 때 자신이 전혀 상상하지 못한 위치에 있게 된다.

불황의 시기에 이루어진 두 번째 고용은 그 영향이 인텔에 더욱 광범위하게 미친다. 폴 오텔리니(Paul Otellini)는 바렛보다 훨씬 나이가 어렸다. 스물넷의 나이로 남성복 판매점에서 여름 방학을 이용해 판매원으로 일하던 젊은이였다. 인텔은 첫 번째 정규직 일자리였고 그가 앞으로 가지게 될 유일한 일자리가 된다.4

오텔리니는(또 다른 한 명의 샌프란시스코 베이 출신의) 칼 버클리 대학(Cal Berkeley)에서 MBA 과정을 수료하고 불황기에 자기가 사는 지역에서 일자리를 찾기를 희망했다. 그리고 다행히 불과 며칠 만에 인텔에서 일자리를 구한다.

1974년 7월 월요일 아침, 오텔리니는 산타클라라에 있는 인텔 본사에 도착한다. 그리고 금요일이 채 지나기 전에 인텔의 주가가 3분의 2로 떨어지는 것을 목격한다. 설상가상으로 회사가 대량의 고용 해고 계획을 밝힌 지 불과 몇 분후에 회사 건물에 걸어 들어갔던 것이다. "내 책상은 아직도 전임자의 온기가 남아있을 정도였습니다."라고 회상한다. "그다지 보기 좋은 상황은 아니었습니다." 이런 경험은 인텔이라는 새로운 고용주에 영원한 기대를 가지지 않게 했을지도 모른다. 그러나 오텔리니는 반대의 모습을 보인다. "인텔이 계속해서 대학을 갓 졸업한 젊은이들을 채용하려고 애쓰는 모습을 나는 인상 깊게 보았습니다. 아마 우리에게 입사하라고 하지 않았으면 회사 안의 일이 그렇게 복잡하지 않았을지도 모릅니다." 그리고 며칠 뒤에 오텔리니는 점심 식사 시간에 점심 도시락을 싸가지고 온 밥 노이스와 고든 무어를 만나게 된다.5

오텔리니는 인텔에서 그렇게 39년 동안 근무하고 최고 경영자로 은퇴한다.

한편 이 시기에 인텔을 그만둔 사람 모두가 해고 통지를 받은 것은 아니었다. 몇몇 사람들은 인텔이 주식 공개 후 인텔 주식을 사들이고 불황기에 인텔 주가가 추락하기 전에 시세 차익을 남겨 현금화하고 비상구를 만든 경우도 있었다.

초기 인텔의 직원들이 떠나던 이때에 가장 주목할 만한 사람은 아마스 클리포드 마큘라 주니어(Armas Clifford "Mike" Markkula Jr)일 것이다. 마큘라는 남부 캘리포니아 로스앤젤리스에서 태어나서 USC를 졸업한다. 초기의 다른 인텔 직원들처럼 페어차일드 출신이었다. 그는 다른 유명한 선구자들보다 회사에 늦게 합류했고 아직 중간급 마케팅 관리자였지만 그가 인텔에 합류했을 때 밥 그레이험은 마큘라를 메모리칩 사업 부문의 마케팅 책임자로 채용한다. 돌이켜 보면 많은 언론이나 자서전 작가들이 마큘라가 인텔에 남긴 업적을 과장하여 꾸미려 했지만 그가 인텔에 남긴 흔적은 사실 미미했다. 앤디 그루브는 마이크를 이렇게 말한다. "마이크는 내게 잘했지만 사실 마이크의 능력에서 그다지 높이 살만한 것이 없었습니다."

그러나 마이크가 그 시점에서 평범한 마케팅 책임자였을지 모르지만 투자자로서의 경력은 뛰어났다. 마이크는 착실히 인텔의 주식 옵션을 사들인다. 그리고 주식 공개가 이루어질 무렵 자신이 거둬들인 옵션을 1970년대 초 기준으로는 상당한 금액인 1백만 달러 이상의 가치로 바꾼다.

아무리 그들이 이전과 똑같이 유지하려고 해도 주식 공개가 회사를 영원히 바꾼다는 사실은 실리콘밸리에 진리와 같다. 주식 공개로 부자가 된 직원들도 마찬가지이다. 아무리 그들이 회사에 충실하다고 큰 소리로 외쳐도 주식 공개로 생긴 돈은 아무리 작은 모욕이나 자신의 경력을 막는 일이 생기면 회사를 바로 떠나게 만들었다.

바로 이런 일이 정확하게 마이크에게 일어난다. 잭 카슨(Jack Carsten)이 승진하였을 때 마이크는 자신이 승진할 자격이 있다고 믿었다. 차분함을 잃은 마이크는 퇴사를 통보한다. 그 당시 겨우 33살이었다.

실리콘밸리의 많은 사람들이 젊었을 때 부자가 되길 원한다. 그리고 자신의 길을 찾아 떠나길 원한다. 그러나 성공하는 사람은 많지 않다. 남은 다음 반세기 동안 그들은 무엇을 할까? 실리콘밸리에서 새로 스타트업 기업을 운영함은 아마도 그들이 남은 여생에서 할 가장 도전적이며 신나는 일일 것이다. 그리고 어디선가 들리는 사이렌 소리에 그들은 즉각 반응한다.

마이크 마큘라가 투자할 회사를 찾기 시작한 지 오래 지나지 않아 오래전 페어차일드에서 상사였던 돈 발렌타인(Don Valentine)이 그에게 쿠페르티노(Cupertino)에 있는 작은 스타트업 기업을 알아보라며 연락한다. 돈 발렌타인은 이 회사에 이미 약간의 돈을 투자해 놓은 상태였고 그 당시 세쿼이아 벤처스(Sequoia Ventures)라는 투자 회사에서 일하는 유명한 투자자가 되어 있었다. 또 한편으로 마이크 마큘라는 레지스 맥케나에게 가서 자문을 구한다. 마이크는 인텔에서 마케팅 컨설턴트였던 레지스 맥케나와 함께 마치 한 동료처럼 일했었다. 레지스도 한 가지 제안을 한다. 한 이웃 주민 중에 레지스의 부인인 다니엘 멕케나가 벌이는 서니베일 시 의회 캠페인을 성공으로 이끌도록 도운 워즈니악이라는 부부가 있는데 그들에게 컴퓨터 천재라 불리는 아들이 있다는 것이다. 그리고 그 아들이 몇몇 젊은이들과 함께 저비용의 '개인용' 컴퓨터를 만드는 스타트업 기업을 시작했다고 전해준다. 그 워즈니악이라는 젊은이와 함께 일하는 친구 중에 사람들을 다루는데 능수능란한 성격의 스티브 잡스라는 친구가 약간 걱정거리였지만 스티브 워즈니악이 만든 컴퓨터는 상당히 놀라운 수준이라고 사람들이 말한다고 전해준다. 그리고 한번 직접 살펴보는 것이 어떻겠냐고 마이크에게 제안한 것이다.[6] 이 두 사람의 제안은 공교롭게도 모두 한 회사였다. 그 이름도 특이한 애플 컴퓨터라는 회사였다.

마큘라는 이 젊은 창업자들을 만나려고 스티브 잡스의 집에 있는 창고에서 만나기로 약속을 잡는다. 그리고 그가 본 것은 마이크에게 엄청난 충격을 준다. 바로 애플Ⅰ 컴퓨터였다. 마이크는 나중에 당시의 느낌을 다음과 같이 말한다. "내가 고등학교 때부터 정말 갖고 싶었던 물건이었습니다." 심지어 그가 인텔 주식에서 번 돈으로 구입한 콜벳 자동차보다 더 좋다고 말한다. 마이크는 25만 달러의 수표에 서명을 하고, 이 자금은 애플 컴퓨터가 새로운 모델인 애플Ⅱ를 출시하고 생산에 들어가는데 사용된다.

애플 컴퓨터의 역사 속에서 종종 간과되는 부분이 있다. 특히 젊은 사람들 사이에서 스티브 잡스가 컴퓨터를 혼자 만들어냈으며 유명한 제품들을 모두 설계했다고 믿는 경우가 많다. 그러나 초기의 애플 컴퓨터는 인텔처럼 거의 세 명의 중요한 인물이 있었다. 처음 애플을 만들 때에는 워즈, 스티브 그리고 이웃 판사의 아들이었던 빌 페르난데즈가 그 세 인물이었다. 이 시기에 주변 이웃들은 이 세 사람 또는 둘이 모여 애플Ⅰ을 만들려고 주변의 취미용품 가게를 들리거나 지역 전기 제품 상점을 들리는 모습을 자주 목격한다.

마큘라의 투자로 그는 애플의 새로운 "3인자'가 된다. 당시 세상을 뒤흔든 두 개의 개인용 컴퓨터를 만든 것에 감안하면 극찬이라 할 정도로 스디브 워즈니악은 초기 애플에서 마큘라의 공헌은 자신의 공헌보다 컸다고 말한다. 그러나 워즈니악이 진정으로 이해한 것은 마큘라가 신뢰할 수 있는 사회 경험이 있는 성인이었고, 마큘라의 실리콘밸리 인맥, 비즈니스 경험 등이 없었다면 애플 컴퓨터가 창고에서 취미용 또는 반상용 전자 용품을 만드는 가게에서 세계 일류의 전자 제품을 만드는 제조사로 바뀌는 일은 불가능했을 것이라는 점이다. 잡스는 똑똑한 사람이었으며 애플 컴퓨터를 보다 성숙하고, 원칙이 있으며, 경쟁력 있는 회사로 만들었지만 마큘라는 1980년대까지 언제나 그림자처럼 물러서서 잡스에게 조언을 해주고, 잡스의 독특한 성격을 다독이고, 잡스 때문에 상처를 받은 이와 화해를 시켰으며, 잡스의 괴팍한 행동을 그가 아직 젊은이여서 그렇다고 무마하려고 노력했다. 아마도 그가 인텔에서 보낸 시간이 애플에서 밥 노이스의 차분하고 부드러운 역할과 앤디 그루브의 관리자 같은 역할을 동시에 하는데 도움을 주었을 것이다.

마이크 마큘라가 애플에 합류하면서 레지스 맥케나도 애플 컴퓨터를 가장 중요한 고객 명단에 올린다. 이제 한 번도 열린 적이 없는 신상품의 무대가 준비된 것이다. 애플이 애플Ⅰ과 애플Ⅱ의 심장으로 인텔의 8080 모델과 그 후속 제품을 채택할 모든 상황이 마련된다. 그리고 스티브 워즈니악이 원한 것은 바로 인텔의 마이크로프로세서였다. 그리고 이 두 회사의 조합은 세상을 완전히 바꾸어 버릴지도 모르는 일이었다. 그러나 스티브 잡스가 가장 가까운 친구를 배신함으로써 그 기회의 문은 닫히고 만다. 그로부터 몇 년 동안 스티브 워즈니악의 놀라운 능력으로도 극복하지 못했던 저성능의 마이크로프로세서를 애플의 컴퓨터에 사용할 수밖에 없는 상황에 처한다. 그리고 인텔은 그로부터 약 5년이라는 시간을 대단한 기회인 개인용 컴퓨터 시장에 진출하려고 기다려야 했다. 바로 IBM이었고, 인텔은 빅 블루(IBM)에 착륙하려고 크러쉬 작전 정책을 필요로 한다.

26장
야망

    1975년, 전자 산업계는 다리를 절뚝이며 불황의 늪으로부터 나와 서서히 회복의 길에 접어들고 있었다. 그러나 인텔은 지난해의 비참했던 재정 상태에도 연구 개발 비용을 유지한다. 그리고 주가의 80%가 사라지고 대규모의 고용 해고를 거쳤지만 이제 다른 어떤 경쟁사보다도 빠르게 시장에서 앞서 나가기 시작한다. 실제로 1976년이 되자 다가올 호황의 윤곽이 명확해진다. 그리고 인텔은 연구 개발비를 더욱 늘린다.

    이와 같은 경향은 다가오는 30년 동안 한 사업에서 다른 모든 사업까지 지속해서 반복된다. 그리고 인텔은 힘든 시기가 지나면 다른 어떤 경쟁자보다도 강력해진 모습으로 돌아왔다. 인텔은 늘 새로운 상품을 내놓을 준비가 된 듯이 보였다. 그리고 계속해서 시장의 일정 점유율을 다른 경쟁자들이 방어 자세에 들어가기 전에 낚아챈다. 월 스트리트는 이러한 인텔의 행보를 절대 놓치지 않고 이 용감한 행보에 주가를 통해 보상한다. 1976년 말이 되자 인텔의 주가는 연초에 주당 21달러에서 시작해서 연말에는 88달러까지 치솟는다. 그리고 이 주가는 지난 호황기보다도 높은 가격대였다.

    인텔의 재정 상태도 동시에 놀라운 수준이 된다. 연간 판매액이 2억 2천 6백만 달러로 전년도보다 65% 가량 상승한 것이다. 한편 이익은 2천 5백 2십만 달러로 이 역시 전년도보다 55% 상승한다. 그러나 무엇보다도 만족스러운 소식은 고용이었다. 인텔이 대규모 고용 해고를 단행하기 전에 인텔의 직원 수는

3,150명이었다. 그리고 1976년 말까지 인텔의 직원 수는 7,350명까지 늘어난다. 불황의 여파로 사라졌던 직원 수를 보상하고 또 거의 두 배 이상으로 늘어난 것이다. 게다가 새로 고용한 직원들 중 많은 인원이 과거 고용 해고로 회사를 떠났던 직원들이었다. 그리고 이런 인텔의 고용 정책은 인텔이 자신의 '가족'을 절대 잊지 않는다는 충성도의 관점을 강화한다.

그러나 인텔의 이런 반전은 단순히 좋은 시절을 준비하는 것 또는 8080 모델 그리고 회사의 메모리칩 생산 이상의 뜻을 지녔다. 그리고 경제의 떠오르는 물결 그 이상이었다. 이제 이렇게 좋은 시기가 인텔의 조종석에 앉은 앤디 그루브를 화나게 만들었다. 인텔이 그만큼 좋은 기회를 그가 만족할 만한 수준으로 충분히 살리지 않았다고 판단했기 때문이었다. 그러나 나쁜 시기는 그를 더욱 분노하게 했다. 나쁜 시기는 마치 신이 인텔이 성공으로 가는 길을 막으려는 듯해 보였기 때문이었다. 그러나 앤디 그루브는 언제나 난국을 잘 헤쳐 나갔다. 그리고 호황기가 다가오면 마치 뻥 뚫린 벌판을 달리는 모양과 같았다. 그리고 불황기가 오면 마치 맨 주먹으로 막고 싸우는 백병전 같이 언제나 자신 능력의 최대치를 끌어내게 만들었다.

불황이 찾아오는 시기에는 앤디 그루브는 인내할 필요가 없었고 설명을 하거나 정당화할 필요가 없었다. 그저 앞으로 전진하면 되었다. 단호하고 빠르게 그리고 가끔은 인정사정없이 나아가면 되었다. 상황이 좋을 때는 실리콘밸리의 모든 사람들이 그가 천재라는 사실을, 그러나 상황이 나쁠 때는 진정한 성격과 능력이 드러난다는 사실을 잘 알았다. 앤디 그루브는 첨단 기술 분야에서 승리할 최고의 순간은 기꺼이 위험을 감수하려는 인텔이 너무 두려워 상대방이 도전할 엄두를 내지 못하는 순간이라는 것을 누구보다도 잘 알았다.

그러나 그러한 위험을 감수하려면 최악의 폭풍 속에서도 돛을 계속 올리고 항해 해야만 한다. 그리고 바람 앞에서 전속력을 다해 앞으로 나아가야 한다. 그리고 하늘이 맑아지면 항상 경계가 필요했다. 그리고 인텔이 1976년에 그렇듯이 좋은 때가 오면 앤디 그루브는 언제나 회사에서 가장 불행한 사람처럼 보였다. 그런 태도는 앤디 그루브가 1976년 휴가에서 돌아온 고든 무어에게 보낸 쪽지에 고스란히 담겨 있었다.

"집으로 돌아온 것을 환영합니다. 말 그대로, 확실하게 긍정적으로 휴가 가기에 이 보다 더 좋은(혹은 나쁜) 주간을(보는 관점에 따라) 고를 수 없었을 겁니다. 5월에 백만 달러가 부족한 것은 그렇다 치고, 유니백(Univac)은 전체 선적을 보류하고, ITT의 검사 조직은 화를 내고 공장을 나가버렸습니다. 우리 회사 전 직원 중에 한 명이 강도를 당하고 피살되었습니다. 그리고 한 직원의 19살 먹은 아들은 자살을 했습니다. 그리고 헬렌 후버(Helen Hoover)는 심장 마비에 걸렸습니다. 마이크로마의 딕 바우처(Dick Boucher)와 나는 거의 발표 도중에 주먹 싸움을 할뻔 했습니다. 그리고 여러 가지 형태의 계획이 있고 나머지 남은 것들은 평소와 다름이 없습니다."[1]

전기 작가 테드로우는 앤디 그루브가 고든 무어의 휴가 때 보낸 쪽지를 하나둘씩 발견한다. 그중 한 쪽지에는 다음과 같이 적혀 있었다. "마치 인텔은 당신이 휴가를 가지 않은 듯 냥 계속 연락을 취해야 하는군요. 확실히 세상은 당신이 없는 동안 산산조각이 나버린 듯합니다."

이 쪽지들은 앤디 그루브가 상사에게 보내는 쪽지였다. 이 책을 읽는 사람들은 앤디 그루브의 부하 직원이 된다는 어려움과 그가 얼마나 화를 쉽게 내는지 상상이 가능할 것이다. 전 페어차일드 출신이며 인텔의 22번째 직원이었던 테드 젠킨스(Ted Jenkins)는 인텔에서 오랫동안 그루브에게 보고를 해왔으며(후에 오텔리니의 상사가 된다), 앤디 그루브와 주고받은 아주 생생한 한 가지 기억이 있었다. "내가 앤디 그루브의 부하 직원으로 근무할 때 그에게 보고해야 할 월별 보고서가 있었습니다. 내가 보고서에 '확증하다(corroborate)'라는 단어를 사용했는데 앤디가 나에게 그런 단어는 존재하지 않는다고 쪽지를 보내 왔습니다. 혹시 '협력하다(collaborate)'을 말하는 것이냐고 내게 물어봤죠. 나는 자필로 답장을 보냈습니다. '확증하다(corroborate)은 맞는 단어입니다' 그러자 앤디 그루브는 내게 마지막 답변으로 쪽지를 보내왔는데 그 안에는 "'나쁜 자식(bastard)'도 맞는 단어입니다." 라고 쓰여 있었습니다."[2]

그러나 이 방법은 유효했다. 이러한 방식은 언제나 앤디에게 통했다. 그리고 분노가 끔찍했어도 최소한 모두에게 일관성 있게 분노했다는 점에서 앤디 그루브는 공정했고 인텔 직원들은 그의 화를 참아내야만 했다. 나이가 들어서 앤디 그루브는 자신이 인텔에서 근무할 당시 쉽게 화를 냈지만 또 쉽게 풀어졌고, 절대 개인감정으로 자신을 위해 일하는 직원에게 화를 내지 않았다고 말한다. 그러나 경쟁자에게 그리고 인텔이 승리할 것을 의심하던 산업 분석가, 언론 등 그 어떤 분야의 사람에게 그의 분노는 전혀 다른 이야기였다.

1976년 초, 인텔이 재정 건전성을 되찾고 번영과 선두 자리에 있던 시절로 되돌아가려고 가속을 시작하자 앤디 그루브는 고든 무어에게 보내는 또 다른 쪽지에서 낙천적인 모습을 보인다. 그리고 아마도 그가 가장 고무되어 있던 모습일 것이다. "돌아오신 것을 환영합니다! 이번에는 그동안 당신을 반기던 재앙과 같던 쪽지로부터 우리가 벗어날지도 모르겠습니다. 주가가 100 달러 수준에서 움직이는데 어떤 문제가 있겠습니까? 사실 모든 것이 아주 정상이며 그 이상이라 할지도 모르겠습니다."[3]

그러나 앤디 그루브가 예전의 분노와 조바심으로 돌아가야 할 새로운 이유를 찾게 되는데 그리 오랜 시간이 걸리지 않는다.

그 이유는 인텔이 당시 개발하던 강력한 마이크로프로세서 iAPX 432 모델이었다. 이 제품은 원래 8080 모델의 후속작으로 예정된 모델이었다. 그리고 이 모델은 원래 나머지 경쟁자들이 이 기술 격차를 따라오려면 수년 이상이 걸리도록 할 만큼 크게 앞질러야 했던 모델이었다. 이 제품은 인텔이 마이크로프로세서 시장에서 독점 지위를 잃어버린 것에 화가 나 그 자리를 되찾으려고 자신이 할 수 있는 최대의 노력을 해 만들어낸 제품이었다.

iAPX 432 모델은 새로운 16비트 설계 기반의 마이크로프로세서에서 혁신 제품이 되기를 바랬을뿐만 아니라 완전히 새로운 설계 구조의 혁명 같은 새로운 시스템이 될 것이라고 확신했다. 이는 완전히 새로운 특징을 가지는 소프트웨어가 만들어짐을 뜻하기도 했다. 마이크로프로세서와 소프트웨어 모두 많은 노력과 자원이 필요한 일이었다. 또한 이 두 가지가 회사에 엄청난 부담을 줄 것은 명확했다. 그래서 이 제품은 실패를 하면 안 되는 상황이었다. 무어의 법칙이 이제 8080 모델은 차세대 모델로 대체되어야 할 때가 되었다고 말해 줄 무렵, iAPX 432는 아직 완성되지 못한 상태였고 한 가지 실수를 범한 상태였다.

훗날, 고든 무어가 자신이 발견한 무어의 법칙을 제대로 이해하지 못해 배운 교훈은 뒤처지는 것보다 위험한 것이 너무 앞서가는 것이라는 사실이었다고 말한다.[4]

혁신의 속도에서 뒤처진다고 해도, 여전히 규모가 작은 사업을 벌이는 틈새시장이나 고성능을 필요로 하지 않는 응용 제품에 오래된 기술을 사용한다.

반면에 경쟁자를 따돌리려고 한 번에 무어의 법칙을 넘어서 너무 많은 것을 뛰어넘으려는 시도는 엄청난 비용이 들었고(장비 투자와 낮은 수율의 문제) 결과는 언제나 재앙이었다. 거의 일어나지 않을 확률로 해결하거나 철저한 실패를 맛보거나 둘 중에 하나일 뿐이었다. 그리고 전자는 거의 선례가 존재하지 않았다(애플이 아이팟에 기존의 작은 크기의 디스크 드라이브를 플래시 메모리로 교체하려 했던 시도가 가장 성공에 가까운 사례일 것이다). 훗날 아주 긴 실패 목록이 생긴다.

아마도 자만 때문에 무어의 법칙을 한번에 뛰어넘으려던 시도 중 가장 유명한 사례가 트릴로지 시스템즈(Trilogy Systems)일 것이다.[5] 이 회사는 정통성이 있었다. 이 회사는 유명한 컴퓨터 과학자 진 앰더힐(Gene Amdahl)이 세웠다. 진 앰더힐은 IBM에 재직 시 컴퓨터 역사에서 가장 성공이었던 360 모델을 설계하는데 중요한 역할을 한 인물이었다. 진 앰더힐은 IBM을 떠나 앰더힐 코퍼레이션을 인텔의 본사에서 불과 몇 거리 떨어진 곳에 세우고, 혁신 방식인 '플러그가 호환되는' 메인컴퓨터를 개발하여 IBM의 370 모델을 대체한다. 이 방식은 지금도 여전히 주변 기기와 소프트웨어에 사용되는 방식으로 한마디로 대단한 성공을 거둔다.

가끔은 너무 빨리 말을 해 마치 자신이 컴퓨터 같아 보이던 점잖은 앰더힐은 세상에서 가장 뛰어난 컴퓨터 과학자로 인정을 받았다. 그리고 트릴로지(Trilogy)와 함께 1979년 8월, 자신의 명성에 어울리는 새로운 사업을 시작한다. 앰더힐은 200만 달러에 달하는 투자금을 받아(당시의 기준으로 볼 때 엄청난 투자 금액이었으며, 그의 명성을 다시 확인시켜준 결과였다) 트릴로지를 설립한다. 그리고 강력하고 엄청난 성능의 프로세서 칩을 빠른 속도로 개발한다는 목표를 세운다. 그 목표는 무어의 법칙에서 말하는 혁신 속도에 맞는 수준을 훨씬 넘어서는 것이었고, 지금까지 IBM이 만든 어떤 메인프레임 컴퓨터보다 저렴한 새로운 세대의 메인프레임 컴퓨터를 가능하게 해줄 수준의 기술이었다.

앰더힐은 먼저 투자받은 돈으로 쿠페르티노에 공장을 세운다. 그 위치는 휴렛패커드가 최초의 전자계산기를 만들던 공장 바로 옆이었다. 그리고 시제품을 만들어 내려고 바로 연구에 돌아간다.

앰더힐의 연구는 거의 영웅 같은 그러나 한편으로는 제 정신이 아닌듯한 모험이었다. 그리고 그 결과는 기적 같은 작은 마이크로프로세서였다. 거의 5센티미터의 크기에 거대한 집적회로가 들어간 구조였다. 그리고 방열 기능을 하는 금속 소재의 원통 기둥이 마치 탑처럼 3센티미터 높이로 프로세서의 표면에 솟아올라 있었다. 이 탑 구조는 트릴로지 프로세서만이 가지는 독특한 특징으로 전체 사업을 상징했고, 이전에 어떤 칩에서도 볼 수 없던 새로운 설계 구조였다. 이 구조로 인해 트릴로지 칩을 진보하고 복잡한 제품으로 보이게 했으며, 이 구조가 다음 세대의 컴퓨터를 개발하는데 새 기준을 제시하게 되리라는 사실을 쉽게 상상할 수 있었다.

그러나 그리스 신화의 비극과 같이 신은 거만해 보이며 무어의 법칙을 무시한 앰더힐의 시도에 인과응보처럼 벌을 내리려는 듯했다. 트릴로지 칩을 작동하면 냉각 장치가 제대로 기능하지 않았던 것이다. 게다가 엄청난 집적률을 보이던 트랜지스터는(설계상의 돌파구가 10년 후 정도에나 개발되기 시작하는 집적률) 너무 많은 열을 냈다(900 볼트 전구가 내는 열과 비슷한). 그리고 이 열은 실리콘 층 전체를 태워버렸다. 이 괴물 같은 칩이 작동될 환경은 발열을 해결할 특정 종류의 액체 소재에 넣는 것 뿐이었다. 그러나 이 액체 소재의 배관 설비는 그들이 목표로 했던 작고 저렴한 메인프레임 컴퓨터를 제작하려는 근본 목적을 침해했다.[6]

회사가 사라지는데 그리 오랜 시간이 걸리지 않는다. 그리고 280번 고속도로 옆에 텅 빈 채로 남아있던 트릴로지 건물은 실리콘밸리에서 일하며 매일 같이 이 길을 지나가는 수많은 컴퓨터 관련 종사자들에게 오랫동안 경고의 상징이 된다.

트릴로지 이야기는 실리콘 밸리의 자만심에 보내는 잊혀지지 않는 경고로써 전설의 일부가 된다. 그러나 불행하게도 이 경고가 인텔이 iAPX 432 모델을 개발하기로 결심한 2년 전에는 이용할 수 없는 상태였다. 여전히 어떤 이들은 무어의 법칙을 발견한 사람이 최고 경영자인 인텔이 너무 과욕을 부리는 것이 아니냐고 누군가 당시에 지적하지 않았겠느냐고 물을지도 모른다.

그러나 당시 아무도 그러지 않았다. 그래서 불황의 터널을 벗어나기 시작한 시점에서 경쟁에 뛰어드는 회사가 온 몸에 힘을 가득 주고 기술에 자신감이 지나치게 넘쳤다는 사실은 분명히 이 회사가 아킬레스건을 가졌음을 뜻했다. 인텔은 거의 진 앰더힐이 했듯이 거의 불가능에 가까운 공상을 쫓기로 결정한다.

432 모델을 개발하는 조직의 책임자였던 저스틴 래트너(Justin Rattner)는 다음과 같이 기억한다. "그 당시 인텔에서 만드는 마이크로프로세서가 들어가는 대부분의 제품은 가스 펌프나 자동차 신호등과 같은 응용 장치들이었습니다. 그래서 우리는 소형컴퓨터를 대체할 고성능의 제품을 만들 계획을 세웁니다."[7]

인텔의 판단은 맞았다. 그러나 적어도 이 세상에 iAPX 432와 같은 성능의 마이크로프로세서를 만들려면 십여 년은 더 기다려야 했다. 불행하게도 이런 오만 때문에 판단 실수를 저지르는 목록에 인텔도 그 이름을 올리게 된 것이다. 소형컴퓨터를 대체할 성능을 내는 단일 칩은 앞으로 네 번의 세대를 지나 약 20

여 년이 지난 후에야 나타난다.

iAPX 432 사업은 1974년 말에 시작되었고 5년이라는 시간이 지났지만 아직 완성되지 못했다. 칩의 전체 설계는 훌륭했다. 그러나 당시 인텔의 실리콘 제조 기술 수준으로 생산하기에는 속도가 고통스러울 정도로 느렸다. 이 기술은 그 당시 기준으로 세상에 어떤 회사보다도 진보한 제조 기술이었고 그 모델이 가지는 성능을 충분히 내기에 필요한 높은 주파수에서 제조가 불가능했다. 사업은 끝없이 지체된다.

많은 첨단 기술 기업들이 야망에 가득 차 고가의 새로운 설계를 바탕으로 한 제품을 만들려고 죽을 각오로 노력한다. 어떤 회사들은 수년에 걸쳐 도전하다가 결국에는 포기하기도 한다. 그래서 원래 계획했던 순수한 제품이 아닌 유사 제품을 만들어낸다(컴퓨터 게임 중에 'Duke Nukem'이 대표 사례이다. 수많은 사람들이 이 대성공을 거둔 게임의 다음 버전을 오랫동안 기다렸지만 결국 그들이 마주친 새 버전은 극히 평범한 내용이었다). 인텔은 자신들이 가진 디지털 달걀을 모두 한 바구니에 담지 않기로 결정한다. 이 결정은 현명한 방법으로 역시 앤디 그루브의 의지가 담긴 것이었다. 물론 iAPX 432 모델이 성과를 이루어 계획대로 잘 되더라도 보험 차원에서 8080 버전의 개선된 버전으로 작은 규모의 추가 사업을 진행하기로 한다. 8085 모델로 명명된 이 사업은 8080보다 집적도가 높은 제품이었다(그리고 더 작고 더 빠른 속도를 목표로 했다). 또한 모토롤라 6800 모델이 장착된 컴퓨터의 성공에서 얻은 힌트를 이용하여 8085 모델은 전압을 5볼트로 작동하도록 만든다. 이 모델은 뛰어난 모델은 아니었다. 확실히 자이로그에서 만든 새로운 8비트 제품인 Z80과 비교해서도 뛰어나지 않았지만 인텔을 상위권에 유지시켜 주기에는 충분한 모델이었다. 그리고 앤디 그루브의 강력한 경영에 따라 새로운 제품을 가장 빨리 만든 기록으로 채 1년이 지나지 않아 시장에 출시한다.

그러나 이제 출시될 듯 했던 16비트 프로세서는 상황은 어땠을까? IAPX 432 모델은 새로운 시장을 장악할 모델이었다. 그러나 이미 시기를 놓쳤으며 1980

년 초기로 예상되는 32비트 마이크로프로세서 시대를 대비하려고서 처음부터 다시 재설계할 상황에 이르고 만다. 게다가 산업계 언론에서는 이미 모토롤라, 텍사스 인스트루먼츠, 자이로그 그리고 내셔널 반도체 등에서 16비트 프로세서 개발 계획이 진행된다는 소문이 돌았다. 그리고 이제 인텔은 그들과 경쟁할 제품을 전혀 가지지 않은 상황이 되어 버린 것이다.

당시 반도체 산업 분야에서 아직은 받아들여지지 않은 진실이었지만 이미 분명해지는 것이 있었다. 마이크로프로세서 개발 경쟁을 벌이는 산업들은 절대 당대의 기술 추세를 놓쳐서는 안 된다는 진실이었다. 이 말은 마이크로프로세서 개발에서 한 세대라도 경쟁자에게 뒤진다면 그 회사는 마이크로프로세서 개발 경쟁에서 영원히 뒤쳐진다는 사실이었다. 물론 낮은 수준의 마이크로프로세서를 필요로 하는 후발 사업 분야나 자동차 연료 제어 장치, 가정용 온도 조절 장치에 들어가는 마이크로 컨트롤러 제품으로 전환하여 사용은 가능했다. 그러나 최첨단 제품이 만들어 내는 거대한 수익과 그에 따른 명성으로부터 영원히 멀어지게 되는 것이었다.

다시 한번 이 위기 속에서 인텔은 첨단 기술 기업 분야인 반도체 산업에서도 다른 회사들이 거의 가지지 못한 자신들만의 장점을 발휘한다. 인텔은 자신들이 저지른 잘못을 인식하고, 그 잘못을 인정한 다음, 이를 되돌리려고 거의 초인 같은 노력을 기울이기 시작한 것이다. 이 점은 커다란 위험을 감수하면서도 기술면에서 오만함을 가지고 새로운 것에 도전하는 것과 회사가 넘어졌을 때 다시 일으켜 경기에서 달리도록 하는 앤디 그루브만이 가진 집착과 같은 능력 사이에 중요한 연결 고리가 된다.

다시 한번 이 장점은 다른 어떤 회사도 가지지 못한 인텔이 실수로부터 회복하는 능력을 보여준다. 그리고 인텔은 다시 시작한다.

8085 모델이 출시될 무렵인 1975년 11월, iAPX 432가 16비트 프로세서 시장에 제때에 맞추어 출시되지 못할 것이라는 것이 명확해졌다. 인텔은 앤디 그루브가 주도하고 고든 무어와 노이스 그리고 이사회의 승인 아래 연구 인력을

두 부문으로 나누어 두 종류의 마이크로프로세서 제품군을 개발하기로 결정한다. 메모리 분야와 마이크로프로세서 분야로 나누어져 있던 작은 회사 시절에는 두 가지 사업부의 제조 라인을 운영할 만큼 충분한 자금을 확보하는 것이 문제였다. 그러나 이제 인텔에 주어진 숙제는 회사의 마이크로프로세서 개발 부분에 능력이 있는 최고의 인력을 배치하고 최첨단의 설계를 할 새로운 인재를 모집하는 것이었지 자금이 아니었다(메모리 분야와 두 종류의 마이크로프로세서 분야 모두를 동시에 개발하는 것은 호황기라고 해도 적은 자금이 드는 것이 아니었다).

회사는 첫날부터 인력 부족에 시달렸다. 마이크로프로세서 연구 개발을 책임지는 진 클라우드 코넷(Jene Claude Cornet)이 새롭게 결정된 사업을 이끌기로 결정되었고 사내에서 필요한 기술 능력이 있는 직원이나 필요한 기술을 빨리 습득할 직원을 찾는다. 결국 스무 명의 직원을 선발하고(당시의 기준으로는 상당히 큰 규모의 연구 조직이다), 와이드 게이지(wide-gauge) 분야의 기술이 있는 직원이 부족함을 확인한다. 이 모집 인원 중에는 메모리 사업 부문에서 온 직원들도 있었다. 이들은 마이크로프로세서를 이용해 본 적도 없었고 설계 능력도 없었다.

그러나 이런 와중에서도 어떻게든 일이 진행된다. 훗날 코넷은 다음과 같이 말한다. "놀라운 점은 이 중 대부분이 경력이 1년이 조금 안 되는 직원들이었는데도 그로부터 불과 2년 내에 복잡한 제품을 시장에 출시했다는 사실입니다."[8]

이 말도 상당히 자제된 표현이었다. 이 뒤죽박죽으로 이루어진 조직은 불과 26개월 만에 다가오는 약 15년 동안 컴퓨터 시장을 새롭게 정의하는 안정성이 높고 적응성이 뛰어난 설계로 만들어진 신제품을 만들어낸다. 이 설계로 만들어진 제품은 지금도 여전히 사용 중이다.

어떻게 그들은 이렇게 짧은 시간 안에 그런 일을 가능하게 했을까? 대답은 코넷에게 있었다. 코넷은 가혹한 현실 속에서 회사를 지구에서 가장 경쟁력 있고 가장 정교한 회사로 만들어 줄 완전히 새로운 제품을 만들어야 하는 임무를 맡았다. 향후 몇 년 이내 적어도 희망이 보이지 않는 iAPX 432 모델이 시장에 출시될 때까지 시간을 벌어주거나 인텔을 살려내야 하는 임무였던 것이다. 또한 회사 내의 제한된 자원과 경험이 많지 않고 검증이 되지 않은 직원들로 이루어진 조직을 이끌고 임무를 달성해야 했다. 그럼에도 코넷을 높이 평가할 점은 불가능해 보이는 임무로부터 도망치지 않았다는 사실이다. 그 대신에 현명하게 약점을 장점으로 바꾸었다. 그리고 반도체 산업 전체를 그 과정에서 바꾸어 놓는다.

코넷이 성취한 것을 알려면 그 시기 동안의 반도체 제조 산업의 상황을 이해하는 것이 중요하다. 반도체 산업이 연구실 작업대와 열린 공간에서 칩을 제조하는 수준을 넘어 발전하는데 성공했지만 당시 수준은 아직도 현대의 고도로 밀폐된 공간에서 컴퓨터로 제어되는 웨이퍼 제조 공장에는 이르지 못했다는 점이다.

그 증거로 1970년대 칩의 설계는 여전히 상대적으로 초보의 수준이었다. 반도체를 설계하는데 컴퓨터를 사용했지만 웨이퍼 마스크 설계를 할 컴퓨터 지원 장치나 소프트웨어가 아직 존재하지 않았다. 사진으로 촬영하여 투명판으로 바꾸게 될 커다란 종이와 연필과 자를 가지고 설계 공정을 진행해야 했고 속도가 빠르지 못했다. 설계를 하는 조직의 인원이 많지 않았고 설계는 칩이 복잡해질수록 더욱 시간이 걸렸다. 새로운 칩은 8080 모델에 비해 몇 배 많은 선과 특징이 있었고 장치의 개발 계획 달성에 심각한 지장을 초래했다. 기존의 방식으로는 새로운 칩을 설계하여 그 해로부터 다가오는 80년대까지 시장에 선보이는 것은 불가능해 보였다. 그리고 그 결과는 인텔을 경쟁에서 뒤처지게 하고 어쩌면 영원히 경주에서 쫓겨나고 말 것이 분명해 보였다.

그 절박함으로부터 혁신이 나온다. 코넷은 두 가지를 알았다. 첫째, 조직원 대부분이 전체 설계를 해낼 능력이 없었다. 둘째, 그들은 여전히 제한된 방식으로 전체 설계를 해야 했다. 반도체 칩의 전체 표면 중 한 부분에 분포하는 선과 경로를 공간을 최소한으로 사용하면서 연결시켜야 했다. 또 그와 동시에 다른 부분의 특징과 유사함을 가져야 했다.

이 문제를 해결하려고 코넷은 이제는 유명해진 방법을 고안해 낸다. 첫 번째, 몇 년 전부터 상업 비행기 제조와 같은 산업계의 연구 개발 분야에 퍼져 있던 '동시 공학(concurrent engineering)'의 개념을 코넷과 연구 부서는 새로운 칩을 제조하는데 어떻게 활용할지 계획을 세운다. 이 계획은 8086 모델로 이름을 지정하기로 되어 있었다. 그리고 이 계획을 나중에 '평행(in parallel)하게 다시 다루어질 다중 설계 전략으로 나눈다. 이 방법은 설계의 부분을 다룰 직원이 이 분야에서 경력이 많지 않다고 해도 주어진 계획안에서 충분히 다루게 해 줄뿐만 아니라 사업을 위해 필요한 시간을 분할해 주었다. 이 계획이 제대로 실행되도록 코넷과 조직원들은 설계도상에 중요한 경로를 정확히 설정하고, 이정표를 세우도록 계획하여, 각 조직이 실제로 서로 흩어져서 거의 독자적으로 작업하고(여기에 전체 그룹 크기가 반영되는), 이정표에 따라 각각의 조직이 설계한 내용을 적정한 위치에서 상호 연결하여 비슷한 시기에 작업을 마치도록 했다. 미래의 반도체 설계의 시작이 처음으로 그 모습을 드러내기 시작한 것이다.[9]

그러나 여전히 각각의 조직이 작업을 하면서 동시에 큰 그림으로 마무리된 8086 모델을 보도록 유지하는데 문제가 있었다. 가장 큰 컴퓨터에 연결된 터미널조차도 아직 조그만 브라운관을 사용하는 화면을 사용하던 시기에 코넷은 한 번 더 놀라운 해결책을 선보인다. 코넷은 가로 약 6미터, 세로 약 8미터 가량의 거대한 종이를 만들어 낸다. 이 크기는 웬만한 교외에 있는 주택의 거실 크기로 이 위에서 각 조직은 이 거대한 사분면 위에 각자가 먼저 작업한 설계를 그렸다. 이제 각 조직은 업무 진도를 차트에 그렸고 각자의 설계를 서로 맞추어 조정했다. 또한 다른 조직과의 경쟁의식으로 경쟁심을 유발하여 속도를 증가시켰다.

코넷의 전략은 훌륭하게 성공한다. 벽차 보이던 '보조' 사업이 시작되고 1년이 조금 넘은 기간 안에 거대한 종이 설계는 부분으로 잘려 컴퓨터 설계 안으로 변환되었다. 잘린 부분을 기준으로 실리콘 웨이퍼에서 나누어지는 칩의 수가 결정되었다. 이 실리콘 웨이퍼에는 투명하고 얇은 폴리에스테르 판에 그려진 각 층의 회로가 인쇄되었고 광학 기법을 이용하여 적절한 크기로 줄인다(웨이퍼는 당시 기준으로 10센티미터 직경이었고, 오늘날에는 직경이 세 배에 이른다. 그리고 같은 크기에 아홉 배의 칩을 생산한다). 그리고 웨어퍼를 제조 공정으로 보내 웨이퍼상에 '인쇄(printed)'하는 공정을 거친다.

1978년, 사업이 시작된 지 놀랍도록 짧은 26개월이 지나서 인텔은 8086 마이크로프로세서를 시장에 선보이고 반도체 산업계에 충격을 던진다(경쟁사들은 iAPX 432 모델이 실패로 돌아가는 상황에 즐거움을 느끼면서 한편으로는 다른 사업을 인텔이 진행할 것이라 생각하지 않았다).

16비트 기반의 장치일뿐만 아니라 이 마이크로프로세서는 8080 모델보다 10배나 속도가 빨랐다. 급격한 추락 속에서도 인텔은 문제가 많고 반도체 업계의 마이크로프로세서 시장에서 경쟁에 밀리던 회사로부터 새로운 업계의 선두 기업으로 모두에게 인정받기 시작한다.[10]

인텔 역사의 전환점이었다. 아마도 '바로 그' 전환점이었을 것이다. 4004 모델과 함께 인텔은 마이크로프로세서 산업을 창조했다. 곧 모토롤라도 맹렬한 기세로 6800모델과 함께 시장의 주도권을 잡으려 했다. 이에 대응하려고 인텔은 크러쉬 작전 정책으로 자신을 새롭게 정의하고 재발견했다. 그러나 이제 8086 모델과 함께 인텔은 처음으로 마이크로프로세서 시장을 '소유'한다. 그리고 이제부터 인텔은 이 소유권을 지키려고 목숨을 건 사투를 벌인다.

그러나 그렇게 이야기는 끝나지 않는다. 8086 모델이 없었다면 특별히 저변동 전력에 저변동 비용, 16/8비트 8088 모델까지, 인텔은 크러쉬 작전 정책으로 반격하려는 제품을 가지지 못했을 것이고 IBM의 상상력을 붙잡지 못했을 것이다. 그리고 절대 빠질 수 없는 요소로 인텔은 8086 모델로 마침내 차세대 마이크로프로세서에서 반복해서 설계하는 구조를 가지게 되었다는 점이다.

X86 제품군이라는 용어로 불리우며 인텔이 명명한 다음 3세대로 이어지는 80286, 80386, 80486 모델의 이름에서 계속되는 연관성이 확인된다. 그리고 그 후에도 경쟁사의 법률 소송 때문에 그 다음 이름을 짓기 어려운 상황 속에서도, 인텔의 마이크로프로세서는 여전히 같은 X86 제품군의 설계를 계속해서 사용

하는 칩으로 인식된다(펜티엄이라는 이름으로 이어진다). 그리고 여기에는 분명한 이유가 있다. 앞서 3세대에서도 그리고 그 다음에 이어지며 지금 현재까지 이어온 10번의 공식 세대교체에서도 여러 관점에서 볼 때 모든 세대가 8086의 방법과 핵심으로 만들어져 오는 것이다.

이 마이크로프로세서 군은 강력하고 거의 논쟁의 여지가 없는 지위를 확보했다. 특히 IBM PC와 많은 복제 컴퓨터의 중앙 처리 장치로 자리매김한다. 그리고 인텔과 함께 산업계 표준이 된 윈도우 운영 체제는 X86 제품군에 특화되도록 프로그래밍 된다. 인텔이 무어의 법칙을 계속 유지한다면 수백만 달러 곧 수십억 달러의 시장이 언제나 기다린다는 뜻이었다. IBM PC가 복제 컴퓨터 회사에 경쟁에서 밀려도 복제 컴퓨터를 만드는 회사들은 인텔의 차세대 마이크로프로세서를 구하려고 아우성일 것이기 때문이었다.

애플만이 예외였다. 그러나 애플의 시장 점유율이 90%가 넘어가던 1970년대가 걱정이었다면 애플의 점유율이 한 자리 수까지 서서히 떨어지면서 이 고민은 점점 줄어든다. 새로운 제품인 매킨토시를 선보인 후에도, 점점 더 애플에 해로움이 되던 스티브 잡스가 회사를 떠난 후에도 그 하락세를 늦출 수가 없었다. 그리고 애플이 거인 같은 마이크로소프트/인텔/IBM 연합에게 잃어버린 점유율 수치는 인텔의 마이크로프로세서 판매 수치의 증가였고 더욱 더 마이크로프로세서 시장에서 인텔의 입지를 공고하게 만든다.

27장
축복

  인텔은 금속 산화물 반도체 메모리 사업 분야에서 선두 기업을 지향하는 젊은 스타트업 기업으로서 1970년대를 맞는다. 1970년 연간 총 매출은 420만 달러였으며 손실은 97만 달러 그리고 종업원 수는 200명이었고 거의 대부분의 직원이 마운틴 뷰 지역에 임대한 본사에서 근무했다.[1] 10년 후에 인텔은 여전히 금속 산화물 반도체 메모리 분야에서 선두를 지키는 회사 중에 하나였지만 메모리 가격이 폭락한다. 주로 국내의 많은 경쟁자들이 시장에 진출하여 가격이 떨어지게 되었고 해외의 위협도 짐짐 커져갔다. 그러나 인텔은 이제 새롭게 형성된 전자 산업의 분야에서 가장 혁신성이 뛰어난 제조 기업이었다. 그 분야는 바로 마이크로프로세서 시장이었다. 모토롤라가 빠르게 추격했지만 1979년의 마지막 날, 크러쉬 작전 정책을 세운 마케팅조직이 그들의 공략을 물리칠 기발한 방법을 만들어 낸다.

  회사 내부의 직원들 중 일부와 회사 외부에서 인텔을 바라보는 사람들 중에 도대체 인텔이 왜 아직도 메모리칩 사업에 머무는지 의구심을 갖는 사람들이 늘어나기 시작한 것은 놀라운 일이 아니었다.

  한편 인텔은 이제 싱가포르와 미국 본토 5곳을 포함한 17개 국가에 87곳의 영업 사무소가 있는 세계적인 회사로 성장했으며, 오리곤(Oregon)주 포틀랜드 (Portland)에 거대한 공장을 새로 열 준비를 하고 있었다. 1979년 회사의 연간 매출액은 6억 3천 3백만 달러였고 이익은 7천 8백만 달러, 종업원 수는 14,300

명이었으며 대부분의 직원이 산타클라라에 새로 지은 커다란 본사 건물에서 근무했다. 인텔은 역경을 딛고 무어의 법칙을 수호하는 횃불을 이끌고 왔으며 이와 같은 노력의 대가로 10년 넘게 빠르게 성장했다.

이 기간 동안 돈 호플러(Don Hoefler)가 이끄는 잡지가 사라지고 새로운 분석을 하는 시사 잡지가 그 자리를 대체한다. 이 시사 잡지에 전설 같은 인물이 있었는데 그의 이름은 벤자민 로즌(Benjamin Rosen)으로 고상한 말투의 뉴 올리언즈(New Orleans) 출신이었고 최근에 모건 스탠리(Morgan Stanley)의 부회장으로 승진한 사람이었다. 로즌은 새롭고 혁명 같은 전자 산업에 관심이 많았고 은퇴 후에 시사 잡지를 창간한다(그리고 나중에 큰 전자 산업 회의를 개최한다).

로즌이 발간하던 시사 잡지는 그리 길게 되지 않았지만 아마도 실리콘밸리의 역사에 가장 심도 있는 기사를 쓴 시사 잡지일 것이다. 처음으로 무어의 법칙이 가지는 깊은 뜻과, 마이크로프로세서 혁명, 크러쉬 작전을 제대로 이해한 분석가 중에 한 명이기 때문이었다. 그리고 자신이 이해한 것을 바탕으로 최초로 인텔을 '세상에서 가장 중요한 기업'이라고 기사를 쓴 사람이 된다. 그 기사의 맺음말에 인텔이 점점 더 정확해졌으며, 이는 무어의 법칙을 계속 지켜나갔기 때문이라고 밝힌다. 1980년, 로즌은 시사 잡지를 그만두고 벤처 투자사인 세빈 로즌 펀드(Sevin Rosen Funds)를 세운다. 그리고 컴팩(Compaq), 사이프러스 반도체(Cypress Semiconductor), 로투스(Lotus), 일렉트로닉스 아트(Electronics Arts) 그리고 실리콘 그래픽스(Silicon Graphics)를 세우는데 도움을 준다. 그가 시장의 정상에 올려놓은 회사 중에는 인텔의 고객사도 있었고 경쟁사들도 있었다.[2]

한편 인텔은 오직 덩치만 커지는 듯했다. 회사를 시작한 지 10년이 넘었지만 여전히 페어차일드의 그늘에 가려져 있었고 주로 다른 경쟁사에 대응하며 회사를 이끌고 있었다. 아서 록은 이사회 회장직을 맡았고, 밥 노이스는 최고 경영자, 고든 무어는 연구 개발 최고 책임자, 앤디 그루브는 선임 관리자 자리를 맡았다. 이제 아서 록은 이사회 회장직에서 물러나 본연의 벤처 투자자 일로 돌아갔고, 회사가 가장 어려울 때 회사를 계속 살리려고 고군분투하다가 지쳐버린 노이스는 현업에서 물러나 이사회 회장직으로 자리를 옮긴다. 이제 고든 무어가 최고 경영자 자리를 대신하고 앤디 그루브는 최고 관리 책임자로서 회사의 운영을 책임진다. 이 새로운 조합은 회사를 잘 운영할 듯이 보였다.

그러나 세 가지 힘이 회사에 작용하여 모든 것을 다시 바꾸어 놓는다. 1979년 4월, 밥 노이스가 회장직에서 물러난다. 삶이 그를 회사로부터 벗어나게 하고 여러 방향으로 이끌었던 것이다. 1974년부터 밥 노이스는 인텔의 인사 담당 이사인 앤 바워스(Ann Bowers)와 교제하기 시작했고, 11월에 두 사람은 결혼식을 올린다. 그녀의 회사 내 위치를 고려할 때 바워스는 누구보다도 자신의 자리가 갖는 어려움을 잘 이해했고, 애플 컴퓨터가 처음으로 인사 담당 임원직을 맡을 사람을 구할 때 그곳으로 자리를 옮긴다. 이미 전자 산업계에 높은 수준으로 관여하던 밥 노이스와 함께 실리콘밸리의 비영리 활동과 산업계가 원활하게 움직이도록 하는 역할 속에서 가장 영향력이 있는 인사가 된다.

이 기간 동안 밥 노이스는 심각한 우울증 증세를 호소하기 시작했다. 인텔에서 보낸 지난 십여 년 동안의 생활이 감정 상태에 영향을 주었을 뿐만 아니라 이혼과 아이들에게 준 영향은 그를 더욱 힘들게 만들었다. 밥 노이스의 두 자녀는 마약 복용에 연루 되고, 그중 한 자녀는 조울증 진단을 받아 병원에 입원한다. 그리고 또 한명의 자녀는 교통사고로 약 6개월 간 의식불명 상태를 겪는다. 밥 노이스는 이와 같은 일련의 어려움을 겉으로는 밥 노이스 특유의 무시하는 듯한 태도로 거부하지만 마음속으로는 가족에게 불행이 일어났으며 그 원인 중에 하나가 자신이라고 자책했다. 밥 노이스의 자서전 작가 벌린이 쓴 글처럼 밥 노이스가 엔젤 투자자로서 투자한 자금을 받게 된 사람과의 저녁 식사에서 밥 노이스는 거의 보여주지 않던 마음속의 짐을 털어 놓는 모습을 보인다.

"노이스가 투자한 회사의 창업자는 식사가 끝나고 아이들을 침대로 보낸 후, 노이스에게 언젠가 사업이 잘되면 가족을 데리고 보다 크고 좋은 집으로 이사하고 싶다는 말을 합니다. 노이스가 가만히 그를 쳐다보다가 조용한 말투로 다음과 같이 말하죠. '당신은 행복한 가족이 있군요. 난 내 가족을 망쳐버렸습니다. 지금 가진 것에 감사하세요.' 25년이란 시간 동안 사업을 성공하게 한 후에도 그 기업가는 이사 가지 않았습니다."3

한편 세상은 유명한 발명가와 기업가를 원했다. 적어도 전자 산업계는 그러했다. 1976년 초, 레지스 맥케나는 밥 노이스가 찰리 스포크(잡지 안에 접힌 큰 사진으로)와 체스를 두는 사진을 비즈니스 위크의 표지 사진으로 올리게 한다. 그리고 제목 아래에는 다음과 같은 글이 있었다. "반도체 분야의 새로운 수장 - 기술 혁신의 주인공, 로버트 노이스(밥 노이스)" 그리고 신문과 시사지 등 언론에서 거론되는 가장 중요한 인물이 되고 실리콘밸리를 다룬 내셔널 지오그래픽의 특별판에 나오기도 한다.

1979년, 노이스가 공식으로 인텔을 떠났을 무렵에도 베이 지역에서 최고의 언론가이자 유명한 샌프란시스코 크로니클(San Francisco Chronicle)의 칼럼니스트 허브 케인(Herb Caen)이 갑자기 그를 찾아낸다. 그리고 자신이 반도체가 무엇인지 정확히 모르는 채로 1년이라는 시간을 보낸 것을 인정하면서도 밥 노이스를 더 많이 알게 되었다고 말한다. "몇몇 사람이 나에게 밥 노이스를 말하느라 여념이 없었습니다. 집적회로를 발명했을뿐만 아니라 페어차일드를 세웠고 그리고 인텔을 세웠습니다. 그리고 비행기 조종광이자 스키광이죠. 그뿐이 아닙니다. 밥 노이스는 지금까지 오직 130명만이 받은 국립 과학 훈장(National Science Medal)의 수상자이기도 합니다."

그리고 케인은 다음과 같이 첨부한다. "분명히 밥 노이스는 매우 뛰어나서 믿기 힘들 정도입니다."4

같은 해에 실리콘밸리의 지역 언론인 산호세 머큐리 뉴스(San Jose Mercury News)는 마침내 이 전자 산업계 이야기의 파급력을 알게 되고, 케인의 글을 일일 기사로 신문에 게재한다. 그러자 거침없이 밥 노이스와 인텔 이야기를 써 나가게 되고 처음으로 무어의 법칙이 가지는 깊은 뜻을 대중에게 전달한다. 그리고 2년이 채 지나기 전에 그의 기사에 늘어나는 관심 때문에 기술 관련 광고가

이 신문사로 쏟아져 들어오기 시작한다. 신문사는 월요일 판에 전용 기사란을 신설한다. 그리고 신문사의 수익은 계속 호전되어 미국 전역에서 가장 수익성이 좋은 신문사가 되었을뿐만 아니라 나이트 라이더(Knight Ridder /옮긴이: 미국 산호세에 위치한 유명한 언론사 그룹)의 나머지 수익에 허덕이는 신문들을 받쳐주는 힘이 된다. 그리고 인텔과 그 설립자의 기사를 게재하지 않는 주가 거의 없었으며 이 기사는 전 세계로 동시에 발표된다.

이와 같은 주목과 칭찬은 1983년 에스콰이어(Esquire)에서 밥 노이스의 약력을 발표하면서 절정에 다다른다.

울프(Wolfe)는 베이 지역에서 지난 15년 동안 언론 생활을 해왔다. 그리고 그동안 조사해 온 내용을 집대성한 책 'Electric Kool-Aid Acid Test'가 크게 성공하면서 유명해진다. 이제 울프는 60년대에 실리콘밸리에서 문화 혁명 같은 일을 가능케 한 가장 중요한 사람의 이야기를 따라잡으려고 실리콘밸리로 온다. 그리고 그가 작성한 기사 "밥 노이스의 노력: 어떻게 실리콘밸리의 해는 떠올랐는가"는 아마도 그가 여러 해 동안 잡지에 게재하던 인텔 관련 마지막 기사였다. 10년 후 울프는 실리콘밸리 기반의 포브스 잡지 ASAP에서 유명한 에세이를 남긴다. 그리고 편집장에게서 밥 노이스의 이야기를 책으로 출판할 생각이 있는지 의뢰를 받았을 때 울프는 첨단 기술 분야, 특히 반도체 분야는 자신의 삶의 시점에서 볼 때 자신이 알아야 할 것이 너무 많다며 출판 의뢰를 거절하고 그 주제를 미래의 다른 언론인에게 남기고 떠난다. 오래지 않아 고체 물리학이 깊이 스며들지 않은 문화가 있는 지역의 글을 쓰려고 애틀랜타로 떠난다.5

그러나 그가 에스콰이어에 남긴 기사로도 충분했다. 이 기사들은 밥 노이스를 디지털 시대의 영웅 자리에 올려놓는다. 그 글을 남긴 이가 톰 울프(옮긴이: 미국의 유명한 언론가)이기 때문이었다. 또한 그가 쓴 글은 전 세계 인재들에게 실리콘밸리가 새로운 시대정신의 심장이라는 사실을 인지시킨다. 울프가 주창한 꾸밈이 많은 새로운 저널리즘의 방식이 아닌 직설적이고, 뚜렷한 글 내용 때문이었다. 그리고 노이스를 다루는 글도 다른 작가나 기자들이 도저히 이해 못할 방식을 쓰지 않음으로써 관심을 가지게 하고, 다른 작가들도 실리콘밸리의 이야기를 쓰게 한다. 그리고 1990년대의 인터넷 기반 기업(dotcom) 거품이 일던 시기에 작가들이 실리콘밸리에 사무실을 차리고 스티브 잡스, 마크 앤더슨(Marc Anderson), 마크 주커버그(Mark Zukerberg) 등 실리콘밸리의 향후 두 세대에 걸친 중요한 인물의 자서전을 쓴다.

밥 노이스의 신격화와 함께 그가 인텔 경영에서 손을 떼는 순간은(그 후로도 인텔과 긴밀한 관계를 유지했으며, 인텔 내에 사무실을 계속해서 이용했다) 언제나 그에게 내린 축복이 그렇듯이 아주 정확한 시점이었다. 거의 밥 노이스가 자유로운 몸이 되는 시점과 일치하며 에드 해이스(Ed Hayes)라는 휴렛패커드의 젊은 중간 관리자가 보스턴에서 열리는 산업 회의에서 진행할 연설을 준비하고 있었다. 이 연설은 그 후에도 실리콘밸리에서도 여러 번 다시 진행할 예정이었다. 연설 주제는 제품 구성 부품의 품질로 휴렛패커드 정보 생산 부분의 시험 결과로 뒷받침되었고, 그가 선보일 발표 슬라이드의 내용이 관중들을 충격에 빠뜨릴 것이라는 사실을 알고 있었다. 그러나 마르고, 붉은 머리색에, 조용한 말투의 그가 반도체 시장 전체의 방향을 뒤바꿔 버리고, 새로운 무역 전쟁을 발발시킬 그리고 더 나아가 반도체 산업계를 통째로 바꿀뿐만 아니라 세상의 경제를 바꿀 폭탄선언을 할 줄이라고는 아무도 상상하지 못했다.[6]

회의장에 참석한 대부분은 미국 반도체 산업계에서 종사하는 책임자들로 지루하지만 회의가 끝나고 열릴 칵테일 연회를 기다리며 예의를 갖추어 해이스가 준비한 발표를 들으려 했다. 휴렛패커드는 그들 모두에게 중요한 고객이었기 때문이었다. 그런데 발표가 시작되고 첫 슬라이드에서 폭탄이 투하된다. 슬라이드에는 미국 반도체 업체와 일본 반도체 업체가 휴렛패커드에 납품하여 휴렛패커드가 사용 승인을 내리는 비율을 보여주는 도표가 있었다. 바로 그 순간 보스턴과 산타클라라에서 온 참가자들 속에서 믿지 못하겠다는 탄성과 수근거림이 나오기 시작했다.

에드 해이스가 발표에서 보여준 것은 단순한 두 개의 도표였다. 첫 번째 도표에서는 품질을 비교하며 반도체 공급 회사가 선적하여 보내는 반도체 중 제대로 기능하는 칩의 비율을 보여주었다. 이 반도체들은 휴렛 패커드가 자사의 계산기, 컴퓨터 등의 제품에 사용하려고 주문한 칩들이었다.

결과는 충격이었다. 미국의 기업들과 일본의 기업들을 각각의 집단으로 묶어 도표의 서로 맞은편에서 결과를 보여주자 일본 기업 집단의 반도체 칩 승인율은 90% 이상을 기록하고, 미국 기업 집단의 반도체 칩 승인율은 60%에서 70% 이하로 나타났다. 두 번째 슬라이드는 충격을 더 크게 만들 뿐이었다. 일본 기업들은 더 좋은 품질의 반도체 칩을 선적하여 보냈을뿐만 아니라 선적량도 빠르게 두 배로 증가했던 것이다.

눈치 빠른 미국 반도체 제조 기업에서 온 사람들은 이 발표가 보여준 결과가 자신들에게 치명적이라는 사실을 금방 알아차린다. 이들에게 두 개의 도표는 일본 반도체 기업들이 자신들보다 더 품질이 좋은 반도체를 제조할뿐만 아니라 고객 서비스 측면에서도 미국 기업을 압도했음을 뜻했다. 후발주자에게 추월당한다는 사실은 미국인을 짜증나게 했다.[7] 그러나 무엇보다도 그 슬라이드가 참석자들을 무섭게 만든 이유는 바로 그 슬라이드를 만든 사람들이었다. 휴렛 패커드는 그 당시 세계에서 가장 존경받는 첨단 기술 기업이었고 그들이 하고자 하는 것이 곧 산업계의 기준이 되었기 때문이었다. 그리고 휴렛패커드가 기술 혁신보다 품질과 고객 서비스 부문에 더 중점을 둔다면 무어의 법칙에 따라 차세대 기술로 경쟁에서 우위를 차지하겠다던 미국의 반도체 기업들의 주장은 그 동안 능력과 자원 그리고 운을 잘못된 방향으로 이끈 셈이 되기 때문이었다.

그러나 그보다 더 나쁜 일이 기다렸다. 전장에서 기분 나쁜 일격을 맞은 기분이 가시기도 전에 일본 기업들에게 보다 나은 무기가 있었던 것이다. 그들은 회사 운영에 협동심이 있었다. 그들은 위에서 아래로 지시 사항이 내려가는 하향식 경영 방법에 조금의 불일치도 없으며, 협동심이 강하고, 잘 훈련된 노동력이 있었다. 게다가 그들을 유순한 은행과 약탈에 가까운 가격 정책을 준비하는 공격적인 정부가 뒷받침했다.

이 상황이 새롭게 만들어진 반도체 산업 협회의 수장이자 미국 반도체를 대표하는 유망한 인물들인 노이스, 스포크 그리고 모토롤라의 존 웰티가 인식한 최악의 상황이었다. 그들이 일본에 대항해 가지는 유일한 장점은 기술 혁신 뿐이었다. 그러나 일본의 반도체 기업들은 미국의 제품 설계를 복제할 완벽한 준비가 되어 있었고, 복제한 기술을 제품화하고, 보다 좋은 품질을 유지하면서 양산하여 빠르게 공급할 능력을 갖추어 새로 개발된 제품이 초기 시장에서 거두는 고수익 부분을 모두 빨아들였다. 이와 같은 결과 속에서 미국 기업들은 차세대 제품을 설계할 충분한 자금을 확보할 방법이 없었고 일본 기업들은 시장을 다 잠식해 버려 결국 반도체 산업계 전체가 멈춰 설 수밖에 없는 상황이었다.

그들은 덫에 갇혔다. 그리고 일본 기업들과 달리 미국 정부는 이들을 도울 의지가 전혀 없었다. 미국 정부가 은행, 반독점 그리고 공정 거래법으로 미국 기업들이 일본 기업들처럼 사업을 확장하는 것을 방지하는 것뿐만 아니라 미국 반도체 기업들은 그 동안 미국 정부의 간섭으로부터 필사의 노력으로 벗어나려 했고, 그 결과 정계에 인맥이 거의 없었을뿐만 아니라 워싱턴과 연락할 방법조차 없었던 것이다.

그리고 그들이 차세대 마이크로프로세서의 개발 성공과 해당 시장의 성장을 경축하던 순간에 미국의 메모리 반도체 산업 위에 치명적인 먹구름이 몰려들었던 것이다.

그리고 상황을 악화시킨 것은 미국 반도체 기업들이, 특히 인텔이 비난해야 할 상대는 바로 자신들이었다는 사실이었다. 미국 반도체 산업계는 십여 년이 넘게 일본 반도체 산업계가 이 시장에 뛰어들려고 필사의 노력을 한다는 사실을 알았다. 반도체 시장은 제한된 자원을 가진 국가에 고부가가치를 부여할뿐만 아니라 다가오는 디지털 시대를 맞아 가장 최첨단 기술이 분명해 보였기 때문이었다. 그리고 그들이 가장 존경하던 밥 노이스와 같은 위대한 인물의 경력이 흔들린다면 미국의 반도체 산업도 그렇다고 확신했다. 그 당시 한 일본의 언론인은 다음과 같이 탄식했다고 한다. "우리는 노이스 박사도 없고 쇼클리 박사도 없다."

미국 반도체 산업계는 일본이 온다는 사실을 알았지만 일본의 위협을 심각하게 받아들이지 않았다. 십여 년 전 대부분 지금과 똑같은 일본의 가전 업체들이 암펙스(Ampex)의 음향과 영상 녹음테이프 기술을 면허 받아(그 당시에도 심각하게 생각하지 않았던) 제품을 생산하고 무역을 하고, 충분한 자금과 우수한 제조 능력, 놀라운 혁신 능력을 결합하여 녹음 장비 시장을 장악해 버렸던 일과 똑같은 상황이 재발한 것이다.

그런데 여전히, 어떤 이유에서인지 미국의 반도체 회사들은 일본 기업이 반도체 산업 수준을 쫓아온다고 믿지 않는 분위기였다. AMD의 부회장이자 작가인 제임스 커닝햄(James Cunningham)는 훗날 다음과 같이 글을 남긴다.

"1960년대를 돌아보면 우리는 일본을 보고 비웃곤 했습니다. 보통 수백 개의 논문이 미국 반도체 산업 기술 회의장에서 제공되고 논의하던 시절이었습니다. 일본의 전자 산업계에서는 한 개나 두 개 정도의 논문이 제공되어서 당시만 해도 중요도에서 불가피하게 낮은 비중을 가질 수밖에 없었죠. 이 논문들 속에 포함된 기술상 내용들이 뜻하는 바가 크지 않았을뿐만 아니라 그들이 쓴 정확하지 않은 영어는 그들의 논문을 지적이지 못하게 보이도록 만들었습니다. 어쨌든 논문이 조금이라도 가치를 가지는지는 중요하지 않았습니다. 그러나 우리의 자부심이 사라지고 공포와 충격이 다가옵니다. 수년이 지나고 나서야 우리는 일본이 우리에게 대화를 하려고 다가온 것이 아니라는 사실을 알게 되었습니다. 그들은 듣고자 했고 사진을 찍으려 했습니다. 모든 발표에서 슬라이드가 새로 바뀔 때마다 회의장에 있는 모든 일본 카메라 섬광이 동시에 터졌습니다. 우리 거만하고 잘난 척하던 미국 사람들은 이 일에 농담까지 하곤 했습니다. '이 봐, 매번 슬라이드가 바뀔 때마다 나는 소리가 뭔지 알아? 바로 일본 카메라가 찰칵 찰칵하는 소리야.' 이때가 거의 10년 전 이야기입니다. 그리고 우리는 이제 더 이상 웃지 못합니다."8

일본은 자신들이 다가간다는 사실을 미국이 알지 못한다는 사실에 놀란다.

한 일본의 기자는 당시를 다음과 같이 표현한다. "오늘 정말 궁금한 질문이 한 가지가 여전히 남았다. 왜 미국과 유럽의 기업들은 이 기술 격차를 좁히려고 노력하는 일본의 경쟁자를 돕는가이다."[9]

미국의 반도체 기업들이 단순하게 서로 경쟁에서 상대편을 물씬 두들겨 물리치려고 하는 사이에 그들의 해외 경쟁자인 일본의 NEC, 후지츠(Fujitsu), 히타치(Hitachi) 그리고 다른 회사들은 미국의 기술을 복제하려는 전략과 계획에 임했다. 보다 중요한 점으로 일본의 기업들은 제품 품질을 끌어 올리는 것을 도와줄 노쇠한 미국 선생님(두 명 모두 당시 80대였다)을 찾아냈다. 윌리엄 에드워즈 데밍(William Edwards Deming)과 조세프 후란(Joseph Juran)으로 미국에서는 오래 전에 잊혀진 미래를 예측한 학자들이었다. 일본은 그들의 이론을 복수를 위한 도구로 사용한다. 더군다나 전쟁 후의 비참한 상태에서 태어나 약속된 번영을 얻기 위하여 거의 초인 같은 노력을 기꺼이 바칠 준비가 된 세대와 함께 일하는 것은 쉬운 일이었다. 곧 이 거대한 기업들은 최고 경영자부터 말단 직원까지 거의 병적으로 품질에 집착한다.

그리고 이 대규모 공세의 범위는 일본의 작은 사기업까지 번진다. 반도체 시장을 점령하는 일은 이제 역시 일본 정부의 첫 번째 목표가 되기도 한다. 오래지 않아 일본 정부는 여러 방면으로 이 목표를 달성할 방법을 찾을뿐만 아니라 적극적으로 일본의 반도체 기업들이 실리콘밸리에 사실상 기술 습득을 위한 비밀 습득 장소인 '판매 영업소'를 세우고 최첨단 제품 제조를 위해 지역의 인재를 채용하는 것을 돕는다.

한편 일본의 산업 통상부는 일본의 주요 은행들과 협력하여 일본의 전자 산업 기업들이 향하는 방향이 옳은 지 파악하고 미국 기업들을 이기려고 미국의 특허 내용들을 파악하는 대규모의 계획에 착수하도록 돕는다. 그리고 산업 통상부는 일본 반도체 기업들이 인위적으로 국내에서는 고가에 파는 동안 미국에서는 낮은 가격에 반도체를 팔도록 보조금을 지급한다(이는 국제법상 위법 사항이었다). 1978년, 4만 명의 일본 민간인이 정부의 지원을 받아 산업 시설 방문 목적으로 미국을 찾는다. 한편 미국은 약 5천여 명의 사업가들이 일본을 방문한다. 그리고 앞서 숫자에는 일본에서 장학금을 받아 미국의 최고 기술 관련 대학에 유학 온 학생의 수는 포함되지 않았다. 칼텍(Caltech)의 유명한 컴퓨터 과학 교수인 카버 미드(Carver Meade)는 다음과 같이 투덜대곤 했다고 한다. "내 생각에 한 사람이 전체 기술 과정을 단지 일 년 동안 번 돈으로 감당할 것이라고는 보이지 않습니다."

그리고 이외에도 국가 간 경제 전쟁에는 더욱 어두운 면이 있었다. 1980년대 초, 수동적인 정보 수집에 참을성이 떨어진 일본 기업들은 일본 정부의 묵인 아래 미국 기술을 복제하는데 능동적으로 나서는 강력한 전환을 시도한다. 1984년이 되자 모든 것이 절정에 이른다. FBI가 인텔의 본사에서 불과 한 블록 떨어진 곳에서 함정 수사를 벌여 인텔의 설계 비밀을 구입하는 대가로 648,000달러를 제공하려 한 히타치와 미쯔비시의 직원들을 체포한다.[10]

이제 총력을 기울이는 무역 전쟁이 시작된다. 그러나 미국의 전자 산업계는 너무 늦게 이 사실을 인지한 것을 깨닫는다. 그 당시 일본 기업은 가장 수익이 좋은 칩 관련 산업 분야인 DRAM 시장에서 47%를 점유하고 있었다. 3년 후에는 약 85%를 점유하고 전 세계 시장의 약 절반을 차지한다.[11]

미국의 반도체 산업이 곤경에 빠졌다는 사실을 마침내 알았을 때 워싱턴 정계와 연계하여 미국 반도체 산업계를 이끌어 반격할 유일한 사람이자 모든 미국 기업들의 존경을 받는 유일한 사람이 바로 밥 노이스였다. 휴렛패커드의 해이스가 산업 회의장에서 충격을 주는 발표를 할 때 인텔은 크러쉬 작전 정책을 시행하려고 총력을 기울이고 있었고 노이스는 현업에서 은퇴를 할 시점이었다. 그리고 1980년대 인텔을 1970년대와 전혀 다르게 만든 제 3의 세력인 일본 기업들을 인텔은 아직 생각조차 하지 못했다. 또한 그 시기는 4년 주기의 변환점이기도 했다.

1982년까지 호황은 지속된다. 그러나 그 후로 반도체 산업계는 가장 힘든 불황기 중에 하나 속으로 들어간다. 1970년대까지만 해도 반도체 산업이 주요 사업 분야가 아니었다는 사실을 충분히 이해하지 못했다. 초기 10년 동안 반도체 산업은 상대적으로 작은 규모였다. 주로 컴퓨터 관련 분야에서 성장을 시작했고 새롭게 등장하는 가전 부분에서 서서히 조금씩 성장을 보이기 시작했다. 그리고 약하게나마 자동차 산업 분야에서도 시장을 형성하기 시작했고 계측과 실험 장비 부분에서도 시장이 조금씩 형성되어 갔다.

이제 1980년대의 시작과 함께 개인용 컴퓨터 시장의 성장, 인터넷의 발달, '스마트' 장치, 비디오 게임, 디지털시계 그리고 계산기, 프로세서, 자동차의 엔진에서 대시보드까지 들어가는 컨트롤러, 유선 방송 그리고 각종 응용 장치까지 반도체 산업은 이제 진정으로 세계적인 사업 분야가 된다. 반도체 기업들은 반도체를 세계 곳곳에 위치한 공장에서 생산하고 백 개 이상의 국가에 설치한 영업소를 통해 전 세계에 걸쳐 반도체 칩을 수십여 산업 분야의 수천 개 기업에 판매한다.

이론상으로 이러한 거래는 좋은 결과여야 했다. 어느 한 시장에서 불황이 찾아와도 다른 시장에서의 판매로 그 차이를 보상하기 때문이었다. 적절한 추론이었다. 그러나 1980년대 중반에 W 형태의 불황이 전 세계에 불어 닥치고 1981년 중반에 잠시 회복의 기미를 보이다가 1983년이 되자 세계 경제가 다시 불황으로 빠지고 만다. 그러자 세계 각지에 수많은 시장을 확보하고 다중으로 전 세계에 분포하는 것이 장점이 아닌 단점이 되고 만다.

로널드 레이건 대통령은 당선과 동시에 에너지 위기와 가격 통제로 발생한 경기 침체를 없애고 불황에 빠진 미국 경제에 다시 불씨를 되살리고자 한다. 그리고 경기 침체가 심각한 경제 대불황으로 나라를 이끈다면 이에 대비해 초기 행정부는 특별히 움직일 준비를 해야 했다. 결국 로널드 레이건 대통령의 전략은 장기적으로 실리콘밸리에서 그리고 미국의 경제 모두에서도 기대했던 성과를 올린다. 그러나 단기적으로는 시장을 큰 고통에 빠뜨린다. 게다가 경기 하강 속에서 차세대 칩에서 경쟁력을 유지하려고 반도체 칩 개발에 거대한 자금이 투자되는 상황에 닥친다. 그리고 이는 어느 곳보다도 인텔에서 1982년에 나타날 끔찍한 일이 된다.

1980년, 인텔은 수십억 가치가 있는 소수의 기업 중 하나가 된다. 거대한 규모를 유지하고, 수 만 명의 직원을 거느리고, 수십 곳의 공장, 수백 개의 공급처, 물류업체, 소매상 그리고 언제나 변하는 다수의 주주들, 점점 더 감시의 눈을 강화하는 증권 거래 위원회, 세계 각지의 정부와 정계와 직접 관계를 유지해야 할 필요의 증가 등, 이 모든 것이 지난 십여 년 동안 회사를 이끌어온 지도력과는 완전히 다른 종류의 지도력을 요구했다.

비즈니스의 법칙과 예의가 지배하는 세상에서 항상 격의 없는 태도, 영향력을 가지기에는 너무 부드러운 모습, 사람들과의 충돌을 싫어하던 성격 그리고 언제나 사람들이 좋아해 주기를 바라던 것이 밥 노이스의 모습이었다. 앤디 그루브와 다른 사람들이 공유했던 모든 종류의 좌절감의 이유였지만 앤디 그루브를 포함하여 모두에게 명백한 것은 초기 인텔의 십여 년 동안 절대 없어서는 안될 인물이 밥 노이스라는 사실이었다.

노이스만이 미래의 칩을 볼 줄 아는 통찰력을 가졌고, 두 번의 위대한 기업을 세울 의지가 있었다. 돈이 있는 사람들과 재능이 있는 사람들이 노이스를 따라 인텔에 오도록 확신시켰고, 운명처럼 잠재된 위험을 감당할 도저히 무너뜨릴 수 없는 자기 확신이 있었다. 그리고 이는 인텔이 초기의 그 길을 가려면 반드시 필요한 것이었을뿐만 아니라 업계의 선두 기업으로 올라서는데 반드시 필요한 것들이었다. 노이스는 마이크로프로세서 개발을 이루려고 중대한 의사 결정을 의사회에 숨기는 등 모든 규칙을 깼다. 그리고 그렇게 함으로써 세상을 두 번이나 바꾼다. 그가 항상 성공을 이끄는 사람은 아니었다. 그러나 미국 현대 사회가 만들어낸 가장 위대한 인물 중에 한 사람임이 분명했다. 그리고 자신의 경력 중에 가장 세상에 영향을 미칠 수 있는 일에 힘쓰기로 결정한다. 바로 미국의 전자 산업을 구하는 일이었다.

언제나 그렇듯이 시작은 훌륭하고 시기적절했다. 사실 인텔과 여전히 긴밀하게 연결되었기에 외부에서 바라보았을 때 그가 회사 경영에 더 이상 관여하지 않는지 불분명해 보였기 때문이었다. 시기의 문제라면 페어차일드에서 그렇듯이 노이스는 자신이 지금의 인텔과 같이 대규모의 회사를 운영하는 것에 관심이 없다는 사실을 잘 알았다. 그리고 직감에 따라 자신이 회사에 더 이상 오래 머문다면 회사가 어려움에 빠지게 될 것이고 그 비난을 자신이 받게 될 것이라는 사실을 잘 알았던 것이다.

고든 무어도 대기업을 운영할 성격의 사람이 아니었다. 고든 무어는 화가 난 주주들을 달래거나 언론을 상대하는 것이 아닌 언제나 기술 연구를 운명처럼 생각했다. 누구보다도 미래의 기술 진보를 바라볼 줄 알고 첨단 기술의 큰 그림을 그릴 줄 아는 사람이었다. 그리고 인텔의 최고 경영자가 되고 회장이 되고 나서도 회사의 경영에 크게 관여하지 않았으며 회사가 잘못된 방향으로 흘러가지 않도록 관리하는 부분도 항상 거리를 두었다.

유사한 비교를 하자면 작은 사기업에서 거대한 상장 기업으로 성장하는 모습은 공화국에서 제국으로 발전하는 일에 비유된다. 전자가 수장이 필요하다면 후자는 매일 매일의 이익과 손실을 다루고, 거대한 군대를 지휘할 만한 능력이 있는 그리고 거대한 결정을 내리는 것에 두려움을 느끼지 않는 카이사르와 같은 황제가 필요한 일이었다.

앤디 그루브는 그 일을 원했고 언제나 그 일을 하고자 했다. 그리고 그 자리를 자신의 능력으로 차지한다. 그리고 이제 자신이 그럴만한 능력이 있음을 보여주려 했다. 인텔의 80년대와 90년대는 (세계적으로 규모가 커진)이제 앤디 그루브의 손에 달려 있었다. 다행히도 앤디 그루브는 자신이 세상에서 가장 위대한 기업가임을 세상에 증명한다.

28장
앤디 그루브의 마음

앤디 그루브는 인텔이 실패하는 것을 보느니 차라리 죽음을 택했을 것이다. 그리고 자신의 생명 마지막 한 줌까지도 인텔을 지키려고 바쳤을 것이다. 이러한 생각이 가장 가치 있는 회사를 역사 속에서 만들어내는 방법이었다. 그리고 타임지가 뽑은 올해의 인물이 되고, 스티브 잡스도 친구가 되길 바라게 만드는 방법이며, 미국 경제가 불황으로 들어가는 것을 적어도 한 번은 막는 일이었다. 그리고 앤디 그루브의 태도가 왜 전자 산업계의 동료들이 칵테일파티에서 다가와 인사를 하기 전에 마음가짐을 하는 이유였다. 그들은 어떤 식으로든, 자신들이 언젠가 패배하는 순간을 마주칠 것을 알기 때문이었다.

인텔을 이해하려면 특히 1980년대와 1990년대 들어 인텔을 세계에서 가장 큰 기업으로 만든 앤디 그루브를 반드시 이해하고 넘어가야 한다. 앤디 그루브의 본명은 안드라스 그로프(Andras(Andris) Grof)로 앤디 그루브와 같이 의지가 강하고 불가사의한 사람을 이해하는 것은 쉬운 일이 아니다.

실리콘밸리의 역사 속에서 가장 훌륭한 경영진 교체가 세 번 있었다. 이 중 처음의 이야기는 '위대한 복귀(Great Return)'라고 불리우는 일이다. 이 경영진 교체는 1990년대, 빌 휴렛(Bill Hewlett)과 데이브 패커드(Dave Packard)가 만들어낸 전설로, 경영진에서 물러났다가 심각한 상태에 빠진 회사를 되살리려고 다시 복귀해 역사에 남을 성장의 길로 휴렛패커드를 이끈 일이었다. 말단 직원으로부터 오는 쪽지를 바탕으로 그와 같은 성공을 이루었다는 사실은 휴렛패커드만이 가지는 핵심 가치가 놀라운 상호 신뢰임을 여실히 보여주는 사례이기도 했다.

두 번째 이야기는 21세기로 전환하는 시점에서 스티브 잡스가 애플로 돌아온 후 출시한 일련의 역사 속의 제품들 이름 앞에 붙인 것을 본 뜬 '아이 스티브(i Steave)'이다. 스티브 잡스는 애플 컴퓨터를 공동 창업 후, 애플 컴퓨터가 거의 개인용 컴퓨터 시장을 독점하도록 이끈다. 그리고 조급함과 부하 직원들에게 냉혹한 행동으로 회사 내에서 서서히 점점 호감이 가지 않는 인물이 되어 간다. 스티브 잡스는 자신이 주도한 신제품 개발 사업인 리사 프로젝트(Lisa Project - 제록스 기술 특징을 본 뜬)를 실패하고 나서 매킨토시 프로젝트로 옮김으로서 몇 년의 시간을 더 확보한다. 그러나 명백한 재능에도 스티브 잡스는 애플 컴퓨터에 너무 큰 부담이 되어 결국 자신이 고용한 경영자에게 해고를 당한다. 그러나 약 십여 년 동안의 야인 생활에서 보다 경쟁력 있는 컴퓨터를 만들려고 노력하고 또 실패하는 과정을 거친 후 나이 들고 현명해진 스티브 잡스가 되어 쓰러져 가는 애플 컴퓨터로 돌아온다. 스티브 잡스는 여전히 상대하기 어려운 사람이었지만 이제 자신에게 무엇이 가장 중요한지 잘 알았다. 바로 애플 컴퓨터였다. 그리고 세상을 떠나기 전까지 향후 십여 년 동안 애플 컴퓨터를 세상에서 가장 혁신이 넘치고 성공한 회사로 탈바꿈시킨다.

세 번째 이야기는 '앤디 그루브의 마음(the heart of Andy Grove)'이라 불린다. 1979년 인텔의 최고 경영자 자리에 오른 순간부터 2005년 회장직으로 은퇴할 때까지 25년 동안 앤디 그루브는 전자 산업의 중심에 위치한 회사의 조종석에 앉은 비행사였다. 그리고 아주 중요한 시기에 세계 경제가 그의 손에 달린 듯했다. 공식 석상에서 그의 발언은 주가를 변동하도록 만들기에 충분했고, 인텔이 기침을 하면 경제 전체가 몸살을 앓기도 했다. 그리고 미국 대통령조차도 그에게 자문을 구하기도 한다. 또한 그의 저서는 새로 출발하는 수많은 기업과 기업가들에게 성서 같은 역할을 한다.

다른 말로 앤디 그루브는 자신의 경력에서 원하던 모든 것, 그가 생각하기에 자신이 받을 자격이 있다고 여기는 것을 모두 얻은 것이다. 그러나 이것들을 얻으려고 큰 희생을 치뤄야 했다. 과학자로서 자신의 능력에 가지는 우월감 그리고 기업가로서의 우월감은 차례로 흔들린다. 공개 망신을 당하기도 하고 논란이 되는 결정을 함으로써 당황스러운 상황을 맞기도 한다. 절망의 구렁텅이에 빠졌을 때도 있었다. 앤디 그루브와 인텔이 약탈자 같은 기업 정책을 펼쳤다는 이유로 연방 정부로부터 고발을 당한 일이었다. 앤디 그루브는 당시 인텔을 구하려고 자존심을 접고 머리를 숙여야 했다.

그러나 나약한 경영자들이었다면 쓰러지고 말았을 이러한 경험을 바탕으로 앤디 그루브는 강력한 지도력을 구사하며 최고 경영자 자리에 오르고 세계 경제의 중심에 우뚝 선다. 그리고 자신의 타고난 강인함과 경쟁력을 잃지 않으면서도 인간의 약점을 드러내지 않게 용서하고, 항상 직원들과 주주들의 관심을 받는 그리고 인텔이라는 틀을 넘어 세상에 미치는 커다란 영향력을 만들 줄 아는 경영자가 된다. 70년대 말 경영권을 이어받던 시절에 앤디 그루브가 명석한 두뇌와 재능이 있음에도 지금의 인텔만큼 중요한 회사를 경영할 만한 자질이 있었던 것은 아니었다. 21세기가 시작되고 그가 최고 경영자에서 물러설 때 자신의 일이 마치 쉬웠다는 듯 농담한다.

"편집증 환자만이 살아남는다."라는 표현은 앤디 그루브가 최고 경영자 자리에 있을 때 항상 그에게 붙어 다니던 표현이다. 그리고 이 표현은 그가 쓴 자서전의 제목이 되기도 한다. 이 표현은 항상 급변하는 최첨단 기술 분야에서 경영을 하는 이들에게 좋은 충고가 된다. 그러나 앤디 그루브가 경영진을 이끌던 시대에서 배우는 진정한 교훈은 자신의 실수로부터 배우고 이를 바탕으로 성공하는데 있다.

인텔이 앤디 그루브가 최고 경영자로 재직하는 동안에 반도체 산업계를 지배한 것은 앤디 그루브가 경쟁에서 승리하려고 타협하지 않는 자세를 잠시도 포기하지 않았기 때문이었다. 앤디 그루브는 절대 포기하지 않았다. 그러나 한편으로는 자신의 방법 외에도 승리를 향한 길은 여러 가지가 있다는 사실을 배우게 된다(때로는 강제로).

29장
어머니와 아들

1944년, 헝가리에서 앤디 그루브가 어머니와 함께 찍은 행복해 보이는 그러나 불행한 결과가 된 사진이 있다. 앤디 그루브의 어머니는 반짝이는 눈과 짧은 머리 그리고 활짝 웃는 미소를 지닌 아름다운 외모의 여성이었다. 사진 속의 그녀는 고개를 한쪽으로 살짝 기울여 마치 8살의 안드라스(앤디 그루브)와 장난치기를 좋아하는 듯한 모습이었다. 마리아 그로프(Maria Grof)의 웃음은 매우 아름다워서 한참 사진을 들여다보고 나서야 그녀의 꽃무늬 드레스 속에 숨겨진 접은 옷깃 사이로 바느질한 다윗의 별(옮긴이: 유대교의 상징, 2차 대전 시기에 나치가 새긴 강제 유대인 표식)을 보고 놀라게 될 것이다.

그리고 두 번째 사진은 앞서 사진을 찍은 후 몇 개월이 지나 찍은 것으로 보는 이의 마음을 더욱 아프게 한다. 마리아와 그녀의 남편이자 앤디 그루브의 아버지인 조지(George "Grunka") 그리고 옷깃이 있는 셔츠에 무릎까지 내려오는 반바지를 입은 아직 어린아이인 앤디 그루브가 함께 찍은 가족 사진이었다.

앤디 그루브의 전기 작가인 리차드 테드로우가 언급했듯이 이 작은 가족의 구성원인 세 사람의 몸짓과 표정이 당시의 상황을 명백히 보여준다.

그녀는 신경 쓰지 못한 머리카락을 머리 위로 묶어 올렸고, 얼굴은 20년 이상 더 나이가 들어 보였으며 눈 밑은 처져 있었다. 그녀가 입은 옷은 근사해 보였지만 마치 마른 그녀의 몸에 걸쳐진 듯이 보였다. 남편인 조지는 줄무늬 정장에 회색과 청색 계열의 셔츠 그리고 두껍게 맨 넥타이를 맨 모습으로 그녀의 어깨 멀리까지 손을 걸치고 있는 모습이었다. 이 모습은 부인을 보호하려 들기 보다 마치 껴안으려는 듯하고 위로를 하려고 하는 듯한 느낌이었다. 머리를 뒤로 넘겨 V자 모양의 머리 선이 보이는 조지의 얼굴은 긴 코와 더불어 날카로운 인상이었으며 부인과 마찬가지로 억지웃음을 애써 지으려는 듯했다. 두 사람 모두 자신들 사이에 앉은 아들을 바라보았으므로 사진을 보는 이는 그들과 눈을 마주칠 수가 없었다. 사진 아래 부분에 자리하는, 세 사람이 만드는 역 삼각형의 세 번째 꼭지점에 아들인 안드라스가 앉았고 회색 구름 사이로 햇빛이 비추었다. 안드라스는 행복해 보였고 생기가 가득했으며, 빛을 받아 화사했기에 헝가리가 그때로부터 10년 후 정도였다면 실리콘밸리에서 안드라스가 펼칠 미래를 사진 현상 과정에서 바꾸었을지도 모른다. 어린 앤디 그루브에게는 이 순간은 새로운 모험이었을 것이다. 말끔히 차려 입고 부모님과 함께 있으며 카메라 앞에서 웃게 만들려는 사진사에게 응답하는 것이 무척이나 즐거웠을 것이다. 그러나 한편으로는 부모님의 얼굴에서 그들의 앞날에 드리울 공포가 엿보인다. 아이에게 보내는 용기가 있었지만 슬퍼 보이는 표정이 앞으로 앤디 그루브가 겪게 될 운명을 끊임없이 걱정하고 있음을 말해주었다. 그리고 앤디를 그 운명으로부터 구하겠다는 그들의 굳은 의지도 함께 보였다.

마리아와 조지의 두려움은 틀리지 않았다. 이 사진이 홀로코스트로 인해 그들의 인생이 산산조각나고 모두가 흩어지기 전에 가족이 함께 모여 찍은 마지막 사진이 되어 버린 것이다. 그리고 앤디 그루브는 60살이 넘어서야 나치 치하에 이어 소련의 점령 치하에서 살았던 삶을 공석에서 이야기한다. 앤디 그루브가 자신의 이야기를 꺼내기 전까지만 해도 앤디 그루브는 1963년 버클리 대학에서 박사 학위를 방금 마치고 페어차일드에 입사한 잘 교육받은 사람처럼 보였다. 1996년, 자서전인 "Only the Paranoid Survive"의 출판에 즈음하여 NPR의 유명한 기자 테리 그로스(Teri Gross)는 앤디에게 유년 시절 이야기를 묻는다. 그러자 자신의 주장을 말하기 좋아하고 말이 많던 앤디 그루브가 말이 줄어들고 머뭇거리며 주제를 바꾸려고 하는 모습을 발견한다.

이와 같은 행동이 아픈 기억이 되살아나 나오는 자연스러운 반응일지도 모르지만 개인용 컴퓨터를 제작하는 또 다른 기업 코모도(Commodore)의 최고 경영자 잭 트라미엘(Jack Tramiel) 또한 홀로코스트에서 살아남은 생존자로서 자신의 과거를 다르게 다루었다는 점은 흥미롭다(잭 트라미엘은 앤디 그루브보다 폴란드에서 10년 일찍 태어났다). 다른 사람들이 자신이 받은 교육과 출신 학교를 자랑할 때마다 "나도 대학을 나왔죠. 아우슈비츠 대학이라고."라고 그가 말하면 같은 실내의 모든 사람들이 침묵했다는 이야기는 유명하다.

21세기가 시작되고, 앤디 그루브가 인텔의 경영에서 물러서야겠다고 결심한 순간 어렸을 적 폴란드를 탈출하여 미국으로 오게 되는 생생한 기억을 담은 자서전을 출간하면서 세상에 자신의 과거를 처음으로 이야기하고 주변의 모든 사람들을 놀라게 한다. 이 이야기는 'swimming across'라는 제목으로 출판된다. 가장 기억에 남을 만한 것은 2003년 10월, 앤디 그루브가 스코키(Skokie) 지역에 세워질 홀로코스트 박물관을 세우려는 자선 모금을 도우려고 시카고에서 열리는 행사에 참석하려고 여행을 간 일이다. 앤디 그루브가 종교를 믿지 않는다고 생각한 사람들은 그가 식사 전 감사기도(blessing over the bread)에 참여한 사실에 놀란다. 그는 짧은 기도를 드리고 함께 한 사람들에게서 질문을 받는다.

한 여성이 다음과 같이 질문한다. "부다페스트로 한 번도 돌아가지 않으신 걸로 압니다. 고향을 어떻게 생각하고 계신지 말해 주시겠습니까?"

"그러죠. 내 생각을 전달하는데 성공할 것이라고 생각하지 않지만 나에게는 남들에게 설명하기 힘든 시간이 있었습니다. 항상 말하기를 삼가해 왔지만 헝가리에서 삶은 대부분 부정적인 경험들이었습니다. 이렇게 말해 미안하지만 명백했습니다. 전쟁은 명백히 부정적인 경험이었습니다. 총에 맞는 것도 마찬가지였습니다. 공산당 정권 아래서 그리고 무엇을 생각해야 하는지 지시받고, 무엇을 봐야 하는지, 무엇을 읽어야 할지 그리고 무엇을 하지 말아야 하는지 등등 모든 것이 최악이었습니다. 친척 형이 감옥에 갇히는 경험도 최악이었습니다. 그러나 이러한 것들 중 변한 것도 있었습니다.

내 마음속에서 변하지 않는 것이 있었다면 내가 여섯 살 때 들었던 '너 같은 유대인들이 예수님을 죽였지, 너희 모두를 다뉴브 강에 던져 넣어 버릴거야'일 것입니다. 그리고 내가 여덟 살 때 좋은 친구를 사귀게 되고, 그에게 내가 유대인이라는 사실을 말하자 그 친구의 아버지는 나의 모든 특징을 일일이 기록해 두었습니다. 그래서 혹시라도 독일군이 찾아오면 내가 도망가지 못하게 하려고 그랬던 것이죠. 그리고 대서양을 건너오던 때에 배에 탔던 사람들은 조국인 폴란드의 장관이 이제 반유대주의 태도를 버려야 한다고 말하자 모두 분노했습니다.

나의 인생에서 그런 경험들이 모두 장애물이 되었습니다. 그러나 그런 일들에 관심을 쏟을 만한 시간이 내 인생에서 없었습니다. 게다가 내가 그런 상처에 생긴 딱지를 떼어낼 하등의 이유가 없었죠."[1]

앤디 그루브의 전기 작가인 리차드 테드로우는 그가 개인의 처지에서도 다시는 헝가리로 돌아가지 않았다는 점을 강조한다. 그러나 확실히 그를 대신해 헝가리를 찾을 대리가 있었다. 전 세계로 퍼져 나간 컴퓨터들처럼 바로 인텔의 마이크로프로세서를 장착한 컴퓨터였다. "Swimming Across"를 포함하여 앤디 그루브의 책 역시 헝가리어로 번역이 되어 출판되었고, 수많은 헝가리의 기업들과 그 지망생들이 모국 출신인 앤디 그루브를 본보기로 삼았을 것이라는 사실이 쉽게 예상된다. 그리고 "Swimming Across" 출판 기념회의 생생한 기억 속에서 프랭클(Frankl), 밀로즈(Milosz), 위젤(Wiesel) 그리고 리바이(Levi)와 같은 2차 대전의 홀로코스트에서 생존한 유대인으로서 앤디 그루브는 아직도 자신이 겪었던 일들을 생생히 기억했다.

어떤 면에서 이 단어는 적절하지 않을 수도 있지만 앤디 그루브는 유대인으로서 헝가리에서 태어난 것이 폴란드나 체코슬로바키아에서 태어난 유대인보다 '행운'이었다고 말할 수도 있을 것이다. 1920년대 초 불어닥친 반유대주의의 경향 속에서 유럽의 지도자들은 전체 인구의 5%가 되는 유대인들에 그다지 관심을 두지 않았다. 그리고 각 나라들은 서서히 늘 그러하듯이 결코 반갑지 않은 극우주의 성향으로 물들어 갔다. 그리고 이는 독일에서 나치와 히틀러가 권력을 잡으면서 현실이 된다.

독일이 오스트리아를 합병했을 때 앤디 그루브는 아직 갓난아기였고, 히틀러가 체코슬로바키아를 차지했을 때는 겨우 두 살이었다. 그리고 1939년 11월 2일, 앤디 그루브가 세 살이 되었을 때 부모님은 앤디 그루브의 생일을 축하하려고 부다페스트의 서쪽 다뉴브 강변의 뚝방 산책길로 산책을 나간다. 앤디 그루브는 부모님으로부터 삼촌 조지(Jozsi)의 스포츠카와 비슷하게 생긴 붉은 색과 하얀 색으로 이루어진 페달이 달린 장난감 차를 선물로 받는다. 그리고 가능한 최대한의 속도로 페달을 밟으며 뚝방 산책길 여기저기로 달렸고 삼촌 조지가 그 뒤를 쫓았다.

훗날 앤디 그루브는 그날을 기억하기를, 장난감 차를 몰던 자신이 운전을 그럭저럭 해나갔다고 한다. 그러나 간혹 잘못 몰아 길을 걷던 어른들과 부딪히곤 했는데 어른들은 이를 눈치 채지 못하는 듯했다고 한다. 어른들 모두가 따뜻한 날씨의 저녁 하늘을 응시하고 있었고 하늘을 비추는 빛이 좌우로 천천히 움직이고 간혹 이 빛에 구름이 보이기도 했다. 이 빛은 탐조등이었다. 바로 전날 독일군이 폴란드 국경을 넘어 침공을 한 것이었다. 그리고 그 다음날 전격전을 단행한 독일군은 구식 무장을 한 폴란드 기병대와 군대를 한 달 만에 격파한다. 한편 11월 17일, 소련군이 폴란드의 동쪽을 침공하여 케이틴 숲(Katyn Forest)에서 폴란드의 경찰 조직을 학살한다. 이제 폴란드는 두 침략자에게 약탈을 당하며 두 쪽으로 나누어진다. 그리고 서부 쪽에 빠르게 유대인, 집시, 소수 민족을 감금할 집단 수용소가 세워진다. 그리고 이 수용소에서 나치는 젊고 건강한 사람들은 강제 노역을 시켰고 그렇지 않은 사람들은 모두 살해함으로써 홀로코스트가 단행될 시초가 된다. 그렇게 2차 대전이 끝날 때까지 폴란드에서 살던 약 3백만 명의 유대인이 학살을 당한다. 헝가리는 1차 대전 후 주변국들에게 나라가 분할된 것에 불만이 있던 터라 폴란드가 파괴되는 것을 보며 환호하고 독일 편에 서서 주축국의 일원이 된다. 히틀러는 새로운 동맹을 환영하고 헝가리를 침공하지 않는다. 그리고 헝가리에 체코슬로바키아의 일부를 그 대가로 할애하고 독일 국방군을 방향을 전환해 유고슬라비아로 보낸다. 과거의 영토를 보다 더 회복하고 싶은 욕망에 헝가리는 유고슬라비아 침공에 군대를 함께 보내 공격하여 유고슬라비아를 점령한다.

이 시점에서 히틀러는 다시 방향을 서쪽으로 돌려 벨기에, 네덜란드, 프랑스를 점령한다. 그리고 영국을 공격할 준비를 한다. 그러나 다시 히틀러의 관심이 동쪽으로 쏠리고 그가 계획했던 가장 큰 침공을 준비한다. 작전명은 바르바로사 작전(Operation Barbarossa)으로 바로 소련을 침공하는 계획이었다. 이제부터 헝가리 군대는 독일군과 제휴하여 소비에트 연방을 향하여 전쟁을 선포하고 소련을 침공한다. 독일군과 제휴를 통해 헝가리 군은 독일의 SS와 게슈타포의 약탈에 묶인한다. 그리고 폴란드나 네덜란드와는 달리 이 시기에 헝가리에 살던 유대인의 강제 모집과 수용은 단행되지 않는다. 오랫동안 헝가리의 섭정이었던 미클로시 호르티는 반유대주의자였지만 국민을 감금하고 살해하는 일은 헝가리인으로서 존엄성을 파괴하는 것이라 느꼈기 때문이었다. 그래서 독일의 정책에 저항하여 나머지 동유럽과는 운명을 달리한다.

한편 헝가리의 유대인은 여전히 "Arrow Cross(국립 극우 단체)"에 등록을 해야 했으며 유대인을 상징하는 다윗의 별을 옷에 새겨야 했다. 그리고 그들은 일자리를 구하거나 살 곳을 찾을 때마다 거절을 당해야 했다. 그리고 여전히 매일 같은 헝가리인들로부터 모욕과 위협을 당해야 했지만 아직은 유대인 중 누구도 트럭에 실려가지는 않는다.

여전히 헝가리의 유대인들은 살얼음 위에 선 듯한 위기감으로부터 숨을 곳이 없었다. 조지와 마리아 그리고 여러 도시에 사는 유대 의식을 따르지 않는 유대인들은 이웃과 오랜 친구들의 갑작스럽고 잔혹한 냉대에 당혹감을 감출수 없었고 이를 받아들이기가 쉽지 않았다. 조지는 헝가리 교외 지역인 바찰마스(Bacsalmas)에서 태어나 우유 공급 업자로 일했다. 그리고 종종 부다페스트에 상품을 팔러 가곤 했는데 그곳에서 점원으로 일하던 마리아를 만나 그녀와 결혼한다.

　조지는 사람들과 어울리기 좋아하는 성격이었으며 마리아는 조용하고 수줍음을 잘 타는 성격이었다. 그녀는 남편보다 훨씬 도시의 삶에 익숙한 여성이었고, 앤디 그루브를 임신했을 때 자신이 바찰마스에서 살아야 하고 부다페스트를 떠나야 한다는 사실에 실망감을 감추지 못한다. 그러나 버터와 치즈를 공급하는 회사를 도시에 차리게 되자 조지는 재빨리 그 기회를 놓치지 않는다. 곧 부다페스트의 그루브 집안은 모든 친척들과 친구들 그리고 동네 아이들이 모이는 장소가 된다.

　그러나 모든 것들이 1942년 바뀐다. 어린 앤디 그루브가 성홍열로 쓰러진 것이다. 아직 항생제가 널리 쓰이지 않던 시대로 당시만 해도 성홍열은 어린이에게는 치명적인 질병이었다. 앤디 그루브는 병원에서 6주간 입원하고 집으로 돌아와 약 9개월 동안 끝이 없어 보이는 회복 기간을 보낸다. 그러나 귀에 감염이 너무 심각해져서 의사는 앤디 그루브의 귀 뼈 중 일부를 제거해야만 한다. 이 수술로 앤디 그루브는 간신히 목숨을 구했지만 그 대가로 청력에 많은 손상을 입는다. 이 오랜 회복 기간 동안 앤디 그루브의 유일한 친구는 외할아버지와 어머니가 준 손가락 인형이었다. "나는 인형의 귀 뒷부분에 구멍을 뚫어 붕대를 감아 나처럼 보이게 만들었습니다." 전기 작가 테드로우는 이 이야기가 앤디 그루브가 마음에 난 상처를 어떻게 다루는지 보여주는 예이고, 외로운 어린 소년이 자신의 고통을 이해해 주는 친구를 갖기 원하는 마음을 보여주는 사례라고 말한다.

　앤디 그루브가 여전히 건강을 되찾으려고 재활 중이던 어느 날, 무엇인가에 놀란 듯한 표정의 아버지가 집으로 돌아오신다. 앤디 그루브는 당시 아버지의 표정을 다음과 같이 기억한다. "아버지는 입가에 미소를 띠셨지만 아버지의 표정에서 분명히 무언가 잘못 돌아가고 있음을 보았습니다." 그리고 청천벽력과도 같은 소식을 가족에 전한다. 군에 징집을 받아 전쟁에 나가야 한다는 소식이었다. 그 일은 앤디 그루브의 표현을 빌리자면 유대인으로서 아버지는 군에서 길을 만들고 요새를 구축하는 등의 노역을 해야 한다는 뜻이었다. 조지는 이전에도 몇 가지 짧은 군역을 하려고 소집된 적이 있었다. 그러나 이번에는 달랐다. 실제 소련과 전선을 마주하는 전쟁에 나가는 것을 뜻했기 때문이었다.

며칠 후 그들의 결혼 10주년이 되는 주에 마리아와 어린 앤디 그루브는 아버지가 군역을 하게 될 군대가 소집된 나지코로스(Nagykoros)로 향하는 기차를 탄다. 세 명의 가족은 언제 다시 만날지 기약도 하지 못한 채 그리고 언제 아버지가 돌아올지 모르는 상태로 서로에게 작별 인사를 나눈다.

병든 아이와 전쟁터로 떠나는 남편 그리고 적은 소득… 마리아는 앤디를 데리고 집으로 돌아가는 기차를 타면서 그녀의 앞날에 험난한 시기가 온다는 사실을 알았다. 부다페스트에 도착하자 그녀는 얼마나 힘든 여정이 될 지 바로 깨닫는다. 바로 손자인 앤디 그루브가 병을 치료하는 동안 오랜 병 수발을 도와주던 마리아의 아버지가 뇌출혈을 당하신 것이다(앤디 그루브는 외할아버지를 '완벽한 친구'라고 기억한다). 그리고 며칠 후 세상을 떠난다.

아버지의 죽음, 남편과의 이별, 그녀의 두 오빠 역시 징집을 당했고, 이제 홀로 병든 아이를 키워야만 했다. 이에 점점 자신이 연약해지는 것을 알게 된다. 한 주가 지나고 한 달이 지나면서 역시 동변상련의 홀로 남겨진 이웃의 여자들이나 노인들이 종종 집을 방문하지만 행복했던 때와는 달리 그들의 방문은 지루했으며 오히려 심각함만을 더할 뿐이었다. 앤디 그루브는 당시를 이와 같이 기억한다. "모두가 마음을 빼앗긴 듯 했습니다." 어느 정도 시간이 지나고 앤디 그루브가 밖으로 외출이 가능해지자 어머니는 앤디를 데리고 어릴 적 놀던 말을 탄 조지 워싱턴 조각상이 있는 시 공원 주변으로 나간다. 저녁때는 외로워지는 시간대였고 마리아는 홀로 앉은 채 술을 마셨다. 그녀는 남편이 떠난 이후로 줄곧 술을 마셔왔다.

한편 조지 그로프(George Grof)가 배치된 공병은 30만 규모의 병력으로 그 중 조지가 배속된 곳은 약 4만여 명에 달했다. 그들은 북부 지방에 배치되어 우크라이나를 가로질러 소련의 스탈린그라드의 넓은 남부 지역의 관문으로 향하는 독일군의 측면에 위치했다. 독일과 헝가리의 연합군은 90% 이상이 파괴된 보르네슈 시 지역으로 전투를 하며 진군했고 이제 돈(Don) 강을 건너려 했다. 그리고 후방을 지키도록 헝가리 군은 뒤에 남기고 독일군 단독으로 결국 운명이 달린 스탈린그라드를 공격하려고 전진한다.

그 시기가 가을이었다. 그리고 겨울이 다가오자 독일군은 혹독한 추위와 눈 속에서 고통을 당하고(나폴레옹의 군대가 예전에 당했듯이), 또 1942년 12월, 붉은 군대의 반격으로 처참한 고통을 겪는다. 1943년 12월 13일 소련군이 독일군보다 장비가 현격히 떨어지고 독일군만큼이나 지쳐있던 헝가리 군에 2차 반격에 나섰다는 사실은 많이 알려져 있지 않다. 돈 강 주변의 스보보다(Svoboda) 지역에서 치뤄진 전투에서 소련군은 앤디 그루브의 아버지 조지가 소속된 군을 포위하고 섬멸한다. 그리고 이 패배는 헝가리 역사에서 가장 치욕스러운 패배 중에 하나가 된다. 3주 후에는 스탈린그라드의 파울루스(Paulus) 원수가 이끄는 독일군 전체가 소련에 항복한다. 그리고 동부 전선에 모든 독일군이 퇴각한다.

독일군의 패배 소식은 사전 검열되어 다음 봄이 오기 전까지 알려지지 않는다. 그리고 마리아는 공식 서신으로 그녀의 남편이 '실종'됐다는 통보를 받는다. "나는 그 말이 무엇을 뜻하는지 당시에 알지 못했습니다. 어떻게 사람이 실종되는 일이 가능한지 이해 못했지만 감히 어머니에게 물어 볼 수가 없었습니다." 앤디 그루브는 당시를 이렇게 말한다.[2]

앤디 그루브의 집안만 변한 것이 아니었다. 학교생활도 불가피하게 변하고 만다. 앤디 그루브는 종교의 파를 가르지 않는 유치원에 다녔다. 그러나 주변 사람이 모두 유대인이기에 모든 학생이 유대인이었고, 바깥 세상의 편견이 여전히 이상하게 흘러 들어왔다. 예를 들어 앤디 그루브는 어머니가 다른 여성과 나누는 이야기 중 '그들이 유대인을 게토에 수용한다'는 것을 우연히 듣는다. 게토가 무엇을 뜻하는지 몰랐던 어린 앤디 그루브는 자신처럼 뜻을 몰라 혼란스러워하는 학교 친구들과 이 이야기를 나눈다. 곧 모든 학생들이 이 문장을 공공연히 외치게 되고, 몇 주가 지나 이 문장은 학교에서 어린아이들이 운동장에서 놀 때 하나의 놀이가 되어 버린다. 깜짝 놀란 선생님들이 이들을 멈추려 하지만 아이들은 선생님이 듣지 못하는 곳으로 가서 여전히 놀이를 즐긴다.

초인 같은 능력과 열정을 가졌음에도 앤디 그루브는 학교에서 여전히 아픈 소년이었다. 기존의 병 때문에 앤디 그루브는 여전히 다른 질병에 감염될 위험이 있었고 역시 편도선염에 걸리고 만다. 그래서 앤디 그루브는 편도선을 수술로 제거하고 그 후유증 때문에 귀 속은 항상 진물이 흘렀다.

그러나 앤디 그루브가 60세가 되어서도 그렇듯이 병마가 자신을 약하게 만들거나 느리게 만들도록 내버려 두지 않는다. 곧 학교로 복학하고 약한 청력 때문에 늘 맨 앞자리에 앉았지만 선생님의 모든 질문에 대답하고 여학생들에게 환심을 사려고 하기도 한다. 그리고 무엇보다도 학교에서 가장 좋은 성적을 받는다. 앤디 그루브는 아버지를 잃은 상심에서 서서히 적응해 나가기 시작한다. 이런 모습이 바로 어린이들이 보여주는 행동이기 때문이었다.

그러나 바깥세상은 점점 더 혼란 속으로 빠져들었다. 스보보다에서 벌어진 전투에서 패배하여 정부는 점점 더 힘을 잃어갔고 동부 지역의 나치 정권은 운명이 다해간다는 사실을 헝가리 정부는 깨닫기 시작한다. 그래서 절박한 심정으로 소련과 평화 협상을 한다. 그러나 최악의 결정이었다. 소련의 스탈린은 적을 완전히 파괴하려는 것 외의 협상 따위에는 관심이 없었을뿐만 아니라 후퇴 중인 독일 역시 전열을 정비하기 위해 헝가리의 후방 지원을 필요로 했었기 때문이었다.

그리고 어떤 일이 일어났는지는 예상하던 대로였다. 히틀러는 한때 동맹국이었던 헝가리를 공격하도록 명령을 내린다. 부다페스트는 독일군의 공습을 받고 앤디 그루브는 평소 보던 아파트가 마치 칼로 베인 듯이 잘라져서 내부의 방과 가구, 등, 벽에 그림이 여전히 온전하게 걸린 상태로 보이지만 나머지는 잔해만이 남은 모습을 결코 잊지 못한다. 그리고 얼마 지나지 않아 독일군 8개 사단이 쳐들어온다. 1944년 3월 19일, 7살이 된 앤디 그루브는 독일군이 시내로 행군

해 들어오는 것을 목격한다.

앤디 그루브는 당시를 이렇게 기억한다. "아무런 경고도 없었고, 아무런 싸움도 없었습니다. 그들은 그렇게 그냥 헝가리로 들어왔습니다. 어머니와 나는 거리 옆에 서서 군인들을 실은 차량과 각종 차량들이 지나가는 것을 보았습니다. 독일 병사들은 아버지가 입대하신 군대와는 전혀 다른 모습이었습니다. 병사들의 모습은 축 쳐져 있었고, 옷은 온통 주름이 져 있었습니다. 이전 독일 병사들은 보통 깔끔하고 빛나는 구두를 신었고 자부심은 하늘을 찌를 듯 했었습니다. 그들은 내가 가졌던 장남감 병정을 떠올리게 하곤 했죠. 그들은 같은 헬멧, 같은 색의 군복, 같은 종류의 기관총을 가졌으며 무척 인상 깊은 모습이었습니다."3 곧 나치 친위대원이 도착하고 그들과 함께 아돌프 에히만(Adolf Eichmann)이 온다.

그렇게 마리아 그로프에게 악몽과 같던 혼란스러운 그리고 그녀의 아들에게는 이상한 한 해가 시작된다. 헝가리에 살던 유대인들이 받은 '행운'이 사라지기 시작한 것이다. 그로부터 이어지는 몇 개월 동안 사는 곳이 일정치 않게 된 앤디 그루브는 아무런 말도 없이 어머니의 손에 이끌려 안전한 곳으로 거처를 옮긴다. 맨 처음 옮긴 곳은 아버지가 처음 낙농업을 하던 바찰마스로 제니(Jani)라는 친절한 아버지의 친구 집에서 한동안 머문다.

소박한 시골 생활은 도시에서 자란 앤디 그루브에게 아무런 관심을 끌지 못했지만 이곳에서 최선을 다하기로 결심한다. 그러나 곧 부다페스트로 어머니와 함께 거처를 다시 옮겨야 했다. 앤디 그루브는 오랜 시간이 지나고 당시 에히만의 나치 친위대원이 먼저 헝가리의 시골 부분부터 유대인 수색을 실시하고 이들을 수용소로 보낸 뒤 부다페스트를 수색할 것이라는 정보를 아버지의 친한 친구가 어머니에게 알려주었다는 사실을 알게 된다.

마리아 그로프의 판단은 정확했다. 이 기간 동안 늘 그래왔지만 무엇보다도 판단의 순간이 놀라울 정도로 정확했다. 상황이 변하면 앤디의 어머니는 거처를 옮기는 것에 주저하지 않았다. 그녀의 아들은 이와 같은 결단력으로 삶은 그저 놀이가 아니라 크고 작은 심각한 결정을 내리는 것이라는 깨달음을 얻는다. 앤디 그루브를 부다페스트로 다시 데리고 온 것은 마리아가 내린 결정 중에 가장 잘한 것이었다. 1944년 5월부터 7월 초까지 나치 친위대원이 헝가리의 시골을 샅샅이 뒤져 모든 유대인을 찾아내 끔찍한 일들을 벌인다. 7월 9일 에히만은 상사에게 이제 헝가리는 부다페스트를 제외하고 유대인이 한 명도 없는 지역이라고 보고를 한다. 이 기간 동안 약 43만 명의 유대인이 아우슈비츠로 끌려가 가스실에서 혹은 노역 중 죽음을 당했다고 추정된다. 바찰마스에 계속 머물렀었다면 앤디 그루브의 삶이 그곳에서 끝났을 수도 있던 것이다.

부다페스트에서 그들은 아직 생존해 있었다. 그러나 서서히 그 한계가 다가오고 있었다. 조지 워싱턴 조각이 있는 시 공원에서 한때 앤디 그루브와 함께 뛰놀던 어린 여자 아이가 아마도 부모들이 했을 것으로 보이는 말을 앵무새처럼 따라 하고 있었다. '유대인이 예수님을 살해했다. 그리고 그 죄 때문에 모든 유대인은 다뉴브 강에 던져질 것이다'라고 외치고 있었던 것이다. 앤디 그루브는 울면서 어머니에게 달려간다. 그리고 그들은 다시는 공원에 나가지 않는다. 또한 앤디 그루브는 평소 친절했던 이웃들이 사실은 자신들을 어떻게 생각했는지 알게 되었고 결코 이 사실을 잊지 못한다. 치뤄야 할 대가는 더욱 고통스러웠다. 마리아와 앤디 그루브는 거처를 비우도록 명령을 받았고 현관 앞에 노란 색으로 커다란 유대인 표시인 별이 그려진 집(a Star house)으로 강제 이주한다. 부다페스트에 사는 모든 유대인들에게 처음으로 내려진 강제 이주 명령이었다. 그리고 부다페스트 안에 약 2천 곳의 강제 수용소가 있었으며 이곳들 모두가 유대인을 한 곳으로 모으고 결국 처형하려고 마련된 장소였다. 또한 마리아와 앤디 그루브도 심장 위쪽 부분에 별 표시가 바느질된 옷을 외출 시에는 반드시 입도록 명령 받는다.

앤디 그루브는 이 시절을 다음과 같이 기억한다. "우리는 밖에 자주 나가지 않았습니다. 우리가 갈 곳도 사실 그리 많지 않았고 우리가 거리에 있는 시간도 제한되었습니다. 많은 가게들이 가슴에 별을 단 사람들하고는 거래를 하지 않있습니다. 게다가 별이 달린 옷을 입고 거리를 걸을 때는 이상한 기분이 들기도 했습니다. 사람들은 우리와 눈이 마주치기를 꺼려하는 분위기였습니다. 우리가 알고 지내던 사람들조차 우리와 눈을 마주치지 않았습니다. 마치 우리와 사람들 사이에 높은 벽이 있는 듯했습니다."[4]

8월이 되자 헝가리 정부는 마지막으로 소련에 항복할 의사를 밝힌다. 그러자 독일은 헝가리 정부를 해체하고 설상가상으로 더 끔찍한 통치 기구를 만든다. 그 기구는 국립 극우 단체였던 "애로우 크로스(Arrow Cross)"였다. 그들은 친나치 폭력 집단으로 매국노와 다름이 없는 페렌크 살라시(Ferenc Szalasi)가 이끌었다. 10월이 되자 애로우 크로스 집단은 모든 유대인을 한 집단 수용소에 모이도록 했고, 그들만의 최후 수단을 준비했다. 11월, 소녀가 한 예언을 실천하려고 애로우 크로스 우익 단체는 2백여 명의 유대인을 다뉴브 강으로 끌고 가 강으로 내던진다. 그들은 두 사람이 함께 손이 결박당해 있었으며, 강에 내던지기 전에 총으로 그들을 쏘았다.

그들이 이런 학살을 시행하기 전에 에히만의 배후 지시를 받던 애로우 크로스는 약 8만여 명의 유대인을 모아 수용소로 보내 강제 노역을 하게 하거나 수용소의 가스실로 보냈다. 유대인 사회를 파괴하려는 그들의 집착은 대단해서 소련의 붉은 군대가 시 외곽까지 접근했을 때도 병원에 있는 유대인을 살해하고 유대 예배당을 파괴하며 광기를 보인다. 이 학살 도중에 라울 발렌베르크와 몇몇 사람들은 그들의 영향력과 외교 문서를 통해서 수백명의 유대인을 이 운명에서 구해내는 유명한 이야기가 전해진다.

그 무렵 마리아와 안드라스(앤디 그루브)는 자취를 감추었다. 10월 중순, 예의 맑은 눈빛의 마리아는 자신들에게 닥칠 운명을 예상했다. 마리아는 앤디에게 "우리는 여기서 빠져나가야 해."라고 말하고 신속하게 거처를 옮긴다. 며칠이 지나 마리아와 앤디는 새롭게 숨을 곳을 찾아낸다.

보다 정확히 이 곳은 두 장소였다. 엄마와 아들은 이제 흩어져서 마리아는 과거 남편과 함께 낙농업을 하던 직원의 집에 숨고, 안드라스는 남편의 친했던 동료의 집에 숨는다. 누구나 쉽게 상상할 수 있듯이 가슴 아픈 이별이었다. 어머니는 아들을 단지 안면이 있는 타인의 손에 맡겨야 했고 아버지를 잃은 소년은 이제 어머니를 잃을 순간에 처했으며 최소한 그 순간에 파악되는 현실은 영원한 이별처럼 보였다는 것이다. 앤디 그루브는 어려서 일찍 자신이 혼자임을 깨닫게 된 것이다. 마리아는 이 기간 중에 두 번 아들을 만난다. 두 번째 만남에서 그녀는 창가에 앉아 창밖으로 독일군이 항복의 표시로 두 손을 든 유대인을 모아 트럭으로 끌고 가는 모습을 보며 울고 있는 앤디 그루브를 발견한다.

다시 마리아가 앤디를 찾아왔을 때 그들은 다시 한번 거처를 옮기는데 이번에는 함께 시 외곽의 코바냐(Kobanya) 지역으로 이동한다. 그곳에서 그들은 새로운 슬라브식 이름을 사용한다. 가짜 신분증과 함께 새로 사용하게 된 이름은 말리시비치(Malesevics)였다. 어린 앤디 그루브는 이제 소년이 기억하기 쉽도록 바찰마스에서 온 피난민이라고 말하도록 교육을 받는다.

그 해 코바냐에서 맞은 겨울은 유난히 음산하고, 어둡고, 추웠으며, 두 가족이 함께 하나의 아파트를 공유해야만 했다. 모두가 공동 화장실을 이용해야 했고 마리아는 조심스럽게 앤디에게 항상 누군가 기척이 있으면 절대 화장실을 이용하지 말라고 당부한다.

12월 29일 이른 아침, 마리아와 앤디는 이상한 소리에 잠에서 깬다. 이 소리는 마치 널판지를 한 장 한 장 떨어뜨리는 소리와 같았다. 소련군의 공습이었다. 마리아는 다시 한번 빠른 결정을 내린다. 그리고 이때 앤디 그루브는 시기 적절하게 결정하는 능력이 가장 중요함을 배운다. 소련의 붉은 군대가 부다페스트를 포위하기 시작한 것이다.

최초 폭격에서 포탄 하나가 그들이 머물던 아파트에 명중한다. 그리고 마리아와 앤디는 다른 거주자들과 함께 나무로 된 다락방에서 며칠 간 숨어 지낸다. 그렇게 며칠이 지나고 숨어 지내는 시간을 채우려고 거주자들은 아이들에게 교회 교리를 외우게 한다. 눈치가 빠르고 똑똑했던 앤디 그루브는 다시 한번 기지를 발휘하여 화장실에 잠시 다녀오겠다고 말하고 어머니를 찾아가 도움을 청한다. 마리아는 재빨리 상황을 파악하고 큰소리로 앤디에게 심부름을 시킨다. 그렇게 그들의 비밀은 다시 한번 유지된다.

적어도 50만 명 이상의 러시아와 루마니아 사람으로 구성된 군대가 5만여 명의 독일과 헝가리군 그리고 80만 명의 민간인이 안에 갇힌 부다페스트를 포위한다. 전투는 1월에 이미 거의 폐허가 되다시피 한 페스트 지역부터 시작된다. 그리고 강을 건너 방어하는 쪽이 유리한 언덕 지형인 부다 지역으로 진군한다. 결국 부다페스트는 제2의 스탈린그라드가 되고 만다. 1945년 2월 13일, 전투가 끝날 때까지 약 15만 명 이상의 헝가리인과 독일군이 사망하거나 부상당하고 포로로 잡힌다. 전투에서 승리한 소련은 더 큰 손실을 입는다. 약 30만 명 이상이 전투에서 사망하거나 부상, 실종 및 질병에 걸린다. 한편 약 4만 명 이상의 부다페스트 민간인이 전투 중에 사망한다. 그리고 다른 2만 5천여 명이 기아, 질병 및 다른 이유로 목숨을 잃는다. 그리고 여기에 애로우 크로스 극우 단체가 약 1만 5천여 명의 유대인 목숨을 빼앗는다.

전투가 끝나고 이제 부다페스트에서는 부녀자를 향한 성폭행이 시작된다. 애로우 크로스가 도시를 버리자마자 소련의 붉은 군대가 도시를 점령한다. 복수와 폭력으로 물든 인류 역사상 가장 끔찍한 대규모의 성폭행이 범해진다. 한편 스탈린은 헝가리의 미래에 새로운 계획이 있었다. 붉은 군대가 부다페스트를 점령하고 약 5만여 명의 여성이 성폭행(강도를 포함하여)을 당한 것으로 추정된다. 그리고 어떤 이는 이 수를 거의 20만 명으로 추산하는 경우도 있을 정도이다. 병사들의 행동에 무책임한 상사(혹은 그런 행동을 기대한)로 인해 병사들은 거의 통제를 할 방법이 없을 정도가 되어 어떤 경우에는 스웨덴이나 스위스와 같은 중립국의 대사관을 침입하여 여성 근무자들을 성폭행하기도 한다.

한 동안은 마리아와 안드라스는 이러한 폭력과 공포로부터 안전했다. 그러던 1월 초, 붉은 군대가 코바냐 지역을 점령한다. 그리고 한 무리의 병사들이 아파트 건물 안으로 들어오고 앤디 그루브는 당시를 이렇게 기억한다. "그들은 자연스럽게 건물 안으로 들어왔습니다. 그러나 모두가 기관총을 소지했었죠."

마리아와 군인들 간의 첫 조우는 놀라울 정도로 평화로웠다. 러시아 하사관은 그녀에게 독일어로 말을 걸었고, 놀랍게도 그녀는 독일어로 대답한다. 이에 안드라스는 놀란다. "나는 어머니가 헝가리어를 제외하고 외국어를 말하는 것을 한 번도 보지 못했습니다. 그래서 나는 어머니가 그와 유창하게 대화를 나누는 모습에 깊은 인상을 받았죠." 어머니가 자신을 불러 병사에게 소개를 하게 하자 더욱 놀란다. 그의 이름은 헤이(Haie)였다. 그녀는 앤디에게 학교에 배운 히브루어 기도문을 암송하게 시킨다. "Modim Anachnu Lach..." 거의 2년 동안 유대인임을 숨겨온 앤디 그루브에게 기뻐하는 어머니의 모습은 혼란과 두려움이었다. 그러나 어머니는 입가에 미소를 띠우고 앤디에게 다시 이렇게 말한다. "이제부터는 괜찮아."5

알고 보니 군인이었던 헤이도 홀로코스트로 부모를 잃은 유대인이었던 것이다. 그러나 이와 같은 행운도 오래가지 못한다. 건물 안이 병사들로 가득 차기 시작했고, 전쟁의 황폐함 속에서도 마리아 그로프는 여전히 젊고 아름다운 여인이었기 때문이었다.

그러던 어느 날 밤, 안드레이(Andrei)라는 또 다른 소련 병사가 마리아와 안드라스가 잠든 침실로 들어온다. 마리아와 안드라스는 이미 잠자리에 들었고, 그 병사는 침대 끝 구석에 앉아 손가락으로 그녀를 가리키고 다시 손가락으로 자신을 가리키며 러시아어로 말을 건다. 결국 마리아는 고개를 끄덕이고, 안드라스를 깨워 다른 방의 여성에게 맡긴다. 그리고 말없이 병사와 사라진다.

그녀는 후에 돌아와서 "매우 화가 나고 불편했다"라고 말하며 잠든 아들을 깨워 방으로 돌아간다. 이상한 일과 위험이 다반사였던 시기였지만 이번에는 무언가 다른 느낌을 앤디 그루브는 받는다. "나는 놀란 마음과 가득한 불안감을 안고 한 쪽에 누웠습니다. 나는 어머니에게 어떤 일이 일어났는지 전혀 알지 못했고, 우리에게 무슨 일이 일어났는지조차도 알 수 없었습니다."6

한참 후에 한 무리의 병사들이 나타났지만 이번에는 어머니가 그들을 쫓아낸다. "내 어머니는 그들에게 무언가 오늘 하루에 여자 셋이 얼마나 많은 일을 겪은 줄 아느냐고 소리치는 듯 했습니다."

언제나 역사가 보여주 듯이 점령자의 태도는 정복자의 태도와는 달랐다. 그들이 같은 병사들일지라도 그 차이는 나날이 눈에 띄었다. 불과 몇 주 전만 해도 약탈과 성폭행을 거침없이 하던 소련 병사들은 이제 개인의 재산과 지역 여성들을 존중해야 하는 상황으로 바뀐다. 특히 그들이 같은 건물을 사용할 경우 더욱 그러한 법은 지켜야 했다. 소련 병사 안드레이는 새로운 규칙을 빠르게 받아들이지 못한 어리석은 바보 중에 한 명이었다. 마리아가 직감적으로 이 사실을 알았는지 혹은 다른 여자들에게서 들었는지는 모르지만 다음 날 아침 마리아는 아들을 깨워 함께 지역 헌병소를 찾아 전날 있었던 일을 항의한다.

헌병대에서는 분명히 새로운 질서 아래에서 어떤 시범 사례와 희생양을 찾는 것이 분명해 보였고 마리아를 그냥 돌려보냈다가 폭력이나 더 나쁜 상황을 맞을지도 모른다는 판단에 경찰이 함께 동행하여 그녀와 안드라스가 아파트에서 기다리는 병사들을 만나게 한다. 그곳에는 경찰들이 잘 갖춰지지 않은 대형으로 군인들을 모아 두었고, 그 군인 속에는 안드레이와 헤이 하사관도 있었다. 그루브는 "어머니는 소련 병사 한 명 한 명 얼굴을 마주 보며 확인하고 '아니요'라고 대답하셨습니다. 나는 어머니가 안드레이를 바라볼 때 숨죽였죠. 안드레이도 약간 얼굴이 상기된 듯하고 거의 숨을 쉬지 않는 듯 했습니다. 아주 짧은 정적이 지나고 우리 어머니는 역시 '아니요'라고 대답을 했습니다. 나는 어머니의 손을 잡아 당겼습니다. 어머니는 바로 내 손을 반대로 잡아당기시고는 대답을 금지하는 듯한 무서운 표정과 목소리로 '조용히 해'라고 말씀하셨습니다."[7]

그날 밤 마리아는 아들에게 왜 자신이 그러한 행동을 했는지 설명한다. 안드레이를 지목하면 재판 없이 바로 즉결처분으로 처형당하고 그러면 곧 그의 일행이 복수를 할 것이라고 그녀가 아파트로 가기 전에 헤이 하사관이 말해준 것이다. 그녀가 안드레이를 지목한다면 안드레이의 친구들이 다락방으로 찾아가 마리아와 안드라스 그리고 다락방에 있는 모두를 죽이고 복수할 것이라고 경고를 해주었다는 이야기였다. "그래서 어머니는 안드레이를 모르는 척하기로 결심하신 겁니다."라고 앤디 그루브는 회고한다.

일월 중순이 되자 독일군과 애로우 크로스는 부다 지역의 마지막 참호로 밀려나게 되고 예전에 그렇듯이 다뉴브 강을 넘는 다리를 모두 폭파시킨다. 그리고 다시는 돌아오지 않는다.

그 폭파는 페스트(Pest) 거리에 살던 사람들이 파괴된 도시의 잔해가 넘치는 숨막히는 거리와 부서진 건물로 돌아감을 뜻했다. 몇 달 만에 안전함을 느끼게 된 마리아는 자유를 축하하기로 결정하고 안드라스에게 거의 잊을 뻔한 본명을 다시 쓸 것이라고 말한다. 말리시비치는 다시 그로프가 되는 것이었다.

여덟 살이라는 나이에 이미 세상의 너무 많은 것을 보아버린 안드라스로서는 이 새로운 세상이 놀랍도록 혼란스러웠다. "나는 철저하게 안드라스 말리시비치가 되어 있었고 한동안 혼란스러웠습니다. 그리고 내 본명을 이제 자유롭게 쓴다는 사실이 나를 집어 삼키는 듯 했습니다."라고 회상한다. 앤디는 너무나 기쁜 나머지 친한 친구에게 이 사실을 말한다. 그러나 그 친구가 아버지에게 이 사실을 전달하게 만드는 결과를 만들 뿐이었고 안드라스를 아파트로 불러 끊임없는 질문을 퍼붓는다. 그리고 소년의 대답을 노트에 가득 적는다.

"나는 두려움에 온 몸을 떨었고, 내 안에서 올라오는 자기혐오를 느꼈습니다. 그리고 어머니에게 이 사실을 말하자 어머니는 더 이상 사실을 숨기거나 걱정할 필요가 없다고 다시 한번 나에게 확신을 심어주셨습니다. 독일군이 떠났기 때문이었습니다." 그러나 소년의 반응은 미래에 다가올 불길한 일의 징조였음이 드러난다. 어떤 헝가리 사람들은 이미 이웃을 새로운 군주인 소련을 위해 감시했던 것이다.

마리아는 곧 자신들이 살던 옛 이웃 곁으로 돌아갈 때라고 안드라스에게 알린다. 그리고 두 사람은 짐을 싸서 눈 속을 헤치고 약 20킬로미터 이르는 거리를 걸어서 옛 아파트로 돌아간다. 60년이 지나서도 앤디 그루브는 이 순간을 현실을 넘어선 경험이었다고 기억한다. 그가 기억하던 도시의 거리들이 완전히 소멸한 것 때문만이 아니라 도시의 잔해를 보는 자신의 반응 때문이기도 했다.

안드라스가 어린 시절 대부분에 걸쳐 경험한 것들이 마음속 깊은 상처가 된다. 안드라스는 어머니의 뒤를 따라 터벅터벅 걸으면서 완전히 파괴된 건물, 폭탄으로 생긴 구덩이, 거리에서 도살된 말들의 뼈 등, 충격을 주는 장면을 하나하나 목격한다. 안드라스는 마치 자신이 꿈을 꾸거나 영화 속의 등장인물이 된 듯한 착각에 빠진다. 그리고 무엇보다도 자신이 본 것에 아무런 감정을 느끼지 못하는 것을 알게 된다. "내가 목격하는 것들에 놀라지도, 그렇다고 태연하지도 않은 감정을 느꼈습니다." 성인이 된 앤디 그루브가 인텔에 닥친 재앙에 그 앤디만의 유명한 고집스러울 정도의 군건함과 강철 같은 결정으로 대응해 나가는 모습을 상상하기가 어렵지 않다.

그들이 도착하자 놀랍게도 마치 두 사람이 집 앞에 계속 있었다는 듯이 옛 집은 낡았지만 온전히 그 자리에 그대로 서 있었다. 그러나 이미 건물 안은 무단 거주자들이 차지하고 있었다. 결국 집 주인이 주변을 깨끗이 정리할 때까지 마리아와 안드라스는 얼마 전까지 나쁜 기억이 있던 "유대인 임시 거주지"로 사용되던 곳에서 밤을 지새야 했다.

어머니와 아들은 이제 과거의 삶을 회복할 준비를 한다. 말할 필요도 없이 이런 일을 하려면 마리아가 해야 할 일들이 너무나 산적해 있었고 미망인이 되었다는 현실을 받아들이고 아들과 자신을 위해 새로운 삶을 꾸려 나가야 했다. 안드라스에게 이제 삶은 행복하고 연장된 방학과 같은 기분이었다. 더 이상 독일 병사나 포격을 걱정할 필요가 없었고 가짜 과거와 가짜 이름을 외울 필요가 없었다. 무엇보다도 곧 아홉 살이 되고 여섯 달 후 돌아오는 새 학기에 2학년을 시작할 필요가 없다고 어머니가 결정했기 때문이었다. "마치 영원한 방학과도 같았습니다." 어린 나이에도 세상 물정에 밝았던 안드라스는 곧 능숙하게 친구들을 사귀기 시작했고 자유롭고 규율로 통제 받지 않는 나날들을 보낸다. 그렇게 안드라스는(자신도 나중에 인정했듯이) 말썽꾸러기가 되어갔다.

마리아의 일상은 이제 거의 2년 동안 소식을 듣지 못한 남편을 찾는 일로 채워진다. 공적이든 사적이든 자신이 할 수 있는 모든 방법을 동원해 사람들에게 남편의 소식을 들으려고 연락을 취한다. 그러나 아무 소식도 듣지 못했고, 언제든 포로들이 귀환한다는 소문이 돌면 기차역으로 귀신에 홀린 듯 나가 희망의 눈길을 보내곤 한다.

안드라스는 어머니의 이러한 행동에 신경질이 나기 시작한다. "어머니가 원하는 결과를 결코 얻지 못할 것이라는 것이 매우 명확해 보였습니다. 나는 그때 거의 아버지를 기억조차 못했고, 서서히 사라져가는 그나마 남아있던 기억조차도 어머니의 집착 때문에 변색되어 갔습니다."

30장
재회

1945년 11월, 안드라스의 아홉 번째 생일날, 소련의 포로수용소로부터 헝가리 군인들이 석방되었다는 소문이 다시 한번 퍼진다. 여러 대의 기차에 나누어 그들이 부다페스트로 돌아온다는 소문이었다. 그래서 마리아는 매일 같이 기차역으로 향했고 가끔은 억지로 안드라스를 데리고 갔다. 그러나 매일 실망을 안고 집으로 돌아와야만 했다.

마리아는 조지와 자신이 결혼 초기에 함께 약속한 비밀스러운 한 가지 희망에 매달렸다. 두 사람이 헤어지게 된다면 어떤 일이 있어도 반드시 서로를 찾기로 한 약속이었다. 기차역의 기차 도착을 알리는 기적 소리가 울릴 때마다 마리아는 기차역으로 달려 나갔다. 그러던 어느 날, 포로수용소에서 풀려나 돌아오는 군인들이 기차에서 내리고 짐을 든 채 무거운 걸음으로 지나가는 사이에서 마리아는 자신이 무엇인가 비밀스러운 기차 기적 소리를 들었다고 생각한다. 그리고 미친 듯이 사람들 속을 찾아 헤매기 시작했고 안드라스는 어머니가 잠시 평정심을 잃었다고 생각하며 불평을 한다.

그런데 갑자기 지저분하고 낡은 복장의 쇠약한 한 병사가 차 문에서 내리는 것이 보였다. 그리고 안드라스는 어떻게 대처해야 할지 알 수 없는 상황에 맞닥뜨린다. "나는 그 순간 당황했습니다. 분명히 이 사람은 우리 아버지였습니다. 그러나 마치 낯선 사람처럼 보였습니다. 나는 아버지를 사랑해야 했지만 내가 그 당시 느끼는 감정에 확신이 서지 않았습니다. 그리고 그동안 내가 틀렸다는 사실에 당황했습니다."1

조지 그로프는 지옥 같은 삶을 통과해 왔다. 그리고 실제 지옥을 보고 돌아왔다. 함께 노역을 하던 많은 동료 군인들이 그 상황이 실제 전투가 아닐지라 해도 포로수용소에서 질병과 기아로 죽어갔다. 그리고 조지 역시 아직 그 후유증으로부터 완전히 벗어나지 못하고 있었다. 이미 4월에 가족에게 돌아간다는 편지를 썼지만 그가 집에 도착하고 난 후에야 편지가 도착한 것이다. "사랑하는 여보, 여기는 이제 모든 일이 비로소 끝이 날 듯하고, 당신과 안드라스를 다시 볼지도 모르겠습니다. 하지만 지금 후유증을 앓고 있어요. 일종의 피부 궤양인데, 계속 온몸으로 퍼지고 있답니다. 여기는 지금 의약품이 전혀 없어요. 게다가 이 사람들은 어떻게 치료해야 할지도 모른답니다. 마치 지난 3년 동안의 사투가 허사가 되는 듯합니다. 내가 지금 하고 싶은 일은 당신과 안드라스를 보고 싶은 일 뿐입니다. 그리고 모두가 무사하기를 바랄 뿐이에요. 그러나 나는 서서히 파괴되고 있답니다. 당신을 향한 사랑만이 내가 기대는 유일한 힘이랍니다."2

조지는 다가오는 비참한 죽음으로부터 벗어나려고 자신을 강하게 담금질한다. 그리고 불행했던 사람들과 달리 살아서 다시 가족을 만나게 된다. 역시 전쟁의 참상을 목격한 수많은 사람들처럼 조지 역시 회복 이후에도 오랫동안 전쟁 이야기를 하지 않는다. 앤디 그루브는 나이가 들어 노인이 되어서야 비로소 아들에게 포로수용소에서 특히 소련군과 리투아니아 출신의 경비병에게 당한 야만스러운 일들을 이야기 해준다. 앤디 그루브는 회고록에 그중 일부를 다음과 같이 남긴다. "내가 들었던 가장 끔찍한 이야기는 뼈가 시리도록 추웠던 한 겨울에 아버지가 속한 포로들을 알몸으로 나무에 오르게 시킨 후, 경비병들이 차가운 물을 그들에게 뿌리고, 그들 중 한 명 두 명 나무에서 떨어져 얼어 죽는 것을 바라보며 자기들끼리 웃었다는 이야기였습니다."3

가족이 상봉한 그 해 가을과 겨울이 지나자 그로프 가족은 서서히 치유받기 시작했고 미래를 준비하기 시작한다. 그리고 한 가지 잊어야 할 일만 남기고 있었다. 그리고 앤디 그루브가 자서전에서 이 이야기를 꺼냈다는 사실이 놀라울 뿐이다. 바로 어머니의 임신과 중절 결정이었다. 부모님은 시간이 오래 지난 후 그 결정의 이유를 말한다. 바로 이 끔찍한 세상에 또 다른 아이를 데리고 오고 싶지 않다는 이유였다. 앤디 그루브의 회고록을 읽은 독자라면 조지가 그 해 겨울에 겪었던 일과 이 결정이 깊이 연관이 있다는 사실을 부정하기 어려울 것이다. 앤디 그루브는 언제나 중절한 아기가 여동생이었을 것이라 믿는다. 그가 여성들과 인연을 가지게 되지만(특히 부인과 딸들), 그가 겪은 전쟁의 마지막 희생양이었던 잃어버린 여동생은 앤디 그루브의 머릿속에서 영원히 떠나지 않는다.

이 시기는 항상 힘겨운 새 소식을 받아야만 하는 때였다. 많은 친척들과 이웃이 살아 돌아오지 못했다. 앤디 그루브의 친할머니도 아우슈비츠에서 삶을 마감한다. 이제는 헝가리인 열 명에 한 명 꼴로 수많은의 소련의 붉은 군대가 헝가리를 점령했고 전쟁이 끝났음에도 돌아갈 기미를 보이지 않았다.

그전에 헝가리를 점령했던 국가들과 달리 스탈린은 헝가리 사람들에게 자유투표권을 행사하도록 허락한다. 그리고 투표는 공개로 이루어진다. 전쟁 기간 중에 헝가리는 모든 것이 파괴되어 거의 평지가 된 상태였고, 수백만 명의 헝가리인이 전쟁에서 사라졌으며, 유대인들 중 절반이 독일의 유대인 수용소에서 삶을 마감했다. 그리고 소련군이 헝가리를 점령하자 대부분의 전 지도자들을 처형한다. 헝가리에는 사회 기반 시설이 거의 남아있지 않았다. 전기, 수도, 다리, 도로 그리고 기차 등 거의 모든 것이 파괴되어 잔해만 남아 있었다. 공장의 내부는 완전히 비워져 있었고 특히 부다페스트는 주택이 절대적으로 부족한 상황이었다. 한편 지방 정부는 종이 부족에도 끝없이 화폐를 찍어내기 시작한다. 그리고 이러한 무분별한 발행으로 바이마르 공화국 시절 수준의 하이퍼인플레이션이 발생한다(60년 후 짐바브웨에서 비슷한 일이 다시 발생한다).

스탈린은 특유의 영리함과 잔인한 성격을 바탕으로 이러한 헝가리를 예의 주시하고 치부를 숨기려는 방법으로 자유선거를 허용하여 헝가리의 선의를 이용하기로 결정한다. 스탈린은 이미 경제가 붕괴될 것이라는 사실과 선거를 통해 세워진 정부가 그 모든 비난을 받을 것이라는 사실을 이미 알고 있었다. 결국 유권자들은 네 개의 정당이 연합한 정부를 선출하고 이 정부는 '노동자와 상점주인 및 독립 소규모 자작농으로 구성된 당(blue collar/shopkeeper Independent Smallholders Party)'이 주도한다. 그러나 모두가 헝가리 공산당이 소련의 앞잡이로 지방과 부다페스트의 거리를 관할하는 붉은 군대의 지원 아래 모든 권력을 쥐었다는 사실을 잘 알았다.

그러나 일상은 여전히 평상시처럼 돌아갔다. 마리아는 유제품을 파는 상점에서 일했고 조지는 백화점에서 일자리를 구해 근무했다. 다뉴브 강을 가로지르는 다리는 새로 건설되었고 도시는 서서히 다시 제자리를 찾아갔다. 안드라스는 3학년이 되었고 성적이 우수했다. 안드라스 가족은 과거의 희망과 목표를 서서히 되찾았고 이제는 이 모든 희망과 목표를 오직 아이 중심으로 전개했다.

오래지 않아 조지와 마리아는 안드라스가 영어를 배우도록 시켰지만 안드라스는 영어 수업을 좋아하지 않았다. 헝가리 억양이 여전히 남아 있었고 분명히 적성에 맞지 않는 듯했다. 하지만 안드라스의 미래에 중대한 결정이었음이 훗날 드러난다. 마리아는 여전히 선견지명을 가지고 앞날을 바라보았던 것이다.

좋은 시절은 그에 따르는 부작용을 가져온다. 앤디 그루브가 놀라울 정도로 빠르게 살이 찌기 시작한 것이다. "전쟁이 끝나고 일 년이 지나자 나는 살이 찌기 시작했습니다. 처음에는 좀 포동포동해졌죠. 그러더니 점점 더 심해지기 시작합니다. 학교에서 친구들이 푸피(뚱보)에서 로피(돼지가 내는 소리의 의성어) 등 다양한 별명을 붙여줍니다. 나는 그런 별명들을 좋아하지 않았지만 내가 피할수록 아이들은 운동장에서 더 크게 내 별명들을 부르곤 했습니다. 결국 나는 체념하고 별명들을 받아들였고 후에 나조차도 진짜 이름처럼 느끼기 시작합니다."[4]

그루브의 전기 작가 테드로우는 조금 더 나아가 앤디 그루브가 살이 찌기 시작한 데는 잠재된 심리 요인이 있다고 여긴다. 그러나 현실에서 부모님은 그동안 앤디 그루브가 겪었던 모든 일들을 고려하여 앤디 그루브의 삶에 그다지 관여하지 않기로 결정한다. 그러나 한 가지는 확실했다. 앤디 그루브가 전쟁을 겪었던 시기만큼이나 이 학창 시절을 확실히 기억한다는 점이다. 친구들의 놀림에서 오는 창피함과 절망감 등으로 그가 성인이 되고 나서는 결코 그런 감정을 느끼고 싶지 않았고 아마도 그 시절을 생생히 기억하려고 당시 뚱뚱했던 모습의 사진을 보관하기까지 한다.

일단 운동장에서 교실로 들어가면 앤디 그루브는 더욱 공부에 몰두했다. 귀가 아직 완치가 되지 않았기 때문에 머리를 물 밖으로 내밀고 하는 수영을 제외하고는 항상 운동에서 제외되어야 했기 때문이다. "내 귀는 여전히 진물이 흘렀으며 아직도 잘 들을 수가 없었습니다. 그러나 내가 교실 맨 앞에 앉으면 선생님은 바로 내 앞에 계시면서 큰 목소리로 맨 뒤까지 잘 들릴 정도의 목소리로 수업을 하셨습니다."[5]

뚱보, 귀머거리 '돼지'는 계속해서 반에서 제일 좋은 성적을 받는다. 그리고 좋은 성적은 집안 분위기에도 도움이 된다. 삶 역시 조금씩 안정을 찾아갔고 부모님은 다시 여유 있는 삶을 가지게 되면서 이웃들도 하나 둘씩 늘어난다. 그리고 다시 그루브 집안은 사람들이 모이는 장소로 바뀌어 간다. 그러나 바깥세상에서는 다시 한번 소련 공산주의가 만든 왜곡된 세상으로 변화되고 있었고, 천천히 그러나 가차 없이 하나의 민간 기관에서 다른 민간 기관을 덫에 빠뜨려 하나씩 하나씩 정부의 소속으로 바꾼 후 다음 목표를 향해 이동했다. 전쟁이 끝나고 몇 해가 지나서 이러한 경향은 그다지 큰 진통을 수반하지는 않았다. 그러나 스탈린식 공산주의는 결코 자비롭지 않았다. 1949년, 나머지 동유럽이 철의장막 뒤로 가려진 후 마침내 소련은 본심을 드러내기 시작한다.

31장

망명자 앤디

1949년 11월, 헝가리 전체가 라디오에서 나오는 헝가리 외무부 장관(Laszlo Rajk)의 재판 소식을 듣는다. 이 재판은 1930년대 소련에서 행해지던 스탈린의 숙청 분위기와 닮았고, 재판 기간 동안 헝가리의 외무부 장관은 혹독한 고문을 받은 후 모든 것을 자백한다. 그리고 10월 15일에 처형당한다.

이와 비슷한 경우가 주변 국가에서 계속해서 반복되었고 이에 헝가리 대부분 사람들의 반응은 두려움보다는 혼란스러움이었다. 외무부 장관이 분명히 자백을 했다. 아니면 혹시 고문에 따른 억지 자백인가? 날이 갈수록 바깥세상과의 연결은 단절되고 오로지 정부가 방송하는 라디오를 통해서만 소식을 접했다. 그리고 갈수록 진실에 의혹이 쌓인다.

안드라스 그로프(Andras Grof: 앤디 그루브)는 타고난 경험주의자였으며, 이제 언론인이 되는 꿈을 꾸었다. 그러나 자신의 눈으로 직접 목격하는 것과 정부의 라디오 방송에서 나오는 사실 간의 차이는 갈수록 받아들이기 힘들었다. 결국 그 차이에 앤디 그로프는 숨이 막혔고 도저히 참을 수가 없었다. 솔직하고 무디지만 항상 진실함을 중시하는 모습은 앤디 그루브를 규정하는 중요한 성격이었다.

1950년 5월 1일, 공산당의 노동절 경축 행사 동안 안드라스와 몇몇 친구들은 행진을 구경하고 축하하려고 영웅 광장에 가기로 약속한다. 아직 광장으로부터 몇 거리나 떨어져 있었지만 스피커에서 나오는 행사 소리와 수많은 군중의 환호와 함성이 들렸다. 그들은 고개를 내밀고 점점 더 거대해지는 공산주의 행사 문화 특유의 멋진 장관과 흥미진진한 볼거리를 보려고 조급해 했다. 그들이 광장에 다다를 무렵, 아직 건물들에 가려 행진을 볼 수가 없었지만 거대한 무리의 사람들이 지르는 함성이 들렸다. "공산당이여 영원하라! 마차시 라코시(Matyas Rakosi) 수상이여 영원하라! 스탈린이여 영원하라!"

축하 행사에 참여하고 싶어 안달이 난 일행은 건물 구석을 재빨리 뛰어나가고 행렬 앞에서 멈춘다. 앤디 그루브는 "하지만 우리가 광장에 도착했을 때 손을 흔드는 사람들은 관중석에 있는 공산당원 뿐이었습니다. 어디에서도 지나간 행진 모습을 볼 수 없었습니다. 행진에 환호하는 사람도 없었고 우리 중 누구도 환호하지 않았습니다."라고 기억한다.[1]

이 행사는 전함 포템킨 반란을 기념하는 것이었다. 그러나 그곳에 환호하는 관중은 없었고 안드라스와 친구들이 들은 환호는 길을 따라 세워진 기둥 끝에 달린 스피커를 통해 나오는 소리였다. 전국 곳곳에서 상영되는 홍보 영화에 쓰일 장면을 촬영 중인 카메라는 거짓 환호와 관중석에 있는 무신경해 보이고, 호전적인 사람들과 긴 줄로 사람들이 대열을 형성하여 광장을 지나가는 모습을 촬영 중이었다. 텅빈 광장과 명령에 따라 걸어가는 행진하는 사람들 이외에는 아무것도 없었다.

모든 것이 거짓이었다. 그리고 새로운 헝가리의 모습이 거짓이라는 사실을 안드라스는 처음으로 깨닫는다. 2년 전에 아버지는 어머니가 일하는 유제품 가게에서 함께 일하기 시작했고 정부가 국민의 이름으로 유가공 산업을 국유화하자, 모두 열 명의 직원으로 운영되던 회사의 신선한 치즈와 버터, 요구르트 등의 일일 공급이 중단된다. 소득이 줄자 마리아와 조지는 안드라스를 보다 학비가 저렴한 학교로 전학 보낸다. 안드라스는 재빨리 새로 전학 온 학교가 자신이 다니던 학교와는 다르다는 사실을 깨닫는다. 전혀 다른 분위기였고 그것은 주로 바깥 사회와 단절이 가져온 사회의 근본 변화가 원인이었다. 교육 정치 인민회에서 배포하는 새로운 공식 교과 과정은 현실로부터 보다 동떨어진 내용을 담았다. 그리고 교과 과정에 담긴 명백한 오류를 수정하려는 시도는 당연히 배척되었다. "공산당과 조금이라도 연계된 그 어떤 것에도 반하는 태도를 취하는 것은 그다지 현명해 보이지 않았습니다."라고 앤디 그루브는 당시를 회상한다. 앤디 그루브는 검열된 지식 속의 진실과 공산당이 '진실'이라고 말하는 것 사이에서도 똑같이 하품을 나게 하는 간격을 사회의 모든 부분에서 본다. 이제 언론인을 꿈꾸는 앤디 그루브는 자신이 산산조각 나는 듯한 기분을 느낀다. "한편으로는 어머니와 나의 생명을 구해준 사람들이 공산당이었기에 언제나 이 사실에 감사하는 마음이 있었고 이 감사하는 마음이 그들이 내세우는 주장을 믿도록 강요했습니다. 다른 한편으로는 그들이 내가 이해하지 못할 정치 철학을 앞세워 점점 우리의 일상에 더욱 깊이 관여했습니다."[2]

외무부 장관의 재판과 관련하여 안드라스의 마음속 모순은 더욱 커져만 간다. 외무부 장관은 정말 배신자였을까? 판결은 미리 결정난 듯해 보였다. 그리고 처형은 순식간에 일어났다. 학교 신문과 젊은이들을 대상으로 하는 시사지 양쪽에서 언론인으로서 자신감을 키워가던 안드라스는 무엇인가 잘못 돌아간다는 사실을 감지한다.

그리고 노동절이 찾아오고 시사지의 주요 취재 거리로 안드라스에게 취재 업무가 주어진다. 그러나 행사의 거짓은 안드라스에게 너무나 감당하기 힘든 일이었다. 공산주의 정권 아래서 삶의 모순은 점점 더 커져갔고 특히 안드라스와 같이 세상을 정직함으로 일관성 있게 바라보는 사람들에게는 이 모순이 받아들이기 힘들어져 간다. 라디오와 신문은 거짓만을 보도했다. 학교에서 배운 것은 드러내놓고 거짓을 호도하려는 경우가 아니어도 절반만이 진실처럼 보였다. 그리고 그로프 집안에 모이는 사람들은 갈수록 자신들이 하는 말에 조심하고 신중해졌다. 그리고 무엇보다도 나쁜 일은 새로운 정권에 아버지와 삼촌이 보여주는 상반된 반응이었다. 조지 그로프에게 유제품 관련 일을 그만두고 백화점에서 일하게 된 것은 운명과 같았다. 그리고 곧 정부 기관에 발탁되어 정부 소유의 가축을 키우고 수출하는 회사의 감독관이 된다. 조지 오웰의 '동물 농장'

이 조지 그로프가 포로수용소에서 풀려나 부다페스트로 돌아오는 거의 비슷한 시점에 출판되었고, 이제 조지는 새로운 노동자 천국에서 다른 사람들과 동등하게 일하는 실제 현실을 경험했다. 한편으로 조지와 마리아는 일자리를 얻어 흥분을 감추지 못하던 가정부 두 명을 강제로 해고하도록 지시 받는다. 정부의 이유는 그들이 '착취' 받는다는 것이었다.

그러나 아버지는 앤디 그루브의 표현을 빌리자면 '아주 우아한 비서'를 두고 운전기사까지 딸린 새로운 자리에서 일하게 된다. 게다가 두 사람은 똑같은 '착취'라는 정부의 반응에서 예외인 듯해 보였다. 조지는 공산당이 승인한 특권 계층(Nomenklatura)이었다. 아들은 죄책감을 넘어 이러한 아버지에게 혐오감을 가지게 되고 아버지의 새로운 권력과 번영에 반기를 든다. 한편 과거 유대인 수용소에 마리아가 있을 당시 애로우 크로스가 수용소를 습격하기 전에 빠져나오도록 도움을 주었던 조지의 처남 사니(Sanyi)는 전후 헝가리에서 조지와 다른 길을 걸어갔다. 신문사의 편집장이 되었고 자신의 일에 용기를 가지고 임했다. 사니는 정부의 거짓말에 도전하는 것을 두려워하지 않았고 그런 행동은 정부의 미움을 사기에 충분했다. 특히 소련 공산주의 정권하에서는 위험한 행동이었다. 안드라스는 사니를 존경하였고 안드라스가 언론인이 되고 싶어 하는데 가장 큰 영향을 미친다. 1951년 초 평범했던 날, 신문을 읽던 마리아는 조지의 이름이 거론된 기사를 읽는다. 기사의 내용은 조지가 부르조아에 연루되었다는 내용이었다. 공포가 온 가족에게 몰아친다. 그러한 일에 연루된 사람들은 체포되어 고문을 받거나 처형되었기 때문이었다.

그러나 고발의 이유가 무엇인가? 그 대답은 곧 나타난다. 사니와 그의 사위가 비밀 경찰에 체포되어 잡혀간 것이다. 앤디 그루브는 당시를 다음과 같이 기억한다. "겁에 질리고 도움을 청할 곳 없는 숙모가 다음날 우리 집으로 찾아 왔습니다. 아무도 그들이 잡혀간 이유를 묻지 않았고 어디로 끌려갔는지 묻지 않았습니다. 아무런 혐의도 조사도 없었습니다. 그렇게 그들은 사라졌습니다.[3] 이제 다음 차례는 그들이었을까? 그들이 할 것은 그저 다음에 일어날 일을 기다리는 것 말고는 아무 것도 없었다. 그리고 그 응답은 바로 왔다. 아무런 설명도 없이 조지는 직장에서 해고되고 그나마 이전 월급의 4분의 1을 받는 직업을 구한 것만으로 행운이라고 여겨야 했다. 전기 작가 테드로우는 다음과 같이 기록한다. "새로 직장을 구한 것만으로도 다행이었지만 가족의 삶은 이전보다 훨씬 낮아졌습니다. 한 주에 겨우 한 번 육류를 섭취했고, 더 이상의 육류 가공품은 없었습니다. 장거리를 출퇴근해야 했으니 운전기사가 딸린 삶에서 많이 강등을 당한 셈이었습니다."

조지는 항상 금욕주의 성향이 강했다. 앤디 그루브는 "나는 한번도 아버지가 직장을 잃은 것에 불평하는 것을 본 적이 없었습니다. 사실 아버지가 그 어떤 것에도 불평을 하는 것을 본 적도 없었죠. 그러나 아버지는 조용해지셨습니다. 아버지는 정치 이야기를 열렬하게 하시던 분이었죠. 이제 아버지는 더 이상 정치 이야기를 나누려 하지 않으셨습니다. 그리고 어떤 경우에도 토론을 하려고 하지 않으셨습니다. 그리고 대부분의 친구들은 여전히 아버지와 거리를 두었습니다.[4]

조지 그로프는 마치 방사능처럼 모든 사람이 회피하는, 존재감이 없는 사람 취급을 받는다. (조지 오웰의 표현을 빌리자면) 신문에 실렸던 조지의 이야기를 믿지 않는 이웃이나 친구들조차도 그가 회사에서 눈에 띄지 않는 것이 신중한 태도라고 생각한다. 이제 '노동자 천국에서 다른 사람들과 동등하게 일하는 협동 작업에서 오는 특권과 그가 선택했던 정권'은 아버지의 씁쓸한 침묵만을 남긴 채 사라지고, 전쟁이 끝나고 회복하지 못하던 인간관계의 소원함만이 더욱 커져간다. 그로부터 반세기가 지나고 부모님 모두가 돌아가셨을 때 앤디 그루브는 회고록을 어머니에게만 헌사 한다. 그리고 회고록을 삼촌이 글을 썼던 것처럼 외교 수사를 사용하기보다 단호하게 사실에 기반하여 작성한다.

아버지와 삼촌에게 드리웠던 오명이 이제는 안드라스에게도 다가온다. 갑자기 거의 승인을 받았던 기사가 보도되지 않고 거대한 서류더미 속에 묻힌 것이다. 이유를 알고 싶어 편집장에게 접근했지만 안드라스는 대답을 회피하는 편집장을 볼 뿐이었다. 안드라스는 이 일을 어머니에게 이야기했고 어머니는 아마도 삼촌의 체포와 관련된 듯하다고 대답을 해준다. "언론인이 되는 꿈이 갑자기 사라지고 말았습니다."라고 앤디 그루브는 기억하며 그 후 다시는 기자나 편집장의 말을 신뢰하지 않는다.

청소년기에 접어들면서 가족 주변의 환경 변화는 다시 한번 학교 생활의 변화로 이어졌다. 가족이 처한 어려움 속에서도 열다섯 살이 된 안드라스의 진가가 서서히 드러나기 시작한다. 반에서 항상 최고의 성적을 받을뿐만 아니라 거대한 자아와 커다란 의지를 드러내기 시작한 것이다. 곧 작문 선생님은 부모님과의 만남에서 이렇게 말한다. "언젠가 우리는 안드라스를 만나려고 대기실에서 기다려야 할지도 모릅니다."

안드라스가 가장 좋아한 선생님은 볼렌스키(Volenski)였다. 그의 물리학 수업은 소년의 남은 인생에 큰 영향을 미치게 된다. 마다흐(Madach) 제2 학교에서 열린 학부모 강의 수업에서 볼렌스키는 조지와 마리아에게 모두가 들리도록 큰 목소리로 이렇게 말한다. "삶이란 큰 호수를 건너는 것과 같습니다. 소년들 모두가 호수에 뛰어들어 수영을 시작합니다. 그러나 모두가 호수를 건너는 것은 아니지요. 그러나 이 중에 한 사람 호수를 무사히 건널 소년이 있다면 아마 안드라스일 것입니다."

이 말은 안드라스의 남은 삶을 사로잡는다. 그리고 의심할 여지가 없이 인생에서 힘든 일을 겪을 때마다 그 말을 되새긴다. 그리고 그가 마침내 회고록을 쓰게 되었을 때 안드라스는 오랜 스승의 말을 회고록의 제목으로 정했을뿐만 아니라 회고록 마지막 글귀를 다음과 같은 글로 마무리한다.

"오래전 볼렌스키 선생님이 예언하셨듯이 나는 호수를 무사히 건넜습니다. 아무런 노력이 없었던 것도 아니고, 한 번도 물러서지 않았던 것도 아니었으며, 다른 이들이 해주는 격려와 도움이 없었다면 이렇게 건널 수 없었을 것입니다. 나는 오늘도 호수를 건넙니다."[5]

학교에서 모두가 안드라스를 알게 되기까지 오랜 시간이 걸리지 않는다. 안드라스는 자신이 참석하는 모든 수업에서 두각을 나타낸다. "언론인이 되려고 하던 꿈이 대실패로 끝나고 나는 주관이 덜 가미된 관점에서 새로운 직업에 관심을 가졌습니다."라고 훗날 자서전에서 말한다. 안드라스는 화학을 전공하기로 결심한다. 마다흐 학교에서 3년째가 되자 화학 성적이 뛰어났던 안드라스는 실험실에서도 무척 신뢰를 받았기에 2학년에 들어서는 여학생 30명이 모인 수업에서 폭발물인 니트로글리셀린을 제조하는 방법을 시연한다.

이제 열일곱 살이 되고 같은 반 친구들보다 한 살 많은 안드라스는 점점 몸매가 날씬해지고 외모가 출중해졌다. 그리고 이 시연의 순간은 안드라스의 인생에서 중요한 순간이 된다. "꽝!" 시연을 훌륭하게 마친 이 순간을 앤디 그루브는 회고록을 통해 여전히 당시를 기억한다. "교실 여기저기서 탄성이 터져 나왔고, 모두가 박수를 쳤습니다. 나는 세상의 정상에 선 기분이었습니다."[6] 자신을 내세우고 싶어 하는 안드라스가 이 순간에 태어난다.

심지어 영어 수업에 더 대단한 일화를 남긴다. 그가 언론인이 되는 꿈을 접었을지는 모르지만 그렇다고 글쓰기를 그만둔 것은 아니었다. 그가 수업 시간에 짧은 작문을 제출할 때가 오자 제목을 "절망"이라 짓고 작자를 숨긴 채 제출하기로 결정한다.

이 작문이 제출되고 돌아온 반응은 작가가 꿈꾸는 순간과 같았다. 안드라스의 작문 선생님은 이 글을 복제해 반 학생들에게 나누어 주고 모두가 읽고 감상하도록 한다. 바로 토론이 이어지고 반의 학생들 모두가 이 글은 재능 있는 작가가 쓴 글이라고 결론을 짓는다. 그리고 과연 누가 이 글을 썼는지 궁금해 한다. 작문 선생님은 "누가 이 글을 썼든지 간에 우리가 모르는 사람은 절대 아니다."라고 말한다.

안드라스는 학생들의 반응을 살피고 기다린다. 안드라스는 상황을 극적으로 만들 줄 아는 재능이 있었다. 그래서 모두의 반응이 절정에 달하기를 기다린다(1980년대 매출 관련 회의가 있기 전까지 아무도 잘 눈치채지 못한 재능이지만). 마침내 모든 학생들이 이 글의 작가로 다른 학생을 지목하고 단호히 자신이 아니라고 그 학생이 거부하는 순간 자리에서 일어서 그 글의 작가가 자신임을 알린다. "교실은 소동에 빠지고 수업은 흥분한 학생들로 인해 멈추고 맙니다. 학생들은 나의 등을 두드리며 격려하고, 또 축하하기도 하며, 믿기지가 않는 듯 고개를 저었죠. 텔게디(Telgedi) 선생님은 저와 손을 잡고 악수를 했습니다. 그리고 계속해서 글이 정말 훌륭하다고 말씀하셨습니다. 이 순간은 내 인생에 가장 흥분되는 순간이었습니다."7

불과 3년 만에 안드라스는 의심스러운 유대인 가족에서 온 뚱보 소년에서 날씬하고 잘생기고 모두가 좋아하는 학생이 되어 있었다. "하루는 집에서 거울을 보다가 살찐 모습이 어느새 없어진 것을 알게 되었습니다. 근육이 생기는 것을 알고 정말 기뻤죠. 나는 마침내 모든 비만을 없앴습니다." 마치 그가 어두운 구름 속을 마침내 벗어나 햇살이 비추는 양지에 선 것과 같았다. 이보다 절묘한 순간은 없었을 것이다.

1953년 3월, 스탈린이 사망한다. 앤디 그루브는 회고록에서 누구보다도 이 상황을 잘 묘사한다. "스탈린의 인상은 내 마음속에 소련의 인상과 연계되어 도저히 지울 수 없는 것이었습니다. 군인 복장에 수염을 기르고 언제나 친절한 표현을 하던 모습은 세상 어디에서도 보였습니다. 사무실, 연회장, 건물 외벽 등 모든 곳에 스탈린의 사진이 있었고 마치 제 삶의 한 부분 같았습니다. 그당시 나는 점점 더 소련의 선의에 회의감을 가지기 시작했고 이러한 심정의 변화와 스탈린의 죽음 그리고 언제나 친절한 모습의 사진들이 사라지는 것을 보면서 복잡한 감정을 느꼈습니다. 나는 한편으로 기뻤고 한편으로 슬펐고 매우 혼란스러웠습니다."8 스탈린의 잠재 후계자들은 과연 누가 붉은 광장의 연단에 최후에 서게 될지 살펴보며 발 빠르게 움직이기 시작했고, 소련의 위성 국가들은 특히 헝가리는 더욱 더 이틈을 이용해 소련의 압력에서 벗어나 제도를 개혁하려 한다.

상황은 더욱 호전되기 시작한다. 6월이 되자 헝가리 공산당은 모스크바에서 부름을 받는다. 며칠이 지나지 않아 라코시(Rakosi) 헝가리 수상이 물러난다.

더 좋은 것은 해가 지나자 75만여 명에 이르는 정치범이 사면을 받고 강제노동 수용소에서 석방된 것이었다. 그중에는 안드라스의 삼촌 사니도 포함되어 1954년 봄에 석방된다. 가족은 이제 다시 모두가 모였지만 이들이 가졌던 정부나 그에 상응하는 단체를 믿는 일은 영원히 사라진다.

한편 학교에서 최고의 인기를 끌던 안드라스는 자신이 자연 과학을 공부하고 싶어 하던 부다페스트 대학에 입학을 준비한다. 그러나 두 가지 큰 장애물이 기다렸다. 첫 번째는 구두시험으로 안드라스가 쉽게 통과할 과정이었다. 두 번째는 보다 불길한 사실로 안드라스가 학교에서 '외부인(class alien)'으로 공식 분류가 되었다는 사실이었다. 이는 아버지와 삼촌의 기록을 비밀경찰이 가졌기 때문이었다. 이러한 기록들은 대학 입학에 확실한 탈락 사유였다.

안드라스는 이 장애를 피할 유일한 방법을 찾는다. 오래된 친구 중에 정부에서 일하는 사람이 있었고 그를 통해 비밀리에 부탁을 하려 했던 것이다. 이 방법은 뒷문을 이용하는 것과 같았다. 그를 통해 이제 안드라스는 '기타(others)'로 분류를 바꾼다. 이렇게 두 번째 장애물을 제거하고 안드라스는 부다페스트 대학에 입학한다. 대학에 가려고 어떻게 정부와 관료 행정 사이를 오고 가야 하는지 첫 수업을 치른 셈이었다.

1955년 가을, 안드라스는 대학에 입학했고 대학에 다니는 학생들 모두가 냉전이 온다는 사실을 알았다. 그러나 안드라스에게 부다페스트에서의 대학 생활은 이보다 더 행복할 수가 없었다. 안드라스의 청각 장애에 무관심한 교수의 태도에도 최고의 성적을 받는다. 대학에 모인 학생 모두가 공부를 열심히 하고자 했고, 배우고자 했으므로 이제 더 이상 좋은 학생이 되려고 하는 것에 당혹감을 가질 필요가 없어졌기에 행복했다. 첫 해 그가 받은 정규 수업 외에도 안드라스에게 진정한 돌파구가 되어 준 것은 다른 친구들과의 사교 활동이었다. 부다페스트에 사는 유대인으로서 나치가 점령했을 때 유대인으로 구성된 학교를 다녀야 했고 언제나 호의를 베풀지 않는 환경에서 공부를 해야 했다. 몇몇 유대인이 아닌 학생들을 알았지만 그들을 친구로 여기지 않았다.

그런데 대학에 신입생으로 입학하면서 모든 것이 변한다. 여전히 기독교인과 유대인이 섞이는 경우는 많지 않았지만 안드라스는 졸탄(Zoltan)이라는 유대인이 아닌 지인과 가까워진다. 졸탄은 안드라스 본인만큼이나 명석한 학생이었고 또 안드라스의 호기심을 불러일으키는 사람이었다. "졸탄의 유머와 혜안은 나에게 깊은 인상을 심어 주었습니다. 그리고 서구권 음악과 문화에 가지는 관심도 한 몫을 합니다. 졸탄은 재즈 연주를 상당히 잘하는 학생이었습니다. 그리고 그의 관심이 서구권 문화를 접하려 한다는 사실에서 나온다는 점을 곧 깨달았습니다."

보다 흥미를 끄는 것은 졸탄의 정치 성향이었다. "졸탄은 종종 정치에 비판의 시각을 드러냈고 나도 점점 그에게 나의 성향을 보여주기 시작했습니다." 두 사람 모두 아직 욕구를 깨닫지 못했지만 이 열망은 모두가 바라던 언론의 자유였고 비밀리에 헝가리 전체로 퍼져 나갔다.

두 사람이 모두 가까운 친구 사이가 되는 만큼 두 사람의 종교가 둘을 갈라 놓았고, 진정한 친구가 되려는 사이에 벽이 되었다. 그러던 어느 날 마침내 앤디를 괴롭히던 문제에 정면으로 부딪치려고 결심한다. "내가 유대인인 것이 네게 문제가 되나?" "왜 네가 고약한 유대인이라는 사실이 내게 문제가 될 것이라 생각하지?"라고 졸탄은 대답한다. 그의 표현에 잠시 충격을 받은 듯 할 말을 못하던 앤디 그루브는 잠시 후에 씩 웃으며 "그래 그리고 내가 멍청한 이교도와 어울리는 게 왜 문제가 되겠냐"라고 맞받아친다.

앤디 그루브는 18살에 처음으로 기독교인 친구를 사귄다. 두 사람은 서로를 부르는 자신들만의 용어를 만들어 내기도 한다. 헝가리어에서 '고약한 유대인'의 약자는 주기율표상의 창연과 비슷했고 '멍청한 이교도'는 수은과 발음이 비슷했다. 그날로부터 두 사람은 자기들끼리 부르는 농담으로 서로를 주기율표상의 약어로 부르기 시작한다.

그렇게 대학 생활을 보내면서 당시 헝가리 법에 따라 안드라스는 모든 신입생들이 그러듯이 첫 여름을 군에서 보낸다. 국방의 의무를 수행하는 것은 특별히 성가신 일이 아니었고 오히려 하나의 캠프 생활의 연장선상에 있는 활동과 같았다. 특히 대학에 다니는 잘생긴 남학생으로서는 더욱 더 어울리는 일이었다.

그렇게 까맣게 탄 건강해진 모습으로 여름을 군에서 보내고 대학 생활 복귀를 열망하며 기다린다.

그러나 다시 한번 역사가 삶에 개입한다. 소련의 꼭두각시 정권으로 폴란드를 통치하던 잔인한 볼레스와프 비에루트(Boleslaw Bierut)가 사망한 것이다. 그리고 이 일은 자유를 갈망하는 폴란드 사람들에게 촉진제가 된다. '폴란드의 10월'에 폭동과 데모가 발생하고, 이 불길은 동유럽으로 퍼져나간다. 소련은 제국을 유지하려면 이와 같은 반동은 허락할 수가 없었고 정부의 엄포하에 모든 폭동과 데모는 진압을 당한다.

그러나 다음 차례로 반란의 시기가 다가오는 헝가리에서 자유를 향한 갈망의 불길이 더 높이 솟아오른다. 대학 전체로 열광이 퍼져 나가고 폴란드를 지지하는 행진이 조직되고 이 행진은 10월 23일 진행되기로 결정된다. 그날이 오자 수많은 일터에서 나온 노동자들이 행진하던 학생들에 합류하여 마치 거리 전체가 축제와 같았다. 안드라스에게 이 행진은 자신이 6년 전 보았던 텅 빈 광장의 공산당 행사와 다른 열광의 순간이었다. 그동안 보아오던 무뚝뚝하고 조용한 노동절 행사와는 달리 거대한 동시 다발의 데모가 이루어졌고, 마치 마술을 부린 듯한 모습이었다. 안드라스 역시 데모대에 합류한다.

그런데 모든 것이 통제 못할 회오리 속으로 빨려 들어간다. 행진을 하는 시가지 옆에 선 건물들에서 깃발로 보이는 것들이 나부끼기 시작한다. 전쟁이 끝난 후 헝가리에서는 언제나 공산당의 붉은 깃발이 휘날리고 있었다. 그런데 지금 휘날리는 공산당 깃발은 중앙의 망치와 낫 문장을 도려내 소련의 압제로부터 자유를 갈망하는 헝가리를 상징하는 깃발이었다. 충분히 이해가 갈만한 일이었지만 분명한 도발이었다. 그루브는 당시를 이렇게 말한다. "이 깃발들은 영원히 바뀌게 됩니다. 이 행동은 명확히 도발이었습니다. 나는 우리가 돌아설 수 없는 강을 넘었다고 느꼈습니다. 그리고 서서히 긴장되기 시작했습니다."9

그루브는 시간이 지날수록 더 긴장한다. 오후가 되어서 행진을 하던 군중에 수천 명의 헝가리인이 참여하기 시작하면서 걷잡을 수없이 커진다. 그리고 저녁이 되자 근무를 마친 공장 노동자들도 참여를 하기 시작한다. 어떤 이들은 철강을 자르는 토치를 가지고 오기도 한다. 그리고 그 토치로 유명한 스탈린 청동상을 자르기 시작한다. 상징으로 목 부분을 잘라내어 길 바닥에 내던지고 동상에 침을 뱉는다. 이 모욕에 소련의 붉은 군대가 머지않아 공격을 할 것이라는 사실을 의심하는 사람은 없었다.

불안감을 느낀 안드라스는 그날 밤 집으로 돌아간다. 그리고 총 소리에 놀라 잠자리에서 일어난다. 그리고 신중하게 그날은 대학으로 돌아가지 않은 것이 낫다고 판단하고 바깥 일을 알아보려고 라디오 방송을 듣는데 자유 유럽 방송과 미국의 소리 등 평소에 방해 전파로 인해 들을 수 없던 방송들이 나오는 것을 알고 놀란다. 그리고 방송에서 그들은 헝가리의 시위대를 모두 지지했다. 이 상황은 무엇을 뜻하는가? 헝가리 정부가 붕괴되었나?

실제로 헝가리의 수상과 내각이 헝가리 시골 외곽으로 도피를 한 상태였다. 붉은 군대조차도 도시에서 외곽으로 철수한 상태였다. 게다가 정부와 군 모두가 시골에서도 데모대가 계속 들고 일어나자 계속 이동 중이었던 것이다. 이 빛나는 순간만큼은 마침내 헝가리가 소련의 손아귀에서 벗어나 자유롭고 독립된 국가로 돌아가는 듯해 보였다.

그러나 이 순간은 환상에 불과했다 11월 4일, 붉은 군대는 지방을 시작으로 공격을 개시한다. 그리고 데모대를 거리에서 밀어내기 시작하고 부다페스트마저 점령한다. 그리고 서구 사회는 도움을 애원하는 절박한 라디오 방송을 듣는다. 슬픔에 잠긴 앤디 그루브는 당시를 이와 같이 기억한다. "나는 폭탄이 터지는 전쟁터에서조차 보지 못한 광경을 그때 보게 됩니다."

이제 붉은 군대에 의한 학살이 시작된다. 도망친 수상이 먼저 처형된다. 소련의 탱크와 대포에 저항하던 헝가리 남녀는 잔인하게 모두 학살된다. 그리고 일단 모든 통제권을 잡은 정부는 데모에 참여했던 사람들을 찾아 모으려고 비밀 경찰을 동원한다. 곧 학생들을 포함하여 사람들이 하나 둘씩 길거리에서 사라지기 시작하고 다시는 집으로 돌아오지 않는다. 그로프 집안에서는 안드라스가 무엇을 해야 할지에 절박한 의견이 오간다. 낮게 엎드려 안드라스가 경찰에 소집되는 명단에 속해 있지 않기를 바랄지 아니면 오스트리아 국경으로 도망쳐야 할지 결정을 내려야 했다. 후자라면 안드라스는 잡히지 않게 될 것이었다. 안드라스는 이미 어디로 향해야 하는지 알았다. 바로 미국이었다. 공산주의 정권이 말하듯이 제국주의 그리고 돈에 환장한 미국이었다. 공산주의 정권이 더 가혹한 단어로 미국을 쏘아붙일수록 미국은 더욱 매력적으로 변했다. 미국은 신기할 정도의 부와 현대 기술을 보유한 국가였다. 엄청난 자동차들과 초콜릿이 넘쳐나는 곳이었기 때문이었다.

최후의 결정을 재촉한 사람은 몇 년 전 안드라스가 시골에서 같이 지냈던 숙모 맨시(Manci)였다. 그녀는 안드라스에게 다음과 같이 말한다. "지금 가야만 해. 지금 꼭 가야만 해. 당장 가." 그녀의 말에는 아우슈비츠에서 살아 돌아온 사람의 절실함이 묻어 있었다. 마리아는 맨시의 의견에 동의하고 언제나 결단력 있는 모습으로 안드라스에게 다음 날 아침 출발할 것을 지시한다. 그날 밤 안드라스는 조용히 자신의 유일한 집이었던 아파트에 안녕을 고한다. 그리고 다시는 가족을 보지 못하게 될지라도 앞으로의 새로운 삶을 준비한다. 조지와 마리아 그리고 안드라스는 앞으로 다시는 보지 못할지도 모른다는 사실에 힘들어하면서도 평상시 아침처럼 길을 나선다. 마치 15년 전 함께 산책을 나가 밤하늘을 비추던 탐조등을 바라보던 날과 같은 느낌이었다.[10]

그리고 그들은 혹시 다른 사람의 눈에 띄는 것을 우려해 길게 서로를 포옹하지도 못하고 바로 헤어진다. 안드라스는 뒤를 돌아보지 않고 다른 도피자인 남자와 여자를 만날 접선 장소에 다다를 때까지 계속 걷는다. 세 사람은 함께 기차역으로 향하고 국경을 넘어 헝가리 국경으로부터 약 24킬로미터 떨어진 솜버트헤이(Szombathely)로 향하는 기차를 타고 225킬로미터에 이르는 여행을 한다. 그들은 기차 안에서 같은 목적으로 여행 중인 또 다른 여성을 한 명 만난다. 이제 일행은 네 명으로 늘어났고 자신들을 서구권으로 안내해 줄 안내자의 명단만을 가지고 목적지로 향한다. 그들은 명단에 이름을 각자 외운다. 그와 같은 명단을 가지고 다니는 것은 적발의 위험이 있었기 때문이었다.

이 여정은 이틀이 걸렸고, 마치 악몽에서 벗어나는 과정과 같아 숲과 들판을 걸어서 지나치며 오직 휘파람으로 가야 하는 외딴 시골집의 방향을 확인해야 했다. 그들이 목적지에 도착해 노크를 하고 문이 열리자 놀랍도록 아름다운 여성이 그들을 맞이해 주었고 그날 밤을 그 집에서 머문다. 안드라스는 별채에 머물면서 그날 밤을 다음과 같이 기억한다. "나는 거의 별이 보이지 않는 밤하늘을 문틈으로 바라보며 오늘 밤이 아마도 내가 헝가리에서 보내는 마지막 밤이 될 것이라고 생각했습니다."[11] 다음날 오후 그들을 안내할 사람이 나타난다. 그 사람은 마치 유령처럼 사라졌다가 갑자기 나타나 그들에게 가야 할 방향을 알려 주었고, 마침내 한 들판 끝에 도착하자 멈춰서서 먼 곳을 가리킨다. "저 불빛이 오스트리아입니다. 저 불빛을 따라 걸어가세요. 절대 눈을 떼지 말고요. 여기까지가 내가 갈 곳입니다."라고 속삭이면서 말한다.

네 명의 학생은 비틀거리며 어둠 속의 경작지를 가로질러 간다. 그런데 갑자기 개가 짖기 시작했고, 불빛이 밤하늘을 비추었으며, 그들 모두가 하얗고 강렬한 불빛에 노출된다. 네 사람은 각자 흩어져 땅에 엎드리고 불빛으로부터 빠져나가려고 애썼고, 불빛이 꺼지자 다시 들판은 컴컴한 어둠 속에 묻힌다. 그런데 누군가 "거기 누굽니까?'라고 묻는다. 네 사람은 그 사람이 헝가리어를 한다는 사실을 알았다. 자신들이 국경을 넘지 못했다고 생각했다.

그러나 "안심하세요. 당신들은 지금 오스트리아에 있습니다."라고 그 사람이 외친다.

네 사람은 곧 오스트리아 경찰에 인계된다. 경찰은 네 사람이 난방이 되지 않는 학교 건물에서 밤을 새게 한다. 시간이 오래 지나지 않아 이들 사이에서 논쟁이 시작된다. 여학생들은 자신들을 보호해주는 경찰에 고마움을 느꼈지만 안드라스는 자신의 운명을 또 다른 경찰의 손에 맡기려고 이렇게 먼 길을 온 것이 아니라고 역설한다. 그들이 자신들을 헝가리로 돌려 보내면 어떻게 할까? 다른 남학생도 안드라스의 의견에 동의한다. 그들은 이른 아침 두 그룹으로 갈라진다. 안드라스와 다른 남학생은 다시 길로 나와 여정을 시작한다. 그리고 두 여학생은 뒤에 그대로 남기로 결정한다.

자기가 살던 마을에서 멀리 벗어나 보지 못했던 사람답지 않게 젊은 안드라스는 마치 오랫동안 여행을 한 여행자처럼 그렇게 비엔나에 도착한다. 그리고 신속하게 두 개의 전신을 보낸다. 하나는 자신이 무사히 목적지에 도착하여 안전하다는 소식을 집에 계신 부모님께 보내는 것이었고, 또 하나는 뉴욕에 사는 맨시 숙모의 친척인 렌키(Lenke)와 라조스(Lajos)에게 자신이 미국에 도착하면 잘 곳을 마련해 줄 방법이 있는지 묻는 전신이었다. 후에 가족에게 보다 장문의 편지를 쓴다. 그중 일부는 "신만이 아실 것입니다. 내게 기회가 있다면 가능한 가장 멀리까지 갈 것입니다."

오스트리아를 떠나 미국으로 가기 위해 필요한 허가와 지원을 얻으려던 비엔나에서의 생활은 좌충우돌의 연속이었다. 앤디 그루브가 이 시절을 묘사하기를 자신은 미친 사람 같았다고 한다. 그리고 아마도 거대 기업의 거물이 될 가능성을 여기서부터 조금씩 보여주었는지도 모른다. 후에 자신이 인정하듯이 정부 기관에 있는 피난민 구호소에서 줄을 설 때 가장 열심히 뛰어가 맨 앞에 서기를 주저하지 않는다. 그러나 이러한 미친듯한 행동 속에서도 앤디 그루브는 이미 넘치는 열정으로 서구 문화에 참여하려고 애를 썼다. 한 예로 비엔나 오페라의 저렴한 좌석표를 구한다. 훗날 앤디 그루브는 비엔나의 오페라를 헝가리의 오페라와 비교하여 확실히 과장스러운 연기라고 표현한다.

그 당시 할 일은 오직 계속 이동하는 것이었고 비영리 단체의 지원을 받는다는 것을 뜻했다. 가장 유력한 단체는 당시 국제 구조 협회(International Rescue Committee)였다. 그루브는 비엔나에 위치한 국제 구조 협회의 사무실로 급하게 달려가 지원서를 작성하고 면접의 기회를 얻는다.

그렇게 모든 것이 잘 풀려 나간다. 면접은 앤디 그루브가 영어를 구사했기 때문에 헝가리 통역관을 통하는 것보다 자연스럽고 편안하게 진행된다. 그런데 갑자기 대화가 나쁜 방향으로 흘러가기 시작한다. 면접관이 앤디 그루브가 러시아에 저항해 싸운 적이 있는지 물어본 것이다. 이는 난민 신청에 특별대우가 가능한 조건이었다. 그러나 안드라스는 자신은 러시아에 저항하여 싸운 적이 없다고 솔직하게 대답한다. 단지 몇 번의 데모에 참석했다고 진술한다.

앤디 그루브의 진술은 면접관을 놀라게 한다. 분명히 선의를 얻고자 하는 희망에 피난처에 오는 거의 모든 헝가리인들이 러시아에 저항하려고 무기를 들고 싸움에 앞장선 자유의 전사라고 주장하였던 것이다. 앤디 그루브는 나중에 이와 같이 당시를 기억한다. "갑자기 냉소적인 생각이 머리를 스쳐 지나갔습니다. 이 많은 사람들이 싸웠다면 지금쯤 우리는 승리했을 것이고 나는 지금 이 자리에 있지 않았을 것입니다." 물론 그와 같이 말한다면 그 말이 자신에게 유리할 것이라는 사실을 알았지만 그 상황을 모면하려고 말을 꾸며 대고 싶지 않았던 것이다.

그루브는 정직함을 보여준 대가를 치르게 된다. 다음날 자신이 미국으로 향하는 피난민 명단에 속해 있지 않다는 사실을 알고 실망하게 된 것이다. "나는 마치 누군가 내 배를 힘껏 내리치는 기분과 내 심장이 너무 빨리 뛰어서 숨을 못 쉴 듯한 기분이 들기 시작했습니다."[12] 그러나 포기하지 않는다. 한번은 피난민 구호소의 줄을 뚫고 앞으로 나가 구호소의 직원들과 직접 대면한다. 후에 그를 알게 되는 사람들에게는 놀랍지 않은 일이겠지만 강인한 성격을 바탕으로 안드라스는 자신의 경우를 강력히 호소한다. 그리고 대답을 얻기 전까지는 움직이지 않는다. 놀랍게도 구호소의 직원은 이야기를 듣고 어깨를 한 번 들썩이고는 안드라스의 의견에 동의한다. "나는 당시 할 말을 잃었습니다."라고 앤디 그루브는 당시를 기억한다. 이제 미국으로 가게 된 것이었다.

32장
헝가리 자유 투사

며칠이 지나고 안드라스와 피난민 구호소의 난민들은 기차에 실려 서쪽 지방으로 향한다. 그중에서도 그가 가장 두려워하던 나라인 바로 독일이었다. 혹시 국경선에서 제지를 당하는 것은 아닐까? 그리고 유대인이 나라로 들어가려는 것에 어떻게 반응할까? "우리가 처음 독일의 지역인 파소(Passau)시에 멈출 때까지 긴장이 떠나질 않았습니다."

브래머하벤(Bremerhaven)에서 2차 대전 당시 사용하다 너무 낡아서 퇴역한 군 수송선에 피난민들은 승선한다. 이 항해는 특별히 안락한 것은 아니었다. 1,715명의 피난민은 불편함으로 쇠약해지고 배 멀미를 하기 시작한다. 그리고 여기저기서 논쟁이 터져 나오고 그중 많은 사람들이 과거의 증오를 되살리기 시작한다. 이 증오에 반유대주의도 예외는 아니었다. 그러자 배에 함께 승선한 헝가리 출신의 한 미국 목사가 거대한 용광로와 같은 미국 문화에 적응하려면 과거의 증오와 같은 악습은 이제 버려야 할 때라고 설교를 한다. 이에 한 피난민이 큰 칼을 꺼내 높이 들고 다음과 같이 응답한다. "내가 증오하고 싶은 누구라도 증오한다!" 안드라스는 그 순간 자신이 향하는 새로운 세상도 결코 구세계가 가진 문제로부터 완벽하게 자유롭지 못할 것이라는 사실을 깨닫는다. 하지만 항해가 주는 불편함에도 안드라스는 배가 도버 해협을 지나자 흥분을 감추지 못한다. "순간 한 생각이 불현듯 머리를 스쳐 지나갔습니다. 나는 영국을 바라보고 있었고 모든 것 중에 가장 중요한 사실이 떠오른 것입니다. 헝가리를 떠나 독일을 가로지르고 바다를 생전 처음으로 보고 이제 영국을 바라보니 이 모든 것이 불과 몇 주 전만 해도 도저히 상상할 수 없는 일이었다는 사실이었습니다."[1]

군 수송선은 브룩클린(Brooklyn)의 군용 터미널에 1957년 7월에 도착한다. 앤디 그루브의 전기 작가 테드로우가 발견했듯이 그날 타임지는 1956년 올해의 인물로 "헝가리 자유 투사"를 선정했었다. 40년 전에 앤디 그루브는 그 명예를 수상한 것이다.

브룩클린에서 맞은 추운 겨울은 젊은 피난민에게 미국의 첫 인상에서 어떤 매력 있는 요소도 제공하지 못했다. 그리고 뉴저지에 위치한 전 독일 포로 수용소였던 킬머(Kilmer) 캠프로 향하는 버스 여행에서도 그다지 큰 인상을 받지 못한다. 황폐하고 냄새가 스며드는 습한 저지(Jersy) 지방의 초원을 가로 지르는 동안 한 피난민이 버스 뒤 칸에서 소리를 지른다. "이건 사실이 아닐 거야. 공산당의 대중 선동과 똑같잖아!" 그리고 그들이 킬머 캠프에 도착했을 때 캠프 주변의 환경은 겨우 조금 나아졌을 뿐이었다.

그러나 피난민들이 캠프 안에서 정착을 하자 안드라스는 삼촌인 라조스와 숙모인 랜키 그리고 열두 살이 된 사촌 폴에게 자신이 무사히 도착했다는 전화를 할 수 있도록 허락을 받는다. 다음날 안드라스는 브롱스(Bronx) 197번가 웨스트(West street) 거리에 있는 삼촌의 아파트에 도착했고 몇 달 만에 부다페스트에 있는 부모님께 전화를 건다.

며칠이 지나고 친척과 함께 바깥세상으로 미국을 살펴보려고 모험을 시작한다. 라조스 삼촌은 브룩클린 대학에서 일했지만 안드라스에게 미국을 구경시켜 주려고 휴가를 냈고 숙모가 일하는 맨해튼 중심부에 있는 백화점으로 안드라스를 데리고 간다. 예상했던 대로 지하철 승차는 자신이 상상하던 부유하고 번쩍이는 미국의 그림을 채워주지는 못했고 안드라스는 복잡한 기분이 든다. 그러나 지하철에서 내려 거대한 도시의 중심에 나가서 처음 받은 인상을 다음과 같이 회상한다. "나는 얼어붙어 버렸습니다. 나는 거대한 고층 빌딩 숲에 둘러싸였고 그 높은 건물들을 올려다보고 아무 말도 할 수가 없었습니다. 뉴욕의 마천루는 내가 상상하던 바로 그 미국의 모습이었습니다. 갑자기 내 자신이 정말 미국에 도착했다는 놀라운 느낌이 나를 사로잡았습니다. 마천루보다 미국을 상징할 것은 내게 없었습니다. 이제 나는 그 거리 한 가운데 서서 내 목을 붙잡고 그 건물들을 올려다보았습니다. 또한 고향으로부터 엄청나게 멀리 있음을 뜻하기도 했습니다."[2]

33장
새로운 삶, 새로운 이름

5년이 지나고 안드라스 그로프는 미국인이 되어간다. 그의 첫 번째 전략은 부다페스트에서 아버지가 그러했듯이 회사에 취직해 일자리를 먼저 구해 경력을 쌓는 것이었다. "나의 목표는 최대한 빨리 직장을 구해 스스로 자립하는 것이었습니다. 그래서 고향에 계신 부모님을 하루라도 빨리 미국으로 모셔오는 것이었습니다." 안드라스는 처음에는 대학 진학은 학비 문제로 인해 고려하지 않았다. 그러나 1960년 그가 대학을 다닐 다른 기회가 있다는 사실을 알고 놀란다. 앤디 그루브는 당시를 다음과 같이 회고한다. "내가 대학 진학을 포기하려 할 때 시립 대학(City Colleges)이 있다는 사실을 알게 되었습니다. 미국 사람들은 자신들이 얼마나 운이 좋은지 모를 것입니다."

그루브는 가장 맘에 드는 대학을 찾기 시작한다. 브룩클린 대학(Brooklyn)이 가까이 있었지만 이 대학의 화학 전공 과정이 그다지 맘에 들지 않는다. 그리고 다른 부근의 대학으로 브룩클린 폴리테크닉(Brooklyn Polytechnic) 대학이 있었지만 당시 기준으로 연간 2천 달러에 달하는 학비는 그가 감당 가능한 금액이 아니었다. "당시 나에게는 2백만 달러와 맞먹는 금액이었습니다."

그런데 브룩클린 폴리테크닉의 관계자는 친절하게 앤디 그루브에게 학비가 무료인 뉴욕 시립 대학(City college of New York)을 안내해 준다. 곧 CCNY에 입학하고 월드 유니버시티 서비스(World University Service)로부터 책을 구입하며 숙소를 마련할 장학금을 받는다.

앤디 그루브는 오랜 시간이 지나 CCNY에서의 생활이 자신을 진정한 미국인으로 바꾸어 놓았다고 말한다. 45년이 지나고 그가 대학에 대규모의 기부를 하면서 하는 연설에서 앤디 그루브는 가슴으로부터 나오는 진실한 이야기를 한다. "나는 대학에 가서 입학 허가를 부탁했고 누군가 와서 나를 자리에 앉게 했습니다. 그리고 내가 이 자리까지 오게 된 이야기를 했죠. 나는 누군가 신발을 벗어 나에게 던지지 않을까 궁금했습니다. 그러나 그들은 생색 한번 내지 않고 나를 존중해 주며 입학을 허가해 주었습니다. 그들은 나에게 새로 출발할 기회를 주었고 그것도 아주 세련된 방법으로 제공해 주었습니다. 교육 기관은 오늘날의 미국이 있도록 하는 중요한 제도입니다. 미국은 이러한 제도를 자랑스러워해야 합니다. 그리고 나는 이 제도가 자랑스럽습니다."[1]

그래도 미국의 대학 생활은 이제 배에서 막 내린 이민자 처지인 젊은이에게 쉬운 일이 아니었다. 처음 성적은 그리 좋지 못했다. 쉽게 예상 되듯이 언어와 작문 과정에서 좋은 성적을 거두지 못했고 물리 과정에서도 그가 치룬 첫 번째 중요한 시험에서 낙제 점수를 받는다. 그러나 안드라스 그로프는 패배자가 되려고 미국에 온 것이 아니었다. 그루브는 학업에 보다 더 큰 노력을 기울인다. "나는 거의 모든 가능한 시간을 공부에 쏟아 부었습니다." 그리고 오직 경우에 따라 "그리고 열심히 공부한 것의 보상으로 5센트짜리 종이컵에 담긴 코카콜라를 지하철역의 자동판매기에서 꺼내 마셨습니다. 그러나 자주 마시지는 않았습니다. 그 5센트는 내가 부모님께 쓸 돈이기도 했기 때문이었습니다."

그 다음 물리학 시험에서 안드라스는 A학점을 받는다. 그리고 또 아르바이트를 두 배로 하기 시작한다. 장학금이 바닥났을 때 한 주에 20시간 근무에 시간 당 1.79 달러를 받는 학생 지원 아르바이트를 화학 공학 부서에서 한다. 한편 한 학기에 평균 16학점을 듣는 기준을 넘어 수강 과목을 21학점까지 올려서 수강 신청한다. 이 모든 과정들은 화학과 계산 그리고 물리 과정이었다. 그 과정은 안드라스를 멈추게 하기보다 그에게 더 큰 도전을 하도록 이끄는 듯했다. 그에게 자유 시간이 없었고, 영어는 여전히 서툴렀음에도 미국 화학 공학 협회(American Institute of Chemical Engineering)에서 주관하는 기술 논문 경연에 참가하기로 결정한다. 그리고 가장 놀라운 것은 그에게 주어진 모든 불리한 확률에도 이 경연 대회에서 안드라스가 우승한 점이었다. 그 자신도 다른 사람들만큼 결과에 놀란다. "학생으로서 내가 처음으로 얻은 성과였습니다."

"이민이란 경험을 전환하는 과정이었습니다." 안드라스는 회고록에 이렇게 기록한다. 그리고 이제 그가 다루어야 할 마지막 작은 일이 남아 있었다. 바로 이름이었다.

그가 미국에 도착한 순간부터 안드라스의 성은 일종의 불리한 조건이었다. "헝가리에서는 그로프(Grof)의 'o'는 길게 발음하는데 미국에서는 모두가 쓰여진 글자 그대로 '그루프(Gruff)'로 발음했습니다." 자신의 이름을 이상하게 발음하는 것을 삼촌과 숙모에게 불평스럽게 이야기하자 안드라스에게 다음과 같이 조언해 준다. "여기는 미국이야, 미국식으로 바꿔야지."

안드라스는 이름을 바꾸기로 결정한다. 안드라스는 먼저 비슷한 발음의 미국식 성을 찾기 시작한다. 그리고 마침내 헝가리식 성과 비슷한 발음의 그루브(Grove)로 결정을 내린다. 그리고 자신의 이름으로 앤디(Andy)를 사용하기로 한다. 그 이름이 이미 모두가 그를 부르는 이름이었기 때문이었다. 그리고 공식 이름으로는 앤드류(Andrew)를 사용한다. 중간 이름으로는 원래 이름인 'Istvan'의 직접 번역인 '스테판(Stephen)'을 사용한다. 이제 이름은 그가 앞으로 만들어갈 모든 이야기에서 사용될 앤드류 S 그루브(Andrew S Grove)가 된다.

그리고 앤디 그루브가 CCNY를 가장 좋아하게 만든 행동 중에 하나가 바로 그가 사무실로 찾아가 자신이 새로운 이름을 사용하겠다고 말했을 때였다고 한다. 그들의 반응은 이에 따른 필요한 서류를 구비하도록 지시하는 것이 아니라 단순히 "OK"였다는 점이었다. 직원은 앤디 그루브의 공식 문서를 새로 작성하지도 않고 단지 필기도구를 꺼내 앤디 그루브의 옛 이름에 선을 긋고 그 곳에 새 이름을 기록한다. 이렇게 모든 절차는 끝이었다. 그리고 이 절차로 1962년, 앤드류 스테판 그루브는 미국인이 된다.

그리고 한 가지 앤디 그루브가 미국에 몰두하는 것이 더 있었다. 1957년 여름, 그가 처음 미국에 도착했을 때 일자리를 찾는 중이었다. 그때 뉴햄프셔에 위치한 리조트 호텔인 메이플우드(Maplewood)에서 웨이터를 구하는 광고를 발견한다. 세기가 바뀌던 시절 무렵부터 유대인 사람들이 건초열로부터 구하던 안식을 제공하던 커다란 고전 빅토리아풍의 건물로서 메이플우드 호텔은 마치 부다페스트에서 온 청년이 아니라 브룩클린이나 호보큰(Hoboken) 지역에서 온 유대인 대학 청년을 기다리는 듯했다. 처음 면접은 조금 어색했지만 앤디 그루브의 성격에서 드러나 듯이 그 일을 따낸다. 분명히 이제 뉴욕이라는 큰 도시 생활에 익숙해지려는 유대인 청년이 갑자기 유대인 휴양지(Borsht Belt)의 한 구석에 있는 듯한 혼란스러운 경험이 될 것이 분명했다. 그러나 앤디 그루브는 그러한 상황을 돌파하려는 의지가 있었고 노련한 경력자들이 지원하기 전에 입지를 굳히려 했다. 그리고 미국에 도착하고 며칠이 지난 6월 10일, 이미 한 여성과 데이트를 하기 시작한다. 그들은 잘 어울리지는 못했지만 이는 앤디 그루브가 다른 사람들에게 보내는 대단한 메시지였다.

그로부터 며칠이 지나고 앤디 그루브는 성격과 배경이 잘 맞는 여성을 찾는다. 그녀의 이름은 에바 카스탄(Eva Kastan)이었다. 그녀는 앤디 보다 한 살 연상이었고 비엔나 태생이었다. 그리고 그녀의 부모는 그녀가 세 살이었을 때 나치로부터 탈출하여 볼리비아(Bolivia)로 이민을 갔고 에바가 열여덟 살이 되었을 때 퀸즈(Queens)로 이주해왔다. 그녀는 이미 남자 친구가 있었지만 그 사실이 앤디를 멈추게 하지 못한다. 그들은 사귀기 시작한 지 일 년이 지나 거의 앤디 그루브가 그녀를 처음 본 날짜와 비슷한 날에 결혼한다. 두 사람은 에바가 사는 퀸즈 지역에 위치한 로마 가톨릭 성당에서 결혼을 했다. 에바의 친구 중 한 명이 그곳에서 결혼을 하도록 요청을 했기 때문이었다. 앤디 그루브는 결혼식 장소로 좀 어색한 곳을 선택한 것을 훗날 "그보다 더 부주의할 수는 없었죠."라고 회고한다. 새로 결혼한 두 사람이 유일하게 공감하는 것은 둘 다 뉴욕을 그다지 좋아하지 않는다는 사실이었다. 앤디 그루브는 "춥고 습하고 못생긴"이라고 당시의 뉴욕을 묘사한다. 앤디 그루브의 교수님이 추천한 대로 그들은 캘리포니아로 신혼여행을 떠난다. 그들은 캘리포니아가 무척 마음에 들었다. 특히 앤디 그루브는 UC 버클리(UC Berkeley) 대학과 그 주변이 마음에 들었다. 한편 그가 스탠포드 대학을 맘에 들어하지 않은 점은 특이하다. 그리고 그들은 다시 이곳으로 돌아올 것을 약속한다. 앤디 그루브는 이스트 베이(East Bay)지역에 있는 쉐브론(Chevron) 정유사에서 일자리를 구하길 원했고, 에바는 컬럼비아 대학에서 사회 복지 석사 과정을 다니며, 정신 병원에서 일자리를 구하길 희망했다. 그러나 당장은 그들 모두가 맨해튼으로 돌아가 학위 과정을 끝내야 했다.

앤디 그루브가 CCNY에서 보낸 마지막 해에 중요한 역할을 하는 세 사람의 교수가 있다. 모리스 콜로드니(Morris Kolodney) 교수 그리고 그가 신입생일 때 교과 과정을 선택하도록 도와주고 앤디 그루브가 신혼여행으로 캘리포니아를 방문하도록 추천한 연구소 소속의 앨로이스 X. 슈미트(Alois X. Shhmidt) 교수(그의 화학 교과 과정은 대대로 꿈에 부푼 신입생들을 질리게 만드는 것으로 유명했다.) 그리고 앤디 그루브가 무척 관심이 있던 유체 역학 교과 과정을 담당하고 앤디 그루브가 화학 정제 쪽으로 경력을 가지고 싶어 하게 만든 하비 리스트(Harvey List) 교수였다.

세 명의 교수 중에 아마도 슈미트 교수가 앤디 그루브의 성격과 세상을 바라보는 시각에 가장 큰 영향을 미쳤을 것이다. 앤디 그루브는 후에 슈미트 교수가 '강인함'을 자신에게 가르쳐 주었다고 회고한다. "내가 받아들이기에 아무런 어색함이 없던 무뚝뚝함과 유머 감각이 전혀 없는 행동을 정당화해 주었죠. 점잖은 사람들은 이러한 태도에 눈살을 찌푸릴지도 모르지만 슈미트 교수님은 그렇게 학생들을 가르쳤습니다. 나는 그때 '교수님이 가능하다면 나도 가능하다'라고 생각했습니다." 그리고 앤디 그루브는 다음과 같이 계속 회고한다. "해리(Harry)가 내게 유체 역학을 수강하도록 권유했고 한편 슈미트 교수님은 수업 중에 나를 '아주 형편없는 학생'으로 만들었습니다." 훗날 수많은 인텔의 직원들과 경쟁자들이 앤디 그루브가 당시 수업에서 너무 많은 것을 배웠다고 말한다.

1960년 졸업을 앞두고 젊은 부부는 짐을 싸서 서부로 향한다. 앤디 그루브는 버클리 대학에서 석사 과정에 합격하였고 또 학교 교정에서 불과 몇 킬로미터 떨어진 스타우퍼 화학 회사(Stauffer Chemical Company)에서 여름 동안 임시직을 구한다. 그리고 그 화학 회사에서 일하는 것이 끔찍한 일임을 알게된다. 앤디 그루브는 그 여름 임시직을 '비참함'과 '사람을 지치게 만드는' 것이라 회고하고 사람을 무기력하게 만드는 일이라 회상한다. 더욱 나쁜 점은 그가 함께 일하는 동료들의 태도였다. "미래의 관리자로서 이 곳에서 일하는 모습이 불현듯 마음속을 스치고 지나갔습니다. 사람들이 토요일에 회사에 출근하고 함께 모여 앉아 불평불만을 늘어놓으면서 창 밖에 상사의 차가 빠져 나가는지 목을 빼고 기다리는 모습이었습니다. 그리고 다음은 바로 그 아래 직급의 상사 차가 빠져 나가는 모습이었습니다. 그리고 조금 있다가 그 다음 차례, 그렇게 마지막 관리자가 퇴근하고 회사가 텅 비는 모습이었습니다."[2]

아무도 인텔을 그렇게 묘사하지 않는다. 앤디 그루브는 그런 관행에 명확히 선을 긋는다. 그렇게 가을이 되자 학기가 시작된다. CCNY에서 슈퍼스타처럼 학업을 마친 앤디 그루브였지만 다시 한번 버클리에서 수강 과정에 압도당했고 낙제 당할 위기에 처해 있었다. 그리고 이 상황을 보다 고통스럽게 만든 것은 아무리 교수가 강의하는 내용을 이해하려고 애를 써도 이해가 가지 않았고 주위의 다른 학생들을 돌아보면 마치 칠판에 적힌 내용들이 모두 명백하다는 듯이 자연스럽게 필기를 하는 모습 때문이었다.

그렇게 절망감이 바닥을 칠 때 놀라운 일이 벌어진다. 수업 내용을 이해하려고 애를 쓰다가 칠판에 적힌 증명의 논리 중에 도저히 이해가 안 되는 부분을 발견한 것이다. 결국 앤디 그루브는 손을 들어 교수에게 질문한다. 그러자 교수는 수업을 멈추고 자신이 칠판에 적은 내용을 유심히 바라보기 시작했고 자신이 실수를 저질렀다는 사실을 발견한다. 교수는 틀린 부분을 지우고 다시 내용을 수정했다. 그러자 다른 학생들이 태연하게 필기를 지우고 수정하는 모습을 목격한다.

이 일로 모든 것이 앤디 그로브에게 명료해졌다. "나는 이 '두꺼비'들이 나만큼이나 수업을 이해하지 못했다는 사실을 발견했기 때문이었습니다. 그들은 감히 질문을 할 용기가 없었던 것이죠. 그 녀석들은 이제 내가 알게 뭐야." 이 자각은 앤디 그루브가 CCNY에서 그렇듯이 앤디 그루브의 성적을 버클리에서 가장 우수한 학생 중 한 명으로 만들어 준다. 그러나 한편으로 좋지 않은 면도 앤디에게 만들어 준다. 바로 지적 오만함이었다. 고든 무어는 말할 것도 없고 밥 노이스가 열심히 공부하는 학교 친구들을 경멸스럽게 '두꺼비'라고 비하하는 것은 상상이 안 된다. 두 사람이 그렇게 한다면 두 사람 모두가 놀랄 것이 분명하다. 많은 사람들이 앤디 그루브가 거물 기업가로서 누군가를 직접 칭찬하는 것을 본 적이 없다고 주목한다. 찬양과 영광은 그럴만한 자격이 있는 자에게 결국 돌아간다고 믿었기 때문이었다. 중년의 앤디 그루브가 누군가의 부하 직원으로 지내는 일은 상상하기 힘들었지만 앤디 그루브는 CCNY에서 그렇듯이 버클리에서 다시 그에게 박사 학위를 지도해 줄 사람을 찾아낸다. 앤디 애크리보스(Andy Acrivos)는 최고의 학자이자 버클리에서 그루브에게 유체 역학을 지도할 유일한 교수였다. 그리고 두 사람은 오랫동안 관계가 지속되는 친구 같은 사이가 된다. 그리고 애크리보스 교수만이 유일하게 젊은 학자가 도전하고 싶은 어려운 교과 과정을 만들어 낸 학자이기도 했다.

앤디 그루브의 학위 논문을 작성할 때가 되자 앤디 그루브는 박사 학위를 보증할 안전한 내용에 만족하지 않는다. 오히려 유체 역학에서 가장 다루기 어려운 문제를 박사 학위 논문의 주제로 선택한다. 그리고 이 문제는 학계에서 거의 한 세기 동안 풀리지 않는 문제이기도 했다. 어느 박사 학위 준비자는 5년 가까운 시간을 이 문제를 해결하려고 노력하다가 포기한 사례가 있을 뿐이었다. 앤디 그루브는 두려움 없이 과거의 연구 결과를 마치 아마추어들이 한 듯이 무시하고 연구에 몰두한다. 그리고 후에 이렇게 글을 남긴다. "나는 실험하는 것을 좋아합니다. 그러나 어설프게 하는 것을 좋아하지는 않습니다. 이 두 가지에는 큰 차이가 존재합니다. 나는 내 실험의 바탕이 되는 기존의 정설(dogma)을 깊이 파헤쳤습니다. 그리고 '난제(Gordian Knot)'를 제안합니다. 이 난제는 일종의 해결책으로서 기존의 학문에 정면으로 위배되는 것이었습니다. 나는 실험이 말해주는 것을 이해할 배짱이 있었습니다. 그리고 애크리보스 교수님이 박사 학위 과정을 지도해 주면서 상당한 시간을 들여 자료를 조사하고 신뢰를 보내 주셨습니다."3

앤디 그루브의 박사 과정은 과학 분야에 중요한 네 개의 논문을 만들어 낸다. 공동 저자로서 애크리보스 교수가 참여하고 이 중 두 개의 논문은 저명한 과학 논문 잡지에 게재된다. 앤디 그루브가 인터뷰를 하면서 다음과 같이 말한다. "이 논문은 좀 난해해 보이지만 정말 놀라운 이론이 될 것입니다."

박사 학위 기간 후 무엇으로 진로를 결정할지 고민하는 공백 기간 중에 앤디 그루브는 버클리에서 화학 공학을 가르친다. 그 무렵 대학은 그가 4년 전 도착했을 때와는 말 그대로 급격하게 변해 있었다. 그리고 언론 자유 운동(Free Speech Movement)의 태동기를 경험하던 대학가에서 학생들을 가르치는 것에 점점 더 어려움을 느끼기 시작한다. 하루는 앤디 그루브가 강의를 하려고 수업에 들어가려고 하는데 큰 규모의 학생 운동이 벌어지는 것을 목격한다.

"이 자식들이 수업에 나타나지 않으면..."강의실로 향하면서 앤디 그루브는 점점 더 분노를 느꼈고 강의실로 가는 도중에 머릿속에 떠오른 문제를 학생들에게 쪽지 시험으로 치르게 하고, 모두에게 낙제점을 주겠다고 다짐한다. "나는 학교 교정이 텅 빈 것을 보았고 분노를 느꼈습니다. 그리고 학교 건물로 들어가 강의실 문을 화가 난 채 열었습니다. 그런데 그 곳에는 학생들이 한 명도 빠짐없이 기다리고 있었습니다."4

학생들이 그루브 교수를 존경하여 강의실에 모두 있었던 것일까? 아니면 두려움 때문에? 이 일화를 통해 앤디 그루브는 그에게 없다고 알려진 유머를 발휘하는 모습을 조금 보여준다. 앤디 그루브는 학생들이 수업에 모두 참석한 이유를 "공학도들은 자신들만의 독특한 세계에 빠져 살곤 합니다. 그리고 공부에 매진하면서 그 세상 밖의 쓰레기들은 내가 알 바가 아닌 거죠."라고 유쾌하게 결론을 내린다.

앤디 그루브는 자신이 학교 교정에서 삶을 즐겼다고 말하면서도 한편으로는 학교에서 학생들을 가르치는 것은 자신의 야망이나 도전 의지 중 그 어느 것도 만족스럽지 않다는 결론을 내린다. 그리고 중요한 이유로 교수가 받는 월급으로는 베이(Bay area) 지역에서 살 만큼 충분한 벌이가 되지 못했다. 새로 가족을 이루고 무엇보다도 헝가리에서 부모님을 모셔와야 했기 때문이었다. 그래서 결국 기업 시장에서 기회를 엿보기 시작한다. 그가 이미 여름 임시직을 하면서 깨달았듯이 유체 역학과 관련된 일 중에 그에게 특별히 흥미를 주는 일은 발견하지 못한다. 그러나 한 동료가 고체 물리학 분야에 도전해 보는 것이 어떻겠냐는 조언에, 앤디 그루브는 새로운 생각을 떠올린다. 과학 분야에서는 일어나기 힘든 전환처럼 보일지 모르지만 실리콘밸리의 종사자들조차 종종 잊어버리는 사실이 반도체 사업은 고도의 복잡한 장치 속에 여러 원소들을 조합하는 화학 관련 산업이라는 점이었다. 그 외 다른 모든 반도체 관련 분야 즉, 전자, 조립, 소프트웨어 코딩, 프로그래밍 등 모든 부분은 화학 부분이 끝난 후에야 이루어졌다. 사실 앤디 스스로가 그러한 과학 분야의 전환을 고려한 것도 아니고 박사 과정이 화학 분야만큼이나 물리 분야에도 적용되도록 고려한 것도 아니었지만 말이다.

불행히도 그가 지원하는 모든 회사가 그런 관점에 동의하는 것은 아니었다. 더군다나 어렵게 얻은 면접 기회에서 앤디 그루브의 공격적인 성격이 문제가 된다. "제 배경이 지원한 분야에 맞는 것도 아니었습니다. 그래서 제 성격을 좋아하든지 싫어하든지 개의치 않았습니다."

마지막으로 다섯 회사를 목표로 삼는다. 먼저 텍사스 인스트루먼츠는 그를 거절한다. GE 역시 마찬가지였다. 앤디 그루브는 몇 년이 지나서도 그 회사들이 자신을 거절한 사실에 놀라움을 감추지 못한다. 록히드가 그에게 관심을 보이지만 앤디 그루브는 국방 관련에 제한된 일에 확신을 가지지 못했다.

이제 남은 곳은 페어차일드 반도체와 벨 연구소뿐이었다. 첫 번째 페어차일드 반도체와의 만남은 잘 이루어지지 않는다. 그와 면접관이 서로 좋아하지 않았던 것이다. 쇼클리가 떠난 벨 연구소는 여전히 세상에서 가장 인기 있는 연구소였다. 그리고 벨 연구소는 앤디 그루브를 잡으려고 모든 노력을 기울인다. 앤디 그루브가 근무하는 버클리까지 찾아와 많은 연봉과 그가 원하는 어떤 연구도 하도록 해주겠다고 제안한다.

그러나 문제는 벨 연구소가 뉴저지에 위치한 모리스타운(Morristown)에 있다는 점이었다. 앤디와 에바가 다시 뉴욕 부근으로 돌아갈 일은 절대 없을 것이라 다짐하던 차였다. 팔로 알토와 마운틴 뷰 지역이 뉴욕보다 더 마음에 들었던 것이다. 그래도 벨 연구소가 유일한 선택인 듯이 상황이 흘러갔다. 그러나 페어차일드가 마음을 바꾸어 새로운 면접관을 버클리에 보내 앤디 그루브를 채용하려고 하면서 상황은 뒤바뀐다. 새로운 면접관은 바로 고든 무어였다.

20세기에 가장 중요한 기업가인 두 인물이 처음으로 조우하는 순간이었다. 이제 방금 박사 학위를 취득한 젊고, 오만하고, 사납고 그리고 인간의 약점에 모욕에 가까운 언사를 서슴치 않는 앤디 그루브는 베이 지역 건너편에서 오는 밀사를 산산조각 낼 준비를 하고 있었다. 그러나 오히려 그 반대로 고든 무어를 만나자 그가 보여주는 인간적인 매력에 빠져든다. 앤디 그루브는 그 순간 조용한 말투에 점잖고 유머 감각이 넘치는 고든 무어가 자신의 인생에 마지막 조언자가 될 것임을 알아차린다. 앤디 그루브는 당시 스물일곱이었고, 고든 무어는 서른넷이었다. 그루브는 당시를 이렇게 기억한다. "고든은 내 이론을 물어보면서 조용히 듣기만 했죠. 그리고 맞아요! 고든은 정말 똑똑한 사람이었습니다. 그리고 품위가 있었으며 억지로 점잔을 빼지도 않았습니다. 고든은 엄청난 장점이 있었습니다. 그리고 내가 무엇이 되고 싶은지 보도록 도와

주었지요."[5]

페어차일드 반도체에 입사를 몇 시간 앞두고 앤디 그루브는 자신이 옳은 결정을 했음을 알아차린다. 여기 그가 처음 일을 시작할 때를 표현한 내용이 있다. "내가 월요일 아침 페어차일드에 도착했을 때 상사가 내게 한 가지 문제를 던져 주었습니다. 이 문제는 그렇게 복잡한 것은 아니었습니다. 물리 문제였는데 이를 미분 방정식으로 바꾸고 그 미분 방정식을 풀어 해집합을 구해 특별한 매개변수를 찾는 문제였습니다."[6]

이 일이 일어났을 때 물론 이런 문제가 다른 젊은 공학자들에게 일어났다면 그들을 묻어버릴지도 모르는 어려움이었겠지만 앤디 그루브는 버클리에서 애크리보스 교수의 지도하에 고등 수학 계산 과정을 배웠기 때문에 미적분 공식을 만들고 푸는 것은 앤디에게는 식은 죽 먹기보다 쉬웠다. "얼마나 운이 좋았던지 말이죠"라고 앤디 그루브는 첫 출근 날을 기억한다.

몇 달이 지나고 그루브와 무어는 놀라운 업무 관계를 서로 형성하면서 페어차일드의 연구 개발 업무를 보다 진보한 신기술과 생산품을 만들도록 이끈다. 두 사람은 함께 정말 호흡이 잘 맞는다. 고든 무어의 경찰관이셨던 아버지처럼 무어는 그릇이 큰 사람이었다. 그리고 거의 초인 같은 침묵과 침착함을 발산한다. 고든 무어는 언제나 꼭 필요한 말만 정리해 말하는 듯 했지만 이 짧은 문장은 예리하고 현명한 표현들이었다. 그리고 부드러운 말투와 온화한 말투만큼이나 고든 무어는 바위처럼 단단하고 고결한 사람이었다. 앤디 그루브는 애정이 담긴 표현으로 고든 무어를 "고든 삼촌"이라고 부르기도 했다. 마치 아버지가 법을 집행함에 두려움 없이 행동하였듯이 고든 역시 과학 분야에서는 결코 물러서지 않았다. 그리고 자신의 이름을 딴 무어의 법칙에도 결코 예외를 허용하지 않는다.

그러나 고든 무어는 결코 관리자가 아니었다. 앤디 그루브가 말했듯이 "고든은 언제나 기술을 이끄는 수장이었고 또 계속해서 그런 사람이 되고 싶어했습니다. 항상 그렇게 관리자가 하는 일을 하려고 하지 않았고, 또 관리자가 해야 할 일을 하지도 않았지만 그에게 기술상의 질문을 한다면 언제나 바로 대답을 해줄 준비가 된 사람이었습니다. 그리고 그 대답은 거의 맞는 답이었죠. 그가 사내 정치 충돌에 간섭하려 했을까요? 절대 아니었습니다."

가끔은 고든 무어가 자신의 관점을 지키려고 앞으로 나서기조차 하지 않는 모습은 누가 특별히 알려고 하지 않아도 자신의 관점을 강하게 주장하던 앤디 그루브에게는 놀라운 모습이었을 뿐이었다. 따라서 앤디 그루브는 고든 무어가 회의의 총책임자임에도 회의 중에 내용을 주관하기도 한다. 앤디 그루브는 이에 다음과 같이 이야기한다. "내가 회의를 열고 참석한 직원들이 서로 거친 의견 충돌을 벌일 때 나는 무언가 잘못되어 간다고 판단한 듯한 고든을 봅니다. 그러면 나는 목소리를 높여 고든에게 이야기하죠. '잠깐만요, 고든. 당신이 생각하기에 지금 뭐가 문제죠? 당신의 생각을 말해 주세요!' 이렇게 우리는 누군가 이 논쟁을 멈추게 하고 고든의 마음속을 들여다보아야 했습니다."

무어는 이해한 듯 했고 앤디 그루브가 하는 것에 감사하는 듯이 보였다. 한번은 고든 무어가 앤디에게 다음과 같이 말한다. "당신이 내 부인보다 나를 더 잘 아는 듯합니다." 자기 속을 분명히 드러내고 야심을 숨기지 않는 앤디와 함께 일하는 것을 다른 사람들이 견뎌내지 못하는 반면, 실리콘밸리의 수많은 수장 중에 독특하고 강한 자아를 가졌지만 야망이 없어 보이는 듯한 고든 무어는 대체로 앤디 그루브의 경쟁심에 둔감한 편이었다. 고든 무어는 앤디를 존중했다. 이 젊은 과학자는 똑똑했고 언제나 일을 끝까지 마무리했기 때문이었다.

고든 무어는 그런 종류의 도움이 필요했다. 자신은 회의를 통제할 수가 없었고 연구소에서 자신의 원칙을 주장하지도 않았기 때문이었고, 페어차일드에서뿐만 아니라 인텔에 와서도 변한 것이 없었기 때문이었다. 앤디 그루브는 훗날 고든 무어가 총책임자인 페어차일드의 연구 개발 부서(밥 노이스가 총책임자인 페어차일드 전체도 마찬가지)를 다음과 같이 묘사한다. "연구소에는 전혀 원칙이라는 것이 없었습니다. 그곳에는 내부에 아무 규칙도 존재하지 않았고, 외부적으로도 또는 연구소에 적용될 기대도 존재하지 않았고, 연구소를 지원하는 제조 부분에 기대감도 없었습니다."

이미 언급했듯이 앤디 그루브가 간신히 통제하던 연구소 내부의 온갖 혼란이 페어차일드의 재정 상태가 악화되면서 점점 더 걷잡을 수 없는 상황으로 치닫는다. 아무도 밥 노이스의 명성에 버금가던 고든 무어를 비난하려고 들지 않았고 오히려 고위직 경영자의 위치에 있던 앤디 그루브에게 그 화살이 돌아갔다.

앤디 그루브는 그런 비난을 감수했다. 고든 무어는 조언자이자 친구였고 또 아마도 앤디 그루브가 세상에서 가장 존경하는 사람이었기 때문이었다. 앤디 그루브는 고든 무어 박사를 대신해 기꺼이 총알도 막아설 듯했다.

그러나 밥 노이스와의 관계에서는 전혀 다른 이야기가 전개된다. 앤디 그루브는 페어차일드와 인텔 양쪽 모두에서 결코 밥 노이스를 수장으로서 인정하지 않았다. 그러나 앤디 그루브가 밥 노이스의 전혀 심각하지 않은 태도, 의견 충돌을 싫어하던 모습 그리고 모든 사람이 자신을 좋아해 주기를 바라는 모습을 싫어하던 감정은 밥 노이스의 성격과 거의 비슷한 부분이 있는 고든 무어의 모습을 기꺼이 수용하려는 사실 앞에서 모순이 되고 만다. 사실 이러한 관계는 더 깊은 사정이 있었다.

그중 의심할 여지가 없이 앤디 그루브의 마음속에 있던 일부분으로서 고든 무어가 노이스 보다 충성도와 지원을 더 얻을만한 훌륭한 도덕 잣대를 가졌다는 사실이다. 그러나 이 이유는 어디까지나 일부만을 설명해 줄 뿐이었다. 밥 노이스는 일종의 타고난 인물이었다. 노이스는 어떤 일을 해도 자연스럽고 힘을 들이지 않고 쉽게 해결했다. 여성들이 그를 좋아해 모든 남성들의 부러움을 샀다. 미남이었으며, 운동 실력도 출중했고, 그가 하려고 하는 것은 거의 모두 성공했으며, 카리스마가 넘치는 타고난 수장이었으며, 무엇보다도 이제 부자이기까지 했다. 밥 노이스는 삶을 충분히 즐길 만큼 여유가 있었고 자신이 거둔 승리로 의기양양했다. 앤디 그루브가 처음 그를 만났을 때 밥 노이스는 이미 살아 있는 전설이었다.

거의 이 모든 것들이 앤디 그루브의 마음에 사무친다. 분명히 질투가 있었다.

앤디 그루브가 페어차일드에 입사할 무렵, 밥 노이스는 이미 집적회로의 발명과 바로 페어차일드 창업 자체로 유명해져 있었다. 반면에 앤디 그루브는 이제 세상에 자신의 재능을 입증해 보이려고 하던 참이었다. 그러나 스탈린과 히틀러를 피해 넘어온 피난민으로서 그리고 홀로코스트와 철의 장막을 넘어 생존한 사람으로서 앤디 그루브는 삶이 얼마나 잔인하고 심각한지 잘 알고 있었고, 얼마나 빨리 행복한 순간이 비극으로 바뀌는지 잘 알고 있었다. 앤디 그루브는 언제나 불길한 일이 생길지 모른다는 사실을 인지할 필요가 있었고, 그래야만 편집증 환자처럼 살아남기 때문이었다. 그러나 밥 노이스는 결코 삶을 뒤돌아보지 않는 사람 같았다. 그가 그럴 필요가 있었을까? 밥 노이스가 바라보는 세상은 모두 찬란하고 생기가 가득한 것들 뿐이었다. 밥 노이스는 살얼음 위에서 스케이트를 타는 것을 좋아하는 유형의 사람이었던 것이다. 그리고 앤디 그루브는 발밑에서 얼음이 깨지는 소리를 들을 뿐이었다.

그러나 무엇보다도 앤디 그루브를 화나게 한 것은 바로 자신이 '밥 노이스의 자비' 아래 있었다는 사실이었다. 앤디 그루브는 강인한 성격으로 자신이 처한 위치에서 고든 무어를 대했을지도 모르지만 밥 노이스에게는 도저히 그렇게 행동할 수가 없었다. 밥 노이스의 존재가 앤디 그루브가 고든 무어를 따라 두말없이 따라가려 했을 인텔행을 주저하게 만들었던 이유였다. 밥 노이스와 6년 이상을 함께 일해 왔고 이제 또 앤디 그루브는 밥 노이스와 함께 해야 하는 기약 없는 여행에 서명을 해야 하는 순간이었던 것이다. 유일한 희망은 밥 노이스가 실패를 겪고 인텔을 자신과 고든 무어에게 넘기는 길 뿐이었다. 그리고 그렇게만 된다면 자신은 고든 무어만 대처하면서 인텔을 성공으로 이끌 길이 있다고 확신했다.

그러나 그 대신에 모든 확률에 반하여 앤디 그루브가 보기에(다른 사람들은 '노이스 이기 때문에'라고 표현하는) 노이스가 내리는 결정은 충분한 고려가 없고, 무절제하고, 높은 위험도의 연속성이었음에도 인텔은 살아남았을뿐만 아니라 세상에서 가장 신나고 성공한 회사가 된다. 회사의 성공은 핵심 경쟁력인 메모리 부분이 아니라 변절자라 부르던 비밀 연구 부서 계획에서 만들어낸 마이크로프로세서 사업이었다. 게다가 이 사업은 앤디 그루브가 반대하던 사업이었다. 분명히 인텔은 경기 불황의 직격타를 맞은 상태였지만 그 사정은 다른 반도체 사업을 하는 기업들도 마찬가지였다. 그리고 다른 회사들의 사정은 인텔보다 더 나쁜 상황이었으며 노이스는 결국 회사의 운영에서 손을 떼야 했다. 그러나 노이스는 운영에서 물러나면서 자기 손을 더럽혀야 하는 상황을 모면했고 적절한 시기에 물러남으로써 비난받을 만한 일들로부터 벗어났다. 그리고 다시 한번 악역은 앤디에게 돌아갔다.

2004년, 케미컬 헤리티지 파운데이션(Chemical Heritage Foundation)의 아놀드 테크레이(Anold Thackray)와 데이빗 브록(David Brock)과 기자회견에서 앤디 그루브는 자신이 경영 관련 서적의 왕성한 독자였다고 고백한다. 그에게 주어진 자리를 특별히 고려할 때 그가 정규 과정으로 배우지 못하여 부족한 부분이었기 때문이었다. 수년 동안 그가 읽은 책 중에서 그가 가장 좋아하던 책은 1954년 경영 이론의 거장 피터 드러커(Peter Drucker)가 쓴 작은 책인 'The Practice of Management'였다고 말한다. 이 책에서 피터 드러커는 무엇이 가장 이상에 가까운 경영자를 만드는지 이야기하는데, 이상에 가까운 경영자는 세 가지 성격으로 나누어진다는 내용이었고 앤디 그루브는 피터 드러커의 책을 인텔에 적용하여 세 사람을 해석한다. 그 세 가지 성격 혹은 세 명의 경영자는 기업의 대외 업무를 담당하는 경영자(an outside man), 기업의 두뇌와 같은 역할을 하는 경영자(a man of thought), 실행으로 옮기는 경영자(a man of action)를 말했다. 이 책의 설명을 복제해 밥 노이스와 고든 무어에게 보낸 앤디에게 밥 노이스는 기업의 대외 업무를 담당하는 경영자와 같았고, 고든 무어는 두뇌와 같은 역할을 그리고 자신은 실행으로 옮기는 역할을 하던 것이다. 이 서신에 두 사람의 반응이 어땠는지는 기록이 남아있지 않다. 아마도 "또 시작이군."이라고 반응했을지도 모른다. 그러나 피터 드러커의 완벽한 경영자 분석을 인텔의 최고 경영진인 세 명에게 적용하는 것에는 상당한 지혜가 들어 있다. 이 책의 제목의 일부를 '삼위일체'라고 한 것은 노이스, 그루브 그리고 무어(그리고 무어의 법칙)가 인텔에서 마치 성부와 성자 그리고 성령 같은 역할을 했기 때문이기도 하고, 어떤 면에서 이렇게 전혀 다른 성격의 사람들이(이 중 두 사람은 여러 경우에 서로 좋아하지 않았음에도) 함께 모여 세상에서 가장 성공한 경영의 사례를 이루어냈기 때문이기도 했다.

그들 사이에 있었던 모든 마찰에도 그들이 그렇게 이루어 낸 것은 우리에게 조직의 본질이 우리가 보통 상상하는 것보다 훨씬 더 복잡하고 직관에 반대되는 것임을 상기시켜 준다. 그리고 위대한 동반자 정신은 한 조직이 될 확률이 적은, 서로 반대되는 매력이 있는 둘 또는 셋으로 이루어진 그리고 그렇게 서로 공존할 사람들로 언제나 이루어짐이 확인된다. 확실히 실리콘밸리의 기업들은 빌 휴렛과 데이브 패커드가 보여준 동반자 정신을 받아들이고 또 그로 인해 왜곡되기도 한다. 두 사람이 보여준 기업 동반자로서의 관계나 친구로서의 개인 관계까지 모든 것이 완벽해서 그들은 거의 70년 가까이 한 번도 다툰 적이 없었고 이는 인간이 보여줄 관계라고 할 수 없는 정도였다.

이와 비교해서 노이스와 그루브 그리고 무어의 삼위일체 경영진은 성공적인 결과였지만(인텔이 어느 시점에서는 휴렛패커드보다 시장 가치에서 더 큰 회사가 되기도 한다), 앤디 그루브는 노이스를 싫어했으며 여러 경우에서 분노가 다양한 방향으로 흘러나갔다. 이러한 경우는 완전히 새로운 연구 대상이며 보다 관심을 가질만한 것이었다. 인텔의 삼위일체 경영진의 동맹은 최첨단 기업 분야에서 공존하던 기존의 어떤 동반자 정신보다도 성공한 경우였다.

물론 이 동맹이 쉬웠던 것은 아니었다. 특별히 앤디 그루브의 경우에는 더욱 그러했다. 노이스와 무어의 경우 이미 명성을 얻었고 앤디 그루브는 그들의 명성에 닿으려고 필사의 노력을 하던 상황이었다(적어도 앤디 그루브의 마음속에서는 그렇게 받아들였다). 두 사람은 70년대 그렇듯이 밧줄로 된 사다리를 내려 보내 앤디 그루브가 매달리게 했다. 그리고 그가 아직 준비가 덜 되었다고 판단이 드는 순간 재빨리 그들은 사다리를 회수해 버렸다. 앤디 그루브의 분노는 거의 자신을 미치게 만들 정도였다. 한번은 레지스 맥케나가 그루브의 사무실을 찾아갔다가 화가 난 앤디 그루브가 사무실 한 가운데에서 최근 출간된 포춘지를 손에 쥔 모습을 발견한다. 레지스가 이미 알고 있었듯이 노이스와 무어가 잡지 표지를 장식하고 있었고 그곳에 앤디 그루브는 없었다.

"더 이상은 못 참겠어! 그만 두겠어!"라고 앤디 그루브는 소리를 지르며 잡지를 바닥에 내팽개친다. "난 이 두 사람을 유명하게 만들려고 일한게 아니야!"7

그러나 그가 회사를 그만두겠다고 말하는 것만큼 앤디 그루브는 인텔 외에는 다른 곳을 생각하지 않았다. 인텔은 미국 산업에서 가장 위대한 놀이터였다. 그리고 그가 회사를 이끌지 않더라도 그가 회사를 운영하는 것은 확실했다. 그리고 마침내 앤디 스스로 인정했 듯이 자신의 성격은 대부분의 사람들이 좋아하거나 싫어하거나 둘 중에 하나라는 사실이었다. 그가 다시 지금과 마찬가지로 완벽해 보이는 동반자들을 찾을 기회가 있을까? 대답은 '아니요'였다. 그루브는 몸에 쓴 약을 삼켜야 했다. 그리고 인텔에 머물면서 자신의 순간이 찾아오기를 기다려야 했다.

고약하게 들릴지도 모르지만 인텔이 성취한 모든 혁신과 경쟁력을 넘어, 인텔이 성공한 가장 중요한 요소 중 하나가 아마도 당황스러운 사실인데, 바로 최고 경영진 중 두 사람이 친하지 못했다는 사실이다. 앤디 그루브는 밥 노이스를 좋아하지 않았다. 회사의 직원들이 바라보는 관점에서는 마치 바깥세상이 알지 못하기를 바라는 가족 내 아버지와 큰 형 간의 불화와 같은 것이었다.

인텔의 홍보 부서는 앤디 그루브가 밥 노이스에게 보인 반감을 노이스가 회사를 경영하는 동안에도 그리고 그 후에도 노이스가 세상을 떠날 때까지 숨긴다. 그리고 이 사실은 그루브와 다른 사람들이 아주 가끔 완곡하게 언급하는 덕분에 10년 동안 하나의 소문으로만 남는다. 그리고 벌린과 테드로우의 자서전이 출판되면서 이 문제가 수면 위로 다시 떠오른다. 앤디 그루브는 PBS 다큐멘터리에서 언급했듯이 말년이 되어서야 유명했던 전임자와의 관계를 자유롭게 이야기한다.

그래서 이러한 앤디 그루브가 느낀 모욕감에 증거가 부족한 것도 아니었고 의심의 여지가 남는 것도 아니었다. 그러나 언제나 적어도 앤디 쪽에서 느끼는 이러한 불화에 눈에 띄는 점이 있었다. 노이스는 인텔의 '첫 번째 직원'과의 사이에서 어떠한 긴장도 느끼지 못했다는 사실이다. 조금 더 깊이 들어가 보면 영원히 변하지 않는 것은 인텔을 세 사람이 아닌 두 사람이 처음 창업을 했다는 사실이고, 흠잡을 데 없이 완벽한 고든 무어 때문에 계속 상기된다는 사실이었다.

고든 무어를 말하자면 언제나 밥 노이스를 가장 존경하고 밥 노이스와 함께 일하는 것에 자긍심이 있었다. 그리고 밥 노이스가 세상을 떠난 시점으로부터 오랫동안 고든 무어는 눈물이 없이는 밥 노이스 이야기를 꺼내지 못했다. 앤디 그루브가 자신이 말했듯이 고든 무어를 깊이 존경해 왔다면 왜 앤디 그루브는 존경하는 고든 무어가 밥 노이스에게 보여준 판단은 신뢰하지 않은 것일까?

그 이유의 일부로 아마도 앤디 그루브의 자존심과 고집을 들 수 있다. 결국 반도체 산업에 종사하는 다른 모든 사람들이 밥 노이스를 존경하였고, 숭배하기까지 할 때 이 위대한 인물을 둘러싼 가식과 거짓을 뚫고 실체를 들여다 볼 만큼 영리한 사람에게 수여된 인장을 상상해 보라. 더군다나 앤디 그루브는 해가 지나고 한 회사에서 다음 회사로 옮기면서도 자신이 생각하기에 기업가로서, 관리자로서 그리고 아마 과학자로서도 자신보다 열등하다고 여기는 사람의 부하로 일하는 것에서 벗어나고자 안달이 나 있었다. 그러나 실리콘밸리의 신 같은 존재인 휴렛과 패커드의 신전에 밥 노이스가 합류하게 될 것이라는 것이 피할 수 없는 사실이었고 워싱턴 정계에서는 노이스를 산업계를 대변하는 대표 인물로 생각했으며, 노이스가 킬비와 공동으로 노벨 물리학상을 받게 될 것이라는 소문이 점점 더 커져갔다. 이러한 현실에서 앤디 그루브가 느꼈을 질투는 그가 타임지에서 올해의 인물로서 표지 모델이 된다고 해도 쉽게 증발할 수준의 문제가 아니었다.

노이스가 앤디에게 두 번의 일자리를 주었고, 인텔의 회장이 되어서 앤디 그루브가 거대한 부를 거머쥐도록 해 주었다는 사실을 잊어서는 안된다. 밥 노이스를 향한 앤디 그루브의 조금은 이상한 태도에 한 가지 재미있는 추측이 전기작가 테드로우에게서 나온다. 테드로우 역시 처음에 앤디 그루브의 행동에 혼란스러웠기 때문이었다.

테드로우의 대답은 앤디 그루브를 기업가의 상징으로만 바라보던 이들에게는 아마도 조금 놀라울지도 모른다. 앤디 그루브를 잘 아는 사람이거나 그가 걸어온 오랜 경력과 은퇴 과정에서 앤디 그루브가 보여준 태도를 살펴본 사람이라면 그가 기업가의 상징 같은 인물이라는 사실에는 틀림이 없다. 그러나 앤디 그루브는 자신이 바라본 기업가로서의 노이스를 경멸했을뿐만 아니라 기업가로서 '자신이 가진' 부분도 좋아하지 않았던 것이다.

이러한 공통점은 페어차일드 시절이나 인텔의 초기 시절에는 거의 보이지 않았다. 그리고 노이스는 유명한 공인이 되는 것에 거부감이 있는 듯했다. 노이스는 삶을 빠르게 살았고, 자신이 하는 일에 최선을 다했다. 그리고 언제나 자신을 따르는 사람들에게 영감을 불어 넣어 주었다. 노이스는 세속적이었지만 겉으로 드러나려고 하지 않았으며 항상 유머가 넘치던 사람이었다. 그리고 무엇보다도 위험을 감수하려 했으며 항상 새로운 아이디어와 계획을 만들어 냈다. 그와 비교하여 젊은 앤디 그루브는 언제나 심장 마비에 걸린 사람처럼 심각했고, 진지했으며, 엄숙하고, 늘 이성적인 판단과 예측에 집착하였다. 결국 전체주의의 어둠에서 탈출한 피난민 출신에게 자유 진영에서 일어나는 모든 형태의 성공을 잡을 기회에 진지하지 않게 다가서는 모습에 깊은 분노를 느꼈던 것이다.

결국 삶에서 웬만해서는 전혀 심각성을 느끼지 않는 밥 노이스의 모습이 앤디 그루브를 가장 괴롭힌 것으로 보인다. 초기 실리콘밸리의 기자들이나 역사가들이 이 측면의 불화를 알았다 하더라도 지금까지는 앤디 그루브의 또 다른 오만함이나 경쟁심으로 치부해 버렸을 것이다. 그리고 앤디 그루브는 실제로 자신이 밥 노이스보다 더 똑똑하고 더 능력이 있다고 믿었으며 그의 자리를 원했다.

그러나 현실은 훨씬 더 복잡했다. 예를 들어 그루브는 처음 페어차일드에서 노이스를 만났을 때부터 노이스가 '똑똑한 사람'이라는 사실을 직감했다. 게다가 노이스는 '많은 아이디어'를 가졌고 "대부분이 쓸모없는 것들이었지만 그중에 어떤 것들은 정말 놀라운 것들도 있었습니다."라고 앤디 그루브는 회고한다.[8] 이는 분명히 비꼬는 칭찬이었지만 앤디 그루브는 누구에게도 '똑똑하다'라는 표현을 한번도 사용하지 않았던 사람이었다. 이러한 표현들은 그 당시 앤디 그루브가 밥 노이스에게 가졌던 태도를 명백히 보여준다. 그리고 후반부로 가서 노이스가 가진 그 모든 능력에도 삶을 충분히 심각하게 받아들이지 않았고, 경력을 일종의 놀이로 취급했으며, 성공보다도 주변 사람들이 자신을 좋아해 주는 것을 더 중요하게 생각했다. 그리고 무엇보다도 최악인 것은 페어차일드에서도 그랬고 인텔에서도 마찬가지로 인생으로 다가오는 실패를 떼어버리려고 하기보다 실패를 인정하고 받아들였다는 사실이었다.

이 가혹한 판단 속에 진실한 이유가 있었다. 그러나 이 이유는 부당하기도 했고 틀리기도 했다. 기술 분야에서 선견지명이 있던 노이스의 재능보다 더 위대한 능력은 사람들이 자신의 꿈을 믿도록 영감을 불어 넣어주는 것이었고, 사람들이 자신의 능력으로 노이스를 따라가며 그들의 직업 속에서 위대한 모험을 하도록 만든 것이었다. 이와 같은 것이 가능하려면 외부로 드러나는 자신감, 여유 그리고 기꺼이 무모한 일을 감행하려는 의지를 상대방에게 보여야만 가능한 일이었다(가끔은 삼진을 먹기도 해야 했다). 이런 종류의 타고난 카리스마와 지도력이 노이스에게서는 자연스럽게 나왔다. 분명히 말하지만 데이비드 패커드는 처음부터 밥 노이스에게서 동질성을 보이는 정신을 보았고 스티브 잡스도 앞으로 우리가 보게 되는 것처럼 실제로 노이스처럼 되려고 노력했다.

밥 노이스가 기업 경영에 원칙이 없고 이성을 바탕으로 하지 않고 대처했다면 그 바탕에는 언제나 그가 보여준 이러한 특징이 효력을 발휘했기 때문이었다.

고든 무어는 노이스에게서 바로 이 타고난 카리스마를 보았고 또 그런 밥 노이스의 능력을 사랑했다. 그러나 이미 노이스는 고든을 부자로 만들어주었을뿐만 아니라 고든 무어가 자신만의 법칙을 세움으로써 자신의 경력에 한 획을 긋도록 만들어 주었다. 그래서 노이스는 말할 것도 없고 이 두 사람은 인텔이 성공하기를 원하는 만큼 실패에 두려움도 없었다. 무어는 당시를 이렇게 기억한다. "나는 그렇게 걱정하지 않았습니다. 우리 산업 분야에서 직장을 바꾸는 것은 흔한 일이었습니다. 그리고 나는 이 일이 잘 풀리지 않으면 다른 일을 찾을 것이라고 확신했습니다. 그래서 나는 이 일을 그리 크게 위험하다고 생각하지 않았습니다."9 그러나 아직 반도체 산업계에서 명성을 얻지도 못했던 앤디 그루브는 인텔 초기의 시절에 두려움을 안고 매일 일을 해야 했으며 회사가 치명적인 실수로부터 벗어나게 하려고 전력을 기울여야 했다.

페어차일드에서 앤디 그루브는 회사 조직상에서 노이스보다 훨씬 낮은 직책을 맡았다. 하지만 인텔에서는 노이스와 한 동료이자 회사를 이끄는 세 명의 수장 중에 한 명이 되어 있었다. 앤디 그루브는 인텔의 초기 시절에 노이스와는 거의 업무상으로 거의 부딪히지 않았다. 그리고 자신이 인텔에서 처음 보는 것에 그다지 깊은 인상을 받지 못했다. 인텔에서 앤디 그루브와 조직상에서 같은 위치와 역할을 페어차일드에서 했으며 앤디 보다도 더 강인했던 인물로 찰리 스포크는 페어차일드에서 밥 노이스를 존경했고, 또 그의 판단을 신뢰했다. 그러나 앤디 그루브는 결코 밥 노이스를 신뢰하지 않았다. 그 대신 노이스를 압박하고, 재촉하고, 또 불평을 말하고 권력으로 기어 올라갔다. 그리고 그 과정 속에서 인텔을 보다 성공한 회사로 만들었다. 그리고 한 동안 자신의 인생에서 한 번도 보여주지 않았던 인내를 오랫동안 보여준다. 앤디 그루브는 기다렸다. 언젠가 자신의 때가 올 것을 알았기 때문이었다.

이제 1980년대가 열리면서 노이스가 경영진에서 물러나고 그가 기다리던 때가 다가온다.

34장

보조 경력

1980년대 인텔과 앤디 그루브의 지도력 이야기를 하기 전에 한 가지 더 집어봐야 할 사실이 있다. 그 당시 종종 언급되는 것으로 거대해진 인텔을 이끌며 앤디 그루브가 성취한 놀라운 성공뿐만 아니라 그가 바쁜 일정 속에서도 어떻게든 책을 집필하기까지 했다는 사실이다. 주주들이나 주식 분석가들은 앤디 그루브가 인텔을 운영하는데 자신의 역량을 모두 쏟아 부어야 한다고 말하며 실망감을 감추지 않기도 한다. 그가 도움을 얻어 이 책들을 집필하긴 했지만 앤디 그루브의 진지한 성격은 책을 읽기 지루하게 했다. 그러나 이 책들은 그 자체로 가지는 추정할 가치를 넘어 앤디 그루브가 품었던 야망과 영원함을 상기시켜 준다.

이 '보조' 경력은 1967년에 시작된다. 앤디 그루브가 페어차일드에서 근무할 때 갈수록 회사의 통솔력에 좌절감을 느낀다. 그루브는 회사를 사직하는 것도 고려했지만 그 대신에 좌절감과 에너지를 '반도체 장치의 물리와 기술(Physics and Technology of Semiconductor Device)'이라는 학교 교재를 집필하며 승화시킨다. 거의 대중에게는 알려지지 않았지만 이 책은 거의 고전이 되어 몇 세대 동안 공학 계열 학생들이 반드시 읽어야 하는 핵심 교과서 중에 하나가 되었고 여전히 참고서로서 지금도 읽힌다. 고든 무어나 밥 노이스는 교과서를 만들어 본 적이 없었다. 앤디 그루브는 이런 식으로 그들과 차별을 가지려 했고 자신을 두 사람과 동등한 위치에 서게 만들어 줄 기초로 삼았다. 그리고 시간이 지날수록 이 책은 인텔을 위해 가장 훌륭한 인재 모집의 방법임이 드러난다. 젊은 공학도들은 자신의 분야의 고전 같은 교과서를 쓴 사람과 함께 일하고 싶어 했고 다시 한번 앤디 그루브의 야망은 그가 회사를 위해 뽑은 직원들과 함께 커간다.

1983년, 앤디 그루브는 '생산성을 높이기 위한 경영관리(High-Output Mangement)'라는 책을 집필한다. 그리고 다시 한번 놀라운 업적이 되는 이 책은 반도체 산업계가 불황기에 들고 회복기로 넘어가는 동안의 시기에 엄청나게 팔려 나간다. 그리고 여전히 첨단 기술 산업계에서 가장 성공한 경영 기법 책으로 여겨지면서 경영을 전공하는 학생들에게 성서와 같은 책으로 남는다. 이 책에서 학생들은 자기 의견을 고집하지만 깊은 사고를 하는 앤디 그루브를 발견한다. 그리고 그와 함께 일하는 누구든지 간에 그가 매력이 넘치고 전면으로 쉽게 나서지 않는다는 점에 놀란다.

몇 년이 지나고 이 책의 대성공 덕분에 앤디 그루브는 지금까지도 조금은 이상해 보이는 방향으로 한 발짝 더 나아간다. 앤디 그루브는 산호세 머큐리 뉴스(San Jose Mercury-News)와 기업 운영에 조언을 해주는 상담 코너를 쓰기로 계약한 것이다. 이 상담 칼럼은 후에 다시 '앤디 그루브와 일대일 상담: 어떻게 상사, 동료 그리고 스스로에게 대처해야 할까(One-on-One with Andy Grove: How to manage your boss, Yourself, and Your Coworkers(1988))'로 출판된다. 인텔에서 일하는 많은 직원들도 포함하여 머큐리 뉴스를 읽는 사람이라면 앤디를 인텔을 경영하는 경영자로서보다 '고뇌하는 삼촌'으로 더욱 공감하며 그가 유용한 충고를 주었다는 사실에 동의한다. 그러나 이 칼럼을 작성하는 기간이 산업 관련 기사를 쓰던 기자가 앤디 그루브에게서 인텔에서 앞으로 나올 신제품에 너무 많은 정보를 캐던 시기였다. 앤디 그루브는 그 여기자가 남자였다면 다리를 부러뜨렸을 것이라고 농담을 하곤 한다. 그러나 앤디 그루브의 농담을 가지고 아무도 그의 말이 진짜 농담인지 알 수가 없었다. 그가 어디까지 진실로 말하는지 아무도 알 수 없을 정도였기 때문이었다.

1996년, 마침내 앤디 그루브는 '오직 편집증 환자만이 살아남는다(Only the

Paranoid Survive)'를 출간한다. 이 책의 제목은 놀랍도록 앤디 그루브의 경영 철학을 잘 담아냈을뿐만 아니라 아마도 무의식적으로 어머니와 아들의 목숨이 달린 치명적인 위협 속에서, 끝이 없는 경계심과 빠른 결단력 덕분에 역사 속에서 가장 끔찍한 살인을 저질렀던 두 제국의 폭력으로부터 살아남은 사람의 전체 인생을 잘 담아내었다. 스티브 잡스나 피터 드러커와 같이 같은 분야의 사람들로부터 찬사를 받은 이 책은 한 가지 핵심 아이디어를 담았다. 그 아이디어는 '전략 변곡점(strategic inflection point)'으로 기술 혁신, 시장 진화 그리고 고객 인식이 어떤 형태로든 조합되는 시점으로 회사가 시장에서 급격한 변환을 할지 사라질지 결정한다는 내용이다.

앤디 그루브는 자신의 책에서 대부분의 기업은 후자가 되는데 다가오는 변화를 볼 수 없을뿐만 아니라 이 변환의 시점이 도착했을 때도 이 시점을 인식하지 못하기 때문이라고 설명한다. 이러한 변곡점에서 살아남는 방법은 항상 경계심을 가지고 언제든 단호하게 움직이도록 준비해야 하는 길 뿐이라고 역설한다. 오직 편집증 환자처럼 민감한 자들이 살아남는다는 주장이다.

"오직 편집증 환자만이 살아남는다"는 전 세계에서 베스트셀러가 된다. 그리고 이 책은 알프레드 슬로안(Alfred Sloan) 30번째 고전인 "제너럴 모터스에서 함께 한 시간들(My Years with General Motors)"과 함께 주요 기업의 수장이 쓴 최고의 경영 서적 중에 하나가 된다. 시간이 지나고 전략 변곡점의 개념은 현대 기업 경영에 핵심 요소가 된다.

그래도 한편으로 세상에서 가장 중요한 기업 중에 한 곳인 인텔을 계속 이끌었던 까닭에 앤디 그루브는 책을 쓰는 일을 일종의 보조 경력으로 여겼다. 그러나 그가 은퇴하고 시간이 지나서 병마가 그를 점점 대중의 시야로부터 멀어지게 만들 때 그가 이미 썼던 3권의 책(은퇴를 하고 'Swimming Across'를 쓴다)이 유산 속에서 갑자기 대중의 관심을 끈다. 이제 기업을 경영하는 현 세대는 앤디 그루브를 왕성한 비즈니스 거물이 아닌 역사 속의 인물로 여긴다. 그러나 그가 남긴 책과 메시지는 새롭게 기업의 세상으로 들어오는 젊은이들에게 반향을 일으키며 계속해서 살아남을 것이다. 한때 언론인이 되려던 꿈을 접고 과학자와 기업가로서의 삶을 살아온 앤디 그루브의 경력에서 가장 큰 모순은 결국 그가 작가로서 가장 오래 기억될 것이라는 점이었다.

35장
지옥과 천당 사이

신생 기업에게 가장 힘든 일은 살아남는 것이다. 시장에서 성숙한 기업에게 가장 힘든 일은 진화하는 기술에 맞추어 빠르게 그리고 충분히 변화하는 것이다.

1980년, 인텔은 8억 5천 5백만 달러의 매출을 메모리 시장에서 올리는 기업이었다. 그로부터 10년 후, 인텔의 매출은 마이크로프로세서 시장에서 약 40억 달러에 이르게 된다. 10년 간격의 이 두 가지 날짜 사이에 인텔은 완전히 다른 회사가 되어서 마치 10년 전과 10년 후 전혀 다른 두 개의 기업처럼 보인다. 그러나 이러한 사실은 일부만을 보여줄 뿐이었다. 급격히 치솟은 매출에도 10년 동안 인텔이 걸어온 길은 완곡하고 상당한 위험을 내포한 길이었기 때문이었다.

대중을 향한 인텔의 공식 역사에는 인텔은 결코 식은땀을 흘린 적이 없는 듯이 보인다. 그러나 현실에서는 인텔은 몇 번이고 회사가 사라질 뻔한 위기를 겪거나 몇 번이고 잘못된 의사 결정을 내려 회사가 저성장에 빠지는 결과를 만들기도 하고 다른 경쟁사들이 그렇듯이 침체기를 겪기도 한다. 그러나 1990년대를 맞으면서 인텔은 전자 산업계를 지배하려는 자세를 갖추고 나타난다.

인텔은 90년대 들어 어려운 확률을 뚫고 대단한 성과를 이루어 낸다. 지속해서 기술 우위를 점할 수 있었고, 자부심이 있는 임직원들의 헌신이 있었으며, 직원들을 받쳐주는 문화가 있었기 때문이었다. 그리고 결국에는 앤드류 S 그루브의 용기와 강인함이 있었기 때문이었다. 그러나 이 과정은 결코 순탄하지는 않았다. 인텔은 이 기간에 역사에 남을 가장 큰 실수를 저지른다. 그러나 그 실수를 넘어서 경쟁에서 승리한다.

새로운 10년이 시작되고 마치 무엇이 다가오는 줄 알았다는 듯이 회사는 최고 경영진을 재조직한다. 고든 무어는 이사회 회장직에 남고 앤디 그루브는 최고 경영자가 된다. 그리고 크레이그 바렛(Craig Barrett)이 임원으로 지명되면서 대중의 시선을 처음으로 받기 시작한다. 이 세 사람이 인텔을 가장 중요하고 가장 위험이 컸던 시대를 통해 성장시킨다.

1980년, 인텔은 도저히 불가능해 보이는 일에 도전한다. 바로 반도체 산업계에서 제품을 공급하는 선두 기업이 되는 동시에 가장 앞서는 혁신 기업이 되고자 한 것이다. 이런 야심찬 목표를 추구하려고 인텔은 호황기를 이용하여 거의 미친 듯한 활동을 한다. 인텔은 홍콩에 자회사를 세우고 푸에르토 리코에 제품을 생산하는 공장을 세운다. 그리고 마운틴 뷰에 있던 공장은 폐쇄한다. 그리고 밀려오는 주문을 처리하려고 새로운 대량 주문 처리 시스템을 도입한다. 같은 해 인텔은 모토롤라가 독점하던 자동차 시장에 포드 자동차와 합작으로 자동차 엔진을 제어하는 8061칩과 8361칩을 제조하는 벤처 회사를 설립해 도전장을 내민다. 이 도전은 컴퓨터가 아닌 아날로그 제품의 두뇌 역할을 하도록 제작된 단일 칩으로 자동차 엔진에서 가정용 온도 조절 장치, 군사용 미사일까지 들어가는 마이크로 컨트롤러 시장으로 새롭게 진출하는 중요한 첫 걸음이었다. 인텔은 또한 세계 최초로 마이크로프로세서의 부동 소수점 연산을 돕는 수학 보조 프로세서를 개발한다. 그리고 곧 당시 업계의 거인인 제록스 (Xerox)와 디지털 이큅먼트(Digital Equipment)와 제휴하여 개인용 컴퓨터 전산망 세상을 지배하게 될 이더넷(Ethernet)을 개발한다. 한편 바깥세상은 서서히 컴퓨터 칩의 중요성을 인식해 갔고 인텔의 오랜 연관성에 주목하기 시작한다. 1980년 4월, 밥 노이스는 다섯 달 전에 지미 카터(Jimmy Carter) 대통령으로부터 받은 국립 과학 훈장(National medal of science)에 버금가는 명예인 국립 과학 학술원에 회원으로 선출된다. 그리고 같은 해에 던스 리뷰(Dun's Review)에서 미국에서 경영을 가장 잘한 회사로 뽑히면서 화려하게 한 해를 마감한다.

매우 성공적인 한 해였고 이와 같이 성공한 시기를 오랫동안 다시 갖지 못한다. 반도체 산업 분야와 반도체를 공급하는 회사에는 거의 다른 산업 분야에서는 찾아보기 힘든 독특한 현상이 있다. 이 현상은 무어의 법칙이 말하는 추세에 맞추려는 기업 고객들의 절박함과 이를 가로지르는 예측 불가능한 신기술의 영향이 조합되어 만들어 내는 일련의 단기 경기 거품으로 설명된다.

이 거품은 다음과 같이 형성된다. 무어의 법칙이 가리키는 가장 최신의 움직임에 맞추면 발명가에서 기업가까지 기업을 세울 완전한 기회가 새로이 발생한다. 이 추세는 디지털 산업 전체에 리셋 스위치처럼 작동하는 것이다. 이 리셋 스위치는 시장의 기업 경쟁자들을 제치고 앞서도록 기존의 제품을 완전히 새롭게 다시 설계 할 기회를 줄뿐만 아니라 완전히 새로운 시장을 창조하는 신제품을 만들어 내는 결과를 낳기도 하는 것이다. 그 고전 사례가 바로 IBM이 인텔의 8088 마이크로프로세서를 장착한 PC를 만들어 개인용 컴퓨터 시장에 뛰어든 일이다. IBM이 개인용 컴퓨터 시장에 1981년 공식 진출하면서 개인용 컴퓨터 시장의 판도를 통째로 바꾸어 놓았다. 또 한 가지 사례로 1972년 놀란 부쉬넬(Nolan Bushnell)이 서니베일(Sunnyvale)에 위치한 앤디 캡스 펍(Andy Capp's Pub)에 퐁(Pong)이라는 아케이드 게임을 설치하고 커다란 게임 산업으로 이끄는데 성공하면서 아타리(Atari Inc)를 세웠고 이렇게 출발한 게임 산업 규모는 현재 65억 달러에 이른다.

1960년대까지 만해도 반도체 산업은 예측이 가능한 수요와 이에 따라 공장을 세우고 각자 차세대 반도체를 수순에 따라 생산하는 방식에 익숙해져 있었다. 그러나 반도체 기업들이 도저히 예측할 수 없던 부분은 새롭게 형성된 반도체 칩을 사용하는 소비자 전자 제품 시장에서 나오는 엄청난 수요였다. 한 마디로 지금 존재하지 않는 시장을 예측하면서 생산 설비에 막대한 자금을 쏟아 붙는 것은 불가능했다. 이러한 추가 수요 폭발은 대부분 거품기에 형성되었기 때문이었다. 그런데 실제로 그들이 이러한 거품기를 형성하는데 기여한 면도 있다. 따라서 반도체 칩을 생산하는 기업들은 당연히 생산 능력 부족에 시달려야 했고 빠르게 증가한 수요에 대응할 수가 없었다.

보통 산업 분야에서 수요 증가는 좋은 소식일 수밖에 없다. 제조업 측은 가격을 올릴 여지가 발생하고 이 가격으로 회사의 수익을 끌어올리기 때문이었다. 그러나 반도체 산업은 제품을 납품하는 회사의 설계 구조에 맞추어 생산해야 했고 이러한 납품 회사들을 확보해 그 요구 사항에 맞추어 한 세대에서 다음 세대로 넘어갈 때마다 새로운 제품 설계를 해야 했다. 납품하는 회사의 설계 구조에 맞추어 생산하는 길이 반도체 기업이 다음 세대의 반도체를 생산하려는 공정을 갖추고 일정하게 수익을 확보할 유일한 방법이었다. 따라서 반도체 회사가 가격을 올리는 일이 생산 능력 부족 때문에 줄어든 수요를 해결하는 길일지라도 반도체를 제조하는 회사가 임의로 가격을 올려 이러한 납품 업체의 심기를 불편하게 하는 것은 어리석은 짓이었다.

인텔이 생산 능력 부족 시기와 수요 과잉의 시기에 맞추어 대응한 방법은 거래처에 우선순위를 두는 방법이었다. 예를 들어 인텔의 칩에 가장 큰 수요를 가지거나 최고의 수익을 만들어 주는 거래처들을 일차 공급 명단에 올리고, 작거나 새로운 거래처, 혹은 크게 비중을 차지하지 않는 거래처는 후순위로 밀리게 한다. 그리고 여러 공급자로부터 납품을 받아 인텔에 충성도가 낮은 거래처도 역시 후순위로 책정한다. 생산 라인의 가동이 많지 않은 시기에는 이러한 명단은 그다지 필요하지 않았다. 그러나 수요가 폭증하는 시기에는 가장 중요한 거래처를 확보하고 그들의 수요를 충당해 주는데 중요한 역할을 한다.

그러나 1980년대는 정상 시기가 아니었다. 소형컴퓨터, 비디오 게임, 가정용 콘솔 게임, 과학 연구 및 프로그래밍 용 계산기기 그리고 무엇보다도 개인용 컴퓨터 등의 새로운 디지털 산업의 조합이 탄생하여 반도체 칩에 거대한 수요를 만들어 내던 시기였다. 특히 16K DRAM의 수요는 단지 미국뿐만 아니라 유럽, 아시아의 제조업으로부터 폭증하여 메모리칩을 만드는 기업들의 생산 능력을 마비시켰다. 그래서 반도체 칩을 제조하는 생산 공정 라인은 서서히 속도가 느려졌고 기업들은 혼란에 빠진다.

이 혼란이 1982년에 그 정점을 찍은 두 개의 현상을 만들어 내는데 그와 같은 일은 실리콘밸리의 역사에서도 다시는 나타나지 않을 것이다. 첫 번째는 이중 혹은 삼중 주문이었다. 반도체 칩의 확보가 절박한 제조업체들은 첫 번째 주문을 우선 신청하고(그 주문처가 인텔이라고 가정하자) 배송 일자를 질질 끈다. 그리고 두 번째 주문은 첫 번째 보다 더 많이 하여 생산 업체의 관심을 끌려 한다. 그러나 이런 방법마저도 해결이 되지 못하면 다른 제조업체를 찾아 호환이 되는 칩을 주문하는 것이었다.

결과는 누구나 예상하는 바처럼 반도체 칩을 생산하는 기업들이 한 번도 겪어보지 못한 갑작스러운 수요의 증가였다. 반도체 업계는 이 주문이 실수요가 아닌 가공의 주문일 것이라 의심은 가졌지만 전체 주문 중에 어느 부분이 가수요일지 알 수가 없었다.

몇 달이 지나고 상황은 더욱 더 걷잡을 수 없는 상황으로 흘러간다. 제조업체들은 점점 더 절박한 상황에 처하고 많은 수의 업체들이 생존을 위협받는 상황까지 몰린다. 그래서 메모리칩의 대안을 찾기 시작했고, 그들이 찾은 곳은 회색 시장(gray market)이었다. 음성 거래 시장은 언제나 산업계의 가장자리에 존재하는 것으로 이러한 수요에 맞추어 더 성장한다. 이 회색 시장이 두 번째 현상이었다. 전통적으로 범죄로부터 자유로웠던 기술 시장이 무방비 상태로 있다는 것을 그들은 발견한 것이다.

회색 시장은 일반적으로 시장에서 수요가 사라진 오래된 제품들을 취급했다. 그리고 실리콘밸리의 주변에 흩어져서 재고 상품을 창고에 오랫동안 보관할 여유가 있는 업체들이 주도했다. 그들은 주로 반도체 업체가 생산을 끝내는 생산 라인을 인수하는 형태였다. 16K DRAM의 수요가 폭증하자 생산라인이 가능한 생산량 모두를 어떤 비용을 들여서라도 모두 확보하려는 거대 기업 고객이 이러한 브로커들을 찾기 시작한다. 큰 수익이 발생할 것을 눈치채자 반도체 제조 기업들과 뒷거래가 가능했던 브로커 중에 어떤 이들은 정상 기업 관행에 의심을 갖게 하는 선을 넘어서기 시작한다.

가장 합법적인 방법은 납품 과정에서 품질 수준이 떨어져 폐기 대상이 되는 DRAM을 수집하여 그들을 검사하고 그중 양품을 찾아 재판매하는 것이었다. 가끔은 불량품을 양품처럼 속여 팔기도 한다. 대부분의 고객은 자신들이 반도체 칩을 사용하여 만드는 제품이 잘 작동하기만 하면 신경 쓰지 않았다.

그러나 곧 이러한 공급처도 물량이 바닥나기 시작한다. 또는 그들이 생각하기에 그렇다고 믿는다. 구입한 제품이 제대로 작동하지 않아 기업 고객들은 인텔과 같은 주요 반도체 기업에 불만이 쌓였기 때문이었고 반도체 제조 기업들은 불량품들을 전량 폐기한다. 이제 회색 시장은 점점 커지기 시작해 불법 음성 거래 시장으로 변질되기 시작한다. 원칙상 불량이 난 칩은 핀 부분에서 금을 추출하려고 고물상에게 넘겨지는 것이 보통이었지만 이 칩들은 그 성능이 가장 나쁘더라도 실제 사용되려고 수집되었다. 한편 온갖 종류의 범죄 조직들이 DRAM 배송 시스템에 참여하기 시작한다. 집적회로 칩이 무엇인지 알지 못하던 삼류 도박꾼들조차도 이제는 반도체가 바로 금값이라는 사실을 알게 되고 범죄 집단을 조직한다. 이 범죄 집단에는 지역 베트남 갱단에서 소련과 같은 적성 국가에서 온 간첩, 왕년의 동맹이었던 프랑스와 이스라엘 그리고 가장 예상치 못한 집단으로 정치 활동을 위해 필요한 자금을 음성 거래 시장에서 반도체 칩을 팔아 충당하려던 오클랜드 검은 폭력 게릴라 파(Oakland's violent Black Guerrila Family)까지도 포함되어 있었다.

실리콘밸리의 선적장에서 폐기용으로 쌓인 반도체 칩을 도둑맞는 일이 발생하기까지 오랜 시간이 걸리지 않는다. 어떤 경우는 주위의 시선을 흩어뜨리려고 접대부를 이용하기까지 한다. 그리고 도박 빚에 시달리는 직원들이 밤새 창고의 뒷문을 열어두도록 협박을 받기도 한다. 이외에도 반도체 제조 기업으로부터 반도체 칩을 뺏으려고 다양한 방법이 시도된다. 한 범죄자는 반도체 거래를 하다가 발각된 자리에서 살해당하기까지 한다.

한편 메모리칩의 부족 현상은 반도체 칩의 주요 수요처인 전자 산업에 진출하는 극동 지역의 새로운 제조업체에게 큰 피해를 입힌다. 그래서 아시아에 찾아온 기업가들이 서류 가방에 돈을 가득히 채우고 샌프란시스코 공항에 도착해 어떤 가격에서라도 DRAM을 구매하겠다고 나서는데 그리 오랜 시간이 걸리지 않는다. 이 상황은 어색한 장면을 연출한다. 반도체 칩 공급업자와 구매자가 두 개의 방이 연결된 실내로 들어가서 서로 돈이 든 가방과 반도체 칩이 든 가방을 그 방 사이로 연결된 문으로 주고받는다. 그리고 누구도 먼저 떠나려고 하지 않는다. 상황은 슬랩스틱 코미디와 같아진다. 두 당사자들은 살짝 열린 문 사이로 서로의 얼굴을 숨긴 채 주고받으려는 서로의 가방을 잡고 줄다리기를 하는 상황이 연출되는 것이었다.

기술 산업의 발전이 언제나 하루아침에 부자가 되려고 하는 범죄와 사기를 수반하는 일은 어느 정도 필연이었다. 1990년대 후반의 인터넷 기반 기업(dotcom) 거품 시기가 이와 같은 사실을 입증한다. 그러나 1979년과 1981년 사이에 일어난 거품만큼 심각했던 적은 없다. DRAM을 둘러싼 회색 시장과 불법 음성 거래 시장뿐만 아니라 증가하는 할당량과 증가하는 생산 속도에 생산 라인의 근로자들이 각성제를 먹는 일까지 발생한다. 마약상들은 공공연하게 내셔널 반도체 주차장에 차를 세우고 트렁크에서 각성제를 꺼내 인텔이나 다른 반도체 공장에서 일하는 근로자들로부터 주문을 받았다. 한편 일본인들은 실리콘 곳곳에 도청할 장소를 마련하고 산업 첩자로서 열을 올렸다. 적어도 6개 국가 이상이 첩보 활동을 했으며 특히 러시아의 경우 실리콘밸리에서 훔친 기술을 다시 실리콘밸리를 향해 쏠 대륙 간 탄도 미사일의 탄두에 사용하고자 기를 쓴다. 기존의 정상 기업들마저도 예상하지 못한 수요 폭발에 쉬운 길을 택하려 한다. 예를 들어 애플 컴퓨터의 경우(애플은 이 이야기를 하는 것을 좋아하지 않지만), 회사 설립 초기에 애플 2 컴퓨터의 수요를 맞추려고 아시아에서 이민 온 여성들을 고용하여 서니베일 지역에 있는 좁은 아파트 공간과 실리콘밸리의 곳곳에 위치한 공간에 배치하고 마더보드에 반도체 칩을 끼워 넣는 작업을 시킨다. 수당은 마더보드에 끼우는 칩의 개수에 따라 지급 받는 노동 착취 공장이었다.

이 시점에 이르러 실리콘밸리는 특히 반도체 산업계는 거의 한계점에 도달해 비명을 지르고 있었다. 인텔과 경쟁사들은 가능한 한 빨리 새로운 생산 능력을 갖추려고 경쟁을 했고 기업 고객들은 어찌할 바를 몰라 회색 시장을 뛰어다닐뿐만 아니라 정식 공급 업체들을 협박하기까지 한다.

그러다 1981년 하반기에 들어서자 마치 운명처럼 메모리 시장의 거품이 꺼진다. 좋은 소식이라면 일본과 정부의 산업 첩자들이 남아있긴 했지만 범죄 집단들이 돈을 벌 기회가 사라지자 반도체 시장으로부터 떠난 일일 것이었다.

나쁜 소식은 이제 인텔을 포함한 반도체 칩을 생산하는 기업들이 하늘을 뚫을 듯하던 주문이 얼마나 가수요였는지 깨닫게 되는 고통스러운 교훈을 얻었다는 점이었다. 일단 소비자 시장과 산업 시장에서 수요가 멈추자 기업 고객들의 메모리칩이 필요한 부분이 금세 충당되었고 반도체 기업에 추가로 했던 주문을 취소하기 시작한다. 그들은 단순히 하나의 주문을 취소하는 것이 아니었다. 그들은 자신들이 몇 달 전에 중복 주문한 모든 것을 공포에 질려 취소한다. 하나의 주문 취소는 곧 한 반도체 업체에게 네 개의 주문 취소로 연결되거나 여러 반도체 업체에게도 똑같이 취소가 밀려온다. 실제 소비자에게서 10퍼센트의 매출 감소는 즉각 30-40퍼센트의 메모리칩 주문 감소로 이어졌다. 산업 용어로 주문 대비 대금 지급 비율이 1.0 이상으로 좋은 상태에서 균형점 이하로 떨어진 것이다.

반도체 산업계의 추락이 어느 누가 예측한 것보다도 빨리 그리고 심각하게 찾아온다. 그리고 반도체 업계와 나머지 기술 산업계에 찾아왔던 어떤 불황보다도 심각한 경우였다. 인텔의 재정 상황은 회사 설립 후 최악으로 떨어진다. 인텔이 설립된 13년 동안 매출 대비 연간 100퍼센트의 성장을 구가해 오다가 갑자기 매출이 1981년 기준으로 8억 5천 5백만 달러에서 1982년에는 7억 8천 9백만 달러로 하락한다. 그리고 1983년이 되어서야 2년 전의 회사 매출 수준으로 회복한다. 이 매출의 절반도 거품이 꺼지지 직전의 혜택을 받은 것이었다. 이러한 회복은 마침내 IBM PC가 시장에 출시되면서 세상의 이목이 집중되고 빠르게 IBM이 개인용 컴퓨터 시장에서 선두 기업이 되면서 가능한 일이었다.

이 불황기가 무엇보다도 기술 산업계를 황폐화시킨 것은 이 불황이 당시 고공비행을 하던 디스크 드라이브 산업계에서 발생한 폭락과 동시 다발로 발생했다는 점이다. 1980년, 약 150개 이상의 윈체스터 하드 디스크 드라이브(Winchester hard disk drive)를 생산하는 기업들이 개인용 컴퓨터의 대용량 메모리 저장장치의 수요를 타고 난립한다. 그러나 그들 모두가 살아남지는 못한다. 지금은 오래 전에 잊혀진 1세대 개인용 컴퓨터 기업들인 아담(Adam)이나 싱클레어(Sinclair)가 애플의 성공 앞에서 무너졌다. 그리고 개인용 컴퓨터 시장이 가격 폭락을 만나자 이들 난립한 업체들에게 불어닥친 불황은 신속하고 잔인했다. 마침내 시장에는 12개 이하의 디스크 업체만이 같은 숫자의 개인용 컴퓨터를 만드는 업체처럼 살아남는다.

그리고 반도체 제조업체도 역시 폭락을 경험한다. IBM PC와 계약을 맺지 못한 반도체 제조업체들은 경쟁에서 밀려나기 시작하고 그나마 시장 점유율이 낮은 기업과 계약을 맺으려고 사투를 벌인다. IBM PC의 복제판을 만드는 업체들과의 계약도 마찬가지였다. 내셔널 반도체, 텍사스 인스트루먼츠 그리고 페어차일드 등 불과 몇 년 전만 해도 마이크로프로세서 시장에서 주요 기업들로 경쟁을 벌이던 기업들이 컴퓨터 시장을 포기하고 자동차 혹은 가정용이나 산업용의 저성능 마이크로 컨트롤러 시장으로 전환한다. 논쟁의 소지가 있지만 Z80이라는 업계 최고의 마이크로프로세서를 만들었던 자이로그도 인텔과의 경쟁을 피해 Z8이라는 마이크로 컨트롤러를 만들면서 비슷한 행보를 보인다.

이 불황기가 끝나갈 무렵 대부분의 반도체 관련 회사들이 그들의 대차대조표에서 무엇을 말해주든 간에 반도체 시장에서 살아남으려고 사투를 벌인다. 그리고 이 중 어떤 회사는 이미 사라질 운명에 처해져 있기도 했다. 1980년대가 끝나갈 무렵, 자이로그는 마이크로프로세서 설계를 시계, 장난감 그리고 다른 저가 제품에 들어가는 면허로 수익을 내는 거의 잊혀진 기업이 된다. 한때 반도체 시장을 호령하던 페어차일드는 내셔널 반도체에 인수된다. 그러나 내셔널 반도체 자신들도 수익원을 찾으려고 필사의 노력을 기울이는 상황이었다. 텍사스 인스트루먼츠는 집적회로 특허를 침해한 다른 반도체 회사를 고소하는 법률 부서가 가장 큰 수익원이 된다.

한 회사만이 1981년에서 1983년 사이에 발생한 불황기를 넘어 성장까지 하면서 최소한의 손실을 입은 채 자신의 위상을 지켰다. 바로 모토롤라였다. IBM PC와의 계약에서 대실패를 맛보고 인텔의 크러쉬 작전에 패배하였지만 모토롤라는 업계의 강자로 포효하며 다시 돌아온다. 1979년, IBM조차도 인텔의 8086/8088 마이크로프로세서를 칭찬하자 모토롤라는 지금까지 만들어진 마이크로프로세서 중에 가장 성능이 뛰어난 제품을 출시하려고 준비한다. 바로 68000 모델이었다.

모토롤라가 68000 모델을 조금만 빨리 출시했거나 IBM이 실사를 조금만 천천히 했더라면 반도체 사업과 개인용 컴퓨터의 역사는 지금과는 많이 달라졌을 것이라고 사람들은 이야기한다. 그러나 현실은 IBM이 모토롤라의 68000 모델을 발견했다 하더라도 IBM은 이 제품을 PC에 사용하지 않았을 것이다. 당시만 해도 새로운 시장에 진출하는 거대한 위험을 감수하는 IBM의 편에서는 세상에서 가장 뛰어난 성능의 마이크로프로세서에는 관심이 없었다. 빅 블루(IBM)는 당시 뛰어난 품질과 뛰어난 사후 지원이 가능한 제품을 찾았기 때문이었다. 그리고 그 품질과 사후 지원이 바로 크러쉬 작전의 전략이었고, 그러한 수요를 8088 제품이 빅 블루(IBM)에게 제공하였다.

그러나 디지털 세상은 68000 모델을 바라보았다. 진정한 16비트 프로세서로 초당 200만 번의 계산을 맹렬히 수행했고 이 속도는 당시 기준으로는 사람들이 까무러칠 수준이었다. IBM은 개인용 컴퓨터에 인텔의 8088 모델을 사용하기로 결정하였을지 몰라도 세상은 거의 모든 부분에서 모토롤라의 68000 모델을 채택한다. 특히 자동차 분야에서는 독보적이었다. 그리고 1981년 거품이 꺼졌을 때 자동차 분야는 모토롤라의 우량 고객이 되어 모토롤라가 다른 경쟁자들보다도 불황기를 잘 견디어 내도록 해준다. 실제로 모토롤라는 이 불황기 속에서도 수익을 올린다. 모토롤라의 메모리칩 매출은 운영 손실이 없이 1980년도 기준 12억 달러에서 1983년에 16억 달러로 상승한다. 이러한 성공은 모토롤라가 더 나아가 새로운 분야에서 고객을 찾도록 도와준다. 특히 인텔의 염가 버전인 8088 모델과 같이 6809 모델을 만들어 낸다. 그리고 소비자 가전 분야의 고객을 찾으려고 극동 지역으로 진출한다. 그리고 모토롤라는 통신 분야에서 마이크로프로세서를 사용하는 새로운 실험을 한다. 그리고 이 움직임은 앞으로 다가오는 15년 동안의 핸드폰 시장의 발흥과 함께 중요한 의미를 갖는다.

인텔은 그저 모토롤라의 성공을 보면서 이를 갈아야 할 뿐이었다. 인텔은 기술 산업 분야에서 가장 중요한 계약을 해냈지만 이는 이제 겨우 시작의 단계일 뿐이었으며 거품이 꺼지며 발생한 불황기에서 회사의 여러 사업 분야에서 잃은 손실을 충당할 만큼 아직 충분한 수익을 올리지 못했다. 마이크로프로세서 시장에서 모토롤라의 성공으로 상처 받은 것이 아팠다면 메모리 시장에서 거품이 꺼지고 불황기가 다가와 공급이 초과되면서 메모리 가격은 거의 공짜에 가까워 졌고, 이는 회사에 재앙 같은 상황이었다.

인텔은 새롭게 주요 마이크로프로세서 개발을 했지만 자금을 세계 곳곳에 제조 시설을 세우는 데 다 사용해 버린 상태였다. 더군다나 1980년 중반에는 불황이 얼마나 심각할지 그리고 얼마나 오래갈지 아무도 모르는 상황이었다. 그래서 모토롤라의 선전에도 회사의 전체 분위기는 신중함이 다수의 의견이어서 인텔은 몸을 사려야했고, 비용을 삭감해야 했으며, 구조조정 및 신제품 개발을 지연하게 하고 모든 새로운 시설 증축을 동결시킨다.

인텔이 1974년에 구조조정을 하며 자신에게 상처를 주었던 상황과 같았다. 그리고 당시에도 오레곤의 포틀랜드 부근의 알로하4 시설을 새로 증축했고 회사가 어려워지자 모든 증축을 중단한 경험이 있었다. 인텔의 역사 속에서 유명한 이야기로 결과는 마무리 짓지 못한 텅 빈 건물이 되었는데 침과 콧물로 범벅된 도버맨 개 한 마리가 지키는 개집이라는 영원불멸한 표현으로 인텔의 역사 속에 남는다.

그러나 자신의 임원 경력 중에 내린 가장 중요한 결정일지도 모르는 결정을 앤디 그루브는 내린다. 앤디 그루브는 회사를 운영하는데 기본 상식들을 내던지고 자신이 방금 경영권을 물려받은 회사를 가지고 가장 큰 도박을 감행한다. 이 결정이 앤디 그루브가 던진 가장 큰 승부수였을 것이다. 그리고 보다 놀라운 사실은 미국 생활이 불과 25년이 채 되지 않던 앤디 그루브가 마침내 그렇게 바라던 새로운 경영진 자리에 새로 오른 사실이었다. 그가 오랫동안 얻기 바라고 또 계획했던 힘과 권력을 이제 손에 쥔 상태에서 어떤 이유로도 그러한 위험을 감행할 이유가 없었다. 주위 모든 것이 앤디 그루브에게 보수적으로 조심스럽게 결정할 것을 강요하고 그가 얻은 것에 위험을 감수하지 말 것을 강변했다. 그러나 지금까지 보아왔듯이 그리고 앞으로 보게 될 것도 마찬가지로 큰 위기와 힘든 시기는 오히려 앤디 그루브를 강하게 만들 뿐이었다. 그리고 그 시점에서 그렇게 거대한 위험 앞에서 앤디 그루브는 그보다 더 대담할 수가 없었다.

인텔은 지뢰밭과 모래톱을 뚫고 전속력으로 앞으로 달려가기로 결정한다. 고용 해고는 없으며, 연구 개발 투자는 계속 최대한 이루어지고, 1982년 가을 완공 예정이었던 앨버커키(Albuquerque)의 새로운 공장을 짓는 일은 수요가 정상화 될 때까지는 중단되지만 수요 회복 후 완공하기로 결정한다. 한편 회사의 지원부서 직원 채용은 계속 되고, 교육은 지속해서 하기로 하며, 대신 잠시 다른 부서에 배치되기로 한다.

그리고 마침내 1981년 10월, 앤디 그루브는 125퍼센트 솔루션이라는 가장 악명 높은 경영 계획을 발표한다. 다가오는 6개월 동안 인텔의 모든 직원들은 무급으로 추가 2시간을 더 근무하도록 지시 받는다.[1]

"당시 회사 내에서는 주당 60시간이라는 긴 시간을 근무하는 것이 불문율처럼 되어 있었습니다. 그런데 여기서 125퍼센트 솔루션이라는 추가 근무는 악몽 같은 이야기였습니다. 겨울이 다가오면서 어두울 때 출근해서 어두울 때 퇴근하는 것이 일상이 됩니다. 가족들은 벌써 피곤한 감정을 드러내놓고 느꼈고, 회사 내에 이를 비판하는 시각이 형성되었습니다. 그러나 직원들은 유일한 대안

이 채용 공고로 직원을 뽑는 경쟁사로 자리를 옮기는 것일 뿐이라는 사실을 이미 잘 알았습니다. 그리고 직원들은 농담 반 진담 반으로 '125퍼센트 솔루션'이라고 적힌 운동 경기용 밴드를 차고 회사의 새로운 노동 착취의 인상을 풍기는 분위기에 적응해 나갔습니다."[2]

125퍼센트 솔루션은 앤디 그루브 자신에게도 쉬운 일은 아니었다. 회사 외부에서도 이 정책에 의문을 표시했다. 1974년 닥친 불황기 동안 빌 휴렛과 데이비드 패커드는 2주 9일 근무 제도를 도입했다. 이는 모든 직원들이 2주에 하루를 무급으로 근무함으로써 고용 해고로부터 HP를 자유롭게 하자는 정책이었다. 그러나 그 정책은 사실상 주 당 추가 근무를 하는 것이 아닌 임금 삭감이었다. 그리고 HP는 더군다나 메모리칩 분야에 종사하지 않았다. 1980년 뉴 올리언즈에서 열린 산업 회의에서 AMD의 제리 샌더스(Jarry Sanders)는 회사에서 고용 해고를 하지 않겠다고 화려하게 발표한다. 그리고 같은 업계의 기업들에게 조약으로 함께 따르기를 권하기도 한다.[3] 그러나 그러한 약속은 경기가 좋은 시절의 이야기일 뿐이었다. 게다가 AMD는 아직 작은 규모의 회사였다. 어쨌든 아무도 제리의 이야기를 믿지 않는다. 인텔은 다른 기업들과 함께 그 조약에 서명을 거부한다. 그러나 인텔은 단 한 명의 직원도 해고하지 않으려고 자신들이 가진 모든 것에 전력을 다한다.

많은 사람들이 앤디 그루브를 의심했다. 그루브는 이미 대중에게 완고한 성격으로 유명한 사람이었다. 이런 정책을 펼치는 무엇인가 속내가 있는 것일까? 선전? 비밀 사업? 이러한 궁금증은 인텔에게 유리하게 작용한다. 그러나 한편으로는 이 정책이 실패한다면 앤디 그루브는 그 정책 속에 몰래 아무 계획도 준비하지 않았다는 이유로 두 배로 비난을 받을 것이라는 사실을 뜻하기도 했다. 또 자신이 실시하는 새로운 정책 기사가 실린 뉴욕 타임스가 로비에 비치된 날, 로비에 근무하는 직원에게 지각을 하는 모든 직원의 명단을 보고하도록 하고 유일하게 지각을 한 사람이 자신 뿐이었을 때 직원들에게 위선자처럼 보이기도 한다.[4]

그러나 다행히도 125퍼센트 솔루션 정책은 마침내 성과를 보이는 듯했다. 마케팅 커뮤니케이션과 사업 개발 책임자였던 딕 바우처(Dick Boucher)는 "우리는 그 기간 동안 많은 것을 이루어 냈습니다."라고 말하며 다음과 같이 내용을 추가한다. "모두에게 환영받는 정책은 아니었지만 이 일은 반드시 해야만 하는 일이었습니다." 1982년 3월 31일, 125퍼센트 솔루션 정책을 마감하면서 인텔에서는 일반 맥주잔보다 25퍼센트 큰 맥주잔으로 축하 파티를 연다.

　　"인텔은 그 해 창출한 수익 중에 새로 개발한 마이크로컴퓨터 시스템의 배송 강화, 마이크로 컨트롤러 매출 확대 그리고 연방 정부의 세금 환급 준비를 빨리 마쳐 초기에 자금을 확보하는 등의 성과를 이 정책의 성과로 간주한다. 이러한 성과들의 정말로 하루에 2시간의 추가 근무로 이루어졌는지는 논쟁이 분분하다. 그러나 한 가지 사실은 분명하다. 바로 인텔은 가장 어려운 경제 불황기에 완전 고용을 이루어냈다는 사실이었다."[5]

36장
동기 부여

앤디 그루브가 시도한 모험과 125퍼센트 솔루션 정책이 가져온 또 하나의 혜택이 있다. 바로 인텔이 불황기에 뒤로 물러서기보다 새로운 제품을 만들도록 더욱 부추겼다는 점이었다. 1982년 3월에 완성된 결과로 아마도 인텔의 역사에서 가장 성대한 제품 발표였다. 이 기간은 125퍼센트 솔루션 정책이 끝나던 달이었고 이 달 중에 인텔은 네 가지 새로운 제품들을 선보인다.

* 80186과 80188 모델. 이 제품들은 한 쌍의 마이크로 컨트롤러로써 실험용 장치, 컴퓨터 주변 기기 그리고 기타 전자 장치에 내장되어 사용되도록 설계된 제품이었다. 이 제품들이 컨트롤러 시장에서 그 점유율을 높여가던 모토롤라에 대응하려는 인텔 제품이었다. 이제는 모두 쓸모가 없어진(이 두 제품은 오늘날 모두 잊혀졌지만) 80186 모델은 인텔이 처음으로 80x86 분류를 사용한 제품이었다. 그리고 이 분류 방식은 인텔의 미래에 이어지는 마이크로프로세서 세대에서 계속 사용된다.

* 82586 코프로세서(coprocessor). 이 장치는 인텔의 메인 마이크로프로세서와 함께 사용하도록 설계되었으며 지역 전산망과 연결을 담당한다. 이 장치와 후속작들은 훗날 인터넷이 탄생하던 시기에 개인용 컴퓨터로 조직되는 전산망처럼 연결되도록 도와주는 장치다.

그리고 무엇보다도 중요한 것은

* 80286 16비트 마이크로프로세서. 이 제품은 개인용 컴퓨터를 위한 최초의
'현대적인' 마이크로프로세서이다. 그리고 다음 세기까지 이어지고 또 오늘날
까지 마이크로프로세서를 규정하는 80x86 설계 제품군의 진정한 최초 모델이
라 불린다. 8068/8088 모델이 IBM PC에서만 사용되었지만 80286모델은 윈
텔 진영(마이크로소프트사의 윈도우 운영 체제와 인텔의 x86 마이크로프로세서를 사
용하는)을 채택한 컴팩 컴퓨터를 시작으로 시간이 지나면서 점차 전 세계에 걸
쳐 수백 개의 개인용 컴퓨터 조립 회사에서 사용된다. 이 과정에서 델 컴퓨터,
HP, 소니, 도시바, 에이서 그리고 히타치 등의 거대 기업을 포함한 PC 복제 컴
퓨터를 만드는 군단은 개인용 컴퓨터의 가격을 수천 달러 수준에서 수백 달러
수준으로 낮추게 만들고 매 년 수백만 대의 컴퓨터를 판매한다. 그리고 진정한
개인용 컴퓨터 시대를 활짝 열면서 이렇게 보급된 컴퓨터들로 월드 와이드 웹
(World Wide Web)과 인터넷 경제 시대를 연다.

80286 모델은 모토롤라의 68000 모델이나 자이로그의 Z80에 비해 놀라운
설계를 바탕으로 한 제품은 아니었을지도 모른다.
그러나 이 제품은 그럴 필요가 없었다. 인텔은 컴퓨터와 소프트웨어 산업에
서 이미 배운 교훈이 있었다. 바로 '상향 호환성'이었다. 앤디 그루브는 지금 긴
안목에서 사업을 벌렸다. 80286 모델의 핵심 구조는 거의 변하지 않는 상태로
x86 제품군으로 복제되어 생존하도록 설계되었기 때문이었다. 다시 말해 286
모델을 사용하는 개인용 컴퓨터에 사용되는 프로그램은 또한 286 모델의 후속
작을 사용하는 컴퓨터의 하드웨어 성능 향상을 통해서도 계속 사용이 가능함
을 뜻했다. 반대로 기존의 응용 프로그램들을 생산 프로그램에서 게임까지 다
시 작성할 필요가 없이 함께 성능이 향상됨을 뜻하기도 했다. 286 모델은 또
8086/8088에서 사용되는 모든 상용 프로그램을 사용하도록 설계되었다. IBM

하드웨어 플랫폼의 공개와 여기에 사용되는 윈텔 조합인 윈도우 운영체제 그리고 인텔 x86 마이크로프로세서의 파괴력은 소매 시장에서 금세 그 위력을 드러낸다. 반면 불과 몇 년 전만 해도 개인용 컴퓨터 시장은 애플 컴퓨터가 대부분을 차지하고 소규모의 경쟁자가 존재하는 곳에 지나지 않았다. 그러나 이제 가게의 선반 중 눈에 띄는 곳은 윈텔 시스템을 사용하는 컴퓨터로 채워지고, 곧 복도와 가게 전체로 번진다. 호환이 안 되는 독자 하드웨어와 소프트웨어를 사용하는 애플 컴퓨터는 점점 그 위치가 작아지고 나중에는 아주 작은 선반 부분만을 차지한다. 애플 컴퓨터의 운도 이 기간에 같은 궤적을 따라간다. 한때 개인용 컴퓨터 시장의 95% 이상을 점유하던 애플 컴퓨터는 이제 시장 점유율이 추락하는 것을 목격한다. 한편 1988년, 80286 모델이 출시된 지 6년이 지나고 전 세계에서 1천5백만 대의 286 PC가 팔린다.

전작에 비해 80286 모델의 기술 진보성은 시장에 던져준 영향만큼이나 심오했다. 원래 이 제품은 6Mhz와 8Mhz 두 가지 형으로 선보일 예정이었다. 그러나 인텔은 결국 이 제품을 12.5Mhz로 성능을 올리고, 8086 모델보다 훨씬 빠른 속도를 내도록 설계한다. 그리고 인텔의 2차 물량 공급 업체(악명 높은 AMD와 Harris)들이 초당 5백만 번의 연산을 수행하는 25Mhz이라는 당시로서는 매우 빠른 속도를 내도록 성능을 끌어올린 제품을 선보인다. 결국 80286 모델의 성능은 8086 모델의 거의 두 배의 속도를 냈으며 이는 마이크로프로세서 세대 간 성능 향상의 폭 중에 인텔이 만들어낸 가장 큰 격차였다.

80286 모델은 134,000개의 트랜지스터가 집약된 성능을 보여주며(8086 모델의 경우 29,000개), 다중 작업 기능(멀티태스킹: 한 번에 한 개 이상의 프로그램 작업이 가능함)과 내장된 메모리 보호 기능(그 당시까지만 해도 대형 컴퓨터에서나 가능했던 기능) 그리고 실시간 프로세서 제어 기능 등을 포함한 몇 가지 새로운 기능을 추가했다. 다만 몇 가지 기능은, 특히 멀티태스킹 기능은 윈도우가 아닌 IBM 응용 프로그램을 위해 작성(coding)되었다. 이러한 정책은 마이크로소프트웨어의 빌 게이츠(Bill Gates) 회장을 분노하게 만들었고 286 모델을 '두뇌가 죽

은 칩'이라고 혹평하게 만든다. 이 왕년의 동맹과의 애증 관계는 IBM이 개인용 컴퓨터 시장에서 손을 떼고 21세기에 접어든 십여 년이 지나면서 개인용 컴퓨터 시장이 황혼기에 접어들 때까지 지속된다. 인텔이 반도체 산업에 불어 닥친 최악의 불황 속에서 새로운 마이크로프로세서 모델을 선보였다는 사실이 125퍼센트 솔루션 정책 기간 동안 인텔의 직원들이 보여준 헌신의 증거이자 경쟁자들이 불황 속에서 허리끈을 졸라 맬 때에도 인텔의 책임자로서 회사를 앞으로 전진시킨 앤디 그루브가 보여준 용기의 증거였다. 그리고 컴팩이 286 모델을 자사의 윈텔 PC 복제 컴퓨터를 처음 만드는 엔진으로 채택했을 때 모든 경기는 끝난다. 인텔은 적어도 앞으로 다가오는 25년 동안 마이크로프로세서 전쟁에서 승리한다. 인텔이 업계 선두로서 책임에 걸맞는 모습을 보이고 앤디 그루브가 총책임자로서 자리에 있다면 인텔이 계속 마이크로프로세서 시장을 차지할 것이라는 점에 의심할 여지가 없었다. 이제 마이크로프로세서 영역에 남은 기업은 모토롤라뿐이었다. 마이크로프로세서 시장에서 경쟁하던 나머지 기업들은 쇠락 속으로 서서히 사라져 가거나 다른 수익원을 찾아 떠나갔다. 1982년, 인텔의 놀라운 제품군 동시 발표는 혁신 기업으로서 그리고 무서운 경쟁자로서 회사의 평판을 높이는 계기가 된다. 그러나 이제 적어도 불황기가 절정을 이루던 순간과 서서히 끝나가던 시기에 인텔의 신제품 발표가 기업의 수익에 기여하는 바는 아직 크지 않았다.

1982년 한 여름, 125퍼센트 솔루션 정책을 끝마친 기념 파티를 한 지 몇 달이 지나고 인텔의 최고 경영자들은 아직 불황이 완전히 끝나지 않았다는 사실을 깨닫는다. 회사의 재정 상태는 호전되지 않았다. 또한 회사의 성장 부분 중에 새로운 부분은 주요 고객들이 발주한 주문에 따라 회사의 재고가 잠시 조정되는 과정에서 발생한 것임이 드러난다. 인텔이 다시 한번 허리띠를 조여야 할 때가 온 것이다.

반도체 시장의 불황은 예상대로라면 원래 이렇게 오래가지 않아야 했다. 그리고 긴축 정책의 시행 과정에서 인텔은 1982년 중순을 기점으로 시장이 다시 활기를 띨 것이라고 예측했다. 그러나 이러한 예측은 빗나가고 만다. 불황은 앞으로 끝이 없어 보였고, 앤디 그루브와 연구 부서는 이제 공포에 가까운 감정을 느끼며 3천여 명의 직원(반도체 시장에서 공급 과잉 되었던 인력 중 실력이 뛰어나지만 최근에 다른 기업에서 고용 해고된 사람들)을 고용한 것은 성숙하지 못한 판단이었음이 드러난다. 인텔은 그렇게 늘어난 인력을 감당할 수가 없었다. 그리고 회사의 예측은 1983년도에도 1982년만큼 상황이 나쁘다면 인텔도 상당한 수의 고참들을 해고해야만 할 것으로 보였다.

그러나 앤디 그루브는 고든 무어의 지지하에 다시 한번 빠르게 움직인다. 11월이 되자 인텔은 최고 10퍼센트에 이르는 전면 임금 삭감을 단행한다. 또한 1983년까지 임금을 동결한다. 이번 결정은 직원들의 마음을 상하게 한다. "이번에는 흥분이 사라졌습니다. 125퍼센트 솔루션 정책 때는 직원들이 단결심을 보였습니다. 결국 일을 조금 더 하는 것일 뿐이었기 때문이었고 실리콘밸리에서 가장 비싸지 않은 상품인 노동이었기 때문이었죠. 그러나 이번에는 돈이었습니다. 훨씬 귀하고 지구에서 가장 귀한 상품이었습니다. 그래도 그중 몇몇은 '하나님 감사합니다. 우리는 아직 다닐 직장이 있어요.'라고 생각하는 직원들도 있었지만 문제는 이 임금 삭감을 가장 민감하게 받아들이는 직원들이 인텔이 가장 유지하고 싶어 하는 직원들이었다는 사실입니다. 바로 가장 똑똑하고 상황 판단이 빠른 그들은 자신들이 받는 연봉의 상승을 성공의 척도로 삼았죠."[1]

그리고 한 달 후 인텔은 직원들에게 또 하나의 폭탄선언을 한다. 인텔이 소유한 지분 중 12퍼센트를 2억 5천만 달러에 IBM에 매각한다는 발표였다. 이 거래는 두 회사 모두에게 이익이 되는 방법이었다. 이 금액은 전지전능한 빅 블루(IBM)에게는 푼돈이나 다름없었고, 비싼 가격임에도 기꺼이 지불한다. 이 금액으로 인텔 주식의 25%를 살 수도 있는 금액이었고, 이는 인텔과 보다 긴밀한 관계를 가지는 것을 뜻했으며 동시에 공급업체인 인텔에 더 큰 영향력을 행사할 수도 있다는 뜻이기도 했다. 회사 수익의 4분의 1에 해당하는 자금을 확보하려고 인텔은 의사 결정권이 없는 주식을 포기해야 했으며 이 자금 덕분에 불황기를 넘어 오랫동안 회사를 안정하게 운영하게 된다. 한편 IBM의 주주들은 세상에서 가장 선도 기술이 있는 회사의 주식을 소유하게 되었고, 인텔의 경쟁사에 가격 우위를 가지게 되었다.

이 거래에서 제외된 관계자들은 인텔의 직원들 뿐이었다. 그들을 고용한 고용주는 금고에 2억 5천만 달러라는 금액을 쌓아 놓고 왜 계속 임금을 삭감하거나 동결하는지 의구심을 갖기 시작했다. 그 누구도 존경하는 고든 무어 삼촌을 비난하고 싶어 하지 않았기에 직원들의 분노는 모두 앤디 그루브에게 쏠리기 시작한다. 불과 몇 달 전에 똑같은 인정사정없는 회사의 경영자가 엄청난 능력을 발휘해 회사의 미래를 위험에 빠뜨리면서까지 고용을 지키려 했음에도 모든 분노는 앤디 그루브의 몫이 된다.

한편으로는 인텔의 고위 간부들과 일반 직원들 간에 불화가 생겨 다시는 이전 상태로 돌아가지 못한다. 모든 회사들이 덩치가 커지면서 똑같은 경험을 한다. 바로 한 가족처럼 일하다가 어느 날 이제는 단지 피고용주와 고용주일 뿐인 관계로 바뀌는 것이다. 이제 인텔에게 이 순간이 찾아온 것이다. 회사를 설립한 지 15년이 지났고 함께 일하며 행복했던 순간이 어느 회사보다도 오래 지속되었다. 인텔은 무정한 반도체 산업에서 계속해서 오랫동안 충성도가 높은 직원들과 일을 해 왔지만 이 순간은 인텔의 기업 역사에서 변곡점이 된다. 밥 노이스가 계속 경영을 했다면 결과가 달랐을까? 아마도 그럴지도 모른다. 그러나 앤디 그루브가 최고경영자 자리에 없었다면 인텔은 1982년의 거품 붕괴시기를 버티지 못했을 것이다. 앤디 그루브의 저서 '생산성을 높이기 위한 경영관리(High Output Management)'가 다음 해 출판 되었을 때 빠르게 베스트셀러 자리에 오르고 인텔에서 근무하는 직원들은 앤디 그루브의 진짜 High Output 철학은 바로 임금 삭감과 강도 높은 근무였다며 투덜거린다.

37장
에덴의 동쪽

　제리 샌더스(Jerry Sanders)는 항상 밥 노이스와 특별한 관계를 맺었다. 페어차일드 시절 '헐리우드 제리'는 아직 이십 대였고, 캘리포니아 남부 영업 책임자로서 업적을 남기려고 애쓰고 있었다. 제리 샌더스는 페어차일드에서 일하기 전에 영화배우가 되고 싶어 했다는 이유로 회사에서 입기에 너무 화려한 복장을 하고 출근하는 등(제리가 IBM에 갈 때 핑크색 바지를 입고 갔다고 페어차일드의 모든 직원들이 말하는 부분은 사실이 아니지만), 페어차일드에서 신분에 맞지 않은 모습을 보인다고 동료 직원들로부터 잇단 비난을 받는다. 그리고 무엇보다도 그가 성토를 받는 이유는 제리 특유의 똑똑함과 뽐내는 듯한 말투 때문이었다. 바로 제리의 똑똑함이 다른 무엇보다도 그에게 항상 문제가 일어나도록 만들었다. 모두가 동의하 듯이 제리 특유의 잘난 척 하는 모습 뒤로, 실제로도 실리콘밸리에서 가장 똑똑한 사람 중에 한 명이었기 때문이었다.

　제리 샌더스를 존중하고 옹호한 유일한 한 사람이 바로 밥 노이스였다. 항상 시끄러운 꼬마 안에 존재하는 대단함을 아무도 보지 못하던 오래 전부터 발견한 것이 밥 노이스의 통찰력이었으며 계속해서 그를 조직 내에서 끌어올린 것도 밥 노이스였다. 노이스는 아마도 자신의 내부에 존재하는 그 무엇을 제리 샌더스에게서 발견했을지도 모른다. 바로 여자들이 호감을 갖는 그런 모습이었다. 밥 노이스는 제리 샌더스를 길들여지지 않고, 다루기 힘든 사람을 대하 듯이 했지만 한편으로 그를 아들처럼 취급하기도 했다. 그리고 평생을 아버지와 같은 인물을 찾던 샌더스는 밥 노이스에게서 아버지와 같은 모습을 발견한다. 그리고 제리 샌더스가 페어차일드를 그만두고 인텔의 경쟁자가 될지도 모르는 회사를 차리려 했을 때 밥 노이스가 시작부터 물심양면으로 도와준 것은 어쩌면 놀라운 일이 아니었을지도 모른다. 말할 필요도 없이 이러한 밥 노이스의 태도는 인텔에서 좋게 받아들여질 수 없었다. 특히 앤디 그루브의 편에서는 더욱 좋게 볼 수가 없었다.

계속되는 이 이야기는 시간이 지나면서 실리콘밸리의 역사를 만드는 심오한 실리콘밸리의 성서와 같은 이야기가 된다. 앤디 그루브는 실리콘밸리 역사 속 아담과 같은 존재인 위대한 인물을 직속상관으로 모시며 일해 왔다. 그러나 우리가 보아 왔듯이 노이스는 그루브의 똑똑함과 재능 그리고 강인함으로 힘들어 했다. 한편 상사를 위해 자신이 가진 모든 능력을 다해 일하던 앤디 그루브는 밥 노이스가 보여준 심각함의 결여와 언제나 사람들로부터 사랑받고 싶어 하는 태도를 경멸해 왔다. 그러나 인텔과 경쟁하는 회사를 만들게 되는 제리 샌더스는 진심으로 노이스를 좋아했고 언제나 그를 존경했다. 그리고 자신이 존경하는 인물에 결코 부정적인 말을 일생을 통틀어 하지 않는다. 밥 노이스는 대신 아무도 제리의 곁에 있으려 하지 않을 때 곁에 있어 준다. 그리고 그가 회사를 세우는 모습을 즐겼으며 모든 것을 동원해서 이 젊은이가 회사를 세우는 것을 돕는다.

앤디 그루브가 이런 두 사람의 관계를 질투했는지 아니면 이와 같은 행동이 인텔에 나쁘다고 판단했는지는 분명하지 않다. 그러나 결국 앤디 그루브의 생각은 중요하지 않았다. 앤디 스스로도 인텔이 전부였기 때문이었다. 그리고 제리는 인텔을 배신한다. 앤디 그루브는 인텔을 배신한 제리에게 감정을 억누르는 방법을 찾으려 하지도 않았고 평생 동안 그 반감이 앤디 그루브의 삶을 사로잡는다.

말할 필요도 없이 이 세 방향의 관계는 악의에 가득 찰 수밖에 없었다. 그리고 1976년, 여전히 완전히 자리를 잡지 못해 악전고투를 벌이던 제리 샌더스의

AMD(Advanced Micro Devices)가 인텔의 신제품인 8086 모델을 역설계하여 복제품을 내놓자 지나온 십여 년 동안 동일한 행동을 한 다른 모든 회사에게 복수했듯이 인텔은 AMD를 완전히 쓰러져 다시는 일어나지 못하게 하려고 고소할 준비를 한다. 그러나 그 순간 밥 노이스가 개입한다. "AMD가 복제품을 만들게 내버려 두는 것이 왜 문제가 되는가?"라고 주장한다. 결국 이 회사는 너무나 규모가 작아서 인텔에 전혀 위협이 되지 않는다고 역설한다. 차라리 AMD에 면허를 부여해 8086 모델의 2차 공급 업체로 삼자고 주장한다. "제리를 잘 알지 않습니까? AMD는 우리의 시장 지배력을 위협할 만한 설비나 능력이 없고, 우리는 제리를 잘 다룰 겁니다. 결국 제리는 우리의 가족이니까요."

앤디 그루브는 밥 노이스의 주장에 동의하지 않는다. 그러나 문제 될 것이 무엇이 있겠는가? 밥 노이스는 어쨌든 최고 경영자였다. 게다가 '2차 공급 업체'는 반도체 산업계의 오랜 관행이었다. IBM으로부터 제너럴 일렉트릭, 보잉 그리고 디트로이트의 자동차 회사들과 같은 거대 기업들은 제품에 들어가는 부품을 피닉스나 산타클라라에 위치한 괴짜 같은 젊은이들이 세운 작은 한 회사에만 자비를 베풀어 생산한다는 생각을 좋아하지 않았다. 떠안아야 할 위험이 너무 컸기 때문이었다. 그래서 거대 기업들은 자신들이 납품 받는 반도체에 지속해서 신뢰도를 확보하려고 반도체 기업들이 2차 공급 업체에게 그들의 기술을 면허해 주도록 요구했다.

말할 필요도 없이 반도체 기업들은 이러한 정책에 불만이었다. 이 정책은 중요한 지적 재산을 경쟁자와 공유해야 한다는 뜻이었기 때문이었다. 물론 반도체 기업들은 실제로 자신들에게 경쟁자로서 위협이 될 만한 기업에게 2차 공급 업체 계약을 맺지는 않는다. 그리고 지적 재산 손실을 최소화 하려고 가능한 한 많은 특허를 출원한다. 그러나 결국 대부분의 반도체 기업들은 2차 공급 업체 계약을 다른 회사와 맺는다. 단지 그들이 그렇게 해야만 해서가 아니라 이를 통해 큰 수익을 남기기 때문이었다.

그래서 여러 가지 측면에서 볼 때 8086 모델을 생산하려고 AMD와 2차 공급

업체 계약을 맺는 것은 좋은 경영 전략이었다. 그리고 노이스와 샌더스 간의 관계가 어떠하든지 간에 앤디 그루브도 이 제안에 동의해야 했다. 그러나 동시에 우려도 사라지지 않는다. 헐리우드 제리는 벤틀리 오픈카와 함께 맞춤 정장, 포마드 기름으로 넘긴 멋진 금발 머리 그리고 무엇보다도 유명한 각반을 찬 모습 등의 화려한 겉모습 뒤에 실리콘밸리에서 가장 똑똑하고, 마이크로프로세서 산업에서 영원한 경쟁자로서 역사에 남을 능력이 있었기 때문이었다.

인텔과 맺은 계약에 따라 AMD는 '인텔이 판매하는 인텔 마이크로컴퓨터(마이크로프로세서와 마이크로 컨트롤러를 통칭하여)와 주변 기기 안에 있는 마이크로 코드(micro-code)를 복제할 권리'를 갖는다.[1]

이 계약은 그다지 중요한 건이 아니었기 때문에 관련 업계 신문에서는 보도조차 되지 않고 몇몇의 산업 잡지에 기사가 실린다.

6년이 지나 두 회사가 다시 재협상을 가질 때에는 아예 아무런 기사도 나오지 않는다. 그러나 이 이야기 뒤편에서 이루어진 계약은 완전히 그 내용이 바뀐다. 인텔과 거래가 오가는 기간 동안 AMD는 의무를 잘 이해하고 인텔이 기대한 바를 달성한다. 바로 충실한 지원일 뿐이고, 인텔에 위협이 되지 않는 거래였다. 그러나 불황이 찾아오고 자체 설비의 과잉으로 앤디 그루브는 2차 공급을 중단하고 단독으로 생산을 시작한다. 그리고 밥 노이스를 싫어하는 것보다도 훨씬 싫어하던 제리 샌더스를 제거 할 수 있으니 앤디 그루브에게는 금상첨화와 같은 일이었다.

그러나 여기서 IBM이 개입한다. 빅 블루(IBM)가 PC 시장에 진출하면서 컴퓨터에 사용될 중앙 처리 장치로 인텔의 8086 모델 대신에 저성능 모델인 8088을 선택하도록 만들었던 신중함이 새로운 제품을 납품하자 다시 작용한 것이다. IBM은 2차 공급 업체를 원한다. 이 마이크로프로세서는 IBM의 새로운 컴퓨터 제품인 PC AT의 중앙 처리 장치로 사용될 예정이었다. 그리고 지금까지 AMD가 8088의 2차 공급 업체로서 충실히 계약을 이행해 왔기에 IBM은 새로운 계약에서 유사시 인텔을 대신할 2차 공급 업체도 원한 것이다. 인텔은 그저 침을 삼키고 이에 동의해야만 했다. 인텔은 불필요한 충돌을 일으켜 관련 업계에서 가장 큰 고객인 IBM을 잃고 싶지 않았다. 또한 시장으로 나가 새로운 2차 공급 업체를 찾는 것도 용이하지 않았다. 인텔의 지적 재산을 복제하는 기업을 두 곳으로 늘리고 싶지 않았기 때문이었다.

그러나 원본 계약과 달리 AMD와 맺은 2차 공급 업체 계약은 두 가지 큰 위험 요소가 있었다. 첫 번째는 AMD가 8086/8088 모델의 계약으로 이제 더 이상 생존하려고 사투를 벌이는 스타트업 기업이 아니라 충분한 인재를 보유하고 위험을 기꺼이 감수하고자 하는 최고 경영자가 있는 반도체 중견 기업으로 성장했다는 사실이었다. 특히 불황이 끝나고 인텔이 다시 회복하려고 노력을 하던 때에 수요가 살아난다면 AMD는 80286 판매량의 많은 부분을 집어삼켰을지도 모르는 일이었다. 두 번째는 80286의 설계와 코드(code)를 공유한다는 사실 자체가 일종의 항복 선언과 같았기 때문이었다. 8086 모델이 가지는 혁명 같은 여파에도 8086 모델은 결국 일회성 제품이었다. 인텔은 이 제품이 제한된 제품 주기가 있다는 사실을 알았기에 이 제품을 AMD에 면허를 주고 만들게 해주었다. 그러나 80286 모델의 경우 이 자체의 설계 사상으로 x86 제품군의 최초 제품으로 핵심 구조를 공유했고 다음 세대로 넘어가는 상향 호환성이 있었다. 따라서 AMD에게 80286의 면허를 준다는 것은 인텔이 앞으로 설계할 모든 세대의 마이크로프로세서를 복제할 권리를 주는 것과 같았다.

결국 인텔과 앤디 그루브가 꾸던 최악의 악몽은 현실이 되어 다가온다. 많은 사람들이 제리 샌더스를 '광대 왕자'라 불렀지만 누구도 그를 어리석다고 하지는 않았다. 제리 샌더스는 다가올 오랜 시간 동안 x86 제품군이 전자 산업계를 지배하게 될 것이라는 사실을 잘 알았다. 일단 80286 모델의 면허를 손에 쥐자 절대 이 권리는 놓을 생각을 하지 않는다. 밥 노이스는 반도체 산업에서 가장 큰 선물을 아벨에게 주었다. 그리고 카인은 분노하며 복수할 기회를 만들려고 할 뿐이었다.

38장
진로를 바꿔라

1983년, 직원들은 여전히 불황기에 삭감된 임금과 동결된 연봉을 지시한 정권하에 있었지만 인텔은 처음으로 10억 달러의 매출을 달성한다. 정확히는 11억 2천 2백만 달러로 전년도의 9억 달러보다 약 25퍼센트의 추가 매출을 달성한 셈이고, 지난 4분기 성장 치에 맞먹는 금액이었다.

분명히 불황이 끝나가는 기색이 명확했고 인텔은 새롭게 열리는 마이크로프로세서 시장에서 자신의 입지를 확고히 하고 시장을 지배한다. 이러한 성공은 모두 앤디 그루브의 지도력 덕분이었다. 불황기가 시작되던 때에 모두가 인텔이 결국에는 파산할 것이라는 무시무시한 예측에도 인텔은 그 어려운 시기를 넘어 살아남았을뿐만 아니라 어느 경쟁사보다 더욱 강해져 있었다.

그리고 앤디 그루브가 회사가 어려운 시기에 최고의 능력을 보여주었다면 다가오는 호황기에 맞는 새로운 요구 사항들을 잘 처리하는 모습도 보여줄 것이 분명했다.

인텔에게 1984년은 통합의 기간이었다. 그 해 8월 IBM은 신제품인 PC AT 컴퓨터를 선보일 예정이었고 80286 모델에 예측되는 수요를 준비하려고 생산에 박차를 가했다. 앨버커키(Albuquerque)지역과 싱가포르에 위치한 제조 설비에서 생산 능력의 최대치로 제품을 생산했다. 그리고 이 시기는 또 다른 두 명의 인텔 임원이 회사에 길이 남을 업적을 쌓는 시기가 된다.

레스 바데즈(Les Vadasz)는 인텔의 공식 1호 직원으로서 입사하는 순간부터 인텔에 중요한 역할을 담당했다. 회사가 치명적으로 낮은 수율을 겪고 이를 극복할 때 핵심 역할을 해냈고 인텔의 최초 메모리칩을 시장에 내놓는 데 기여했다. 그리고 인텔의 금속 산화물 반도체 그룹의 총책임자로서 4004 모델을 개발하는 과정에서 관리자로서 최고의 능력을 보여준다. 또한 이 결과로 인해 인텔을 마이크로프로세서 시장으로 이끄는 결과를 낳게 한다. 그의 장점은 경쟁력에 있었고, 원칙적이며, 시종일관의 자세를 보여주었다는 점이다. 직원들 모두가 인간적인 레스를 좋아했다. 그리고 직원들이 최고의 결과를 내도록 안정된 환경을 조성했다. 얼핏 듣기에 쉬울지 몰라도 12년이 넘도록 동일한 환경을 관리하는 것은 실리콘밸리의 경영 역사에서도 드문 경우였다. 그리고 반도체 사업 분야에서 전례가 없던 일이기도 했다.

이제 1984년이 되고 인텔은 불황기를 빠져나와 다음 호황을 맞는다. 그리고 레스는 새로운 계획을 만들어내는 임무를 맡는다. 그 계획의 이름은 '인텔 개발 계획(the Intel Development Operation)'이었다. 레스는 이 계획의 옹호자로서 다음과 같이 말한다. "인텔의 강점 중 하나는 기술의 방향을 정확하게 규정하는데 초점을 맞추는 능력이었습니다." 그러나 너무 하나에 집중하다 보면 현재의 청사진에는 맞지 않지만 기존의 사업과 관련된 가치 있는 다른 사업 기회를 볼 수가 없게 됩니다." 그리고 인텔 개발 계획에 이렇게 설명한다. "사내에서 좋은 아이디어에 자금을 투자하고 방해 받지 않도록 주변에 방화벽을 설치합니다. 그리고 어떻게 흘러가는지 살펴보는 거죠. 일종의 사내 벤처 기업이라 보시면 될 겁니다."[1]

다른 말로 밥 노이스가 물러남으로써 더 이상 새롭고 중요한 사업을 보살필수가 없는 상황에서 회사의 규칙을 우회하여 새로운 사업이 스스로 자생력을 갖출 때까지 양성하고 보호하는 과정이었다. 그리고 인텔은 보다 색다른 공식과정으로 보존할 필요가 있었다. 그래서 앤디 그루브의 주변에서 일하면서 새로운 사업이 무사히 이루어지도록 로비를 해야 하는 필요를 이해한 레스가 한일은 그가 인텔에서 40여 년 동안 근무하면서 해낸 가장 뛰어난 업적이었고 이와 같은 업적이 왜 모두가 레스를 반드시 인텔에 있어야 할 인재이며 존경 받는 인재인지 설명해 준다. 인텔 개발 계획이 사내 벤처 기업의 양성 역할을 했다고 가정한다면 이 계획은 꽤 성공이었다. 그러나 여기에는 한 가지 중요한 요소가 빠졌다. 바로 천재 같은 능력과 위기를 과감히 감수하고 카리스마가 넘치는 지도력을 발휘하던 밥 노이스였다. 그래도 이 계획은 몇 가지 재미있는 성공을 거둔다. 1984년, 컴퓨터와 관련하여 통찰력이 있던 저스틴 래트너(Justin Rattner)가 인텔 개발 계획을 담당하는 책임자들을 찾아와 인텔이 거대한 양의 마이크로프로세서를 묶어 하나의 '병렬 연산 처리'를 하는 슈퍼컴퓨터를 만들어 보자는 개념을 제시한다. 인텔은 그의 아이디어에 자금을 지원한다. 그리고 그 후로 30여 년 동안 인텔은 자신들이 개발한 새로운 마이크로프로세서를 이용하여 세상에서 제일 강력한 일종의 슈퍼컴퓨터를 제작한다. 그리고 이 과정에서 5백만 달러의 총 수익을 거두어들인다. 1992년, 래트너는 인텔의 연간 보고서를 작성하는 직원에게 다음과 같이 말한다. "병렬 연산 처리는 위험한 생각이었습니다. 이를 실행하려면 초기 자금이 필요하고 또 이를 사업화하려면 상당한 기간이 필요했기 때문이었습니다." 인텔은 래트너에게 두 가지 모두를 주었다.

같은 해에 인텔 개발 계획은 또 하나의 사내 벤처를 지원한다. 그리고 이 벤처는 인텔의 개인 컴퓨터 성능 향상 사업부가 된다(PCED: Personal Computer Enhancement Division). 이 사내 벤처는 빠르게 증가하는 컴퓨터 소매상부터 컴퓨터를 새로 사지 않고 성능을 향상하기 원하는 사람까지 포함하여 개인용 컴퓨터를 소유한 사람들에게 부동 소수점 연산 보조 프로세서(math coprocessor)나 추가 메모리 보드가 팔릴지 여부를 결정하려고 조사에 착수한다. PCED 사업부를 동료인 리치 베이커(Rich Baker)와 처음으로 고안해내고 시작한 짐 존슨(Jim Johnson)은 훗날 다음과 같이 말한다. "PC 소비자에게 마케팅을 펼치는 것은 지금은 인텔에게 매우 당연한 일이지만 당시만 해도 이러한 생각은 전혀 하지도 못했습니다."

인텔 개발 계획은 계속해서 수많은 새로운 아이디어에 투자를 계속해 나간다. 그중 처음 두 가지 사례만큼 크게 성공한 사례는 더 이상 나오지 않았지만 그럼에도 인텔 개발 계획에서 상대적으로 작은 비용으로 성공한 사례는 상당한 뜻을 지닌다. 게다가 이러한 계획의 가치는 고든 무어와 밥 노이스의 도전 정신과 함께 인텔의 직원들이 창조성을 발휘했던 최고의 창구가 되어 준 점은 그 가치를 헤아릴 수가 없었다. 이 사례들은 마치 인텔이라는 오래된 바다에 새로 나타난 많은 섬들과도 같았다. 레스 바데즈는 인텔 개발 계획을 다음과 같이 말한다. "첨단 기술 산업에는 돈으로 설명할 수 없는 그 이상의 무언가가 있습니다. 우리는 가능하다고 느끼는 분위기를 조성합니다. 이 분위기는 결코 그렇게 하도록 당신을 강요하는 것이 아니라 당연히 할 수 있는 그 어떤 것이기 때문입니다."[2]

이 기간에 조명을 받으며 떠오른 또 한 명의 인물은 크레이그 바렛이었다. 바렛은 전 스탠포드 교수였으며 학계 최고의 자리에서 놀라운 경력 전환을 만들어낸 인물이었다.

앞서 언급했듯이 학계에 머무는 동안 바렛은 소재 공학 분야에서 상당한 명성을 쌓았다. 이제 자신의 재능을 반도체 칩 수율의 특성을 이해하는 곳으로 돌린다. 보다 강력해지고 정확한 제조 설비(aligners, steppers, 등등) 덕분에 반도체 칩의 수율은 인텔 초기에 비해 엄청나게 좋아졌고, 반도체 산업의 초기와 비교하면 놀라운 발전이었다. 그러나 그들의 수준은 다른 산업과 비교하면 아직도 형편없는 수준이었다. 인텔은 아직도 새로 개발한 칩의 초기 생산 분의 50퍼센트 가량이 불량인 상태였다. 그리고 이미 양산에 들어가 수백만 개의 생산을 한 제품의 경우에도 운이 좋아야 80퍼센트의 수율을 확보했다. 나머지 반도체 제조업체들 전체가 현실 타협으로서 이런 형편없는 수율을 받아 들였다. 인텔이 이와 같은 타협을 했다는 기록은 없지만 어떤 회사들은 실제로 작동하지 않는 칩을 고객에게 보내 실제로 작동하는 칩을 보낼 때까지 명분용으로 사용했다.

수율은 언제나 반도체 산업에 숙제였다. 그리고 1980년대 초기에 수율은 새로운 수준의 중요성을 띠기 시작한다. 그중 한 가지는 불황이었다. 인텔과 같이 불황기에도 회사의 높은 수준을 유지하려고 투자를 단행해야 하는 회사들은 절박하게 수익이 필요했다. 그러나 그들이 투자한 자금이 대부분이 뒷문으로 폐기물이 되어 사라졌다는 사실을 깨닫는다(어떤 경우에는 범죄로). 그리고 인텔이 지금의 수준에서 수율을 10% 더 끌어 올린다면 인텔은 새로운 제품을 개발하는데 드는 비용을 충당할 수익을 올리기 때문이었다.

두 번째 이유는 일본이었다. HP가 몇 년 전에 관련 업계 회의에서 발표한 미국과 일본의 품질 비교에 미국의 반도체 산업계는 큰 충격을 받는다. 미국의 기업들은 자신들을 포함하여 경쟁사들의 낮은 수율을 반도체 산업의 본질 문제로 치부하였다. 그러나 일본 경쟁사들이 날려버린 낮은 수율의 미신과 그들의 성공은 미국 기업들에게 망신스러운 일이 되어버린다. 이제 그들의 명성을 회복하고 다시 일본 업체를 따라잡으려면 미국 기업들은 가장 먼저 수율의 수수께끼를 풀어야 했다.

크레이그 바렛은 인텔의 제조 품질과 몇몇 일본 제품을 포함한 세계 정상급의 수율을 보이는 회사의 제품을 비교하며 특징들을 조사하고 다른 사람들만큼이나 기가 죽는다. 바렛은 다음과 같이 말한다. "기본 수준부터 우리의 모든 결과물은 시간, 돈 등 모든 면에서 확실히 참담했습니다."[3]

그러나 다른 사람과 달랐던 점은 바렛이 이 문제를 해결할 방법을 알았다는 점이다. 인텔은 맨 처음 원칙으로 돌아가 그곳에서 다시 시작해야 했다. "우리는 기대를 더 높이 세웠습니다. 그리고 지원부서 직원들에게 통계상의 통제 과정을 가르쳤습니다. 또한 제조 장비를 선택하고 관리하는 것에 보다 신경을 쓰기 시작했습니다. 그리고 기술 개발에 박차를 가합니다."

바렛의 가장 큰 돌파구는 반도체 칩을 '똑같이 복제'하는 것이었다. 다른 지역에 위치한 제조 설비에서 완전하게 그리고 정확하게 수율을 잡아내는 제조 공정과 설비를 똑같이 따라하는 것이었다. "나는 이 아이디어를 맥도날드에서 착안했습니다." 이일을 바렛은 다음과 같이 기억한다. "왜 맥도날드 감자튀김은 어디를 가든 똑같은 맛을 내는 것일까? 그리고 동료들에게 이렇게 말했습니다. '우리는 반도체 산업의 맥도날드가 되어야 합니다.'"[4]

이 아이디어는 처음에는 생각처럼 잘 이루어지지 않는다. 사실 이 아이디어는 바렛이 투표를 통해 상사를 물리치면서까지 논쟁을 벌이는 회의를 일으켰다. 성공한 제조 공정을 그대로 따라하는 과정을 시험 삼아 하는 것은 인텔의 기존에 있는 제조 공정에 하기에는 너무 많은 간섭이 있다는 사실이 드러난다. 그래서 바렛과 연구 부서는 제조 공정 시설 한 곳을 완전히 치워버리고 생산 공정을 실험하는 장소로 바꾼다. 이 과정에 꽤 많은 자금이 들어간다.

게리 파커(Gerry Parker) 수석 부사장은 다음과 같이 그 당시를 기억한다. "우리는 언제나 공장에서 생산 공정을 개발했다는 점에 자부심을 가졌습니다. 그러나 제조 공정을 변경해 생산을 간섭하는 것은 전체 공정을 붕괴시킬지도 모른다는 점이 명백했습니다. 그래서 우리는 5호 제조 공장을 기술 개발 장소로 바꿉니다. 우리가 향상된 수율을 프로세스 개발 공정에서 얻으면 세계 각지에 퍼진 제조 공정 부분들은 똑같이 이 프로세스를 복사해야 했습니다."[5]

이 이야기의 핵심은 인텔의 뛰어난 지도력 이야기가 아니며(인텔의 경우는 물론 지도력의 경우도 뛰어나게 발휘했다), 인텔의 직원들이 똑똑함도 아니며(그들은 그랬지만), 인텔 최고의 제품도 아니고(어떤 경우에는 그들은 그랬지만 대부분의 경우는 그렇지 못했다), 다른 경쟁사보다 적게 저지른 실수도 아니다(이 부분은 인텔에게 오해가 많다). 핵심은 인텔이 미국에서 잘 알려진 어떤 회사보다도 자신들의 성공으로부터 배웠고 또 자신들의 실패로부터도 배운 덕분에 현대 사회의 정점에 올라섰다는 점이다. 대부분의 회사는 성공에 처음 도달하면서 얻는 과실에 매달린다. 그들은 시간이 흘러도 결코 그 수준에서 나아지지 않는다. 그러나 지난 35년을 거치면서 인텔은 언제나 고든 무어가 지켜보는 상황하에 노이스와 그루브의 시대를 거치면서 끊임없이 나아졌고, 단순히 덩치가 커지거나, 돈을 많이 벌거나, 더 많은 생산 시설을 갖추는 것에 끝나는 것이 아니라 더 현명해졌다는 사실이었다. 그리고 왜 그 시기에 어떤 회사도 인텔을 따라 잡지 못한 이유였기도 했다.

또한 인텔은 업무에 최고인 사람이 수장이 아닌 항상 꿈꾸는 자가 수장이었기에 더욱 나아졌다. 그리고 인텔은 이러한 교훈을 어떤 상황이 닥치더라도 절대 잊지 않았고 결코 상부의 지시를 그저 수동적으로 따르는 조직이 아니었다. 아서 록, 레즈 바데즈, 테드 호프, 에드 겔바하, 레지스 맥케나, 빌 다비도프 그리고 많은 다른 이들이 각자의 통찰력에 따라 인텔을 각자 다른 시기에 각자 다른 방향으로 이끌었다. 그리고 그들이 실수할 때마다 이를 말하고 또 해결책을 제시했다. 인텔을 위대한 기업으로 만든 것은 각 개인이 자유롭게 의견을 제시하도록 허용했을뿐만 아니라 또 이 의견에 귀 기울여 반응했다는 사실이었다.

그리고 크레이그 바렛의 수율 향상 사업보다 이러한 사실을 잘 보여주는 사례는 없었다. '똑같이 복제'한다는 개념은 원초적이고, 기초적이어서 한 수율 결과가 좋으면 이 개선된 공정을 아무 생각할 필요 없이 다른 제조 공정에서 무조건 따라하고 항상 그 과정을 영원히 유지하는 것이었다. 이와 같은 결단은 경험으로 또는 과학으로 단련된 기술자들과의 의견 충돌을 일으켰다. 기술자들은 그동안 받아온 교육과 훈련에 익숙했기 때문에 왜 새로운 프로세스가 수율을 향상하게 하는지 그 이유를 알아야만 했기 때문이었다. 대신 바렛은 그들에게 이유를 걱정하지 말라고 말해 준다. 효과만 확인하고 그 효과가 유효하다면 계속 그렇게 진행하라고 지시한다. 인텔은 바보가 될 줄 알아야 했고 단순해져야 했다. 이 과정은 지성(intelligence)이라는 단어의 인상을 활용해 회사명을 짓고 세상에서 가장 복잡한 장치를 제조하는 회사에게는 상상할 수 없는 가장 힘든 과정 중에 하나였고, 아주 중요한 교훈이 되는 과정이었다.

그리고 무엇보다도 결과가 좋았다. 다가오는 몇 년 동안 장비의 활용률이 20퍼센트 대에서 60퍼센트 대까지 오르는 놀라운 향상과 함께 인텔의 수율은 80퍼센트 선까지 향상된다.6 마이크로프로세서를 만들고자 한 아이디어를 제외하고 한 직원이 제안한 아이디어 중에 바렛의 '똑같이 복제' 보다 회사의 재정에 더 큰 공헌을 한 아이디어는 지금까지 없었다. 그리고 그가 한 공헌은 단순히 회사 장부의 수익 이상의 영향을 미친다. 일본 반도체 업체들이 본격 공세를 미국 업체에 대항하여 펼치고 70년대 후반에 HP의 직원의 관련 업계 회의에서 발표한 비교 내용으로 망신을 당했던 미국 반도체 업계는 더 이상 낮은 수율로 부끄러워할 필요가 없어진다. 인텔의 사례를 따라 하기 시작하면서 미국 반도체 업계의 수율이 일본과 대등해지기 시작한 것이다. 이렇게 누구보다도 크레이그 바렛은 1980년대 미국의 반도체 업계의 구세주가 된다.

이 중 단 하나도 앤디 그루브에게 필요하지 않은 것은 없었다. 그리고 바렛을 수석 경영진의 자리로 승진시킨다. 바렛은 명백히 앤디 그루브의 후계자 자리를 단숨에 차지한다. 이제 궁금한 점은 이런 상사를 모시고 바렛이 얼마나 최고의 자리에 오를 때까지 참고 버티느냐였다.

39장
거인

1982년, 월 스트리트 트랜스크립트(Wall Street Transcript)에서 고든 무어를 반도체 산업계에서 가장 뛰어난 최고 경영자로 2년 연속 선정한다. 1983년 톰 울프(Tom Wolfe)는 에스콰이어(Esquire) 시사지에 밥 노이스의 유명한 일대 기를 싣는다. 그리고 일 년 후, 고든 무어와 밥 노이스는 전기 전자 공학 협회 (IEEE: Institute of Electrical and Electronics)의 명예의 전당 회원이 된다. 1985년, 밥 노이스는 국립 발명 명예의 전당(National Inventors Hall of Fame)에 입성한다. 그리고 이 기간 동안 인텔은 미국에서 가장 일하기 좋은 회사로 연속해서 지명된다. 마지막으로 포춘(Fortune)에서 '혁신의 장인'으로 뽑힌 여덟 곳의 회사 중 한 곳으로 선포한다.

지금은 인텔 내부에서는 물론이고 전자 산업계 전반을 통틀어 인텔을 현재의 성공으로 이끈 진정한 사람으로 앤디 그루브를 꼽는다. 고든 무어를 아는 사람이라면 그가 인텔을 체계가 잘 잡힌 성공으로 이끌려고 직원들에게 벌을 주겠다고 위협하며 다그칠 만큼 거친 사람이 아니라는 사실을 잘 알았다. 무어의 법칙은 이제 전자 산업계 전체에 적용되기 때문에 고든 무어는 유명한 과학자였고 인텔의 공식 최고 경영자로서 거의 모든 신뢰를 한 몸에 받고 있었다. 그리고 평소 겸손한 태도와 자신의 명예를 겉으로 드러내지 않으려는 모습은 그가 이룩한 성취를 더욱 더 빛나게 만들었다. 한편 이제 살아 있는 전설인 밥 노이스는 여전히 이사회 부회장 자리에 있었지만 그가 인텔과 가졌던 관계가 많이 희박해졌음에도 인텔의 성공에 모든 업적을 인정받았다.

앤디 그루브만이 여전히 이를 갈며 업무에 몰두한다. 관리자로서 앤디 그루브가 힘들게 얻은 지식들이 확인해 주는 사실들만큼이나 1985년도에 출판된 '생산성을 높이기 위한 경영관리(High Output Management)'도 역시 진짜 인텔의 성공 비밀을 알고 싶다면 밥 노이스나 고든 무어와 같은 유명한 사람들을 잊고 반드시 앤디 그루브와 이야기를 나눠야 한다는 사실을 세상에 알린다. 그러나 앤디 그루브의 사무실에서 레지스와 함께 만든 일화가 강조하듯이 그가 들이는 모든 노력에도 언제나 모든 영예가 돌아가는 곳은 밥 노이스와 고든 무어였다는 사실이다.

인텔의 초기 20여 년 동안 밥 노이스와 고든 무어의 그늘에 가려지는 사실을 앤디 그루브가 느끼는 것만큼 앤디 그루브 자신도 그들에게 짙은 그림자를 드리운다는 사실은 모순과 같다. 그리고 인텔의 초기 시절에 앤디 그루브에게 업적이 덜 돌아갔다는 사실이 공평하지 못하다고 보통 여겨진다면 세 사람을 바라보는 현재의 관점도 똑같이 공평하지 못하다는 사실을 사람들이 많이 알지 못한다. 앤디 그루브가 최고 경영자가 되고 나서 이룩한 역사에 남을 업적과 그가 쓴 베스트셀러 저서 덕분에 인텔의 이야기 속에서 두 창업자에게 짙은 그림자를 드리운 것이다. 물론 노이스와 무어는 절대 완전히 사라지지 않을 것이다. 그들은 인텔의 공동 창업자이자 집적회로와 무어의 법칙을 만들어낸 존경 받는 인물들이기 때문이었다.

그러나 시간이 지나고 새로운 세대가 실리콘밸리를 지배하면서 두 사람은 조용히 앤디 그루브의 그늘 밑으로 가려진다. 두 사람 중에 무어의 법칙을 발견했고, 실리콘밸리에서 가장 존경 받는 인물이었으며, 미국에서 가장 부유한 사람 중에 한 명이고, 또 박애주의를 앞장서 실천하는데도 고든 무어가 가장 이러한 관점의 희생자가 된다. 그가 인텔에 재직하던 시절에 인텔 내부 사람들을 포함하여 사람들의 생각은 그가 단지 이름뿐인 경영자였고, 상대적으로 그다지 능력이 뛰어나지 못했던 최고 경영자로 비추어졌고, 앤디 그루브가 1987

년 커튼을 걷고 세상 밖으로 나와 사실상이 아닌 공식 최고 경영자가 되기까지 오랜 시간을 기다렸어도 사실상 회사를 이끈 사람은 앤디 그루브라고 생각했던 것이다.

그러나 사실은 달랐다. 앤디 그루브가 성취한 업적을 축하하면서 그 속에서 잊혀진 것은 그가 1962년 페어차일드에 입사하던 날부터 1997년 인텔의 이사회 회장이 되는 순간까지 단 한 명의 상사를 모셨다는 사실이다. 이 35년이라는 시간 동안 앤디 그루브가 모신 상사는 고든 무어였다. 현대 기업 역사 속에서 가장 변덕스럽고, 어렵고, 복잡한 마음이 있는 직원을 관리자로서, 조언자로서, 때로는 보호하고 때로는 격려하며 옹오해 온 상사였다. 35년이라는 시간을 앤디 자신이 스스로 인정했듯이 그 어떤 상사도 35분 이상 다룰 수 없는 성격을 소유한 앤디를 그 오랜 시간 부하 직원으로 함께 한 것이다. 앤디 그루브가 20세기에 기업가로서 가장 뛰어난 업적을 성취했다면 그 일은 고든 무어가 그가 그렇게 활동하도록 자리를 마련해 주었기 때문에 가능했던 것이었다. 고든 무어는 앤디 그루브가 최선의 능력을 발휘하도록 만들어 주었다. 이는 앤디 그루브가 고든을 완전히 신뢰했기 때문이라기보다 고든 무어가 내리는 '판단'을 누구보다도 신뢰했기 때문이었다. 고든 무어는 인텔의 훌륭한 관리자가 될 필요가 없었다. 오직 앤디 그루브의 훌륭한 관리자가 되면 충분했기 때문이었다. 그리고 고든 무어는 의심할 여지없이 그 역할을 해낸다.

두 번째로 고든 무어가 인텔에 기여한 것 중 저평가를 받는 것은 무어의 법칙이다. 대중적인 무어의 법칙이 아니라 운영 원칙으로서 무어의 법칙을 사용했다는 사실을 저평가 받았다. 고든 무어는 이 법칙이 단순한 공식이 아니라 반도체를 만들기에 피할 수 없는 실천의 문제임을 누구보다도 잘 알았고, 약 2년의 주기로 반도체 칩의 성능을 두 배로 끌어 올려, 세상을 계속해서 급격한 기술 혁신과 그 혁신이 만들어낸 인류의 삶을 바꾸는 제품의 세계로 안내하려는 반도체 산업과 세상 사이에 이루어진 독특한 문화적 약속임을 잘 알았다.

전자 산업계에 종사하는 사람들은 무어의 법칙을 빠르게 인식하고 대부분의 첨단 기술 기업들이 미래 제품을 설계할 때 무어의 법칙에 맞추어 시장에 나올 미래의 반도체 칩을 기준으로 삼는다. 그러나 고든 무어가 누구보다도 더 깊이 이해한 것은 무어의 법칙이 또한 강력한 기업 전략이라는 사실이었다. 인텔이 무어의 법칙에 맞추어 새로운 모델을 개발하는 한 무어의 법칙을 자신들이 추구해야 할 방향으로 잡는 한 그리고 무어의 법칙에서 뒤쳐지지 않는 한 인텔을 멈추게 할 것은 아무것도 없었다. 고든 무어가 묘사했듯이 무어의 법칙은 마치 빛의 속도와 같이 최대 한계치가 있었다. 진 앰더힐(Gene Amdahl)이 그렇듯이 이 한계를 뛰어넘으려 든다면 날개를 잃고 추락하게 될 것이 분명했다. 무어의 법칙에 뒤쳐진다면 수많은 경쟁자 무리의 관심을 끌게 될 것이다. 그러나 인텔이 40여 년을 그렇듯이 최고조에 항상 머물 수만 있다면 아무도 따라잡지 못할 것이 분명했다.

인텔이 그 최고조를 발견하고 그곳에서 머무는 것뿐만 아니라 곧 무어의 법칙과 동음이의어가 되기까지 고든 무어의 공이 가장 컸다. 그리고 앤디 그루브는 무어의 법칙을 현실로 만들어 냈다. 그러나 앤디 그루브가 고든 무어의 핵심 전략에서 조금이라도 벗어났더라면 아마도 재직 기간은 더욱 짧아졌을 것이다. 그리고 1970년대와 1980년대의 어려운 시기에 자칫 회사에 부담스러울지도 모르는 연구 개발비를 인텔이 계속 유지하려 했던 모든 중요한 의사 결정에서 고든 무어의 의지를 쉽게 찾는다. 고든 무어는 단기 재정 부담이 무어의 법칙을 추구하는 것을 방해하도록 내버려 두지 않았다.

40장
추락

　인텔은 1984년을 마감하면서 전년도 매출 대비 50퍼센트가 증가한 16억 달러의 놀라운 매출을 올린다. 지난 2년 동안의 희생이 그 누구도 예상하지 못할 만큼의 보상을 안겨준 것이다. 그러나 언제나 반도체 산업을 규정하던 경기 순환(다른 산업들도 연장선상에 있는)은 여전히 그 효력을 발휘했다. 따라서 1981년의 불황이 짧았다면 그 후에 오는 호황기도 그만큼 짧을 거라는 사실을 뜻했고, 곧 사실임이 드러난다. 1984년 후반기가 되면서 반도체 칩 주문이 서서히 하락한다.

　이번에는 산업계를 불황으로 밀어 넣는데 주요 역할을 일본 반도체 기업들이 맡는다. 그리고 이 불황은 그 어떤 예상보다도 길고 오래간다. 거대한 수익을 기대하면서 적지 않게 미국 반도체 칩 제조사의 시장을 침식하던 일본의 대기업들은 EPROM과 DRAM을 생산하는 제조 설비에 막대한 투자를 한다. 그러나 그들은 시장의 흐름을 잘못 읽었고 상대방 경쟁사들과 비슷한 투자를 진행하면서 대규모의 과잉 생산 설비를 만든다. 오래지 않아 시장에 반도체 칩 공급 과잉이 발생한다. 그리고 다시 한번 메모리칩의 가격은 폭락한다.

　그러나 이 폭락에는 또 하나의 숨은 이유가 있었다. 일본 정부의 지원을 받은 일본 반도체 기업들은 이 불황기를 조심스럽게 미국 반도체 산업을 와해시키려는 공격을 위장하는 수단으로 이용하려 한 것이다. 2중 가격제 혹은 보통 격식을 차리지 않는 용어로 덤핑이라고 널리 알려진 이 전략은 간단했다. 일본 정부의 지원(특별히 국제 통상 및 산업 관련 부서: MITI)을 받는 일본 기업들은 자국 내에서 파는 메모리칩의 가격을 높게 책정하고, 이 높게 책정된 메모리칩을 구입하는 일본의 고객 기업들은 이 메모리칩을 구입하려고 보조금을 받았다. 한편 외국에서 파는 메모리칩의 가격은, 특히 미국 내에서는 도저히 불가능한 낮은 가격에 팔도록 하는 것이었다.

얼마나 낮은 가격이었을까? 어떤 시점에서는 일본 기업들은 미국에서 팔리는 EPROM의 가격을 생산 가격의 절반 밖에 안 되는 가격으로 팔기도 한다. 미국 반도체 기업들이 이 가격에 경쟁을 할 방법은 전혀 존재하지 않았다. 이 가격에서 경쟁은 자살 행위에 가까웠다. 그리고 일단 미국의 반도체 기업들이 경쟁하는 대상이 일본의 반도체 기업이 아니라 일본 정부라는 사실을 깨달았을 때 자신들이 의지할 유일한 곳은 연방 정부밖에 없다는 사실을 깨닫는다.

그러나 쉬운 결정이 아니었다. 실리콘밸리의 기업들은 의식적으로 자신들을 가능한 한 워싱턴 정가와 최소한의 연결을 가지고 기업 활동을 하려고 애써 왔다. 분명히 실리콘밸리는 50년대와 60년대를 거치면서 자신들이 회사를 키우려는 자본금을 군대와 항공 분야의 수요를 통해서 확보했다. 그러나 상업 시장과 산업 시장 그리고 소비자 전자 산업 시대가 열리자마자 실리콘밸리는 재빨리 이 시장으로 돌아섰고, 다시는 군 수요를 바라보지 않았다. 실리콘밸리의 창시자라 불리는 데이비드 패커드조차도 1971년 국방부 차관에서 자신의 역할을 다하고 돌아오자 국방부와의 오래된 계약들을 모두 취소할 정도였다.

1985년이 되자 공손한 자세로 워싱턴 정가를 찾아가 일본의 약탈에 대항하여 싸우도록 의회의 도움을 요청해야 한다는 생각은 실리콘밸리의 이사회에 소속된 사람들에게는 저주와 같은 일이었다. 더군다나 성숙기에 접어들어 세력권이 나누어지고 조심스러운 평화가 정착된 다른 산업계와 달리 반도체 산업계는 상호 파괴 양상을 띠는 전쟁 상황에 아직 머물고 있었다. 페어차일드 시절의 오래된 분노가 아직도 서로 풀리지 않은 상태였고, 혹자는 여전히 화가 난 빌 쇼클리가 실리콘밸리 지역 사교장에서 8인의 배신자에게 불평하는 모습을 발견할 정도였다.

진짜 문제는 실리콘밸리의 기업들이 워싱턴 정가로 가서 도움을 청해야 하는지가 아니었다. 이 사항은 피할 수 없는 현실이 되어 있었기 때문이었다. 바로 일본 기업들이 시장 점유율을 집어 삼키고 있었다. 진정한 문제는 과연 워싱턴 정가에 '가는 일이 가능할까'였고, 반도체 산업계의 다양한 이해관계가 있는 집단들이 조율하여 공통의 목표를 달성할까 였다. 그리고 이 질문은 자연스럽게 미국의 반도체 산업에서 유일하게 모두가 신뢰하고, 산업계의 많은 회사들이 한 사람에게 동의하도록 강제력을 펼 사람이 있는지 그리고 그가 책임지고 이 일을 해 나갈지로 귀결된다. 결국 모두가 그런 일을 할 사람은 한 사람뿐이라는 데 동의한다.

바로 밥 노이스였다.

밥 노이스는 인텔의 경영진을 떠난 후 거의 10여 년이라는 시간을 즐긴다. 그후 이사회 회장으로 4년을 보내는데 모든 면에서 그에게 아주 잘 맞는 자리였으며, 자신의 맡은 역할을 훌륭하게 완수한다. 그 후 만족스럽게 회장직에서 내려온다. 회장직을 고든 무어에게 넘기고 자신은 책임이 크지 않은 부회장직을 맡는다. 여전히 인텔에서 사무실을 사용했지만 칸막이 두 개 크기의 장소를 사용하여 실리콘밸리에서 밥 노이스와 버금가는 업적을 남기려고 노력하는 임원들에게 민주주의 형태의 지도력에 기준을 세운다.

밥 노이스가 사무실 주변에 있는 날은 시간이 지날수록 점점 더 줄어들었지만 그가 있는 날 사무실 안을 바라보면 표준 사무 책상에 앉아 혹은 몇 미터 떨어진 표준 회의 탁자에 앉은 모습이 보였다. 얼핏 보면 마치 수석 마케팅 임원이나 기업 재무 전문가처럼 보이지만 일단 작은 사무실 안으로 들어가면 그와 같은 느낌은 바로 사라지고 만다. 벽에 걸린 국립 발명 훈장이나 주지사들과 찍은 사진의 모습은 여느 직원의 사무실에서는 발견할 수 없는 모습이기 때문이었다. 그리고 그곳에 노이스가 자리했다. 당신 앞에 있는 사람이 대단하고, 또 힘이 넘치고, 아마도 위대한 사람인지 확인하려고 알아낼 필요가 없었다. 깊고

장중한 목소리로 농담하거나 잡담하기도 하고, 그가 말하는 문장에 붙는 부가 어구마저도 당신이 편안함을 느끼게 하도록 배려하는 것이었다. 그의 목소리 울림마저도 사무실 안을 채운다. 실리콘밸리의 역사 속에서 두 사람만이 실내로 들어올 때 마치 모두가 군대의 명령에 따라 주목하듯이 만든다고 사람들은 말하곤 했다. 데이비드 패커드와 밥 노이스가 바로 그 두 사람이었다.

노이스가 부자가 되고 점점 더 유명해지자 다른 걱정거리들 때문에 밥 노이스는 인텔이라는 예측불허의 삶으로부터 멀어진다. 밥 노이스는 여러 협회와 이사회의 일원이 된다. 그리고 그와 앤 바워스(Ann Bowers)는 로스 알토스 컨트리 클럽(Los Altos Country Club) 뒤편 언덕에 커다란 주택을 구입하여 여러 기금 조달자를 한 자리에 모으고 다양한 자선 행사를 주최한다. 밥 노이스는 삶 속에서 항상 어디를 가든 발휘하던 재간과 카리스마를 통해 사람들을 모으고 자선 행사를 주관했다. 한번은 골프 코스 주변의 좁은 길을 따라 조깅을 하던 사람들이 마지막 언덕 정상에 가려던 밥 노이스의 은색 벤츠 차량을 피하려고 길을 비켜주는 것을 목격한다. 그 후에 그는 앤 바워스와 몇몇 기금 모금가들과 함께 그 길을 넓히려고 후원한다. 그리고 자신이 어린 시절 그렇듯이 다시 운동을 시작하고 무모한 만용을 부릴만한 시간을 얻는다. 몇 대의 비행기를 구입하여 자주 비행하기도 하고, 그의 새로운 부와 시간을 가지고 좀 더 고난이도의 스키를 즐기기도 한다. 한번은 인텔의 물품 공급 업체 최고 경영자인 빌 다비도프(Bill Davidow)와 짐 모건(Jim Morgan)을 데리고 스키를 타러 간다.

세 사람 모두 스키에 능숙한 사람들이었지만 위험한 시도를 한다. 그리고 결국 커지는 눈사태의 위험성 때문에 모두 포기하고 만다. 그 이전에 짐 모건은 다음과 같이 밥 노이스를 말한 적이 있다. "노이스는 언제나 함께 한 동료들보다 더 위험한 길을 택해 스키를 타고 산을 내려가곤 했습니다. 밥 노이스는 미친 듯이 위험을 감수하는 사람이었죠. 그리고 빌과 내가 하기 무서워하는 일들을 거침없이 해 나갔습니다. 우리는 늘 밥이 죽을까봐 두려움을 느꼈습니다."[1]

워싱턴을 향한 저항감이 실리콘밸리 주변에 널리 퍼져있음에도 밥 노이스는 정치권과의 접촉도 가볍게 장난처럼 여기는 듯했다. 1977년, 밥 노이스는 제리 샌더스, 찰리 스포크, 존 웰티(John Welty) 모토롤라 부회장, 윌프 코리건 (Wilf Corrigan) 페어차일드 회장과 연합하여 반도체 산업 협회(Semiconductor Industry Association)를 설립한다. 반도체 산업 협회의 핵심 업무는 다음 해의 반도체 주문 대비 대금 지급 비율을 예측하여 발표하는 만찬을 준비하는 것 외에 초기 협회의 회의 중 나온 의사록을 조금 빌리자면 '일본 정부가 일본 반도체 산업계에 지원하는 것을 늦추고 미국 정부가 지원하는 일을 가속하게 하는' 일이었다.[2]

그 당시 가장 큰 위협은 인수 합병이었다. 1970년대, 이미 20개의 미국 반도체 기업이 외국 기업에게 매각되었고, 그 대부분이 반도체 거품 붕괴 시절 동안을 버티지 못했던 기업들이었다. 그렇게 십여 년이 지나자 인수 합병은 서서히 줄어든다. 한 가지 그 이유로 인수한 회사들이 보여준 최악의 실적 때문이기도 했다. 대기업들은 반도체 사업의 문화와 무어의 법칙이 요구하는 바를 어떻게 다루어야 하는지 몰랐고, 그렇게 경쟁에서 뒤쳐지면서 핵심 인력들을 잃어갔다. 대표적인 예가 내셔널 반도체로 대부분의 대형 반도체 기업들은 적대적 기업 인수를 피하려고 '독소조항(poison pill)' 주식옵션(옮긴이: 적대적 인수를 막으려고 우호적인 주주들에게 추가로 주식을 발행해 나누어 주는 방법)을 채택한다.

기록이 보여주듯이 이 초기 시절에도 밥 노이스는 일본의 위협을 걱정했다. 미국의 모든 반도체 기업의 최고 경영자들 중에 밥 노이스가 가장 많이 일본을 왕래했다. 다른 기업들의 경영자들에게 가장 많은 존경과 가장 인기를 끄는 밥 노이스만의 위상이 있었기 때문이었다. 실제로 많은 일본의 반도체 기업에 영감을 준 것이 사실이기도 했다. 그래서 밥 노이스는 일본의 대기업에서 가장 높은 지위에 있는 인물들과 접촉할 기회가 있었고, 따라서 일본 대기업의 허상이 그에게는 없었던 것이다. 밥 노이스의 많은 경쟁사들이 일본 기업을 한낱 '장난감'을 만드는 하찮은 회사로 무시할 때 일본의 최고 기술자들을 만났으며, 그들의 제조 설비를 보았다. 1978년, 밥 노이스가 심사숙고 했듯이 언젠가 미국의 기업 역사를 다루는 사람들은 다음과 같이 이때를 기록할지도 모른다. "생기가 넘치는 반도체 산업을 육성하는 것과 동시에 미국은 외국 기업에게 철강산업과 TV산업을 잃었던 것과 똑같은 방식으로 반도체 산업을 잃고 있었다."

밥 노이스 개인으로도 일본 반도체 산업에게 그가 가졌던 미국 방식의 신뢰에 배신을 당했다는 점과 미국 반도체 산업(자신을 포함해서)이 일본의 계략에 빠졌다는 사실에 화가 나 있었다. 앤 바워스가 밥 노이스의 전기 작가 레슬리 벌린에게 다음과 같이 말한다. "밥 노이스는 사람을 신뢰하는 사람이었습니다. 무언가 적절하지 못한 일이 일어난다고 생각이 들 때는 면전에서 그의 코에 주먹을 날려야만 했습니다. 밥 노이스가 오랫동안 손님으로 맞이하던 일본인들이 미국의 비밀을 훔쳐갔다는 사실을 밥 노이스 자신이 깨달았을 때 그가 느꼈을 배신감이 얼마나 컸을지 쉽게 상상이 됩니다."[3]

그리고 또 한편으로는 다른 도전이 나타난다. 그리고 노이스와 반도체 산업 협회 모두 이 도전에 주목한다. 1960년대 들어 산업계가 급성장을 구가한 후, 1970년대가 되자 새로운 회사의 등장 속도가 느려지기 시작한 것이다. 이 현상은 기업가가 부족해서가 아니었다. 그와 반대로 빌 게이츠, 스티브 잡스, 놀란 부쉬넬(Nollan Bushnell) 등 수없이 많은 기업가들이 자신의 때를 기다렸다. 그러나 벤처 기업에 투자하는 자금이 점점 더 줄어들고 보다 보수적으로 변한다. 이유는 연방 정부가 부과하는 높은 수준의 자본이득세로 인해 잠재 투자자가 최첨단 기술 기업과 같이 고위험 고수익의 기회를 잡으려는 의지가 약화되었기 때문이었다. 1978년, 자본 이득세는 49퍼센트까지 올라간다. 그리고 이에 따라 실리콘밸리와 첨단기술 산업계의 모세혈관이라고 할 상대적으로 새로운 기업 출현의 기근에 시달리고, 이는 장기적으로 산업계 전체에 큰 위협이었다.

밥 노이스가 인텔에 헌신한 이후의 목표는 반도체 산업 협회의 회장으로서 그리고 교역 정책 협회(Trade Policy Committee)의 수장으로서 일하는 것이었다. 1978년 2월, 반도체 산업 협회 회장의 자격으로 참석한 워싱턴 국회의 중소기업 위원회 앞에서 자본 이득세를 낮춰야 할 당위성을 증언한다. 밥 노이스는 전 후원자였던 미국 전자 산업 협회(American Electronics Association)의 지원을 받으며 증언한다.

이 증언은 밥 노이스가 전자 산업계에 미친 가장 큰 공헌이자 가장 중요한 업적 중에 하나가 된다. 그 해 말, 의회는 자본 이득세를 28퍼센트까지 낮추는 법안에 서명한다. 그리고 벤처 투자에 연금 펀드가 투자하는 것에 제한을 완화하는 법안을 통과하게 하고 카터 대통령이 법안에 서명한다.

그리고 3년 후, 레이건 대통령은 자본 이득세를 후버 행정부 이후로 가장 낮은 20퍼센트까지 낮춘다. 이렇게 낮은 세율은 첨단 산업 분야에서 그리고 아마 미국 기업 역사상 가장 큰, 대규모의 스타트업 기업 증가로 이어진다. 그 결과 1980년대와 1990년대 들어 첨단 기술 분야에서 거의 연속 성장을 구가하고 전통 경기 순환의 불황은 그 주기가 짧아지고 강도가 약해진다. 그리고 벤처 투자 펀드의 금고는 가득 차기 시작한다. 무려 18개월 만에 5천만 달러 수준에서 10억 달러 수준으로 뛰어 오른다. 그리고 몇 년 전과 비교해서 몇 배에 이르는 수준으로 새로운 회사들이 설립된다. 이러한 새로운 회사들은 살아남아 번영하고 그만큼 공헌도 하였고, 이는 주로 '레이건 혁명'이라 불리는 정책과 클린턴 행정부의 업적 덕분으로 미국 역사상 가장 긴 번영이었다. 세금을 줄여야 한다고 믿는 경제학자부터 정치가 그리고 기업가 등 많은 사람들이 이 번영을 가능하게 했다. 그러나 가장 중요한 전환점은 입법화해야 할 주제를 만들고, 이에 정치인들과 대화를 가지는 기회를 만든 미국 상원 앞에서 증언한 밥 노이스였다.

이제 80년대 초가 되자 일본 반도체 산업의 도전은 복수로 바뀌어 돌아온다. 미국의 모든 반도체 회사들이 고통을 받았고 앞서 언급했듯이 인텔 역시 고용 해고를 단행한다. 결국 2천여 명의 인텔 직원이 해고되고, 인텔의 일부 지분을 IBM에 매각한다. AMD는 1981년과 1982년 사이에 수익의 3분의 2를 잃고, 내셔널 반도체는 같은 기간에 모두 합해 6천 3백만 달러의 손실(5천 2백만 달러에서 1천 1백만 달러)을 입는다. 이 암흑 같은 기간에 반도체 산업 협회의 회의가 시작되기 전, 밥 노이스가 회의에 참석하는 사람들을 모으고 먼저 기도를 하자고 제안했다는 애처로운 유머가 있을 정도였다.

1984년, 일본의 반도체 업체들이 메모리 장치의 가격을 폭락하게 하고 시장 점유율을 그 어느 때보다도 높이자 심각한 상황에 이른다. 그리고 한 해가 더 지나자 일본의 반도체 시장 점유율은 미국을 뛰어 넘는다. 일본은 이제 일등이 된 것이다.

산호세 머큐리 뉴스와의 인터뷰에서 밥 노이스는 절망에 가득 차 있었다. 그가 어느 쪽을 바라보아도 '제국이 쇠락'하는 징후를 발견한다고 말한다. "미국이 뒤쳐지지 않는 분야가 보입니까? 미국의 시장 점유율을 높이는 곳이 있나요? 우리는 죽음의 소용돌이에 빠졌습니다." 밥 노이스는 미국이 쓰레기 처리장이 될까 봐 두렵다고 말하고, 다음과 같이 말을 이어간다. "디트로이트를 뭐라고 하실 겁니까? 우리도 금세 저렇게 될 겁니다. 무엇보다도 나쁜 것은, 마치 자기 자신에게 경고하듯이 서서히 커가는 절망이 실리콘밸리의 핵심인 낙관적인 사고를 대치하기 시작한 것이 바로 이 전환의 잔인한 점입니다... 미래를 낙관하는 사고는 혁신의 핵심 요소입니다. 낙관주의가 없다면 어떻게 한 개인이 안전을 넘어 변화를 꿈꾸고, 안전한 곳에 머물기보다 새로움에 도전하려고 떠나겠습니까?"[4]

노이스는 무엇을 해야 하는지 알았다. 자신을 전투 속으로 내던진다. 그리고 거의 5년 동안을 워싱턴에서 시간을 보낸다. 고든 무어는 이렇게 말한다. "워싱턴 정가와 교섭하는 일을 밥 노이스에게 맡긴 것은 내게 기쁜 일이었습니다. 제가 워싱턴으로 가지 않아도 되었으니까요."[5] 그리고 밥 노이스가 실리콘밸리로 돌아왔을 때 국회의 산업 관련 위원회 앞에서 증언을 하는 것을 포함해 일본에 대항하려는 반도체 산업 협회의 전략을 적극 지지했고, 청문회에서 이 주제를 증언하려고 산호세로 황급히 떠난다.

다시 한번, 밥 노이스의 출현은 사람들에게 충격을 준다. 언제나 그렇듯이 밥 노이스는 침착했고, 확신에 차 보였으며, 언제든 논쟁을 벌일 준비가 된 모습이었고, 이런 모습은 미국식 사업과 기업가들에게 있는 모든 장점을 구체화한 모습이었다. 실리콘밸리에서 일하는 많은 사람들과 정부의 수장들에게 전설 같은 밥 노이스의 중후한 목소리, 비교할 대상이 없어 보이는 업적과 유산 그리고 타고난 카리스마를 화려한 조명을 받으며 처음으로 선보이는 순간이었다. 밥 노이스의 등장은 모두가 바라던 효과였다.

그러나 밥 노이스의 출현과 증언은 모두 조심스럽게 사전 연습한 것이었고 무역 전쟁에서 승리하려는 장기 전략이자 포석이었다. 밥 노이스는 인텔의 새 홍보 담당이자 장차 인텔의 법률 및 정부 관련 부문 부회장이 될 짐 자렛(Jim Jarret)과 함께 대중 앞에서 할 연설을 작성했고, 밥 노이스를 단순히 인텔이나 반도체 산업의 대변인으로 보이게 하는 것이 아니라 미국의 전자 산업 전체를 대변하는 사람으로서 각인되도록 모든 것을 준비했던 것이다. 적절한 시기에 그들은 필요한 연설 부분을 '단위(module)' 별로 조직하고, 이 단위를 연설을 듣는 청중이나 경우에 따라 재조합하거나 다시 맞추도록 하면서 밥 노이스가 임기응변을 할 여지를 남겨둔다.

짐 자렛이 전기 작가 벌린에게 말했듯이 "밥 노이스는 연설을 하는 사람의 관점에서 보았을 때는 괜찮은 연설자가 아니었습니다. 그러나 매우 카리스마가 넘치는 사람이어서 연설가로서 평범한 면을 충분히 보완하고도 남았습니다. 밥 노이스의 존재 자체가 중요했습니다. 밥 노이스는 침례교 선교사의 접근 방식을 가지지 않았습니다. 생각이 깊고 일종의 점잖게 표현하는 스타일이었습니다. 그는 결국 밥 노이스 였습니다."

그가 한 연설의 핵심에는 정확성에 약간 의구심이 일었지만 그럼에도 강력한 충격을 주는 일련의 요구 사항들이 들어 있었다. 노이스는 청중에게 다음과 같은 내용을 전달한다. 미국의 반도체 산업은 '원유'와 같아서 전자 산업계가(이제 미국에서 가장 많은 고용을 창출하는 산업 분야였다) 움직이도록 만들어 주는 핵심 부품이며, 또 그 전자 산업계가 미국의 전체 산업계를 움직이도록 만들어 준다는 내용이었다. 그리고 반도체 산업의 매출은 미국의 건강을 알려주는 진정한 지표이며, 지난 십여 년 동안 반도체 산업은 미국 경제에 법인세만으로 20

억 달러 상당의 가치를 공헌했고, 직간접으로 수백만의 미국인의 생계를 해결해 주었다고 강조한다. 이 연설은 미국의 반도체 산업계가 미국의 대중에게 처음으로 우수함을 알린 계기가 된다.

그들이 반도체 산업의 동료였든, 혹은 실리콘밸리에 연관된 일반 시민이었든, 국회의원이었든, 청중들은 밥 노이스의 연설을 모두 진지하게 받아들였다. 그리고 밥 노이스는 결코 한 번도 그가 줄타기 곡예를 한다는 사실을 청중들에게 드러내지 않는다.

밥 노이스는 미묘한 상황에 놓여 있었다. 전자 산업계는 어떻게 반격을 할지를 놓고 두 편으로 갈라져 있었기 때문이었다. 한편은 정부의 개입만이 해결책이라고 주장했고, 이들의 믿음은 오직 이에는 이, 눈에는 눈만이 방법이라는 것이었다. 일본의 무역통상부가 자국의 산업을 무역 보호주의, 보조금, 국제 무역법의 위반 등으로 도와준다면 미국의 상무부도, 혹은 국방부도 똑같은 보복을 해야 하며, 호혜주의에 심각한 위협이 되는 일본 반도체 산업이 목표가 되어야 한다는 주장이었다.

이 계획은 국회에서 진보 성향인 민주당원들의 지지를 받는다. 이른바 '아타리 민주당원(Atari Democrat /옮긴이: Atari는 1980년대 미국에서 아케이드 게임을 만들던 업체 이름)'이라 불리는 앨 고어(Al Gore), 폴 톤가스(Paul Tongas), 패트릭 레히(Patrick Leahy), 게리 하트(Gary Hart) 등 이었다.[6] 그리고 다른 한편은 레이건 대통령을 포함한 공정 무역의 옹호론자들이었다. 레이건 대통령은 국제법의 강화와 미국 경쟁력을 제한하는 속박을 풀어주는 것의 조합이 일본을 앞지르게 될 결과를 줄 것이라고 믿었다. 아타리 민주당원들은 실리콘밸리에서 진보 성향인 최고 경영자들에게 지원을 받는다. 그리고 반도체 산업과 전자 산업 분야에서 일본에 대항해 싸우기를 원했다. 그리고 자유 무역주의자들은 국가 사이의 장벽을 제거해야 한다고 주장한다.

언제나 자유 경쟁과 기업가 정신의 편에 섰던 밥 노이스는 자연스럽게 공화당의 주장에 동조한다. 그러나 현명하게 그리고 반도체 산업계의 수장으로서 개인으로서 측면과 반도체 산업 협회의 측면을 바꿔가며 외교상 양편의 진영을 오간다. 그리고 제리 브라운(Jerry Brown) 캘리포니아 주지사가 이끄는 찰리 스포크 그리고 스티브 잡스도 참여하는 산업 정책 그룹에 합류 제의를 정중하게 거절한다. 그러나 반도체 산업 협회와 미국 경제 협회가 미국 통상 대표단에게 1974년 제정된 거래법(Trade Act of 1974)에 따라 일본의 법률 위반에 조정을 요구하는 탄원을 하는데 자신의 모든 명성과 에너지를 쏟아 붓는다.

그리고 그 이상의 노력을 기울인다. 밥 노이스는 다른 전자 산업 기업들이 벨트 고속도로 주변에 밀집한 정치 권력 안에 산업계의 목소리를 전달하고자 펼치는 정치 활동을 위한 협회(Political Action Committee)에 인텔이 참여하도록 확신을 심어준다. 또한 반도체 산업계를 지원하는 양 당의 국회의원으로 구성된 단체를 설립하는데도 지원을 아끼지 않는다. 이 단체는 국회 반도체 산업 지원 단체(Congressional Semiconductor Support Group)로 백악관과 내각에 반도체 산업을 지원하는 청원을 올리는 단체가 된다.

그리고 가장 영향력이 컸던 활동은 첨단 기술 기업의 최고 경영자들이 지원하여 지속해서 워싱턴 정가를 방문하고 입법자들에게 영향을 미치려고 직접 대면을 하려고 노력한 점이었다. 찰리 스포크는 시간이 지나서 "이 활동이 반도체 산업 협회를 성공으로 이끈 비밀"이라고 말한다.7

클라이드 프레스토위츠(Clyde Prestowitz) 일본 관련 무역 행정 고문은 훗날 다음과 같이 이 시기를 기록한다. "아메리칸 드림의 이상을 현실에서 구현했던 반도체 산업계의 사람들과 그들의 생각에 동조하는 사람들이 워싱턴에 호소를 하는 일은 쉬운 과정이 아니었습니다. 수수하고 검소한 모습으로 나타서, 충분하지 못한 배경을 가졌지만 진취적 정신과, 영감 그리고 노력으로 대부분이 21세기 핵심 산업이 될 분야라 믿어 의심치 않는 산업을 세우는 데 성공을 이루어 냈습니다. 그들은 정부의 도움 없이 자신들만의 힘으로 그 일들을 해냈고, 실제로 어떤 경우에는 정부의 괴롭힘을 겪기도 했습니다."8

밥 노이스 보다 이 캠페인에서 중요한 사람은 없었다.

하버드 비즈니스 리뷰(Harvard Business Review)는 다음과 같이 밥 노이스 기사를 남긴다. "밥 노이스는 미국 전자 산업에 전설 같은 사람이다. 워싱턴의 기존 정치인들은 밥 노이스가 정치권과 연계를 만들고 싶어 하는 만큼 그를 알고 싶어 했다."[9]

프레스토위츠는 밥 노이스를 그 캠페인에서 절대 대체할 수 없는 인물이라 평하기도 한다. 오히려 밥 노이스는 이런 평가를 자신이 이룩한 업적보다 자신이 가진 재산 때문이라며 대단하게 여기지 않는다. "나는 돈이 권력을 준다는 사실을 깨달았습니다. 당신이 부자라면 당신의 의견은 높은 가치를 가지게 될 것입니다."[10] 누구보다도 자신이 집적회로의 발명자이자 페어차일드와 인텔의 창업자라는 사실을 잘 알았던 것이다.

1980년대 후반의 되자 일본 반도체 산업의 위협이 서서히 약해진다. 그리고 1990년이 되어서는 일본 반도체 업체들은 상당한 규모이지만 주로 위협적이지는 않은 위치였던 2인자 자리로 돌아간다. 이 결과는 몇 가지 설명이 존재한다. 한 가지 이유는 미국 정부가 3천만 달러의 벌금과 함께 반도체 산업 보호법안의 통과 등을 포함한 일본 정부에 가한 압력이었다. 결국 일본 정부는 백기를 들고 미국의 저작권 법률과 국제법 기준에 맞추어 산업 활동을 하기로 합의한다.

또 다른 이유는 일본 반도체 기업들은 단기 관점에서 전략을 구사했다는 점이다. 높은 품질로 제조하고 저가의 가격 경쟁력으로 승부하려면 오지 '현존하는' 기술을 사용해야 했다. 일단 미국의 기업들이 차세대 메모리칩을 개발하면 일본 반도체 기업들은 이 메모리칩을 복제하고 더 빠르게, 좋게 그리고 더 싸게 제조하였다. 그러나 미국의 기업들이 마침내 속도와 품질에서 일본에 대등한 수준으로 경쟁력을 회복하였고, 동시에 여전히 차세대 메모리를 개발하는데 일본 기업보다 더 혁신적이었다. 그 대표 예가 앞서 언급되었던 인텔의 바렛 이야기이다. 이 사실은 주어진 시간 내에(무어의 법칙이 제시하는 짧은 기간 내에) 미국의 기업들은 가속을 해 한 발짝 앞서가는 것을 뜻했고, 그렇게 벌어들인 수익으로 자금을 확보하여 개발에 들어가는 공정한 시장 균형을 이루게 된 것이다.

마지막으로 일본은 인구통계학 상으로 커다란 순환기를 맞고 있었다. 전쟁 세대는 1980년대 여전히 일을 했고, 여전히 근면 성실의 자세와 근검절약의 오랜 습관을 유지했다. 결국에는 이러한 특징들이 데밍(Deming)과 주란(Juran) 이 일본 근로자에게 가르치려 한 것 중 가장 중요한 덕목이었다. 그러나 이제 이 세대가 나이가 들어 은퇴 시기가 다가온다. 그리고 그들이 만들어낸 과실로 키운 다음 세대는 그들의 삶을 국가나 후손을 위해 헌신할 생각이 크지 않은 세대였다. 다른 말로, 일본의 반도체 기업들은 1980년대 반드시 무역 전쟁에서 승리했어야 했고, 그러지 못할 경우 다시는 기회가 오지 않을 상황이었던 것이다. 그리고 1990년대가 오자 이는 현실로 드러난다.

밥 노이스는 그렇게 미국과 일본의 반도체 전쟁 속에서 범 국가의 인물로 떠오른다. 워싱턴 정가에서는 밥 노이스는 미국 산업을 대표하는 인물이 되어 갔고, 반도체 산업계에 종사하는 모든 사람에게 밥 노이스는 영웅이었다. 그리고 세계에서 대중의 인식 속에 마이크로 칩 시대를 구현해낸 대표 인물로서 자리 잡는다.

그러나 실리콘밸리보다 밥 노이스의 업적에 강하게 반응한 곳은 없었다. 많이 언급되지 않았지만 모든 기업의 최고 경영자들이 마음속에 한 가지 비밀스러운 경력 전략을 품는다. 그 비밀은 최고의 자리에 그들을 올려놓은 야망과 헌신이 다시 그들을 더 높은 곳으로 올라가고 싶어 하도록 만든다는 점이다. 그리고 실리콘밸리는 경력의 표준을 데이비드 패커드가 세워 놓았다. 이는 창고에서 회사를 세우고, 회사를 자신들의 분야에서 가장 혁신이 강한 곳으로 만들며, 회사를 상장시킨 후, 다시 회사를 포춘 500대 기업에 들도록 키우고(더 좋은 경우는 포춘 50에 드는 것), 그 후 해당 산업계를 대표하는 인물이 되어 워싱턴 정가로 진출하고, 마지막으로 역사상 인물로 남는 것이었다. 데이비드 패커드만이 이러한 경력을 달성했고, 성공한 경력의 기준을 세웠던 것이다. 그리고 실리콘밸리는 그의 업적을 기리려는 듯이 데이비드 패커드를 비공식 실리콘밸리 시장이라 불렀다. 데이비드 패커드는 이 명예로운 호칭을 은사인 스탠포드 대학의 프레드릭 터먼(Fredric Terman Jr) 교수로부터 물려받은 두 번째 인물로서 영국 여왕이 실리콘밸리를 방문했을 때 행사를 주관하는 주인공이 된다. 그리고 세상의 어떤 국제기관이라도 실리콘밸리와의 연계를 주장하고자 한다면 그들의 문서에 들어가야 할 이름은 데이비드 패커드였다.

프레드 터먼 교수는 선구자다운 전자 공학 관련 과정과 스탠포드 산업 단지 조성으로 실리콘밸리를 창조해 냈다. 데이비드 패커드는 휴렛패커드를 공동 창업함으로써 실리콘밸리를 키워나갔으며 휴렛패커드만의 독특하고 높은 수준의 기업 문화를 만들어 나갔다. 이제 프레드 터먼 교수는 세상을 떠났고, 데이비드 패커드는 현업에서 은퇴한 시점에서 다음 차례는 바로 밥 노이스의 시대였다. 밥 노이스는 우리 시대의 첨단 기술을 떠받치는 기술을 발명하고 조심스럽게 사용했을뿐만 아니라 다가오는 오랜 시간 동안 이 기술의 중요성을 보장하게 해주었다(무어의 법칙 덕분에). 그리고 노이스는 지금까지 알려졌던 것 중에 가장 컸던 위협으로부터 미국의 전자 산업을 구해냈다. 무엇보다도 그 누구도 해내지 못했던 데이비드 패커드와의 경력에 버금가는 업적을 세운 것이다. 이에 근접하는 업적을 세운 사람들이 있을지 몰라도(스티브 잡스, 에릭 슈미트, 래리 엘리슨, 마크 주커버그), 아무도 밥 노이스만큼은 이루지 못했다.

아직 50대 중반의 나이로 밥 노이스는 다가오는 새 시대에 함께 할 것을 약속하였고, 실리콘밸리에서 일하는 사람들은 밥 노이스를 실리콘밸리를 대표하는 인물로 둔다는 점에 안도감을 느꼈다. 지금부터 노이스는 세상에 실리콘밸리를 대표하여 발언하고, 그렇게 찬양받는 역할에 스스로 만족하는 듯 보였다.

41장
메모리칩 시장 철수

미국과 일본 사이에서 벌어진 반도체 전쟁으로 말미암아 많은 희생양이 발생한다. 어떤 기업들은 역사 속으로 사라졌고 어떤 기업들은 경쟁에서 치명타를 맞거나 다른 기업에 팔려나간다. 놀랍게도 이 전쟁 속에서 가장 큰 기업이면서 전쟁으로 가장 많이 변한 회사가 바로 전쟁의 가장 큰 승자였던 인텔이었다.

인텔은 메모리칩을 생산하는 회사로 출발하였고 또 훌륭하게 사업을 벌려왔다. 초기 15년 동안의 시간 속에서 메모리칩 시장에서 선두 기업이었을뿐만 아니라 혁신을 선도하는 기업이기도 했다. 그리고 메모리칩 산업은 인텔을 유명하게 만들고 마이크로프로세서를 발명하도록 하는 자금원이 되어주었다.

그러나 일본 반도체 경쟁자의 출현과 지속된 가격 조작은 인텔의 재정 상태를 약화시킨다. 1980년대 중반이 되자 인텔 내부에서도 마이크로프로세서 시장에서 거의 무한대에 가깝도록 시장을 지키는 일이 가능함이 명백해지자 더이상 메모리칩 사업부를 지속할 이유가 사라진다. 메모리 시장에는 이미 너무많은 경쟁자들이 진출했고 앞으로도 메모리 가격은 지속해서 하락할 전망이었다. 인텔이 몇 세대의 메모리 분야에서 주도권을 다시 쥐어 명백한 혁신 기업이될지도 모르지만 그러한 전략이 회사를 계속 번영하도록 충분한 수익을 가져다줄지 확신이 없었다. 1982년 이미 인텔의 수석 관리자들에게 이 문제는 명백해 보였다. 그리고 그들은 그루브와 무어에게 메모리 사업을 포기하도록 압력을 가한다. 그리고 시장이 붕괴되었을 때 그들의 목소리는 더욱 커진다. 그러나 두 명의 창업자는 여전히 망설였다. 결국 그들이 맨 처음 세웠던 회사는 메모리 칩을 제조하는 회사였다. 그루브는 다음과 같이 말한다. "1984년 가을 모든 것이 바뀝니다. 사업은 계속 부진을 면치 못했습니다. 마치 아무도 메모리칩을 사고 싶어 하지 않는 듯했습니다. 그리고 우리의 주문 잔고는 봄날 눈 녹 듯이 사라졌습니다. 믿지 못할 기간이 지나고 우리는 생산량을 계속해서 줄였습니다. 그러나 오랜 기간 동안 설비를 증설해 왔기 때문에 우리는 시장 수요의 축소에 맞추어 우리의 생산 속도를 단계적으로 줄일 수밖에 없었습니다. 우리의 사업이 계속 부진한 하락기였고 계속 재고가 쌓여만 갔습니다."[1]

무어는 다음과 같이 당시를 설명한다. "우리가 회사를 시작하는 날부터 메모리 사업을 해왔습니다. 그리고 이 사업 영역은 우리가 처음 추구하던 분야였습니다. 그리고 대체로 이 사업에서 꽤 성공했습니다. 그러나 두 세대 전부터 그다지 목적을 이루지 못했고 선두 자리를 빼앗기고 말았습니다. 우리는 하나의 칩에서 백만 비트(bit)의 성능을 내는 메가바이트 메모리 수준에서 한 단계 뛰어 선두 자리를 차지하려고 연구 개발에 투자합니다. 그렇게 기술을 개발하고 제품을 개발합니다. 그러나 이제 이 제품을 양산하고 선두 기업 자리를 차지하려고 4억 달러를 투자하여 제조 설비를 구축해야 했습니다. 이 순간 우리는 메모리 시장에서 큰 규모로 손실을 보았습니다. 이 상황은 마치 영원히 과잉 설비 상태로 가는 듯 보였고, 정말 마음속으로 어려운 순간이었습니다. 수치가 명확하게 보였습니다. 다시 선두 자리로 올라서는 것은 그다지 좋은 방법이 아닌 듯 했습니다."[2]

그루브의 설명은 다음과 같다. "우리는 일본의 대량 생산, 고품질, 저가격의 메모리칩과 경쟁하는 과정에서 꽤나 오랜 기간 메모리 사업 분야에서 손실을 입었습니다. 그러나 오랫동안 메모리 사업 분야에서 잘 해왔기 때문에 계속 사업을 진행해서 우리가 최상급의 가격을 받을 마술 같은 해답을 찾았습니다. 그러나 일단 메모리 사업이 전 세계에 걸쳐 부진에 빠지기 시작하고 다른 제품에서 여유를 가질 수 없었습니다. 메모리 시장에서 입는 손실은 점차 회사를 힘들게 했습니다. 회사의 출혈을 멈추게 할 새로운 전략이 필요했습니다."

그루브와 무어만이 회사 내에서 유일하게 메모리 산업을 계속 유지하려는 의지가 있는 것이 명백했다. 그러나 두 사람에게 결국 결정권이 있다는 사실이 중요했다. 그리고 이 안건은 그들에게 고통스러운 주제였다. 감정적인 문제로 훗날 그루브가 인정했듯이 거의 이 이야기를 꺼낼 수가 없었다고 한다.

그때의 심정을 그루브는 이렇게 이야기한다. "논쟁이 오갔고 결과는 언제나 상충되는 제안 뿐이었습니다. 한편 논쟁이 커지는 만큼 우리가 잃는 손실도 점점 커져 갔습니다. 1984년 16억 3천만 달러였던 매출이 1985년에 13억 6천 달러로 떨어졌습니다. 그리고 1986년이 되자 매출은 12억 6천 달러까지 내려갑니다. 그 해는 어둡고 좌절감이 있는 해였습니다. 그 기간 동안 어떻게 상황을 개선시킬지 전혀 방법을 찾지 못한 채 열심히 일했습니다. 우리는 인내심을 잃어갔고 죽음의 계곡을 배회했습니다."3

앤디 그루브의 과거를 살펴볼 때 위와 같은 표현은 좀처럼 쓰지 않는 표현이었다. 그러나 그들의 태도는 당시 대부분의 미국 전자 산업계의 태도를 반영했다. 같은 시기에 밥 노이스가 언급한 미국 문명의 종말 부분을 기억해 보라.

그럼 무엇이 인텔을 이렇게 메모리 시장에 붙잡았던 것일까? 그루브에 따르면 두 가지 이유가 있었다고 한다. 이 두 가지 모두 인텔의 기술 핵심으로서 메모리칩 산업이 가지는 역할에 있었다. 바로 한 가지는 "메모리칩 산업은 인텔의 '기술을 이끄는 방향타'와 같았기 때문입니다. 이 말이 뜻하는 바는 우리가 언제나 생산하는 메모리를 시험하는 것이 용이했으므로 기술을 먼저 개발하고 개선해왔다는 사실입니다. 먼저 메모리칩 산업에서 오류가 모두 수정되고 나면 이 기술을 마이크로프로세서나 다른 제품에 적용해 왔습니다. 그리고 다른 믿음 하나는 바로 제품 계열 전체를 생산한다는 신조(full-product-line dogma)였습니다. 이 신조에 따르면 우리의 영업 담당 부서는 반도체 계열 전체의 제품을 생산해야만 고객 앞에서 좋은 성과를 낸다는 뜻이었습니다. 우리가 전체 계열 제품을 생산하지 않으면 고객들은 그렇게 하는 경쟁사와 거래를 하는 것을 선호할 것이라는 이유 때문이었습니다."[4]

그러나 결국 이 두 가지 믿음을 가졌던 사람들은 그루브와 무어 자신들 뿐이라는 사실을 깨닫는다. 그리고 앤디 그루브가 중요하지 않은 일로 사업부를 방문하는 동안에도 계속해서 같은 질문을 하게 된다. 이 모습은 분명히 앤디 그루브와 고든 무어가 메모리칩 산업을 포기하지 않는 세 번째 이유가 있다는 사실을 보여주었다. 바로 자존심이었다. 두 사람 모두 눈앞에서 회사의 핵심 사업이 패배하는 것을 보고 싶지 않았고 주주들과 대중 앞에서 실패한 모습을 보이고 싶지 않았던 것이다.

그루브는 당시를 이렇게 회상한다. "나는 1985년 중반, 1년이라는 시간을 목적 없이 방황했던 것을 기억합니다. 나는 내 사무실에 고든 무어와 함께 우리가 몰린 궁지를 이야기했습니다. 우리의 분위기는 꺼졌고 나는 멀리 놀이 공원의 놀이 기구가 도는 것을 창문으로 바라보았습니다. 그리고 나는 고든 무어에게 돌아서 이렇게 물었습니다. '우리가 경영진에서 쫓겨나고 새로운 경영자가 오면 그가 무슨 일을 가장 먼저 할 것이라고 생각하십니까?' 고든 무어는 주저하지 않고 이렇게 대답했습니다. '메모리칩 산업에서 손을 뗄 겁니다.' 나는 고든을 멍하니 바라보았습니다. 그리고 이렇게 말했죠. '우리가 잠시 사무실을 나갔다가 돌아와서 그 일을 하면 어떻겠습니까?'"[5]

바로 그들이 하게 된 일이 바로 메모리 시장 철수였다. 간부 조직으로부터 안도의 한숨이 터져 나오고 무어와 그루브는 DRAM 사업으로부터 철수하기로 결정한다. 그리고 두 사람은 그와 같은 결정을 이사회에 보고한다. 여전히 이사회에 있던 아서 록은 훗날 메모리칩 산업을 포기하던 일에 다음과 같이 회상한다. "내가 이사회 구성원으로서 가장 용기와 결단을 필요로 하는 결정이었습니다." 이와 비교하여 밥 노이스는 주저함이 없이 찬성표를 던진다. 앤 바워스는 밥 노이스의 전기 작가 벌린에게 이렇게 말한다. "밥 노이스는 이미 일본 기업들이 메모리칩 분야에서 따라잡을 수 없을 만큼 미국 기업을 물리쳤다고 생각했습니다. 그리고 마이크로프로세서가 탈출구가 되어 주길 바랐습니다." 이렇게 동의안이 통과된다.

이 결정이 인텔의 경영진에게 환영을 받을 일이라면 일반 직원들에게는 그 반대였다. 많은 직원들이 대부분 경력을 메모리 사업부에서 보냈고 인텔을 믿는 만큼 자신들이 만드는 메모리에 믿음을 가졌다. 이제 그들은 이유 있는 두려움을 느꼈다. 그들은 십여 년 전 마이크로마 직원들이 그렇듯이 해고당할 위기에 처해 있었던 것이다.

이 문제는 그리 멀리 있지 않았다. 무어는 당시를 이렇게 말한다. "메모리칩 산업같이 주요 산업에서 철수함은 내부에서 많은 일이 벌어진다는 뜻입니다. 수천 명의 직원들을 다른 부서에 재배치하거나 해고해야 함을 뜻했습니다. 물론 우리는 그들을 다시 고용할 기회가 있기를 바랐습니다."6

그러나 결국 메모리 사업 부문의 직원 대부분을 유지한다는 일은 불가능했다. 1982년 인텔은 세계에서 메모리칩을 제조하는 두 번째로 큰 기업이었다. 1986년이 되자 6번째로 내려앉는다. 그 해 11월, 고든 무어가 이야기했듯이 "인텔은 처음으로 DRAM을 시장에 선보였습니다. 우리는 한때 시장을 100% 차지하기도 했습니다. 그리고 100%에서 0%까지 점유율이 오갔습니다." 메모리칩 사업부를 자이텔(Zitel)에 매각하기로 결정했지만(인텔 직원 30명이 이때 함께 이직한다), 1986년 1억 7천 3백만 달러의 손실을 입는다. 15년 전 회사가 상장되고 난 후 처음으로 기록하는 적자였다.

결국 인텔은 7,200명의 직원을 해고한다. 그들 대부분이 메모리 사업 출신이었다. "끔찍한 과정이었습니다."라고 당시 딕 바우처(Dick Boucher) 기업 프로그램 담당 부회장은 회고한다. "우리는 무능력한 직원을 해고하는 것이 아니었습니다. 그들은 오랫동안 메모리 분야에서 일해 왔고 우수한 경력을 쌓던 직원들 이었습니다"7

1985년과 1986년 사이에 인텔은 또한 7곳의 공장을 폐쇄한다. 한가한 결정이 아니었다. 수석 경영진은 밥 노이스의 사무실에 모여 '최악의 상황이 온다면 어떻게 인텔을 닫을지'에 비밀회의를 한다. 그나마 작은 위안거리라면 미국 내에서 메모리 사업 부문에 남기로 한 2개의 기업을 제외하고 6개의 기업들이 메모리 사업에서 철수를 하기로 한 일 정도였다(이미 작은 기업들은 모두 사라지고 없었다). 이들 기업들은 인텔의 중요한 경쟁 상대였던 내셔널 반도체, 페어차일드 그리고 AMD이었고, 이들도 곤경에 처해 있기는 마찬가지였다. 지금 인텔이 몇 십억 달러 규모의 기업임은 그다지 문제가 되지 않았다. 보스턴에 위치한 컴퓨터 워크스테이션 플레이어(computer-workstation player) 시장을 주도하던 왕 연구소(Wang Laboratories)가 불과 몇 달 만에 쓰러지면서 수십억 달러 가치의 전자 회사도 한 순간에 무너질지도 모른다는 사실을 보여준 것이다.

그러나 인텔은 다른 기업과 크게 두 가지 다른 모습을 가졌다. 그중 한 가지는 회사가 손실을 입는 힘든 상황에서도 자본 지출과 연구 개발에 전체 수익의 약 30%라는 놀라운 비율을 투자했다는 점이다. 그리고 두 번째는 인텔은 IBM과 그 복제품 개인용 컴퓨터를 만드는 회사와 마이크로프로세서를 공급하는 계약을 맺었고 이 계약과 투자의 결합으로 차세대 마이크로프로세서도 역시 계약하기로 공표한 점이었다. 인텔은 살아남으려고 사투를 벌이는 과정에서도 미래를 보며 움직였던 것이다.

42장
투사 앤디 그루브

    인텔의 80386 모델은 1985년 10월에 시장에 선보였다. 그리고 같은 해에 인텔은 메모리칩 시장에서 철수한다. 1986년 3분기에 이르자 거대한 규모로 제품을 발송한다. 그리고 개인용 컴퓨터 산업의 전 세계 수요 증가 추세를 반영하여 386 모델은 샌프란시스코, 파리, 뮌헨 그리고 동경에서 동시 발매된다.

    386모델은 인텔의 최초 32비트 마이크로프로세서였다. 그리고 이 모델은 27만 5천 개의 트랜지스터를 집약한 성능이었고 이는 거의 286 모델의 두 배에 달하는 성능이었다. 그리고 전작과 달리 이 모델은 동시에 여러 프로그램을 구동하도록 제작되었다. 이러한 성능 덕분에 386 모델은 286 모델보다 몇 배나 강력한 성능을 구현하는 제품일뿐만 아니라 새로운 세대의 워크스테이션과 고사양의 개인용 컴퓨터의 중앙 처리 장치로 각광을 받는다. 그러나 여전히 286에서 구동되던 응용 프로그램들을 사용했고 8086에서 사용되던 프로그램도 구동이 가능했다. 386 모델은 당시로서는 강력한 성능을 보여주었고, 해가 지나면서 개조되어 그 성능이 최초 제품보다 몇 배나 빠른 성능을 보여준다. 그리고 이 마이크로프로세서는 인텔이 생산을 공식 중단할 때까지 내장형으로 핸드폰에 계속 사용되면서(블랙베리 950이나 노키아9000에 사용된다) 21세기를 맞은 후 10여 년 동안 사용된다. 386 모델을 설계한 인텔의 존 크로포드(John H Crawford)는 계속해서 인텔의 차세대 80x86 제품군 개발을 지휘한다.

    IBM은 386 모델을 그렇게 반기지 않았다. IBM은 80286 모델로 몇 년 동안 더 제품을 생산하고 싶어했다. 그러나 그 결정은 복제 개인용 컴퓨터를 만드는 경쟁자에게 문을 열어주는 결과를 가져온다. 1986년 8월, 공격적인 새로운 경쟁자인 컴팩(Compaq computer) 컴퓨터가 최초로 386 중앙 처리 장치를 장착한 복제 개인용 컴퓨터를 선보인다. 이 제품의 소개는 다른 복제 컴퓨터 회사들이 시장에 뛰어들게 만드는 결과를 낳는다. 그리고 1987년 말에는 IBM은 자신이 만들어낸 시장에서 인텔과 마이크로소프트가 복제 개인용 컴퓨터를 만드는 회사들과 함께 거대한 기업이 되는 동안 단지 하나의 경쟁사로 추락하고 만다.

그러나 당시만 해도 아직 시장에는 자신들만의 마이크로프로세서 설계 능력이 있는 인텔의 경쟁자들이 있었다. 사이릭스(Cyrix)는 1988년 텍사스 인스트루먼츠에서 근무하던 과학자 중 불만을 품은 몇몇 사람이 회사를 나와 세운 회사로서 당시 시장에서 가장 인기 있던 인텔의 80386 모델을 인텔의 지적재산권과 특허를 침해하지 않는 방법으로 역설계한 제품을 만드는 회사였다. 인텔은 재빨리 사이릭스를 고소하지만 소송에서 패하고 만다. 법정 밖에서 이루어진 합의에 의하면 사이릭스가 제조 공정에서 만드는 마이크로프로세서는 텍사스 인스트루먼츠사가 인텔로부터 면허를 취득한 것으로 결국 이 칩들은 텍사스 인스트루먼츠가 팔기 때문이었다. 인텔에게 큰 위협이라기보다 성가신 일이 되버린 것이다. 그리고 사이릭스는 나중에 내셔널 반도체에 매각된다.

그리고 또 다른 회사가 새로 나타난다. 칩스 앤 테크놀러지스(Chips and Technologies)로 이 회사 또한 인텔의 마이크로프로세서를 역설계한 제품을 판매한다. 그러나 제품 결함이 곳곳에서 발견되고 시장에서 단명하고 만다. 결국 이 회사는 PC에 들어가는 칩과 그래픽 칩을 생산하는데 성공하고 1997년 인텔이 인수한다.

앤디 그루브를 가장 분노하게 만든 진정한 위협은 AMD(Advanced Micro Devices)였다. 앤디 그루브의 마음속에서 제리 샌더스는 대리 아버지와 같았던 밥 노이스의 인자한 성격을 이용하여 8086 모델의 2차 공급자가 되도록 밥 노이스를 설득하였고 IBM이 인텔 납품에 예비로서 AMD를 2차 공급자로 지정하기를 원하자 밥 노이스는 인텔 경영진의 반대에도 AMD와의 계약을 확정한다.

그러나 이제 노이스는 의사결정권이 없는 상태였다. 그리고 IBM은 개인용 컴퓨터 시장에서 경쟁자들에게 밀렸고 인텔을 움직일 주도권을 잃은 상태였다. 게다가 인텔은 호황기에는 두 회사 모두 수요를 감당할 방법이 없었기 때문에 AMD의 존재가 문제가 되지 않았다. 그러나 불황기 동안 앤디 그루브는 더 이상 자신들이 발명한 제품에 더불어 의존하며 전체 시장의 15%를 잠식하는 존재를 참아야 할 이유가 없었다. 인텔이 거두어들일지도 모르던 수백만 달러의 수익이라면 인텔의 대차대조표를 개선하는데 쓰일지도 모르는 일이었고 고용 해고된 직원들 중 많은 수를 구제할 수도 있던 금액이었다. 그래서 앤디 그루브는 이제 인텔의 생산 능력과 명성은 튼튼해서 더 이상 '안전판'으로 2차 공급업체를 가질 이유가 없다고 판단한다.

제리 샌더스 쪽에서는 절박한 상황이었다. AMD는 3천 7백만 달러의 손실을 입었고(인텔이 입은 손실 금액 1억 7천 3백만 달러보다 수익에서 높은 비중을 차지하는) 궁지에 몰린 상태였다. 인텔은 그와 계약을 했고 그동안 그 계약에 의존해 왔다. 결국 그가 이 계약을 본 바와 마찬가지로 모든 것이 한 문구로 요약된다. 그 문구는 바로 AMD가 '인텔이 판매하는 인텔 마이크로컴퓨터와 주변 장치에 포함되는 마이크로 코드(code)를 복제할 권리'를 갖는다는 뜻이었다. 그리고 '마이크로컴퓨터'라는 단어에 주목했다. 이 단어가 뜻하는 바는 무엇인가? 이 단어는 컴퓨터 산업 초기에 흔히 사용되던 일상의 단어였다. 그러나 이 단어는 '마이크로프로세서'라는 용어(컴퓨터에 사용되는 칩)와 '마이크로 컨트롤러(컴퓨터를 제외한 자동차 연료 제어나 온도 조절과 같은 시스템에 사용되는 칩)로 대체된 지 오랜 시간이 흐른 후였다.

제리 샌더스에게 '마이크로컴퓨터'는 '마이크로프로세서'를 뜻했다. 그리고 인텔이 8086 모델의 성능을 향상하고 그 제품에 80286과 80386 모델과 같은 이름을 부여했고 이 제품들은 여전히 초기 모델에서 사용하던 핵심 제조 기법(마이크로 코드)을 사용했다. 따라서 계약은 여전히 유효하다고 본 것이다.

그리고 법원이 그 외의 명령을 내리지 않는다면 제리 샌더스는 계속해서 인텔의 최신 마이크로프로세서를 복제하여 만들고 회사를 살리는 일이 가능했다. 제리는 또한 온갖 불평에도 인텔이 계속 대기업을 고객으로 확보하고자 한다면 인텔은 결국 AMD를 2차 공급 업체로 수용할 수밖에 없을 것이라고 생각했다.

이 상황은 협상으로 해결될 상황이 아니었다. 무엇이 진실이든 간에 계약상이든 현장에서든, 양측의 변호사는 곧 이 싸움이 개인적인 감정 대립임을 알게 된다. 그리고 인텔이 80386 모델을 출시하자 앤디 그루브는 최신 마이크로프로세서의 유일한 공급자가 될 것이라고 공표한다. "우리는 제품을 다른 회사에 공짜로 보내고 싶지 않았습니다. 우리는 그 대가를 명백히 받고자 했습니다." 인텔은 이 결정을 자신들이 계약한 2차 공급자가 인텔의 기준에 부합하지 못하는 제품을 생산하기 때문에 2차 공급자를 포기한다는 주장과 함께 지지한다. 바깥 세상에서는 이 사실을 일종의 연막작전으로 본다. 인텔은 단지 사업 주도권을 돌려받고자 하는 것일 뿐이며 투자한 자금의 권리를 주장하는 것으로 보았다.

그루브는 이 일에 이렇게 이야기한다. "AMD는 우리가 허풍을 친다고 생각할 것이라 믿었습니다. 그들은 주어진 임무에 충실하지 못했고 우리는 수요를 충당하려면 그들이 필요했습니다. 이 관계는 마치 서로 마주보고 달려오는 차를 누가 먼저 피하는지로 승부를 가르는 시합과 같았습니다. 그리고 우리는 결코 피할 생각이 없었습니다."[1]

전자 산업계 역사상 유명한 두 개의 결정이 나온다. x86 제품군을 복제하지 못하도록 가로막혔음에도 AMD는 386 모델 복제를 어쨌든 강행한다. 그러자 마침내 인텔은 AMD를 고소한다. 그리고 양측 모두 합의하지 않으려 했고 21세기까지 다양한 제품을 내놓게 되는 인텔과 AMD는 전자 산업계 역사에서 가장 긴 법적 소송을 이어간다.

이와 동시에 인텔이 내린 이 결정에 따라 반도체 시장에서 생각하지 못한 도전을 받는다. 인텔은 이제 세상에서 가장 인기 있는 마이크로프로세서를 가졌고 그 수요는 도저히 계산이 불가능할 정도였다. 그리고 그 모든 수요가 얼마가 되든지 간에 인텔은 이제 단독으로 그 수요를 감당해내야만 했다. 갑자기 일 년 전 인텔이 어려웠던 시절에 크레이그 바렛이 실행한 생산성 향상 작업과 인 텔이 대규모로 실시한 자본 개선 노력이 회사에서 중요한 역할을 하며 그 결 과가 나타난다.

그루브는 이에 다음과 같이 말한다. "우리는 산업계 전체가 요구하는 모든 수 요에 맞추어 공급하려고 헌신했습니다. 그러한 상황이 우리의 생산 능력을 빈 틈없이 만들도록 동기를 부여했습니다. 다중의 내부 자원을 개발했고 몇 개의 공장과 몇 개의 공정이 칩을 동시에 만들도록 했습니다. 주요 노력을 생산성 증 대에 집중했고 그러한 도전을 피하지 않았습니다."[2]

좋은 소식은 커다란 위험을 감수하던 인텔의 경제 상황에서 훈풍이 다시 돌 아오기 시작했다는 사실이었다. 6월이 되자 미국과 일본은 일본 시장을 미국 의 반도체 기업에게 개방하기로 합의한다. 미국과 일본 간의 끝나지 않던 반도 체 전쟁은 서서히 그 끝이 보이기 시작한다. 그리고 8월이 되자 인텔의 마이크 로 코드(code)를 복제할 권리가 있다고 주장하던 일본의 대기업 NEC와의 분 쟁에서 승리한다. 이 결과로 AMD를 제외하고는 이제 모든 해외의 복제 회사 에 제동을 건다.

1987년 초, 미국 반도체 산업은 자신들이 4년 전에 보았던 주문보다 훨씬 많 은 비율의 '실제' 주문을 받는다. 1분기가 끝나갈 무렵, 인텔은 2천 5백 5십만 달러의 수익을 올린다. 전 세계에서 근무하던 인텔 직원들은 '흑자 전환'을 축 하하는 파티를 벌인다.

이와 같은 성과는 회사 안과 밖에서 모두 확인된다. 4월이 되자 같은 달의 성 공한 재정 소식과 함께 이사회는 고든 무어의 추천을 받아 앤디 그루브를 최고 경영자로 추대함으로써 어려운 시기를 거쳐 앤디 그루브가 이룩한 놀라운 업 적을 인정한다. 고든 무어는 이사회 회장직을 유지하는데 동의하지만 회사의 운영에 관한 의사 결정에서 완전히 물러난다. 이 결정은 의사회와 고든 무어 박 사에게 중요한 뜻을 지니는 메시지였다. 고든 무어가 전자 산업계에 발을 디딘지 25년이 지났고 앤디 그루브는 언제나 고든 무어의 지시를 받아야 했다. 앤디 그루브의 똑똑함과 재능은 인정을 받았지만 그의 스타일과 위험을 감수하려는 태도는 의구심을 받았다. 이제 이 승진과 함께 이사회 회장이자 정신적 지도자인 고든 무어는 앤디 그루브가 준비를 마쳤으며, 인텔이 겪었던 가장 힘든 시기를 헤쳐 나가도록 지혜와 강인함을 보여주었음을 공표하고, 그가 수십억 달러 가치의 기업 최고 경영자가 될 자격이 있음을 알리는 것이었다.

그리고 이사회는 마지막에 인텔에 매각했던 인텔 주식 12%를 3년 후에 다시 사들이기로 투표한다. 1983년 인텔이 자사의 주식을 IBM에 매각하기로 결정했을 때 거대한 고객인 IBM이 조그마한 공급업체를 침략하여 고객 관계를 유지하고 싶다면 어쩔 수없이 거래를 해야만 하는 듯한 느낌이었기에 환영받지 못했다. 그러나 재앙 같은 시간이 다가오고 IBM과 한 거래는 시기적절하게 인텔을 살리는 보급선 역할을 할 것으로 여겨진다.

전자 산업계 역시 앤디 그루브가 이룬 업적을 인정한다. 이제 비로서 앤디 그루브의 입지는 인텔의 두 창업자 반열에 동등하게 오르게 된 것이다. 그렇게 산업계의 인정과 함께, 그해 6월에 밥 노이스가 레이건 대통령에게서 국립 기술 훈장(National Medal of Technology)을 받고 1987년에 앤디 그루브는 IEEE로부터 기술 지도자 상(Engineering leadership Award)을 받는다.

앤디 그루브는 이제 자신이 꿈꾸던 모든 것을 이루었다. 수십억 달러 가치의 기업, 시장에서 최고의 제품, 회사의 핵심 기술 소유권의 확보 그리고 경제는 미국 역사상 가장 활황기 중에 하나를 향해 나아갔다. 그리고 가장 거대한 신기술이 태동한다. 이제 세상에서 가장 중요한 기업의 지휘봉을 잡았고, 이사회의 전폭 지지를 받았으며, 주가가 계속 강세를 보이는 한 그루브가 아니고는 아무도 감히 대답이 되어 주지 못했다.

야망이 있는 많은 사람들이 그러한 기회 속에서 교만과 배신으로 또는 더 능력 있는 경쟁자 때문에 그리고 자신의 결함 때문에 실패해 왔다. 앤디 그루브는 이제 51세가 되었고, 미국에 온 지 31년이 되었으며, 반도체 산업에 종사한

지 24년이 되었다. 줄곧 크게 성공했지만 언제나 성공은 더 큰 인물의 그림자에 가려져 있었다. 그루브는 전자 산업계를 통해 동료들로부터 받는 존경을 즐거워했다. 그러나 그 존경에는 의구심이 들어 있었다. 아마도 그들의 눈에 앤디 그루브는 최고 경영자나 업무 최고 책임자가 되기에는 너무 조급해 보이고, 감정이 앞서고 그리고 시야가 좁은 사람으로 보였기 때문일지도 모른다. 그루브는 세상에 업적을 세우려고 그리고 자신이 믿듯이 위대한 수장이 될 것이라는 믿음을 증명하려고 14년이라는 시간을 기다려야 했다. 자신이 성공한다면 새로운 역사를 쓰게 될 것이고 당대의 가장 유명한 경영인 중의 한 명이 될 것이라는 사실을 잘 알았다. 그가 실패한다면 인텔을 망가뜨린 것에 비난을 한 몸에 받을뿐만 아니라 무엇보다도 영원한 조언자이자 친구였던 고든 무어가 세운 무어의 법칙을 계승하지 못하고 지키지 못한 사람으로 영원히 남게 될 것이라는 사실을 잘 알았다.

앤디 그루브가 두려웠다면 결코 앞으로 나서지 않았을 것이다. 그루브는 오히려 더욱 사나워졌다. 그리고 1988년 초, 앤디 그루브는 인텔을 전자 산업계를 이끄는 기업으로 발돋움하도록 만든다.

43장
스티브 잡스의 조언자

밥 노이스에게 1980년대 중반은 행복한 기간이었다. 반도체 산업계에 힘든 시기가 닥친 기간이었고 인텔은 문제가 있는 상태였지만 더 이상 이 싸움의 중심에 서 있을 필요가 없었다. 이제 더 이상 날을 새며 직원들에게 월급을 어떻게 지급할지 고민하지 않아도 되었고 자신의 이름하에 대규모의 고용 해고를 하지 않아도 되었다. 이사회의 부회장으로서 역할은 이제 인텔의 운명을 결정할 책임을 어깨에 진 고든 무어와 앤디 그루브에게 조언을 하는 것이었다. 물론 노이스는 자신의 모든 부가 인텔의 주식 가치에 걸린 만큼 공동 창업한 회사의 운명에 깊은 관심을 가졌다. 그러나 그에게는 다른 관심사가 있었다. 인텔의 운명 못지않게 미국 전자 산업의 운명에도 관심을 가졌던 것이다. 그리고 미국 편에 선 수장으로서 미국과 일본이 벌이는 무역 전쟁에서 승리를 거듭하면서 미국 산업의 영웅이 되어 갔다. 연방 정부의 가장 강력한 권한이 있는 정치인들이 노이스를 칭송하기 시작한다. 밥 노이스의 적이 되었던 일본에서조차 노이스를 칭송하고 경외심을 가지기까지 한다.

집으로 돌아가도 밖에서 만큼 바쁜 삶을 산다. 로스 알토스에 위치한 저택은 자선 활동이나 칵테일파티 그리고 저녁 만찬 등과 같은 활동으로 언제나 부산했다. 애플의 인사 담당 이사로 재직 중이었던 밥 노이스의 부인 앤(Ann)도 빠르게 실리콘밸리의 주요 인사가 된다. 그리고 노이스와 함께 두 사람은 실리콘밸리가 좀처럼 모르던 그리고 지금도 여전히 잘 모르는 사교계 활동에서 중요한 역량을 보여준다.

이 기간 중 노이스가 주최하는 사교 모임에 거의 자주 모습을 드러내는 강렬한 인상의 돈키호테 같은 젊은이가 있었다. 그 젊은이는 지금 삶의 심각한 위기 한복판에 있었고 도움이 절실히 필요한 시기이기도 했다.

스티브 잡스는 몇 년 전까지만 해도 가장 유명하고 젊은 기업가로 명성을 날렸다. 그보다 나이가 많은 실리콘밸리의 경쟁자들보다도 먼저 타임지의 표지 모델이 되기도 했다. 그리고 1984년 출시한 매킨토시와 함께 스티브 잡스는 단순한 유명 인사 이상이 된다. 바로 새로운 세대의 출현이었다.

그러나 곧 이 모든 것이 순식간에 사라진다. 1983년, 빠르게 성장하는 애플 컴퓨터에서 자신이 가지지 못한 기업가다운 능력을 채우려고 스티브 잡스는 펩시콜라의 회장 존 스컬리를 애플의 최고 경영자로 영입한다. 스티브 잡스는 자신이 스컬리를 통제할 것이라는 믿음과 함께 자신이 계속 애플 컴퓨터의 사실상 수장으로 남을 것이라 확신했다. 그러나 스티브 잡스는 갈수록 회사 내에서 회사를 망치는 세력이 되어 간다. 그리고 잡스를 제외한 누구도 놀라지 않을 사실은 스컬리가 기업 내 정치와 내부 알력의 다툼에서 훨씬 뛰어난 사람이었다는 점이었다. 오래지 않아 애플 컴퓨터를 상징하는 인물이자 공동 창업자였던 스티브 잡스는 회사로부터 쫓겨난다.

그후 스티브 잡스는 넥스트(Next)라는 애플과 경합하는 회사를 설립한다. 넥스트에서 만든 제품들은 애플 컴퓨터에서 만들었던 제품들만큼 혁신이었고 보다 더 세련되었지만 넥스트는 대중의 이목을 받지 못한다. 넥스트의 제품 중 하나는 월드 와이드 웹 코드(code)를 작성하는데 쓰이기도 한다. 스티브 잡스는 여전히 30대라는 나이에(한때 유명했지만) 벌써 실리콘밸리에서 잊혀지기 시작하면서 서서히 희망을 잃기 시작했고 경력의 끝이라는 위기에 봉착했다. 이러한 절박한 심정 속에서 스티브 잡스는 조언자이자 아버지와 같은 인물을 찾기 시작한다. 첨단 산업 분야의 정상에 선다는 뜻이 어떤 뜻인지 잘 이해하면서 또 계속해서 대중의 평가를 받은, 그러나 자신처럼 실패하지 않은 그런 인물을 찾왔던 것이다. 그리고 스티브 잡스는 곧 자신이 가장 존경하던 인물에게서 초대를 받는다. 스티브 잡스와 밥 노이스의 관계는 스티브 잡스의 삶에서 모든 것이 그렇듯이 호기심 가득하고 강렬한 것이었다. 애플 컴퓨터의 공동 창업자였던 스티브 워즈니악이 스티브 잡스의 이기적인 결정으로 애플Ⅰ이나 애플Ⅱ 컴퓨터에 인텔의 8080 모델이나 8086 모델을 사용하지 못했고 그 조합은 개인용 컴퓨터의 역사를 바꾸어 놓는다. 그 대신 애플(당시는 넥스트)과 인텔은 서로 세대는 다르지만 경쟁자가 된다.

그래도 넥스트의 초기 시절 동안은 애플 컴퓨터와의 연계가 강했다. 무엇보다도 애플 컴퓨터 제3의 창업자이자 당시 애플 컴퓨터의 회장이었던 마이크 마큘라는 인텔의 전 마케팅 임원이었다. 그리고 인텔의 마케팅 조언자이자 홍보 대행이었던 레지스 맥케나는 이제 애플과 함께 일하면서 더 큰 명성을 얻고 있었다. 그리고 당연히 밥 노이스의 배우자인 앤 바워스는 스티브 잡스가 애플을 떠나기 전 함께 약 2년 동안 일하며 가까운 사이였다. 마이크 마큘라가 묘사했듯이 밥 노이스 자신도 가끔 애플에 전화를 걸었다고 한다. "애플에 가서 그냥 사람들과 어울렸습니다. 연구소도 가보고 직원들이 무엇을 하는지 이야기도 나누고 말이죠."

그러나 여전히 스티브 잡스는 밥 노이스가 여는 모임에서 사람들에게 환영받지 못하는 손님이었다.

하지만 노이스는 스티브 잡스와 어울리는 것을 매우 좋아했다. 아마도 노이스가 잡스의 강렬하고 과시하는 듯한 '현실 왜곡장'의 마법에 빠져들기에는 똑똑하고, 나이가 들어 현명했고 또 유명했기 때문인지도 모른다. 그 당시를 되돌려 기억하며 앤 바워스는 빌린에게 밥 노이스가 스티브 잡스를 "마치 어린이를 대하듯이 행동했지만 거만한 태도는 아니었습니다. 밥 노이스는 스티브 잡스를 자주 집으로 초대했고 우리는 식사를 같이 하고 그와 아스펜에 스키를 타러 가는 행사에 동행하기도 했습니다."라고 말한다.

노이스는 잡스를 초대해 수상 비행기를 타고 함께 비행하기도 한다. 이 비행은 노이스가 호수에 착륙 전에 바퀴를 내리는 것을 잊어 거의 재앙으로 끝날 뻔하기도 한다. 비행기가 착륙 지점에 내릴 때 거의 뒤집어 질 뻔한 것이다. 그러나 밥 노이스의 능숙한 비행 조정으로 재난을 피한다. 스티브 잡스는 훗날 이날을 이렇게 기억한다." 거의 사고가 나는 듯한 순간, 나는 다음 날 신문사 일면을 떠올렸습니다. '밥 노이스와 스티브 잡스, 착륙 중 비행기 사고로 사망하다'"

그러나 다른 사람들만큼이나 앤 바워스는 스티브 잡스 주변에 있는 것은 신나는 일이기도 하지만 피곤한 일임을 잘 알았다. 이 젊은이는 경우가 전혀 없었기 때문이었다. 아무런 연락도 하지 않고 집 앞에 나타나기도 하고, 한밤중에 갑자기 떠오른 생각에 전화를 하기도 했으며, 항상 타인의 삶을 존중하지 않는 듯한 태도를 보였다. 밥 노이스도 하루는 밤늦게 스티브 잡스로부터 전화를 받고 앤 바워스에게 다음과 같이 말한다. "한 번만 더 새벽에 전화하면 이 녀석을 가만 안 둘 거야". 그러나 다음 날이 되면 밥 노이스는 여전히 스티브 잡스의 전화를 기꺼이 받았다.

그러나 스티브 잡스가 원한 것은 나이든 밥 노이스의 특별한 조언이 아니었다. 밥 노이스는 개인용 컴퓨터에 조언해줄 만큼 지식이 충분한 것도 아니었다. 스티브 잡스가 원한 것은 어떻게 살아야 하는가에 필요한 통찰력이었고, 어떻게 실리콘밸리에서 성공할지였으며, 미움을 받는 것이 아니라 사람들이 좋아해 주는 것을 바랐고 비웃음거리가 아닌 긍지의 대상이 되고 싶었던 것이다.

스티브 잡스는 이렇게 이야기한다. "밥 노이스는 인텔의 영혼이었습니다. 나는 실리콘밸리의 놀라운 제 2시대의 향기를 맡고 싶었습니다(옮긴이: 제1시대는 휴렛패커드를 말하는 듯함). 반도체 기업들은 컴퓨터 시대를 이끌었습니다."[1]

밥 노이스는 이제 두 양아들이 생겼다. 그들은 제리 샌더스와 스티브 잡스였고 부모가 이혼한 사실에 아픈 추억이 있는 친아들보다도 여러 측면에서 두 사람과 더 좋은 관계를 유지했다.

44장

화제의 인물

1986년, 국제 무역법의 영향과 일본 반도체 기업들이 후퇴하는 결과로 미국의 반도체 기업들은 내셔널 반도체의 찰리 스포크 주도로 SIA(Semiconductor International Association)의 감사하에 일련의 회의를 갖는다. 이 자리에 모인 반도체 기업들은 1979년 HP가 가졌던 발표에서 그렇듯이 미국 반도체 산업이 다시는 허를 찔리는 일이 없도록 하려고 첨단 설계와 제조 그리고 품질 관리를 위한 방법을 연구할 합작 벤처 기업의 필요성 논의를 하기 시작한다. 1987년 5월, 그들은 '세마텍(Sematech: semiconductor manufacturing technology)'의 설립을 제안하고, SIA가 이를 승인한다. 세마텍은 반도체 산업 전반에서 참여하는 협회로 반도체 기술 개발, 장비, 제조 설비 등의 분야에서 미국이 잃어버린 주도권을 회복하는 것을 목적으로 하는 곳이었다.

산업계가 주도하는 연구 개발 협회를 정부가 지원한 전례가 없었음에도 일본과의 무역 전쟁에서 승리하여 기세가 오르고 반도체 산업의 경쟁력을 계속 유지해야 한다는 바람으로 의회는 이제 모든 일이 잘 돌아가도록 5억 달러의 자금을 마련하며 지원을 아끼려 하지 않는다.

그래도 여전히 반발이 따랐다. NSF(National Science Foundation)는 이 문제를 반도체 산업계가 '너무 과장해서' 이야기한다고 생각했지만 협회의 설립에는 동의한다. 백악관도 이 문제에 회의감을 가졌지만 백악관의 과학 위원회 투표 결과 한 표 차이로 협회의 설립을 승인한다. 한편 국회에서는 실리콘밸리의 지속된 반정부 성향과 보수주의 성향 때문에 실리콘밸리의 주장에 반대했던 국회의원들이 그 동안 반정부주의 성향을 가졌던 동일 인물들이 갑자기 워싱턴으로 찾아와 그와 같은 도움을 청하게 된 것에 불만을 품었다. "그들 대부분은 공화당 지지자였습니다. 일단 그 어떤 정부의 간섭에도 반대하던 사람들이죠. 그러나 그들이 어려움에 봉착하자 마치 바보가 된듯이 정부를 찾아와 도움을 요청하는 겁니다."[1] 워싱턴 포스트 신문은 특히 밥 노이스가 입법 기관에 로비를 하려고 잦아진 워싱턴 왕래에 관심을 갖고 기업가 정신과 개인주의의 옹호자인 유명한 인물 밥 노이스가 '워싱턴에 도움을 청하려고' 온 점을 주목한다.

이와 같은 지적은 정곡을 찌르는 것이었다. 그리고 밥 노이스는 확실히 그가 지금 하는 일은 그동안 정부에게 취하던 태도와 일치되지 않아 위선적으로 보인다는 사실을 잘 알았다. 하지만 밥 노이스는 충실한 애국자였다. 밥 노이스는 일본이 정당한 방법으로 무역 거래를 하지 않았고 이와 같은 불법에 다름없는 학살에 직면한 미국 반도체 산업을 살리는 것이라면 무슨 일이라도 기꺼이 할 준비가 되어 있었던 것이다. 더군다나 밥 노이스는 자신의 주장만 고집하며 매달리는 사람이 절대 아니었다. 노이스는 미국의 국방부와 항공 분야 계약으로 페어차일드를 설립하였고 어떤 측면에서 실리콘밸리가 만들어지는 과정에서 연방 정부가 중요한 역할을 했다는 사실에 어떤 환상도 가지지 않았다. 그리고 인텔이(HP가 주도하고 그 방향을 따라가면서) 최근 정부와의 거래로부터 상업 시장과 소비자 시장으로 초점을 잡기 시작한 것은 단지 사업 측면에서 결정이었을 뿐이지 결코 자신들의 철학 측면이 아니었다.

그렇다 해도 세마텍에 반기를 들고 공식 항의하는 반도체 산업계의 기업들이 나타난 것은 치부를 찔리는 일이었다. 이러한 반발을 주도한 사람은 호전적이고 달변인 사이프러스 반도체의 설립자 티 제이 로저스(T. J. Rodgers)였다. 사이프러스 반도체는 인텔에서 불과 몇 거리 떨어지지 않은 곳에 위치했고 당시 실리콘밸리에서 자신의 의견을 가장 거침없이 표현하는 인물로 명성 (혹은 악명)이 자자했다. 로저스는 새로운 세대의 반도체 기업들을 대표하고 이들 대부분은 공장을 가지지 않고 주로 틈새시장이나 고객에 특화된 반도체를 개발했다. 티 제이 로저스는 수많은 기자 회견과 텔레비전 출연에서 세마텍을 정부의 지원 자금을 작은 반도체 기업과 나누어 가지지 않는 '잘나가는 반도체 대기업들끼리 모이는 컨트리클럽(an exclusive country club)'이라고 비아냥거린다.[2]

티 제이 로저스는 두 가지 논쟁거리를 주장했다. 첫째로 실리콘밸리가(특히 반도체 산업이) 정부의 간섭 없이 지금까지 잘 해왔다면 왜 이제 와서 정부에 문을 열고 그들을 초대해 자신들이 만들어낸 성공에 간섭을 받으려 하는가였다. 둘째, 연방 정부가 몇 억 달러에 달하는 자금을 반도체 산업을 도우려고 지원하려 한다면 왜 채권 발행에 필요한 자금을 남겨 SIA의 감시하에 제조 부분에서 약점을 보이는 스타트업 기업들을 목표로 하여 투자(venture-capital investment)하지 않는가였다. 이렇게 한다면 시장이 기업들을 단련시킬 것이고 곧 시장에서 선택받은 기업들이 언제나 그렇듯이 살아남을 것이라는 주장이었다.

25년 후, 실리콘밸리에 거주하는 사람들은 미국 대통령이 비행기를 타고 베이 지역으로 날아와 퍼레이드를 마치고 실리콘밸리의 최고 경영자들과 투자 자금을 마련하는 만찬을 가지는 모습을 보게 된다(레지스 맥케나가 서니 베일에 위치한 자신의 집에서 클린턴 대통령과 함께 최초의 만찬을 주관한다). 그리고 티 제이 로저스가 지적했던 첫 번째 주장은 정확했음이 드러난다.

로저스의 두 번째 주장은 밥 노이스가 과거에 했던 주장보다 더 밥 노이스다운 통렬한 주장이었다. 그러나 밥 노이스의 생각이 무엇이었든지 간에 자신의 생각을 말하려고 하기보다 반도체 산업계를 대변한다. 결국 세마텍은 자금 지원을 받아 출범하고 텍사스 오스틴(Austin)지역에 세워진다. 개인 주관의 신뢰성을 희생하는 대신에 얻은 대중의 인기와 함께 밥 노이스는 다시 한번 승리한다.

45장

돌아온 제국

1988년이 되자 인텔이 세상에 포효한다. 1987년 매출은 총 19억 달러에 달했고 이는 전년도 대비 51%가 상승된 금액이었다. 그 대부분의 상승분이 하반기에 발생한 것으로 다음 해가 호황이 될 것이라는 신호를 알린다.

인텔은 이에 준비가 되어 있었다. 80286 모델은 회사의 제조 설비로부터 마치 홍수처럼 쏟아져 나와 세계로 퍼져 나갔다. 만족할 줄 모르는 개인용 컴퓨터의 수요를 충당했으며 이와 같은 수요는 개인용 컴퓨터에 사용되는 워드 프로세서, 스프레드 시트, 게임 등 응용 소프트웨어가 빠르게 증가하면서 발생했다. 그러나 무엇보다도 1985년 선보였던 최초 버전에서 사양이 높아진 운영 체제인 윈도우 2.0이 출시되면서 이 수요는 가속된다. 윈도우는 이제 사실상 윈텔 컴퓨터 세상의 표준이 된 상태였다. 그리고 일반 가정용에 초점을 잡은 2.0 버전이 출시되자 이 소프트웨어를 사고 싶어 하는 수많은 사람들이 컴퓨터 매장 앞에서 줄을 서고 판매를 기다린다.

마이크로프로세서 시장에서의 급성장과 함께 인텔은 이제 마이크로 컨트롤러 시장으로 그 시선을 돌린다. 4월의 어느날, 빅뱅(Big Bang)이라고 인텔이 부르던 날에 인텔은 전자 제품에 내장되는 16종류의 마이크로 컨트롤러와 마이크로 컨트롤러를 내장하는 응용 장치를 위한 개발 도구를 출시한다. 이 발표와 함께 인텔은 두 가지 관점을 만들어 낸다. 대부분의 회사들은 한 번에 한 제품을 출시하여 가능한 모든 대중의 관심을 잡아내려고 애쓴다. 때때로 한 회사가 두 개의 중요하지 않은 제품이나 혹은 두 개의 각자 중요성을 지니고 서로 긴밀히 연관된 제품이 있다면 두 제품에 쏠리는 관심을 이용하려고 회사는 두 제품을 '묶음' 상품으로 만들어 광고한다. 그러나 빅뱅이라 불리운 날에 인텔은 세상에게 자신들이 마이크로 컨트롤러 시장에 이렇게 많은 기술을 가졌다고 과시하고 이들을 한 번에 출시할 능력을 보여줌으로서 시장을 완전히 장악함이 가능하다는 사실을 만방에 드러낸다.

이러한 행동은 오만에 가까운 자신감이었다. 이 자신감이 앤디 그루브의 인텔이었다. 그날 이후로 인텔이 컨트롤러 시장을 지배하는 것에 의견을 다는 사람은 없었다.

그리고 인텔은 1988년, 자신감을 과시하는 두 번째 움직임을 보여준다. 한때 포기했던 메모리 시장으로 복귀한 것이다. 사실 인텔은 메모리칩 시장에서 완전히 철수한 것은 아니었다. 인텔은 가장 큰 분야였던 DRAM부분에서만 철수를 했지만 규모가 작은 EPROM 시장은 계속 유지하고 있었다. 주된 이유로는 이 종류의 메모리칩은 마이크로프로세서를 지원하는데 사용되는 종류의 메모리였기 때문이었다. 이제 무역 전쟁이 시작되었던 10여 년 전에서 돌아와서 인텔은 일본의 도시바가 개발한 '플래시(flash) 메모리'에 주목한다. 그리고 이 신기술을 완전히 자기 것으로 만들뿐만 아니라 실제로 이 메모리 기술의 성능, 가격, 제조 방법을 개선한다.

플래시 메모리의 장점은 비휘발성의 특징을 갖기에 전류가 흐르지 않는 상황에서도 정보를 메모리 안에 저장함과 동시에 전기를 이용해 내용을 지우는 일이 가능함을 뜻했다. 그리고 플래시 메모리가 처음 관심을 받은 분야는 전자 제품을 만드는 회사들이었다. 이 메모리를 사용하면 제품 내 보드에 내장된 기존의 소프트웨어(펌웨어)의 성능을 손쉽게 향상하는 일이 가능하기 때문이었다. 그러나 앞으로 다가오는 12여 년 동안 플래시 메모리의 집적도가 무어의 법칙에 따라 상승함에 따라 점점 더 자기 방식의 저장장치인 디스크 드라이브를 대체할 메모리로 각광을 받는다. 플래시 메모리를 사용하면 더 빠르고 가볍고 전력을 작게 소모하는 장점이 있었고 디스크 드라이브보다 작은 공간을 차지하면서도 전자 제품을 더 거친 환경에서도 사용이 가능하도록 만들어 주었다. 이 혁명 같은 메모리는 디스크 드라이브가 과거에 자기 코어 저장장치를 대체했듯이 서서히 디스크 드라이브를 대체해 나갔지만 애플이 2005년 아이팟 나노를 출시하며 대중의 이목을 한 몸에 받기까지 거의 세상에 알려지지 않는다. 플래시 메모리는 새로운 세대인 모바일 마이크로프로세서, 고해상도 디스플레이와 함께 곧 다가올 스마트폰 시대를 연다.

이미 1990년대가 시작될 때 인텔은 이 새로운 세계가 열릴 것이라는 사실을 알았던 것이다. 인텔의 딕 파실리(Dick Pashley) 반도체 생산 그룹 부회장은 다음과 같이 말한다. "마치 고체 물리 기술이 마침내 모바일 시대에서 디스크 드라이브를 과거의 유물로 만드는 것과 같았습니다. 디스크 드라이브를 대체한다는 생각은 5년 전만 해도 급격한 생각이었고 사람들은 대체로 회의적이었습니다. 헌신적이고, 놀랍도록 창의력이 넘치는 조직이 이 예측에 매달렸습니다. 그리고 오늘날 사람들은 그들을 믿게 되었죠." 마치 DRAM 이전처럼 플래시 메모리는 인텔의 새로운 자금 창출원이 되어 준다. 사람들이 인텔의 유명한 마이크로프로세서에 주목하는 동안 인텔은 플래시 메모리의 성능을 조용히 20여 년이 넘게 개선했던 것이다. 그리고 점점 더 새로운 고객을 발굴하고 수익을 올린다. 21세기가 시작되고 그 초반부까지 인텔이 플래시 메모리 산업에서 주도권을 가졌다는 사실에 만족할 때 새롭게 등장하는 한국의 거대한 삼성이라는 경쟁자가 인텔을 차분함에서 빼내 놀라움에 빠뜨린다. 그리고 계속 이어지는 시간 속에서 플래시 메모리는 인텔의 안정된 자금원이 되어 줄뿐만 아니라 인텔이 전자 혁명과 인터넷 시대를 가속하도록 가장 큰 공헌을 하게 만들어 준다.

46장
천국의 가장 높은 곳에서

출범을 몇 달 앞두고 약 200명 이상의 직원들을 고용한 세마텍은 이미 심각한 문제를 안고 있었다. 문제는 이렇게 복잡한 회사를 이끌 만큼 능력이 있는 경영자를 찾는 것이었다. 이에 뉴욕 타임스는 다음과 같이 기사를 쓴다.

"협회는 경험이 풍부한 최고 경영자를 회원사 중에 뽑으려 한다. 그러나 각 회원사들은 핵심 인력을 제공하기 꺼려하고 현재 자신들의 위치에 있는 것을 선호한다. 지금 겪는 어려움은 14개의 기업으로 이루어진 회원사들은 공석에서 자신들이 외쳐왔던 공통의 이익을 위해 자신들 인력을 공유하는 것에 그다지 끌리지 않는다는 신호가 보인다는 점이다. '세마텍은 우리가 필요한 인재를 구하지 못하면 심각한 상태에 이를 것입니다.'라고 인텔 이사회의 부회장이자 세마텍의 최고 경영자를 찾으려고 3인으로 구성된 위원회의 한 사람인 밥 노이스는 말한다. 다소 강요성이 짙은 이 연구 협회의 지도자를 찾지 못하는 반도체 산업계에 이 협회를 구성하기 위해 필요한 자금의 절반을 지원했지만 이 사업의 계획에 방해를 받는 국방부는 좌절감을 느낀다고 정부와 산업계의 대변인은 말한다."[1]

반도체 산업의 규모가 큰 기업들은 이 사업이 정부와의 밀회를 뜻한다 하더라도 이를 통해 산업계가 경쟁력을 살리고 각 회원사들이 오직 자금상의 지원을 한다는 조건이라면 지지한다는 의사를 밝혔다. 그러나 워싱턴 정가의 생각은 달랐다. 이 일은 정부와 기업이 함께 일을 한다는 웅대한 실험이었고 유권자들은 이 일이 성공일 것이라는 기대를 가졌다. 따라서 정부는 자신들이 투자한 만큼 반도체 산업계도 투자를 해야 한다고 생각한다. 압력이 점점 강해지자 누군가가 나서서 세마텍을 맡아야 한다는 점은 분명해진다. 밥 노이스는 협회가 구성되도록 캠페인을 이끌었고 그만이 워싱턴 정가와 실리콘밸리, 피닉스, 댈러스 등 모든 곳에서 존경을 받는 인물이었으며 아마도 가장 중요한 요소로 당시 아무 직책을 맡지 않았다는 사실이었다.

그와 같은 압력이 밥 노이스를 곤경에 빠뜨렸다. 한편으로는 자유 시장을 옹호하던 오랜 태도를 견지하던 모습과 달리 산업 협회를 지지함으로써 보여준 모순된 모습에 비난을 받는다. 한편으로 밥 노이스가 반도체 산업계를 위해 자신이 해야 할 일을 할 만큼 했으며 지금의 절박한 재해로부터 평화롭게 조용히 물러서 있어도 된다는 주장도 나온다. 반도체 산업계가 세마텍을 맡을 최고 경영자를 찾지 못한다 하더라도 밥 노이스를 비난할 사람은 아무도 없었다. 밥 노이스는 이미 훌륭하게 자신이 맡은 일을 해냈기 때문이었다.

또 다른 한편으로는 이제 밥 노이스의 이름은 세마텍과 동음이의어처럼 사용되었다. 노이스는 공석에서 세마텍을 이끌 올바른 최고 경영자를 찾는 일이 중요하다고 언급해왔다. 지금 세마텍이 경영자를 찾지 못해 흠집을 남긴다면 노이스는 아마도 자신의 경력을 가장 큰 실패로 마무리하게 될지도 모르는 상황이었다(노이스는 이제 60대의 나이였다).

결국 모든 것이 뒤로 밀리고 밥 노이스에게 남은 가장 중요한 것은 '의무'였다. 자신의 관점이 무엇이든지 간에, 그가 앞으로 어떤 곤란한 일에 뛰어들게 되든지 간에, 밥 노이스는 세마텍을 반드시 성공으로 이끌겠다고 다짐한다. 그리고 아무도 그 일을 하지 않으려 든다면 자신이 직접 그 일을 하겠다는 결심을 한다. 밥 노이스는 당시 언론과 가졌던 인터뷰에서 다음과 같이 이야기한다.

"조국이 나를 이 일에 헌신하게 해주었습니다. 나는 개인적으로 나를 필요로 하는 일에 관여하지 않으면 미국의 사람들이 보여준 신뢰를 저버린 배신이라 생각했습니다."

실리콘밸리의 관계자들은 이 인터뷰에 놀란다. 산호세 머큐리 뉴스는 이 기사를 일면 광고란에 싣는다. 밥 노이스는 실리콘밸리 그 자체였다. 노이스는 이제 텍사스 오스틴에 위치한 세마텍으로 향했으며, 아무도 감사해 하지 않는 일이었다. 정부의 감독을 받으며 대부분의 회사가 실리콘밸리에 위치하지 않았고, 일본에 대항할 만한 반도체 칩을 만들지도 못하던 회원사들을 돕는 일을 하러 가는 것이었다. 이 일은 마치 위대한 인물에게는 시간을 낭비하는 일처럼 보였다.

말할 필요도 없이 모든 사람들이 그렇게 느끼는 것은 아니었다. 밥 노이스가 최고 경영자를 맡는다면 세마텍의 이상은 현실이 될 것이며 성공할 것이라고 확신하는 사람들도 있었다. 밥 노이스는 결코 지지 않기 때문이었다. 실제로 밥 노이스가 최고 경영자 자리를 맡을 것이라는 소식이 상심했던 세마텍의 직원들에게 즉각 영향을 미친다. 이에 뉴욕 타임스는 다음과 같이 기사를 쓴다.

"이 협회를 부수적이고 중요하지 않은 실험으로 치부하던 수백 명의 기술자들이 이제 밥 노이스를 위해 일할 기회를 잡으려고 뛰어든다."[2]

밥 노이스가 오스틴에 도착했을 때 발견한 것은 그가 예상했던 것보다 더 좋지 않았다. "모든 사람을 하나로 뭉치게 하는 밥 노이스와 함께 하더라도 여러 회사에서 온 사람들을 하나로 묶는 일은 쉽지 않았습니다. 각자 회사의 지시에 따라 세마텍에서 근무하러 온 250명의 직원들 사이의 문화 차이는 상상 이상이었습니다. 이 중 450명의 다른 직원은 세마텍의 정규 직원들이었습니다. '하얀 와이셔츠' 차림의 IBM에서 온 직원들은 자유분방한 AMD 직원들의 모습에 적잖이 당황하는 모습이었고 AT&T에서 온 직원들은 말을 꺼내기조차 꺼릴 정도로 비밀스러운 모습이 눈에 띌 정도였으며 인텔에서 온 직원들은 너무 무뚝뚝했습니다."[3]

이와 같은 문화 부조화는 밥 노이스가 페어차일드에서 보낸 마지막 나날보다도 상황이 좋지 못했다. 밥 노이스는 지쳐 있었고 과거에 회사를 창업할 당시 도움을 받았던 머린 카운티에 살던 회의 전문가 빌 대니얼즈(Bill Daniels)에게 연락해 도움을 청한다. 이제 밥 노이스의 존재와 대니얼의 전문 지도로 서서히 회사가 돌아가기 시작한다. 직원들은 함께 일하기 시작했으며 세마텍만의 문화를 만들어 나가기 시작한 것이다. 대니얼은 세마텍의 직원들에게 아직도 일본의 경쟁사에 대항하는 경제 전쟁과 마찬가지인 상황 한가운데 자신들이 섰다는 사실을 상기시켰다. 의무감과 협동심은 새롭게 단장한 연구 시설의 모습을 강화한다. 연구 시설은 붉은 색과 흰 색 그리고 파란 색으로 칠해져 타임지는 세마텍이 마치 미국 대표 선수들의 훈련장 같다고 표현한다.

노이스는 다시 한번 성공을 일궈낸다. 그리고 실제로 세마텍은 오늘날까지 존재한다. 세마텍을 초기에 지지하던 사람들이 말한 것만큼 그렇게 변덕스럽지 않게 일관성을 유지해 왔고 또 험담꾼들이 반드시 실패할 것이라고 말한 것과 반대로 성공을 이룬다.

MIT의 테크놀러지 리뷰(MIT'S Technology Review magazine)는 2011년 세마텍을 다음과 같이 평가한다. "세마텍이 존재하기 전에 반도체의 각 세대를 소형화하는 연구 개발에 30% 이상의 비용이 더 소요되었다고 VLSI 연구소의 시장 조사 담당 최고 경영자인 댄 허치슨(G. Dan Hutcheson)은 밝힌다. 12.5%의 비용이 세마텍이 출범 직후 줄어들었고 그 후 한 자리 수치의 크기로 감소해 왔다. 아마도 1990년대 초 세마텍이 반도체의 크기를 줄이는 주기를 3년에서 2년으로 압축하겠다는 목표를 설정한 것만큼 중요한 일이었다. 반도체 산업계는 1990년대 중반부터 이와 같은 혁신을 추진해 왔고 이 혁신 속도를 높이는 공정을 전자 산업에 파급시켰으며 결국 미국 경제 전체에 효과를 전파한다."[4]

테크놀러지 리뷰(Technology Review)는 다음과 같이 결론을 짓는다. "세마텍은 정부와 기업이 제조 산업을 회복하게 하려면 또는 새로운 산업을 창출하려고 어떻게 함께 일해야 하는지 보여주는 모델이 되었다."[5]

이 기사가 나가던 무렵 세마텍의 가장 큰 현안은 태양열 기술을 이용한 제조 공정의 개선과 관련된 일이었다. 그리고 가장 큰 모순 중의 모순은 세마텍의 회원사에 세마텍이 물리치려던 일본 기업이 이제 포함되었다는 사실이다.

대부분에게 알려져 있지 않은 사실로 세마테의 성공은 밥 노이스에게 큰 승리였지만 그만큼의 대가를 치뤄야 했다. 밥 노이스는 주중에는 오스틴에서 일하고 주말이 되면 로스 알토스로 돌아가 다양한 실리콘밸리의 행사와 모금 운동을 펼쳤다. 이제 비행기를 몰거나 스키를 타러 갈 만한 여유는 없어졌지만 여전히 저택에서 수영을 규칙적으로 했다. 그러나 불행히도 업무가 주는 스트레스가 그에게 오래된 흡연 습관을 다시 불러들였다.

밥 노이스는 베이 지역으로 돌아오는 여행 중에 세마텍에서 연설을 마치고 잠시 시간을 내어 전국에 동시 방송으로 나가게 될 인터뷰를 지역 방송과 갖는다. 촬영에 들어가기 전에 의자에 기대고 앉아 잘 알고 지내던 인터뷰 진행자에게 며칠간이라도 실리콘밸리로 돌아와 지내는 시간이 행복하다고 이야기를 나눈다. 그리고 이제 자신이 텍사스 카우보이가 다 됐다고 하며 베이 지역으로 돌아오면 비행기에서 내리기 전에 '부츠에 묻은 소똥을 긁어내야 한다'고 농담을 주고받는다.6 노이스는 세마텍에서 자신이 이루어 낸 것을 자랑스럽게 여겼고 인텔이 이루어 낸 것에 엄청난 자부심을 느꼈으며, 분명히 자신의 인생에서 이어질 다음 단계에서 무엇을 할지 숙고 중이었다. 스티브 잡스는 밥 노이스가 실리콘밸리로 돌아왔다는 소식을 듣고 약혼녀를 소개시켜 주고 싶어 그를 집으로 초대해 저녁 식사를 갖는다. 그들은 새벽 3시가 넘도록 이야기를 주고받는다.

밥 노이스와 함께 일했던 사람들 모두가 그렇듯이 세마텍의 직원들은 그를 좋아하고 따랐다. 산호세 머큐리 뉴스 기사에서 한 반도체 장비 전문 회사의 최고 경영자가 했던 말을 인용하여 미국은 지금 '우상을 바꿀 때'라고 쓰고 그 후보로 밥 노이스를 거명하며 '반도체 산업계의 주춧돌'이라 부른다. 협회 직원들은 이 소식에 기뻐하며 그가 돌아오기를 기다리며 그의 사진과 함께 '밥 노이스, 십대의 우상'이라 새긴 티셔츠를 만들어 파티를 준비한다. 그리고 세마텍은 1990년 6월 1일을 '밥 노이스의 날'로 공식 지정한다.

어느 누구에게도 들어도 밥 노이스는 생각지 못한 축하에 놀라는 모습을 보였다고 하며 직원들과 함께 사진을 찍으며 기뻐했다고 한다.

그날이 금요일이었다. 그리고 다음 날인 토요일, 밥 노이스는 자신이 자리를 비운 사이에 일어난 일들을 확인하려고 집에서 회의를 연다. 그리고 일요일, 습관대로 아침 수영을 즐긴다. 그리고 갑자기 피곤함을 느끼고 집안으로 돌아가 소파에 앉아 그렇게 세상을 떠난다.

47장
수영을 사랑하던 사람

    일요일 아침, 그가 세상을 떠났다는 소식이 실리콘밸리에 도착한다. 충격을 받은 듯이 실리콘밸리는 그 소식으로부터 헤어나지 못한다. 실리콘밸리가 형성된 이래 이렇게 큰 충격을 준 소식은 없었다. 스티브 잡스의 병세가 악화되어 세상을 떠났을 때에도(이미 많은 사람들이 예상을 했기 때문에) 밥 노이스만큼 충격적이지는 않았다. 요즈음 트위터나 페이스북에서 일하는 젊은 프로그래머들에게 밥 노이스라는 이름에 아무런 반향이 없을지 몰라도, 생각지 못한 그의 이른 죽음이 미친 여파는 여전히 존재한다.

    실리콘밸리는 그 당시 밥 노이스를 대변인으로 생각했기에 언제나 편안함을 느꼈다. 데이비드 패커드가 그렇듯이 '실리콘밸리의 시장'이 비공식 임기를 앞으로도 20년은 넘게 '실리콘밸리의 나이든 현인'이 될 때까지 수행할 것으로 기대했다. 그러나 지금 노이스는 그 자리에 없고 누구도 대신 그 자리를 채우지 못했다. 신뢰받는 역할은 그 당시 세대에게 밥 노이스만이 가능했다. 잡스나 엘리스처럼 다음 세대를 이끄는 인물들이 자신들이 아닌 모두를 대표하여 발언하기에는 너무 부족한 면이 많았다. 그리고 인터넷 기반 기업(dotcom)과 웹 2.0 시대의 세대가 밀려오자 한 명의 수장이나 실리콘밸리를 대표하는 사람에게 모두가 동의를 보내기에는 서로를 거의 알지 못하는 상호 배타 성향의 기업으로 많이 분화되어 있었다.

    자신의 삶 속에서 마지막 10년 동안 밥 노이스는 실리콘밸리를 그 어느 때보다도 하나로 뭉치게 만들었다. 그리고 뜻하지 않은 갑작스러운 죽음 이후로 실리콘밸리는 다시 각자 흩어지기 시작한다. 페어차일드의 아이들은 밥 노이스의 아이들이었다. 그리고 밥 노이스가 아니고는 실리콘밸리에서 누구도 중개자나 평화의 가교 역할을 하지 못했고 그의 부재가 인텔과 AMD 간의 관계만큼 극명하게 드러나는 곳도 없었다. 보다 정확히는 앤디 그루브와 제리 샌더스 간의 관계로 해가 지날수록 이들의 관계는 해결할 도리가 없을 만큼 악화되고 만다. 밥 노이스의 사망 소식은 특별히 그를 잘 아는 친구들, 오래전 페어차일드 직원들, 경쟁사, 인텔의 직원, 그린넬 대학 시절의 동창 그리고 밥 노이스를 짧게나마 알았지만 그의 인격에 매력을 느끼던 워싱턴 정가까지 모두에게 충격을 던진다. 다음 스키 여행 계획을 준비하느라 여념이 없었고 다음 단계의 모험을 시작하려고 이미 준비까지 마쳤던 혈기 왕성하고 건강해 보이던 밥 노이스가 심장 마비로 사망한 것이다. 제리 샌더스는 이 소식을 듣고 눈물을 흘렸으며 강인하기로 유명했던 찰리 스포크 마저도 충격을 받아 아무 말도 꺼내지 못한다. 스티브 잡스는 홀로 남겨진 듯한 상실감에 크게 상처를 받은 듯했다. 해가 지나서도 밥 노이스의 영원한 동반자이자 25년이 넘게 동료였던 고든 무어는 밥 노이스 이야기를 꺼내려다가 눈가에 눈물이 가득 고이고 한 동안 아무 말도 잇지 못한다.

월요일 아침이 되자 세상의 곳곳에 위치한 인텔의 사업부에서 금요일 자신들이 퇴근했던 인텔이 아닌 다른 인텔의 한 곳에 모여 이야기를 나누었고 이중 많은 이들은 눈물을 흘렸다. 그리고 일주일 후 약 천 명 이상의 사람들이 밥 노이스의 장례식에 참여한다. 그리고 수백 명의 일본인들도 일본에서 진행되는 추모식에 참여한다.

산호세에서는 밥 노이스를 기리는 날에 베이 남부 지역에서 가장 큰 극장인 시민 강당에 약 2천 명의 실리콘밸리 종사자들이 모여 밥 노이스의 친형인 게일로드 노이스가 주관하는 추모식에 참여한다. 추모식이 끝나자 많은 참석자들이 눈물을 흘리며 강당을 빠져 나갔고 그들이 바라보는 가운데 빨간색과 하얀색의 수많은 풍선이 하늘을 수놓으며 올라갔다. 그리고 그 순간 굉음과 함께 밥 노이스가 구입하고 단 한 번도 몰아보지 못한 비행기가 되어버린 신형 제트기가 그의 영광을 기리며 가로질러 날아갔다. 이곳에 모였던 많은 사람들에게 아마도 가장 기억에 남을 순간이 되었을 것이다. 부시 대통령은 앤 바워스에게 마치 밥 노이스는 주 정부의 수장과 같았다고 위로의 말을 전한다. 그리고 미국 의회 기사록에 20명 이상의 상하원의 요청에 따라 밥 노이스의 연대기가 기록된다. 가까운 앞날에 미국의 부통령이 되는 딕 체니 국방부 장관은 밥 노이스를 '국부(a national treasure)'라 칭송한다. 신문사들은 불과 몇 년 전에야 밥 노이스의 이름을 인식하기 시작한 대중에게 부고 소식을 연장하여 전한다. 한 통신사는 틀린 사진과 함께 기사를 전송하기도 한다. 그리고 놀랍게도 그날 저녁 밥 노이스의 이름을 한 번도 들어보지 못한 많은 시청자들에게 소식을 알리려고 첨단 기술에 관심이 많았던 ABC 방송사의 뉴스 앵커 피터 제닝스(Peter Jeninings)는 뉴스의 한 꼭지를 밥 노이스를 위해 할애한다. 그해 초, 피터 제닝스는 지난 한 주의 인물로 밥 노이스를 소개하고 그의 삶을 축하했던 적이 있었고, 다시 그의 부고 소식을 전하게 되었다. 산호세 머큐리 뉴스는 밥 노이스를 기리는 4장에 달하는 특별 기고문을 싣고 장례식에 맞추어 사람들에게 인쇄물을 나누어 주기도 한다. 그리고 이 인쇄물에 지위 고하를 막론하며 오래된 은사 그랜트 게일(Grant Gale) 교수로부터 고든 무어(Gordon Moore) 그리고 밥 노이스가 비행기를 살 때 수표를 발행했던 은행 직원까지 수많은 사람들이 찬사를 적어 넣는다.

의심할 여지없이 스티브 잡스의 뜻이 분명해 보인 애플 컴퓨터의 공식 추모글은 사람들의 인상에 가장 남는다. "밥 노이스는 우리 모두가 하고 싶어 하던 모든 것에 영감을 불어넣어 주었고 또한 그러한 모델이 되어 준 실리콘밸리의 거인 중 한 명이었습니다. 노이스는 최고의 발명가였고 최고의 반란가였으며 최고의 기업가였습니다."

실리콘밸리에서 가장 인기 있는 (그리고 가장 건방진 논평으로 유명한) 업사이드(Upside) 잡지는 자신들다운 기사를 내놓는다.

"밥 노이스가 들어가는 방은 사람들을 어쩔 줄 모르게 만드는 강한 지도자 같은 인상으로 가득 찬다. 겸손해 보이지는 않지만 그렇다고 자만해 보이지도 않는다. 밥 노이스는 자신이 역사상 어떤 위치에 존재하는지 잘 알았다. 노이스는 자신만의 세계가 있는 듯했다. 약간은 신중한 태도를 보이는 듯한 밥 노이스가 어떤 생각을 하는지 아주 가까운 사람을 제외하고는 아무도 알 수 없기 때문이다. 오직 유일한 단서는 그가 화가 나거나 지적인 몰입을 할 때 드러난다. 눈동자가 마치 검은 색으로 가득 차는 듯하며 당신의 이마에 구멍을 뚫고 당신을 의자 뒤에 꽂아 놓는 듯한 강렬한 느낌을 받게 된다.

그러나 아마도 밥 노이스를 한 번도 만나보지 못한 사람들에게 묘사할 가장 좋은 방법은 다른 것은 모두 제쳐 두고라도 그가 수영을 즐겼다는 점이다. 밥 노이스가 이룬 그 어떤 업적보다도 그가 수영을 즐겼다는 사실만큼 그의 성격을 잘 보여주는 것이 없기 때문이다. 수영을 하는 동안은 끊임없이 움직여야 하며, 모든 부분을 균형있게 사용해야 하고, 완벽한 동작을 추구해야 한다. 그리고 수영이란 절대 혼자만의 고독한 시간이다.

노이스 박사는 그린넬 대학 시절 수영 대회에 참여하곤 했다. 그리고 평생 동안 스쿠버 다이빙을 즐겼다. 그리고 로스 알토즈 자택 뒤뜰에 위치한 수영장으로 돌아가곤 했다. 온 세상을 돌아다니며 무서울 정도로 즐기던 스키조차도 그가 사랑하던 물과 유연한 동작의 흐름과 조화를 이룬다.

밥 노이스는 삶의 마지막 남은 조그만 조각마저도 수영에 할애했다. 그리고 마치 알 수 없는 조화를 이루려는 듯이 치명적인 심장 마비도 그가 아침에 습관처럼 하던 수영을 마치고 찾아온다. 그가 살아갈 아주 작은 순간이 남을 때까지 완벽한 동작으로 물살을 헤치며 수영했을 마지막 한 바퀴를 상상한다. 그의 삶이 침착하게 마지막 심장 박동까지도 세련되게 정제했음에도 말이다. 늘 그렇듯이 그 운명과 같던 아침까지도 밥 노이스는 힘들이지 않고 자연스러웠을 것이라 상상해 본다.[1]

5부
성공의 댓가
2000-2014

The intel trinity

48장
가족사

　이제 인텔에는 둘만 남았다. 인텔을 세우고 반도체 산업의 최정상에 올린 세 명의 주역은 둘이 되었다. 그리고 고든 무어가 회장직에서 물러나면서 인텔은 앤디 그루브 혼자 이끌게 된다. 물론 다른 방법으로 앤디 그루브는 인텔의 경영권을 가지려 하지 않았을 것이다.

　1990년대는 전자 업계의 역사에서 예상과는 다르게 가장 이상하고 활기찬 기간이었다. 많은 기업들이 4년 주기로 돌아오는 고통스러운 불황 속에서 예산 삭감과 고용 해고로부터 탈출하는 꿈을 꾸었고 그 바람이 마침내 답을 얻었기 때문이었다. 그러나 한편으로 1990년대는 기술 산업 분야의 거품이 계속 커지고, 이 분야에 참여한 사람들이 한숨을 돌릴 여유가 없으며, 자신들의 조직을 재편성하거나 새롭게 다시 출발하려 할 때 어떤 일이 일어나는지 보여주는 오랜 교훈이 입증되는 시기이기도 했다. 그리고 이 모든 거품의 절정이 바로 눈앞에 다가와 있던 시기였으며 인텔은 밥 노이스의 죽음과 그의 시대가 끝난 것을 슬퍼하던 시기이기도 했다. 이제 앞으로 불과 몇 달 앞에 무엇이 닥칠지도 알 수가 없었고 이런 느낌은 그동안 벌어졌던 모든 일이 그저 서막에 불과했다는 사실을 알려 주었다.

　확실히 반도체 산업에 종사하는 다른 기업들처럼 인텔은 앞으로 닥쳐올 일을 대비했다. 사실 준비를 너무 많이 했다. 1999년 4월, 80486 32비트 모델인 차세대 x86 마이크로프로세서를 950달러의 가격으로 시장에 선보인다. 이 제품은 대중에게 i486 또는 인텔 486으로 알려지는데 이유는 법원이 숫자는 상표권이 될 수 없다는 법 해석을 내렸기 때문이었다. 이 제품은 대단히 우수한 성능으로 최초로 1백만 개의 트랜지스터를 집적한 x86 모델이며, 부동 소수점 연산 기능이 통합되고, 50Mhz의 속도와 초당 4천만 번의 명령어를 수행할 능력이 있었다. 이러한 모든 기능들은 이 제품을 80386 보다 두 배나 빠른 성능을 내도록 만들었다. 1989년 4월에 라스베가스 봄철 컴덱스 컴퓨터 전시회(Spring Comdex show)에서 선보인 486은 전시회에 참석한 사람들을 놀라게 하는데 이는 단지 좋은 면에서 놀라움만은 아니었다. 고든 무어는 오랫동안 무어의 법칙보다 앞서가는 것에 경고를 해왔다. 그리고 그 당시 486은 완성되지 않은 상태였지만 충실히 무어의 법칙이 가리키는 지표를 따랐다. 그러나 불행히도 이 제품은 시장이 수용 가능한 마이크로프로세서의 기술 발전 속도를 넘어섰다. 이제 모든 언론에서 컴덱스 전시회와 같은 행사를 취재하고 있었고 일반 소비자들은 486처럼 강력한 성능의 개인용 컴퓨터가 필요한지 의구심을 보인다. 지금도 자신들이 원하는 바를 충실히 이행하는 386 모델을 사용하면서 돈을 아끼는데, 굳이 상급 모델을 구매해야 할까?

인텔은 아마도 당시 능력을 과신하고 너무 앞서갔는지도 모른다. 새롭게 출시되는 메모리칩은 언제나 약간의 오작동을 보여준다. 그리고 메모리칩이 갖는 특성을 고려할 때 이 오작동이 놀라운 일은 아니었다. 그러나 초기 80486 모델이 이상하게 높은 수준의 오작동을 보여주고 응용 소프트웨어가 예상치 이상으로 버그를 보여준다고 언론들이 보도하기 시작한다. 이와 같은 뉴스는 이 제품을 새해에 구입하려던 수많은 소비자들을 멈추게 만든다. 그리고 초기 486 모델에서 발견되던 오작동이 사실임이 드러나자 인텔은 이와 같은 문제에 동의를 하고 모든 제품을 교환해 준다. 이번만은 시장은 이와 같은 실수를 모두 이해해 준다.

이 사건은 인텔에게 혼란을 주는 일이었다. 여기 인텔은 가장 뛰어난 첨단 기술을 이용해 세상에서 가장 중요한 마이크로프로세서의 가장 가치 있는 후속 제품을 선보였지만 컴퓨터를 만드는 기업들이나 소비자들은 과연 자신들이 이런 고성능을 원하고 필요로 하는지 의문을 표시한 것이다. 처음 286 모델이 386 모델로 바뀌면서 이러한 소비자와 제조사의 반응이 약간 있었기는 했지만 이번에는 모든 시장과 모든 산업 분야에서 전방위를 통해 이러한 반응을 보였기 때문이었다. 여전히 시장은 개인용 컴퓨터를 구매하려는 열기와 386 모델의 기세로 인해 인텔을 계속 전진하도록 만들었다. 1989년 10월, 인텔은 최초로 10억 달러의 매출을 한 분기에 올린다. 그리고 1990년, 매출이 40억 달러에 조금 못 미치며 정점에 달한다. 회사는 또한 조직을 재구성한다. 90년대 중반 인텔에게 5억 달러 규모의 사업이었던 플래시 메모리 사업은 1992년 4월이 되자 인텔에게 가치 있는 분야로 올라서게 되고 인텔은 EPROM 사업에서 철수한다고 발표한다. 이 발표는 인텔이 1970년대 메모리 사업에 진출하던 때와 완전히 다른 사업을 하게 됨을 뜻했다. 한편 캘리포니아 주는 팔로 알토 지역을 밥 노이스가 집적회로를 발명한 일을 기념하여 천 번째 역사적 기념 장소로서 지정한다.

49장
인텔 인사이드

  인텔은 전자 산업계에서 가장 혁신적인 반도체 기업으로 오랫동안 명성을 유지했다. 그러나 앞서 언급했듯이 현실은 그다지 화려하지 않았다. 몇몇 경우에 인텔이 설계한 최신 마이크로프로세서는 모토롤라, 자이로그 그리고 일부의 회사가 제작한 마이크로프로세서에게 성능에서 뒤처지는 경우도 있었다. 그럼에도 인텔에서 수십 년 동안 이어진 혁신은 이제 반도체 산업에서 경쟁자를 찾을 수 없게 만든다.

  그러나 인텔이 최고로 군림하던 때에도 전자 산업의 역사 속에서 애플에 이어 2인자로밖에 얻지 못한 명성이 있었는데 바로 '마케팅' 분야였다. 그러나 1990년대 들면서 인텔은 세상에서 가장 혁신성이 가미된 마케팅 전략을 구사하는 기업의 인상을 만들어낸다.

  이와 같은 일은 하루아침에 이루어지지 않았다. 인텔은 본질상 기술 기업이었으며 컴퓨터 부품을 제조하는 회사였기 때문이었다. 제품의 성능 사양에 따라 경쟁력을 가지고 거의 모두 다른 전자 산업체에 팔리거나 자동차 기업과 같은 다른 제조업의 부서에 팔리기 때문에 인텔이 최신 제품을 카탈로그에서 수정하거나 가끔 산업 관련 언론에 공장을 배경으로 커다랗게 과장된 반도체 사진을 올리거나, 군사 무기 광고 안에 반도체 칩을 놓거나, 혹은 가장 뽐내는 모습의 광고로 아름다운 아가씨가 얼굴 가까이에 메모리칩을 든 광고를 올리는 경우를 제외하고는 마케팅 분야를 중시하지 않았다. 몇 가지 사례를 제외하고는 반도체 분야의 광고는 60년대 중반 이후로 거의 변하지 않았다.

1980년대가 되자 소비자에게 직접 제품을 판매하는 전자 제품 기업들이 소비자 광고 시장에서 실험을 한다. 대표적인 예가 가장 유명한 애플의 1984년 매킨토시 광고로 아마도 상업 광고 역사에서 가장 유명한 광고일지도 모른다. 그리고 IBM도 Little Tramp PC 광고를 실험한다.

인텔의 광고 정책에 깊숙히 관여해 왔던 레지스 맥케나에게 영향을 받는 인텔도 혁신의 인상을 광고하려고 새로운 시도를 한다. 이러한 시도로서 시행한 인텔의 광고는 단색으로 채색된 우아한 남성들과 여성들이 마치 패션 잡지 광고와 같은 인상을 전달했다. 이 광고는 실리콘 웨이퍼와 바이너리 코드(binary code)의 세계인 반도체 산업과 너무나 어울리지 않았고 소비자들은 그들이 말하고자 하는 바를 이해하지 못했다. 마치 전자 산업 관련 잡지 IEEE 스펙트럼(IEEE Spectrum)에 패션잡지 보그(Vogue)에서 피난 온 듯하던 이 광고를 본 컴퓨터광들과 전자 산업 기술자들은 컴퓨터 공구함을 들고 혼란스러움에 그저 머리를 긁적일 뿐이었다.

시청자들에게 인텔이 잠시 제정신을 잃은 것이 아닌가하는 의구심만을 만들고 호기심만 가득 이끌었을 뿐 이 광고는 실패작이 되었다. 그럼에도 이 '보그(Vogue) 잡지같은' 광고는 기존 반도체 시장의 광고 패러다임을 흔들게 되고 인텔이 세상 밖으로 위험을 감수하겠다는 의지를 알린다. 그러면서 1989년 인텔이 다시 한번 급격하고 파격의 새로운 광고 전략을 들고 세상에 나타나자 잠들어 있던 기술 산업의 마케팅 분야는 놀라움에 믿기지 않는 듯한 표정을 짓는다.

이 광고 전략은 레드 엑스(RED X)라고 불리는 전략이었고 인텔의 초조함을 드러내는 결과물이었다. 앞서 언급했듯이 인텔이 내놓은 486 모델은 정말 고사양의 마이크로프로세서가 필요한지 의구심을 갖는 잠재 고객들로 인해 호응을 얻지 못했다. 그러나 이러한 호응이 없는 분위기는 이미 386 모델로 넘어가는 과정에서 나타나기 시작했다. 이미 그 당시에 컴퓨터를 워드 프로세서나 방대하지 않은 자료를 취급하는 스프레드시트 이상으로는 사용하지 않던 고객이나 시장의 수요자들에게 그렇게 강력한 중앙 처리 장치를 사용하는 컴퓨터가 필요한지는 계속되는 의문이었다.

이러한 상황을 인텔은 레드 엑스 광고 전략으로 대응한다. 이 광고가 전달하고자 하는 바는 단순했지만 뇌리에 강하게 남는 것이었다. 이 광고는 잡지의 한 페이지를 가득 채우는 것으로 광고 내용에는 페인트 스프레이로 커다랗게 레드 엑스(red x)가 낙서된 286이라는 블록체 숫자만이 덩그러니 놓여져 있었다. 그리고 광고 페이지의 하단 오른쪽에 인텔의 로고가 그려져 있어 인텔의 경쟁사가 인텔을 공격하는 광고가 아니라 인텔 광고라는 단서를 제시한다.[1]

이 광고는 데니스 카터(Dennis Carter) 인텔 기업 마케팅 그룹 부회장이 주도한 것으로 정체된 시장 상황을 깨려고 시작한 광고였다. "인텔의 386 모델은 성공적인 제품이었습니다. 그러나 이 제품은 첨단 기술 시장에서 늘 같은 제품이었습니다. 시장은 정체되어 있었고 사람들은 286 모델이 자신들이 필요로 하는 모든 것을 해준다고 생각했습니다. 곧 윈도우 3.0 버전이 출시될 예정이었고 이는 사람들에게 32비트 마이크로프로세서를 사용해야 할 이유를 제공했지만 아직은 사람들에게 확신을 주지 못했습니다. 따라서 우리는 인텔 386 SX 중앙 처리 장치 모델이 32비트 시장으로 진입하기에 적절한 방법이라는 확신을 고객들에게 전달할 극적인 전략이 필요했습니다."[2]

그러나 아무리 인텔이 이 메시지를 세상에 전달하려고 애를 쓴다고 해도 첨단 기술 마케팅 시장에서 새로운 대체품을 촉진하려고 수익성이 좋은 기존 제품 생산을 줄이는 것은 금기시 되는 일이었다. 불과 몇 년 전에 언론 발표회에서 아담 오스본(Adam Osborne)이 새로운 개념의 휴대용 컴퓨터를 시장에 선보인다. 그리고 시장으로부터 확실한 반응을 받지 못하자 칠판에 기존의 컴퓨터를 대체할 아직 개념만이 그려진 미래의 제품 이야기를 계속한다. 그러나 그 과정에서 아담 오스본은 기존의 자사 제품을 사장시킬뿐만 아니라 회사를 사라지게 만든다.

이제 카터가 하는 일은 마치 앞서 말한 일과 같아 보였다. 그것도 틈새시장을 노리는 제품이 아니라 기존 시장에서 가장 인기가 좋은 마이크로프로세서일뿐만 아니라 인텔 수익의 절반에 해당하는 3억 달러 가치의 수익을 내는 제품이었다. 마이크로프로세서 광고를 패션 잡지 광고처럼 한 것으로 충분히 파격에 가까운 일이었지만 차세대 제품 판매를 촉진하려고 기존의 자사 대표 제품을 깎아내리는 전략은 거의 자살 행위나 다름없는 일이었다.

앤디 그루브나 카터 두 사람 모두 이 위험성을 이해하지 못하는 바는 아니었다. 카터는 당시를 이렇게 말한다. "사람들이 광고를 이해하지 못한다면 이 광고가 우리에게 상처를 줄지도 모른다는 사실에 우리도 우려가 있었습니다. 286 모델을 폄하하는 레드 엑스 광고 전략은 혼란스럽도록 많은 광고들을 뚫고 확실히 대중의 이목을 받으려고 기획되었습니다. 그러나 사람들이 386 모델로 넘어가지 않는다면 자칫하면 286 모델을 완전히 사장할지도 모르는 일이었습니다. 데이브 하우스(Dave House) 부사장은 이 전략을 '우리의 아이를 잡아먹는 (eating our Baby)' 전략이라고 부른다.3

게다가 광고의 목적과 더불어 광고를 실을 분야를 업계 관련 전문지가 아닌 일반 대중지를 선택한 것은 인텔이 단순히 고객에게 접근하려고 광고를 한 것이 아니라 고객(컴퓨터 제조사)의 고객, 즉 소비자에게 접근하기 위함이었음이 드러난다. 이와 같은 광고 전략은 전자 부품 산업계에서 한번도 시도된 적이 없는 것이었다. 더군다나 제조사를 우회해서 소비자에게 반응을 얻는다는 생각이 명확하지 못했다.

카터는 다음과 같이 말한다. "우리는 주문자 생산 방식으로 부품을 만들어 마케팅을 하는 것이 아니라 컴퓨터를 구매하는 소비자에게 처음으로 직접 이야기했습니다. 그리고 우리 부품을 주문하는 회사들이 어떻게 반응할지 확신하지 못했습니다."4

인텔은 커다란 기회를 잡으려 했다. 그러나 감당해야 하는 위험이 너무나 커 보였다. 그래서 레드 엑스 광고 전략을 전국으로 실시하기 전에 인텔은 시험 삼아 이 광고를 덴버(Denver) 지역과 콜로라도(Colorado) 지역에서 실시한다(이 지역은 공교롭게도 HP 사업부가 가까이 위치한 곳이었고, 개인용 컴퓨터 사용자가 많은 지역이었다). 다행이 결과가 긍정적으로 나오고 앤디 그루브는 광고를 전국으로 확대하도록 지시한다. 그렇게 지시를 내리면서 고든 무어에게 쪽지를 보내 다음과 같이 말한다. "이번 광고는 상상력이 풍부하고 현명하기까지 해 충격입니다. 그러나 동시에 대담하면서 공격성이 강하기도 합니다. 이번 광고는 공평한 제3자 편에서 조언을 해 준 겔바하를 포함하여 마케팅 분야의 최고 권위자들로부터 찬사를 받았습니다. 물론 당신이 이 광고를 싫어할 것이라 예상합니다."[5]

고든 무어가 싫어했는지 좋아했는지는 알 수 없지만 무어는 광고 집행에 서명한다. 그리고 레드엑스 광고 전략은 커다란 성공을 거두고, 386 모델은 순항한다. 오래지 않아 소비자들은 개인용 컴퓨터를 부를 때 마치 브랜드 명처럼 386 모델을 컴퓨터에 자연스럽게 사용한다. 거대한 기업이 자신들의 경험으로부터 실제로 무엇을 배우는 일이 좀처럼 쉽지 않은 환경에서 인텔은 레드 엑스 광고 전략에서 중요한 교훈 두 가지를 얻는다. 첫째, 정보가 가득 찬 실무 접근 방식의 반도체 산업 광고는 더 이상 유효하지 않다는 사실이었다. 이제는 고급 소비자 관련 산업만큼이나 영리하고 세련된 광고를 반도체 산업 분야에서도 전략으로 구사하는 것이 가능해 진 것이다.

둘째, 반도체를 제조하고 공급하는 업체들이 이제 더 이상 상업 및 산업 고객을 대상으로 마케팅을 하는 것이 아니라 중간 매개가 되는 제조사들을 우회하여 회사의 이야기를 최종 소비자에게 직접 하는 일이 가능했고 이에 따라 브랜드 충성도가 높아지고 결국 최종 소비자들이 구입한 전자 제품 안에 인텔의 부품이 사용되었는지 살펴본다는 사실이었다.

이제 1991년이 되자 인텔은 이전과 마찬가지로 386 모델을 대체할 제품 발송을 준비했고 486 모델은 사양을 높이는 일의 필요성을 적게 느끼는 소비자들로부터 받는 저항으로 판매에 어려움을 겪는다. 더욱 상황이 나빴던 것은 AMD

가 마침내 자신들만의 386 복제품을 만들어 내기 시작했다는 사실이었다. 마이크로프로세서 리포트(Microprocessor Report)에서는 이 AMD의 성공을 다음과 같이 표현한다. "가장 가치 있는 마이크로프로세서 시장의 독점이 이제 끝나려 한다." 그리고 2년이 지나자 AMD는 보다 저렴하고 보다 강력한 성능을 지닌 마이크로프로세서를 만들어 386 모델 시장에서 50% 이상의 시장 점유율을 차지한다. 인텔은 서둘러 486 모델 시장을 형성해야 했으며 그렇지 못할 경우는 상상하기 싫은 상황을 나타날 것이 명확했다.

카터는 레드 엑스 광고의 교훈을 잊지 않았다. 그리고 이번에는 보다 영리하고 세련된 버전을 만들어 낸다. 이 전략은 인텔 마이크로프로세서가 컴퓨터와 컴퓨터 제조사 상표 자체보다 사람들에게 더 중요하게 고려 되도록 만든다. 카터는 자신이 원하는 바를 이해할 광고 대행사를 찾기 시작한다. 그리고 이 대행사를 뜻하지 않은 곳인 솔트 레이크 시티(Salt Lake City)에 위치한 곳에서 찾는다. 그 대행사는 달린 스미스 화이트 광고회사(Dahlin Smith White Advertising)였다. 카터는 광고 대행사에 다음과 같이 자신이 원하는 바를 전달한다. "우리가 원하는 바는 다음과 같습니다. 우리는 컴퓨터 자체보다 마이크로프로세서가 눈에 띄도록 만들고 싶습니다. 이 일은 중요합니다. 마이크로프로세서는 눈에 띄지 않습니다. 그래서 사람들은 이 존재를 잘 모릅니다. 더군다나 그들은 인텔을 잘 모릅니다. 어떻게 해야 이 문제를 해결할까요?"6

바로 이 결과가 '인텔 인사이드(Intel Inside)'였다. '인텔 인사이드'는 기업 역사에서 가장 성공한 광고 전략 중에 하나가 된다. 이 광고가 시작되었을 때 인텔은 아직도 거의 전자 부품을 제조하는 기업으로 각인되었고 아마도 한때 밥 노이스가 경영한 회사 정도로 알려졌을 뿐이었다. 그렇게 한 시대가 지나가는 9년이라는 시간이 지나고, '인텔 인사이드' 광고 덕분에 브랜드 조사 기관에 따르면 인텔은 코카콜라에 이어 세계에서 두 번째로 가장 유명한 브랜드가 된다. 기업 역사에 남을 성취였고 몇 세대에 한 번 나올까 말까 한 성공이었다.

이 전략이 인텔의 일본 지사에서 사용한 광고 문구인 '인텔 인 잍(Intel in It)'

에서 나왔다는 소문이 있었지만 사실은 이 문구도 카터와 광고 대행사 파트너 존 화이트(John White)가 기획한 "인텔: 컴퓨터 인사이드(Intel: The Computer Inside)"를 편집한 것에서 나왔다. 이 전설이 된 상표는 휙 손으로 돌린 듯한 동그라미 안에 소문자로 인텔 인사이드가 있고, 무엇보다도 인텔(intel) 철자에서 e를 의도적으로 단어의 줄보다 아래에 위치시킨다. 이 이름은 앤디 그루브의 감독하에 스티브 그릭(Steve Grigg) 광고 대행 예술 감독이 창작한 것으로 소비자에게 보다 친근한 인상을 주고 기업의 인상과 공식 느낌이 아닌 일상의 느낌을 전달하려는 의도가 있었다.

카터는 다시 한번 광고 시안을 최고 경영진에게 가져간다. 처음에 모두가 이 광고 시안을 보고 믿으려 들지 않았다. "이건 미친 짓이에요. 카터, 무얼 하려는 거죠? 이건 바보 같은 짓입니다." 어느 수석 경영자는 레드 엑스의 성공에도 여전히 의구심을 가졌다. "컴퓨터 제조사들이 도대체 무슨 이유로 이러한 광고에 참여하려 들겠습니까?"

그러자 다시 한번 앤디 그루브가 앞장선다. 그리고 그가 생각하기에 "이 광고 전략은 천재적이어서 카터는 다시 한번 해낼 것입니다."라며 광고 전략을 옹호한다. 그렇게 인텔 인사이드는 이제 지금까지 이어지는 광고 전략이 되었다. 그리고 이 기간 동안 인텔은 이 광고 전략에 약 5억 달러의 자금을 투입한다. 이 자금은 거의 프록터 앤 겜블(Procter and Gamble)이나 제너럴 모터스(General Motors)의 광고 예산에 버금가는 금액으로 전자 산업계에 전례가 없던 일이었다. 이 광고 전략은 IBM의 '리틀 트램프(Little Tramp)' 광고를 난쟁이로 만들어 버릴 정도였다.

인텔 인사이드 광고를 결정하던 시절로 돌아가면 그 당시 큰 목소리로 이 정책을 반대할 것 같던 앤디 그루브가 반대로 마치 밥 노이스처럼 행동한 점이 두드러진다. 타고난 직감으로 다른 부하들의 반대를 무릅쓰고 실패한다면 회사의 재정에 크나큰 상처를 주었을지도 모르고 회사를 웃음거리로 만들고 소비자로부터 외면을 받았을지도 모르는 커다란 위험을 안고 모험을 하려고 도박을 한 것이다. 그루브는 제한된 정보와 전례만으로 그와 같은 결정을 내렸고 그저 작은 예산을 가지고 반도체 산업계가 하던 기존의 광고에 쉽게 안주할 수도 있었다.

그러나 밥 노이스가 마이크로프로세서를 만들기로 결정했을 때처럼 앤디 그루브는 그저 시장 점유율을 조금 더 올리는 것으로 만족하지 않았다. 그루브는 시장을 휩쓸고 싶어 했으며 역사에 남을 승리를 통해서 시장에서 경쟁자들이 돌아올 수 없도록 그리고 어떻게 경쟁해야 할지 알 수 없도록 단절을 만들어 낼 큰 승리를 원했다. 그런 승리가 바로 밥 노이스가 했던 일이고 지금 앤디 그루브가 해낸 일이었다. 경쟁자들이 전자 제품을 파는 상가에 들려서 선반에 나열된 개인용 컴퓨터를 보았을 때 컴퓨터에 멋지게 장식처럼 붙은 인텔 인사이드 스티커를 보고 또 텔레비전 황금 시간대에 인텔의 로고 광고를 끊임없이 보게 될 때 그들은 경쟁이 끝났음을 알게 되었다. 경쟁사들은 짧은 시간이나마 최신 설계로 만든 마이크로프로세서를 가지고 시장 점유율을 조금 빼앗아 갈지 몰라도 결국엔 모든 경쟁은 이미 끝이 난 상황이었다. 지금부터 앞으로 예측 가능한 미래까지 인텔은 마이크로프로세서 시장에서 승리한 것이다.

인텔 내부에서 '인텔 인사이드'라는 마케팅이 지금까지 그들이 해온 일을 설명하기에는 너무 간단하고 쉽게 보이는 듯했다. 오랜 시간 동안 마이크로프로세서 시장에서 선두 자리를 지키려고 사투를 벌였고 희생을 무릅쓰고 돌진해 온 모든 것이 인텔이 엄청난 자금을 쏟아 부은 파격의 스티커 한 장에 단 두 단어로 압축되어 있었다. 분명히 이와 같은 모든 성공은 25년여에 걸친 기술 혁신과 제품이 없었다면 불가능했을 것이다. 그러나 이 얼마나 극적인 반전이란 말인가. 인텔은 지성(intelligence)이라는 단어에서 이름이 지어졌고, 고집스럽게 기술에 집착한 전설 같은 과학자들이 세웠다. 그리고 이제 마이크로프로세서라는 이름과 동의어처럼 알려졌다. 적어도 한 동안은 인텔의 직원들 자녀가 학교에서 부모님이 어떤 일을 하고 계신지 마침내 이해하게 된 점도 좋은 점이라 할 것이다. 클린 룸에서 정전기 방지 복장을 한 모습에서 사람들의 상상이 벗어나지 못하고 계속 되는 것은 유감이지만 말이다.

　여전히 인텔 인사이드 광고 전략은 훌륭하게 진행된다. 그리고 완전히 새
로운 한 세대의 마이크로프로세서를 만드는 비용과 비교한다면 이 광고 전략
은 횡재와 다름없었다. 1993년까지 이 광고가 나간 2년 사이에 파이낸셜 월드
(Financial World)잡지에서는 인텔을 세상에서 세 번째로 가치 있는 브랜드로
선정한다. 그러나 인텔 인사이드 광고 전략의 진정한 대가를 치루기까지는 1년
이라는 시간이 더 흘러야 했다.

50장
연결된 세상

인텔 인사이드 광고 전략이 전자 산업 분야에서 매우 성공한 사례였을지 모르지만 전자 업계에 밀려오던 거대한 신기술의 물결에 비하면 아주 작은 일이었다. 그 거대한 물결은 바로 인터넷이었다. 인터넷이 세상에 알려진 것은 이미 오래전 일이었다. 1960년대 초, 랜드(RAND) 연구소의 과학자 폴 바랜(Paul Baran)이 유선으로 메시지를 분할하여 전송하는 기술인 패킷 스위칭(packet switching)을 발명한다. 그리고 마이크로프로세서와 함께 기술 분야에서 '경이로운 해'인 1969년, 인터넷이 '발명'된다. 이 새로운 기술로 메시지를 전송하는 일은 공교롭게도 페데리코 패긴이 연구소에서 인텔 4004 모델을 설계하던 순간과 거의 일치한다. 그러나 초기에 이 기술은 첨단 연구 프로젝트 협회(ARPA: Advance Research Project Agency)와 국방부 연구소(DoD: Department of Defense)가 주도하는 미국 국방부의 사업이었고 국방부 연구소와 대학 연구소 간의 국방 및 항공 계약건을 쉽게 통신으로 주고받으려고 설계되었다. 그리고 국방용 비밀 연구 자료를 대용량으로 빠르게 전송하려는 사업이었다. 정부의 업무로부터 충분히 예상되었던 바처럼 초기 이 첨단 연구 협회 전산망(ARPANET)은 편의성이 아닌 효율을 위해 만들어졌기에 사용하기 까다로웠다.

그로부터 이어지는 10여 년 동안 첨단 연구 협회 전산망(ARPANET)은 국방 첨단 연구 협회 전산망(DARPANET: defence라는 단어가 앞에 추가 약자로 붙어)으로 계속해서 규모가 커지고 점점 더 정교해진다. 그리고 개인용 컴퓨터 시장이 활발해지기 시작하던 해인 1982년에 첨단 연구 협회 전산망(ARPANET)의 표준 통신 규약(TCP/IP)이 만들어지고 세상의 다른 전산망과 상호 연결되도록 망이 공개되면서 결정적인 돌파구가 마련된다.

이렇게 현재의 인터넷이 시작된 것이다. 그리고 1980년대가 끝나갈 무렵 국립 과학 협회(National Science Association)의 도움으로 수백 개에서 수천 개의 개인 사이트가 만들어지기 시작한다. 이 사이트들은 당시 주로 채팅용이거나 게시판이 주류였다. 그리고 여전히 인터넷에 접속하는 일은 쉬운 일이 아니었기 때문에 참여자는 제한적이었다. 게다가 검색 과정이 힘들었다.

이러한 장애물들이 1989년을 기점으로 사라진다. 스위스에 위치한 유럽 원자핵 공동 연구소(CERN)의 팀 버너스(Tim Berners)와 리(Lee)가 같은 통신 규약(protocol)을 이용하여 전 세계에 퍼진 컴퓨터들이 인터넷에 연결되도록 방법을 찾아낸다. 그 결과가 바로 월드 와이드 웹(World Wide Web)이었다. 그리고 그때부터 수백만의 사람들이 자신의 집이나 사무실에서 컴퓨터를 이용하여 인터넷에 접속하고 이전에는 결코 불가능했던 정보와 소식을 접한다.

그러나 초창기 웹은 즐거움만큼이나 좌절감도 크게 가져다주었다. 웹은 사람들의 접속을 용이하게 해주었고 접속이 가능한 사람들에게는 대단한 일이었지만 웹 안을 들여다보는 일은 마치 주소와 거리명이 없는 바쁜 대도시 안에 있는 것과 같았다. 유일한 방향은 대게 종이조각에 적어둔 아주 긴 주소(URL)였고 매번 다시 입력을 해야 했다. 이렇게 초기 월드 와이드 웹은 거의 무한한 세계처럼 보였지만(지금에 비교하면 아주 작은 부분에 불과함에도), 그 안에서 겪는 경험은 제한되고 화가 날 만큼 짜증나는 일이었다.

1993년, 인텔이 차세대 마이크로프로세서인 486 모델을 세상에 선보이려던 시점과 거의 일치하여 웹이 변화한다. 그 해 어바나-샴페인(Urbana-Champaign) 지역에 위치한 일리노이즈 대학(University of Illinois)에서 석사 과정을 밟던 마크 안드레슨(Marc Andreessen)이라는 천재 학생이 이끄는 연구원들이 웹 검색을 위한 새롭고 직관적인 화면 조작 환경(graphic interface)의 소프트웨어를 개발한다. 바로 모자익(Mosaic)이라 불리는 브라우저였다. 해가 지나고 모자익은 이름을 네비게이터(Navigator)로 바꾼다. 이 브라우저는 과거 페어차일드의 공장이 있던 마운틴 뷰 지역 근처에서 안드레슨이 동업자와 함께 만든 넷스케이프(Netscape)라 불리는 새로운 회사의 소프트웨어가 된다. 보통 사람들에게 인터넷을 열어준 진정한 첫 소프트웨어가 바로 이 넷스케이프의 네비게이터(Navigator)였다. 이제 수백만 개의 웹 사이트를 전화번호나 이름으로 쉽게 검색할 수 있게 되었고, 4년 후에는 구글(Google Inc.)이 등장한다. 그리고 이 소프트웨어는 웹에서 검색 시장을 지배하는 도구가 된다. 사람들은 이제 목적을 가지고 검색을 하는 것이 아닌 종잡을 수 없는 상상을 따라 '검색(surfed)'을 하게 된 것이었다.

이와 같은 인터넷의 물결이 인텔에 미친 가장 큰 영향은 마침내 많은 사람들이 개인용 컴퓨터를 구매하도록 결심하게 하고 이미 개인용 컴퓨터가 있는 사람들이 사양을 높이도록 했다는 점이다. 다소 불분명한 점은 십여 년 후 이베이(eBay)나 아마존(Amazon) 같은 사이트들의 성장과 함께 인터넷이 개발 도상국가들의 흥미를 이끌어냈다는 점이다. 시장 선도자들은 전 세계의 시장을 확보하려고 서로 앞을 다투어 인터넷 상점과 카페를 개설하였고 수억 명에 이르는 사람들은 무어의 법칙이 컴퓨터 칩을 그들이 그와 같은 활동을 할 만큼 가격이 내려가도록 만들기를 간절하게 기다려야 했다.

이와 같은 새로운 현상의 확산은 반도체 산업에 중대한 의미를 지니고 특히 마이크로프로세서의 기준을 세워 가던 인텔에게는 더욱 큰 의미를 지녔다. 그때까지 소비자들은 다음 세대의 프로세서로 사양을 올리도록 종종 어떤 구체적인 혜택이 있다는 어떤 증거가 없더라도 구매 확신을 심어 주어야 했다. 바로 그 일이 레드 엑스 광고 전략의 모든 것이었고 어떤 점에서는 인텔 인사이드의 광고 전략에도 같은 이유가 있었다.

그런데 인터넷 시대의 도래는 모든 것을 바꾸어 놓았다. 특별히 오프라인 상점과 달리 소비자들은 상품을 만져볼 수도, 동작을 시켜 볼 수도 없기 때문에 점점 증가하는 인터넷 소매상들은 상품을 더 팔려고 사이트를 남들보다 더 돋보이게 만들려는 동기 부여가 생겼다. 주로 오랫동안 인쇄물처럼 사진을 추가하는 광고를 바탕으로 했던 줄임말로 이-커머스(e-commerce) 사이트들은 이제 소리와 동영상을 광고에 활용하기 시작했고, 고객이 경험할 부분을 넓혀 주는 일이 가능했다. 그리고 소비자들은 컴퓨터의 사양을 높여야만 그러한 경험들을 즐기는 일이 가능했다. 그리고 그렇게 90년대가 지나면서 놀라운 변화가 일어난다. 과거에 컴퓨터의 사양을 높이는 일에 저항감을 가졌던 소비자들이 이제는 컴퓨터 사양을 높이는 일을 더욱 광범위하게 요구하고 그 주기도 더욱 빨라진 것이다. 이러한 소비자 수요의 탈바꿈은 인텔에게 더할 나위 없는 기회였다.

그 후 일어나는 일들은 아무도 예상하지 못한 결과였다. 90년대 기간 동안 반도체 산업을 규정하고 25년 동안 지속되던 4년 주기의 불황이 멈춘 것이다. 물론 주기가 없었던 것은 아니다. 사실 자세히 들여다보면 이 불황의 주기는 1992년과 1996년에 예상했던 대로 반도체 산업이 하강기에 접어들도록 영향을 준다. 단지 인터넷이 보여준 역사에 남을 성장이 반도체 산업의 호황과 불황기를 압도했을 뿐이었고 거의 10년 동안을 긴 상향 곡선의 방향으로 보이도록 그림자를 드리웠을 뿐이었다.

1991년, 인텔은 48억 달러의 매출을 올린다. 1992년에는 예측대로라면 수요가 줄어야 했는데 매출은 56억 달러로 상승한다. 같은 해 시장 조사 기관인 데이타퀘스트(Dataquest)에 의하면 인텔은 세상에서 가장 큰 반도체 회사가 되고 너무 많은 현금을 보유해서 전자 산업계와 실리콘밸리가 갖고 있던 전례를 모두 깬다. 그리고 처음으로 주식 분할을 공표한다. 인텔이 주식을 분할하자마자 주당 10센트가 바로 상승한다. 이 시점에서 인텔의 설립 당시에 주식을 구입했던 직원들은 각 주식이 주식 분할 덕분에 38주로 늘어나는 것을 보게 되고 투자된 1달러가 60달러 이상의 가치로 상승하는 것을 보았을 것이다.

그러나 시작에 불과했다. 인터넷의 성장 덕분에 1992년 시작과 함께 인텔의 성장 궤적은 기존의 어느 산업 분야보다도 강인한 인상을 남기며 상향으로 치

달으며 회사 스스로도 감당 못할 정도로 치솟는다. 이러한 상승 추세는 멈추지 않았고 인텔은 4년 동안 고공 행진을 거듭하여 약 60억 달러의 규모에서 160억 달러까지 매출이 상승한다. 그리고 2000년에는 337억 달러의 매출을 올린다.

이 기록은 그동안 대규모의 기업의 이룩했던 어느 성장보다도 빠른 것이었다. 성장 관리가 CEO의 능력 중에 가장 과소평가되는 것이라면 몇 십억 달러 규모의 기업이 보이는 급성장 관리 능력은 아마도 가장 드문 능력 중에 하나일 것이다. 매년 인텔은 그 크기가 놀라운 속도로 커지며 포춘 1000대 기업 명단의 맨 하단에 위치한 회사의 전체 직원을 구성하는 직원 수보다 많은 직원을 고용한다. 그리고 똑같은 증가세를 다음 해에도 또 그 다음 해에도 선보인다. 하나의 의사 결정이 중간 규모의 나라 GDP에 육박하는 이익을 남길지도 아니면 손해를 볼지도 모르는 일이었고, 수많은 직원들과 그들의 가족과 수백만의 소비자에게 영향을 미칠지도 모르는 일이었다.

이와 같이 대기업의 최고 자리에서 최고 경영자는 회사가 시작했던 시기나 작은 규모였던 시절에는 알지 못했던 새로운 형태의 도전에 직면한다. 예를 들어 열 손가락 안에 드는 투자자들을 관리하다가 이제는 백만 명 단위의 주주들을 관리해야 한다. 그리고 최고 경영자의 말 한 마디는 회사의 주식 가치에 직접 영향을 미치게 될뿐만 아니라 전체 주식 시장과 더 나아가 한 나라의 경제까지도 영향을 미친다. 외부와 상대적으로 고립되어 운영되던 회사가 이제는 국가의 경제 건전성의 '지표'가 된다. 그리고 불가피하게 그러한 성공을 따르고 싶어 하는 정부가 관심을 가지고 그 회사의 권력을 통제하면서 회사가 거두어 들이는 수익 일부(세금)를 가져간다.

가장 중요하고 은밀한 것으로 이러한 종류의 성공은 회사 직원들, 경쟁자, 고객 그리고 정부의 기대를 바꾸어 놓는다. 이러한 기대는 너무 빨리 바뀌기 때문에 회사가 방심할 때 기습을 당할지도 모르며 회사는 더 이상 갖지 않게 된 과거의 인상을 여전히 가졌다고 착각할지도 모른다.

그러한 기대의 변화가 1990년 상반기에 인텔에서도 발생한다. 앤디를 포함하여 인텔은 자신들을 여전히 십여 년이 넘게 자신만의 길을 만들며 생존을 위해 용감하게 사투를 벌이는 씩씩한 작은 회사로 생각했다(그리고 창업자 중 한 명을 그렇게 저 세상으로 보냈고). 철저한 원칙하에 자신들만의 기술로 무장하고, 믿기 힘든 희생을 치루며, 목숨을 걸고 무어의 법칙을 사수하여 경쟁자들을 물리치고 승리를 거둔 모습으로 인식했다. 이제 전장에 홀로 서서 승리에 보상을 받는 것이 당연하다고 여겼다. 특히 기술 분야에 종사하는 사람들이 모두 잘 알듯이 이 분야에서 승리는 매우 짧다. 머지않아 분명히 새로운 도전이 나타날 것이고 누가 승리의 왕관을 차지하게 될지는 아무도 알 수 없는 일이었다. 인텔이 차지한 최고의 자리를 대신 차지할 자가 누구이든지 간에 결코 인텔만큼 자비롭지 않을 것이다. 인텔은 고객사를 가족처럼 대했고 그들이 보여주는 충성도에 보답했다.

그러나 인텔의 고객사와 소비자들은 인텔을 전혀 다르게 바라보았다. 그들은 인텔을 거대하고 자신들이 대항할 수 없는 불가항력의 존재인 수십억 달러 규모의 거대 공룡 기업으로 보았으며 놀라운 속도로 현대 사회의 중추 역할을 하는 기술 시장을 독점하여 잠식하는 괴물로 보았다.

거대한 자금과 수많은 인재들로 가득 찬 인텔은 언제든 마음만 먹으면 자신들이 공급하는 완성품 업체 시장과 유통 시장도 언제든지 장악할 듯 보였다. 말하자면 자신들만의 개인용 컴퓨터를 만들거나 자신들이 직접 반도체 제조 설비를 만들고 경쟁자들을 시장에서 몰아낼 것만 같았던 것이다. 마이크로소프트가 윈도우에 익스플로러 웹 브라우저를 묶음 상품으로 팔아 넷스케이프를 고사시켰듯이 말 그대로 인텔은 다른 거대 기업처럼 포식자의 위치에 있었다. 그리고 인텔은 자신들의 유리함을 살려 기업 세계에서 거칠게 상대방을 다루는 법을 알았다. 인텔은 최신 반도체 칩을 가장 큰 기업이 아닌 가장 인텔과의 거래에 충성도가 높은 기업에게 먼저 공급하여 그 예를 만든다. 이 기준은 하나의 곤봉 같은 역할이었다. 경쟁사가 없다면 인텔은 칩 가격을 마음대로 올리는 일도 가능한 상황이었다. 그리고 공급이 수요를 맞추지 못할 때(결국 각 x86 세대가 나올 때마다 그랬지만), 한 고객이 어쩔 수없이 사업을 유지하려고 타 경쟁사의 복제 칩을 구입했다는 사실을 인텔이 안다면 그 고객은 열외 대상이 되었고 공급 목록에서 가장 아래에 위치하게 되었다. 이러한 인텔의 정책이 왜 기업 고객들이 비밀스럽게 그러나 절대 언급하지 않으면서 AMD가 인텔과의 소송에서 이기고 x86 제품군이 계속해서 2차 공급 업체를 가지기 바란 이유이기도 했다.

한편 소비자에게 인텔은 직원들이 토끼 인형 복장 모양을 연상하게 하는 제조용 방진복을 입고 장난스럽게 춤을 추는 행복한 전자 회사였고 컴퓨터 앞에 붙은 친근한 인텔 스티커는 복잡한 컴퓨터 안의 모든 것들이 완벽하게 기능을 발휘하고 사용자들을 믿기 어려운 인터넷의 세계로 안내하는 일을 보장해 주는 보증수표와 같은 역할을 하는 존재였다.

회사가 가지는 인상과 그 회사와 전략 관계를 맺는 협력사 그리고 고객 사이에는 언제나 인식의 차가 있었다. 그러나 1990년대 인텔의 경우에는 이 세 관계 속의 인식의 차가 큰 틈으로 자라고 있었다. 그리고 이 틈은 다시 회복할 수 없는 상태로 진행되어 언젠가는 서로 갈라져야 하는 상황을 맞는다.

한편으로 인텔은 차세대 마이크로프로세서를 준비하고 있었고 이 마이크로프로세서는 앞으로 다가오는 인터넷 시대에 마이크로프로세서 시장의 주도권을 완전히 장악하려고 설계되었다. 그리고 x86 제품군 중에 이 제품의 이름은 20여 년이 지난 후에도 인텔을 대표하는 모델이 된다.

51장
펜티엄

전 세대 마이크로프로세서들과 연계하기 위하여 새로운 x86 마이크로프로세서의 이름은 80586, 또는 i586으로 불러야 했다. 그러나 인텔이 숫자로 저작권을 주장하기에는 너무 모호하다는 초기 법원의 결정과 AMD나 다른 잠재 복제 경쟁자들이 인텔의 차세대 칩의 이름을 미리 예상하고 복제 마이크로프로세서에 같은 숫자를 사용하는 것(AMD의 AMD386의 경우처럼)을 막으려는 의도와 결합하여 인텔은 새로운 마이크로프로세서의 새 이름을 구상한다.

그리고 렉시콘 브랜딩(Lexicon Branding) 마케팅 회사가 그리스어에서 5를 뜻하는 'penta'와 화학 요소의 접미사로 사용되는 'ium'을 사용하여 이 새로운 마이크로프로세서 칩이 컴퓨터 세상에서 기본 요소가 된다는 뜻을 제안하며 인텔의 고민에 해결책을 제시한다. 그 이름이 바로 펜티엄이었다.

펜티엄을 설계하는 작업은 386과 486 모델을 설계한 부서가 1989년에 시작했다. 이 조직은 386 모델의 설계를 이끌었던 존 크로포드(John Crawford)와 도널드 앨퍼트(Donald Alpert)가 이끄는 200명가량의 인텔 직원들로 구성되었으며, 비노드 담(Vinod K. Dham)이 총책임자로 사업을 맡았다. 비노드 담은 훗날 이렇게 이 사업을 이야기한다. "우리가 펜티엄을 설계할 때 속도는 우리에게 신과 같은 의미였습니다."[1]

펜티엄은 원래 1992년 6월 PC 박람회에서 시제품을 선보일 예정이었고 그로부터 4개월 후에 시장에 공식 출시될 계획이었다. 그러나 뜻하지 않은 설계상의 문제로 인해 1993년 봄으로 출시를 연기한다.

그러자 소수의 새로운 회사들이 새로운 마이크로프로세서를 가지고 인텔의 아성에 도전장을 던지는 대열에 합류한다. AMD는 진행 중인 소송 속에서도 계속 연구를 진행해 80486 모델의 복제품인 AMD486 모델을 출시한다. AMD 는 인텔에 정면으로 승부수를 던지는 유일한 회사였다.

한편 회사들은 다른 방법을 모색한다. 이 중 대다수가 마이크로프로세서 를 만드는 RISC 방식이라는 새로운 버전의 마이크로 코드(code)를 추구한다. RISC 방식은 '중앙 처리 장치 명령어 개수를 줄여 하드웨어 구조를 좀 더 단순 하게 만드는 방식(reduced instruction set computing)'의 줄임말로 인텔의 복 잡한 명령어 집합이 있는 중앙 처리 장치 설계 구조 방식(CISC: complex instruction set computing)의 반대 개념이다. 이 방식은 간단한 명령의 수행은 처 리 속도를 보다 빠르게 개선한다는 개념에서 나왔다. RISC 방식을 추구하는 회 사 중에는 고성능의 워크스테이션을 만들고 고유 마이크로프로세서인 SPARK 칩을 사용하는 선 마이크로시스템즈(Sun Microsystems)와 Alpha VXP 칩을 사용하는 디지털 이큅먼트(Digital Equipment corp)가 대표 회사들이었다. 그 리고 미국과 일본의 컴퓨터 회사로부터 자금 지원을 받아 설립된 MIPS가 고성 능의 RISC 프로세서 개발에 착수한다.

모토롤라 역시 자신들만의 68040 모델이라는 이름의 경쟁력 있는 프로세서 가 있었다. 그리고 언제나 그러했듯이 이 제품은 성능으로는 경쟁력이 있었지 만 주로 계속 시장 점유율이 떨어지던 애플 컴퓨터의 매킨토시 컴퓨터와 스티 브 잡스가 새로 세웠지만 계속 실패를 거듭하던 넥스트(Next) 컴퓨터 그리고 HP9000 소형컴퓨터에서만 사용되었다.

그러나 가장 이 중 가장 흥미 있는 경쟁자는 1991년 10월 결성된 AIM이라 불리는 새로운 연합 회사였다. 애플 컴퓨터와 IBM과 모토롤라의 첫 문자를 따 와 지은 이름으로 이 가공할 만한 세 회사는 자신들의 우선 정책을 뛰어넘어 인텔이 손아귀에 쥔 개인용 컴퓨터 중앙 처리 장치 시장의 장악력을 깨는 것을 목표로 설립한 회사였다. AIM은 몇 개의 실패한 정책을 내놓기도 하지만 가장 큰 성취는 1992년에 출시한 파워 피씨 마이크로프로세서(PowerPC Microprocessor)의 제작이었다. 이 마이크로프로세서 역시 RISC 설계 구조를 가졌고 32비트와 64비트용 두 가지로 제작되어 당시 존재하던 인텔의 x86 제품군보다 더 나은 성능을 보여 주는 것으로 평가받는다. 또한 이 칩은 IBM의 강력한 파워(POWER) 명령어를 사용하여 구조를 만들었고 이는 마이크로프로세서 칩의 미래 세대인 64비트나 128비트 버전으로 사용이 가능함을 뜻했다. 이 칩이 완성되자 애플은 빠르게 이 칩을 자사 제품의 중앙 처리 장치로 채택하고, 몇몇 게임 콘솔 회사들이 이 칩을 게임용으로 사용한다.

이 싸움은 가공할만한 경쟁이었다. 그러나 서로 호환되지 않는 인텔 대 나머지 기업의 싸움인 두 마이크로프로세서 플랫폼 경쟁이 뜻하는 바는 1991년에 소개된 대부분의 새로운 마이크로프로세서 플랫폼들이 너무 고성능이라 고객들이 기꺼이 기다리거나 혹은 감히 사용할 엄두를 내지 못하는 동안 인텔에게 마이크로프로세서의 설계를 개선할 2년이라는 시간의 창을 제공했다는 점이다.

펜티엄의 출시는 성공이었다. 펜티엄프로세서가 세상에 소개되었을 때 이 제품은 인텔과 고객들이 바라던 모든 것을 갖추었다. 32비트와 64비트 두 가지 방식으로 작동이 가능한 펜티엄은 310만 개의 트랜지스터를 집적했고 100Mhz로 1초에 최고 3백만 번의 명령어를 처리하는 속도를 가졌다. 그리고 486 모델보다 15배의 부동 소수점 연산 기능이 있었으며 확장된 자기 검사 기능도 포함되어 있었다. 그러나 다음의 두 가지 특징이 펜티엄을 전작과 다르게 구분지었고 적어도 새로운 경쟁자들의 모델과 동등하게 대응하도록 해준 것이다.

첫째로 훨씬 넓어진 64비트 데이터 버스(data bus: 정보 자료를 주고받는 규격화된 통로)였다. 이 데이터 버스는 마치 자동차에 장착되는 대형 기화기(캬브레터)와 같아서 마이크로프로세서에 입출력되는 정보를 훨씬 빠른 비율로 보내게 해준다. 그리고 두 번째이자 가장 중요한 요소로 펜티엄은 몇몇 경쟁자가 추구한 몇 가지 유리한 점을 따라 슈퍼 스칼라 구조(superscalar architecture)로 설계되었다는 점이다. 슈퍼 스칼라 구조는 마이크로프로세서 칩이 두 가지의 정보 통로(pipeline)를 가짐을 뜻했고 마이크로프로세서가 한번에 두 개의 운영체제를 사용하는 일이 가능함을 뜻하기도 했다. 이 특징은 RISC방식의 프로세서가 내세우는 중요한 판매 요소였다. CISC방식의 프로세서는 두 개의 파이프라인의 작동이 불가능하다고 알려져 왔었기 때문이었다. 그러나 인텔 펜티엄은 이 주장이 틀렸음을 증명한다. 모든 것을 종합해 볼 때 펜티엄은 다른 모든 경쟁사의 프로세서보다 더 성능이 우수했을뿐만 아니라 거의 486과 비슷한 가격에(1000달러) 성능은 거의 다섯 배에 달했다.

이러한 수준의 성능과 함께 인텔이 펜티엄을 적시에 선보이면서 인텔은 비슷한 시기에 로버트 샤렛(Robert Charette) 위험 분석가가 공식화한 '나선형 모델(spiral model)'을 수행한 셈이었다. 이 당시를 묘사한 기사의 내용은 다음과 같다.

"이 모델은 용수철을 닮아서 용수철의 각 회전부가 기술상 한 세대 앞선 기술을 나타낸다. 산업계의 선두 기업은 가장 높은 회전부에 위치하고 회전율을 설정한다. 그 산업에 속한 다른 회사들은 용수철 안에서 다양한 아래 부분에 위치한다. 그래서 어떤 회사가 아무 개선도 하지 않는다면 그 회사의 위치는 항상 같다. 그러나 이 회사는 다른 회사들이 용수철 안에서 상향 방향으로 움직이기 때문에 상대적인 위치 손실을 입는다. 이 회사가 회전하는 용수철보다 빠르게 상향으로 움직인다면 이 회사는 선두 기업에 비해 상대적으로 유리한 위치를 확보할 것이다. 그리고 경우에 따라 선두를 따라 잡고 새로운 선두 기업이 될 가능성이 있다. 그리고 새로운 회전율을 설정하게 될 것이다. 그러나 이런 경우는 드물며 마치 레드 퀸(Red Queen / 옮긴이: 이상한 나라의 엘리스 등장인물)과 함께 있는 엘리스가 경험하듯이 당신은 지금 있는 자리를 지키려고 전력을 다해 뛰어야 할 것이다.2

펜티엄으로 인텔은 나선의 가장 꼭대기 자리를 확보한다. 그리고 무어의 법칙에 따라 회전율을 설정했기 때문에 경쟁자들은 그렇게 속도를 전력 질주에 맞춰 놓거나 그렇지 않으면 뒤로 쳐질 수밖에 없었다. 그리고 이미 보아왔듯이 무어의 법칙을 뛰어넘어 프로세서 칩의 속도를 향상 시킬 수 없기 때문에 인텔이 무어의 법칙을 따르는 한 경쟁사들이 인텔의 마이크로프로세서를 뛰어넘는 것은 불가능해진 것이다. 이 결과가 왜 인텔의 새로운 경쟁자들이 추구할 선택 사항을 하나밖에 가질 수 없게 만든 이유이다. 바로 패러다임을 바꾸고 새로운 나선을 만들어 내는 것이었다.

그러나 적어도 당시만 해도 다른 경쟁사들은 새로운 패러다임을 만들어 내기에는 역부족이었고 인텔은 혁신의 가장 앞에 서 있었다.

인텔 펜티엄의 문화적 파급효과와 더불어 인텔 펜티엄을 받아들이는 고객들의 수용과 정도로 볼 때 펜티엄은 전 시대를 통틀어 가장 성공한 마이크로프로세서였다. 포춘지가 표지를 "새로운 컴퓨터 혁명"이라고 장식했을 때 글자의 배경에는 크게 확대된 펜티엄 칩 사진이 포개어져 있었다. 인터넷의 발달이 확실히 펜티엄의 성공을 도왔지만 역으로 펜티엄이 인터넷의 확장을 돕기도 한다. 그리고 펜티엄프로세서를 장착한 컴퓨터가 다가오는 전자 상거래와 인터넷 기반 기업(dotcom) 호황을 만들어 낸 것이다. 전 세계에 퍼진 수백만 대의 펜티엄을 내장한 서버와 라우터가 무어의 법칙보다 더 빠른 속도로 증가하며 다가오는 시대의 인터넷 사용을 가능하게 만든 것이다.

그러나 다른 요소들이 포함된 것도 사실이었다. 예를 들어 인텔의 경쟁사 중에서 아무도 펜티엄에 대적할 만한 제품을 가지지 못했으며 그러한 제품을 만들 준비도 하지 못했다. 언제나 인텔에 가장 가까이 따라가려고 노력하던 AMD 마저도 불과 2년 전에 486 복제품을 만들어냈고 앞으로 펜티엄과 같은 성능의 모델을 만들려면 최소한 2년 정도의 시간이 필요한 지경이었다. 게다가 인텔 인사이드 마케팅 전략은 불과 2년이 지났고 이 광고 전략이 고객의 구매 성향에 미치는 진짜 효과는 펜티엄을 소개하는 시점에서야 나타날 상황이었다. 그리고 마지막으로 인터넷이 인쇄물 형태에서 이미지를 기반으로 하는 매체로 변화했고 이러한 변화를 제대로 수용하려면 펜티엄의 처리 능력이 필요했다. 그리고 그러한 수요가 펜티엄의 판매에 더욱 박차를 가했다.

협력 관계의 기업이나 경쟁사가 느꼈을 분노나 소비자들이 겪었을 혼란이 무엇이든지 간에 이 기간 동안 인텔은 잘 정비되어 완전히 충전된 기계처럼 빠르게 달렸다. 이러한 결과는 바로 앤디 그루브와 크레이그 바렛의 공이었다. 이러한 성공에 따른 공로로 크레이그 바렛은 전무직과 최고 관리 책임자직을 동시에 겸하게 되고 명백한 인텔의 후계자 자리에 오른다. 그러나 또한 이 결과는 모든 경영진과 이제 수천 명에 이르는 임원진과 관리자, 12 단계 이상의 지휘 체계 그리고 24,000명에 이르는 인텔 전 직원의 공이기도 했다.

그 기간 동안 인텔은 전 세계에 걸쳐 설비 시설을 신설하고 증설하거나 이전한다. 그리고 직원들을 그에 맞추어 재배치하고 그 동안 내내 굶주린 경쟁사들에게 뒤쳐지지 않도록 하고, 회사가 흐름을 놓치지 않게 한다.

이러한 결과는 공통 목적으로 운영되며, 직원 간의 능력과 헌신에 엄청난 상호 신뢰가 있는 회사만이 가능한 일이었다. 인텔의 문화와 기업 환경은 여전히 단호하고 스파르타식이었으며(그리고 너무나 많은 고성과 고함이 오고 가며), 이 방식이 인텔을 가장 진보 기술 기업의 순위에 올려놓도록 이끌어 왔다. 그리고 이 세상에 어떤 회사에서 근무하는 직원들 중에 이렇게 많은 위험 부담과 함께 초인 같은 결과를 만들어 내도록 그렇게 수십 년 동안 요청받은 사람들은 없을 것이다. 인텔의 전략은 무어의 법칙을 구현하는 것이었지만 이들의 비밀 무기는 바로 인텔의 임직원이었다.

펜티엄의 출시 성공에 이어 본격 생산과 함께 인텔은 사실상 화폐를 찍어내는 면허를 받은 것과 다름없었다. 그것도 엄청나게 많은 돈을 찍어내는 면허였다. 그리고 그와 함께 인텔은 마이크로프로세서 6세대의 개발을 준비한다. 한편으로는 회사의 작은 사업부에도 거의 소홀하지 않는다. 앤디 그루브는 경영권을 물려받은 초창기에 마이크로프로세서가 '아닌' 모든 다른 부서를 운영하는데 시간을 소비했다. 그리고 이러한 제품들이 2류로 밀려가도록 내버려 두지 않는다. 오히려 그보다도 앤디 그루브는 자신들이 만드는 제품이 지금 최고일지라도 하나의 제품만을 생산하는 회사의 위험성을 잘 인식했기 때문이었다.

그렇게 1991년도에 불과 한 달 안의 과정 속에서 인텔은 우수한 성능의 이더넷 어댑터 카드(Ethernet adpater cards)와 같은 23가지의 새로운 전산망 장비를 선보인다. 같은 해 인텔이 내놓은 특별 대형 컴퓨터용 프로세서 i860은 슈퍼컴퓨터와 결합하여 세상 사람들의 상상력을 사로잡고 새로운 처리 속도인 32기가플롭스(gigaFLOPS: 초당 10억 번의 부동 소수점 연산 처리 속도)를 기록해 컴퓨터 처리 속도의 신기록을 세운다. EPROM 메모리 시장에서 철수하면서 인텔은 가능한 한 최대로 플래시 메모리를 생산하도록 박차를 가한다. 그리고 인텔은 더 이상의 실리콘 구매를 중단하고(공급자의 두려움이 현실이 되었다), 실리콘 웨이퍼를 자체 생산하기 시작한다.

이보다 더 좋을 수는 없었다. 그리고 전례가 없던 성공의 결실이 나타나기 시작한다. 바로 인텔의 수익 곡선이 갑자기 급격하게 올라가며 지난 6년 동안 올렸던 수익의 3배를 그리고 지난 4년 동안 올렸던 수익의 6배를 그해 올린다.

그리고 앤디 그루브는 좋은 시절 동안 인텔이 자기만족에 빠지도록 내버려 두지 않을 만큼 충분히 현명했다. 그러나 결코 자신감이 가지는 함축된 뜻을 다룰 줄 몰랐다. 그 뜻은 바로 그 자신감을 모든 인텔의 직원들이 공유하게 되었다는 사실이었다. 인텔은 이제 최고의 제품, 최고의 인력 그리고 모든 것을 최고로 하는 방법을 알았다. 이 사실이 믿기지 않는다면 인텔은 당신을 초대하여 이 사실을 처음부터 상세하게 보여줄 것이다. 그리고 스티브 잡스가 잠시 애플을 떠난 사이, 인텔은 1990년대 초 실리콘밸리의 오만함을 독점한다.

52장
펜티엄 버그

인텔은 거만하게 깃발을 휘날리며 거침없이 앞으로 나아갔지만 머지않아 그 인과응보를 치뤄야 할 상황을 맞는다. 그리고 이 인과응보는 가장 예상하지 못한 출처에서 나타난다. 바로 버지니아 주 린치버그(Lynchburg) 지역의 대학 교수이자 실제 이름이 아닌 듯한 토마스 나이슬리(Tomas Nicely)가 그 예상하지 못한 출처였다.[1]

1994년 6월 13일, 펜티엄 컴퓨터로 백만 자리의 숫자 계산을 하던 도중에 나이슬리 교수는 컴퓨터가 계산한 답에 버그가 있음을 발견하고 놀란다. 4,195,835를 3,145,727로 나누면 1.333820449라는 답이 나와야 했지만 컴퓨터가 보여준 답은 1.333739068이었던 것이다. 어떻게 이런 일이 가능하단 말인가? 나이슬리 교수는 자신에게 다시 묻는다. "컴퓨터는 이런 실수를 하지 않는다."

훌륭한 과학자였던 나이슬리 교수는 무엇이 잘못되었는지 찾기 시작한다. 그로부터 4개월 간 계산을 재작업하고 이 버그가 펜티엄 칩 자체에서 나오는 것이라고 결론을 내리고 인텔로 전화를 했다. 그러자 인텔은 그가 2백만 명의 펜티엄 컴퓨터 사용자 중에 그 버그를 찾아낸 유일한 사람이라는 사실을 전한다. 그러나 인텔은 이 정보를 그다지 중요하게 생각하지 않고 넘겨버린다. 인텔은 그가 건 전화 내용에 그리 놀라지 않았다. 이미 언급한 바와 같이 작은 버그는 새로 설계되는 세대의 마이크로프로세서에서는 흔한 일이었기 때문이었다. 그리고 마이크로프로세서 제조사는 버그의 충분한 증거를 확보하면 프로세서 칩을 납품하는 고객 회사들에게 그 사실을 공지하고 다음 세대의 칩에서 그 버그를 수정하였다. 따라서 인텔은 나이슬리 교수의 정보를 드러내놓고 무시한 것은 아니었다. 단지 그 버그를 확인하는 과정의 한 정보였을 뿐이었다.

그 다음에 일어난 일은 완전히 방심하던 인텔을 놀라게 하고 불과 몇 년 사이에 인터넷 혁명으로 세상이 어떻게 바뀌었는지 보여주는 사건이었다. 나이슬리 교수는 이 버그를 발견한 사람이 아무도 없었다는 사실에 놀라 친구와 동료에게 이메일을 보내 혹시 자신처럼 버그를 발견한 사람이 없는지 찾는다. 이메일을 받은 사람들은 나이슬리만큼 놀라고 이 사실을 당시 가장 저명한 전자 산업 관련 게시판인 컴퓨서브(CompuServe)에 올려 이 게시판의 사용자인 2천만 명 중에 이와 같은 버그를 겪은 사람이 있는지 물어본다. "그리고 이 일은 마치 들불처럼 퍼져 나갑니다."라고 나이슬리 교수는 당시를 회상한다.[2]

며칠이 지나자 불과 몇 년 전 486 모델과 함께 나왔다면 금세 잊혀졌을 이 소식은 인터넷에서 빠르게 퍼진 최초의 소식 중에 하나가 되고 곧 언론의 관심을 받는다. 이 사건은 확대될 조건을 모두 갖추고 있었다. 마치 다윗처럼 힘없는 작은 소비자들과 골리앗 같은 거대한 기업 간의 싸움 같아 보였고, 도저히 이해할 수 없을 만큼 복잡한 전자 제품과 컴퓨터에 자신들의 삶을 맡겨버리는 듯한 상황에서 오는 두려움, 첨단 기술 기업을 마법사처럼 바라보는 잘못된 신화 등등이 바로 그것이었다. 곧 전 세계의 주요 뉴스와 신문, 전자 산업 관련 뉴스들이 이 소식을 전한다. 월스트리트 저널(Wall Street Journal)은 펜티엄 버그를 숨기려 했던 인텔의 행동이 이 거대한 기업을 위험에 빠뜨릴지도 모른다고 보도한다. 그리고 관련 기사를 매일 계속해서 다루며 향후 구매 의사가 있는 사람들로부터 질문과 답변을 받는 기사까지 만들어 보도한다. 연합 뉴스(The Associated Press)는 앞다투어 기자를 린치버그에 보내 나이슬리 교수의 컬러 사진을 기사에 올리기도 한다. 그리고 이 사진은 전파를 타고 전 세계로 퍼져 나간다. 뉴스위크(Newsweek)는 다음과 같이 기사를 쓴다. "하룻밤 사이에 컴퓨터 세상은 제정신이 아닌 듯해 보인다. 인텔이 이 버그를 공개하지 않았다면 관련 전문가들은 얼마나 많은 버그가 있는 펜티엄이 세상에 있을지 몰랐을 것이라고 전한다. 미국에서 가장 선두 기업인 인텔의 칩을 산 사람들은 분노하고, '전 지금 유쾌하지 않습니다.'라고 세상에서 가장 큰 기업의 한 임원은 말하기도 한다. 그리고 인텔이 침묵하는 것을 '은폐'라고 사람들은 주장하기도 한다. 그 임원은 '인텔은 즉시 이 문제를 해결해야 합니다.'라고 말하기도 한다."[3]

이 문제가 터지기 전에 인텔은 무슨 일이 일어날 것이라는 단서를 이미 가졌다. 몇 주 전에 한 직원이 나이슬리 교수가 한 질의가 미칠 영향을 예측한 것이다. 인텔의 제품 이야기를 나누는 인터넷 게시판에 '펜티엄 부동 소수점 연산 기능의 버그(Bug in the Pentium FPU)'와 같은 몇몇 질문들이 올라오기 시작했던 것이다. 그리고 그 해 11월 2일, 뉴욕의 우조 앤 컴퍼니(Uzzo & Company)라는 회계 전문 회사가 거짓 광고를 통해 자신들에게 컴퓨터를 팔았다는 이유와 의무를 소홀히 하고 부당한 사업 관행을 했다며 인텔을 대상으로 소송을 제기한다. 이 소송이 끝나기 전에 이와 유사한 소송을 몇몇 다른 회사가 제기한다.

사람들 사이에 널리 퍼진 믿음과는 달리 인텔은 나이슬리 교수의 질의를 무시하지 않았고 특히 비슷한 불평이 몇 사람으로부터 왔을 때는 더욱 그러했다. 인텔은 이 문제를 조사하고 이 버그가 사실임을 알아낸다. 그러나 너무나 드문 경우여서 즉각 주의를 기울일 만한 요소를 가지지 않았을 뿐이었다. 인텔 자체 조사 결과 이 버그는 반올림 계산 오류 문제로 오직 90억 번의 나눗셈 계산에서 1번의 버그가 발생하는 것으로 밝혀진다. 나이슬리 교수가 바로 이 계산 오류를 만났던 것이고 이유는 나이슬리 교수나 거대한 수의 나눗셈 계산을 컴퓨터를 통해 실행했기 때문이었다. 인텔은 스프레드시트 일반 사용자가 이러한 버그와 조우할 확률은 27,000년에 한 번 꼴이라고 결론짓는다. 이러한 조사 결과 이 문제는 너무나 드물고 중요해 보이지 않아 인텔은 당연히 어깨를 한 번 으쓱하고 다른 과학자들이나 복잡하고 다량의 계산을 수행하는 사용자들에게 수정안을 보내려고 보다 신중한 조사를 한다. 다시 말해 표준 사용 과정에서 인텔이 이 펜티엄 버그를 수정하지 않으면 이 버그는 확실히 다음 세대의 프로세서까지 이어짐을 뜻했다.

그러나 인텔은 세상이 바뀌고 그 바뀐 세상에는 사용자들이 긴밀하게 연결되었다는 사실을 제대로 인식하지 못했다. 이러한 사용자들은 더 이상 프로세서를 공급하는 기업체나 정부의 대리인, 대학 그리고 메인프레임이나 소형컴퓨터 사용자들이 아니라 작은 가게의 주인, 어린이, 사회의 장년층 그리고 대학생과 같은 수백만 명의 보통 사람들이었고, 컴퓨터를 새로운 세상이나 월드 와이드 웹에 접속하려고 구매한 사람들이었다. 그리고 인텔은 이 사실을 알지 못했지만(알고 싶어 하지도 않았고), 인텔 인사이드라는 스티커는 이러한 초심자들과 웹 검색을 하는 사람들에게 무언가 특별함을 뜻했다. 바로 신뢰의 표시였던 것이다. 여러 제조사가 만든 뒤죽박죽인 컴퓨터 모델 속에서 인텔 인사이드 스티커가 뜻하는 바는 단순히 품질 보장일뿐만 아니라 북극성 같은 역할이었다. 인텔 인사이드 스티커가 컴퓨터의 외관에 붙었다면 구매자는 마음속으로부터 이 구매는 좋은 결정이었고, 구입한 컴퓨터는 구매자가 요구하는 모든 일을 해낼 것이며, 그 결과물을 신뢰하기 때문이었다.

인텔은 펜티엄 버그를 취급하면서 전에 그렇듯이 이 문제를 일반 소비자의 눈높이가 아닌 기술자들 간의 사이의 눈높이에서 그 해답을 찾고자 했던 것이다. 그러나 이제 이 문제는 예상보다 더 커진다. 문제는 수학 확률에는 관심이 없고 더 이상 자신들이 구입한 컴퓨터를 신뢰하지 못한다고 생각하는 수백만 소비자들의 실망감이 쌓이기 시작한 것이다. 그들은 인텔의 행동을 일종의 배신으로 여겼다.

소비자들의 분노는 쌓여만 갔다. 그러나 인텔은 아직도 이러한 분위기를 파악하지 못했다. 몇 가지의 단서만 있을 뿐이었다. 언론 기사 관련 정기 보고서에서 앤디 그루브는 한 산업 잡지의 주요 기사에 주목한다. 그리고 한 주 후에 다른 언론사들의 몇 개의 작은 기사 속에서 같은 내용을 발견한다.

그러던 1994년 11월 22일, 추수 감사절을 이틀 앞둔 시점에서 마침내 일이 벌어진다. 그리고 이어지는 3주 동안 인텔과 앤디 그루브는 재판에 회부되고 이에 충격을 받았던 앤디 그루브는 이 일을 훗날 자신의 저서 '편집광만이 살아남는다(Only the Paranoid Survive)'의 도입부에 싣는다. "내가 스탠포드 대학에서 강단에 서서 잠시 양해를 구하고 내 사무실로 전화를 하려던 참에 전화가 울렸습니다. 제 사무실에서 온 전화였죠. 회사의 홍보 부서가 급하게 나와 통화를 원하는 전화였습니다. 홍보 담당 여직원은 내게 CNN의 촬영 기자가 인텔로 온다는 사실을 알려주려 했습니다. 그들은 펜티엄프로세서의 부동 소수점 연산에서 발견한 버그 소문을 들었고 그 소문은 폭발 직전이었습니다."4

앤디 그루브는 급하게 산타클라라로 돌아와야 했고, '공격적이고, 비난조인' CNN 촬영 기자를 만나야 했다. 그러나 앤디 그루브가 이 소문을 되돌릴 방법은 없었고 CNN은 인텔을 불쾌하게 만드는 내용을 다음날 방영한다.

이제 언론에 이와 관련된 내용이 홍수처럼 쏟아진다. 인텔의 편에서는 고통스러운 실수인 이 버그에 직설적인 내용이 주요 기사로 나오기 시작하고, 곧 내용은 더욱 더 악화된 모습으로 바뀐다. 특집 기사, 사설, 컴퓨터 입문을 다루는 가벼운 내용에서도 다시 인텔을 신뢰하는 일이 가능한지 또는 다시 인텔 인사이드 스티커가 붙은 컴퓨터를 사야 하는지 말아야 하는지 기사를 작성하기 시작한다. 앤디 그루브는 당시를 다음과 같이 이야기한다. "텔레비전에서 나온 기자들이 인텔 본사 밖에 캠프를 치고 기다렸고 인터넷 상에 펜티엄 버그 이야기는 하늘을 찌를 듯 했습니다. 마치 미국에 있는 모든 사람들이 컴퓨터 앞에서 자판을 두드리는 듯 했고 이는 곧 전 세계로 퍼져 나갔습니다."

거의 하룻밤 만에 펜티엄 버그는 디지털 혁명, 무어의 법칙 그리고 자신들의 삶 속에서 일어나는 멈출 수 없고 오히려 더 가속화되는 변화를 향한 보통 사람들의 억눌린 두려움이 모두 모인 주제가 된다. 그리고 곧 인텔의 경쟁자들은 반도체 시장에서 가장 강력한 경쟁자가 혼란스러워 하며 비틀거리는 모습을 보며 흥분을 느낀다. 그리고 인텔의 고압적인 태도와 납품 목록에 지쳐왔던 많은 인텔의 주요 고객사들도 마찬가지의 반응을 보인다. 인텔과 같이 거대한 기업이 고객사와 소비자가 자신들을 어떻게 생각하는지 바라볼 기회는 좀처럼 흔하지 않다. 이제 인텔은 당황스러움과 함께 그 두 가지 실체에 충격을 받는 중이었다.

11월 28일, 고성능의 컴퓨터를 제작하는 시퀀트(Sequent)가 실제로 펜티엄과 함께 컴퓨터를 제작하면서 버그로 인한 문제를 겪기 시작하고, 자신들은 펜티엄을 사용하는 클라이언트-서버 머신(Client-server machine)을 더 이상 고객에게 배송하지 않겠다고 선언한다.

그리고 가장 큰 폭탄선언이 나온다. 2월 12일, IBM이 펜티엄 기반의 컴퓨터의 배송을 멈추겠다고 선언한 것이다. 어떤 전문가들은 빅 블루(IBM)가 한편으로 파워피씨(PowerPC)를 동시에 홍보하면서 대중을 상대로 얄팍한 술책을 부린다며 반칙이라고 외친다. 그러나 IBM은 자체 연구 결과 펜티엄의 결함은 인텔이 주장하는 것보다 훨씬 심각한 것이라고 답변하며 이 결정은 자신들이 고객을 보호하려는 의도일 뿐이라고 말한다. IBM은 마침내 인텔이 PC 복제품을 파는 회사들과 거래를 해온 것에 보복을 한 것이었다.

인텔 내부에서 펜티엄 버그 문제는 회사가 다시는 깨어나지 못할 듯한 악몽 같았다. 기술 우위와 자존심은 그동안 인텔과 앤디 그루브 자신을 지탱해온 두 기둥이었다. 이제 그 기둥이 갑작스럽고 압도적인 공격을 받았다. 불과 며칠 전만 해도 인텔은 잘 운영되었고, 반도체 분야의 거인이었으며, 아무도 인텔을 멈추지 못할 것만 같았다. 그리고 세상에서 가장 중요한 회사라는 명성에 걸맞게 회사를 이끌어 왔으며 자신만의 시장을 확보했다. 이제 이 모든 것이 하나하나 비틀거리고 있었다. 그리고 인텔이 가지던 기술 우위는 흔들렸고 세상에서 가장 큰 반도체 기업인 인텔의 실패는 공공연히 비난을 받고 있었다.

이제 회사의 자존심을 흔드는 농담까지 나온다. 이 중 가장 최악은 아마도 다음의 농담일 것이다.

질문: 인텔이 펜티엄에 붙인 인텔 인사이드의 다른 이름은 무엇일까?

답: 경고장

새로운 스티커: '인텔 인사이드 / 나눗셈을 못함'

인텔은 명백히 자신들이 완전히 새로운 시장에 진입했을뿐만 아니라 빠르고, 깊이가 없으며, 입맛에 따라 변덕스러운 차원에 진입했다는 사실을 인지하지 못했던 것이다. 이 세상에서는 어떤 사실은 감정에 따라 뒤로 밀려버린다. 알라 농약 논란에 쌓였던 사과(Alar poisoned apples), 독성 논란에 쌓였던 타이레놀(toxic Tylenol), 폭발하는 포드 핀토(Ford Pinto) 자동차 등의 사례에서 보는 바와 같이 대규모의 정신적 공황 상태가 주기적으로 이 지역을 휩쓸고 지나간다. 모든 논란에 그 증거가 있었지만 한 익명의 실리콘밸리 홍보 담당 임원에 의하면 인텔은 여전히 EE 타임스(EE TImes)나 일렉트로닉 뉴스(Electronic News)에 비난을 하려고 생각하듯이 보인다고 말한다.

추수감사절이 지나고 크리스마스가 다가올 때 인텔은 판매 손실에 동요했지만 아직 회사에 미치는 재정 손해는 여전히 미미했다. 그럼에도 1억 5천만 달러를 들인 전자 산업계 역사상 가장 위대한 마케팅 전략인 인텔 인사이드 광고 전략은 이제 헛된 일이 되어간다. 지난 25년 동안 인텔이 쌓아 올린 신뢰는 너덜너덜해지고 이 만큼의 신뢰를 다시 확보하려면 수년의 시간이 걸릴 것이 분명했다. 그리고 몇몇 경쟁사와 인텔의 가장 큰 고객 중에 몇 회사들은 이 재앙을 이용하려 들었다.

그러나 아직도 인텔은 이 위기의 정도나 본질을 전혀 이해하지 못해 보였다. 인텔의 대응은 느릿느릿했고 문제에 정확한 대응을 하지 못했다. 인텔은 일부 문제가 되는 펜티엄 칩을 교환해주기로 결정했지만 오직 소비자가 버그를 발견한 경우로 국한했다. 그러나 근무 환경을 훌륭한 장비들로 이미 구성했던 민감한 사용자들은 펜티엄 버그에 놀라는 일반 사용자들이 아니었다.

상황은 더욱 나빠지기만 했다. 앤디 그루브는 천 명 이상의 직원들을 고객의 불만에 대답하려고 부서 이동을 시켜야만 했다. 그리고 인텔은 이제 버그를 수정한 새로운 펜티엄 칩을 출시할 일정을 발표한다. 나름 잘한 결정 같았고 새로운 펜티엄 칩을 출시하려고 직원들은 엄청난 노력을 기울인다. 그러나 이 결정은 동문서답의 결과를 가져왔을 뿐이었다. 상거래 종사자나 소비자 그리고 무엇보다도 주식 관련을 포함하여 시장은 펜티엄 버그의 문제가 사라져주기를 바랐고 이로 인해 받은 상처들이 아물기를 바랐다. 그러나 인텔이 바라던 것은 얻지 못했고 반창고를 이용한 응급 조치에 지나지 않았다. 여전히 회사의 사업은 급락했다.

예를 들어 인텔은 고객들이 문제가 되는 펜티엄을 교체할 새로운 펜티엄 칩을 구하는데 걸린 수고비 지급을 거절했고 회사가 과거에 한 번도 그렇게 보상을 한 적이 없다는 사실을 근거로 들었다.

더욱 나빴던 점은 이미 소비자에게 판매되어 사용 중인 4백만 개 이상의 펜티엄 칩을 모두 회수하라며 커가는 원성에 저항을 했다는 점이었다. 반대로 버그가 발견된 펜티엄 칩을 마치 아무 문제도 없었다는 듯이 계속해서 생산한다.

한편 시장에서는 과잉 반응이 형성되기 시작한다. 월 스트리트 저널은 자체 조사에서 대부분의 기업 경영자들은 여전히 펜티엄 칩 주문을 고수했지만 이미 수령한 칩 중에 버그가 발견되는 경우에는 교환을 요구한다는 사실을 확인한다. 이를 연합 기사는 다음과 같이 기사로 쓴다.

"루이지애나의 한 물리학 교수는 한 학기 과정의 연구 자료를 폐기해야 할지도 모른다. 메사추세츠의 화가 난 한 석사 과정의 학생은 자신의 의사소통 연구 과정을 재평가해야 한다. 조지아 지역의 한 건강 상담 전문가는 고객용 소프트웨어가 정확한 계산을 하지 못해 안달이 났다. 그리고 로스 알라모스에 위치한 핵폭탄의 발생지이며 미국 무기 개발의 중심지인 국가 연구소의 수장들은 '펜티엄 비상 연락망(Pentium Hot line)'을 만들어야 하는지 충분히 우려를 나타낸다.

그들 모두가 펜티엄 벌레(버그)에 물리고 말았다."[5]

그러나 가장 가혹한 평가는 바로 반도체 산업계 관련 언론에서 나온 것일지도 모른다. 맥월드(MacWorld) 잡지의 기사는 아마 그들의 의도가 실려 있었겠지만 실리콘밸리에 진실을 알리는 듯해 보인다. "지금 인텔의 행동 양식이 보여주는 것은 마이크로소프트가 그랬던 것처럼 경쟁 상대에 계속해서 인내심을 보이지 못했다는 점이다. 슬프게도 경쟁자를 무너뜨리려는 자는 종종 진정한 적을 만들어 내는 경우가 많다. 인텔의 오만함은 이제 대중에게 명백해 보인다. 그리고 이번 펜티엄 버그의 폭로는 이들의 경쟁자에게 새로운 희망과 결심을 준다."6

그리고 바로 IBM의 발표가 나온다. 앤드 그루브는 그 당시를 이렇게 기억한다. "우리는 여러 가지 측면에서 방어 자세로 다시 돌아섰습니다." 그동안 인텔은 펜티엄 버그 문제가 불거져 나온 이후로도 자신들이 알든 그렇지 않든 한 번도 방어 자세를 취하지 않고 있었다.

이제 인텔은 긴장한 채 안전띠를 착용한다. 그루브는 당시의 상황을 다음과 같이 말한다.

"펜티엄 버그 문제에 관여한 많은 직원들은 오직 지난 십여 년 사이에 인텔에 합류한 사람들이었습니다. 그리고 이 기간 동안 인텔은 계속해서 성장을 해왔습니다. 그들이 경험한 바는 한 발짝 한 발짝 앞으로 나아가려고 열심히 일하면 이러한 노력은 좋은 결과를 가져다주었다는 사실이었죠. 그런데 지금 갑자기 성공 가도를 달릴 듯하던 앞날에 아무것도 예측할 수 없는 상황이 되어버린 것입니다. 이제 정말 놀랍도록 열심히 일하던 우리 직원들은 당황하고 겁을 먹기도 합니다.

그리고 이 문제에 다른 측면이 있었습니다. 이 펜티엄 버그 문제는 회사 안에서 끝나지 않았던 것입니다. 직원들이 퇴근하고 집으로 돌아가면 그들은 자신들에게 이상한 눈빛을 보내는 친구들과 가족들을 마주쳐야 했습니다. 이 눈빛은 일종의 비난과 호기심이었고, 일종의 '너희들 모두 회사에서 뭘 하는 거지? 내가 텔레비전에서 봤어. 너희 회사는 욕심 많고 오만해'라는 눈빛이었습니다. 모두가 이러한 시선으로부터 벗어날 수가 없었습니다. 저녁 식사나 명절 잔치에서 이 문제는 모든 화제의 중심이었습니다."7

그 무렵 회사에 화가 난 고객들의 의견에 동의하는 인텔의 직원들이 나타나기 시작한다. 그리고 이제 회사가 피하지 못할 현실에 직면해야 할 때라고 생각한다. 그리고 휴일을 펜티엄 버그로 화가 난 고객과 통화를 하며 보내는 모습에 그 전망을 더 확신하게 된다.

그러나 물론 직원들이 결정할 문제가 아니었다. 의사 결정은 회사의 최고 경영자만이 내렸다. 그리고 앤디 그루브는 아직 항복할 생각이 전혀 없었다. 그루브는 자신이 옳다는 사실을 알았기 때문이었다. 펜티엄 버그는 99.99%의 고객에게는 아무 의미가 없을 만큼 드문 오류였다. 따라서 이 문제에 고객들이 보이는 비이성적인 반응이 어떻든지 간에 인텔이 수백만 달러를 들여 펜티엄 칩을 교환해 줄 만큼의 가치가 있다고 여기지 않았다. 앤디 그루브는 언제나 이성주의를 신봉했다. 그루브는 과학자였고 인텔은 아무것도 잘못한 것이 없다고 믿었다. 더군다나 단지 시장의 과민반응 이상도 이하도 아닌 일을 자신의 잘못으로 인정하고 굴복하기에는 자존심이 허락하지 않았다.

"내가 이 업계에 종사한 지 30여 년이 지났습니다. 인텔이라는 회사가 시작될 때부터 사업 상황이 어려운 순간 속에서도 살아남았습니다. 그러나 펜티엄 버그는 달랐습니다. 다른 문제들보다 훨씬 잔혹했습니다. 사실, 모든 면에서 이 문제는 다른 것들과 같지 않았습니다. 익숙하지 않고 거친 영역이었습니다. 나는 낮 동안 열심히 일하고 집으로 돌아오면 바로 우울해졌습니다. 나는 우리가 공격을 받는다고 느꼈습니다. 그것도 끝이 없는 폭격을 받는 듯 했습니다. 왜 이런 일이 일어나는 걸까요?"8

앤디 그루브의 전기 작가 리처드 테드로우는 다음과 같이 말한다. "카렌 알터(Karen Alter) 인텔 마케팅 매니저는 이 모든 상황을 지켜보며 혼란스러웠습니다. 월 스트리트 저널의 월터 모스버그(Walter Mossberg)가 그녀에게 자신은 워터게이트 사건도 보았지만 인텔이 은폐하려는 모습은 더 나빠 보인다고 말했다고 합니다. 알터에 따르면 앤디 그루브는 한편으로 사람들이 그렇게 어리석다는 사실을 믿지 못했고 동시에 몇 명의 총책임자에게 화가 나 있었습니다. 그리고 그들은 결함이 있는 제품을 생산하도록 내버려 두었고 이 결함을 초기에 찾지 못했기에 다시는 앤디 그루브의 눈에 들지 못하게 됩니다. 그루브는 매우 화가 나 있었고 분노를 표출할 상대를 필요로 했습니다."

알터는 이 펜티엄 버그 이야기의 진정한 영웅은 냉철함을 잃지 않은 크레이그 바렛이라고 생각한다. "바렛은 문제가 커지자 앞장서서 직원들을 조직하기 시작했습니다. '좋아요, 이 문제를 다루려면 임시 조직을 짜야 합니다.' 그리고 우리는 곧 언론사에 대응할 조직을 짜고 월 스트리트 저널을 대응할 조직 그리고 OEM 협력사 연락 조직 등을 구성합니다." 크레이그 바렛은 또한 재빨리 펜티엄 버그를 수정한 새 설계를 주문한다.

그루브의 자아는 자신이 보기에 비이성적인 어리석음에 절대 항복하지 않을 것이며 인텔이 무너지거나 자신이 해고당하는 일이 있어도 결코 자신의 잘못을 인정하는 일은 절대 허용하지 않을 것이라고 실리콘밸리의 관계자들은 내기를 건다. 앤디 그루브는 회사가 좋은 시기에 최고 책임자의 전형이었고 회사가 어려운 시기에 오히려 더 위대한 최고 책임자로 변신하였다. 그러나 대규모로 벌어지는 인간의 나약함과 비이성적인 태도에 그가 대처할 것이라고 믿는 이는 많지 않았다. 그리고 크리스마스 기간이 다가오고 인텔 측에서 아무런 반응을 보이지 않자 실리콘밸리의 내기가 맞는 듯해 보이기 시작한다.

그러나 다시 한번 경쟁자에게는 한 치의 관용도 보이지 않고 결코 현실에 타협하지 않는 앤디 그루브의 명성이 위대한 장점으로 모습을 바꾸어 나타난다. 앤디 그루브의 학습 능력과 함께 결과가 무엇이든지 간에 증거가 명확할 경우 앤디 그루브는 결심을 바꾸기 때문이었다.

펜티엄 버그 문제가 수그러들 기세를 보이지 않자 앤디 그루브는 사무실에서 불과 몇 미터 떨어진 회의실에 비상 본부를 설치한다. 회의실은 타원형 탁자가 있었고 스무 명의 사람이 모여 회의를 했다. 그러나 펜티엄 버그 문제가 계속 확산되자 이 회의실에 30명 이상의 직원들이 모여 회의를 하기 시작한다.

12월 16일 금요일, 회의실은 그날따라 유난히 직원들로 가득 차 있었고 앤디 그루브가 회의실로 들어오자 그들의 나누던 회의는 새로운 방향으로 향한다. 앤디 그루브는 "12월 19일, 다음 월요일에 우리의 정책을 완전히 바꾸게 됩니다. 우리는 컴퓨터를 사용하는 사람이 소규모의 통계 분석을 하든, 게임을 하든 그들이 원한다면 모든 펜티엄 칩을 교환해 주기로 결정합니다. 결코 작은 결정이 아니었습니다. 우리는 그동안 수백만 개의 펜티엄 칩을 배송했고 그중에 얼마나 교환 요청이 들어올지 아무도 알지 못했습니다. 아주 소수가 될지 아니면 전부 교환해 주어야 할지 알 수가 없었죠."[9]

이와 같은 소식은 그날 저녁 인터넷으로 세상에 퍼지고 다음날 아침이 되자 언론에서 이를 알리기 시작한다. 이 소식은 큰 환영을 받지는 못했지만 분명히 안도의 물결을 가져왔다. 한 달 가량이 지나자 인텔은 수백만 명의 사용자로부터 다시 신뢰를 회복하기 시작했고 인텔의 경쟁자들을 포함하여 실리콘밸리의 관계자들과 전자 산업계는 인텔에 격려를 보내기 시작한다. 펜티엄 칩 교환 정책이 벌어지는 동안 전자 산업계는 그동안 인텔이 얼마나 중요한 존재였는지 자각하게 되었고 결국 무어의 법칙을 수호하려는 이 기업에 전자 산업계가 얼마나 의지해 왔는지 깨달은 것이다. 인텔에 흠집이 남기를 열심히 바라던 많은 이들은 이제 가장 보고 싶지 않던 결과를 본다. 오히려 전자 산업계가 필요로 하던 것은 보다 겸손하고 정당한 인텔이었던 것이다. 그리고 펜티엄 버그 오류와 함께 그들이 원하던 인텔을 이제 가지게 된 것으로 보였다. 1995년 1월, 인텔은 펜티엄 버그가 있을 것이라고 추정되는 제품의 약 30%를 교환해 주려고 4억 7천 5백만 달러를 지불하였다고 공식 발표한다.

그리고 이 금액은 전자 산업계의 기업 대부분의 수익을 합한 것보다 큰 금액이었다. 그러나 1995년 약 3천만 개의 펜티엄 칩이 판매될 것으로 추정되자 이 금액은 빠르게 상각되어 수익으로 회수된다. 그리고 인텔은 이 경험으로부터 교훈을 얻었다는 마지막 행동을 보인다. 바로 인텔은 앞으로 제조하는 마이크로프로세서에서 발견되는 결함이 있을 경우 즉각 이 사실을 공표하기로 결정한 것이다.

　마침내 펜티엄 버그는 전자 산업계에서 전설이 되고 기업 경영에서 이러한 문제가 발생했을 때 어떤 의사 결정이 맞고 틀린지를 보여주는 교육 사례가 된다. 펜티엄 버그 사건은 실제로 인텔 재정에 아주 미미한 손실을 안겨주었을 뿐이었다. 새로운 봄이 오고 이제 전자상거래와 인터넷 기반 기업(dotcom)이라는 새로운 시장이 폭발적으로 증가하면서 펜티엄 버그 문제는 오래된 이야기가 된다. 어쨌든 인텔은 이 사건을 거치면서도 주식 가격을 안정감 있게 유지하고 인텔을 상대로 한 대부분의 펜티엄 버그 관련 소송에서 나름대로 태도를 정리한다. 그해 3월, 인텔은 이 소송들에 6백만 달러에 합의를 보게 되고 이는 인텔의 하루 수익에 달하는 금액이었다.

　인텔이 시달리고 집중하지 못하도록 손을 빌며 바라던 경쟁자들은 자신들의 희망이 제대로 실현되지 못하는 결과를 볼 뿐이었다. 인텔이 아주 운이 좋았던 이유는 펜티엄 버그 문제가 더 이상 나타나지 않았고, 이 문제가 불거져 나왔을 때도 다른 마이크로프로세서 제조사들에 아직 펜티엄 칩에 대응할 만한 차세대 마이크로프로세서가 없었다는 사실이었다. 그들은 펜티엄 버그 문제가 불거진 기간 동안에도 그저 자신들의 마이크로프로세서를 팔 뿐이었고 인텔로부터 빼앗은 것은 잠시의 시장 점유율일 뿐이었다.

　인텔로서는 이 기간이 마치 악몽에서 깨어나는 듯한 상황처럼 보였다. 그리고 인텔은 이 경험에서 배운 것을 바탕으로 변한다. 이제 혁신과 강한 경쟁력만으로는 충분하지 않다는 사실을 배운 것이다. 인텔은 그동안 마치 앤디 그루브처럼 되려고 노력해 왔지만 그런 앤디 그루브조차 전자 산업계를 새롭게 바라보기 시작했다. 소년 시절, 앤디 그루브는 세상이 위험하고 예상 못할 만큼 비이성적으로 변하는 일이 가능하다는 사실을 배웠다. 이 어두운 세상에서 과학과 반도체 산업은 그에게 성역 같은 역할을 그동안 해주었다. 그러나 분명히 이 세상조차도 주관적인 요소가 있고, 즉흥적일 때가 있으며, 광기의 측면이 있었다. 그리고 이러한 비이성적인 측면을 이해할 능력이 바로 밥 노이스에게는 있었다. 그리고 바로 이러한 면이 앤디 그루브가 위대한 밥 노이스를 가장 싫어하면서도 또 한편으로 질투심에 가깝게 부러워했던 것이었다. 비이성을 다룰 방법이 앤디에게는 전혀 없었다.

이제 펜티엄 버그 문제가 해결되고 앤디 그루브는 좋은 경영 방법과 영리한 마케팅 그리고 강력한 경쟁력만으로는 충분치 않다는 사실을 깨닫는다. 손톱 크기 만한 실리콘 은화 속에 도시 하나 만큼의 복잡함을 새기고, 그 새기는 선의 크기가 원자의 둘레 크기로 측정되는 엄밀한 기술의 세계인 반도체 시장에 서조차도 예측할 방법이 없고 때로는 치명적인 위협이 언제 어디서든 나타날 가능성이 있다는 사실을 깨달은 것이다. 이러한 위협은 아주 어린 아이로부터 성공의 정점에 있는 사람까지 누구로부터 올지 몰랐다. 그리고 이는 그러한 위협이 도착하기 전에 끝없는 경계를 해야 함과 동시에 그들이 떠나고 남을 상처를 뜻했다. 이는 놀라운 일이 아니었고 일 년이 지나자 펜티엄 버그 문제는 이제 편집증으로 발전한다.

인텔은 펜티엄 버그 문제를 해결했지만 앤디 그루브는 그렇지 못했다. 앤디 그루브는 그로부터 해를 거듭하며 새로운 것을 계속 배웠다. 그리고 좋은 점이 한 가지 더 있었다면 이 이야기를 살펴보기 원하던 또 다른 존재가 있었기 때문이었다. 그들은 바로 미국 법무부였다.

53장
끝없는 소송

제품, 고용, 계약 그리고 클레임에 걸쳐 소송은 전자 산업계의 한 부분과 같다. 실리콘밸리에서 특히 반도체 기업에게는 더욱 그랬다. 거의 출발부터 페어차일드를 그만두고 전례가 없을 정도로 자신의 회사를 차리는(어떤 경우에는 가치 있는 거래 비밀을 가지고 또는 중요한 기술을 가지고) 직원들을 소송하고 싶은 욕망에 밥 노이스는 저항해야 했다.

그리고 페어차일드가 산산조각이 나고 실리콘밸리 전역에 걸쳐 새로운 반도체 스타트업 기업들이 생겨날 때 이러한 소송들은 주로 과거의 친구들과 동료들이 이제는 같은 시장에서 자신의 목에 칼을 들이대는 경쟁자가 되었다는 사실에 개인감정을 띠는 양상을 보이곤 했다. 한편 회사가 무사히 성장해 주식을 상장하고 부자가 되어 그들이 만든 제품이 팔리기 시작하면 이러한 회사는 주식을 사고자 하는 사람들과 집단 소송을 하려는 사람들의 목표가 되었다. 특히 그들이 성공과 허세에 빠져 있거나 4년 주기의 반도체 산업 주기에 걸려 넘어졌을 때 이 소송은 더욱 심해졌다.

그러나 인텔과 AMD간에 벌어진 역사에 남을 만한 소송과 그 과정에서 보여준 내용보다 더 오래 이어진 소송은 없었다. 이 소송은 첨단 기술 산업 분야에서 가장 길고, 가장 격렬했고, 가장 유명한 일련의 소송이었다. 이 소송은 일종의 전자 산업 시대의 잔다이스 대 잔다이스 소송이었다. (옮긴이: 찰스 디킨스의 소설, '황폐한 집'에서 나오는 소송)[1]

이 소송이 시작된 이유는 이미 앞서 다루어졌다. 일단 인텔과 AMD의 경쟁 관계는 세 가지 이유로 시작한다. 밥 노이스가 자신의 피보호자처럼 아끼던 제리 샌더스가 AMD를 설립하자 그 회사가 안전하게 자리를 잡는 것을 돕고 싶어 했던 이유와, 인텔의 중요한 산업 고객이었던 IBM이 자신들에게 납품 받는 마이크로프로세서의 2차 공급자를 요구했던 이유 그리고 마지막으로 이 모든 것들이 진행되면서 앤디 그루브가 CEO 자리에 올라 이러한 관계를 끝내고자 했을 때 AMD가 가능한 한 오랫동안 이 거대한 수익을 남기는 계약을 유지하고자 했던 이유였다.

두 회사의 관계는 1982년 AMD를 80286 모델의 2차 공급자로 지정하는 기술 교환 합의서에 서명을 하면서 시작한다. 이 합의의 핵심 내용은 AMD가 '인텔이 제조하고 판매하는 마이크로컴퓨터와 주변 장치들에 포함되는 마이크로코드(micro-code)를 복제할 권한이 있다.'였다. 그리고 두 회사는 이 조항을 서로 자신에게 유리하도록 다르게 해석한다. 인텔 편에서는 오직 80286과 관련된 것임을 말하는 것이었다. AMD 편에서는 x86 코드를 포함하는 어떤 장치도 바로 386, 486 그리고 펜티엄을 넘어 모든 것을 복제할 권한이 있다고 해석한다.

한편 처음부터 노이스와 샌더스의 관계를 증오하고 질투하던 앤디 그루브는 이와 같은 오만한 자세를 요점이 명확한 두 가지 이유를 들어 용납하지 않으려 한다. 첫째, 인텔은 2차 공급자를 요구하는 것으로부터 아무 것도 잃을 것이 없는 보수적인 IBM의 강요로 어쩔 수없이 맺은 계약이라는 점이었다. 인텔은 결코 이와 같은 계약을 원하지 않았다. 그리고 일단 IBM의 개인용 컴퓨터를 복제하는 회사들이 앞지르기 시작하자 이제 수많은 제조 설비와 수요가 얼마든지 간에 수용할 능력을 갖춘 인텔이 더 이상 2차 공급자를 확보할 이유가 없다는 점이었다. 둘째, 앤디 그루브가 생각하기에 AMD는 인텔의 노력과 막대한 투자를 훔쳐 비대해졌다고 믿었다는 점이다. 앤디 그루브는 각 세대의 x86 모델이 수명을 다할 때마다 AMD가 전체 시장 수익의 약 15%를 차지하는 사실을 알았다. 이 수익은 인텔이 어려운 시기를 버틸 때 도움이 될 금액이었으며 차세대 마이크로프로세서를 설계할 때 필요한 자금이 될지도 모르는 돈이었다.

앤디 그루브가 1984년 AMD가 80386 설계를 이용하지 못하도록 면허 생산을 취소하려 한 이유가 거기에 있었다. AMD는 처음에는 인텔이 더 좋은 계약 조건을 만들려고 허풍을 떠는 것으로 여긴다. 그러나 386 모델을 복제하여 시장에 판매를 시도하다가 1987년에 인텔로부터 소송을 당한다. 그리고 인텔은 소송으로부터 한 발짝도 물러서지 않는다. 소송에서 AMD는 인텔이 불법적인 정책을 저질렀다고 항소한다. 이는 유명한 우선 납품 목록을 곤봉으로 이용함으로써 AMD로부터 마이크로프로세서를 구매하려는 의도가 있는 고객사들을 묶어두어 개인용 컴퓨터 마이크로프로세서 시장에서 독점 지위를 유지하려 한 '비밀 계약'을 했다는 주장이었다.

이 소송으로 자신들이 바라는 결과를 얻지 못하자 AMD는 한 단계 더 나아가서 1991년, 북부 캘리포니아에 인텔이 시장을 독점하려 했다는 이유로 반독점 소송을 제기한다. 한편 실리콘밸리의 역사 속에서 가장 영리한 인물로 알려졌던 제리 샌더스는 인텔을 거대한 포식자처럼 묘사하고 앤디 그루브를 딱딱하고 영혼이 없는 인물이라고 놀리면서 언론 매체를 통해 움직이기 시작한다. 그러나 반독점 소송에서 앤디 그루브는 AMD를 상대로 항소를 한다. 인텔의 홍보 담당 짐 자렛(Jim Jarrett)이 작성한 소송 진술서에서 앤디 그루브는 타인의 목소리로 녹음한 노래로 그래미 어워드를 수상한 팝송 가수를 인용한다. "우리가 여기서 보는 것은 반도체 산업계의 밀리 바닐리(Milli Vanilli)입니다. 그들이 자신들의 아이디어라고 말하는 것은 인텔의 아이디어를 복제한 것입니다."[2] 이 표현은 심술 궂고 재미난 것으로 제리 샌더스가 앞서 말했던 모든 이야기들을 넘어섰을뿐만 아니라 인텔을 우스꽝스럽게 만들려던 행동을 다시 AMD에게 고스란히 돌려주는 표현이었고 앤디 그루브의 경력에서 최고의 언급으로 남는다.

반도체 산업계는 숨을 죽이고 소송의 결과를 지켜본다. 인텔이 이 소송에서 승리한다면 사실상 마이크로프로세서의 소유권을 획득하는 일이었기 때문이었다. 그리고 AMD가 승리한다면 오래 전에 자신들이 잃었던 반도체 시장을 되찾으려고 수많은 반도체 기업들이 마이크로프로세서 시장으로 물밀듯이 밀려올 것이 분명했기 때문이었다. 결국 판결은 인텔의 손을 들어줄 것일까 아니면 AMD의 손을 들어 줄 것일까? 조정 기간 동안 판사는 AMD가 과거의 2차 공급자 계약하에 인텔의 80386 모델에 아무 권리도 없다고 판결을 내린다. 그러나 회사는 여전히 386 복제품을 팔 권리가 있고 인텔에게 1천만 달러의 배상금과 386모델에 사용하는 모든 특허를 AMD의 복제품에 사용하도록 로열티가 없는 면허를 부여하라고 판결한다. 정확히 이 판결이 무엇을 뜻하는지는 아무도 알 수 없었다. 한 가지 확실한 것은 이 판결이 끝이 아니라는 사실이었다.

1987년 처음으로 소송이 시작될 때 AMD의 소송 담당 변호사 리처드 로브그렌(Richard Lovgren)은 당시 재판이 12주가 걸릴 것이라고 예측했다.

8년 후, 창고가 소송 관련 서류로 가득 차고 두 회사는 모두 2억 달러에 가까운 돈을 소송에 사용한다. 이 중 AMD는 변호사비만 3천만 달러를 1994년에 사용한다. 그리고 1994년이 되자 두 회사 간의 소송은 논쟁의 정점에 선다. 그해는 그동안 진행되었던 모든 것을 포함했다. 3월, AMD는 486의 복제 권리 소송이 열린 연방 정부 재심에서 승리한다. 그리고 10월, 인텔은 486 모델에 부분 승소를 다시 얻어낸다. 그리고 마침내 12월 30일 캘리포니아 대법원은 386 모델에 AMD의 손을 들어준다.

인텔과 AMD 그리고 반도체 산업계를 포함해서 최초의 마이크로프로세서로부터 다섯 세대가 지나왔다. 그리고 최초 세대의 마이크로프로세서는 이제 고물상에서 동전과 교환되는 시대가 되었고 1995년 당시 가장 최신의 마이크로프로세서는 최초 제품보다 몇 천 배는 빠른 속도를 냈다. 한 작가는 이를 보잉과 록히드가 B-52 폭격기가 날아다니는 시대에 B-19 폭격기를 타고 싸움을 벌이는 꼴이라고 비유한다. 그리고 논쟁은 1987년 소송을 안다면 점점 더 이상한 방향으로 흘러간다. AMD는 그 소송 이후로 자신이 직접 만든 마이크로 코드를 사용하도록 판결을 받았기 때문이었다. 엄격히 말해 AMD는 이제 더 이상 인텔의 마이크로프로세서를 복제하지 않게 되었다는 뜻이었다.

이 소송은 사실상 개인감정의 싸움이었다. 인텔 대 AMD의 싸움이라기보다 앤디 그루브와 제리 샌더스의 싸움이었던 것이다. 이 두 거물들을 내버려 둔다면 이 소송은 절대 끝나지 않을 싸움이었다. 무언가 다른 곳에서 해결책을 찾아야만 했다.

1994년 중반이 되자 AMD측의 로브그렌 변호사와 인텔 측의 던랩(Dunlap) 변호사는 서로 합의와 관련하여 농담을 주고받으며 여름을 맞는다. 그런데 이 농담이 서서히 진지함으로 변한다. 그리고 마침내 여러 번의 법정 절차를 거쳐서 두 변호사는 합의하기로 결정하고 상당한 합의점을 찾은 것에 놀란다. 며칠이 지나고 이 소송을 담당하던 패트리시아 트럼벌(Patricia Trumbull) 치안 판사는 두 변호사에게 이 소송을 합의하는데 아무런 문제가 없음을 통보한다.

이 과정에서 두 변호사가 즉각 동의한 것은 한 곳에 앤디 그루브와 제리 샌더스를 데려오는 것은 끔찍한 실수가 될 것이라는 사실이었다. 두 사람은 여러 가지 형태로 거의 30여 년 동안 전쟁을 벌여왔다. 그들은 산업계의 모임에서도 서로를 피했다. 그리고 서로의 행보에 마주치지 않도록 언제나 피해 다녔다. 제리 샌더스는 이에 다음과 같이 이야기한다. "나는 앤디 그루브와 전혀 연락을 주고받을 수 없었고 그가 도대체 어떤 사람이 되었는지 알 수 없었습니다. 앤디가 인텔에서 근무하는 한 절대 우리와 합의하지 않을 것이라 사실을 인정해야 했습니다. 왜냐하면 나도 절대 항복하지 않는 사람이기 때문이었죠."

양측의 변호사들은 협상을 진행하려고 두 사람 대신 두 회사의 최고 관리 책임자를 한 자리에 데리고 오기로 결정한다. 크레이그 바렛과 리치 프레빗(Rich Previte)이었다. 그들은 법적으로 소송에 아무런 관련이 없고 두 회사로부터 한가운데 위치한 산타클라라의 서니 베일 외곽에 위치한 법률 사무소에서 상징적으로 만난다. 그리고 12월 30일, 협상은 진도가 빨라지기 시작했고, 1월 초가 되자 중재자는 양측이 고수하는 마지막 한 가지를 해결하려고 만나 마침내 합의를 이루어낸다.

"내가 이 소송을 시작했을 때 저는 32살이었습니다"라고 로브그렌 변호사는 말한다. "이제 40살이네요." "많이 지치셨겠습니다."라고 던랩 변호사는 응답한다.[3] "시장은 변했습니다. 변하지 않은 것은 사람의 마음 뿐이네요. 내 생각에 이제 두 회사는 미래를 바라보아야 할 때가 아닌가 싶습니다."[4]

협상의 결론에서 두 변호사는 일어서서 서로 악수를 나눈다. 그리고 바렛과 프리바이트도 악수를 나눈다. 그 자리에 모였던 모든 사람들은 마지막 단계로 앤디 그루브와 제리 샌더스가 서로 악수를 나누었으면 좋겠다고 농담을 주고받지만 그런 일은 일어나지 않는다.

1995년 1월 11일 수요일 오후 2시, 인텔과 AMD는 합의 문서에 공식 서명한다. 인텔은 AMD에 1천8백만 달러를 지급하기로 하였고 AMD는 인텔에 5천8백만 달러를 지급하기로 한다. "수천만 달러의 소송비와 고객에게 전가된 법률 비용이 발생한 후에 마이크로프로세서 시장에서 벌어진 가장 큰 불화는 일단락 되는 듯 했습니다."[5]

팀 바자린(Tim Bajarin) 산업 컨설턴트는 이 결과를 다음과 같이 말한다. "실리콘밸리의 드라마 중에 하나가 끝을 맺습니다." 그리고 제리 샌더스는 이를 '세상의 평화'라고 부른다. 한편 앤디 그루브는 아무 논평을 내놓지 않는다.[6]

이 화해가 정말 마지막이었을까? 당연히 그렇지 않았다. 2000년, AMD는 유럽 집행 위원회에 인텔이 유럽의 반독점법을 위반하는 마케팅 계획을 남용했다는 이유로 소송을 제기한다. 그리고 2004년, 앤디 그루브와 제리 샌더스가 은퇴한 후에 일본의 공정 무역 위원회가 인텔의 일본 사무실을 급습하여 서류를 압수한 뒤, 인텔이 경쟁사를 억압하려고 후지츠, 히타치, 소니 그리고 다른 거대 기업에 리베이트를 제공하여 AMD 칩을 사용하지 않도록 했다고 판결을 내린다. 그리고 일 년 후, AMD는 인텔에 반독점법 위반의 이유로 델라웨어(Delaware) 지방 정부에 소송을 제기한다. 소송의 이유로 인텔이 AMD 칩을 고객들이 구매하지 못하도록 억압하였다는 주장이었다.

그리고 어느 한 회사가 사라지지 않는 한 계속 될 듯한 법률 분쟁은 계속 이어진다. 아마 한 회사가 사라진다고 해도 끝나지 않을지 모른다.

54장
항복

　AMD와의 분쟁은 인텔에게 성가신 일이었다. 그리고 개인용 컴퓨터 시장에서 마이크로소프트와 연계된 것도 마찬가지였다. 그러나 1990년 말, 두 회사의 존재가 가하는 위협은 인텔에게 더욱 나쁘게 작용한다. 인터넷 기반 기업(dot-com) 거품이 모든 것을 집어삼켰고 인터넷 덕분에 전자 산업은 말 그대로 미친 듯이 성장했다. 전자 산업은 거의 10여 년 동안 멈추지 않고 성장했고 미국 법무부는 반독점법에 위배되는 행위를 했다는 사유로 마이크로소프트를 상대로 소송을 제기한다. 30개 주에서 주 법률 사무관들이 빠르게 소송에 합류한다.

　연방 정부는 이 소송에서 상당히 유리한 편이었다. 마이크로소프트는 개인용 컴퓨터 운영체제 시장과 거의 그에 맞먹는 워드 프로세서와 같은 사무 생산성 프로그램의 약 90%를 차지하고 있었다. 그러나 넷스케이프의 네비게이터에 불시의 공격을 받은 후 마이크로소프트는 다시 반격에 나서 인터넷 익스플로러 웹 브라우저로 상대방을 짓눌러 버린다. 그리고 다시 시장을 독점한다.

　마이크로소프트가 신속하게 회복한 것은 빌 게이츠의 경쟁력과 임기응변으로 시대에 빠르게 대응한 공이 컸다. 그러나 이미 시장을 독점 점유하는 윈도우 운영체제와 인터넷 익스플로러를 '묶음' 상품으로 제공한 결과이기도 하였다. 하나를 사면 다른 제품도 함께 얻는 결과였다. 소비자들은 빠르게 인터넷 익스플로러가 마이크로소프트 윈도우 운영체제와 함께 사용하기 쉽고 설치도 쉽다는 사실을 알아차린다.

이와 같이 상대방 회사를 무너뜨리는 행위가 연방 정부의 조사를 이끌 만큼 충분하지 않다면 이와 같은 행위는 빌 게이츠가 워싱턴 정가를 명백히 모욕하는 행위를 내버려 두는 셈이었다. 첨단 기술 분야에서는 이 소송에 환영 의사를 표했고 컴퓨터 사용자들은 조금은 애증이 교차하는 감정을 느꼈다.

다른 회사와 업무상 밀접해지는 것의 위험한 점은(인텔과 마이크로소프트처럼) 한 회사가 경영이 악화된다면 업무상 밀접한 회사도 같은 상황을 맞는다는 사실이다. 그리고 연방 정부가 마이크로소프트에 소송을 건 후 인텔을 방문하기까지 그리 오랜 시간이 걸리지 않는다. 곧 인텔의 한 수석 임원이 인텔과 빌 게이츠 사이의 회의 내용을 증언했다는 소식이 퍼진다. 유에스 뉴스 앤 월드 리포트(US New & World Report)에 따르면 이 누출된 소식에서 "지금까지는 증언자를 밝히지 않는 증언에서 빌 게이츠를 덩치가 크고 다른 사람들을 괴롭히는 인물로 묘사했고 인텔의 회장인 앤디 그루브와 함께 한 1995년 회의에서 거대 반도체 칩 제조사인 인텔에게 '가벼운 협박'을 했다고 묘사했다."고 기사를 작성한다.[1]

누출된 소식에 의하면 빌 게이츠는 인텔이 새로운 멀티미디어 프로그램으로 마이크로소프트와 경쟁하려 한 점에 분노했다고 밝힌다. '한 임원은 내부 문서에서 인텔이 그 계획을 포기하지 않으면 게이츠가 다른 플랫폼(인텔칩이 아닌 다른 제품)을 지원할지도 모른다고 가벼운 협박을 했다고 한다. 그리고 마이크로소프트의 수장은 인텔 연구소가 인터넷 기술 투자를 했다는 사실에 분노했다고 하며 그들에게 그 일을 멈추라고 경고했다고 한다.'[2]

이렇게 자세한 내용은 충격이었다. 경쟁사에 무자비하기로 유명한 빌 게이츠가 가장 가까운 관계이자 조심스럽게 말하자면 파트너인 인텔을 협박한 것처럼 보였기 때문이었다.

앤디 그루브는 마이크로소프트가 두렵지 않았다. 그러나 미국 법무부가 인텔의 사업을 자세히 살펴보는 것이 걱정되었다. 앤디 그루브는 점잔 빼는 빌 게이츠가 미 법무부에게 두드려 맞을 위기에 처했고 마이크로소프트의 내장을 모두 드러낼 것이라는 사실을 알았다. 그리고 마이크로소프트가 이 고기를 갈아버리는 기계에 말려 들어간다면 인텔이라고 예외일까? 인텔은 높은 점유율로 보다 가치 있는 산업의 시장을 점유하고 있었고 AMD와의 법정 소송 기록이 보여 주듯이 확실히 인텔은 배송 목록이라는 힘을 이용하여 고객을 위협한 경력이 있었다. 앤디 그루브가 사석에서 인텔의 전 임원 중 한 명에게 고백조로 말한 것과 같았다. "우리가 좀 지나치긴 했습니다."

그리고 위험은 연방 통상 위원회(Federal Trade Commission)라는 전혀 다른 방향에서 나타났지만 이 일은 앤디 그루브가 걱정할 만한 일임이 나중에 드러난다. 1998년 6월, 연방 통상 위원회가 "컴퓨터 판매자, 프로세서 제작자 그리고 그래픽 칩 제작자에게 손해를 입힌 부당 독점 사업 관행"을 이유로 들어 인텔을 고소한 것이다.3 인텔의 어두운 사업 관행에 따라 '희생'된 기업 명단은 인터그래프(Intergraph: 소프트웨어와 서비스 회사), 디지털 이큅먼트(DIgial Equipment) 그리고 컴퓨터 서버 제작사인 컴팩(Compaq)이었다. 재판은 1999년 1월에 시작될 예정이었지만 많은 수의 증인(세 회사의 경영진을 포함해, 추가로 AMD 그리고 인텔의 최고 경영진인 앤디 그루브, 크레이그 바렛, 오텔리니(Otellini), 알터(Alter) 그리고 마이크로프로세서 사업부의 수석 부회장 알버트 유(Albert Yu)등)과 조사 과정의 복잡함 때문에 재판을 3월 초로 옮기고 재판 과정이 2달 이상 지속될 것으로 예상되었다. 인텔 역시 증인 출석과 증언을 내셔널 반도체, 선 마이크로시스템즈 그리고 인티그레이티드 디바이스 테크놀로지(Integrated Device Technology) 등의 경쟁사에게 요청한다.

인텔은 세 가지 논점으로 대응하려는 재판 전략을 준비했다. 첫 번째는 회사는 자신들의 모든 비밀을 공유하는 것을 거부할 권리가 있다는 점이었다. "우리가 인터그래프로부터 우리의 지적 재산권을 숨겼습니까? 예, 그렇습니다."라고 피터 데킨(Peter Detkin) 인텔 법무 담당 책임자는 답변하고 인텔은 그렇게 행할 권리가 있다는 점을 강조한다. 두 번째 논점은 재판이 마이크로소프트를 상대로 한 승리에서 빠져나온 연방 정부가 총구를 겨눌 다른 첨단 기술 기업을 찾는다는 주장이었다. "당신은 마이크로소프트를 추적하며 찾은 증거를 인텔에서는 찾을 수 없을 것입니다."라며 피터 데킨은 정부에 경고한다. 인텔은 최고 상임 상원 의원과 오린 해치(Orrin Hatch) 국회 법무 위원회 회장으로부터 지지를 받았으며 오린 해치 의장은 정부가 이 소송에 과잉 대응한다고 경고하였다. 그리고 세 번째로 반도체 시장의 불안정함 속에서 인텔의 지금 시장 점유율이 어떻든지 간에 독점이 전혀 아니라는 주장이었다. "무슨 독점이라뇨?"라고 데킨은 계속해서 시장 점유율을 AMD와 다른 경쟁사에 빼앗겨 온 것 말고는 아무것도 없다고 CNET에 말한다.

재판 날짜의 연기는 인텔에게 승리를 안겨다 줄지도 모르는 상황이었다. 연방 통상 위원회의 기소와 재판 사이에 9개월 이라는 기간은 한 세대 x86 제품군과 다음 세대 간의 교체 주기였고 당시는 펜티엄프로에서 펜티엄3로 넘어가는 단계였다. 그리고 복제 회사들의 마이크로프로세서가 잠시 인텔의 마이크로프로세서의 성능을 따라잡은 때였다. 더군다나 1999년 초에 인텔은 공표한 새로운 그래픽 칩이 아직 출시되지 못해 애먹고 있었다. 그리고 앞서 언급했듯이 차세대 펜티엄3의 출시 임박은 전 세대의 마이크로프로세서처럼 저사양의 제품 시장에는 호소력을 가지지 않았다. 이러한 결과로 재판 일자가 임박한 시기의 인텔의 전체 시장 점유율은 시장 조사 기관인 IDC에 따르면 90% 바로 아래로부터 75% 선까지 떨어졌고, 소매 시장 기준으로는 50%을 약간 뛰어넘는 수준이었으며, 저가 시장에서는 오직 30% 선대의 점유율을 보인다. 이러한 수치는 연방 통상 위원회 측에 불리하게 작용했다.

이 재판은 인텔이 이길 전쟁이었다. 연방 통상 위원회는 분명히 불리한 소송을 건 것이다. 인텔의 시기는 완벽했고 최고의 변호사들로 무장했다. 그리고 상원 의원 중 가장 힘 있는 의원의 지원을 받기도 했다. 게다가 첨단 기술 산업계에서 가장 큰 회사들의 지원을 배경으로 두었다.

이 재판에서 인텔은 승리했을지도 모른다. 그러나 승소는 무의미한 승리일 뿐이었다. 인텔은 바로 얼마 전에 마이크로소프트가 연방 정부와 정면 승부를 결정했을 때 무슨 일이 일어났는지 보았다. 마치 앤디 그루브처럼 행동하던 빌 게이츠는 마이크로소프트를 수년 동안의 소송과 불행 속으로 밀어 넣었다. 인텔은 소송에서 지금 당장은 승소할지도 모르지만 연방 통상 위원회는 다른 방향으로 다시 돌아올 것이 명확했다. 실제로 오랜 시간이 지난 2009년, 연방 통상 위원회는 다른 소송으로 어쨌든 돌아온다.

펜티엄 버그 후의 새로운 도전에 앤디 그루브는 무엇을 해야 하는가? 신성한 정의감으로 무장하고 연방 정부와 정면 승부를 벌여야 하는가? 아니면 인텔의 경영을 우선시해야 하는가?

결국 재판 바로 전날, 앤디 그루브는 말 그대로 항복 선언을 한다.[4]

1999년 3월 8일, 인텔은 어떤 혐의의 인정도 없이 자신들의 몇 가지 사업 관행을 바꾸기로 동의함으로써 연방 통상 위원회와 합의한다. 가장 주목할 만한 것으로 복제 제품들이 인텔이 제품과 호환이 되지 않도록 사양을 바꾸는 것을 중단하고 인텔의 고객사가 경쟁사의 제품을 구입하더라도 제재를 가하지 않도록 한 것이다. 지난 몇 년 사이에 몇 가지 교훈 중에서도 가장 중요한 겸손해 지는 것을 배운 앤디 그루브는 연방 통상 위원회의 앞에서 자신을 낮추었다. 그리고 예상대로 인텔을 구한다.

55장

토끼 춤

1995년11월, 인텔은 마침내 버그가 발생한 펜티엄을 교체해 주기로 함과 동시에 이 모델의 후속작인 펜티엄프로를 내놓는다. 이 모델은 당시로서는 가장 강력한 마이크로프로세서로 최초의 펜티엄이 2백만 개의 트랜지스터를 집적했던 것과 비교하여 5백 5십만 개의 트랜지스터를 집적하였고, 200Mhz의 속도를 지녔다. 이름에서도 보이고 전작들이 모두 그러했듯이 이 제품은 여전히 x86 명령어를 수행함에도 완전히 새로운 제품이었다. 첫째, 펜티엄프로의 설계 구조는 기존의 펜티엄 구조를 향상했다기보다 완전히 새로운 구조였다. 또한 이 모델은 36비트 어드레스 버스(36bit address bus)를 가졌는데 이는 이 모델이 최고 64기가바이트 메모리까지 이용함을 뜻했다. 그리고 여러 중요한 면에서 이 모델은 CISC장치라기보다 RISC장치의 성격에 가까웠고 인텔의 경쟁력을 다시 한번 확인해 주는 제품이었다.

그러나 펜티엄프로와 그 전작의 차이는 아마도 눈으로 볼 때 가장 크게 차이가 날 것이다. 칩 하나에 한 개의 프로세서 대신에 펜티엄프로는 두 개 심지어 네 개의 프로세서 구성도 가능했다. 이는 하나의 칩에 두 개 또는 네 개의 프로세서 엔진을 넣는 것과 같았다. 말할 필요도 없이 이와 같은 물리적 특징은 초기 x86 모델보다 훨씬 큰 크기를 가져야 했고, 가격이 훨씬 비쌌다. 그러나 여전히 모델의 성능이 전작에 비해 35% 향상되고 RISC 구조로 설계된 경쟁사의 제품을 살짝 앞선다는 점은 논란의 대상이었다.

펜티엄프로는 출시되자 적어도 서버, 워크스테이션, 대규모의 기업에서는 높은 호응을 얻었고 재빨리 정부의 샌디아(Sandia) 연구소용으로 제작한 ASCI 레드 슈퍼컴퓨터(ASCI Red supercomputer)에서도 사용한다. 이 컴퓨터는 1997년 1 테라플롭스(teraFLOPS: 1초에 1조개의 부동 소수점 연산을 처리하는 능력)를 넘어선 최초의 컴퓨터였고 세상에서 제일 빠른 컴퓨터였다. 그러나 펜티엄프로는 일반 소비자나 개인용 컴퓨터를 제작하는 기업에게는 대기업과 같은 호응을 얻어내지 못한다. 그 한 가지 이유로 이 모델은 너무 강력한 성능을 지녔다는 점이었다. 다시 한번 마이크로프로세서의 성능이 일반 소비자들의 수요를 초과한 능력을 보여주던 것이다. 일반 소비자에게는 너무 크고 너무 고가였다. 노트북이 이제 서서히 선을 보이기 시작했듯이 개인용 컴퓨터를 제작하는 경쟁 구도가 보다 작고 보다 저렴한 제품으로 가는 추세에서 너무 크고 너무 고가인 중앙 처리 장치는 환영받지 못한다.

인텔과 다른 경쟁사들이 인식하기 시작한 현실은 25년 동안 한 가지 마이크로프로세서만을 생산하던 시대는 끝나간다는 사실이었다. 컴퓨터 산업은 이제 저가의 데스크 탑에서 고성능의 서버와 슈퍼컴퓨터까지 다양한 각도로 퍼져 나가기 시작했다. 당분간은 첨단 제품 도전은 기존의 마이크로프로세서와의 조합으로 해결될 것으로 보였지만 어디까지나 미봉책에 지나지 않았다. 현실은 이제 인텔과 경쟁사들 모두 저가형 컴퓨터나 소비자 상품을 위한 저성능 기기에서 중소기업이나 전문직을 위한 중급기 그리고 과학 연구나 대기업용의 다중의 프로세서 코어를 지니는 고가형 그리고 인터넷 시장의 발달로 이에 따른 서버 수요의 증가까지 다양한 요구에 맞춘 상품 군을 선보여야 한다는 점이었다.

인텔의 경우 세 종류의 제품군을 21세기 초에 새롭게 선보인다. 고성능 제품을 필요로 하는 시장을 위한 제온(Xeon) 제품군, 중급기 시장을 목적으로 하는 펜티엄 1,2,3 그리고 펜티엄 4 그리고 저가형 시장을 목표로 하는 셀러론(Celeron) 제품군이었다. 2011년을 기준으로 9번째 세대가 나온 당시로서 가장 최신이었던 이 세 제품군은 여전히 x86 제품군의 코드를 공유했고, 8086 원본 코드와 호환하여 사용이 가능했다.

　인텔은 펜티엄 버그와 각종 소송에서 화려하게 귀환한다. 1998년, 인텔의 매출은 263억 달러였고, 한 해가 지나자 294억 달러로 매출이 오른다. 그리고 빠르게 세상에서 가장 큰 전자 산업 관련 기업이 된다. 인텔은 단지 마이크로프로세서를 통해서 매출을 올리는 것만이 아니었다. 인텔은 계속해서 다른 사업 분야에서도 혁신을 해나갔다. 1995년, 인텔은 전산망 제품군에 초점을 잡았고, 이 제품군에 허브(hubs), 스위치(switches), 라우터(routers) 그리고 인터넷 환경을 만드는 부속물들을 제조했다. 1997년, 인텔은 플래시 메모리 분야에서 중요한 혁신을 이루어 냈다고 세상에 공표한다. 이 플래시 메모리는 스트라타 플래시(StrataFlash)라 불리었고, 1비트 이상의 정보를 하나의 셀(cell)에 저장함으로써 플래시 메모리의 집적도를 늘린 제품이었다.

　1995년, 인텔은 대중을 상대로 보여지는 인상에도 관심을 보이기 시작한다. 첫 번째 단서는 정보통신 산업계에서 가장 유명한 회의인 제네바에서 열린 텔레콤 95(Telecom 95)에 앤디 그루브가 나타나면서 드러난다. 그리고 그곳에서 기억에 남을 모습을 세상에 보여준다. 앤디 그루브가 넬슨 만델라와 함께 강단에 올라 기조연설을 한 것이다. 이 기조연설은 앤디 그루브가 이제 밥 노이스와 데이비드 패커드에 버금가는 범 국제 인물임을 알리는 신호였다.

　다음 해 인텔은 굉장히 적극적으로 사회봉사에 참여한다. 그리고 직원들에게 사회봉사를 할 자유 시간을 주는 제도를 실행하기도 한다.

　또한 사진작가 릭 스몰란(Rick Smolan)과 협력하여 원 디지털 데이(One Digital Day)라는 현대 사회에 마이크로프로세서가 미친 영향을 보여주는 사진집을 제작하여 포춘(Fortune)의 특별판이 되기도 한다. 또한 한편으로 스미소니언 협회(Smithsonian Institution)의 위대한 유물 순회 전시에 협찬하기도 한다. 게다가 금상첨화로 테드 호프, 스텐 메이저 그리고 페데리코 페긴이 국립 발명 명예의 전당에 입성한다.

　1997년, 인텔은 국제 고등학교 과학 및 기술 경연 대회의 후원을 맞는다. 그리고 마케팅과 광고 분야에서 포효하며 자신의 복구를 알린다. 같은 해 슈퍼볼 경기의 광고 계약에서 버니 피플(Bunny people/ 옮긴이: 연구소 안에서 방진복을 입은 모습을 우습게 표현한 것. 토끼 가면 복장의 인상과 유사함)의 모습을 보이는데 색색의 금속 성분 방진복을 입은 사람들이 껑충거리기도 하고 빙글빙글 돌기도 하며 인텔 인사이드 전략을 홍보하고 또 새로 나온 제품인 MMX(멀티미디어를 사용하려는 명령어가 추가된) 기술을 사용한 펜티엄과 7백 5십만 개의 트랜지스터를 집적한 펜티엄 2를 광고한다. 이 광고는 바보 같아 보이고 과장되었지만 바로 그 바보 같은 모습과 과장 때문에 대단한 성공을 거두어 펜티엄 버그 사건으로 얻었던 차가운 심장을 가진 거대 기업의 인상을 부드럽게 만드는데 성공한다.

이 광고가 인텔의 인상을 바꾸어 놓으려는 계획이었다면(인텔과 앤디 그루브의 인상이었던 타협하지 않으며, 강인하고 감정이 없어 보이던 인상을 완전히 뒤바꾸어 언제 어디서나, 차 안에서도, 아이들의 게임기 안에서도 그리고 모든 가전제품 속에서도, 집으로 돌아오는 당신을 환영하는 가족 지향의 서비스를 제공하는 기업의 인상으로 바꾸어 놓으려는 계획이었다면), 이 결과는 인텔과 앤디 자신 모두에게 성공이었다. 인텔 버니 피플 광고, 과학 행사 협찬 그리고 이 모든 것들이 인텔을 첨단 기술 기업 중에 가장 소비자 친화 기업의 인상으로 만든다(그리고 21세기 스티브 잡스가 주도하는 애플의 역사상 유명한 광고 전략의 기반을 놓는다).

그러나 이러한 전략은 앤디에게 더 큰 것을 선물한다. 수십 년 동안 실리콘밸리는 앤디 그루브가 놀라운 업적을 달성했다고 인식했다. 그루브는 인텔을 세계 속의 기업으로 바꾸어 놓았을뿐만 아니라 온갖 역경을 뚫고 회사를 어느 때보다 가장 역동적이고 혁신적인 기업으로 바꾸어 놓았다. 많은 경쟁자들을 기쁘게 하였지만 인텔에게는 불행이었던 펜티엄 버그의 사건이 지나가자 자존심을 버리고 위기를 해결한 앤디 그루브에게 새로운 존경심을 보인 것이다. 대부분의 실리콘밸리 경영자들은 앤디 그루브가 놀라울 정도로 똑똑하고 능력이 있지만 자신의 실수를 인정하거나 그로 인해 한 단계 진화할 것이라 믿는 이는 많지 않았다. 그런데 앤디 그루브가 그 일을 해냈을 때 그들은 거울을 들여 다보며 자신들이 똑같은 환경에 처한다면 과연 앤디 그루브처럼 하는 것이 가 능할지 되물어야 했다.

그 외의 다른 사람들도 앤디를 바라보았다. 모순적으로 펜티엄 버그는 인텔 이 전에 없던 대중의 관심을 받게 만들었다. 회사의 급격한 성장과 함께 앤디 그루브의 저서가 출간되었다. 그리고 거대 기업의 최고 경영자가 보여준 솔직 한 모습, 인터넷 기반 기업(dotcom) 호황이 미국을 전에 없던 번영으로 이끌자 이제 언론은 실리콘밸리의 인텔에 지대한 관심을 보이기 시작했으며 방송사나 신문사 잡지 등에서 지속적으로 기자를 실리콘밸리로 보내 기사를 다루게 하거 나 지사를 설립하기도 한다. 갑자기 수천 개의 회사가 불과 몇 달 사이에 실리 콘밸리에 세워지고 실리콘밸리에서 만드는 제품이나 이에 종사하는 사람들이 이제 경영 관련 기사의 주제가 아니라 언론의 표지를 장식한다.

그러나 선견지명이 있는 기자들은 이미 오래 전부터 인텔을 주시했다. ABC 방송국의 피터 제닝스가 그들 중 한 명이었고 타임지의 월터 아이작슨(Walter issacson)도 마찬가지였다. 디지털 혁명의 영향을 이해하기 시작했을 때 월터 는 마흔 네 살의 나이로 새로운 미디어 취재를 담당하는 기자였고 이제 편집 장이 되자 첨단 기술 산업에 깊은 이해를 보여주기 시작했고, 12년 후에 스티 브 잡스의 자서전을 쓴다. 월터는 타임지의 독자들에게 그들 주변에서 일어나 는 놀라운 디지털 혁명의 세계를 보여주기 시작한다. 그리고 월터 아이작슨과 편집부에게 앤드류 그루브 보다 새로운 디지털 세계를 구현해낸 적임자는 없 어 보였다.

인텔과 앤디 그루브는 앤디 그루브의 이야기를 타임지가 기사로 다루려 한다 는 연락을 받는다. 그리고 여러 방향에서 다른 잡지와 언론사들의 기사에서도 앤디 그루브 기사를 썼다. 그러다 트랜지스터의 발명 50주기가 되던 해인 1997 년 12월 23일, 미국 사람들은 타임지의 위대한 인물 기사에 앤디 그루브가 올 려져 있는 모습을 발견한다. 이 인물 중에는 교황을 포함하여 20세기에 영향력이 있던 인물들이 있었는데 그 명단에는 대통령, 지도자, 전쟁 영웅 그리고 다른 시기에 앤디 그루브를 죽이려 했던 두 사람의 이름까지도 있었다. 그들은 아돌프 히틀러와 조세프 스탈린이었다.[1]

기사를 작성하면서 아이작슨은 그 해에 가장 중요한 주제는 바로 '새로운 경제'라는 점에 주목한다. 그리고 그 새로운 경제의 중심에 '마이크로 칩'이 있었고 바로 그 마이크로 칩 산업의 중심에 앤디 그루브가 있었다. 아이작슨은 앤디 그루브가 어린 시절에 생긴 편집증, 긍정적인 태도를 바탕으로 기업 경영자가 된 이민자 그리고 디지털 혁명의 최전선에서 활약하는 뛰어난 두뇌로부터 나온 오만함이 물든 날카로움이 조합된 인물이라고 묘사한다. 또한 앤디 그루브는 용감한 열정과 기술자들이 가지는 차가운 분석력을 겸비했다고도 기사를 쓴다.[2]

실리콘밸리와 나머지 전자 산업계가 보여준 첫 번째 반응은 충격이었다. 어떻게 밥 노이스가 명단에 들지 못했나? 또는 패커드, 브래튼, 바딘 그리고 쇼클리, 스티브 잡스, 페긴 그리고 마이크로프로세서 설계 부서, 고든 무어의 이름은 왜 없는가?

그러나 그 충격은 곧 수용으로 바뀐다. "그렇다면 앤디 그루브가 안될 이유라도 있는가? 이런 영광에 첨단 기술 분야에서 그보다 더 자격이 있는 사람이 있단 말인가?" 그리고 곧 이 생각은 모두에게 자부심으로 바뀐다. "세상은 마침내 우리가 여기서 한 일을 평가하기 시작했다. 우리는 이제 역사에 한 페이지를 장식한 것이다."

앤디 그루브는 세기의 인물에 선정된 소식이 자신의 삶을 입증하는 것이며 또한 지극히 자신다운 일이라고 기뻐한다. 그러나 이 순간은 미래를 준비하는 그에게 하나의 기록된 순간일 뿐이었다. 그루브는 이제 부유해졌고, 유명해졌으며, 틀림없이 세상에서 가장 힘있고 존경 받는 기업가였다. 인텔은 80%이상의 마이크로프로세서를 세상에 공급했고 그 어떤 대기업보다도 빠르게 성장했다. 그가 쓴 저서는 베스트셀러가 되었고 이제 타임지에서 세기의 인물로 지정되어 그 영광은 영원히 기억될 것이다. 앤디 그루브는 자신의 인생과 경력의 정상에 올라섰다. 어떻게 그가 이런 정상의 자리에 올랐을까? x86 마이크로프로세서 덕분에? 몇 퍼센트의 시장 점유율? IEEE로부터 또 다른 수상?

아니다, 그 순간이 온 것이다. 과학자가 되고 싶었던 사람 그리고 그전에 언론가가 되고 싶었던 사람이 그 대신에 세상에서 최고의 기업가가 된 것이다. 1998년 3월 26일, 61세가 된 앤디 그루브는 인텔의 최고 경영자 자리에서 물러난다고 공표한다. 그리고 이제 의사회의 회장직으로 자리를 옮긴다(고든 무어는 명예회장직으로 물러난다). 그리고 크레이그 바렛이 회사 설립 때 함께 하지 않은 직원 출신으로서는 처음으로 인텔의 4번째 최고 경영자가 된다.

이렇게 노이스와 고든 그리고 그루브, 세 사람이 30년 동안 이끌던 시대가 끝나가고 있었다.

56장
피난처

　인텔은 1990년을 고통스러운 신음과 함께 시작해서 뜨거운 열기로 마친다. 인텔은 90년대를 40억 달러 이하의 연간 매출로 출발해 90년대가 끝나갈 무렵 약 300억 달러 이상의 매출을 올린다. 그리고 24,000명의 직원에서 70,000명의 직원을 거느린 기업으로 성장한다. 1990년, 8억 달러 규모의 2개국에 위치한 8곳의 웨이퍼 공장으로 시작했지만 2000년이 되자 그 규모가 3개국에 위치한 50억 달러 규모의 웨이퍼 제조공장으로 늘어났다. 초기 인텔은 6인치(약 15센티미터) 지름의 웨이퍼에서 칩을 생산했고, 이 칩의 상세 크기는 1마이크로미터 크기만큼 작았다. 10년이 지나자 인텔은 8인치(약 20센티미터) 웨이퍼에서 상세 크기가 0.25 마이크론인 칩을 생산한다. 그리고 최고 성능의 마이크로프로세서는 1백 2십만 개의 트랜지스터를 집적한 1990년대에서 약 5천만 개의 트랜지스터를 집적한 밀도에 더 낮은 가격으로 생산할 만큼 발전한다. 연구소에서 제조되는 이 최신의 마이크로프로세서들은 맨해튼 프로젝트(Manhattan Project /옮긴이: 2차 대전 당시 미국의 핵폭탄 개발 계획)보다도 복잡하였고, 초 자외선을 이용하며(가시광선의 파장은 이제 몇 천 배나 더 길기 때문에), 인간의 수술에 사용하는 물보다 더 정제된 물을 이용하여 씻어낸다. 이렇게 완성된 마이크로프로세서는 인간이 천 년 동안 산다고 가정할 경우 그 기간 동안 심장 박동 수보다도 많은 수의 계산을 1초 안에 해낸다.

　이와 같은 성취에 버금갈 일을 해낸 기업은 10년 동안 거의 없었다. 그러나 이 놀라운 통계 수치들은 인텔이 그 10년 동안 거쳐 온 진정한 경험의 본질을 말해주지 못한다. 인텔은 십여 년 전 비슷한 규모의 경쟁자들에 둘러싸인 중견 규모의 기업으로 출발했지만 몇 가지 중요한 장점을 가졌다. 당시 두 명의 설립자 모두가 건재했고 그들만큼 뛰어난 최고 경영자를 보유했다. 당시 회사는 최초로 1백만 개의 트랜지스터를 집적한 칩을 제조하여 이를 축하하며 대규모 마케팅을 준비하고 있던 시절이었다. 당시 시장의 수요는 충분했고 경제는 지난 불황으로부터 점차 회복 중이었다.

그로부터 10년 후, 두 명의 설립자 중 한 명은 오래 전에 세상을 떠났고 대부분의 직원들은 그 설립자를 직접 본 적이 없었다. 그는 직원들에게 건물 이름으로만 존재했고 건물 현관에 걸린 유명한 사진작가 카롤린 케이데스(Carolyn Caddes)가 찍은 사진의 주인공이었을 뿐이었다. 은퇴를 준비하던 두 번째 설립자는 2001년에 공식 은퇴했다. 그리고 30여 년 동안 인텔의 운영을 책임져 온 무척 화를 잘 내던 최고 경영자가 무명에서 국제적 명성을 갖게 되고, 화를 내는 일이 많이 줄어든 인물이 되어 인텔의 최고 책임자 자리에서 물러나 이제 이사회 회장이 되려는 참이었다.

이 모든 기간 동안 한 번도 인텔은 진정한 하락기를 경험하지 않았다. 거의 10여 년 동안 끊이지 않고 회사, 산업계 그리고 전체 경제 규모에서 확장을 거듭해 왔다. 이제 1990년대가 끝나갈 무렵이 되자 인텔은 격렬한 흥분 상태에 도달한 듯했다. 그 시절은 경제 법칙이 더 이상 작용을 하지 않는 듯했고 모두가 부자가 되는 듯했으며 마치 터져나갈 듯한 분위기였다. 그런데 언제나 최고의 인재를 끌어 모으는 자석과 같았던 인텔은 역사상 처음으로 실리콘밸리에 새로 세워지는 수천 개의 인터넷 기반 기업(dotcom)으로 야심 찬 최고 인재들이 더 많은 연봉을 찾아 떠나는 모습을 바라보게 되고 인터넷 기반 기업(dotcom) 설립자들이 하루아침에 부자가 되는 상황을 목격한다.

첨단 기술 분야, 특히 실리콘밸리는 주식의 가치가 계속해서 상승하고 모두가 부자가 되는 한 매출과 수익, 시장 점유율 등은 이제 더 이상 문제가 될 것이 없다는 듯한 혼란 속으로 치닫는 중이었다. 철저히 이성에 바탕을 두고 전략적인 운영을 해온 것을 자부심으로 삼던 인텔 같은 회사도 이 소용돌이와 같은 열광에 휩쓸리지 않을 방법이 없었다. 회사 주차장을 떠날 때조차도 라디오에서 끊임없이 나오는 인터넷 기반 기업(dotcom) 기업 광고를 들어야만 했으며 하늘 위로 날아가는 비행기에서도 그려진 광고를 보아야 했고, 고속도로에서 광고물을 실은 트럭이 자신을 지나치는 모습을 보아야 했다. 실리콘밸리는 이제 인터넷 기반 기업(dotcom) 광고로 공간이 가득 차 새로운 광고를 할 한 치의 여유도 없었다.

첨단 기술 분야의 인물 중에 가장 냉철한 이성의 사람으로 평가받는 고든 무어는 포브스 ASAP와의 인터뷰에서 지금 실리콘밸리에 일어나는 일을 도무지 이해할 수가 없다고 말한다. 그가 지금까지 알아온 모든 경영 원칙이 전부 무시되는 상황이었기 때문이었다. 그리고 모든 경영 원칙이 오래 전에 사라졌고 혹시 시장이 아닌 자신이 지금 현실의 원칙에서 뒤쳐져서 멀어진 것은 아닌지 의구심이 생긴다고 표현한다. 그리고 향후 몇 개월 간의 전망을 묻자 고든 무어는 망설이며 지금의 호황이 어떻게 이렇게 오래 지속되는지 이해가 가지 않는다고 말한다.[1] 그리고 점점 더 모두가 이 호황을 거품이라 부르기 시작한다.

모순이라면 그렇게 의도하지 않았음에도 인텔이 이러한 거품을 키우는데 세 가지 중요한 역할을 했다는 사실이다. 첫째, 인텔은 계속해서 무어의 법칙을 추구했고, 한 세대를 지나 다음 세대의 강력한 마이크로프로세서와 플래시 메모리를 제조해 냈다. 이에 따라 인터넷을 그 어느 때보다 강력하게 만들었고, 점점 더 많은 경험을 쌓게 만들어 보다 더 널리 인터넷이 퍼지도록 만들었다. 더 많은 사용자들이 더 많은 시간을 웹에서 보내기 시작했고 인터넷에서 물건을 사거나 돈을 소비하는 등의 일들을 하기 시작하여 호황을 만들어내고 인터넷 기반 기업(dotcom)들이 현실 제약 없이 퍼져나가도록 만들었다. 둘째, 주식 시장은 인텔이 인터넷 기반을 조성하는데 중심 역할을 했으며 가장 기초가 되는 요소를 제조한다는 사실을 잘 알았기에 그러한 공로의 대가로 인텔 주식의 가격은 치솟는 중이었다. 1993년, 인텔의 주식은 주당 3.4 달러에 거래되었으며, 하루에 거의 5천만 주가 거래되었다. 1997년이 되자 인터넷 기반 기업(dotcom) 열풍과 함께 더불어 인텔의 주식은 주당 19 달러까지 오르고 하루에 9천만 주가 거래된다.

그러나 그 일은 아직 시작에 불과했다. 2년 후 인터넷 기반 기업(dotcom) 열풍의 정점이자 거품의 한계에서 인텔의 주식은 33달러에 이른다. 주식 가격만큼이나 흥미로운 것은 그리고 기업 세계의 절정에 오르는 일만큼 인상 깊은 것은 인텔의 경영진이 이 모든 일이 끝날 것이라는 사실을 알았다는 점이다. 미국 전체 경제, 특히 전자 산업 분야는 이렇게 미친 듯한 숫자 놀음과 제정신이 아닌 가치 평가로 왜곡되어 갔다. 인재와 돈이 잘못된 방향으로 쏟아져 들어갔고 살아남을 가능성이 없는 회사들로 유입되었다. 곧 이러한 문제 인식이 서서히 오기 시작한다. 초기 징후는 인텔의 주가가 하늘로 치솟았지만 하루 매매되는 주식의 양이 3천만 주로 떨어지기 시작한 점이었다. 주식 시장이 동력을 잃자 바로 경직되고 실속한다.

2000년 1월, 시스코(Cisco)의 존 체임버스(John Chambers) 최고 경영자는 휴가에서 복귀하자마자 뉴스를 보고 놀라고 만다. 그가 2주 전, 휴가를 떠나기 전에 새해 1분기까지 회사가 건강하게 유지될 만큼 회사의 이월 주문이 충분하다는 보고에 만족했었다. 그리고 휴가에서 돌아왔을 때 모든 이월 주문은 사라지고 없었다. 인터넷 기반 기업(dotcom) 열풍기에 그 어느 대기업보다도 고공 행진을 거듭하던 시스코는 이제 힘든 시기를 직면할뿐만 아니라 잠재 파산 위기에 직면하게 된 것이었다. 아침이 가기 전에 체임버스 최고 경영자는 바로 회사를 경착륙에 대비하게 하고 각 부서에서 예산 삭감을 준비한다. 며칠 뒤에 인터넷 기반 기업(dotcom) 호황에 직간접으로 기여한 야후(Yahoo)도 비슷한 상황에 직면한다.

거품이 터진 것이다. 그러나 아직 인텔에 여파는 오지 않고 있었다. 아마존, 시스코, 야후 등이 하룻밤 만에 주가가 80% 이상 사라진다. 새로 생긴 인터넷 기반 기업(dotcom) 회사들이 사라지고 거대 기술 기업들이 주식 가격이 붕괴하는 것을 보고 있을 때 인텔의 주식은 계속 상승한다. 이유는 무엇보다도 인텔의 주식은 기술 기업 시장에서 어느 누구보다도 안전한 투자처였기 때문이었다.

2000년 8월 31일, 기술 산업 분야의 기업들이 오래 전에 붕괴되고 난 후 인텔의 주가는 주당 78달러까지 치솟는다. 이 경악할 만한 가치에 인텔은 시장에서 유동성으로 거의 5천억 달러에 이르는 자금을 확보한다. 1조 달러의 절반에 이르는 금액이었다. 이 금액은 미국 자동차 기업 가치를 모두를 합한 것보다 큰 금액이었다. 바로 인텔이 세상에서 가장 가치 있는 제조업 기업이 되는 순간이었다. 전자 산업계 역사상 최초였으며 이와 같은 일은 애플 컴퓨터가 역사에 남을 성장을 보이기기 전까지 향후 10여 년 동안 다시 일어나지 않는다. 이 일은 인텔에서 앤디 그루브 시대의 완벽한 종결이었다.

6부
후유증

The intel trinity

57장

무어의 법칙이 주는 중압감

앤디 그루브의 뒤를 이어 인텔의 최고 경영자 자리에 오르게 되는 사람들은 20세기였다면 도저히 상상할 수 없는 새로운 일련의 일들이 일어나는 21세기에 도전하는 것에 만족해야 했다. 또한 그들은 세 명의 위대한 수장이 떠나고 뒤에 남겨진 공허함을 다뤄야 하기도 했다. 그리고 무엇보다도 마치 압박감처럼 이사회에서 자신들의 일거수일투족을 어깨 너머로 바라보는 앤디 그루브를 대해야 했기도 했다.

크레이그 바렛은 인텔의 최고 경영자 자리를 바로 인터넷 기반 기업(dot-com) 거품이 터져 이성의 판단을 집어삼키던 시기에 앤디 그루브로부터 물려받았다. 경영권 승계는 쉬운 일이 아니었다. 한 가지 분명한 것은 미친 듯한 성장을 다루는 데 명백한 문제가 있었다는 점이다. 언제 거품이 터질까? 인텔이 받은 주문 중 진짜 주문은 얼마나 되는가? 어떻게 불과 몇 킬로미터 밖에서 일어나는 골드 러쉬에 직원들이 낚여 회사를 떠나지 않도록 만들까? 그리고 머지않아 닥칠 피할 도리가 없는 거품 붕괴의 시기를 어떻게 대비할까?

또 다른 중요한 질문은 하늘로 치솟는 주가의 상승을 경험하는 대기업의 경우에만 경험하는 것이지만 '도대체 저 많은 현금을 가지고 무엇을 한단 말인가'였다. 한 가지 답은 앤디 그루브가 이사회의 회장이 되고 크레이그 바렛이 최고 경영자가 되던 날에 시행한 것으로 거래 가능한 주식 수를 줄여 현재 주식의 가치를 높이는 일이었다. 인텔은 수천만 주를 다시 사들인다.

그리고 두 번째 가능성은 인수 합병이었다. 앤디 그루브가 최고 경영자일 때 앤디 그루브는 심각하게 시스코의 인수를 고려했고 당시 시스코의 예상되는 인수 금액은 10억 달러를 약간 밑돌았다. 시스코를 인수한다면 이는 인텔을 단숨에 전산망 장비 시장에서 주요 기업으로 만드는 일이 가능했다. 그러나 결국 인수를 포기한다. "우리는 너무 성의 없이 시스코를 인수하는 문제를 고려했습니다. 시스코를 인수해 사용할 유통망이 없었습니다. 그러나 어떻게든 이 일을 해냈을지도 모릅니다."[1] 어쨌든 시스코는 1천억 달러 가치의 회사가 되었고 반면에 인텔의 핵심 사업에서 너무나 관련성이 떨어지는 사업이어서 인텔이 소홀히 다루거나 결국에는 포기함으로써 거대 기업이 될지도 모르던 잠재성을 다 살리지 못하는 결과를 낳았을지도 모른다. 또한 인텔의 주요 고객이 되지 못했을지도 모른다.

그 후 크레이그 바렛은 최고 경영자가 되고 그 역시 큰 규모의 포 테크놀로지(Fore Technologies) 인수 합병을 고려한다. 그러나 이러한 타협에 반전으로 (그리고 앤디 그루브의 자제로), 인텔의 이사회는 바렛의 인수 합병 안건을 부결한다. 앤디 그루브는 이 일을 다음과 같이 이야기한다. "유일하게 이사회가 경영진의 제안을 거절한 사례였습니다." 그리고 자신도 이사회의 의견에 동의했다고 말한다.

이사회의 결정은 바렛에게는 놀라운 질책이었다. 이와 같은 일은 노이스, 무어, 그루브에게서는 일어난 적이 없던 일이기 때문이었다. 분명히 이사회와 회사 경영진의 권력이 이동했음을 명백히 보여주는 일이었다. 이 일은 크레이그 바렛이 최고 경영자로서 재임하는 동안 겪은 큰 좌절감의 근원이 된다. 그러나 그가 칠 년 후 회사의 이사회 회장이 되자 똑같은 권력을 갖는다.

90년대 말, 돈으로 무엇을 해야 할지 모를 만큼 막대한 자금을 가지던 시절인 데도 왜 인텔은 시스코, 포 테크놀로지 그리고 수년 동안 살펴보던 여러 기업들의 인수를 포기했을까? 그 원인은 20여 년 전으로 돌아간다. 70년대 말에서 80년대 초, 반도체 관련 기업들을 전자 제품을 만들거나 전자 산업과 관련이 없는 분야의 대기업이 인수하는 경우가 많았다. 예를 들어 페어차일드는 프랑스와 미국 합작의 석유 기업 슐럼버거(Shlumberger)에 인수되었다. 이런 인수 합병의 실패는 필연일 수밖에 없었다. 가장 큰 이유는 이렇게 인수한 반도체 기업의 새 주인은 반도체 산업만이 가지는 역동성과 그 독특한 문화를 이해하지 못했기 때문이었다. 혼자 힘으로 살아남은 반도체 기업들은 인수 합병으로 실패한 경우를 만방에 알렸다. 그리고 필사적으로 '독소조항(poison pill)'과 같은 여러 규칙들을 도입하여 그와 같은 운명으로부터 살아남으려 했고 이러한 전략은 성과를 거둔다.

좋든 나쁘든, 반도체 기업들은 자신들을 믿었다. 그리고 그러한 믿음은 전 인텔의 임원에서 벤처 투자자(venture capital)로 변신한 조 도어(John Doerr)와 같은 사람들이 남긴 논평에서 항상 강조되어 왔다. 그는 인텔과 같이 마이크로프로세서 시장을 선도해온 기업은 자신들의 일에 실패의 여지를 남기지 않으며 결코 다른 사업에 관심이 분산되는 일이 없었다고 강조한다.

앤디 그루브가 2005년 스탠포드 대학에서 열린 강연에서 MBA 과정을 밟는 학생들에게 인텔이 언제나 사업 다각화의 측면에서는(사내 기업의 형태이든 인수 합병이든) 형편없었다고 말하는 모습을 강연에 참석하여 본 전기 작가 테드로우는 그가 반도체 업계에 퍼진 인수 합병 관련 미신을 믿는 듯해 보이기까지 했다고 말한다. 앤디 그루브는 이러한 인수 합병에 "전략적 인식"과 "전략적 의지"가 부족한 것이 근본 원인이었다고 말한다. 이와 같은 이유로 인텔은 새로운 사업 기회를 만날 때마다 일찍 포기해 버리고 말았다고 테드로우는 결론을 짓는다.

인텔이 막대하게 쌓인 자금을 활용한 세 번째 전략은 이 돈을 어려운 미래를 대비하여 저축하고 그중 일부는 회사의 운영에 과부하가 걸릴 만큼 과다하게 재투자하는 것이었다. 포 테크놀로지 인수 합병이 좌절되고 결국 크레이그 바렛은 이와 같은 의사 결정을 내리는 데 이 결정은 그가 최고 경영자로 재임하는 동안 가장 논쟁거리이자 가장 성공한 의사 결정으로 남는다.

그러나 이 결정은 크레이그 바렛의 편에서 쉬운 것은 아니었다. 한편으로 세상에서 가장 가치 있는 회사이자 세계의 경제의 중심축이며 미국의 경제를 지탱하는 기둥 중에 하나인 회사의 최고 경영자였기 때문이었다(1999년 인텔은 다우 존스 산업 지수에서 30대 기업에 들어간다). 또 한편으로 크레이그 바렛은 약 10년 후 은퇴에 즈음하여 월 스트리트 저널과의 인터뷰에서 거의 모든 경력을 "회사를 앞서 경영했던 경영진의 그늘에 가려" 보낸 것을 알았다고 밝힌다. 그리고 그중에서도 가장 큰 그림자는 바로 상사였던 앤디 그루브였다. "전설 같은 인물의 뒤를 따르는 일이 힘들었나요?"라고 기자가 묻자 "어땠을 거라고 생각하세요?" 바렛은 기자에게 바로 되묻는다.

새로운 관계는 좋게 출발한다. 앤디 그루브는 언제나 후계자의 좋은 이야기만 한다. "크레이그는 목적 의식이 뚜렷했습니다. 그리고 나보다 조직적이며 강인했습니다. 크레이그는 인텔을 일반 제조 회사에서 눈에 띄는 기업으로 바꾸어 놓았습니다. 이제 그와 같은 경험을 앞으로 승진하면 사업의 측면에서 적용할 준비가 되어 있었습니다."[2] 고든 무어 역시 바렛의 능력을 크게 격찬한다. 지난 몇 년 동안 이어진 경영진의 교체가 인텔 전체에 던져주는 불안감에도 적임자에게 경영권이 돌아갔다고 생각하며 인텔 모두가 만족해하는 듯 보였고 보다 부드럽고 친절해진 인상으로 인텔이 변화하는 점에 모두가 환영의 의사를 밝힌다.

그러나 전자 산업계의 비평가들과 언론은 그렇게 환영의 의사를 밝히지 않는다. 오랫동안 앤디 그루브가 가혹하게 자신의 힘을 여지없이 행사하던 태도를 신랄하게 비판해온 기자는 앞으로 인텔이 그러한 문화가 없이 지속될 수 있을지 의구심을 내비친다. 바렛이 앤디 그루브만큼 충분히 강인한가? 그동안 회사의 안방마님 역할을 잘 해오던 그가 과연 이제 가장으로서 역할을 잘 해낼까? 특히 무엇보다도 천재 같은 능력으로 자신이 저지른 실수를 피하지 않고 인정한 후 회사를 앞으로 계속 이끌어 나가던 전 세계에서 유명한 앤디 그루브의 그늘을 넘을까? 바렛이 그런 능력이 있을까? 오직 이를 확인할 길은 인텔에 찾아오는 다음의 위기일 것이고 아마 그때면 너무 늦었을지도 모르는 일이었다.

결국 인텔에 다음 위기가 찾아왔을 때 크레이그 바렛은 그 검열을 통과한다. 바렛은 현기증이 날 정도로 좋은 시절과 힘든 시기 모두 인텔을 하나로 묶는 데 성공하고 인텔의 최고 경영자로 1998년부터 2005년까지 7년 동안 재임한다. 그리고 앤디 그루브가 인텔에서 완전히 공식 은퇴하자 바로 이사회 회장 자리에 오른다. 바렛이 최고 경영진 자리에서 물러날 때 인텔의 연간 매출은 380억 달러에 이르렀다. 이 수치는 미국 역사에서 가장 불황의 시기로 꼽히는 네 번 중 한 번의 기간이자 바렛이 최고 경영자 자리에 올랐을 때보다 훨씬 커진 매출이었다. 또 한편으로 크레이그 바렛이 자리에서 물러설 때 주가는 그가 최고 경영자가 되었을 당시의 인텔 주가와 거의 같았다. 이 결과물이 인텔의 최고 경영자로서 크레이그 바렛의 재임 기간을 인텔 역사 속에서 대표적으로 어떻게 나타내는지 보여준다. 바렛은 회사를 어려움에 빠뜨리지도 않았지만 회사를 그 전보다 더 크게 만들지도 않았다. 어떤 면에서는 아주 뛰어난 일을 하기도 했지만 어떤 면에서는 어리석고 많은 대가를 치루는 일도 한다. 그리고 앤디 그루브와 다르게 그리고 확실히 밥 노이스와도 다르게 조용히 최고 경영자 자리에서 물러난다.

인텔의 최고 경영자로서 크레이그 바렛이 재임한 기간이 인텔 역사에서 각주와 같은 보충의 부분이라면 이는 그의 편에서 노력이 부족했기 때문이 아닐 것이다. 대학을 다니면서 약 16 킬로미터 정도의 그다지 멀다고 할 수 없는 거리를 운전하던 학생이 가장 왕성하게 출장을 다닌 최고 경영자가 되었다. 그리고 책상에 앉아있지 않고 항상 현장으로 뛰어다니는 최고 경영자의 모습을 구현해 냈다. "크레이그 바렛은 한 주의 근무를 자신이 25년 동안 살아온 피닉스에 위치한 인텔의 연구소에서 시작하여 화요일 아침에는 캘리포니아 산타클라라에서 시작하고 몬타나에 위치한 자신의 유명한 쓰리 리버 리조트(Three River resort)에서 낚시와 사냥을 즐기며 한 주를 끝내고 일요일 늦은 밤에 피닉스로 돌아오는 일정으로 유명했습니다."3

개인적으로 크레이그 바렛은 앤디 그루브와 완벽하게 대조되는 성격의 인물이었다. 앤디 그루브는 작고 항상 깔끔한 옷차림의 모습에 항상 신속하게 움직이는 사람이었고, 화가 나면 검붉은 핏대가 이마에 서면서 언제나 정면으로 싸움을 거는 듯한 싸움닭의 인상이었으며, 항상 말을 빠르게 했다. 반대로 바렛은 거대한 덩치에 어슬렁거리는 듯한 몸 동작 그리고 목에 맨 넥타이가 어색해 보이는 검게 탄 목 부위와 무딘 손을 가진 목축업자 같은 인상에 약간은 느릿느릿하지만 뚜렷한 말투를 지녔다. 두 사람 모두 화를 잘 냈지만 앤디 그루브가 불같이 목소리를 높이고 감정이 앞서 보였다면 크레이그 바렛은 차갑고 딱딱하며 절대 다시는 용서하지 않을 듯이 화를 내는 스타일이었다. 많은 인텔의 직원들이 앤디 그루브가 보여준 "헝가리 훈족 아틸라 왕(Atila the Hungarian)" 방식의 경영 방식에 고통스러워했다(옮긴이: 아틸라는 훈족 최후의 왕이며, 유럽 훈족 가운데 가장 강력한 왕으로 유럽을 8년가량 지배하였다). 그리고 새로운 최고 경영자에 환영의 뜻을 밝혔지만 그들은 머지않아 전임 최고 경영자를 그리워하게 된다. 앤디 그루브는 논쟁을 즐겼다. 이는 논쟁을 좋아하는 자신의 모습과 열정을 보여줄 일종의 시합이었기 때문이었다. 그러나 언제나 큰 그림을 그리고 그 안에서 해결책을 찾으려 하던 크레이그 바렛에게는 소비자가 시합의 대상이었다. 앤디 그루브가 직원에게 소리를 지르고 그를 향한 나쁜 감정을 10년 넘게 품을지는 모르지만 느닷없이 용서를 하고 그 직원을 반갑게 맞는다. 그러나 바렛이 한 직원에게서 고개를 돌리면 그 직원은 영원히 그 어둠과 외면 속에 갇혀야 했다. 하지만 크레이그 바렛은 첨단 기술 산업 분야에서 직원들이 대단한 일을 하도록 만드는 뛰어난 능력을 가졌다. 그러나 앤디 그루브는 여러 측면에서 자신이 너무나 싫어한 밥 노이스 때문에 직원들에게 인텔을 위해 업무를 강요했을지도 모른다.

크레이그 바렛이 인텔의 경영자가 되자마자 바로 직면하는 것이 명확했다. 바렛은 앤디 그루브가 아니었다. 그리고 그 누구도 앤디 그루브가 될 수 없었다. 인텔의 문화에는 앤디 그루브의 성격이 지난 30여 년 동안 각인처럼 새겨져

왔고 이는 인텔의 유전자 속에 영원히 내재되었으며 세상을 바라보는 관점조차 그의 영향이 드리워져 있었다. 인텔의 직원들은 "앤디 그루브의 이야기"를 반복했고 그가 세계에서 명성을 얻자 흥분을 감추지 못했다. 더군다나 앤디 그루브는 여전히 인텔에 머물며 바렛의 지도력에 동의하지 않는 사람들을 위한 공정한 재판관처럼 바렛의 어깨 너머로 인텔을 바라보고 있었다.

바렛은 대중의 인기를 끌만한 연기력을 가지지 못했다. 바렛은 관중들을 사로 잡을만한 표현을 하지도 못했고 유능한 연설가도 아니었다. 전 세계를 바쁘게 돌아다니는 출장길에 올랐지만 넬슨 만델라와 강단을 공유하지도 않았고 베스트셀러 책을 집필하지도 않았으며 AMD를 립싱크한 가수에 비교하지도 않았다. 바렛은 자신을 여전히 문제 해결자로 보았으며 어려운 상황을 편견없이 객관적인 시각으로 바라보며 해결하거나 타협안을 내놓고 또 문제를 해결할 기계(machine: 카렌 알터의 표현을 빌려서)를 만들어내는 이미지로 보았다.

크레이그 바렛은 실리콘밸리에서 가장 뛰어난 최고 관리 책임자(COO)가 틀림이 없었고 이 부분 만큼은 앤디 그루브보다도 훨씬 뛰어났다.

"한번은 우리 공장에서 21명의 관리자들을 모아 회의를 가졌던 일을 기억합니다. 우리는 공장에서 제조하는 모델 변경 이야기를 나누었고, 마치 자신만의 왕국을 다스리는 왕자인양 생각하던 한 고참 관리자가 '이 문제를 논의할 것입니까? 아니면 투표를 할 것입니까?'라고 물었습니다. 나는 그에게 이렇게 대답해 주었죠. '네, 우리는 투표를 할 예정입니다. 단, 내게 22장의 지지표가 있다는 사실에 유념하기 바랍니다.' 이렇게 모두에게 매듭을 짓게 하고 의사 결정을 하게 해야 했습니다."[4]

그러나 최고의 관리 책임자라는 명성이 항상 최고의 경영 책임자가 된다는 사실을 뜻하지는 않았다. 전자는 탁월한 능력을 필요로 했고 후자는 미래를 보는 통찰력을 필요로 했다. 이때가 1980년대 초반이었고 인텔이 가장 우선해서 추구해야 할 일이 x86 기술을 계속 개발하고 경쟁자들을 물리치는 상황이었다면 반도체 산업에서 회사를 가장 빈틈없이 운영할 줄 알던 바렛은 아마도 크게 성공하고 유명한 최고 경영자가 되었을 것이다. 그러나 그가 최고 경영자의 자리를 물려받은 시기는 새로운 세기가 시작되는 때였다. 그리고 불행하게도 바렛의 경영권을 물려받았을 때 인텔은 그가 통제할 수 없는 역사의 힘에 따라 타격을 계속해서 받았을 때였다. 첫째로 인터넷 기반 기업(dotcom) 거품이 꺼지던 시기였다. 새롭게 등장하는 인터넷 시대에 거대한 벤처 투자자들의 투자를 받아 호황을 타고 대부분의 경쟁력조차 없던 수천 개의 인터넷 기반 기업(dotcom)을 양산하던 시기였고 이 거품이 꺼지자 계속해서 그 여파가 전자 산업계로 퍼졌다. 그리고 그 다음으로 세계 경제를 거의 마비시킨 9/11 사태가 터진다. 마지막으로 인터넷 거품과, 엔론 회계 부정사건, 월드컴 등의 결과로 가장 유명한 사베인 옥슬리 법(Sarbanes-Oxely and options expensing) 등의 새로운 규제가 등장했고 이는 실리콘밸리가 보여주는 역동성을 뿌리부터 뽑는 결과를 낳는다.

그렇게 바렛은 모든 임기 기간을 위기 상황 속에서 보낸다. 끊임없이 외부로부터 찾아오는 거대한 위협으로부터 회사를 지켜야 했다. 이 기간에 유일하게 공격적인 경영을 추구할 유일한 방법은 애플 컴퓨터에 복귀한 스티브 잡스가 닦아 놓은 길을 따라가는 것 뿐이었다. 스티브 잡스는 카리스마 넘치는 신화 제조기로서 애플 컴퓨터를 자신이 원하는 모습으로 재탄생시킨다. 그러나 스티브 잡스는 크레이그 바렛이 아니었다. 그리고 애플도 인텔이 아니었다. 혹은 적어도 지난 20여 년 동안의 인텔도 아니었다. 앤디 그루브는 인텔을 신나고, 흥미진진하고, 조금은 위험해 보이기까지 한 곳으로 만들었다. 이제 인텔의 역사 속에서 처음으로 인텔은 애플 컴퓨터와 새롭게 실리콘밸리에 등장한 구글, 페이스북 그리고 트위터와 같은 기업들과 비교해서 나이 들고 지루한 회사로 비추어지기 시작한다.

크레이그 바렛은 이 문제에 아무 행동도 취하지 않는다. 그러나 거품 시기 동안 인텔의 자금을 축적한 의사결정은 인텔 역사에서 가장 중대한 결정 중에 하나임이 드러난다. 인터넷 기반 기업(dotcom) 버블이 터지고 나서도 인텔의 주가는 한 동안 다른 첨단 기술 기업들의 주가들이 겪는 폭락이 없었다. 투자 안전처로 많은 자금들이 인텔로 몰리면서 더욱 자금 확보에 도움이 되기도 한다. 그러나 그로부터 열 달 정도가 지나자 인텔도 하락을 모면하지 못한다. 차이점이라면 대부분의 회사가 파산으로 가는 동안 또는 거의 파산할 뻔하는 동안 수많은 대량 해고를 단행하고 사업 구조를 재조정하는 것과 비교해서 인텔은 돈다발에 빠져 있었고, 이에 한 동안 다양한 분야로부터 비난을 받기도 한다(바렛은 월 스트리트 저널과의 인터뷰에서 "정말 많은 비난을 받았습니다."라고 말한다). 바렛은 그렇게 축적된 자금을 거품이 지나가고 9/11 사태 이후에 다가오는 어려운 시절을 대비해서 높은 비율의 연구 개발 비용으로 사용하고 고용을 유지하는데 쓰기로 결정한다.5 그리고 시간이 지나자 바렛의 결정이 옳았음이 드러난다. 그리고 앤디 그루브는 이 결정은 크레이그 바렛이 내린 결정 중에 가장 훌륭한 것이었다고 평가한다. 그리고 경기가 살아나자 다시 한번 인텔은 그 어느 경쟁자보다도 강한 동력을 지닌다.

그러나 바렛이 내린 결정은 그가 남긴 유산에 영원히 따라 붙는다. 바렛은 그렇게 인텔의 핵심 사업부에서 다각화를 시도하고 통신 시장의 절정기가 다가오는 시기보다 약 10년이 빠르게 주로 통신 산업을 주축으로 인수 합병을 시도한다. 훗날 이 일을 바렛에게 물어보자 바렛은 다음과 같이 회상한다. "나는 주로 고가에 기업을 인수해서 헐값에 되팔았습니다. 그러나 적어도 이 당시에는 돈이 넘쳐났습니다."6

2005년이 되자 바렛은 최고 경영자 자리에서 물러나 이사회 회장직에 오르고 앤디 그루브는 공식 은퇴를 한다. 앤디 그루브는 그 후에도 '특별 조언 담당'의 역을 맡는다. 시장은 모든 기업들이 모바일과 MP3 오디오, 핸드폰 그리고 휴대용 기기가 대세라며 비명을 지르고 있었다. 인텔의 직원들조차도 아이팟(iPods)으로 음악을 듣고 지역 전자 상품 코너 앞에 줄을 서서 혹은 텐트를 치고 밤새 기다리며 애플의 아이폰(iPhone)을 최초로 구입하는 영광스러운 권리를 자랑하고 싶어 하는 상황에서도 인텔은 여전히 모바일 시장을 부수 시장 또는 틈새시장으로 보았으며 계속해서 개인용 컴퓨터 시장에 초점을 잡았다. 그러나 이제 새로운 세대가 이끄는 반도체 회사들은 인텔이 시장을 제대로 보지 못한다는 사실을 눈치 챘고 거대한 기회를 잡기 시작한다. 그리고 그들은 높이 올라서기 시작한다.

새롭게 등장한 위기를 넘어설 책임은 이제 인텔의 새로운 최고 경영자인 폴 오텔리니에게 넘어갔다. 오텔리니는 인텔에서만 30여 년을 근무해왔고 그가 성인이 된 후 인텔은 유일한 직장이었다. 오텔리니는 똑똑했고 호감이 가는 스타일에 항상 신중하고 자신감이 넘쳤다. 오텔리니는 전 운동선수 출신에서 기업가로 변신한 듯한 인상에 마치 고든 무어를 틀로 만들어 그 틀에서 뽑은 듯이 닮은 외모였으며, 25년 동안의 시차가 있긴 하지만 두 사람 모두 베이 지역에서 성장했고 버클리에서 공부를 했다. 실제로 오텔리니야말로 실리콘밸리에서 진정한 샌프란시스코 토박이 출신이었다. 줄곧 거기서 살아왔고, 형은 멘로 파크의 큰 교구 목사로 활동하였으며 실리콘밸리의 새로운 문화에 깊이 젖어 있었을뿐만 아니라 오래된 문화도 익숙한 사람이었다. 예를 들어 지역 보헤미안 클럽(Bohemian Club)의 회원이었고, 가족 농장 그리고 산타클라라 대학의 일에도 깊이 관여하였다.

오텔리니는 굳건한 능력과 근면으로 승진을 거듭했다. 사실 자신에게 맡겨지는 어떤 일도 척척 해내는 거의 초인 같은 능력을 언제나 보여주었다. 오텔리니는 앤디 그루브의 기술 지원 담당이었으며 IBM과의 고객 관계를 담당하였고 판매와 마케팅 부분 부회장으로 회사의 마이크로프로세서와 칩셋 사업부를 담당하기도 하였다. 그리고 2002년 인텔의 최고 관리 책임자와 이사회 임원으로 임명된다.

이 시점에서 바렛을 제외하고는 누구도 폴 오텔리니보다 인텔의 다양한 부서를 담당해 본 사람은 없었다. 그가 바렛의 후계자가 될 것이라는 사실에 아무도 의구심을 가지지 않았지만 회사 내부에서는(특히 이사회에서는) 그의 승진이 불분명했다. 오텔리니는 기술자 출신이 아니었기 때문이었다.

이 사실을 훗날 오텔리니가 산타클라라 MBA 학생들에게 이 이야기를 했을 때 유용한 해결책을 찾았다고 말한다. 대부분의 기술자들이 임원진 수준에 다다를 무렵이면 그들이 배웠던 기술은 이제 더 이상 유용하지 않은 경우가 많다는 점에 주목한다. 그리고 다음과 같이 내용을 추가한다. "인텔 같은 기술 기업에서 공학 전공을 하지 않았다는 문제를 나는 거의 40여 년 가까이 겪어왔습니다. 그리고 그 문제에 가끔 명백한 질문을 하게 됩니다. 사람들이 내게 다가와서 '나는 이런 능력이 있습니다. 그리고 우리는 이런 뛰어난 성능의 칩이 있습니다. 당신은 이렇게 하는 것이 가능하나요?' 그러면 나는 '대단합니다.'라고 말합니다. 그리고 그래서 누가 이 칩을 사고 싶어 하죠? 그들이 이 칩으로 무엇이 가능하죠? 그리고 이러한 현실 인식이 가장 중요한 요소가 되어 주곤 했습니다."[7]

그가 승승장구하는 것처럼 들릴지도 모르지만 막상 2005년에 바렛이 최고 경영진에서 물러나고 이사회 회장으로 옮길 준비를 하자 이사회는 그를 대체할 인물을 찾기 시작한다. 오텔리니가 공학을 전공하지 않았다는 사실이 무겁게 앞날을 가로막았던 것이다. 그리고 가장 중요한 점은 오텔리니의 승진을 가장 적극적으로 반대한 사람이 바로 크레이그 바렛이라는 점이었다. 오텔리니가 지난 3년 동안 보고를 해오고 그가 최고 경영자가 된다면 앞으로 보고해야 할 사람이었다. 이런 상황은 결코 즐거울 수가 없는 위치였다. 그리고 저녁 시간에 전화를 받기 전까지는 오텔리니는 이사회가 어떤 결정을 내릴지 알 수가 없었다. 모든 것을 고려하더라도 인텔의 최고 경영자 자리는 오를 가치가 분명했다. 그리고 마침내 이사회로부터 그가 최고 경영자에 임명되었다는 전화를 받는다. 그리고 앞으로 다가오는 오랜 기간 동안 크레이그 바렛과 앤디 그루브가 자신의 대외 활동까지 포함하여 일거수일투족을 미리 알고 대처하는 상황에 처하자 폴 오텔리니는 인텔의 최고 경영자 자리에 오른 것은 심각한 실수가 아니었는지 가끔은 의구심을 갖는다.

2005년 5월, 오텔리니가 최고 경영자 자리에 오를 때 인텔은 '전에 없이 겁을 먹고' 있었다. 상황이 너무 안 좋았기 때문에 창립 45주년 기념식을 가져야 할지조차 의문이었다. 그리고 오텔리니는 쥐었던 칼을 휘두를 수밖에 없었다. 거의 2천여 명의 직원이 해고를 당하고 직원 자연 감소에 따른 충원을 중단하고 많은 판매 부서를 없앤다. 그중 천 명 이상의 관리자가 해고된다.

"이 일은 끔찍했습니다." 오텔리니는 훗날 이렇게 회고한다. 그들과 가장 가까이서 수십 년 동안 일해 왔던 사람이었기 때문이었다. "며칠 밤을 잘 수가 없었습니다. 나는 이 해고가 내가 최고 경영자로서 처음 계획했던 일이 아님을 기억합니다."8

2005년, 인텔과 오텔리니가 부딪힌 시장의 현실은 마이크로프로세서에서 플래시 메모리까지 전력을 다해 기술 개발을 하며 전진함에도 전방위에서 인텔의 방심한 틈을 경쟁사들이 시장을 차지하기 시작했다는 사실이었다. 바렛이 진행하던 모든 사업이 인텔을 노쇠하고, 부유하고, 산만하게 만들었던 것일까? 아마도 언급했던 모든 것들일지도 모른다. 그리고 이제 새로운 경쟁자들이 모든 시장에서 도전장을 던진다.

가장 놀랍고 두려운 도전은 플래시 메모리 시장에서 나타난다. 앞서 언급했듯이 인텔은 1988년에 최초로 상용 플래시 칩을 만들었고 그동안 시장을 완전히 장악해 왔다. 그리고 시장의 규모는 2012년 250억 달러 규모로 성장했고, 오랫동안 인텔의 주요 수익원이 되어 주었다.

그런데 2006년, 갑자기 하늘에서 떨어진 듯이 한국의 대기업 삼성이 뛰어난 성능의 플래시 메모리를 발표하고 금세 인텔의 사업 영역에서 큰 부분의 점유율을 차지한다. 인텔은 충격에 빠졌고 반격을 준비한다. 그리고 삼성이 유일하게 인텔을 위협하는 경쟁자임을 확인한다. 한 가지 사실을 들자면 삼성은 대기업이며 다양한 사업 구조를 가졌다. 바로 삼성은 스스로가 가장 큰 고객이기도 한 것이다. 더군다나 극동의 지역에 위치하여 이 지역에 위치한 다양한 게임 제작사와 소비자 가전을 제작하는 기업들에 접근하기 유리했다. 그리고 마지막으로 기업 외부자들과 이야기를 나누는 과정에서 삼성이 시장에서 승리하려고 보여준 노력은 마치 이 세상과 전혀 다른 차원의 맹렬함을 보는 듯하다는 사실에 인텔의 경영진을 말 그대로 눈에 보이게 떨리게 만든다. 그리고 이와 같은 긴장감은 인텔이 오랫동안 느끼지 못한 강렬함이었다. 심지어 삼성은 공개적으로 반도체 분야에서 1인자가 되겠다고 공표까지 한다. 재빨리 인텔은 과거에 시도하다가 실패했던 관계를 한국에 세우려고 새로운 사업을 준비하지만 2013년 삼성은 여전히 인텔이 가진 세상에서 가장 큰 반도체 칩 제조사라는 지위에 도전 중이다.

한편 마이크로프로세서 시장에서 새로운 위협은 영국의 캠브리지에 위치한 ARM이었고, 이 회사는 자신들이 칩을 직접 제조하는 것도 아닌 단순히 자신들이 개발한 스마트폰에 사용되는 칩을 만드는 지적 재산권 면허를 판매하는 회사였다. ARM은 스마트폰 분야에서 기회를 일찍 포착했고 노트북이나 태블릿 그리고 새로운 세대의 핸드폰에 사용되는 뛰어난 성능을 보여주는 칩을 개발했다. 매우 인상 깊은 움직임이었고 게다가 더욱 중요한 점은 ARM의 초기 투자사 중에 한 곳이 바로 애플 컴퓨터였다는 사실이다. 그리고 ARM에게 첨단 기술 산업 분야의 역사에서 새로운 혁명을 이끌게 될 프로세서를 만들 회사로서의 기회를 갖게된다. 바로 아이팟과 아이폰 그리고 아이패드로 이 제품들은 각각 수백억 달러의 새로운 시장을 창출해 낸다. 그리고 이 모든 시장은 적어도 초기에는 애플 컴퓨터가 독점한다.

그 사이 인텔은 자신에게 화풀이를 할 뿐이었다. 인텔은 지난 몇 년 동안을 WiMax라 불리는 무선 전산망 사업에 초점을 잡았고 이 사업은 G4 무선 기술이 나오면서 사장된다. 그리고 인텔은 아톰이라 명명된 저전력에서 운영되는 새로운 제품군을 개발했지만 이 제품군을 노트북과 넷북용으로만 시장에 내놓고 태블릿이나 스마트폰용으로는 선보이지 않는다. 그렇게 인텔은 새로운 기회를 날려버렸다. 거의 40여 년 동안 산업계의 표준으로 군림해오던 인텔은 이제 새로운 시장을 다른 작고 젊은 회사들이 주도하는 것을 보며 충격에 빠진다.

"태블릿 시장을 놓친 것을 그다지 나쁘게 생각하지 않았습니다."라고 오텔리니는 회사를 옹호하는 분위기로 말한다. "모든 다른 기업들도 마찬가지로 느겼으니까요."9 오텔리니는 2012년 인텔의 프로세서를 장착한 태블릿이 15종이 출시되었다는 사실을 대중에 알리지만 애플이 태블릿 시장의 90%를 차지하는 상황에서 이는 큰 의미가 없는 일이라고 상기시킨다. 2010년 말까지 18억 개의 ARM 프로세서가 소비자들이 사용 중인 것으로 집계된다.

한편 오텔리니는 핸드폰 시장은 인정한다. "핸드폰 시장은 내가 안타깝게 생각합니다. 초기에 우리가 시장을 선점할 기회가 있었기 때문이었죠. 사실 최초의 RIM(블랙베리) 장치는 386 모델을 내장했습니다. 누가 알았겠어요? 우리는 정말 핸드폰이라면 아무것도 몰랐습니다."10

오텔리니는 아틀란틱 월간지(Atlantic Monthly)에 다음과 같이 말한다. "내가 그 일로부터 배운 것은 우리가 오랫동안 여기 책상에 앉아 숫자 이야기를 하는 동안, 내 경력에서 수도 없이 내 직감에 따라 의사 결정을 했다는 점입니다. 그리고 나는 내 직감을 따랐어야 했습니다. 내게 '그래'라고 말하던 그 직감 말이죠."11 결국 오텔리니는 모바일 사업 부분에서 인텔의 실패를 묻는 질문에 다음과 같이 답변한다. "우리는 승리할 때까지 모바일 시장에서 떠나지 않을 것입니다."

이렇게 단호한 표현이 입증이 될지 어떤 결과를 가져다줄지 몰라도, 오텔리니는 긴 싸움을 준비했고 그 결과는 오텔리니가 회사를 떠나고 오랜 시간이 지난 다가오는 10년 이내에 알 수 없을지도 모른다. 그러나 근시일 내에서 인텔은 역풍에 맞서 싸우고 있을 것이다. 2008년에 닥친 불황이 그리고 이 불황의 약해진 여파가 바렛이 불황기에 그랬던 것처럼 오텔리니 역시 재임 기간 동안에 반복되는 경향을 보여줄 것을 장담하게 했다. 인텔은 거의 10년 동안 400억 달러에 조금 못 미치는 선의 매출을 유지한다. 그리고 오텔리니가 경영권을 넘겨받는 지난 3년 전부터 인텔은 다시 성장하기 시작한다. 그리고 지난 2011년, 드디어 500억 달러의 매출을 올린다. 그리고 다음 해에는 그 수준보다 조금 내려간 매출을 기록한다.

경제 불황기에 인텔에 합류했던 크레이그 바렛은 그때보다 더 큰 불황기가 닥친 2009년에 공식 은퇴한다. 다시 사냥을 즐기기 시작했고 유명한 리조트 별장을 운영하면서 애리조나 주에 있는 대학을 위한 장학금을 모집하기도 하고 전직 핀란드 미 대사였던 바바라 부인이 우주 비행을 하려는 요청에 응하기도 한다.

그리고 2013년, 39년 동안의 인텔 근무에 지치고 안도감을 찾기위해 폴 오텔리니는 최고 경영자 자리에서 물러난다. 공식 은퇴 발표는 2012년 말에 이루어졌고 아직 3년 이라는 공식 기간을 남겨 두었기 때문에 이 소식은 모두에게 달갑지 않은 놀라움이었다. 그의 유일한 공식 언급은 "이제 새로운 세대의 인물에게 인텔이라는 성역을 넘겨주고 떠나야 할 때입니다."였다. 한편 구글의 이사회에서 여전히 활동을 하고 있는 오텔리니는 긴 경력에서 더 이상의 역은 맡지 않겠다고 선언한다. 그가 은퇴하던 날, 인텔의 최고 경영자로서 재임하는 기간 동안 반복해서 나오던 주제이자 여전히 1%대의 시장 점유율을 보이던 모바일 시장에서 모바일 기기에 특화된 새로운 제품군을 선보인다는 발표를 한다. 그리고 1982년 인텔에 입사하여 최고 관리 책임자를 맡고 있던 브라이언 크르자니크(Brian Krzanich)가 새로운 최고 경영자가 된다.

크레이그 바렛과 폴 오텔리니가 남긴 유산이 무엇이든지 간에 한 가지 사실은 모든 것을 넘어 계속된다. 두 사람 모두 재임 기간 동안 무어의 법칙을 계속 유지 계승했다는 점이다. 그렇게 그들은 디지털 혁명을 인간의 다음 세대로 한 번 더 가속시켰고 모바일 컴퓨터 세상, SNS(Social Network Service) 그리고 인터넷으로 자신들의 삶을 바꾸려는 세상의 30억 명 이상의 사람들에게 여덟 종류 이상의 디지털 제품을 선보였다. 이와 같은 일은 당연히 이루어진 일도 아니었고 쉬운 일도 아니었다. 바렛은 은퇴와 관련하여 월 스트리트 저널 기사에서 다음과 같이 말한다.

"무어의 법칙은 똑똑하고 혈기 왕성하고 학교를 갓 졸업한 신입 사원들 앞에 걸린 그 어떤 상징입니다. 그리고 우리는 그들에게 이렇게 말합니다. 우리는 지난 40여 년 동안 이 법칙이 유지되도록 지켜왔습니다. 그러니 이 법칙을 망치지 마세요. 그리고 신께 맹세컨대, 그들은 절대 망치지 않을 겁니다."

"불가피하게 몇 년에 한 번씩은 어떤 회사가 왜 2년마다 우리의 기술을 개선하려고 이렇게 허둥지둥 되어야만 하는지 묻고 속도를 늦춰 4년으로 주기를 바꾸면 투자 금액도 반으로 주는 것이 아니냐고 주장합니다. 그리고 처음 듣기에는 그럴싸한 소리로 들릴지 모르지만 그렇게 행하는 회사들은 여지없이 시장점유율을 빼앗겼습니다."

바렛은 또 이런 경험도 있었다고 털어놓는다. 2000년대 초, 인텔이 펜티엄 4 마이크로프로세서를 너무 오랫동안 시장에서 판매하다가 작은 업체인 AMD가 전체 시장의 절반을 집어삼키는 상황이 온 것이다. 바렛이 모든 직원에게 보내는 쪽지에 온갖 독기를 담았고 직원들은 그 쪽지에 떨어야 했다고 한다. "다시는 절대 그런 일이 일어나지 않게 합시다."라고 바렛은 최후통첩을 했다고 한다.[12]

2008년, 오텔리니 역시 월 스트리트 저널 기사에 다음과 같이 말한다. "오텔리니씨가 인텔에서 향후 5년 동안 가지는 한 가지 웅장한 목표가 있다고 밝힌다. 무어의 법칙을 계승하겠다는 의지였다. '제가 지켜보는 한 무어의 법칙이 깨지지 않을 것이라는 사실을 보장해 드립니다.'라고 전율과 함께 말한다. '첨단 기술 산업 분야에서 아무도 무어의 법칙을 깨는 자가 되고 싶어 하는 사람은 없습니다. 그리고 확실히 무어의 법칙을 깨는 사람은 제가 아닐 것입니다.'[13]

인텔이 항상 가지는 유감이라면 인텔의 3인방이 함께 모여 찍은 사진이 한 장 밖에 없다는 점이다. 그래서 회사는 무언가 참신함을 찾으려는 안쓰러운 시도로서 정기적으로 이 사진을 거둬들이거나 반대로 놓는다. 그 외에 화질이 거칠고 야외에서 찍은 사진으로 노이스가 세상을 떠나기 불과 한 달 전에 찍은 사진이 있다. 이 사진에는 여섯 명의 초기 인텔 직원들과 모여 찍은 사진으로 그들은 여전히 그 사진을 찍은지 20여 년이 지난 오늘도 인텔에서 근무한다. 이 사진 속의 노이스는 충격적으로 나이가 들어 보이고 뒷줄에 진 존스(Jean Jones), 톰 아인스(Tom Innes), 테드 젠킨스(Ted Jenkins) 그리고 노비 클라크(Nobi

Clark)와 함께 서있다. 그루브와 무어는 앞줄에서 레스 바데즈(Les Vadasz)와 조지 치우(George Chiu)와 함께 무릎을 꿇고 앉아 있다. 그리고 모두가 밝은 햇빛에 눈을 가늘게 뜨고 카메라를 바라본다.

그리고 한 전문 사진가가 인텔을 위대함으로 이끈 세 사람을 찍은 한 장의 사진으로 돌아간다. 이 사진은 1970년대 말에 찍은 사진으로 사진 자체만으로도 지나간 세월이 느껴진다. 세 사람은 회의실로 보이는 방에서 탁자 뒤에 자세를 취하고 있고 전통 나무판에 알루미늄 금속으로 테두리를 두른 문이 그들 뒤로 보인다. 그들 앞에 있는 탁자 위에는 포스터 크기의 투명한 유리판에 반도체 칩 설계도가 놓여 있는데 아마도 초기 마이크로프로세서 중의 하나로 보인다. 이 투명한 유리판을 소량으로 재생산한다면 그저 탁상용 타일이나 대리석 장식 같이 보일 것이다.

세 사람은 탁자 뒤에 삼각형 형태로 자리를 잡았다. 무어는 오른쪽에 위치했고 셔츠 주머니에는 이름표가 있고 주먹을 탁자 위에 얹고 있는 모습이다. 노이스는 그 뒤에 있다. 주머니에 손을 넣고 화려한 넥타이를 맸는데 지금 유행하는 기준으로 보자면 너무 넓고 짧다. 무어와 노이스 모두 자신들만의 카리스마가 보이는 미소를 짓고 있다.

그루브는 왼쪽에 섰고 사진에 보이는 것으로 보나 상징적으로도 보나 확연히 다른 모습이다. 그는 인텔 직원 사진에서처럼 분간이 되지 않는 모습의 앤디 그루브가 아니다. 그러나 아직 기업가로서 상징 인물이 된 앤디 그루브의 모습도 보이지 않는다. 안경을 쓰지 않았지만 마리오 형제와 같은 모습의 콧수염을 사진 속에서 뽐낸다. 정장 차림에 안경을 쓴 고든 무어와 정장 차림의 밥 노이스와 달리 그루브는 목까지 올라오는 스웨터 복장에 금속에 스는 녹 같은 색상의 코듀로이 소재 바지를 입었다.

그러나 무엇보다도 앤디를 설명해 주는 것은 그의 자세이다. 밥 노이스와 고든 무어는 다소 뻣뻣하게 선 반면 앤디 그루브는 오른쪽 다리를 탁자에 걸치고 반은 앉고 반은 선 자세이다. 이 자세는 밥 노이스의 앞으로 낮은 벽을 만들뿐만 아니라 시각적으로 노이스를 사진 뒤편으로 물러나 있는 듯이 보이게 만들며 게다가 앤디 그루브의 무릎은 상사의 사타구니를 향한다. 사진 속의 앤디 그루브는 재미있어 하는 듯한 느낌을 분명히 준다.

이 사진이 바로 인텔이 그 동안 가진 유일한 사진이다. 사실 8인의 배신자들이 찍은 사진을 포함하여 다른 사진들이 제법 있다. 스티브 잡스와 밥 노이스가 함께 찍은 사진도 있다. 그리고 물론 실리콘밸리의 상징인 사진을 포함하여 노이스와 무어가 찍은 수많은 사진들이 있다. 그리고 오랜 시간을 거치면서 무어와 그루브가 찍은 무수히 많은 사진들이 있으며 앤디 그루브의 휴가 사진 앨범에 묻힌 사진들을 제외하고는 노이스와 그루브가 단둘이 찍은 사진은 없다.

그래서 다시 이 모든 것은 세 사람이 함께 찍은 그 한 장의 사진으로 돌아온다. 수 세대를 거치는 과정에서 수천 명의 인텔 직원들이 좋은 시기에도 그리고 나쁜 시기에도 이 사진을 올려다보며 자신들에게 밥 노이스와 고든 무어 그리고 앤디 그루브가 이룩한 성취를 되묻는다. 그리고 인텔 역사 중에 가장 어두운 시기에 찍힌 이 사진이 주는 유일한 대답은 '자신감을 가져라. 그리고 두려워하지 마라'이다.

인텔의 반세기라는 역사의 전환점을 맞는 지금 이 두 가지 대답이 주는 교훈이 부족해 보인다. 인텔은 여전히 세상에서 가장 가치 있는 회사 중에 한 곳이고, 20여 개 이상의 나라에서 수만 명의 직원을 고용한 거대 기업이다. 그리고 인텔은 반도체 산업계에서 여전히 시장 지배력을 발휘하는 위치에 서 있고 반도체 산업의 운명을 가르는 중심 역할을 한다. 2005년, 회사를 거의 마비시켰던 불편한 상황이 여전히 남았고, 바렛과 오텔리니가 이에 맞서 대응해 왔음에도 그 상처는 더욱 깊어졌다. 그리고 ARM과 삼성이 잠식해온 시장 점유율을 비추어 볼 때 인텔이 너무 자기만족에 빠져 있었고, 너무 조심스러웠고, 너무 나이 먹었다는 관점이 있다.

그러나 사람과 달리 회사는 나이를 먹을 필요가 없다. 스티브 잡스는 인텔보다 훨씬 상황이 나쁘고 거의 죽어가던 애플 컴퓨터로 복귀하여 애플 컴퓨터를 세상에서 가장 영리한 회사로 만들었다. 휴렛과 패커드, 두 사람 모두 나이 들어 HP로 다시 "위대한 복귀"를 하고 인텔보다도 거대했던 회사를 회복하게 하고 예전의 모습으로 되돌려 놓았다. 그리고 루 거스트너 주니어(Lou Gerstener Jr)는 세상에서 가장 오래된 기술 기업인 IBM의 지휘를 맡아 회사의 사업 전략을 순식간에 바꾸어 놓았다.

이 책에서 계속 반복해서 언급했듯이 인텔의 위대함은 결코 언제나 그래왔듯이 널리 알려진 뛰어난 기술 역량이나 넘볼 수 없는 능력에 있지 않다. 오히려 인텔의 위대함은 회사 전체를 걸고서라도 기꺼이 위험을 감수하고 도전하는 모습에 있었다. 이 승부에서 이길 때는 인텔은 경쟁자를 물리치고 세상을 바꾸어 놓았다. 그리고 이보다 더 자주 실패도 했지만 그때마다 초인 같은 노력과 의지로 자신을 추스리고 고난을 헤치고 나갔다. 그리고 즉시 더 큰 위협을 감수하고 앞으로 나아갔다.

인텔은 세상에서 가장 중요한 기업이 되었다. 이는 고든 무어와 같은 천재 같은 기술자들이 있었기에 가능했을뿐만 아니라 미래를 보는 통찰력을 가지고 입을 다물지 못하게 만드는 위험을 거침없이 감수하던 밥 노이스 그리고 기업 경영의 마법사이자 뛰어난 지적 유연성을 지녔고 거의 초인 같은 능력을 발휘하던 앤디 그루브와 같은 인물이 함께 했기에 가능한 일이었다. 이제 인텔은 후자의 두 사람이 가졌던 정신을 잊은 듯하고 계속해서 기술을 발전시키는 데 만족하는 듯 보인다.

밥 노이스가 페어차일드를 그만 둔 것은 관료주의 조직 문화를 견딜 수 없었기 때문이었다. 느린 의사 결정과 무엇보다도 안전하고 보수적인 관행이 그를 견딜 수 없게 만들었다. 밥 노이스에게 사업이란 그가 발휘할 모든 기술과 기교를 총동원한 커다란 게임이었다. 앤디 그루브는 충분한 위험을 감수하지 않고 승리를 위해 자신을 헌신하지 않거나 현실에 안주하려는 사람은 해고하거나 강등시켰다. 앤디 그루브에게 사업이란 전쟁을 뜻했다. 잔혹하고 자비를 기대할 수 없는 세상이며 자신의 존재를 확인할 유일한 방법이었던 것이다.

그리고 인텔의 3인방인 세 사람에게 무엇보다도 중요했던 것은 최악의 상황에서도 인텔에서 일하는 것은 '신나는' 일이었기 때문이었다. 놀라웠던 그들의 삶에서 바로 이 신나는 일이 그들이 가장 집중했던 것이었다. 그리고 그 경쟁, 기술의 진보, 세상을 바꾸는 일 그리고 무엇보다도 인텔의 가족이 된다는 사실이 가져다주는 신나는 흥분이 매일 인텔에 출근하여 일하는 것을 가치 있게 만들어 주었다. 그들이 이미 억만장자가 되고 유명해졌음에도 말이다.

회사의 특별 기념행사에 즈음해서 인텔은 전설 같은 두 회사의 산 역사인 두 거인이 걸어 들어오기 전까지 회사가 젊고 신나고 역동적이었다는 사실을 잊어버린 듯했다. 이제 회사의 사명은 회사가 보유하는 자산을 보호하고 이미 장악한 시장을 지켜내고 새로운 사업 기회가 나타날 때까지 너무 성급하게 움직이지 않는 것이었다. 그리고 무엇보다도 인텔을 세운 위대한 설립자들의 유산을 잃거나 위험에 빠뜨리지 않도록 해야 하는 것이었다.

그럼에도 지금 똑같은 복도를 걸어 수천 개의 격벽으로 이루어진 사무 공간에 앉은 남녀들은 혹은 두 사람, 세 사람이 한 조가 되어 인텔을 다가오는 미래에 새로운 수준의 성공을 이끌거나 과거의 신나는 흥분과 영광을 되살려낼 사람들이다. 그러나 그와 같은 일은 밥 노이스와 고든 무어가 매일 그렇듯이 그리고 앤디 그루브가 미래를 보는 통찰력에 맞추어 회사를 관리해 나갔듯이 인텔의 수장들이나 이사회가 기꺼이 새로운 위험을 감수하려고 결정을 내리지 않는 한 불가능할 것이다.

인텔은 영광을 쌓아 올린 회사다. 그리고 그 영광이 회사를 설립한 두 사람의 마음속에서 그렇듯이 그리고 이 영광이 앤디 그루브의 견줄 수 없는 능력에 따라 계승되어왔 듯이 그리고 헌신적이고, 피로를 모르는 수 만 명의 직원들에 따라 현실화 되었듯이 좋을 때나 나쁠 때나 여전히 회사의 심장 속에서 살아서 숨 쉰다. 그것이 바로 무어의 법칙이다.

인텔을 세울 때 무어의 법칙을 앞으로 무한히 계승하고 유지하겠다는 무언의 약속을 했다. 인텔은 인간 노력과 상상의 한계를 넓히는 아주 조그마한 희망이라도 있다면 결코 주저하지 않았다. 그리고 앞으로도 반드시 그럴 것이다.

이 모든 일들을 거치면서 좋은 일보다는 나쁜 일이 많았고 인텔의 임직원은 설립자부터 이제 입사한 인턴 직원까지 무어의 법칙이라는 불꽃을 들고 달려왔다. 무어의 법칙을 계승하려는 맹렬하고 타협하지 않는 '영웅 같은' 정신은 인텔을 위대하고 유일한 조직으로 만들어 주었다. 이는 회사의 대차대조표나 그동안 만들어온 어떤 제품보다도 인텔이 이룩한 최고의 업적이다. 그리고 이러한 업적은 인텔을 역사 속에 영원히 남게 할 것이다.

이제 인텔은 해야 할 숙제에 직면했다. 무어의 법칙 속에서 설립자가 보여준 용기와 통찰력을 찾을까? 그리고 지금도 계속되는 위대했던 성공과 실패의 역사 속에서 새로운 인텔은 과거의 세 거인들과 당당히 마주하고 그들이 드리운 긴 그림자 밖으로 나서기를 두려워하지 않는 새로운 지도력을 보여줄 것인가?

후기: 한 밤의 포효

76세가 된 앤디 그루브는 상처투성이에 노쇠한 사자의 굴인 자신의 사무실 자리에 앉아 있었다.[1] 자신의 이름이 여전히 뉴스에서 흘러나옴에도 특히 PBS의 다큐멘터리 첫 상영이 임박하여 이를 알리려는 판촉 활동이 시작되어도, 그루브는 여전히 만나기 어려운 사람이었다. 한때 세상에서 가장 중요한 회사를 이끌던 앤디 그루브는 여전히 좁기로 유명했던 이전 사무실만큼 좁은 사무실로 자리를 옮겼고 이 사무실은 그루브를 위해 오랜 시간 비서직을 수행했던 직원인 테리 머피(Terri Murphy)가 쓸 공간이지만 전보다 더 작아진 접견실이 있는 작은 이층 건물로서 로스 알토스의 골동품 가게와 액세서리 가게들 사이에 위치해 있었다.

그가 실리콘밸리에서 가장 유명한 사람 중에 한 명일지라도 길거리에서 그를 알아보는 이는 이제 별로 많지 않았다. 한 가지 이유를 찾자면 실리콘밸리는 미래에 초점을 잡아서 잠시도 뒤를 돌아볼 틈이 없고 거의 설립자를 축하해 본 적이 없기 때문이었다.

예를 들어 이 모든 것을 가능케 하고 실리콘밸리에 존재하는 수천 명의 기업가들을 만들어낸 원형이고 전 세계적으로 보면 수백만 명의 기업가 원형이 된 밥 노이스는 그가 사망하고 거의 20년이 지나자 모두의 기억 속에서 잊혀 졌다. 미망인인 앤 바워스는 밥 노이스의 전기가 나오기까지 너무 오랜 시간을 기다 렸다. 그리고 그녀가 밥 노이스의 전기를 쓸 완벽한 작가인 레슬리 벌린을 찾았 지만 모든 세대가 밥 노이스를 그들의 영웅인 스티브 잡스의 조언자 정도로만 기억할 만큼 성장해 버린 때였다. 잭 킬비가 2000년에 집적회로를 공동으로 발 명한 공로로 노벨 물리학상을 받을 때 밥 노이스가 함께 수상을 하지 못하는 것 을 애도했고 모든 언론에서는(특히 산호세 머큐리 뉴스) 밥 노이스가 어떤 인물 이었는지 그리고 왜 그가 그토록 중요한지 기사를 써야 했다.

그리고 앤디 그루브 역시 지금 실리콘밸리의 사람들은 거의 기억을 하지 못 했다. 그루브는 더 이상 자신감 넘치고 '편집증 환자만이 살아남는다'의 독자들 을 응시하던 목까지 올라오는 검은 스웨터를 입은 강인한 눈빛의 소유자도 반 도체 세상의 주인도 아니었기 때문이었다. 이제 말년에 파킨슨병으로 그의 얼 굴은 일그러졌고, 한 쪽 입은 벌여졌으며, 머리는 약간 기울어졌고, 병마는 근 육을 파괴했다. 그리고 갑작스럽고, 과장되고, 연기자 같은 움직임은 줄어들어 있었다.

그러나 눈빛은 전혀 변하지 않았다. 그의 눈빛은 마치 인텔 시절에 사무실 벽을 손자들 사진과 함께 채우던 코브라 장식처럼 여전히 맹렬했고, 보는 사 람을 겁나게 할 만큼 강렬해 보였다. 그러나 병마 때문에 변한 모든 것들이 지 적 싸움의 즐거움을 망쳐 놓았다. 조그마한 덩치의 앤디 그루브는 외모로는 결 코 위협이 느껴지는 인물이 아니었지만 그가 소리치고, 독설을 퍼붓고, 탁자를 주먹으로 치는 모습은 당신의 판단을 전혀 다르게 확신시켜 줄 것이 분명했다.

누구보다도 논쟁을 좋아하던 앤디 그루브는 논쟁에서 결코 지지 않는 사람 이었다. 앤디 그루브는 논쟁에서 지느니 차라리 죽음을 선택할 사람이었다. 그 리고 그와 맞서겠다고 생각이 들지 않는 한 그와 논쟁을 벌이지 않는 것이 나 았다. 그래서 앤디와 논쟁이 될 만한 이야기를 나눈다면 결과는 언제나 앤디 그 루브의 승리였다. 그가 훨씬 똑똑하기 때문이었다. 그렇지 않다고 해도 더 많이 알기 때문에 이길 것이 분명했다. 이 또한 그렇지 않다고 해도 더 영리하기 때문에 이겼다. 아니면 그가 훨씬 열심히 일했기 때문에 또는 남들이 두려워 내리지 못하는 결정을 단호하게 내리기 때문에 이길 것이 분명했다. 이도 아니라면 논쟁의 기준을 바꿀 것이다. 마지막으로 이래도 되지 않는다면 개인적으로 감정을 품을 것이고, 복종할 때까지 소리를 지르고 협박할 것이다. 무슨 일이 있어도 이기려고 할 것이다. 바로 그 모습이 앤디 그루브이기 때문이었다. 그루브는 이 모든 일을 시도할 것이다. 앤디 그루브는 자신이 옳다고 믿기 때문이었고 자신이 옳다는 믿음은 자연의 섭리와 같다고 확신하기 때문이었다.

뒤늦게라도 앤디 그루브가 틀렸음을 입증한다면 아마 가장 놀라운 모습을 보일 것이다. 그리고 논쟁에서 패배했음을 시인하고 사과를 할 것이다. 그러나 그 일이 다음 논쟁에서 가산점을 준다고 오해하면 안 된다. 앤디 그루브와 논쟁을 벌이는 동안 할 일은 서서 종이 울릴 때까지 수없이 날아오는 주먹으로부터 자신을 보호하는 것 뿐이었다.

그러기에 앤디 그루브가 병마와 싸우는 동안 변한 모습을 본다면 충격을 받을 것이다. 특히 차갑고 빠른 동작에 언제나 정확했고, 인텔의 복도를 지나가면서 주문 상황을 외치고, 웃고, 폭발물 같았던 성격의 그가 던지는 심술궂은 질문들을 기억하는 사람이라면 더욱 그럴 것이다. 그러나 그 충격은 그와 대화를 시작하면 바로 사라질 것이다. 명백히 노쇠하고 병들은 현실이 그를 전혀 부드럽게 만들지는 않았기 때문이었다. 앤디 그루브는 "나는 현실을 직시하기로 결정했습니다."라고 미국에 온 지 50여 년이 지나도 변하지 않는 헝가리 억양으로 말한다. "내가 생각하는 것을 점점 더 타협해 나간다고 생각하지 않습니다."

앤디 그루브가 타협하지 않는 의견 중에 하나가 인텔의 현재 상황이다. 그루브는 자주, 그것도 아주 명백하게 지금의 인텔이 과거에 자신이 이끌던 인텔도 아니고 미래에 인텔이 되어야 할 모습도 절대 아니라는 사실에 행복하지 않다고 말한다. 누구든지 앤디 그루브의 의견을 가장 최측근에서 받던 크레이그 바렛이나 폴 오텔리니의 입장이 어떠했을지 상상할 수 있다. 앤디 그루브의 병세와 관련하여 가장 놀라운 점은 그가 아주 오랫동안 병마와 싸워 왔다는 사실이다. 1993년, 앤디 그루브 가족을 담당하던 의사가 은퇴를 하자 새로 선임한 의사는 앤디 그루브의 가족 모두에게 검진을 실시한다. 그리고 처음으로 앤디 그루브의 PSA수치가 높다는 사실을 발견하고 계속된 검사에서 전립선암을 발견한다. 의사는 앤디 그루브에게 세 가지 선택권을 준다. 방사선 치료, 수술, 또는 아무 치료도 안 할 경우 병세가 천천히 악화되는 경우였다. 과학자 출신으로서 앤디 그루브는 스스로 조사를 시작한다. 지식을 쌓는 과정에서 참을성이 없을 만큼 서둘렀고 전문가에게서 질병 관련 지식을 쌓은 후 방사선 치료를 받기로 결정한다.

그리고 병의 경과와 예상, 치료, 회복, 후유증 등 이 모든 과정이 앤디 그루브의 경력에서 가장 치열했던 기간인 1993년에서 1997년 사이에 이루어졌음을 주목해야 한다. 펜티엄프로세서의 개발, 인터넷 기반 기업(dotcom) 호황의 시작, 인텔 인사이드 광고 전략, 넬슨 만델라와 함께 선 무대 그리고 무엇보다도 압도적인 사건이었던 펜티엄 버그 위기 등 이 모든 일들이 병마와 싸우는 동안에 이루어졌다. 많은 환자들이 일을 줄이고 거의 사회 활동을 하지 않는 것에 비해 인텔에서 앤디 그루브의 행정 비서직을 맡았던 카렌 소프(Karen Thope)만이 그가 병마와 싸운다는 사실을 알았다. 그리고 놀랍게도 앤디 그루브는 이 모든 근무일 중 3일만을 쉬었다는 사실이다.

앤디 주변의 사람들은 결국 그가 치료를 받는다는 사실을 알게 되었지만 앤디 그루브는 자신의 치료 소식을 신속하게 그리고 자연스럽게 알린다. 그리고 며칠 간 상당히 심각한 주제로서 이야기가 서로에게 오갔지만 빠르게 기억 속으로 사라져 갔다. 2년 후 그가 은퇴 의사를 밝히자 한 언론사만이 그가 앓는 질병 때문에 은퇴하는 것은 아닌지 언급할 뿐이었다. 그러나 현실은 예상대로 앤디 그루브가 비서인 소프에게 말했듯이 전립선암에 맞서 싸우며 인텔의 경영까지 병행할 수가 없었기 때문이었다.

1996년 5월, 앤디 그루브가 최고 경영자 자리에서 물러나자마자 새로운 도

전에 임한다. 이미 자신의 얘기를 여과 없이 보여주기 시작한 앤디 그루브는 포춘지에 자신의 암 이야기를 표지 글로 쓴다. 그 도입부의 내용이 다음과 같다.

"회의실 창밖으로 비서의 얼굴이 보였다. 그녀의 표정에서 바로 내가 기다리던 전화가 왔음을 직감했고 양해를 구하고 회의실을 나왔다. 회의실 밖으로 나가자 비서는 주치의로부터 전화가 왔음을 확인해 주었고 나는 전화를 받으려고 사무실로 향했다.

주치의는 단도직입적으로 말했다. '앤디, 종양이 발견되었습니다. 주로 오른편에서 발견되었고 원편에서도 조금 발견이 되었습니다. 조심스럽게 말하자면 다소 악성 종양입니다.' 그리고 나쁜 소식만 있었던 것은 아니었다. '이 종양이 퍼져 나갈 확률은 아주 작습니다.' 우리가 나눈 대화는 사실상 내가 급성 인후염증에 걸렸는지 아닌지 결과를 살펴보는 대화와 크게 차이가 없었다.

그러나 지금 우리가 나누는 대화의 주제는 급성 인후염증이 아니었다. 우리는 전립선 암 이야기를 했다. 이제 나는 그 이야기를 시작하려 한다..."

이 한 부분이 기사의 모든 내용보다도 더 큰 충격을 주는 듯했다. 앤디 그루브가 언론인으로의 길을 걸었다면 글을 매우 잘 썼을 것이다. 이 글은 평소 앤디 그루브가 그렇듯이 잔인할 정도로 솔직했고, 자기주장이 뚜렷했고, 현재 상태와 검사 결과에 논쟁의 여지가 있었다. 인텔의 홍보 담당 부서는 자사의 주식에 미칠 영향을 우려해 앤디 그루브가 솔직하지 않기를 바랐지만 앤디 그루브는 그 속으로 뛰어든다. 여파는 일파만파였다. 곧 사무실로 수많은 지인들과 친구들의 위로 전화가 홍수처럼 밀려오고 같은 병을 앓고 두려움을 느끼는 사람들로부터도 더 많은 질병 문의 전화가 밀려온다.

두려움에 전화를 건 사람들에게 전하는 말은 모두 같았다. PSA 테스트를 받아라, 이미 병을 확인했다면 질병을 배우고 남은 선택지를 이해하라 등등 이었다. 결국 앤디 그루브가 대중에게 한 고백은 수많은 삶을 구하는 결과를 낳는다.

세기가 바뀔 무렵 앤디 그루브의 PSA 수치는 정상으로 돌아온다. 암은 언제든 재발할 가능성도 있었지만 10년 후에도 암은 재발하지 않는다. 다시 한

번 앤디 그루브는 또 다른 형태의 도전을 받았고 이에 현명한 전략과 끊임없는 실천으로 도전을 극복하고 성공을 이루어 낸다. 그리고 자존심이 아무리 떨어져 있더라도 기꺼이 도전하려는 의지와 함께 하여 앤디 그루브는 그렇게 암을 물리친다.

앤디 그루브는 치명적인 위협을 하나 물리쳤지만 또 다른 위협에 맞닥뜨린다. 2000년, 공교롭게도 오랜 친구인 정신과 의사인 친구와 함께 길을 걷다가 앤디 그루브의 오른쪽 손에서 작은 떨림을 확인하고 그에게 검진을 받을 것을 권유한 것이다.

파킨슨병이었다. 치료약은 없었고 증세를 느리게 할 새로운 약과 방법이 개발되어 있을 뿐이었다. 이보다 나쁜 상황에 병이 올 수는 없었다. 파킨슨병은 건강을 악화시킬뿐만 아니라 종종 깊은 우울증을 동반하기도 했다. 그리고 나쁜 소식과 어려운 변화들이 이 기간 동안 전방위에서 몰려오는 듯했다. 맹목적으로 자식을 사랑하던 아버지로서 두 딸은 장성하여 집을 떠났고 이제 빈 집을 지키고 있었다. 그러다 부인 에바의 어머니가 돌아가시고 그녀는 깊은 슬픔에 빠진다. 그리고 2002년, 20세기 가장 끔찍했던 시절부터 영웅 같고 헌신적인 모습으로 앤디 그루브의 영원한 지지대이자 구세주였던 어머니 마리아가 세상을 떠난다. 자라나는 손자들만이 유일한 위안이었다. 그러나 이 끔찍한 질병과 그 전만 못한 지원으로 싸워나가야 했다. 그루브가 전립선암을 진단 받았을 때는 모두에게 공개하고 대처해 나갔지만 이번에는 조용히 의사와 함께 해결하기로 결정한다. 이유는 인텔의 주가에 영향을 미칠지도 모른다는 판단 때문이었다.

이 도전이 잠시의 시간 끌기에 불과할지라도 굽히기를 거부하고 다시 한번 그에게 닥친 가장 큰 도전을 향해 공격을 감행한다. 3억 달러에 달하는 재산이 고든 무어의 재산에 비하면 미약하다 할 수도 있지만(설립자와 직원 사이의 차이였다) 분명히 부유했다. 그리고 이제 부인 에바는 재산을 파킨슨병의 치료 방법을 찾는데 사용하기로 한다. 두 사람은 그루브 재단(Grove Foundation)을 설립하지만 자신의 이름을 뉴스에서 배제하려고 재단의 자금을 파킨슨병의 치료 방법을 연구하는 키네틱스 재단(Kinetics Foundation)에 후원한다. 그리고 삶 속에서 굳은 다짐과 의지를 가지고 몸에 생기는 변화에 대처한다. 그루브는 25년 동안 쓰지 않던 안경을 다시 쓰고, 연설 훈련을 받으며 타자를 치는 대신 말을 인식하는 소프트웨어를 사용하기 시작한다. 그리고 자신의 삶 속에서 늘어나는 한계가 허락하는 선에서 근무 시간을 조정하는 등 삶을 재구성한다. 또한 L-dopa라는 약과 같은 연구가 진행 중인 시약 실험에 참가하기도 한다. 이 약은 잠시나마 하지만 경우에 따라서는 극적인 효과를 보여주며 앤디 그루브가 겪는 증상을 개선해 주기도 한다.

마침내 이 모든 노력들이 앤디 그루브가 2005년 은퇴 연설을 하는 순간 극대화된다. 앤디 그루브는 병의 흔적이 최소화 되도록 조심스럽게 연설 과정을 구성한다. 새로운 동료로부터 오랜 동료들까지 많은 사람들이 그 자리를 함께 했고 부인 에바도 전화를 통해 참여했다. 그리고 각국의 언론들도 취재를 하려고 그 자리에 참석한다. 앤디 그루브는 일생에서 가장 위대한 연설을 그 자리에서 한다. 열정이 넘치고 생생한 연설에서 인텔의 직원들에게 그들의 조언자가 될 기회를 준 것에 감사하고 인텔의 새로운 최고 경영자 폴 오텔리니를 격찬하며, 폴 오텔리니를 예전 자신의 모습과 같다고 말한다. 앤디 그루브의 은퇴 연설은 하나의 전설 같은 성취였지만 앤디 그루브는 그와 같은 연설을 다시는 못할 것이라는 사실을 잘 알고 있었다. 앤디 그루브가 자신과의 싸움을 벌이는 동안 고든 무어는 아무런 의무와 임무도 없었지만 함께 있어주는 것으로도 충분히 영광스러운 명예 회장직에서 은퇴한다. 그리고 무어 역시 떠날 준비를 한다. 부인 베티의 건강이 악화되기 시작했기 때문이었고 그녀는 이제 하와이에서 여생을 보내고 있었다. 그리고 언제나 부인 베티와 떨어질 수 없는 사이였던 무어는 점점 더 비행기를 타고 이동하는 일에 피로를 느꼈다. 이제 은퇴가 부인과 함께 할 시간을 만들어 준다.

고든 무어의 물리적 실체는 실리콘밸리에 없음에도 그의 비중은 실리콘밸리의 정신 속에서 영원할 것이다. 적어도 무어의 법칙만큼은 분명하다. 21세기가 시작되면서 역사가들은 무어의 법칙이 단순히 반도체 산업이나 전자 산업 혁신의 측정 기준에 그치지 않고 일종의 현대 사회의 메트로놈과 같은 역할을 한다는 사실을 깨달았다. 이와 같은 놀라운 측정 기준에 따라 그들이 미래를 미리 살펴볼 기회를 주기 시작한 것이다. 예를 들어 레이 커츠웨일(Ray Kurzweil)의 임박한 특이점 이론은 인간과 기계의 결합을 예측한다.

언급을 하든 하지 않든 무어의 법칙이 가지는 뜻은 정부의 무기 개발 계획부터 교육, 주식 시장 투자까지 모든 분야에서 강조된다. 무어의 법칙은 테드(TED) 토론, 다보스 포럼 그리고 모든 공상 과학 영화까지 그 영향을 미친다. 그리고 이 반향은 문화 분야까지 확산된다. 21세기를 살아가는 미국 사람들은 이제 복잡한 제품에서 장난감까지 2년 주기로 그 수명을 다하고 새로운 세대로 대체되는 영구적이고 빠른 변화의 세상을 예상하기 때문이다. 과거의 기준에서는 기적과 같아 보이는 변화들로 인간 게놈(genome)의 지도를 완성하고, 3D 텔레비전을 보여주며, 도서관 전체의 정보가 든 태블릿, 자동 운전 기술, 인터넷 대학, 한 사람의 일생의 모든 부분을 기록하여 저장하는 것들을 이제 모두가 어깨를 으쓱이며, 왜 당연히 가능한 것을 묻느냐는 듯한 동작을 취하는 시대가 되었다. 심지어 이와 같은 일들이 더 빨리 진보하지 않는다고 불평하는 시대이다. 무어의 법칙은 인텔 자체 이상으로 고든 무어의 위대한 유산이 되었고, 아마도 그가 속했던 세대의 유산 중에 가장 위대한 것일지도 모른다. 그리고 고든 무어는 이 법칙이 자신의 생애를 뛰어넘어 계속될 것을 안다.

이제 은퇴하였지만 고든과 베티가 남기고 싶어 하는 한 가지가 더 남아 있었다. 2000년, 무어는 엄청난 부자였고 포브스는 그의 자산을 거의 120억 달러에 이르는 것으로 추정하였으며, 포춘 50에 들어가는 회사 중에 유일하게 설립자가 들어간 회사였으며 오라클의 래리 엘리슨(Larry Ellison)의 뒤를 이어 캘리포니아에서 두 번째로 부유한 사람이었고 세상에서 가장 부유한 50인에 포함되었다. 4년 뒤 비즈니스 위크(Business Week)에서 고든과 베티를 세상에서 가장 부유한 부부인 빌 게이츠와 멜린다 게이츠보다 미국에서 더 자비로운 자선

가로 선정한다. 고든 무어는 팔로 알토에 본부를 둔 재단을 자신의 이름을 따서 설립한다. 그리고 재산에서 입이 떡 벌어지게 만드는 58억 달러를 기부한다. 그리고 칼텍에 6억 달러의 장학금을 기부하였고, 이 일부는 세상에서 가장 큰 광학 망원경을 세우는데 쓰인다. 고든 무어는 자신이 기부한 다른 금액을 합쳐서 모두 70억 달러에 이르는 금액을 기부한다. 이 금액은 두 부부의 전 재산의 약 4분의 3에 이르는 금액으로 이 비율과 금액은 지금까지 기부를 해오던 어느 억만장자 자선가들도 모두 난쟁이로 만들어 버리는 규모였다.

비즈니스 위크는 고든 무어의 기부를 이렇게 이야기 한다. "점점 늘어나는 큰 규모의 기부자들처럼 고든 무어는 자선 사업에도 사업 방식을 도입한다. 문제에 그저 돈을 기부하는 것으로 끝내는 것이 아니라 돈을 '뜻 있고 측정 가능한 결과'를 만들어 낸다고 믿는 활동에 기부함으로써 가장 생산성이 높은 방법으로 사용한다."2

이러한 노력은 환경 보존 분야('the Center for Ocean Solution'과 같은 협회), 과학 분야(칼텍(Caltech) 계획), 의료 분야('the Betty Irene Moore School of Nursing at UC Davis) 그리고 페스카데로 출신의 소년이었던 고든 무어의 마음 속에 있는 'the Bay Area's quality of life' 등이 포함된다. 기부금 활동에 깊이 관여하던 고든 무어는 자신이 평생을 사용하던 능력을 그대로 이 활동에 가져 온다. 바로 마이크로프로세서와 집적회로를 이해하던 능력으로 정확한 비율로 증가하는 변화를 이해하고 세상을 변하게 하던 능력이었다. 그리고 당연히 변화는 측정 가능해야 했고 앞으로의 추정도 포함되어 있어야 했다.

세월이 지났지만 고든 무어는 전혀 나이를 먹는 듯해 보이지 않았다. 흰 머리는 점점 늘어났지만 부드러운 말투와 교양 있는 태도는 타고난 성향과 결합되어 그를 조금 더 현명한 사람으로 보이게 만들어 주었다. 몸은 조금 구부러지고 보청기를 양쪽 귀에 차기 시작했지만 여전히 쇼클리 반도체, 페어차일드, 인텔의 고든 무어처럼 보였다. 밥 노이스의 자서전은 출판되었다. 그리고 그루브도 자서전을 출판하고 회고록을 쓰기도 한다. 그러나 고든 무어는 자서전을 쓰자는 제안을 거절한다. 오직 화학 협회에 제출한 마지막 학술 논문으로 만족해한다. 이제 80대가 되었고 언제나 조용한 삶을 살아왔기 때문에 대중은 물론 인텔의 직원들조차 그의 건강이 서서히 악화되는 것을 눈치 채지 못했다. 아마도 따로 건강이 악화되는 것을 숨길 이유가 없었기 때문인지도 모른다. 무어는 세상에서 적이 없는 가장 부유한 사람이었기 때문이었다.

2010년 봄, 갑작스러운 감염으로 고든 무어는 병원으로 실려 가고 거의 죽음에 다다를 뻔한다. 가족들은 인텔에 이 사실을 외부로 알리지 말 것을 부탁한다. 그러나 마음의 준비를 할 것을 알린다. 그리고 인텔은 부고 기사 내용을 준비한다. 그러나 그 해 여름, 고든 무어는 원기를 회복한다. 그리고 그 해 가을, 고든 무어는 재단의 회의에 참석한다. 그러나 여전히 기억해야 할 사실은 고든 무어도 유한한 삶을 사는 사람일 뿐이고, 인텔에 주어진 그와 함께 할 소중한 시간이 그리 많지 않다는 사실이었다.

앤디 그루브의 건강 상태는 상대적으로 위험하지는 않았지만 역시 모든 것이 명백해 보였다. 2012년 늦은 봄, PBS 다큐멘터리를 제작하려고 앤디 그루브와 인터뷰를 할 때 그의 최근 모습이 모든 시청자들에게 충격일뿐만 아니라 지난 십여 년 동안 앤디 그루브를 보지 못한 인텔의 오랜 직원들에게도 충격이었다. 그러나 앤디 그루브는 세상의 반응이 자신을 멈추도록 내버려 두지 않는다. 파킨슨병은 그에게 그저 펜티엄 버그와 같이 많은 문제 중에 하나에 지나지 않았고 두려움 없이 정면으로 부딪혀야 할 문제였을 뿐이었다. "당신은 현실을 직시해야 합니다."라고 그가 훗날 말했듯이 말이다.

촬영이 앤디를 지치게 할 듯 보였다. 촬영 직원들은 밥 노이스의 사진이 걸린 현관 바로 옆에 있는 인텔의 노이스 빌딩 회의실을 사용하기로 한다. 한 구석에 위치한 아주 작은 복도의 어두운 회의실에 방송 장비와 케이블을 설치하자 너무 큰 장애물이 되었고, 고든과 앤디 모두에게 촬영 일정이 끝난 후 그 통로를 무사히 피해 갈지 조그만 걱정거리가 되었다.

두 사람의 인터뷰는 각각 3시간 정도의 시간이 소요되었고 두 사람 모두에게 힘들고 지치는 일이었다. 그리고 두 사람이 매번 기억을 떠올릴 때마다 오랫동안 묻어두었던 강렬한 감정을 불러일으켰다. 두 사람의 촬영이 있는 동안 50여년이 넘게 상사와 부하 관계였고, 조언자와 학생의 관계였으며, 동반자이자 친구였던 두 노인은 따뜻한 재회의 시간을 갖는다. 앤디 그루브는 훗날 그날의 만남에서 특별한 반향을 느꼈다고 말한다. 그루브는 이 만남이 고든 무어를 만나는 마지막 만남이 될지도 모른다는 두려움을 느꼈기 때문이었다고 말한다. 두 사람은 수 개월 간 서로 만나지 못했다.

다행히 이 만남은 그들의 마지막이 아니었다. 그로부터 6개월 후에 앤디 그루브는 자신의 조그마한 사무실에 앉아 고든 무어를 다시 만날 다큐멘터리의 최초 상영일이 다가오는 것을 기대하고 있었다. 이제 이 모든 내용의 결말은 작가의 손으로 넘어가 작가와 씨름을 하게 될 것이기에 앤디 그루브는 이 책에서 어느 장이 핵심 내용이 될지 고심하고 있었다. 한때 앤디와 대화 중에 앤디 그루브는 내게 다음과 같이 말했다. '한 동안 당신이 쓴 인텔 기사를 보고 난 당신이 아주 나쁜 놈이라고 생각한 적도 있어요.' 그리고 앤디 그루브는 어느 장이 핵심이 되어야 할지 이미 정해 놓은 상태였다.

앤디 그루브의 강하고 거친 기업가로서의 명성은 조금은 과장된 면이 있다는 사실을 세상에 알리는 일은 앤디에게 중요한 일이었다. 앤디 그루브가 '세상에서 가장 저평가된 최고 경영자'라 부르는 크레이그 바렛은 훨씬 더 무서운 성격의 소유자였다. "나는 사람들에게 겁을 준 적이 없습니다. 단지 목소리가 컸을 뿐입니다."라고 앤디 그루브는 말한다.

그리고 인텔의 문화에 생각이 많았고 이러한 문화를 만들어가는 데 무엇을 잘했고, 무엇을 잘못했는지 생각이 많았다고 말한다. "내가 도저히 수용할 수 없는 너무 부드러운 면이 있었습니다. 그리고 내게 너무 정치와 관련된 생각이나 너무 엉성한 사고를 보이거나(이점에 고든 무어는 더 단호했다) 거짓말 또는 진실을 가릴 만큼 영악한 경우, 포기하려는 직원, 또는 다른 사람들이 말하지 않기를 바라는 것을 이야기 하는 사람들을 찾게 되면 가차 없이 제재를 가했습니다." 50여 년이라는 기간 속에서 인텔의 리더쉽은 이렇게 정제되어 왔다.

대화가 계속되면서 앤디 그루브는 다소 부드러워졌다. 긴 대화를 나누는 것이 이제 그에게는 힘이 드는 일이 되어버린 것이다. 앤디 그루브는 과거를 이야기하고 싶어 했다. 그루브는 1995년, 넬슨 만델라와 함께 한 기조연설 추억을 되살렸다. 분명히 그 순간은 자신의 경력에서 최고점을 찍던 순간이었을 것이다. 그리고 펜티엄 버그가 어떻게 되었는지 이야기했고 마침내 건너편의 데니스 카터(Dennis Carter)가 ("나는 언제나 앤디가 마음속 이야기를 말하기 때문에 그를 항상 좋아합니다") 피하지 못할 부분을 그에게 물어보자 인정한다. "나는 소리치고 고함을 지르고 직원들을 부추겼습니다... 그리고 결국엔 사과했죠." 이 모든 허세와 자신감 뒤로 앤디 그루브는 두려움을 가졌을까? "그렇습니다."라고 대답한다. "그러나 그 두려움이라는 에너지를 이용해 나를 끌어올리는 방법을 배웠습니다."

마침내 그루브는 페어차일드 초창기, 인텔의 시작, 고든과의 오래 지속된 인연 그리고 밥 노이스와 가졌던 불화를 이야기하기 시작했다.

"고든 무어를 처음 보았을 때 인상 깊지 않았습니다. 그러나 무어는 언제나 내 편이 되어 주었습니다. 그리고 밥은 첫 만남부터 인상 깊었습니다. 그러나 밥은 내가 싫어하는 것들을 많이 가졌습니다. 밥의 카리스마에 기가 꺾였습니다. 밥의 경영 방식과 의사 결정을 내리지 못하는 모습에 맥이 빠졌습니다. 그리고 기업 경영을 배우려 들지 않는 것도 마찬가지였습니다. 나는 세상이 존경하는 밥의 모든 것을 좋아하지 않았습니다.

그러나 나는 1971년, 밥과 함께 스탠포드 샬렛(Stanford Charlet)에 스키 여행을 갔던 일을 기억합니다. 우리가 집으로 돌아가려고 할 때 갑자기 눈이 하늘에서 내리기 시작했습니다. 우리는 어쩔 줄 몰라 했죠. 그런데 밥이 내 차 밑으로 기어 들어가 자동차 타이어에 체인을 감기 시작했고, 나와 부인 그리고 내 딸은 그저 멍하니 바라보고만 있었습니다. 바로 그 모습이 밥 노이스의 가장 뛰어난 부분이었습니다. 그리고 밥이 위험을 감수하려는 모습, 인상 깊은 체력, 용기 그리고 명쾌한 지성도 마찬가지입니다. 내가 그의 모습 중에 사랑한 부분은 사람들에게 알려져 유명해진 부분이 아니라 바로 그런 것들이었습니다."

그루브의 엄숙했던 표정은 이제 더 이상 감정을 속이지 못했고 눈가에 눈물이 고이기 시작했다.

"모든 일들이 지나고 나니 나는 밥이 누구보다도 그립습니다."

부록

　디지털 전자 기기는 관련 산업계에 종사하지 않는 사람들에게 어려울뿐만 아니라 종사하는 사람들에게도 쉬운 주제는 아니다. 이 문제는 해가 갈수록 더 심해져서 새로운 형태의 전자 제품이 계속해서 쏟아져 나와 기존의 제품 위로 계속해서 쌓여 간다. 인터넷 게임에 종사하거나 SNS 분야에서 일하는 사람에게 그들의 고용주와 그들 자신 그리고 전자 산업 전체가 그 생존을 의지하는 집적회로를 물어보라.

　아마도 당신은 멍한 표정을 보게 되거나 "실리콘" 또는 "반도체"라고 웅얼거리는 답변을 받게 될 것이다. 이는 놀랄 일은 아니다. 결국 SNS나 코드를 작성하는 일은 컴퓨터 칩을 만드는 화학 산업으로부터 여섯 단계 내지 일곱 단계의 거리에 있기 때문이다. 이 질문은 마치 맥도날드에서 빅 맥을 준비하는 직원에게 소의 사육을 물어보는 것과 같기 때문이다.

　이 문제는 언론에서도 마찬가지로 업계 관련 전문 언론조차 해당된다. 예를 들어 애플과 차세대 아이폰 기사를 쓰는 한 기자가 아이폰에 들어가는 칩을 잘 알지 못하거나 그 외에 아마도 아이폰의 메모리 제조사 또는 중앙 프로세서 제조사를 모를지도 모른다. 이러한 상황이 왜 반도체 산업의 재정 관련 뉴스를 제외하고는 그다지 다른 정보를 사람들이 읽지 않는 이유이다. 한때 반도체 산업을 취재하던 대부분의 사람들이 이제는 은퇴를 했고 새로운 기술로 무장한 새로운 세대는 트위터나 페이스북 관련 글을 쓰는 것에 보다 편리함을 느낀다.

이는 유감스러운 일이다. 이러한 회사들(그리고 수천 개의 비슷한 회사들)은 생존을 인터넷에 의존하지만 이 회사들과 인터넷 자체까지도 반도체 부품에 그 생존이 놓여 있기 때문이다. 그리고 이는 반도체 산업을 현대 사회에서 전례 없이 더 중요한 위치에 올려놓았다. 자신들이 앞 세대와는 달리 이 언론인들은 반도체 산업의 예약과 주문(주문과 배송) 지수의 등락에 관심이 없고 따라서 그들은 계속해서 기술 산업의 호황과 불황 주기에 따라 놀라움을 표시한다.

이러한 이유로 간략하게나마 반도체 칩과 집적회로의 정보를 살펴보고자 한다. 어떻게 이들이 만들어지는지, 어떻게 작동하는지 그리고 어떤 측면에서 사용되는지 살펴보게 될 것이다.

The Silicon Family Tree

전자 기술(electronics)은 이름이 제시하듯 개개의 전자가 가지는 특성을 다루는 분야이다(다량의 전자 흐름이 가지는 특성을 다루는 오래된 전기 기술(electricity)과 비교하여).

전자 기술의 핵심은(실제로 전자 공학의 이유이기도 한) 전환(switch)이다. 그리고 전자 기술 이야기는 결국 전환 방법의 진화 이야기이다. 가장 기초 전환 방법은 기계를 사용하는 방법이었다. 문을 여닫거나 기찻길에 설치된 커다란 전환 손잡이, 자동차 구동 장치의 클러치를 생각해 보라. 이 모든 기계 장치들의 기본 역할은 키거나 끄는 역할이다.

벽에 있는 전등을 키고 끄는 스위치와 같은 '전기 신호의 전환 장치'는 전류의 흐름을 연결하게 하거나 끊는 역할을 한다. 우리는 지금 대략 1840년대 기준으로 최신 기술의 수준에 도달해 있다.

이 다음으로 이어지는 기술 혁신은 '전자 기계식 전환 장치(electromechanical switch)'이다. 전신 기계(A Telegraph key)를 생각해 보라. 전신 기계는 전류를 통해 자기장을 만들어 내어 이 자기장이 기계 스위치를 연결하게 하거나 단절하게 하는 동작을 훨씬 빠른 속도로 가능케 한 장치이다. 그래도 물리적으로 어떤 물체를 움직여야 하는 경우가 있고, 이런 경우 움직임은 상대적으로 더디고, 열이 발생하며, 빨리 닳는다.

그로부터 20세기 초 발명 중에 진정한 전자 장치의 최초 발명이라고 할 것이 바로 진공관이다. 이 장치는 기본상 내부가 진공 상태인 전구와 비슷하다. 그러나 전류가 흐르는 동안 빛을 발하는 필라멘트 선은 이미터(emitter: 전자가 방출되는 전극)로 대체되어 이미터는 진공 상태인 전구 내부 공간에 전자를 방출하고, 이 방출된 전자는 리셉터(receptor)에서 수용한다.

진공관과 관련하여 핵심은 방출된 전자를 가지고 무엇을 하는가이다. 예를 들어 방출되는 전자의 수를 늘리려고 다른 공급처로부터 전자를 구해 두 번째 이미터를 통해 전구 안으로 방출하고(이 경우 증폭기가 된다), 방출되는 전자의 수를 통제해(이 경우 저항을 이용한다) 둔화시키거나, 또는 전자의 주파수 변경이 가능하다(전자가 입자의 성격을 가지는 동시에 파동의 성격도 가짐을 기억하라. 이 경우 진동자(Oscillator)가 된다).

또는 방출된 전자를 수용하는 장치를 제거해 버리는 일도 가능하다. 그리고 방출되는 전자를 긴 진공관 안으로 쏘고, 방출된 전자들이 진공관을 통해 도착한 막다른 평평한 부분에 칠해진 감광 물질(light-sensitive material)에 부딪히면... 이제 당신은 텔레비전이나 레이더를 가지게 된 것이다.

1920년대 말, 진공관은 모든 곳에 사용되었다. 그중에서도 가장 유명한 것은 바로 라디오였다. 그러나 사용 방법과 내구성에 그 한계가 명확해지고, 그 문제는 점점 커진다. 한 가지 예로 어딘가에 부딪히거나 떨어뜨릴지도 모르는 일반 가정의 탁자 위에 라디오를 올려놓기에 진공관은 내구성이 너무 떨어졌다. 더군다나 약한 내구성은 거의 무한대로 거칠고 끊임없이 덜거덕거려야 하는 전투기나 탱크, 또는 군함에 사용되기에는 적합하지 않았다. 또한 진공관은 열을 너무 많이 발생했다. 진공관을 서로 너무 가까이 배치하거나, 환기 시설이 없는 곳에 배치하면 진공관은 쉽게 타버렸다. 그리고 진공관을 사용하면서 열손실이 많다는 점은 에너지를 잃음을 뜻하고, 비용이 많이 발생함을 뜻하기도 했다. 모순적이게도 바로 진공관의 성공이 진공관으로 달성 못할 빠른 성능의 수요에 기름을 부은 격이었다. 거대했던 에니악(ENIAC) 컴퓨터가 이런 상황을 축약해서 보여준다. 에니악 컴퓨터는 건물 한 채 크기와 맞먹었으며, 거의 오븐과 같이 뜨겁게 열을 발산했고, 송전망으로부터 거의 모든 전력을 끌어다 먹어 치우고, 몇 초 간격으로 진공관을 태워 먹었으며, 역설적으로 진공관 시대가 곧 끝날 것이라는 사실을 암시했다.

그렇게 바딘과 브래튼이 반도체의 소재가 되는 물질을 처음 보았을 때 이 경험은 깨달음이었다. 진공관이 수행하는 성능을 고체 상태에서 재현할 방법이 여기에 있었고 이 방법이 고체 전자 공학으로 발전한다. 반도체는 주 전류와 직각을 이루는 측면의 작은 전류로 주전류를 흐르게 하거나 흐르게 하지 못하게 할 특성을 가져서 스위치로 사용하기에 완벽한 소재였다.

트랜지스터는 진공관과 달리 움직이는 부분도 없었고, 쉽게 망가질 부분도, 열도, 에너지 소비도 없었다. 대체로 이러한 특성들로 인해 트랜지스터는 진공관에 비해 훨씬 작은 크기로 만들어졌고 배터리를 통해 작동 가능했다. 트랜지스터는 미래에 휴대용 전자 기기의 새로운 세상의 잠재성을 제공했다. 그리고 이러한 잠재성의 상징적인 성취가 엄청난 인기를 끌었던 트랜지스터 라디오였다. 세 개의 '다리' 부분에 연결된 아주 조그마한 금속 덩어리로서 트랜지스터가 결국 구현해 내는 것은 혁명이었다. 지난 십여 년 동안 발명된 모든 전자 기기에 들어간 진공관은 이제 트랜지스터로 대체되었고 항공이나 로켓에 사용되는 전자 기기들은 훨씬 더 강한 내구성을 지닌다.

게다가 이 작고 저전력 스위치의 발명에 훗날 증폭기와 다른 형태의 회로가 결합하여 진공관으로서는 도저히 불가능했던 완전히 새로운 발명의 문이 열린다. 그리고 이 모든 새로운 발명들은 거대한 산업을 일으킨다. 이 각각의 새로운 발명들은 불과 몇 년 전의 전자 제품 전체 산업보다도 더 큰 규모의 시장을 만들어 낸다. 가정용 오디오 시장, 자동차 라디오 시장, 텔레비전, 휴대용 라디오 그리고 무엇보다도 컴퓨터가 새롭게 출현한다.

당시 컴퓨터는 이미 십여 년 전부터 사용되기 시작했지만 초기 컴퓨터들은 주로 전자 기계 공학에 따라 만들어졌었다. 따라서 속도에 제한이 컸고 자주 고장을 일으켰다. 그리고 컴퓨터 발전에 첫 번째 큰 도약은 미국이 진공관을 가지고 에니악(ENIAC)을 만들면서 시작되었다. 1950년대 중반까지 트랜지스터 기반의 컴퓨터는 나오지 않았지만 50년대 초부터 이미 트랜지스터는 미래의 컴퓨터가 될 것이라는 사실이 명백했다. 한편 새롭게 시작된 냉전의 시대와 1957년 소련이 인공위성 스푸트니크를 우주에 올림으로써 시작된 우주 개발 경쟁은 무한한 미래를 향한 미 정부로부터 트랜지스터의 수요가 거의 무한대에 가까울 정도로 증가하는 것을 보장하게 만든다.

이 경쟁이 트랜지스터가 그렇게 단 시간에 빠르게 발전했던 이유이고 그렇게 상징적인 발명품이 되었던 이유이기도 했다. 트랜지스터는 진공관보다 훨씬 빨랐고 훨씬 작았으며(그리고 점점 더 작아진다) 점점 더 저렴해졌다. 그리고 높은 빌딩에서 떨어뜨려도 작동될 만큼 내구성이 좋았다. 이런 트랜지스터의 발달과 함께 머지않아 집적회로의 발명을 위한 토대가 마련된다. 직접회로의 발명으로 가는 길은 분명해 보이지 않았지만 수많은 천재 과학자들과 천재 기술자들이 집적회로가 발명되기까지 많은 노력과 공헌을 하는 과정에서 트랜지스터는 20세기 전반에 걸쳐 집적회로로부터 마이크로프로세서로 이어진다.

From Analog to Digital

이제 우리는 두 번째 역사상 공통 주제를 확인할 필요가 있다. 그러나 두 가지는 곧 하나로 엮이게 되니 독자들이 걱정할 필요는 없다.

자연의 세계는 연속성이 있다. 시간과 공간은 연속이기 때문이다. 존재하는 모든 것은 곡선으로 이루어졌다. 직선은 거의 일어나지 않는다. 공간은 끝이 없고 시간은 멈추지 않는다. 우리는 우주를 연속체로서 경험한다.

그러나 당신이 자연을 측정하고 싶고 그로부터 얻은 정보를 이용하고 싶다면 어떻게 해야 하는가? 이와 같이 인간이 자연을 측정하는 것은 어려운 일이었다. 세상은 연속선상에 있고 모든 사물과 현상은 서로 다른 진폭을 가진 물결처럼 나타나기 때문이다. 그래서 당신이 확보한 정보는 일종의 파동과 같은 것이다. 우리는 이를 아날로그(analog)라 부른다. 그러나 아날로그 정보는 이용하기가 어렵다. 또한 유용한 아날로그 정보는 주변의 노이즈와 구분해 내기가 쉽지 않다.

그러나 자연 세계를 실재 무엇이 존재하든 그렇지 않든, 오직 그 현상에 따라 측정한다면 자연에서 이루어지는 일들을 쉽게 찾아낸다. 그리고 하나하나의 개별 측정을 빠르게 한다면 현상의 크기와 모양이 파악된다. 이 방법이 디지털의 관점에서 바라보는 세상의 모습이다. 디지털 정보는 확인하기 쉽고 이용하기 쉽다는 장점을 지닌다. 단점은 미적분과 같이 디지털 정보는 현실의 추정이라는 점이다. 그러나 미적분도 마찬가지로 충분한 정보를 확보한다면 현실에 근접한 추정치를 얻어 내는 것이 가능하다.

충분한 정보를 확보할 방법이 없었던 현실이 왜 20세기가 될 때까지 디지털 정보를 다루는 응용 장치가 많지 않았던 이유이다. 마치 한 주 중에 기온을 두 번 측정하고 그 평균값으로 한 주의 기온을 파악하는 것과 같았다. 이와 같은 정보는 유용하지 않았다. 그러나 진공관과 트랜지스터와 같은 스위치가 발명되자 한 주에 열 번, 백 번의 측정도 가능하게 만들어 준다. 그리고 오늘날 거의 1초에 1조 번의 측정이 가능해졌다. 이런 측정은 여전히 추정치이지만 이 추정치는 현실에 근접한 자료로 그 미세한 차이는 문제가 되지 않는다.

그래서 디지털 전자 공학의 시대가 시작되고 이제 불연속성의 정보를 빠른 속도로 측정하고 이용할 방법이 생기고 그렇게 얻어낸 결과를 아무런 두려움 없이 인간 생활과 자연 현상에 적용한다(우주여행까지도). 현실은 이제 무어의 법칙하에 놓였다고 해도 과언이 아니다. 2년 주기로 디지털 기술이 두 배로 그 성능이 향상됨에 따라 현실을 그만큼 복제하고 순간을 포획하는 능력이 증가하기 때문이다. 그리고 매 주기마다 기술이 향상될 때 더 많은 새로운 제품과 사업 및 산업이 가능해진다. 이 증가가 왜 지난 30여 년 동안 수많은 과학자들과 기업가들이 무어의 법칙이라는 기차에 동승하려고 최선을 다한 이유이기도 하다. 산업 분야의 오지 소수만이 참여할 수 있는 인간의 유전자 전체를 파악하는 사업의 경우도 마찬가지였다.

그래도 트랜지스터 기술을 이용한 지금 시대의 정보 획득 처리 과정으로도 자연 세계를 완전히 담아내지는 못한다. 이 처리 과정은 자연 세계를 수학의 세상으로 줄이는데 아직 충분하지 않다. 덧셈이 어떻게 이루어지는지 기계에게 이해시키려고 해도 단순히 기계에게 두 개의 수를 더하라고 말로 시킬 수는 없다.

다행히 이 문제의 해결책이 지금은 있다. 1854년 고안된 불 대수(Boolean algebra)는 하나의 참이 참 또는 거짓 그리고 0과 대응하는 값을 구하는 수학이다. 이 불대수는 반도체 칩 시대의 1과 0에 대응하는 켜졌거나 꺼진, 또는 열려있거나 닫힌 상태의 스위치(페긴(Faggin)의 트랜지스터 게이트)에 잘 적용되었다. 이런 불대수 안에서는 어떤 숫자, 문자, 또는 상징도 일련의 1과 0으로 이루어진 비트로 변환할 수가 있고 이 비트를 묶어서 4 비트에서 128비트 사이의 엄밀한 정확도를 가진 바이트를 구성한다(이렇게 8비트에서 128비트 프로세서가 만들어졌고, 후자로 갈수록 더 뛰어난 기능을 발휘한다).

트랜지스터 기술과 불대수의 조합은 특히 집적회로의 형태로 여전히 우리 삶의 한 부분인 디지털 시대를 열었다. 진공관 기술에서 적용되던 모든 부분을 트랜지스터 기술로 대체하는 과정은 집적회로가 나오기 전까지 오직 부분적으로 이루어졌고, 집적회로가 등장하면서 이 모든 전환 과정을 다시 반복한다. 킬비(Killby)의 아이디어와 밥 노이스의 설계 그리고 호에르니(Hoerni)의 평판형 공정(Planar process)이 이루어낸 것은 트랜지스터를 보다 단순하게, 만들기 쉽게 그리고 무엇보다도 '측정이 가능하도록(scalable)' 만들었고 더 좋은 점은 하나의 칩을 대량으로 복제했다는 사실이다. 이제 이 새로운 집적회로 기술로 무장한, 또는 이 과정하에서, 전자 제품을 만드는 경쟁이 시작된다. 그리고 빠르게 반도체 산업은 서로 다른 기회를 찾아 다양한 분야로 분화한다.

기본적으로 반도체 산업이 흘러간 세 가지 방향이 있었다. 개별 소자(discrete devices)는 그동안 존속해 온 단일 트랜지스터 계열의 장치들이었고, 컨트롤 패널에 있는 빛을 내는 다이오드(diodes)와 같은 장치들이었다. 선형 소자(linear devices)는 아날로그 칩을 만들려고 반도체 기술을 사용한 장치로 고가의 오디오 시스템에 들어가는 증폭기와 같은 제품들이다. 그리고 이 분야가 밥 위들러(Bob Widlar)가 천재 같은 능력을 보여주던 분야다. 마지막으로 세상을 바꾼 수십억 개의 집적 장치(integrated devices)가 있다.

이 외에 이 장치들이 어떤 기기를 만드는지 또는 어떻게 이 장치가 제조되는지의 관점에서 여러 가지 방법이 있다. 초기 트랜지스터는 절연 물질을 주입한 게르마늄으로 만들었다. 게르마늄은 특히 충격과 방사선, 열에 강한 특성이 있었고 이런 장점으로 주로 항공 분야와 군사 관련 분야에서 이용되었다. 그러나 게르마늄은 불순물이 없는 수정체의 크기를 키우기가 어려웠고 웨이퍼와 칩으로 자르기 위해 비용 대비 충분한 직경으로 키우기가 어려웠다. 이와 같은 이유로 상업적으로 가치 있는 실리콘으로 반도체 산업이 눈을 돌린 이유이기도 했다. 오늘날 원통형으로 키운 실리콘의 직경은 약 30센티미터에 달한다.

그러나 실리콘 소재가 지난 30여 년 동안 반도체 업계의 주요 소재로서 인공 사파이어와 같은 소재를 물리치고 왕관을 차지한다고 해서 실리콘 소재가 영원함을 뜻하지 않는다. 나노 테크놀로지(Nano technology)는 수정체 순도에 이론상으로 더 여지를 남길 수 있고 심지어 거대한 수정체를 키워야 하는 문제를 해결할 수도 있다.

우리가 보아왔듯이 어떻게 집적회로를 만드는지는 실리콘 소재와 비실리콘 소재의 형태와 순서(켜쌓기)에 따라 규정되는 방법과 금속 층을 쌓는 기본 두 가지 방법이 있다. 바이폴라(bipolar) 방식은 본질적으로 빠르고 이 방식으로 제조된 제품은 열과 방사선에 강하다. 금속 산화물 반도체(MOS: Metal-oxide semiconductor) 방식은 보다 쉽게 다층으로 제조할 장점이 있다. 그리고 금속 산화물 반도체 방식이 경쟁에서 승리하면서 여려 경쟁자가 이 방식을 두고 경쟁을 벌였으며 이 싸움 도중에 밥 노이스의 오랜 고용주 필코(Philco)와 같은 회사는 도태되어 사라진다. 그러나 바이폴라 방식은 나름의 장점으로 틈새시장을 형성하면서 완전히 시장에서 사라진 것은 아니었다. 당신이 기억하듯이 인텔은 초창기 설립 시에 이전의 페어차일드와 마찬가지로 바이폴라 방식의 칩을 만들려던 회사였다. 그러나 금속 산화물 반도체 방식의 칩을 시장에 선보임으로써 예상하던 이들을 모두 바보로 만들고 경쟁사들을 모두 따돌린다.

이후 새롭게 출발한 반도체 회사에게 떠오르던 질문은 특히 페어차일드 출신의 어떤 종류의 반도체 칩을 생산해야 하는가였다.

다시 여기에는 몇 가지 선택지가 있었다. 논리 칩은 컴퓨터나 다른 체계를 운영하는 소프트웨어 명령어에 따라 결정된 입력 정보에 작업을 수행한다. 이 모든 작업들과 함께 중앙 처리 장치(CPU)를 구성한다. 그리고 고전 논리칩은 TTL(transistor to transistor)칩이었다.

메모리칩에는 두 가지 방식이 있다.

RAM(random access memory) 칩은 대용량의 정보를 장기간 저장한다. 이 메모리는 디스크 메모리와 같은 역할을 하는 반도체이다. 그리고 이 메모리는 2세대 아이팟 제품이 나오면서부터 대용량의 저장장치를 제외하고는 대부분의 정보 저장장치를 대체한다. 애플의 아이팟은 제품 내에 저장 장치로 쓰이던 소형 자기 기록 장치를 플래시 메모리로 교체한다. RAM 칩은 지난 50여 년 동안 상상을 초월할 만큼 빠를 속도로 용량이 증가해왔다(기본적으로 무어의 법칙에 따를 도표 주기를 따른다). 주로 제조가 쉬웠고 설계 구조가 지속적으로 진화해 왔기 때문이었다. 하나의 칩에 여섯 개의 트랜지스터를 필요로 하고, 정보를 기록하여 저장할 static RAM(SRAM)으로부터 가장 높은 밀도를 가지고, 전원을 차단하면 저장된 정보가 모두 소실되는 dynamic RAM(DRAM)과 읽기/쓰기가 가능한 ROM(read-only memory)으로서 쉽게 쓰고 지우고 다시 정보를 기록하는 능력과 전원이 끊겨도 저장된 정보를 유지하는 기능 때문에 모든 전자 제품에 보편적으로 사용되는 플래시 메모리가 있다. 플래시 메모리는 메모리 스틱에 가장 많이 사용된다.

ROM(read-only memory) 칩은 전통적으로 읽기가 가능하지만 기록하기가 용이하지 않은 단점이 있었다. 전형적으로 ROM 칩은 운영 체제의 메모리로 사용되며 다양한 작업을 수행하려는 명령어를 기록하여 저장한다. 이러한 작업은 RAM이나 외부 메모리 장치로부터 오는 정보의 운영을 통제하는 기능을 포함한다. ROM 칩을 만드는 제조사들에 오래된 숙제가 있었다. 바로 어떻게 제품 내부에 장착된 메모리에 기억된 명령어를 변경하는가였다. 이러한 요구가 ROM 칩에 기록된 정보를 지우고 빠르게 재프로그램하는 발명을 이끌어 낸다 (자외선을 쬐어 기록을 지우는 방법과 같은).

1960년대와 70년대의 소형컴퓨터 안에 있는 메인 프린트 회로 마더보드에서 이와 같은 칩들이 흔히 보였다. 더 많은 수의 칩들이 중앙 처리 장치에 입출력되는 정보를 유지하려고 사용되었다.

그러다가 기술자들은 새로운 질문을 하기 시작한다. 무어의 법칙 덕분에 이러한 칩들이 점점 더 작아지고 강력해지면서 왜 그렇게 많은 수의 칩이 필요한가? 더 중요한 점은 왜 이 많은 칩들이 오직 하나의 작업을 수행하려고 모두 개별로 존재하는가? 이 많은 기능들을 통합할 수 있다면 굳이 따로 쓸 필요가 있겠는가?

그렇게 1960년대에 들어서 컴퓨터의 마더보드에 있는 거의 모든 기능 등을 취합해 회로에서 서로를 연결시켜주는 선을 대체하는 금속 소재 통로가 들어간 하나의 칩 표면으로 이동하게 하려는 작업이 시작된다.

이 결과가 호프-패긴스-시마-메이저(Hoff-Faggin-Shima-Mazor)의 마이크로프로세서이다. 이로부터 약 40여 년이 지나도록 인텔은 이 마이크로프로세서의 든든한 후원자이자 보호자였으며 여전히 가장 위대한 개발자이기도 하다.

다행히도 반도체 산업에서 가장 위대했던 발명이자(그리고 틀림없이 전 산업 분야를 통틀어서) 복잡한 메모리와 논리 칩의 세계인 마이크로프로세서의 이야기 속에서 인텔은 그 후 십여 년이 넘도록 항상 마이크로프로세서 주변을 떠나지 않는다. 이 발명으로 이 이야기는 반도체 장치가 모든 산업 분야로 퍼져 나가는 것으로부터 규칙적이고 예측 가능한 일련의 새로운 마이크로프로세서 세대의 발전을 다루는 것으로 그 주제를 옮긴다. 그 세대의 발전이 286, 386, 486 그리고 펜티엄 등이다.

적어도 2000년대 중반까지는 위와 같은 이야기는 사실이었다. 그런데 2000년대 중반 이후 두 가지 새로운 세력이 나타나고 이로 인해 인텔의 마이크로프로세서 제품군은 분야를 나누어 새로운 개척을 시작한다. 그 한 가지 세력은 비용이었다. 이유는 단순히 점점 더 고사양의 마이크로프로세서를 만드는 비용이 증가했기 때문이다. 하나의 마이크로프로세서로 성능을 올리려고 증가하는 비용은 소비자들에게도 부담이었다. 두 번째 세력은 시장의 분화였다. 시스코(Cisco)와 같은 인터넷 기반 시설 업체와 슈퍼컴퓨터를 제작하는 최첨단 분야에서는 여전히 강력한 성능을 가진 마이크로프로세서를 원했다. 이타니움(Itanium) 제품군과 같이 이러한 회사들을 위해 인텔이 제작한 강력한 마이크로프로세서는 계속해서 무어의 법칙의 발전 속도를 따른다.

한편 그 반대의 끝이 모바일 시장이었다. 모바일 시장은 크기와 가격 그리고 무엇보다도 소비 전력을 낮추려고 기꺼이 성능을 희생했다. 바로 이 부분에서 ARM이 선두 자리를 차지하고 인텔은 그 선두 자리를 뺏으려고 전력을 다한다.

요즘 시대는 이러한 마이크로프로세서나 플래시 메모리가 세간의 관심을 받기 때문에 개별 소자나, 선형 장치, 집적회로를 여전히 그 어느 때보다도 대량으로 생산한다는 사실을 쉽게 잊는다. 반도체 칩은 여전히 전자 제품의 핵심으로 남았다. 우리의 관심이 단지 줄었을 뿐이다. 그리고 항상 대기 상태로 기다리는 것은 앞으로 몇 십 년 안에 언젠가 나타날 단일 트랜지스터 게이트(single transistor gates), 분자 스위치(molecular switches), 양자 점(quantum dots)과 같이 우리를 디지털 시대 이후의 시대로 이끌어줄 완전히 새로운 개념의 스위치일 것이다.

작가의 글

　50여 년의 역사를 지닌 거대 기업의 역사를 살펴보려고 하는 사람이라면 누구라도 각 시기 별 분류와 그 주제들에 무게를 두는 문제를 피할 수 없다. 이는 중요하기 때문이다. 야망을 품고 시작했으나 많은 실패를 거듭하는 전설과 같은 초창기? 또는 최고의 자리에 오르려고 이를 악물고 달리지만 아직 모든 것이 제자리를 잡지 못하던 중반기? 아니면 회사가 전만큼 흥미롭지 못하지만 훨씬 더 영향력이 커진 전성기? 혹은 회사의 진정한 정체성이 드러나기 시작하는 성숙기?

　더군다나 한 사람이나 두 사람의 설립자가 아닌 세 사람의 이야기를 풀어 나가려 한다면 그리고 심지어 세 사람이 개성이 서로 다르고 반드시 서로를 좋아하는 사이가 아니라면 문제는 더욱 복잡해진다. 그리고 마지막으로 첨단 기술 산업의 기업 관련 글을 써야 하는 도전을 넘어야 한다. 비트(bits)와 바이트(bytes), 실리콘과 소프트웨어, 트랜지스터와 테라플롭스(teraFLOPS) 등의 비밀에 일반 독자들의 흥미를 잃지 않게 만듦과 동시에 기술적 지식이 풍부한 독자들을 기분 나쁘지 않게 하려면 얼마나 깊이 다가가야 하는가?

　인텔과 초창기 세 사람의 이야기를 하는 것은 앞서 말한 모든 것들에 도전과 그 이상이었다. 운이 좋게도 인텔과 이 세 사람은, 이 중 글쓰기에 출중한 능력을 가진 한 명은 말할 것도 없고, 능력이 뛰어난 전기 작가와 역사가들이 관심을 가지는 축복을 받아왔다.

인텔을 알고자 하는 사람이라면 누구나 읽는 그리고 앞으로 다가올 세대들도 그러할 두 권의 작품은 레슬리 벌린(Leslie Berlin)이 집필하고 신뢰할만한 밥 노이스의 전기인 'The man behind the microchip' 과 리처드 테드로우(Richard Tedlow)가 앞서 작품과 똑같이 철저하게 집필한 'Andy Groove: The Life and Times of an American'이다. 밥 노이스와 앤디 그루브에게 진심으로 존경심을 가지지 않고 또 그들에게 깊은 매력을 느끼지 않고는 누구도 이와 같은 두 권의 책을 쓸 수 없을 것이다. 그리고 이 두 사람의 작가가 이뤄낸 성취에 공로를 충분히 인정해 주고 평가하기란 거의 불가능한 일에 가까울 것이다. 물론 이 책의 저자인 내가 집필을 시도하기도 했지만 말이다.

테드로우의 성취는 특별히 인상 깊다. 그는 앤디 그루브라는 인물의 강한 개성을 책에 담아냈으며 그러면서도 강하고 새로운 이야기를 탄생시켰다.

한편 벌린의 작품은 이보다 더 훌륭하다. 노이스를 만나보지 못하고 대부분의 세상이 밥 노이스를 잊을 만큼 오랜 시간이 지난 후에도 그의 삶이 가지는 중요한 특징을 찾아 인터뷰를 진행하는 큰 노력을 들여 책을 썼다는 점 때문이다. 이 책을 쓰는 사업을 그녀는 박사 학위 과정과 스텐포트 대학에서 학업을 진행하는 동안 병행한다. 그리고 이 이야기를 완벽하게, 정확하게 그리고 그녀 혼자만의 힘으로 밥 노이스의 삶을 실리콘 밸리 이야기 속에서 그리고 첨단 기술 기업의 역사 속에서 과거의 화려했던 모습으로 다시 살려내어 이 파악하기 어려운 인물을 매우 호소력 있게 구성해 냈다.

여기에 인텔의 역사 관련 글을 쓸 때 피하지 못할 작품을 쓴 작가가 있다. 바로 앤디 그루브이다. 앤디 그루브는 처칠처럼 역사를 스스로 만들어 내어 역사 속에서 자신의 입지를 굳힌다는 격언을 채택한 보기 드문 사람 중에 한 명이다. 그의 자서전인 'Swimming Across'를 통해서 테드로우의 전기나 이 책의 중요한 소재를 제공받았음은 말할 필요가 없으며 다른 저서인 'Only the Paranoid Survive'를 통해서도 많은 도움을 받았다. 고전이 된 이 책은 인텔의 펜티엄 버그 사건 관련 최고의 이야기들을 담았다. 그리고 세상에서 가장 큰 기업 중에 하나를 경영하던 경영자가 동시에 썼다는 사실을 넘어서 이 책을 대단하게 만드는 것은 바로 그 솔직함에 있다. 앤디 그루브는 자신만의 강한 주관이 있었다. 그리고 많은 부분이 틀리기도 했다. 그러나 내가 만난 사회적으로 성공한 거물 중에 그 누구보다도 잔인할 만큼 자기 자신과 자신의 실패에 솔직했다. 이점이 앤디 그루브의 가장 큰 특징이었다.

나는 산 호세 머큐리(San Jose mecury News)에서 스물 네 살 먹은 풋내기 기자로서 인텔 기사를 쓰는 최초의 주류 신문 언론인이 된 아주 독특한 위치에 있었다. 그 당시에도 인텔은 이미 설립한 지 십여 년이 지난 때였다. 그로부터 몇년 전, 내가 휴렛 패커드에서 일하는 동안에도 나는 돈 호플러(Don Hoefler)의 중상 모략을 하는 듯한 뉴스 레터의 기사 속에서도 인텔의 소식을 계속 접했다. 유명한 인텔과 애플의 마케팅 컨설턴트였던 레지스 맥케나 역시 내 어린 시절 이웃이었다. 그리고 그와 40년 넘게 나누어 온 일상의 대화가 인텔의 바깥 사람 중 아주 소수의 사람만이 인텔의 모습을 들여다 볼 여지를 제공해 주었다.

나는 언론인으로서 경력을 실리콘 밸리에서 아주 일찍 시작했고 아주 오랫동안 이 일을 해왔다. 이제 나는 아마도 고든 무어와 앤디 그루브 그리고 밥 노이스를 잘 아는 마지막 언론인이 될지도 모른다는 놀라운 위치에 왔다. 아마도 지금 인텔 직원 중에 90%는 이렇게 말하지 못할 것이다. 나는 PBS의 미니시리즈 'Silicon Valley'와 내가 직접 진행하는 공영 텔레비전 인터뷰 그리고 첫 번째 책을 집필하면서 노이스와 상당한 시간을 보냈다. 실제로 누구보다 나는 밥 노이스를 많이 인터뷰한 언론인일 것이다. 그리고 그가 가진 언론과의 마지막 인터뷰를 함께 했으며 그의 부고 기사도 작성하였다. 이와 같은 관계 때문에 밥 노이스가 가장 자주 비교되는 스티브 잡스와는 다른 형태로(또한 상당한 시간을 그와 같이 보내기도 했다) 그가 가진 놀라운 카리스마를 포함하여 내가 생각하기에 밥 노이스가 어떤 사람이었는지 다른 사람들보다 개인적으로 더 많은 부분을 이해했다고 생각한다.

당신이 고든 무어가 오래전에 떠나 보낸 파트너를 묘사할 때 흘리는 눈물을 보지 못했다면 밥 노이스와 고든 무어의 깊은 인간 관계와 밥 노이스의 존재를 완전히 이해하지 못할 것이다.

앤디 그루브와 나의 관계는 훨씬 복잡하다. 나는 기자로서 그와 수많은 인터뷰를 했다. 그리고 앤디 그루브가 보기에 내가 인텔을 충분히 이해하지 못한다고 결정한 시점으로부터 그는 나와의 인터뷰를 거의 십여 년 간 거부해 왔다. 내가 책(The Virtual Corporation)을 쓰기 시작했을 때 나와 함께 한 사람은 빌 다비도프(Bill Davidov)였고, 다비도프는 나와 앤디 그루브가 화해를 하도록 만들어 주었다. 그로부터 우리는 친한 관계를 유지해 왔고, 그때부터 그의 건강이 좋지 못했음에도 이 책의 후기를 작성하도록 기꺼이 나를 만나 주었다. 항상 그렇듯이 그 만남의 첫 번째 시간에서 내게 책의 장과 절을 말했고 내가 쓴 기사에서 그가 좋아하지 않았던 부분을 말했다. 그러나 나는 그가 그럴 것이라는 사실을 이미 알았고 언제나 그와 만나는 일을 소중히 여긴다.

고든 무어는 훨씬 더 딱 꼬집어 말하기 힘든 인물이다. 그와 가진 첫 번째 인터뷰는 1970년대 말이었다. 그리고 그 후로 수없이 많은 일상의 또는 공식 대화와 만남을 가져왔다. 어떤 면으로 고든 무어는 실리콘 밸리를 창조해 냈다. 그리고 그 자신이 실리콘 밸리가 만들어 낸 가장 특별한 창조물이기도 하다. 그러나 인텔 3인방의 다른 두 인물과 달리 고든 무어는 자서전을 쓰지 않았다. 내가이 책을 시작하기 전에 나는 그에게 전기를 쓰는 것에 의견을 구하려고 그에게 연락을 하였다. 그리고 내가 처음이 아닐 것이라는 사실을 알았다. 역시 그 답게 자서전을 쓰고 싶지 않다고 답변을 전해 왔고 그의 유산은 그가 아들과 함께 'Chemical Heritage11 Foundation'에 제출하려고 준비하는 무어의 법칙 관련 학술 논문이 되었다. 고든 무어다운 모습의 전형이었다. 다행히 공영 텔레비전 시리즈 'Betting it all'과 오랜 기간 동안 수많은 대화와 인터뷰들 사이에서 나는 고든 무어의 오랜 파트너였던 두 사람과 비교할 만한 고든 무어의 전기를 위한 조각들을 함께 모으는 일이 가능했다. 아마도 이 조각들의 모음이 그로 하여금 그가 기꺼이 받아야 할 가치 있는 책을 내가 쓰도록 확신시켜 줄 것이다.

지난 35년 간 나는 수많은 행사에 참여하거나 회사를 방문하면서 인텔과 이세 인물을 다루는 수백 개의 짧거나 또는 긴 내용의 기사를 작성해 왔다. 그리고 수많은 인텔 직원들을 알게 되었고 그들은 이웃이자 친구들이었다. 예를 하나 들자면 일요일 아침 미팅에서 심장 마비를 겪었던 인텔 직원은 바로 내 비서의 남편이었다. 그들의 많은 경험들이 내가 다른 책들('The Big Score', 'The Microprocessor; A Biography' 그리고 'Betting It All')을 집필하는데 공헌을 해주었고 그 다음으로 테드로우와 벌린처럼 좋은 소재로서 이 책을 집필하는데 도움을 주었음을 알리고 싶다.

참고문헌

서문: 유물

1. Conversation with the author.

1장 8인의 배신자

1. Jillian Goodman, J. J. McCorvey, Margaret Rhodes, and Linda Tischler "From Facebook to Pixar: 10 Conversations That Changed Our World," Fast Company, Jan. 15, 2013.

2장 지금까지 없었던 가장 위대한 기업

1. Michael S. Malone, The Big Score: The Billion Dollar Story of Silicon Valley (New York: Doubleday, 1985), 89.

2. Ibid.

3. Goodman et al. "From Facebook to Pixar."

4. "The Founding Documents," special insert, Forbes ASAP, May 29, 2000, after p. 144.

5. Ibid.

6. Ibid.

7. Malone, Big Score, 92.

8. Ibid., 91.

9. Ibid., 95-96.

10. Ibid., 97.

11. "Silicon Valley," The American Experience. PBS, Feb. 19, 2013.

12. Malone, Big Score, 150.

13. Leslie Berlin, The Man Behind the Microchip: Robert Noyce and the I-nve-nt-io-n of Silicon Valley (New York: Oxford University Press, 2006), 139.

14. Ibid.

15. Tom Wolfe "The Tinkerings of Robert Noyce," Esquire, Dec. 1983, pp. 346-74, www.stanford.edu/class/e140/e140a/content/noyce.html (accessed Oct. 25, 2013).

16. Malone, Big Score, 105.

3장 디지털 디아스포라

1. Malone, B-ig Score.

2. Ibid., 108.

3. Ibid., 106.

4. The Machine That Changed the World, documentary miniseries, WGBH/BBC 1992.

5. "Silicon Valley," PBS.

6. Malone, Big Score, 109.

7. Ibid., 110.

8. Berlin, Man Behind the Microchip, 152.

9. Malone, Big Score, 85.

4장 불안한 취업

1. "Resignations Shake Up Fairchild," San Jose Mercury-News, July 4, 1968. "Interview with Don Valentine," Apr. 21, 2004, Silicon Genesis: An Oral History of Semiconductor Technology, Stanford University, http://silicongenesis. stanford.edu/transcripts/valentine.htm.

2   "Industry Leaders Join in Kennedy Tributes," Electronic News, June 10, 1968. Richard S. Tedlow, Andy Grove: The Life and Times of an American (New York: Portfolio, 2006), 111.

3   Berlin, Man Behind the Microchip, 158.

4   Andy Grove interview by Arnold Thackray and David C. Brock, July 14, 2004, in Tedlow, Andy Grove, 95.

5   Peter Botticelli, David Collis, and Gary Pisano "Intel Corporation: 1986-1997," Harvard Business School Publishing Case No. 9-797-137, rev. Oct. 21, 1998 (Boston: HBS Publishing), 2.

6   Tedlow, Andy Grove, 98.

7   Ibid.

5장 지능형 전자 기기

1. "Making MOS Work," Defining Intel 25 Years/25 Events (Santa Clara, CA: Intel, 1993), www.intel.com/Assets/PDF/General/25yrs.pdf (accessed Nov. 9, 2013).

2. Ibid.

3. Ibid.

4. Ibid.

5. Berlin, Man Behind the Microchip, 166.

6. Gupta Udayan, Done Deals: Venture Capitalists Tell Their Stories (Bos-

ton: Harvard Business School Press, 2000), 144.

7. Leslie Berlin interview with Art Rock, Man Behind the Microchip.

8. Ibid., 182.

9. Ibid., 183.

7장 그린넬의 악동

1. As it happened, the author's father and father-in-law were part of this brief national sensation. His father-in-law, who flew in Detroit, never forgot the experience. His father, whose family, in Portland, Oregon, was too poor to pay for a ticket, was heartbroken. He became a pilot— and just before his death in 1988 was given a ride on one of the last Tri-Motors, in Morgan Hill, California.

2. Malone, Big Score, 75.

3. Berlin, Man Behind the Microchip, 16.

4. Ibid., 17.

5. Malone, Big Score, 75.

8장 돼지 절도 사건

1. Berlin, Man Behind the Microchip, 22.

2. Ibid., 22.

3. Malone, Big Score, 77.

4. Ibid.

5. Ibid.

6. Ibid., 78.

7. Berlin, Man Behind the Microchip, 31.

8. Ibid., 35.

9. Ibid., 37.

9장 날개를 달다

1. Berlin, Man Behind the Microchip.

2. Malone, Big Score, 79.

3. Berlin, Man Behind the Microchip, 50.

10장 정밀 박사: 고든 무어

1. Berlin, Man Behind the Microchip.

2. Ibid., 141.

3. Ibid., 142.

4. Intel Museum.

5. Ibid.

6. Ibid.

7. Michael S. Malone, Betting It All: The Entrepreneurs of Technology (New York: Wiley, 2002), 152.

11장 전무후무한 스타트업

1. "Journey Through Decades of Innovation," Intel Museum, www.intel.com /content/www/us/en/company-overview/intel-museum.html.

2. Malone, Big Score, 147.

12장 디지털 서부 개척 시대

1. Don C. Hoefler, MicroElectronics News, July 3, 1976, http://smithso-nianchips.si.edu /schreiner/1976/images/h76711.jpg (accessed Nov. 9, 2013).

2. The author was offered the editorship of MicroElectronics News by Mr. Hoefler in 1980. He refused, but not without regret.

3. Tom Junod "Tom Wolfe's Last (and Best) Magazine Story," Esquire blogs, Feb. 21, 2013, www.esquire.com/blogs/culture/tom-wolfe-rob-ert-noyce-15127164 (accessed Nov. 9, 2013).

4. Malone, Big Score, 150.

5. Ibid.

6. Malone, Betting It All, 151.

13장 메모리 시장의 성공

1. Elkan Blout, ed., The Power of Boldness: Ten Master Builders ofAmer-ican Industry Tell Their Success Stories (Washington, DC: Joseph Henry Press, 1996), 84.

2. Berlin, Man Behind the Microchip, 200-201.

14장 소형화의 기적

1. Michael S. Malone, The Microprocessor: A Biography (New York: Springer, 1995), 3.

2. Berlin, Man Behind the Microchip, 183.

3. Ibid., 184.

4. Ibid.

5. "Least Mean Squares Filter," Wikipedia, http://en.wikipedia.org/wiki/Least _mean_squares_filter.

6. Malone, Microprocessor, 7.

7. Berlin, Man Behind the Microchip, 184.

8. Ibid., 185.

9. Malone, Microprocessor, 7-8.

10. Berlin, Man Behind the Microchip, 185.

11. Ibid., 186.

12. Ibid., 187.

13. Ibid.

14. Malone, Microprocessor, 8.

15. Berlin, Man Behind the Microchip, 188.

15장 이탈리아에서 온 발명가

1. Malone, Microprocessor, 10.

2. Ibid.

3. Ibid., 11.

17장 위기 극복

1. Tedlow, Andy Grove, 138.

2. Berlin, Man Behind the Microchip, 189.

3. Ibid.

4. Ibid., 190.

5. Author interview, 1985.

18장 연금술사의 반도체

1. Malone, Microprocessor, 11.

2. Ibid., 14.

3. Ibid., 15.

4. Berlin, Man Behind the Microchip, 198.

5. Ibid.

6. "The Chip Insider's Obituary for Bob Graham," The Chip History Center, www .chiphistory.org/legends/bobgraham/bob_obituary.htm (accessed Nov. 9, 2013).

19장 세기의 제품

1. Malone, Microprocessor, 17.

2. "Intel 8008 (i8008) Microprocessor Family," CPU World, www.cpu-world.com/ CPUs/8008.

3. Malone, Microprocessor, 17.

4. Ibid.

5. Ibid., 18.

6. "Intel 8080," Wikipedia, http://en.wikipedia.org/wiki/Intel_8080 (accessed Nov. 9, 2013).

7. Berlin, Man Behind the Microchip, 200.

8. Ibid.

9. Malone, Microprocessor, 16.

10. "About," Regis McKenna, www.regis.com/about.

11. As a reporter for the San Jose Mercury-News, the author had this experience.

12. Malone, Microprocessor, 130.

13. Ibid.

14. Berlin, Man Behind the Microchip, 203.

15. Defining Intel: 25 Years/25 Eve-nts.

16. Ibid.

17. Malone, Microprocessor, 18.

20장 작전명: 크러쉬

1. This chapter is derived from Malone, The Microprocessor: A Biogra-phy; and William

A. Davidow's Marketing High Technology: An Insider's View (New York: Free Press, 1984).

2. Davidow, Marketing High Technology, 3-4.

3. Ibid.

4. Ibid., 4.

5. Ibid., 6.

6. Ibid., italics added.

7. Scott Anthony, The Little Black Book of Innovation (Boston: Harvard Business Review Press, 2012), 61.

8. Davidow, Marketing High Technology, 6.

9. Malone, Microprocessor, 158.

10. Davidow, Marketing High Technology, 8.

11. Malone, Microprocessor, 160.

12. Davidow, Marketing High Technology, 7.

13. Defining Intel: 25 Years/25 Events, 14.

14. Regis McKenna, Relationship Marketing: Successful Strategies for the Age of the Customer (Reading, MA: Addison-Wesley, 1991), 4.

21장 실리콘밸리의 귀족들

1. First heard by the author c. 1988.

22장 주식 공개

1. Jerry Sanders quote part of interview by author for Betting It All, public television series, 2001.
2. Berlin, Man behind the Microchip, 205.
3. Ibid., 201-2.
4. Ibid., 216.

23장 소비자 시장의 환상

1. Tedlow, Andy Grove, 145.
2. Ibid., 167.
3. Ibid., 146.
4. Ibid., 167.
5. Author interview for public television series Silicon Valley Report, c. 1986.

24장 마이크로프로세서의 아버지들

1. Malone, Microprocessor, 19.
2. Ibid.
3. Ibid., 131.
4. The author was in attendance.
5. Malone, Microprocessor, 132.

6. Author interview with Dr. Federico Faggin, Feb. 3, 2014.

7. Malone, Microprocessor, 152.

8. Larry Waller "Motor○la Seeks to End Skid," Electronics, Nov. 13, 1975, 96-98.

9. George Rostky "The 30th Anniversary of the Integrated Circuit," Electronic Engineering Times, Sept. 1988.

10. Owen W. Linzmayer, Apple Confidential 2.0: The Definitive History of the World's Most Colorful Company (San Francisco: No Search Press, 2004), 4.

11. Michael S. Malone, Infinite Loop: How the World's Most Insanely Great Computer Company Went Insane (New York: Doubleday, 1999), 61.

12. Ibid., 49.

13. Berlin, Man Behind the Microchip, 223.

14. Ibid., 224.

15. Ibid., 225.

16. Mimi Real and Glynnis Thompson Kaye, A Revolut-i^-n in Progress: A History of I-ntel to Date (Santa Clara, CA: Intel, 1984), 14.

25장 무어의 법칙을 수호하는 기사단

1. Quoted in Alexis C. Madrigal "Paul Otellini's Intel: Can the Company That Built the Future Survive It?" Atlantic Monthly, May 16, 2013.

2. Michael S. Malone "From Moore's Law to Barrett's Rules," Weekend Interview, Wall Street Journal, May 16, 2009, http://online.wsj.com/article/SB124242845507325429.html (accessed Nov. 9, 2013).

3. Ibid.

4. Michael S. Malone "Intel Reboots for the 21st Century," Weekend Inter-

view, Wall Street Journal, Sept. 27, 2008.

5. Ibid.

6. The author was in attendance.

26장 야망

1. Tedlow, Andy Grove, 163.

2. Tom Foremski "Interview with Intel Employee #22—Surviving 30 Years," Silicon Valley Watcher, Dec. 3, 2012, www.siliconvalleywatch-er.com/mt /archives/2012/12/interview_with_9.php (accessed Nov. 9, 2013).

3. Tedlow, Andy Grove, 165.

4. Author conversation with Gordon Moore, 1999.

5. Malone, Big Score, 319-20.

6. Ibid.

7. Defining Intel: 25 Years/25 Eve-nts.

8. Ibid.

9. Ibid.

10. Ibid.

27장 축복

1. Defining Intel: 25 Years/25 Eve-nts.

2. Steve Hamm, Ira Sager, and Peter Burrows "Ben Rosen: The Lion in Winter," Bloomberg Businessweek, July 26, 1999, www.businessweek.com/1999/99_30 /b3639001.htm (accessed Nov. 9, 2013).

3. Berlin, Man Behind the Microchip, 248.

4. Herb Caen column, San Francisco Chronicle, Feb. 5, 1980, 1B.

5. Author conversation with Tom Wolfe, 2000.

6. Malone, Microprocessor, 186-87.

7. David Manners "When the US IC Industry Was Rocked on Its Heels," Electron- icsWeekly.com, Aug. 31, 2012.

8. Malone, Big Score, 248.

9. Ibid., 249.

10. " 'Disbelief' Blamed in Computer Sting," Associated Press, June 24, 1982, http: //news.google.com/newspapers?nid=1314&dat=19820624&id=N-vlLAAAAIBA J&sjid=hu4DAAAAIBAJ&pg=4786,4368515 (accessed Nov. 9, 2013).

11. Ibid.

29장 어머니와 아들

1. Andy Grove, 1-2.

2. Ibid, 19.

3. Andrew S Grove, Swimming Across: A Memoir (New York: Hachette Books, 2001), 40.

4. Ibid.

5. Ibid.

6. Ibid.

7. Tedlow, Andy Grove, 27.

30장 재회

1. Grove, Swimming Across.

2. Ibid.

3. Ibid.

4. Tedlow, Andy Grove, 38.

5. Grove, Swimming Across.

31장 망명자 앤디

1. Grove, Swimming Across.

2. Ibid.

3. Ibid.

4. Ibid., 142-43.

5. Ibid., 290.

6. Ibid., 156.

7. Ibid., 45.

8. Ibid., 170-71.

9. Ibid., 214.

10. Tedlow, Andy Grove, 55.

11. Ibid., 57.

12. Ibid., 59.

32장 헝가리 자유 투사

1. Grove, Swimming Across, 249.

2. Ibid., 262.

33장 새로운 삶, 새로운 이름

1. Kate Bonamici "Grove of Academe," Fortune, Dec. 12, 2005, 135.

2. Tedlow, Andy Grove, 73.

3. Ibid., 77.

4. Ibid., 76.

5. Ibid., 81.

6. Ibid., 86.

7. Conversation with Regis McKenna, Sept. 2012.

8. Tedlow, Andy Grove, 96.

9. Leslie Berlin "Entrepreneurship and the Rise of Silicon Valley: The Career of Robert Noyce, 1956-1990," PhD dissertation, Stanford University, 2001, 150.

35장 지옥과 천당 사이

1. Malone, Microprocessor, 171-72.

2. Ibid.

3. The author was in attendance.

4. The author was that reporter.

5. Malone, Microprocessor, 172.

36장 동기 부여

1. Malone, Microprocessor, 172-73.

37장 에덴의 동쪽

1. Michael J. Lennon, Drafting Technology Patent License Agreements (New York: Aspen Publishers, 2008), appendix 4B-28.

38장 진로를 바꿔라

1. Defining Intel: 25 Years/25 Eve-nts.
2. Ibid.
3. Malone "From Moore's Law to Barrett's Rules."
4. Ibid.
5. "Turning On to Quality," Defining Intel: 25 Years/25 Events. Ibid.

40장 추락

1. Author conversation with Jim Morgan, 2007.
2. Semiconductor Industry Association, board of directors minutes, June 16, 1977.
3. Berlin, Man Behind the Microchip.
4. Ibid., 264.
5. Malone, Betting It All, 151.
6. "Atari Democrat," Wikipedia, http://en.wikipedia.org/wiki/Atari_Democrat (accessed Nov. 9, 2013).
7. Berlin, Man Behind the Microchip, 268.
8. Clyde Prestowitz, Trading Places: How We Allowed Japan to Take the Lead (New York: Basic Books, 1988), 149.
9. The State of Strategy (Boston: Harvard Business School Press, 1991), 57.
10. Berlin, Man Behind the Microchip, 269.

41장 메모리칩 시장 철수

1. Andrew S. Grove, Only the Paranoid Survive: How to Identify and Ex-
   ploit the Crisis Points That Challenge Every Business (New York: Dou-
   bleday, 1996), 88.
2. Malone, Betting It All, 152.
3. Grove, Only the Paranoid Survive, 89.
4. Ibid., 91.
5. Ibid., 89.
6. Malone, Betting It All, 152.
7. "Downsizing Intel," Defining Intel: 25 Years/25 Events.

42장 투사 앤디 그루브

1. "Going It Alone with the Intel 386 Chip," Defining Intel: 25 Years/25
   Eve-nts.
2. Ibid.

43장 스티브 잡스의 조언자

1. Berlin, Man Behind the Microchip, 252.

44장 화제의 인물

1. Berlin, Man Behind the Microchip, 285.
2. Rodgers quote from public television series Malone, hosted by the au-
   thor, 1987.

46장 천국의 가장 높은 곳에서

1. Andrew Pollack "Sematech's Weary Hunt for a Chief," New York Times, Apr. 1, 1988.
2. Katie Hafner "Does Industrial Policy Work? Lessons from Sematech," New York Times, Nov. 7, 1993.
3. Ibid.
4. Robert D. Hof "Lessons from Sematech," Technology Review, July 25, 2011.
5. Ibid.
6. Noyce interview with author, Malone show, 1988.

47장 수영을 사랑하던 사람

1. Michael S. Malone "Robert Noyce," Upside magazine, July 1990.

49장 인텔 인사이드

1. "The Red X Ad Campaign," Defining Intel: 25 Years/25 Events. Ibid.
2. Ibid.
3. Ibid.
4. Tedlow, Andy Grove, 255.
5. Ibid., 256.

51장 펜티엄

1. Harsimran Julka "Speed Was God When We Created Pentium: Vinod Dham, Economic Times, Nov. 16, 2010.

2. Malone, Microprocessor, 167-68.

52장 펜티엄 버그

1. Malone, Microprocessor, 236-43.

2. Dean Takahashi "The Pentium Bypass," San Jose Mercury-News, Jan. 16, 1995, D1.

3. Michael Meyer "A 'Lesson' for Intel," Newsweek, Dec. 12, 1994, 58.

4. Grove, O-nly the Paranoid Survive, 11.

5. "Heavy Duty Users Reassess Work," Associated Press, San Jose Mercury-News, Dec. 24, 1994, D8.

6. Adrian Mello "Divide and Flounder," MacWorld, Mar. 1995, 20.

7. Grove, Only the Paranoid Survive, 14.

8. Ibid., 15.

9. Ibid.

53장 끝없는 소송

1. Michael Singer "Intel and AMD: A Long History in Court," CNET News, June 28, 2005, http://news.cnet.com/Intel-and-AMD-A-long-history-in-court/2100- 1014_3-5767146.html?tag=nw.20 (accessed Nov. 9, 2013).

2. Andrew Pollack "Rival Files Antitrust Suit against Intel," New York Times, Aug. 30, 1991, www.nytimes.com/1991/08/30/business/company-news-rival-files- antitrust-suit-against-intel.html (accessed Nov. 9, 2013).

3. Malone, Microprocessor, 245.

4. Ibid.

5. Ibid., 244.

6. Ibid.

54장 항복

1. Russ Mitchell "Microsoft Picked on Someone Its Own Size: Leaks Detail a Past Spat with Intel," U.S. News & World Report, Aug. 30, 1998.

2. Ibid.

3. Michael Kanellos "Intel Antitrust Trial Date Set," CNET News, July 10, 1998, http://news.cnet.com/Intel-antitrust-trial-date-set/2100-1023_3-213195.html (accessed Nov. 9, 2013).

4. "FTC Antitrust Action Against Intel," Tech Law Journal, www.techlaw-journal.com /agencies/ftc-intc/Default.htm (accessed Nov. 9, 2013).

55장 토끼 춤

1. Tedlow, Andrew Grove, 389.

2. Walter Isaacson "Andy Grove: Man of the Year," Time, Dec. 29, 1997.

56장 피난처

1. Gordon Moore interview with the author, Forbes ASAP, Dec. 1999.

57장 무어의 법칙이 주는 중압감

1. Tedlow, Andy Grove, 406.

2. Ibid., 403.

"Intel Co-Founder Gordon E. Moore Takes Over No. 1 Spot on Business-
Week's Annual Ranking of 'America's Top Philanthropists,' " PR
Newswire, www.prnewswire.com/news-releases/intel-co-founder-
gordon-e-moore- takes-over-no1-spot-on-businessweeks-annual-
ranking-of-americas-top- philanthropists-55688447.html.

3. Malone "From Moore's Law to Barrett's Rules."

4. Ibid.

5. Ibid.

6. Ibid.

7. Paul Otellini "Mission Matters," Santa Clara magazine, Spring 2012,
www.scu.edu/scm/spring2012/otellini-talk.cfm (accessed Nov. 9, 2013).

8. Alexis Madrigal "Paul Otellini's Intel: Can the Company That Built the
Future Survive It?" Atlantic Monthly, May 16, 2013.

9. Otellini "Mission Matters."

10. Ibid.

11. Madrigal "Paul Otellini's Intel."

12. Malone "From Moore's Law to Barrett's Rules."

13. Malone "Intel Reboots for the 21st Century."

후기: 한 밤의 포효

1. This section is based upon an interview with Andrew Grove by the
author, Feb. 2013.

디아스포라(DIASPORA)는 독자 여러분의 책에 관한 아이디어와 원고 투고를 기다리고 있습니다. 디아스포라는 종교(기독교), 경제 · 경영서, 일반 문학 등 다양한 장르의 국내 저자와 해외 번역서를 준비하고 있습니다. 출간을 고민하고 계신 분들은 이메일 diaspora_kor@naver.com로 간단한 개요와 취지, 연락처 등을 적어 보내주세요.

The Intel Trinity
인텔 끝나지 않은 도전과 혁신

—

초판 1쇄 인쇄 2016년 3월 7일
초판 1쇄 발행 2016년 3월 14일

—

지은이   마이클 말론
옮긴이   김영일
펴낸이   손동민
편 집   손동석
디자인   김희진

—

펴낸곳   디아스포라
출판등록   2014년 3월 3일 제25100-2014-000011호
주 소   서울시 서대문구 증가로 18, 연희빌딩 204
전 화   02-333-8877, 8855
팩 스   02-334-8092
이메일   diaspora_kor@naver.com
홈페이지   http://www.diaspora21.modoo.at/

ISBN   979-11-952418-6-6 (03300)